이승만과 김구

제1권

손세일 지음

ChosunMedia
조선뉴스프레스

손 세 일 (孫世一)

서울대학교 문리과대학 정치학과를 졸업하고,
미국 인디애나대학교 저널리즘스쿨과 일본 도쿄대학 법학부대학원(국제정치 전공)에서 수학했다.
조선일보사 기자, 동아일보사 신동아 부장과 논설위원, 뿌리깊은나무 편집위원,
(사)서울언론문화클럽 이사장 등 언론인으로 활동하다가
정계에 투신하여 3선 국회의원을 지냈다.

저서로 『이승만과 김구』(1970), 『인권과 민족주의』(1980), 『한국논쟁사(Ⅰ~Ⅴ)』(편)(1976) 등이 있고,
역서로 『트루먼 회고록(상, 하)』(1968) 등이 있다.

초판발행　　　2015년 7월 1일

지은이　　　손세일
발행　　　(주)조선뉴스프레스
발행인　　　김창기
기획편집　　　배진영
디자인　　　이민형 한재연 송진원

편집문의　　　724-6782, 6784
구입문의　　　724-6796, 6797
등록　　　제301-2001-037호
등록일자　　　2001년 1월 9일
주소　　　서울시 마포구 상암산로 34 DMC 디지털큐브 13층

값 43,000원
ISBN 979-11-5578-364-1 04340

이승만과 김구

제1권

제1부 양반도 깨어라 상놈도 깨어라 1875~1919 (I)

손세일 지음

ChosunMedia
조선뉴스프레스

응시자 게임의 법칙

미래님

역사란 무엇인가라는 물음은 인간의 역사 기록 그 자체만큼이나 해묵은 것이다. 그리고 그 물음에 대한 정의는 말하는 사람의 수만큼이나 다양하다. 그것은 사람은 누구나 현재의 당면문제나 지향하는 목적에 도움이 될 만한 교훈을 역사에서 찾게 마련이기 때문이다. 그런 점에서 모든 역사는 현대사라는 크로체(Benedetto Croce)의 말은 옳다.

역사란 무엇인가라는 물음과 관련하여 1960년대 이후 한국의 저항적 지식인들을 포함한 세계의 많은 지식인들에게 가장 큰 영향을 끼친 책은 아마 카(Edward Hallet Carr)의 『역사란 무엇인가?』(1961)일 것이다. 그리하여 "역사란 현재와 과거의 끊임없는 대화"라는 그의 말은 역사란 무엇인가라는 물음에 대한 가장 대중적인 정의가 되었다. 그러나 21세기를 사는 우리에게는 그 '대화'의 방법과 내용은 사뭇 달라질 수밖에 없게 되었다. 『역사란 무엇인가?』 출간 40주년을 기념하여 2001년 11월에 런던대학교 역사연구소에서 열린 심포지엄에서 기조 연설 격인 보고를 한 에번스(Richard J. Evans)는 다음과 같이 말했다.

대부분의 역사가들이 사용해 온 인과관계 모델, 비록 간접적으로나마 경제가 사회에 작용하고 사회가 정치에 작용한다는 말은 이제 분명히 타당하지 않게 되었다. 마지막으로, —— 이러한 다른 진전과 무관하지 않지만 —— 1989년에서 1990년에 걸친 소련과 동유럽에서의 공산주의의 극적인 붕괴에 따라 전후시대의 학문 사이의 경계선은 갑자기 소멸되었다. 이러한 일들은 E. H. 카가 역사가들이 채택하도록 촉구한 거대 담론이나 목적론을 파괴했을 뿐만 아니라, 역사는 단일의 방향과 목적을 가졌다고 보는 모든 관념을 파괴했다.…1)

이러한 주장에는 역사의 진전에 대한 카의 성급한 예측을 반박하는

---

1) Richard J. Evans, "Prologue: *What is History?*—Now", David Cannadine, ed., *What is History Now?*, Palgrave Macmillan Ltd., 2002, p.6.

뜻도 포함되어 있다. 카는 자전적 회고록에서, 서유럽사회는 몰락할 수밖에 없고 다가오는 세계는 "사회주의적 유토피아"가 될 것이라고 예측했다.[2] 그는 또 자본주의의 몰락을 완성시킬 세계혁명은 식민지 인민들의 봉기일 것이라고 말하기도 했다.[3]

'인과관계의 종언'과 함께 역사와 개인의 역할이라는 해묵은 논제가 새로이 거론되는 것은 눈여겨볼 만한 일이다. 그것은 물론 위인들 이야기의 부활을 뜻하는 것은 아니다. 그러나 포스트모더니즘 역사학의 원류의 하나로 일컬어지는 부르크하르트(Jacob C. Burckhardt)가 "역사의 출발점은 언제나 있었고 또 언제나 있을, 버텨내고 노력하고 행동하는 인간"[4]이라고 한 말은 여러 가지를 되새겨 보게 한다. 부르크하르트가 강조한 역사의 세가지 힘 —— 국가와 종교와 문화 —— 의 명제는 에번스가 파괴되었다고 말하는 거대 담론에 속하는 것일지 모른다. 그러나 그것은 우리의 두 주인공 이승만(李承晩)과 김구(金九)가 살았던 시대의 한국 역사의 본질이며 핵심적 가치였다. 그뿐만 아니라 냉전체제의 붕괴와 더불어 지구상의 거의 모든 지역에서 역동적으로 나타나는 현상이 내셔널리즘(또는 지역주의)과 종교와 문화를 통한 정체성의 추구라는 사실은 꽤 심각하면서도 흥미로운 일이 아닐 수 없다. 그리하여 나는 두 사람의 생애를, 부르크하르트의 세가지 명제에 비추어 생각하면서, 될 수 있는 대로 자세히 살펴보았다. 그것은 이를테면 이 나라의 국가적 정체성의 탐구작업이기도 하다.

국가적 정체성은 직접적으로든 간접적으로든 정치지도자들에 의하여 영향을 받게 마련이다. 그리고 근대적 국민국가의 정치체제가 제도로서 확립되어 있지 않은 사회일수록 정치지도자의 리더십이 그 사회의 변화

2) R. W. Davies, "Notes towards a Second Edition of *What is History*", E. H. Carr, *What is History?* Second Edition, Palgrave, 1986, p.1xxx.

3) *ibid*, p.1xxxiii.

4) Jacob Burckhardt, *Weltgeshichtliche Betrachtungen*, Alfred Kröner Verlag, 1978, SS.5~6.

의 방향을 결정할 만큼 큰 힘을 발휘하게 마련이다. 나아가 오늘날에는 주권국가 내부에서뿐만 아니라 국제정치에서의 리더십의 문제도 정치학의 중요한 연구과제가 되고 있다.

선례가 헌법적 권위를 누리던 왕조시대에는 역사는 곧 정치였다. 그리고 그러한 정치문화의 유습은 20세기의 굴절된 역사를 거치는 동안 여러 가지 변형된 모습으로, 그러나 꽤 엄중한 영향력을 발휘하면서 오늘날까지 한국사회에 잔존해 있는 경우가 많다.

이승만과 김구는 오늘의 한국을 만든 대표적인 두 지도자이다. 일본의 《아사히 신문(朝日新聞)》은 20세기를 마무리하는 연간 기획특집 「100인의 20세기」(1998)에서 한국인으로는 이승만과 김일성(金日成) 두 사람을 다루었다. 한국에서는 일반적으로 김구의 평가가 더 높다. 이러한 평가는 저마다 다른 기준과 시각에 따른 것이겠지만, 두 사람이 한국 현대사의 중심적 존재임을 말해 주는 것임에 틀림없다. 말하자면 이승만과 김구는 20세기 한국 민족주의의 가장 큰 두 유산이다. 그 유산 가운데는 물론 빚도 있다.

나는 1970년에 단권의 『이승만과 김구』를 출판하면서, 저술동기를 다음과 같이 썼다.

역사는 개인에 의하여 빚어지는 동시에 인간은 역사 속의 개인이다. 오늘날 이 나라의 얄궂은 정치문화는 '박사'와 '선생'이라는, 원래의 뜻보다는 엄청난 권위로 확대된 존칭이 아주 걸맞게 어울렸던 이 두 사람과 그들의 관계로부터 영향된 바 크다. 그러나 한편으로는 이 나라의 그러한 정치문화가 그들로 하여금 결국 정치적 패배의 쓴 잔을 들게 했다고도 말할 수 있을 것이다. 그리고 전통적으로 이 땅의 정치적 운명이 국제정치질서에 의해 크게 제약받고 있었기 때문에 그 비극적 요소는 더욱 심각한 것이었다. 다시 말하면 국민들에게 공통적인, 혹은 지배적인 공감을 불러일으킬 만한 '삶의 방식'을 제시하기가 지극히 어려운 처지에서 이 나라의 지도자들은 고심해 왔다. 이러한 형편을 나는 퍽 동질적인 바탕이면서도 대조적인 모습으로 나타났던 이 두 사람의 정치행태를 견주어 봄으로써 다만 문제제기라도 해보려고 했다.[5]

그러나 그것은 의욕에 비하여 크게 미치지 못하는 작품이었다. 그리고 두 사람의 생애를 총괄하여 정치적 패배라고 평가한 것은 젊은 저널리스트의 오만과 시대적 에토스의 소산이었다. 그럼에도 불구하고 여러 면으로 부족하고 결함이 많은 이 책에 대해 정치학계에서는 한국 헌정사 연구의 선구적 성과[6] 또는 정치전기학의 시발로,[7] 역사학계에서는 대한민국임시정부 연구의 본격적인 출발점의 하나로[8] 평가해 주었다. 민망스러운 일이 아닐 수 없다.

냉전체제의 붕괴에 따른 정치적 및 사회적 분위기의 전환과 더불어 두 사람과 직접 간접으로 관련된 많은 기초자료들이 속속 공개되어 이제 자료 부족을 핑계 삼을 수는 없는 상황이 되었다. 그뿐만 아니라 그동안 국내외를 통하여 연구자들도 크게 불어나서 정치학계나 역사학계에서 발표되는 관련 분야의 연구성과는 괄목할 만하다. 여간 기쁘고 고마운 일이 아니다. 나는 이러한 조건과 연구성과들을 힘자라는 대로 활용하고, 또 한때 이 나라의 정치현장에서 활동하는 동안 깨우친 정치의 이치 같은 것도 유념하면서 『이승만과 김구』를 새로 쓰기로 했다.

이 책은 3부로 구성되어 있다. 제1부 「양반도 깨어라 상놈도 깨어라」는 두 사람의 출생에서부터 3·1운동 때까지의 지도자로 성장하는 과정을 다루었다. 이 기간은 정치학에서 말하는 정치사회화(political

---

5) 孫世一, 『李承晚과 金九』, 一潮閣, 1970, p.ii.
6) 盧在鳳, 「書評」 《京鄕新聞》 1970년11월3일자.
7) 면담 이정식, 편집해설 김학준, 『혁명가들의 항일 회상』, 민음사, 2005, pp.22~23.
8) 김희곤, 『대한민국임시정부 연구』, 지식산업사, 2004, p.20; 윤대원, 『상해시기대한민국임시정부 연구』, 서울대학교출판부, 2006, p.3, p.16 주1).

socialization) 과정에 해당한다. 일반적으로 정치사회화 과정의 요인으로는 가족, 학교, 종교기관, 동류집단(peer group), 직업, 대중매체, 정당, 정부조직과의 직접 접촉, 사회적 및 문화적 환경 등을 꼽는다.[9]

궁핍한 가정환경에서 각각 독자로 태어난 이승만과 김구는 한 사람은 '왕족의 후손'이라는 의식을, 또 한 사람은 심한 '상놈콤플렉스'를 느끼면서 위에 열거한 것과 같은 정치사회화 과정을 통하여 인간은 얼마나 자기 자신을 변화시킬 수 있는지를 보여 주었다.

정치사회화 과정의 하나로서 두 사람에게 가장 중요했던 것은 청년시절의 감옥생활의 경험이었다. 이승만과 김구는 장기간의 감옥생활을 했다. 이승만은 스물다섯살부터 서른살까지의 5년7개월 동안, 김구는 20대 초반에 1년10개월 동안, 30대 중반에 4년 반 넘게 혹독한 감옥생활을 했는데, 두 사람의 감동적인 감옥생활은 그들이 각각 다른 모습의 지도자로 성장하는 아주 특별한 정치 오리엔테이션이 되었다. 이승만은 일반 사회에서라면 도저히 불가능했을 만큼 많은 학문 습득과 저술 활동을 하고 신문 논설을 썼다. 김구는 첫번째 감옥생활 때에 서양학문의 습득을 통하여 위정척사파에서 개화파로 변신했다. 두번째의 식민지 감옥은 그를 저항적 민족주의의 쇳덩어리로 달구어 낸 '불가마'였다.

두 사람은 이러한 정치사회화 과정을 통하여 라스웰(Harold D. Lasswell)이 말한 정치적 인간형의 인물이 되었다. 라스웰은 정치적 인간형은 사적 동기를 공적 목적에 전위하여 공공의 이익의 이름으로 합리화한다고 정의했다.[10]

그렇게 하여 두 사람은 3·1운동 때까지는 이 나라 현대사의 핵심적 사건이나 운동에 직접 참여하여 중요한 역할을 하게 되었다. 나는 그러한 사건이나 운동의 실상과 두 사람과의 관계를 분석하고 그것이 그들의 생

---

9) Gabriel A. Almond·G. Bingham Powell, Jr. ed., *Comparative Politics Today*, Scott, Foresman and Company, 1988, pp.35~40.
10) Harold D. Lasswell, *Power and Personality*, The Viking Press, 1962, p.38.

애와 한국 현대사에서 갖는 의미를 살펴보려고 노력했다.

제2부 「임시정부를 짊어지고」는 두 사람이 3·1운동의 결과로 수립된 대한민국임시정부에 함께 참여하면서부터 1945년8월15일에 민족의 광복을 맞이할 때까지 직업적 독립운동가로 활동하는 26년 동안의 정치 행태와 그 관계를 그들이 처했던 정치상황과 관련하여 살펴보았다.

임시정부를 통한 독립운동은 거족적인 독립선언의 결과로 수립된 '정부'의 활동이었던 만큼 그 행동양식은 어디까지나 정치활동의 성격이 강했다. 정치를 작동하게 하는 절대적인 규범은 법률이며, 법률의 권위와 효력은 정치권력의 독립된 물리적 강제력에 의하여 보장된다. 그런 점에서 독자적인 법질서의 운영이 불가능했던 임시정부의 주도권 경쟁은, 국권회복이라는 숭고한 명분에도 불구하고, 적나라한 권력투쟁으로 나타났다. 갈등의 핵심은 이데올로기와 자금문제였다.

과세권도 검찰권도 없이, 범죄자 처결 방법은 김구의 말대로 "말로 타이르는 것 아니면 사형"일 수밖에 없었던 임시정부는 본질적으로 위기정부였다. 그러한 임시정부의 임시대통령과 경무국장이라는 관계로 출발한 두 사람의 위계의식은 국무위원회 주석과 주미외교위원장이라는 역전된 직위로 귀국한 뒤에도 별로 달라지지 않았다. 이 책이 두 사람과 다른 임시정부 인사들 사이의 권력투쟁을 자세히 살펴본 것은 오늘날의 남북분단체제 고착의 원인을 되도록 정확하게 파악하고자 하는 의도에서였다.

제3부 「어떤 나라를 세울까」는 1945년10월과 11월에 국민들의 열광적인 환영을 받으며 귀국한 두 사람이 냉전체제라는 새로운 국제정치체제의 전개 속에서 독립정부 수립의 민족적 과제를 두고 어떻게 고뇌하고 어떻게 행동했는가를 살펴본 것이다. 냉전이란 본질적으로 미소 양국과 그 동맹국들 사이의 지정학적 경쟁이었던 동시에 시장경제를 신봉하는 자유민주주의와 공산주의 사이의 이데올로기 투쟁이었다고 정의된다.[11]

---

11) Michael L. Dockrill & Michael F. Hopins, *The Cold War 1945–1991*, Palgrave Macmillan, 2006, p.160.

말하자면 한국의 분단체제는 미소 양국의 "지정학적 경쟁"에 따라 국제 냉전체제의 최전방 보루로 구축된 것이었다. 그러한 사정은 1946년5월에 내한하여 드물게 남북한을 다 여행할 수 있었던 트루먼 미국대통령의 대일배상특사 폴리(Edwin W. Pauley)의 말을 상기시킨다. 폴리는 트루먼에게 제출한 보고서에서 "한국의 공산주의는 세계의 어느 곳에서보다 좋은 출발을 할 수 있었다"라고 기술했다.[12] 제2차 세계대전이 끝나고 나라가 일본의 식민지 지배로부터 해방된 지 70년이 되는 오늘에 이르기까지 한반도가 지구상의 유일한 분단국가로 남아 있는 큰 이유는 그 때문일 것이다.

2015년 6월 20일

손 세 일

---

12) Herry S. Truman, *Memoirs by Harry S. Truman*, vol. II., Doublday & Company Inc., 1956, p.321.

감사 말씀

나는 이 작업을 하면서 참으로 많은 분들의 힘을 입었다. 먼저 정면환 (鄭明煥) 교수는 『이승만과 김구』제1부가 《월간조선(月刊朝鮮)》에 연재되는 동안 원고를 먼저 읽고 내용 검토와 함께 문장을 꼼꼼히 손질해 주셨다. 김우창(金禹昌) 교수, 신용하(愼鏞廈) 교수, 최기영(崔起榮) 교수, 고정휴(高珽烋) 교수, 윤상철(尹相哲) 교수와 하와이의 이덕희(李德姬) 선생은 발표된 글을 자세히 읽고 친절히 논평을 해주셨다. 이분들의 논평은 책으로 내면서 보완작업을 하는 데 큰 도움이 되었다. 외우 김우창 교수는 까다로운 영어 문장을 정확하게 읽는 일도 거들어 주었다. 한문이나 국한문 초서로 된 문서를 해독하는 일은 이우성(李佑成) 교수에게 폐를 끼쳤다. 기독교의 역사와 관련된 문제에 관해서는 이만열(李萬烈) 교수와 윤경로(尹慶老) 교수의 도움을 받았다.

고 전택부(全澤鳧) 선생, 윤병석(尹炳奭) 교수, 나채운(羅采雲) 교수, 유영익(柳永益) 교수, 정진석(鄭晋錫) 교수, 최창희(崔昌熙) 교수, 김상기(金祥起) 교수, 박맹수(朴孟洙) 교수, 반병률(潘炳律) 교수, 장석흥(張錫興) 교수, 이명화(李明花) 박사, 한철호(韓哲昊) 교수, 장규식(張圭植) 교수, 정병준(鄭秉峻) 교수, 배현주(裵賢珠) 교수는 귀중한 자료를 나누어 주기도 하고 자료를 찾는 일을 도와 주셨다. 펜실베이니아의 이정식(李庭植) 교수, 하와이의 최영호(崔泳浩) 교수, 일본의 이경민(李景珉) 교수, 나가타 아키후미(長田彰文) 교수, 한영대(韓永大) 선생은 귀중한 자료들 나누어 주거나 일본의 자료와 참고문헌을 찾는 번거로운 일을 해주셨다. 화폐와 환율가치에 대해서는 이헌창(李憲昶) 교수의 도움을 받았다. 이현주(李賢周) 박사와 배경식(裵慶植) 연구원은 저자와 공동작업을 하다시피 애를 써 주었다. 박사과정생 우(禹)한나도 자료수집과 원고정리 등의 작업에 노고가 많았다.

참고문헌은 주로 국회도서관 소장 문헌을 이용했으나, 국회도서관에 없는 자료는 국립중앙도서관, 국사편찬위원회, 독립기념관 한국독립운동사연구소, 연세대학교 도서관, 한림대학교 아시아문화연구소, 한국학중앙연구원, 한국연구원의 소장 자료들을 이용했다.

사진자료는 이승만의 경우 1945년까지의 것은 거의 유영익(柳永益) 교수의 『이승만의 삶과 꿈』(1996)에 수록된 자료들을, 그 이후의 것은 연세대학교 이승만연구원 소장 자료들을 사용했고, 김구의 경우는 『백범 김구 사진자료집』(2012)에 수록된 자료들을 주로 사용했다. 전재를 허락해 주신 유영익 교수와 이승만연구원 원장 류석춘(柳錫春) 교수, 그리고 백범김구기념관의 정양모(鄭良謨) 관장에게 감사드린다.

라이프워크가 된 이 작업의 계기를 마련해 주신 조갑제(趙甲濟) 전 《월간조선》 발행인 겸 편집장과 방대한 분량을 장기간에 걸쳐서 《월간조선》에 연재하고 출판까지 맡아 주신 조선뉴스프레스의 김창기(金昌基) 대표에게 감사한다.

차 례

14

17

서설 ― 나라를 사랑하는 방법

1. "'대한 일'이라 하거던 '내 집안 일'로 알고"

1

이승만과 김구는 이 나라 역사상 처음으로 근대적 국민국가를 창건한 대표적인 두 정치지도자이다. 그런 뜻에서 한 나라에 국부(國父)는 한 사람뿐이며 우리나라의 국부는 이승만이라면서 자신이 국부로 불리기를 단호히 거부한 김구의 겸양[1]에도 불구하고, 이승만과 김구는 대한민국의 두 국부라고 할 수 있을 것이다.[2] 그의 묘비명에 "민족의 말"이라고 언급되어 있는 「나의 소원」의 서두를 김구는 하나님이 네 소원이 무엇이냐고 세번 되풀이하여 물어도 세번 다 자기 소원은 우리나라 대한의 완전한 자주독립이라고 대답할 것이라고 썼다. 그러고는 또 우리나라가 가장 부강한 나라가 되기를 원하지 않는다면서, "우리의 부력(富力)은 우리의 생활을 풍족히 할 만하고, 우리의 강력(强力)은 남의 침략을 막을 만하면 족하다. 오직 한없이 가지고 싶은 것은 높은 문화의 힘이다"라고 덧붙였다. 그러한 나라란 자립경제와 자주국방을 이룩한 이상적 근대국가형 국가가 아닐 수 없다. 그러나 김구가 「나의 소원」을 쓴 지 60년이 지난 오늘날에도 그러한 자주독립 국가란 이 지구상에 아마 미국밖에 없을 것이다. 그런 뜻에서 김구는 영원한 유토피언이었는지 모른다.

1894년에 열아홉살의 젊은 나이로 해주성을 치는 동학농민군의 선봉에 섰다가 패퇴한 김창수(김구)는 신천군 청계동의 안태훈(安泰勳)의 집에서 피신생활을 하는 동안 화서학파(華西學派) 유학자 고능선(高能善)에게서 유학의 가르침을 받았다. 특히 의리가 어떤 것인가를 강조한 고

---

1) 선우진 지음, 최기영 엮음, 『백범선생과 함께한 나날들』, 푸른역사, 2009, pp.330~331.
2) 孫世一, 「10만원권에 李承晩과 金九 초상화를 함께 넣자」, 《憲政》 2009년8월호, pp.27~32 참조.

능선의 가르침은 김구의 일생을 통한 행동윤리가 되었다.

고능선이 김창수에게 나라는 망하는데 최고학식을 가졌다는 산림학자들도 혀를 차며 한탄만 할 뿐 구국의 경륜이 있는 사람이 보이지 않는다면서 "나라가 망하는 데도 신성하게 망하는 것과 더럽게 망하는 것이 있는데, 우리나라는 더럽게 망하게 되겠네"라고 말했을 때에는 김창수는 놀라고 울면서 "망할 것으로 하여금 망하지 않게 할 방법은 없습니까?"라고 물었다.[3] 이렇게 위정척사파(衛正斥邪派)가 된 김구는 '망할 것으로 하여금 망하지 않게 할 방법'을 추구하는 데 일생을 바쳤다.

김구가 고능선을 만나서 위정척사의 가르침을 받은 그 해에 이승만은 배재학당(培材學堂)에 입학하여 선교사들로부터 영어와 신학문을 배우고 개화를 주장하는 열혈청년들과 교우했다. 고능선이 김구를 철저한 위정척사파로 훈도한 만큼 이승만이 개화파로 변신하는 데 직접적인 영향을 끼친 스승은 갑신정변 주동자의 한 사람으로 미국에 망명해 있다가 개화파 정부의 초청으로 귀국한 서재필(徐載弼)이었다.

이승만은 스물세살 나던 1897년에 배재학당을 졸업했다. 그는 졸업식에서 「조선의 독립」이라는 영어연설을 하여 참석자들의 갈채를 받았다. 이승만은 1898년1월에《협성회회보》를 창간한 데 이어 그해 4월에는《매일신문》을 창간했는데,《매일신문》은 한국 최초의 일간지였다. 그의 전기를 쓴 올리버(Robert T. Oliver)는 이승만의《매일신문》발행에 대하여 "이 작은 신문은 새 한국의 실질적 탄생이었다.… 그것은 곧 이승만의 정치경력의 참된 시작이었다"라고 썼다.[4] 올리버의 이러한 표현은 이승만 자신이 일간지 발행이 근대적 국민국가의 조건이라고 인식하고 있었음을 말해준다. 그것은 민족의 진정한 기원은 출판자본주의의 발흥과 대중적 자

---

3) 도진순 주해, 『백범일지 김구자서전』, 돌베개, 1997, pp.65~66.
4) Robert T. Oliver, *Syngman Rhee: The Man Behind The Myth*, Dodd Mead and Company, 1960, p.20.

국어 신문의 출현부터라는 베네딕트 앤더슨(Benedict Anderson)의 이론과 궤를 같이하는 것이어서 눈길을 끈다.[5]

그런데《매일신문》의 전신인《협성회회보》에 열강의 무리한 이권요구 사실을 폭로하여 외교문제로까지 비화한 뒤에 쓴 이승만의 다음과 같은 기명 「논설」은 이 시기 국민들의 국가의식이나 국민의식이 어떠했는가를 살펴보는 단서가 될 만하다.

그런고로 지금 우리가 내 물건 달라는 친구를 시비함이 아니라 이 백성 중에 몰라서 아는 체 못하는 자와 알고도 모르는 체하는 자의 죄와 책망이 더 큰지라. 우리는 바라건대 우리 동포들은 무슨 일을 물론하고 대한 일이라 하거던 다만 내 나라 일로만 알 것이 아니라 내 집안 일로 아시고 각히 생각하는 대로 서로 모여 쓸데없는 공론과 시비라도 좀 하여보시오.[6]

"대한 일"이라 하거던 "내 나라 일"로만 알 것이 아니라 "내 집안 일"로 알라고 역설한 것은 이때까지도 일반국민들의 의식 속에 국가나 국민보다는 가문을 더 소중히 생각하는 씨족주의 내지 가족주의 가치관이 훨씬 더 뿌리 깊이 온존되고 있었음을 말해 준다.

급진과격파로서 독립협회의 자주민권운동에 앞장섰던 이승만은 박영효(朴泳孝)의 쿠데타 음모사건에 연루되어 스물다섯살부터 무려 5년7개월 동안 감옥생활을 했다. 그가 감옥에서《제국신문(帝國新聞)》의 「논설」을 써 내보내고 『독립정신』을 저술하는 등 집필활동을 통하여 시작한 "조선의 독립" 문제와의 씨름은 평생의 과업이 되었다.

---

5) Benedict Anderson, *Imagined Communities: Reflections on the Origin and Spread of Nationalism*, Verso, 1991, pp.37~46.
6) 《협성회회보》 제12회 1898년3월19일자, 「논설」.

김구가 첫번째 감옥생활을 한 것은 국모(國母)시해에 대한 보복의 의기에서 조선인으로 변장한 일본 상인을 살해한 치하포사건 때문이었다. 감옥 안이 불결한데다가 찌는 듯한 더위로 장티푸스에 걸려 극심한 고통을 겪던 김구가 자살을 기도하여, 동료 죄수들이 잠든 틈을 타서 이마에 손톱으로 '충(忠)'자를 새기고 허리띠로 목을 졸라 숨을 잠시 끊은 사실은 그의 충군애국(忠君愛國)을 보여 주는 상징적인 행동이었다.

이러한 위정척사파 김구는 인천감옥에서 감리서 직원이 권하는 『태서신사(泰西新史)』,《세계지지(世界地誌)》 등 중국에서 번역 발행된 신서적을 읽고 개화파가 되었다. 김구는 신서적을 읽으면서 "의리는 유학자들에게 배우고 문화와 제도 일체는 세계 각국에서 채택하여 적용하는 것이 국가의 복리가 되겠다는 생각이 들었다"라고 회고했다.[7] 그런데 그것은 당시의 많은 개화파 지식인들이 주장하던 '동도서기론(東道西器論)'이었다고 할 수 있다. 이러한 김구의 세계 인식은 일생을 통하여 계속되었다. 그러한 사정은 국민에 대한 마지막 메시지가 된 「나의 소원」에서 "역대의 정치제도를 상고하면 반드시 쓸 만한 것도 많으리라고 믿는다"라고 주장하면서 조선시대의 홍문관(弘文館), 사간원(司諫院), 사헌부(司憲府)와 과거제도, 암행어사제도를 보기로 든 것으로도 짐작할 수 있다.

그러나 그것은 이승만의 표현을 빌리면 "서편 층계에 오르려 하면서 동편 줄을 당기고 놓지 못함과 같은" 일이었다. 이승만은 옥중에서 집필한 정치평론집 『독립정신』에서 다음과 같이 주장했다.

그런즉 우리 옛 법에 제일 긴하게 여기던 것도 다 버리고 변하야 새 것으로 대신하기를 작정할지니, 이렇듯 작정하고 밤낮으로 변하야

---

7) 『백범일지』, p.115.

사람과 집안과 나라가 낱낱이 새것이 되어 장차 일이십년 안에는 전국이 다 영미국같이 되게 우리 손으로 만들기를 일심으로 힘쓸진대 어찌 일본만 못할 것을 염려하리요.[8]

1920년 말에 이승만이 대한민국임시정부의 임시대통령으로서 상해를 방문할 때까지 이승만과 김구가 직접 만난 적은 없다. 『백범일지』에 이승만의 이야기가 처음 보이는 것은, 1911년에 김구가 신민회사건과 안명근(安明根)사건으로 15년 형을 선고받고 서대문감옥에서 두번째 감옥생활을 할 때에 이승만을 그리는 대목이다. 이 글에서도 『태서신사』를 언급한 것이 눈길을 끈다. 김구는 일찍이 이승만이 한성감옥서에서 감옥생활을 할 때에 서적실을 설치했던 일을 설명하면서 다음과 같이 썼다.

노역을 쉬는 날 서적고에 쌓인 각종 책자를 각 방에 들여보내 주는데, 그 가운데 이 박사의 손때와 눈물 흔적으로 얼룩진 '감옥서'라는 도장이 찍힌 『광학유편(廣學類編)』, 『태서신사』 등의 서적을 보았다. 나는 그러한 책자를 볼 때에 그 내용보다는 배알치 못한 이 박사의 얼굴을 보는 듯 반갑고 무한한 느낌이 있었다.[9]

3

이승만과 김구는 두 사람 다 기독교 신자였다. 이승만은 1899년에 한성감옥에서 심한 고문을 받고 죽음의 공포를 느끼면서, 김구는 1903년에 약혼녀를 잃은 공허함 속에서 기독교에 입교했다.
한국은 선교사가 들어오기 전에 청(淸)과 무역을 하던 의주(義州) 상

---

8) 리승만, 『독립정신』, 대동신서관, 1910, p.263.
9) 『백범일지』, p.254.

인들에 의하여 기독교가 전래되고 교회 운영도 한국인 교인 스스로의 힘으로 시작된 "세계에서 가장 성공한 선교지역"이었다.[10] 기독교에 입교할 무렵의 일을 이승만은 다음과 같이 썼다.

이 이야기의 가장 고무적인 부분은 예수가 다른 사람들의 구원을 위해 자신의 생명을 버린 데 있다.… 우리 각자는 예수가 다른 사람들의 구원을 위해 고통을 받았다고 믿었고, 예수가 당한 무고와 불의는 너무나 현실적이고 참된 것이어서 우리 각자가 이상스럽게도 가슴이 뜨거워지는 것을 경험했다. 우리는 기독교의 가르침이 진실이 아닐지라도 너무나 이기적이고 이기주의적이어서 동포들의 복지에 대해서는 전혀 무관심했던 우리 겨레의 심정에 변화를 줄 수 있는 유일한 종교라는 것을 굳게 믿었다.[11]

기독교가 "우리 겨레의 심정에 변화를 줄 수 있는 유일한 종교"라고 믿었다는 말은 이승만의 신앙은 처음부터 사회구원에 있었음을 말해 준다.

김구의 기독교 인식도 마찬가지였다. 김구는 기독교에 입교하는 사람들은 신앙심뿐만 아니라 애국사상도 갖게 되었다고 다음과 같이 썼다.

평안도는 물론 황해도에도 신교육의 풍조는 예수교로부터 계발되었다.… 예수교를 신봉하는 사람들은 대부분 중류 이하로, 실제 학문을 배우지는 못하였지만 선교사의 숙달치 못한 반벙어리말을 들은 사람은 신앙심 이외에 애국사상도 갖게 되었다. 당시에 애국사상을 지닌 대다수의 사람들이 예수교 신봉자임은 숨길 수 없는 사실이다.[12]

---

10) 장규식, 『일제하 기독교민족주의 연구』, 혜안, 2001, p.37.
11) 이승만, 「기독교선교와 한국의 독립운동」, 이정식 지음, 권기붕 옮김, 『초대대통령 이승만의 청년시절』, 동아일보사, 2002, p.101에서 재인용.
12) 『백범일지』, pp.185~186.

기독교는 이른바 자립적 중산층이 발달한 서북지방을 중심으로 급속히 전파되었다. 이승만은 한국인 가운데 일본 당국이 가장 두려워하는 사람들이 이 '자립적 중산층'인 교회지도자들이라고 설명했다. 그리하여 이들을 탄압하기 위하여 105인사건을 날조했다고 그는 주장했다. 이렇게 하여 기독교는 이승만과 김구의 민족주의의 중요한 사상적 기반이 되었다.

2. 한국민족주의의 역동성과 반일감정

1

한국민족주의의 역동성의 정서적 기반은 반일감정이다. 그런데 한말의 계몽운동을 주도했던 개화파 지식인들은 위정척사파 유생들의 의병운동과는 대조적으로 일본에 대하여 호의적이었다. 그것은 개화파 지식인들에게 일본은 자신들이 추구하는 자본주의적 근대성(capitalist modernity)의 모델국이었기 때문이다.[13] 그들은 한국과 중국도 일본을 모델로 자본주의적 근대성을 빨리 체득하여 동양 3국이 함께 새로운 동아시아의 협력 체제를 수립해야 한다고 생각했던 것이다. 그리하여 그들은 러일전쟁 때까지도 일본에 대하여 우호적이고 협력적이었다. 그랬다가 을사조약이 강제됨에 따라 일본의 '보호국'이 되고, 마침내 한일합병으로 국권을 상실하면서 개화파 지식인들의 일본 인식도 급변했다. 이러한 사정은 김구가 "과거 청일전쟁, 러일전쟁 때만 해도 한인의 일본에 대한 감정이 극히 우호적이었으나, 그 후에 강압조약이 체결됨에 따라 나쁜 감정이 점차 격증하였다"[14]라고 술회한 것으로도 짐작할 수 있다. 이러한 술회는 김구 자신의 태도도 그와 같은 것이었음을 시사한다.

이승만이 1899년에 투옥된 것은 일본에 가 있는 박영효(朴泳孝)의 쿠데타 음모에 연루되었기 때문이었다. 이때에 이승만은 대동합방론(大東合邦論)을 주장하는 사람들과 어울려 여러 번 비밀회동을 한 일이 있었다. 대동합방론이란 일본의 이른바 대륙낭인 다루이 도키치(樽井藤吉)의 책 이름으로서 일본과 한국이 대등한 입장에서 합방하여 '대동국(大東國)'을 구성하고, 이어 중국과 연합하여 서유럽 제국주의에 대항한다는

---

13) Andre Shmid, *Korea between Empires 1895~1919*, Columbia University Press, 2002, pp.1~22 참조.
14) 『백범일지』, p.207.

주장이었다.[15] 이승만은 이때 일을 그의 「자서전 초록」에 자신은 그때 너무 어리고 천진난만해서 일본에서 돌아온 친일 망명객들이 돈을 물 쓰듯이 쓰면서 미국 영향 아래 있는 한국 지도자들을 자기네 그룹으로 끌어들이려는 것을 눈치 채지 못했고, 일본인들은 민족주의파 지도자들과 재빨리 친교를 맺었다고 적어 놓았다.[16]

이승만이 반일주의자가 된 것은 1904년에 도미하여 시어도어 루스벨트(Theodore Roosevelt) 대통령을 만나고 나서 대학생활을 하는 한편 재미동포사회와 접촉하면서부터였다.

1908년9월에 샌프란시스코의 《공립신보(共立新報)》의 「논설」란에 기고한 이승만의 「일본이 기탄하는 일이 곧 우리의 행복된 일이라」라는 긴 논설은 이 시기에 그가 쓴 대표적인 반일론이었다. 이승만은 이 논설에서 일본을 한국의 '원수'라고 규정하고, "조선사람이 다 없어지든지 혹 완전히 성립하게 되든지 좌우간 끝나는 날까지 조일 양국 간에 결단코 평화가 없으리라"라고 전제하고, "지금 조선사람들이 이 중간에 처하야 바라며 힘쓸 것은 남을 시비하며 남을 해롭게 하는 데 있지 아니하고, 다만 나의 원수가 원할 일은 행치 말며 원수가 싫어할 일은 행할진대 그 원수가 스스로 손해를 받을지니, 이는 소리 없는 총으로 쏘는 것과 같다 할지라"라고 썼다.

그러고는 한국과 일본의 이해의 상반관계를 다음과 같은 여섯가지로 그 특유의 그럴듯한 수사법을 써서 설명했다.

(1) 조선의 여망은 일본의 은혜에 있지 아니하고 일본의 포악에 있다. 만일 어진 정사와 공평한 법으로 평등히 대접할진대 무식한 백성들이 다시는 나라를 생각하지 않을지 모르므로, 일본의 은혜는 곧 조선사

---

15) 韓相一, 『日本帝國主義의 한 硏究』, 까치, 1980, pp.26~33.
16) "Autobiography of Dr. Syngman Rhee" in George A. Fitch Papers, Yenching Institute, Harvard University, (unpublished), p.10.

람에게 비상[砒霜: 독약] 같은 것이다.

(2) 조선의 복은 일본이 약한 데 있지 않고 강한 데 있다. 일본이 계속 강성해져서 욕심을 부려야 세계에서 고립되고 조선의 친구가 많이 생길 것이다.

(3) 일본은 조선사람들이 어리석게 소동하는 것을 매우 원한다. 내지로 말하면 의병이다. 그것은 실효도 없고 백성들을 괴롭혀 그들로 하여금 도리어 일본의 보호라도 받아서 편안히 살기를 원하게 만든다.

(4) 일본이 가장 꺼리는 것이 외국에 나오는 조선학생들이다. 미국에 나와 있는 학생들의 임무가 막중하다.

(5) 조선사람들이 동심 합력하여 한 조직사회를 이루어 서로 따르고 서로 보호하게 되는 것을 일본은 가장 두려워하고, 편당을 지어서 서로 다투는 것을 일본은 제일 기뻐한다.

(6) 조선에 기독교가 전파되는 것을 일본은 극히 싫어한다. 기독교는 정치와 도덕과 사회의 개량에 큰 기초가 될 뿐 아니라 각국인들이 조선과 친밀한 유대를 맺게 하기 때문이다.[17]

일본통감부는 이승만의 이 「논설」이 치안을 방해하는 것이라고 하여 「논설」이 실린 《공립신보》의 국내 판매와 배포를 금지하고 모두 압수했다.[18]

그런데 이 시기의 독립운동의 다른 한 큰 흐름인 의병운동을 이승만이 이처럼 "어리석게 소동하는 것"이라고 간단히 단정한 것이 눈길을 끈다.

이 무렵에는 김구도 의병운동에 대하여 이승만과 비슷한 생각을 하게 되었다. 서대문 감옥에는 의병활동을 하다가 수감된 사람들이 많았는데, 이들을 처음 만났을 때의 일을 김구는 "차례차례 인사를 하며 물어보

---

17) 우남, 「論說: 일본이 기탄하는 일이 우리의 행복될 일이라」, 《共立新報》 1908년9월2일자.
18) 國史編纂委員會 編, 『統監府文書(8)』, 國史編纂委員會, 1999, pp.251~252.

니 혹은 강원도 의병의 참모장이니 경기도 의병의 중대장이니 하여 대부분 의병 두령이고 졸병이라는 사람은 보지 못했다. 처음에는 극히 존경하는 마음으로 교제를 시작했으나 얼마 되지 않아 마음 씀씀이와 행동거지가 순전한 강도로밖에 보이지 않았다. 참모장이라 하는 사람이 전략이 무엇인지조차 알지 못할 뿐 아니라 의병을 일으킨 목적이 무엇인지, 국가가 무엇인지도 모르는 사람이 많았고, 당시 무기를 가지고 여러 마을을 횡행하면서 만행한 것을 잘한 일처럼 큰소리쳤다"라고 써 놓았다.[19]

2

김구의 애국심과 항일정신은 일본의 한국병탄 과정에서 경험한 일본인들의 혹독한 고문과 옥중생활에서 연마되었다. 안명근(安明根)사건에 관련된 혐의로 끌려가 몇차례 기절을 할 만큼 고문을 당하면서 밤새껏 조사를 받던 때의 이야기를 김구는 다음과 같이 감동적으로 써 놓았다.

(나를) 세 놈이 마주 들어다가 유치장에 눕힐 때에는 이미 동창이 밝았다. 내가 신문실에 끌려가던 때는 어제 해 진 뒤였다. 처음에 성명부터 신문을 시작하던 놈이 불을 밝히고 밤을 새우는 것과 그놈들이 온 힘을 다해 사무에 충실한 것을 생각할 때에 자괴심을 견딜 수가 없었다. 나는 평소에 무슨 일이든지 성심껏 보거니 하는 자신도 있었다. 그러나 나라를 남에게 먹히지 않게 구원하겠다는 내가 남의 나라를 한꺼번에 삼키고 되씹는 저 왜구와 같이 밤을 새워 일한 적이 몇번이었던가 스스로 물어보니, 온몸이 바늘방석에 누운 듯이 고통스러운 와중에도 내가 과연 망국노(亡國奴)의 근성이 있지 않은가 하여 부끄

19) 『백범일지』, pp.241~242.

러운 눈물이 눈시울에 가득 찼다.[20]

이러한 술회는 김구의 애국심의 극치라고 할 수 있을 것이다. 그리하여 감옥생활을 시작하면서는 "육체로는 복역을 하나 정신으로는 왜놈을 짐승처럼 여기고, 쾌활한 마음으로 죽는 날까지 낙천생활을 하기로 했다"고 한다. 그리고 출옥할 가능성이 보이자, 다시 세상이라는 바다에 던져지면 일본인들의 회유나 협박에 변질될 것을 염려하여 이름 거북 구(龜) 자를 아홉 구(九)자로 고치고 호를 '백범(白凡)'으로 고쳤다. 이름을 고친 것은 일본의 호적에서 벗어나겠다는 의지의 표시였고, 호를 백범이라고 고친 것은 우리나라 하등사회, 곧 백정과 범부(凡夫)라도 애국심이 현재의 자기 정도는 되어야 완전한 독립국민이 되겠다는 생각에서였다.[21]

이승만은 신념의 인간이었다. 그의 신념도 애국심에서 우러나는 것이었다. 이승만은 자신의 전기를 쓰는 올리버에게 "당신은 내가 환경보다는 신념에 지배되는 사람이라는 것을 이해하지 않는 한 나를 제대로 표현하지 못할 것이오"라고 말했다. 그러고는 웃음을 지으면서 "물론 그 때문에 곧잘 곤경에 처하게 되지만 말이오" 하고 덧붙였다.[22]

김구가 이름을 바꾸기까지 하면서 한 결심이나 이승만의 신념이란 곧 나라를 사랑하는 방법을 뜻하는 것이었다.

1919년의 3·1운동은 한국역사상 처음으로 지도층과 민중이 합세하여 봉기한 민주주의 혁명이었다. 그리고 그것은 세계적으로 인구에 비하여 가장 많은 비율의 국민들이 봉기에 참여했다는 점에서 제국주의시대의 민족독립운동 가운데 기념비적 사건이었다.

3·1운동이 국내뿐 아니라 해외의 동포사회로까지 확산되고 있던 3

---

20) 『백범일지』, p.221.
21) 『백범일지』, pp.237~238, p.267.
22) Robert T. Oliver, *Syngman Rhee and American Involvement in Korea 1942-1960*, Panmun Book Company LTD, 1978, p.390.

월과 4월 사이에 국내외의 열아홉곳에서 임시정부가 선포되었다. 안창호(安昌浩), 여운형(呂運亨) 등은 명의유지의 어려움을 내세워 정부조직보다는 정당조직을 주장했지만 독립을 선포했으므로 정부를 수립하는 것이 마땅하다는 것이 독립운동자들의 전반적인 생각이었다. 여러 임시정부들은 1919년10월까지는 모두 상해의 대한민국임시정부로 통합되었다.

27년 동안의 임시정부활동 가운데 가장 획기적인 사건은 이봉창(李奉昌)의 일본 천황에 대한 투탄사건과 윤봉길(尹奉吉)의 홍구공원 폭파사건이었다. 그런데 이 두 사건은 모두 일본 천황과 관계된 사건이라는 점에서 상징성이 크다. 일찍이 인천감옥에서 이마에 '충'자를 새기고 자결할 만큼 근왕사상의 소유자였던 김구는 일본 천황의 권위에 대한 공격이 갖는 의미를 매우 크게 인식했던 것이다.

홍구공원 폭파사건이 있은 뒤에 처음으로 김구와 장개석(蔣介石)의 회담이 이루어졌다. 회담이 있은 이튿날 장개석의 핵심참모인 진과부(陳果夫)가 김구를 초청한 자리에서 "특수공작으로 천황을 죽이면 천황이 또 있고 대장을 죽이면 대장이 또 있지 않소?"라고 말했다고 하는데,[23] 그것은 일본인들로부터 '현인신(現人神)'으로까지 숭앙되고 있던 천황의 정치적 권위를 과소평가한 말이었다. 김구의 이러한 인식은 개화파가 된 뒤에도 그의 애국심은 기본적으로 근왕주의에 바탕을 두고 있었음을 말해 준다.

이에 반하여 이승만의 애국심은 공화주의 애국심이라고 할 만한 것이었다. 이승만은 조선왕조와 자신의 관계를 다음과 같이 썼다.

만일에 16대 전의 나의 선조[양녕대군(讓寧大君)]가 그렇게 관대하게 왕위 계승권을 동생에게 넘겨주지 않았더라면 나는 고종의 위치에

---

23) 『백범일지』, p.356.

놓여졌을지 모른다. 그런데 우리나라는 고종 치하에서 독립을 빼앗겼다. 그래서 나와 이씨 왕족의 먼 관계는 나에게는 영예가 아니라 치욕이다. 그러한 관계로 나는 성을 바꿀 수 있는 것이라면 바꾸어 버리기라도 하겠다.[24)]

올리버는 이승만의 가계에 대하여 "이승만의 가계는 다년간 그의 울분의 대상이었고 또 어떤 점에서는 핸디캡이기도 했다"라고 기술했다.[25)]

이승만은 1904년11월의 제1차 도미 때에 고종이 은밀히 궁녀를 보내어 부르는 데도 응하지 않았다. 이때의 일에 대해 이승만은 뒷날 자서전 초록에서 "나는 황제의 부름을 거절함으로써 굉장히 좋은 기회를 잃었는지 모른다. 그러나 나는 황제를 알현하기를 거부한 것에 대하여 후회해 본 일은 없다"라고 적어 놓았다.[26)]

미국유학을 마치고 6년 만에 귀국한 이승만은 개구일성으로 귀국해 보니까 "세가지 시원한 것"이 있다는 말을 하여 사람들을 깜짝 놀라게 했다. 그가 말한 세가지 시원한 것이란 첫째로 임금 없어진 것, 둘째로 양반 없어진 것, 셋째로 상투 없어진 것이었다.[27)] 비운의 황제 고종이 일본의 강압으로 제위에서 물러난 지 두달도 채 되지 않은 시점이었다. 이승만의 이러한 행동은 황해도 신천군의 동산평에 있던 김구가 고종의 승하 소식을 듣자 안악읍으로 나가서 추도식을 거행하려고 한 것이나,[28)] 해방되고 귀국한 뒤에 일찍이 고종이 자신의 사형집행을 중지시켜 주었다고 하여 홍릉[洪陵: 고종의 능]을 참배한 것 등의 행동과는 사뭇

24) "Autobiography of Dr. Syngman Rhee", p.3; 「청년이승만자서전」, 이정식 지음, 권기붕 옮김, 앞의 책, p.427.
25) Robert T. Oliver, *Syngman Rhee: The Man Behind The Myth*, p.7; 「청년이승만자서전」, 이정식 지음, 권기붕 옮김, 앞의 책, p.249 역주 참조.
26) "Autobiography of Dr. Syngman Rhee", p.3; 「청년이승만자서전」, 이정식 지음, 권기붕 옮김, 앞의 책, p.277.
27) 金一善, 「李承晩博士는 運身都是熱」, 《開闢》1925년8월호, p.19.
28) 姜德相 編, 『現代史資料(25) 朝鮮(一) 三·一運動(一)』, みすず書房, 1965, p.79.

대조적이다.

3

이승만의 반일론 가운데 가장 돋보이는 것은 을사조약의 강제로 한국이 일본의 '보호국'이 된 것이 제2차 세계대전의 원인이 되었다고 갈파한 점일 것이다. 이승만은 제국주의 일본은 한국을 병탄함으로써 세계정복을 꿈꿀 수 있게 되었고, 또 그것은 미국정부가 1882년에 조선과 체결한 조미수호통상조약에 규정된 '거중조정(good offices)'의 의무를 이행하지 않았기 때문에 가능했다고 주장했다.[29] 그러므로 미국정부는 1882년의 조약상의 의무에 따라 대한민국임시정부를 승인하라고 독립운동 기간 내내 이승만은 줄기차게 요구했다.

이승만과 상해임시정부는 항일독립투쟁의 방법을 두고 갈등을 빚었다. 이승만은 미국정부와 미국인들을 상대로 하는 외교선전활동의 중요성을 강조했고, 상해임시정부는 당장 대일무력투쟁을 전개할 것을 주장했다. 상해임시정부는 1920년을 '독립전쟁의 해'로 선포하고, 압록강 대안에 광복군사령부를 설치할 계획을 추진하기까지 했다.

이와 관련하여 이승만과 국무총리 이동휘(李東輝)가 주고받은 편지는 두 방법에 대한 인식의 차이가 사실은 그다지 크지 않았음을 보여 주는 것이어서 흥미롭다. 이동휘는 1919년11월에 임시정부의 당면문제 세가지를 묻는 편지를 이승만에게 보냈는데, 그 가운데 '대정방침(大政方針)'에 대하여 "각하는 우리 독립이 국제연맹에 대한 요구에 있다 하시나이까, 아니면 최후 철혈주의로 해결되리라 하시나이까" 하고 묻고, "나는 아직도 세상이 야심판이요 더군다나 왜노(倭奴)의 독종이 그리 고맙게 양심대로 우리 독립을 순하게 승인하리라 믿지 아니하므로 언제든지 우

---

29) Syngman Rhee, *Japan Inside Out: The Challenge of Today*, Freming H. Revell Company, 1941, pp.24~25.

리는 최후 일인이 다 죽기까지 견확[堅確: 견고하고 확실함]한 마음으로
나가야 독립의 날이 있을까 하나이다"라고 덧붙였다. 그러고는 그것이
옳다고 생각한다면 그것에 대한 시기, 위치, 준비는 어떻게 해야 할지 지
시해 달라고 썼다.[30]

이승만은 1920년1월에 "우리는 당초에 강화회의나 국제연맹에 희망
을 건 바는 없었소이다. 지금도 국제연맹을 은근히 반대하야 미국 상원
의원들을 상대로 운동하는 바이나, 외교상응 행사에 대하여는 유감이 없
기를 도모하오이다. 우리의 만세 독립을 어찌 불로이득(不勞而得)하리
요. 조만간 우리가 최후수단을 사용한 뒤에야 국토를 회복할 수 있고 회
복하더라도 완전한 기초가 설지라. 이에는 형과 내가 이견이 도무지 없소
이다"라고 전제하고 다음과 같이 썼다.

> 그러나 최후 운동에는 준비가 없고는 될 수 없나니, 형과 유동열
> (柳東說) 및 제우가 원동에서 이를 준비하시고 저는 이곳에서 미국 인
> 심을 고동하려 함이 미국인들로 하여금 우리를 위하여 힘을 쓰기를
> 바람이 아니오, 다만 미국인의 배일상태가 수시로 증가한 즉 그 배일
> 열이 극도에 달하면 우리는 금전도 얻을 수 있고 그 밖의 긴용물도 얻
> 을 수 있는지라. 이를 얻으면 내세외기(內勢外機)를 응하여 착수하게
> 될지니 저는 이러한 의견으로 있소이다. 차제에 우리가 위험사를 행함
> 은 대사에 무익이고 여전히 시위운동으로 계속하면 각국 신문계에서
> 방사원(訪事員: 기자)을 파송하야 실정을 광포하겠소이다. 근일에도
> 한명은 상해로부터 경성에 갔고 또 한명은 이곳에서 떠났소이다.…[31]

---

30) 「李東輝가 李承晩에게 보낸 1919년11월29일자 편지」, 尹炳奭 編, 『誠齋李東輝全書(上)』, 독
   립기념관 한국독립운동사연구소, 1989, pp.44~45.
31) 「李承晩이 李東輝에게 보낸 1920년1월28일자 편지」, 『梨花莊所藏 雩南李承晩文書 東文篇
   (十六) 簡札 1』, 中央日報社·延世大學校現代韓國學研究所, 1989, pp.164~165.

결국 국토 회복은 최후 결전에 의해서만 가능하지만 그동안은 미국인을 상대로 선전활동으로 준비를 해야 한다는 것이었다.

1920년12월에 상해에 간 이승만은 1921년2월에 미국의 제도를 본떠서 임시의정원에 대통령교서를 보냈는데, 그는 이 교서에서 민병제(民兵制)를 실시할 것을 제안했다. 이때에 이승만이 제안한 민병제란 "우리의 성공이 결국은 무력에 있고 무력의 승리는 준비에 있는지라. 우리나라의 지금의 형편으로는 대략 민병제를 채용함이 가할지니, 국내 국외의 일반 인민이 각기 소재지에서 직업에 종사하는 여가에 병사를 연습하며 무기도 가급적 각자 구득하였다가 시기를 승하야 정식 선전(宣戰)으로 일제히 결전할지며…"라는 것이었다.[32]

고대하던 태평양전쟁이 가까웠음을 느낀 이승만은 1939년 말에 하와이를 떠나 워싱턴으로 이사했다. 그리고 1941년 봄까지 거의 1년 반 동안 군국주의 일본을 비판하는 『일본내막기: 오늘의 도전(*Japan Inside Out: The Challenge of Today*)』을 집필하는 데 전념했다. 이때부터 1945년10월에 어렵사리 귀국할 때까지 이승만은 워싱턴에서 활동했다.

1882년의 조미수호통상조약 문제는 『일본내막기』에서 자세히 논급되었다. 이승만은 1910년에 일본이 한국을 병탄하기까지의 경위를 설명하면서 "이 국제적인 강도행위는 필요할 때에는 한국을 돕겠다고 엄숙하게 약속한 세계 문명 국가들의 전폭적인 지지와 승인 아래 일본에 의해서 자행되었다"라면서, 미국은 1882년에 체결한 조미수호통상조약에 따른 '거중조정'을 한국을 위해서가 아니라 1905년에 "부정하고 강압적으로" 한국을 보호국으로 만드는 일본을 위해서 행사했다고 미국정부를 신랄하게 비판했다.[33] 노벨문학상 수상자 펄 벅(Peal Buck) 여사는 이 책을 "무서운 책"이라고 격찬했고, 이승만은 프랭클린 루스벨트(Franklin D.

---

32)《독립신문》 1921년3월5일자, 「大統領의 敎書」.
33) Syngman Rhee, *op. cit.*, pp.24~25; Robert T. Oliver, *Syngman Rhee: the Man Behind the Myth*, pp.186~187.

Roosevelt) 대통령 내외와 국무부 장관 헐(Cordell Hull), 육군부 장관 스팀슨(Henry L. Stimson), 국무부 극동국의 특별성치고문 혼벡(Stanly K. Hornbeck)에게 이 책을 증정했다.

그러나 『일본내막기』는 "나는 이 책을 세상에 내어 놓는 동기가 전쟁을 위해서가 아니라 평화를 위한 것임을 먼저 밝힌다"라는 첫 문장에서 보듯이 전쟁을 부추기기 위해서 쓴 책은 아니었다. 그보다는 오히려 미국인들에게 일본 군국주의의 실상과 야망을 인식시키고 그럼으로써 미국으로 하여금 일본을 미리 견제하여 전쟁을 방지하고자 하는 의도에서 집필한 책이었다. 그러나 1941년12월7일에 일본의 기습적인 진주만 공격으로 마침내 태평양전쟁이 발발하자 이 책은 이승만으로 하여금 '예언자'라는 평을 듣게 했다.

4

이승만은 1942년11월 말에 미국에 머물고 있던 호세택(胡世澤, Victor Hoo)으로부터 대한민국임시정부의 당면 목표와 궁극적인 목적을 알려달라는 편지를 스태거스(John W. Staggers) 변호사를 통하여 받았다. 1933년에 이승만이 국제연맹 외교를 위하여 제네바에 갔을 때에 스위스 주재 공사로서 이승만을 도왔던 호세택은 이때에 국민정부 외교부의 상무차장 임명을 앞두고 있었다.

이승만은 12월5일에 호세택에게 보낸 편지에서 대한민국임시정부의 당면 목표는 (1) 광복군의 적절한 무장, (2) 극동지역에 있는 한국인 인적 자원의 동원을 통한 광복군 증강, (3) 한국 내외의 첩보망 조직을 통한 사보타지와 파괴활동이라고 썼다. 그리고 궁극적인 목적은 일본 군국주의 체제의 완전한 해체이며, 그 뒤에는 다음과 같은 조치들이 뒤따라야 한다고 기술했다. 그것은 (1) 현재 한국에 거주하는 수사관들의 추방, (2) 일본에서 노역에 동원되고 있는 한국인들의 송환, (3) 일본인들이 약탈해 간 서적, 문서, 예술품의 반환, (4) 일본인들의 어업, 운항(항해 및 항공), 상업의 제한, (5) 대마도(對馬島)의 반환, (6) 지난 37년 동안의 약탈과 앞으로 있을 군사행동으로 발생할 파괴에 대한 배상의 여섯가지였다.[34]

이 요구사항들은 정부수립 이후에 국교 정상화를 위한 한일회담 때에 대부분 한국정부가 요구한 기본 항목에 포함되었는데, 특히 대마도의 영유권문제는 이승만이 귀국한 뒤에도 연합국의 대일평화조약 체결에 앞서 공식으로 여러 차례 주장했다.

이승만이 대통령으로 재임하는 12년 동안 한국과 일본은 국교를 정상화하지 못했다. 그 기간에 이승만이 일본에 대하여 취한 조치 가운데 가장 유명한 것은 6·25전쟁 중인 1952년1월18일에 전격적으로 선포한 「인접 해양의 주권에 대한 대통령 선언」이었다. "평화선" 또는 "이승만 라인"이라고 일컫는 이 선언은 샌프란시스코 대일평화조약에 따라 철폐될 운명에 놓인 "맥아더 라인(MacArthur Line)"을 한국정부가 당분간 존속시킬 것을 요구한 데 대해 일본과 미국이 부정적인 태도를 보였기 때문에 취해진 대응조치였다. "맥아더 라인"이란 연합국의 일본점령시대에 맥아더 사령부가 설정한 일본 어선의 조업구역을 획정한 선이었다. 독도는 맥아더 라인 밖에 있었다. 이승만의 해양주권선언은 1945년9월28일에 트루먼 대통령이 선포한 대륙붕과 수산자원 보호수역에 관한 선언을 본뜬 것으로서, 한반도 근해의 어업자원 보호가 직접적인 목표였다. 이 선언에 대한 국제적인 비난 여론이 일자 이승만은 2월2일에 부연성명을 발표하고 "획정선을 설치하는 주목적이 양국 간의 평화유지에 있는 만치 일본은 응당히 제의에 동의할 줄 안다"면서 다음과 같이 말했다.

"과거 40년간 한국해역에서의 어업은 일본이 전적으로 독점적 우

---

34) 『韓國獨立運動史 資料(25) 臨政篇Ⅹ』, 國史編纂委員會, 1994, pp.248~249; Robert T. Oliver, *Syngman Rhee: The Man Behind the Myth*, pp.186~187.

세로 지배하여 왔기 때문에 한국의 어업자들은 크게 실의하여 왔다. 그러나 이제 우리는 과거의 나쁜 감정을 다 씻어 버리고 일본과 공존 하기를 원하는 바이다. 그러나 한일 간의 상호 이익되는 관계를 가 지려는 우리의 여러 가지 진정한 노력에도 불구하고 아직 욕심을 버 리지 못한 일인들은 맥아더선을 넘어오기가 무수하였으며, 더욱이나 다수 일본 어선은 우리의 연안까지 침입하여 와 가지고 우리의 해중 자원을 불법으로 빼앗아가고 있다. 우리는 이것을 그냥 참을 수 없 으며 그들을 이제 막지 않는다면 양국 간의 충돌은 불가피하게 되지 않을까 염려된다. 양 인방 간의 불행한 사건을 방지하기 위해서는 양 국이 합의하는 공평히 그어진 획정선이 극히 필요하였던 것이다. 맥 아더선 때와 마찬가지로 이번에도 일인들이 현 사태를 충분히 이해 하고 우리와 우호적인 협의를 가지기를 바란다.…"35)

이승만이 평화선을 선포할 즈음에는 도쿄에서 재일한인의 법적 지위 와 처우문제를 의제로 한 한일회담이 열리고 있었는데, 이승만은 회담 의 부수석대표로 예비회담에 참가하고 있는 하와이 주재 총영사 김용식 (金溶植)을 임시수도 부산으로 불러 회담의 진행상황을 보고받았다. 이 승만이 김용식에게 "그래 일인들에게 맥아더 라인에 대해 무어라 말하겠 어?" 하고 따져 묻자 김용식은 "어족보호의 국제 선례를 들어 양국 사이 의 맥아더 라인 같은 장치가 필요하다고 말하겠습니다"라고 대답했다. 그러자 이승만은 짜증스러운 표정을 지으며 "내가 그렇게 설명했는데 못 알아들어? 일인에게 분명히 이렇게 말하게. Whether you like it or not, we will maintain it.(당신들이 좋아하든 좋아하지 않든 간에 우리는 그것 을 유지하겠다)이라고" 하고 말했다.

이러한 이야기는 이승만의 일본 인식이 얼마나 완강했는지를 알 수

---

35) 「隣接海洋主權宣言에 對하여 敷衍」 1952.2.8., 『大統領李承晩博士談話集(第一輯)』, 公報處, 1953, p.150.

있다. 이러한 협상방법은 이승만이기에 가능했을 것이다. 이때에 이승만은 일흔일곱살이었다.

이승만은 일인들이 약탈해 간 문화재의 반환문제 등을 설명하면서, "우리가 이렇게 말하면 일인들은 이런 대답을 할걸세. 그러면 우리는 이렇게 말해야 돼" 하고 교섭방법에 대해서까지 자세히 지시했다.[36]

---

36) 金溶植, 『새벽의 약속』, 김영사, 1993, p.95.

3. 건국이데올로기로서의 반공주의

1

　20세기는 공산주의의 시대였다. 그리고 공산주의는 일찍이 볼 수 없었던 전투적인 이데올로기였다. 1917년10월의 볼셰비키혁명을 통하여 역사상 처음으로 한 나라의 정권을 장악한 공산주의는 1920년대에는 세계 식민지 민족해방운동의 가장 강렬한 복음이 되었다. 국내외를 막론하고 독립운동자들 사이에서 공산주의는 마치 19세기 말에 기독교가 전파되듯이 들판의 불길처럼 전파되었다. 상해임시정부의 경우도 예외가 아니었다. 그런데 그러한 상황 속에서 공산주의와 가장 치열하게 대결한 독립운동가가 다름 아닌 이승만과 김구였다는 사실은 특기할 만하다.

　상해임시정부가 미국식 민주주의 신봉자인 이승만을 대통령으로 하고 볼셰비키의 지원을 받는 이동휘를 국무총리로 하는 연립정부로 출발했다는 사실이 한국 독립운동의 이데올로기에 따른 파쟁성을 예고했다. 파리강화회의와 국제연맹을 통하여 한국의 독립을 기대할 수 없다는 것이 명백해지자 한국 독립운동자들은 볼셰비키정부의 지원을 얻기 위해 경쟁적으로 움직였다. 임시정부는 포타포프(Alexsei Potapov)라는 러시아 장성과 협의한 끝에 1920년1월의 국무회의에서 안창호계의 안공근(安恭根)과 이동휘계의 한형권(韓馨權), 그리고 여운형 세 사람을 볼셰비키정부의 지원을 교섭하기 위하여 모스크바에 파견하기로 결의했다. 그러나 이동휘는 4월 중순에 한형권 한 사람만 몰래 모스크바로 보냈다. 그리고 6월에 러시아공산당에서 파견된 보이틴스키(Gregorii N. Voitinski)와 함께 상해에 한국공산당[한인공산당, 고려공산당, 대한공산당 등으로 불렸음]을 조직했다. 이어 7월에는 시베리아의 이르쿠츠크에서 또 하나의 한인공산당이 조직되었다. 흔히 전자를 상해파 고려공산당, 후자를 이르쿠츠크파 고려공산당으로 불렀다. 북경대학 문학부장 진독수(陳獨秀) 등 중국 지식인 그룹에 의하여 중국공산당이 조직되는 것은 그로부터 1년 뒤인 1921년7월의 일이다.

이때의 일로 흔히 거론되는 유명한 에피소드가 있다. 그것은 국무총리 이동휘와 경무국장 김구 사이에 있었던 다음과 같은 논쟁이다.

어느 날 이동휘는 김구에게 공원 산보나 같이 하자고 불러, 김구에게

"나를 좀 도와주시오"

하고 말했다.

김구는 이동휘가 자기에게 무슨 유감이 있어서 하는 말로 들려서

"제가 경무국장으로서 총리를 경호하는 터에, 직책상 무슨 잘못된 일이 있습니까?"

하고 물었다. 이동휘는 손을 저으면서 그런 것이 아니라고 말하고, 다음과 같이 김구를 설득했다.

"대저 혁명이란 유혈사업으로서 어느 민족에게나 대사인데, 현재 우리의 독립운동은 민주주의혁명에 불과하오. 따라서 이대로 독립을 한 후 또다시 공산혁명을 하게 되니, 두번 유혈은 우리 민족에게도 큰 불행이오. 그러니 적은이('아우님'이라는 뜻)도 나와 같이 공산혁명을 하는 것이 어떠하오?"

김구가 물었다.

"우리가 공산혁명을 하는데 제3국제당(코민테른)의 지휘 명령을 받지 않고 독자적으로 할 수 있습니까?"

그러자 이동휘는 고개를 저으면서 "불가능하오"라고 대답했다.

이에 대해 김구는 다음과 같이 단호하게 말했다.

"우리 독립운동이 우리 한민족의 독자성을 떠나서 어느 제3자의 지도 명령의 지배를 받는다는 것은 자존성을 상실한 의존성 운동입니다. 선생께서 우리 임시정부 헌장에 위배되는 말을 하심은 크게 옳지 못하니, 저

는 선생의 지도를 따를 수 없으며 선생의 자중을 권고합니다."[37)

요컨대 김구는 코민테른의 지휘 명령을 받아 독립운동을 한다는 것은 민족의 자주성에 위배되는 것이어서 반대한다는 것이었다.

이 무렵 이동휘는 또 이승만에 대해서는 "아직 사회주의의 소양이 없어서 식견이 미국의 정치제도를 넘지 못하여 진정한 평등과 자유의 원리를 깨우치지 못한 듯하다"고 사람들에게 말했다고 한다.[38)

1920년6월 초에 모스크바에 도착한 한형권은 임시정부의 전권대사 자격으로 볼셰비키정부와 교섭을 벌여 40만루불(20만달러)을 지원받았고, 그 가운데 30만루불이 1920년 말부터 1921년3월 사이에 상해로 반입되었다. 그것은 상해의 독립운동자들 사회에서는 엄청난 자금이었다. 이때는 이승만이 상해에 머물고 있을 때였는데, 자금이 도착하자 이동휘는 국무총리직을 사임하고 임시정부를 떠났다. 그리고 그 자금은 임시정부에 전달되지 않고 공산주의자들의 활동자금으로 사용되었다.[39)

처음 임시정부가 한형권을 모스크바에 파견한 사실은 미국에 있는 이승만에게는 보고도 하지 않았기 때문에 이승만은 별도로 이희경(李喜儆)을 임시정부의 특사로 모스크바에 파견할 계획을 세웠으나 실현되지는 않았다. 그랬다가 이승만이 상해에 가 있던 1921년5월16일의 국무회의에서 모스크바에 다시 가 있는 한형권을 즉시 소환하기로 결의하고 이희경(李喜儆)을 임시정부의 대소전권대표로 임명하여 안공근과 함께 모스크바로 보냈다. 그러나 소련은 이희경의 차관교섭에 응하지 않았다. 반대로 한형권은 20만달러의 2차 지원금을 받아서 상해로 왔다. 그 자금은 1923년1월부터 다섯달 동안이나 상해에서 열린 국민대표회의의 경비로 사용되었는데, 회의는 안창호를 중심으로 임시정부를 개혁할 것을 주

37) 『백범일지』, p.310.
38) 「張鵬이 李承晩에게 보낸 1920년8월21일자 편지」, 『대한민국임시정부자료집(42) 서한집Ⅰ』, 국사편찬위원회, 2011, pp.155~156.
39) 고정휴, 「상해임시정부의 초기 재정운용과 차관교섭: 임시대통령 이승만의 역할을 중심으로」, 《韓國史學報》 제29호, 고려사학회, 2007, pp.222~226.

장하는 이른바 개조파와 새로 임시정부를 수립할 것을 주장하는 공산주의자들 중심의 이른바 창조파로 맞서 분열되고 말았다. 이승만과 김구는 이 국민대표회의에 반대였다. 김구는 이때의 국민대표회의에 대해 다음과 같이 간단명료하게 기술해 놓았다.

> 상해에서 개최한 국민대표회의는 '잡종회'라고 부를 만한 모임이었다. 이 회의에 참석하기 위해 일본, 조선, 중국, 러시아 등 각처에서 한인단체 대표로 200여명이 각양각색의 명칭으로 모여들었다. 그중 이르쿠츠크파 공산당과 상해파 공산당이 서로 경쟁적으로 민족주의자 대표들을 분열시켜, 이르쿠츠크파는 임시정부 창조를, 상해파는 개조를 각각 주장하였다. 이른바 창조파는 현 임시정부를 취소하고 새로 정부를 조직하자는 것이고, 개조파는 현 정부를 개조하자는 것이었다. 결국 하나로 의견을 통일시키지 못하여 회의가 분열되었다. 창조파에서는 '한국정부'를 조직하고 그 정부의 외무총장인 김규식(金奎植)이 이른바 '한국정부'를 이끌고 블라디보스토크까지 가서 출품하였지만, 러시아가 허용하지 않으므로 계획이 무산되었다.
>
> 국민대표회의에서 양파 공산당이 서로 투쟁하니 순진한 독립운동자들까지도 양파 공산당으로 나뉘어져 혹은 창조, 혹은 개조를 주장하여 전체가 요란하게 되었다. 이런 까닭에 내가 내무총장의 직권으로 국민대표회의의 해산령을 발표하니 비로소 시국이 안정되었다.[40]

이렇게 하여 결국 모스크바 자금은 한국 독립운동을 발전시키기보다는 오히려 분열을 촉진시키는 결과를 낳고 말았다.[41] 이때부터 임시정부는 민족주의자들만의 독립운동기관이 되었다.

---

40) 『백범일지』, pp.312~313.
41) 고정휴, 앞의 글, p.237.

이승만은 일생 동안 말과 글로 독립운동을 했고, 1920년대에는 자신이 발행하는《태평양잡지》를 통하여 공산주의를 이론적으로 비판하는 글을 여러 편 썼는데, 그 가운데 현재 세편이 전해지고 있다. 대표적인 것이《태평양잡지》1923년3월호에 실린「공산당의 당 부당」이라는 글이다.

이 글에서 이승만은 먼저 공산주의가 인민의 평등주의를 주장하는 것은 타당한 주장이라고 평가했다. 프랑스혁명과 미국의 독립으로 여러 천년에 걸친 인간의 불평등이 제도적으로 철폐되기는 했지만 빈부의 격차로 말미암아 실제로는 노예생활과 다르지 않는 불평등이 존재한다고 주장하면서, "공산당의 평등주의가 이것을 없이하야 다 균평하게 하자 함이니, 어찌하야 이것을 균평히 만들 것은 딴 문제이어니와 평등을 만들자는 주의는 대저 옳으니 이는 적당한 뜻이라 하겠고"라고 썼다.

그러고는 공산주의의 부당한 주장으로 (1) 재산을 나누어 가지자 함, (2) 자본가를 없이하자 함, (3) 지식계급을 없이하자 함, (4) 종교단체를 혁파하자 함, (5) 정부도 없고 군사도 없으며 국가사상도 다 없이한다 함이라는 다섯가지를 열거했다. 그 가운데 가장 돋보이는 것은 자본가를 없이하자는 주장에 대한 비판이었다.

모든 부자의 돈을 합하여다가 공동히 나누어 가지고 살게 하면 부자의 양반 노릇 하는 폐단은 막히려니와, 재정가[기업가]들의 경쟁이 없어지면 상업과 공업이 발달하기 어려우리니, 사람의 지혜가 막히고 모든 기기미묘한 기계와 연장이 다 스스로 폐기되어 지금에 이용후생하는 모든 물건이 다 진보되지 못하며 물질적 개명이 중지될지라, 자본을 전폐하기 어려우리니, 새 법률로 제정하야 노동과 평등 세력을 가지게 하는 것이 나을 터이며…

이처럼 이승만은 공산주의 이론의 부당성의 핵심문제로 자본주의 경제체제의 기본원리인 경쟁의 원리를 강조한 것이 눈길을 끈다. 《태평양잡지》1924년7월호에 실린 「사회 공산주의에 대하야」라는 글에서는 공산주의 사상의 풍미에 대해 유연성 있는 입장을 취하면서도 "우리 민족의 생존책"을 우선적으로 강조했다. 이 글에서 이승만은 사회, 공산 등 사회주의 사상이 우리 민족 사이에서 문제가 된다는 말들을 들을 때에 한편으로 기뻐하고 또 한편으로 염려했다면서 다음과 같이 썼다.

> 이 주의가 세계인민들을 경제적으로 자유시키자 하는 개진주의(改進主義)니, 이것이 장차 설시될런지는 관찰하는 자들의 의견이 다소간 부동하려니와, 지금 세상에 소위 개명한 나라이라고는 이 주의가 아니 전파된 곳이 없으니, 우리도 세인의 풍조를 따라 남과 같이 전진하는 것을 내가 기뻐함이요, 일변으로는 우리 사람들이 이런 새 주의를 들을 적에 우리의 오늘 경우가 다른 것은 미처 생각지 못하고 다만 남이 좋아하니 우리도 좋아하자 하고 덮어놓고 따라 나가다가 영향을 받을까 염려함이라.
> 물론 우리 내외지의 모든 인도자들이 응당 앞을 보아 지혜롭게 인도할 줄을 믿는 바이지마는 그중에 몇 사람이라도 제정신을 차리지 못하고 일시 풍조에 파동이 되면 그 손해가 장차 전체에 미칠까 하는 근심이 없지 아니함이다.…

이렇게 전제한 다음 이승만은 우리 민족은 다른 민족들과 처지가 달라서 이런 사상을 수용하는 데는 큰 위험이 따른다고 경고했다. "다른 민족들로 말하면 다 저희 생존방책을 먼저 차려 놓아 저희 살길을 완전히 본 후에 다른 주의를 여러 가지로 연구하야 어찌하면 더 잘살 수 있을까 하고 각 방면으로 시험하다가 다행히 잘되면 좋고 설혹 잘못되어도 크게 위태할 것은 없지마는 우리 처지는 이와 달라서 생존여부를 미판(未判)

하고 앉은 중에 다른 주의를 주장하는 것이 심히 위태한 일이라"라는 것
이었다. 그러므로 우리가 먼저 전력하여 해결할 문제는 "우리 민족의 생
존책"이며 무엇이든 이 주의를 방해하는 것은 곧 "민족적 자살"이라고 단
정했다.

이승만은 또 인터내셔널리즘이 내셔널리즘보다 높은 가치라는 공산
주의자들의 주장에 대하여 그것은 공산주의국가, 곧 소비에트 러시아의
국가이익의 확장을 위한 구호에 지나지 않는 것이라고 잘라 말했다.

이승만은 그러나 민족생존책이 급하다고 하여 모든 세계 사상을 다
배격하자는 것은 아니라고 덧붙였다. 말하자면 독립운동에 도움이 되는
방법의 하나로 사회주의나 공산주의를 주장하는 것은 얼마든지 수용할
수 있다는 것이었다. 이러한 설명은 아마도 이 시기의 상해 독립운동자
사회나 국내 상황을 고려해서 한 말이었을 것이다.

3

또 《태평양잡지》 1925년7월호에 실린 「공산주의」라는 논설은 공산
주의의 기본이론과 선전내용을 종합적으로 정리하여 비판한 글이었다.

논설은 먼저 "공산주의가 지금 세계에 퍼져서 도처에 큰 문제가 되나
니, 우리 한국에도 한 문제가 되는 것이 또한 괴이치 않은 일이라. 우리 민
족이 이에 대하야 어떠한 태도를 가지는 것이 옳을는지 깊이 연구하여 볼
일이로다"라고 전제한 다음, 공산주의의 "가장 중요한 관계점"으로 여섯
가지를 들어 비판했다.

첫째로, 공산주의와 사회주의가 세상에 큰 복리를 끼칠 것이므로 사
람마다 이 주의를 가지는 것이 옳다는 주장에 대해서는 "실상은 이것이
복이 될런지 해가 될런지 확실히 판단이 못된 터이니, 다른 나라들은 이
것저것을 시험하다가 아니되면 다른 것을 할 수도 있지마는 우리 처지
로는 한번 이것을 시험하다가 실패하면 다시 다른 것을 시험할 여력이

없을지라. 그러므로 우리의 급히 할 것을 먼저 힘쓰며 남들이 다 시험을 치러서 완성한 후에 채용하는 것이 우리의 지혜로운 계획이며…"하고 주장했다.

둘째로, 공산주의와 사회주의가 세계평화와 만민이 형제 되는 복락을 주장한다는 주장에 대해서는 "이 주의가 넓고 커서 나라마다 사람마다 준행하는 것이 인류 행복을 증진하는 것이 될 터이나, 남들은 다 민족의 생존을 완전히 보전하고 앉아서 더 잘 살아 보려고 하는 것이지마는 우리는 민족이 장구히 있을까 없을까를 판단치 못하고 앉아서 정신없이 남을 따라 헛되이 애쓰다가 부지 중 우리 민족만 영영 살 수 없게 되고 보면 우리는 세계 복락을 위하야 우리만 희생하고 말 것뿐이라"라고 경고하고, "그 뜻이 또한 인도와 정의에 가까워서 세상 형편을 모르고 이 말만 듣는 사람들로 하여금 마음을 기울이게 할 듯하나, 만일 이 주의를 주창하는 나라 사람들이 먼저 세계부강한 나라들로 하여금 각각 그 정부를 없이하며 강토를 열어 놓아 피차 구별이 없이 모든 인종이 같이 복리를 나누어 누리게 할진대 우리도 그 뒤를 따라서 국가를 희생하고 들어가려니와, 만일 그렇지 못하야 나라마다 군함 대포와 잠수정 비행대를 확장하며 잔약한 나라들만 권하야 국가주의를 버리라 할진대 우리는 언제까지든지 나라를 먼저 회복해 놓은 후에야 세계주의를 비로소 생각할 것이며,… 종교적 사상으로는 매우 고상하다 할 터이지마는 인류의 보통 관념으로는 가장 어리석은 물건을 이룰 따름이며…"라고 비판했다.

공산주의가 종교적 사상으로는 매우 고상하다고 할 만하다는 설명은 "종교는 아편"이라는 레닌의 말을 연상시키는 설명이다.

이어 셋째로, 국가주의라는 것이 인민의 행복에 장애가 되며 세계전쟁을 유발시키는 데 비하여 공산사회는 국가를 없이하고 모든 민족이 구별 없이 살게 하자는 것이라는 주장에 대하여, 넷째로, 공산주의와 사회주의가 인민의 평등 자유권을 증진하여 유식 무식과 유산 무산과 자본가와 노동자 등의 구별을 다 타파하고 모든 민중으로 하여금 공화사회에서 능히 얻지 못하는 행복을 누리게 하는 것이라는 주장에 대하여, 다섯째로, 우리의 적국 곧 일본이 공산주의와 사회주의를 몹시 두려워하므로 우리가 공산주의와 사회주의를 본떠서 저들을 어렵게 하는 것이 한 계획이라는 주장에 대하여, 이승만은 민족주의 입장을 강조하면서 하나하나 반박했다.

그리고 여섯째로 광복운동이 우리의 "생명운동"이라고 다음과 같이 역설했다.

우리가 독립을 회복하면 우리 민족도 살 수 있고 독립을 회복치 못하면 우리가 다 생존을 유지치 못할 것뿐이니, 독립을 위하야 무엇이든지 행하자는 정신으로 주장을 삼을진대 우리는 세상 모든 주의에 찬성치 못할 일이 없으되, 급기 독립은 어찌되었든지 다른 주의가 더 높고 더 넓으니 그것을 취하자 하는 데는 우리가 결코 찬성할 수 없을지라. 우리 애독 제군은 이 정신을 크게 선전하야 국민의 정신이 일치하게 하는 것이 동지들의 직책이라.

이승만은 결론으로 민심합일이 독립의 첫걸음이라고 강조하고, 각자 처한 위치에서 형편에 맞는 행동으로 독립운동을 진행해 나가면 공산주의 등 모든 새 사상이 조금도 문제될 것이 없다고 끝맺었다.

공산주의에 관한 이승만의 이러한 일련의 논설은 공산주의에 경도된 주장 일색이던 상황에서 공산주의를 이론적으로 비판한 우리나라 최초의 논설이라는 점에서 특기할 만한 가치가 있다.

4

이처럼 공산주의에 대한 비판이론으로 민족주의 입장을 강조하는 것은 앞에서 국무총리 이동휘와의 대화에서 보았듯이, 김구가 더 직설적이었다. 김구는 상해의 한인 공산주의자들이 모스크바 자금을 가지고 일본 공산주의자들과 어울리는 것을 가리켜 "친일파의 소행"이라고 비난하고, "정탐이라도 단군손(檀君孫)이니 동족이요 일본인은 모두 우리의 적일 뿐이다"라고 말했는데,[42] 김구의 이러한 주장은 그의 반일감정이 얼마나 철저한가를 보여 주는 것이다. 또한 1932년에 윤봉길의 홍구공원 폭파사건 이후 피신생활을 할 때에 한 농촌에서 중국 농기구의 발달된 것을 보고 느낀 소감을 김구는 다음과 같이 적어 놓았다.

우리 민족의 비운은 사대사상의 산물이라 하지 않을 수 없다. 실질적인 국리민복을 도외시하고, 주희(朱熹)학설 같은 것은 원래 주희 이상으로 강고한 이론을 주창하여, 사색 당파가 생겨 수백년 동안 다투기만 하다 민족적 원기는 다 소진하고, 발단된 것은 오직 의뢰성뿐이니 망하지 않고 어찌하리오.

슬프도다. 오늘도 청년들은 늙은이들을 노후(老朽)니 봉건잔재니 하며 비판하는데, 긍정할 점이 없지 않지만 그들 또한 문제가 적지 않다. 사회주의자들은 "혁명은 유혈사업이니 한번은 가능하거니와 민족운동 성공 후에 또다시 사회운동을 하는 것은 절대 반대"라고 강경하게 주장하였다. 그런데 러시아 국부 레닌이 "식민지 민족은 민족운동을 먼저 하고 사회운동은 후에 하는 것이 바람직하다"는 말을 하자 그들은 조금도 주저 없이 민족운동을 한다고 떠들지 않는가.

정주[程朱: 정호(程顥), 정이(程頤) 형제와 주희(朱熹)]의 방귀를 "향기롭다"고 하던 자들을 비웃던 그 입과 혀로 레닌의 방귀는 "달다" 하니, 청년들이여, 정신을 좀 차릴지어다.[43]

---

42) 金綴洙, 『遲耘 金綴洙』, 정신문화연구원, 1999, p.9, pp.395~396.
43) 『백범일지』, pp.352~353.

이승만의 반공주의는 자신이 직접 소련정부와 교섭한 경험을 통하여 더욱 확고해졌다. 이승만은 1922년에 이희경의 치관교섭이 실패한 데 이어, 1933년7월에는 자기 자신이 국제연맹회의가 열리는 제네바에 갔던 길에 모스크바를 방문했다. 소련 당국자들과 일본의 만주침략에 대한 미, 소, 중, 한 4개국의 공동대응 방안을 논의하고, 시베리아로 가서 한인 지도자들을 만나 보려고 했던 것이다. 처음에 이승만에게 입국 비자를 발부했던 소련정부는 이승만이 모스크바에 도착하자 입국 비자 발부가 착오였다면서 입국을 거부했다. 이승만은 소련정부의 그러한 조치가 일본의 압력 때문이었을 것이라고 추측했다.[44]

태평양전쟁이 발발하자 이승만은 소련의 한반도 정책에 깊은 불신감을 가지고 미국정부에 경고를 되풀이한 것은 널리 알려진 사실이다.

이승만은 1945년10월16일에 귀국했는데, 귀국 직후의 이승만과 공산당의 관계는 한동안 혼란스러웠다. 미군 진주 직전에 공산당의 주동으로 급조된 조선인민공화국은 이승만을 주석으로, 그리고 김구를 내무부장으로 발표해 놓고 있었다. 이승만이 귀국하자 인민공화국 중앙인민위원회는 "조선인민공화국 주석 이승만 박사는 드디어 귀국하였다.… 전국은 환호로 넘치고 있다. 우리 해방운동에 있어 이 박사의 위공은 다시 말할 필요조차 없는 것이다"[45]라는 담화를 발표하고, 이승만 환영대회까지 준비했다. 그러나 이미 미 군정부에 의하여 그 존재가 부인된 인민공화국의 주석 자리를 이승만이 수락할 턱이 없었다. 11월7일에 인민공화국의 주석 취임을 거부하는 방송연설을 한 이승만은 11월21일에는 「공산당에 대한 나의 관념」이라는 제목으로 방송연설을 하면서 "나는 자초로 공산당에 대하야 호감을 가진 사람이다. 그 주의에 대하여도 찬성하므로 일후에 우리나라의 경제정책을 세울 적에 공산주의를 채용할 점이 많이 있다"

---

44) Syngman Rhee, *Log Book of S. R.*, 1933년7월19일조.
45) 《每日申報》 1945년10월18일자, 「李博士歸國歡迎」.

고 말하고, 공산주의자들에 대하여 둘로 나누어 설명했다. 하나는 경제 방면에서 공산주의가 근로대중에게 복리를 줄 것이니 이것을 채용하자는 목적으로 주장하는 이들이고, 다른 하나는 경제정책의 이해는 어찌되었든 공산정부를 수립하기만을 위하여 무책임하게 각 방면으로 선동하여 분쟁을 일으킴으로써 국사에 손해를 끼치는 사람들이라는 것이었다. 이승만은 인민공화국을 만든 그룹도 전자에 속하는 것처럼 설명했다. 그는 "시베리아 눈바람에 갖은 풍상을 겪으며 고국을 위하여 혈전고투하던 동포들과 악독한 왜적의 압박하에서 지하공작으로 백전불굴하고 배일 항전하던 공산당원들을 나는 공산당원으로 보지 않고 훌륭한 애국자로 인정한다. 왜적이 항복한 뒤에 각국의 승인을 얻기 위하야 인민공화국을 세운 것이 사욕이나 불의의 생각이 아닌 줄로 믿는다"라고도 말했다. 그런데 후자의 사람들은 일본인의 자금을 얻어 각 지방에서 소요를 일으킨다는 것이었다. 그는 "이 사람들이 일인의 재정을 얻어 가지고 모든 활동으로 각 지방에 소요를 일으키며 외국인을 배척하는 선전과 임시정부를 반대하는 운동으로 인심을 이산시켜서 미 군정부가 한국을 해방시키지 못하고 속히 밀려 나가기를 모략하는 것이니, 이는 일인의 모략에 빠지는 것이다"라고 비판했다.[46]

그러나 독립촉성중앙협의회의 중앙집행위원 선정문제로 조선공산당이 독촉중협을 탈퇴하여 협조가 불가능한 것이 확실해지자 이승만은 12월19일에 "한국은 지금 우리 형편으로 공산당을 원치 않는다는 것을 우리는 세계 각국에 대해야 선언한다" 하고 공산당과 결별하는 폭탄선언을 했다. 이승만은 이 방송연설에서 먼저 폴란드를 비롯한 제2차 세계대전 뒤에 해방된 동유럽제국의 상황과 중국의 상황을 보기로 들어 "공산당 극렬분자들"이 어떻게 "제 나라를 파괴시키고 타국의 권리 범위 내에 두어서 독립권을 영영 말살시키기로 위주하는지"를 자세히 설

46) 《서울신문》 1945년11월23일자, 「過激한 思想은 有害」; 《自由新聞》 1945년11월23일자, 「骨肉相爭을 避하라」.

명했다.

이승만은 공산당이 소련을 가리켜 "프롤레타리아의 조국"이라고 찬양하는 것을 두고 신랄하게 비판했다.

"이 분자들이 러시아를 저희 조국이라고 부른다니, 과연 이것이 사실이라면 우리의 요구하는 바는 이 사람들이 한국에서 떠나서 저희 조국에 들어가서 저희 나라를 충성스럽게 섬기라고 하고 싶다. 우리는 우리나라를 찾아서 잘하나 못하나 우리의 원하는 대로 만들어 가지고 살려는 것을 이 사람들이 한국사람의 형용을 쓰고 와서 우리 것을 빼앗아다가 저희 조국에 붙이려는 것은 우리가 결코 허락지 않는 것이니, 우리 3천만 남녀가 다 목숨을 내놓고 싸울 결심이다.…"[47]

이승만의 이 연설에 대하여 박헌영(朴憲永)은 12월23일에 조선공산당 중앙위원회 대표 명의로 이승만의 성명에 대한 긴 반박문을 발표했다.[48] 이때부터 이승만은 공산주의자들에 대한 공격을 멈추지 않았다.

5

그러나 이승만의 이러한 반공주의는 좌우합작을 추진하는 하지 (John R. Hodge) 사령관과 미군정 기간 내내 반목하는 원인이 되었다. 하지는 이승만의 초청으로 내한한 올리버를 불러 "우리는 당신이 이 박사를 통제하는 데 몇가지 실험을 해주기 바랍니다. 만일 당신이 하지 않는다면 이 박사의 정치생명은 끝나고 우리가 소련과 함께 통일시키기 위해 어떤 합의에 도달하더라도 그는 이미 쓸모가 없어집니다. 이 박사는 내가 한국에서 유일하다고 말할 수 있을 만큼 훌륭한 정치가입니다. 그러나 그가 공산주의에 대한 공격을 중지하지 않는다면 한국정부에서 어

---

47) 《서울신문》 1945년12월21일자, 「共産黨에 대한 立場」.
48) 《朝鮮人民報》 1945년12월24일, 「파시스트 李博士에 反省要求」.

떤 자리도 차지하지 못할 것입니다" 하고 을러댔다.[49] 그리하여 하지는 한때 이승만을 국외로 추방할 계획까지 했는데, 이인(李仁)과 장석윤(張錫潤)이 들어 무마시켰다고 한다.[50]

이승만의 반공주의는 다른 많은 독립운동자들과 달리 공산주의는 반드시 실패할 것이라는 신념에 따른 것이었다. 이승만의 그러한 신념은 6·25전쟁 중에도 변함이 없었다. 1951년5월에 농림부 장관에 임명된 임문환(任文桓)은 조선총독부의 고등관이었다. 임문환에게 임명장을 수여하면서 이승만은 "최초의 친일파 국무위원으로서 시험대에 올렸으니까 잘 하시오" 하고 말했다. 취임 인사를 하러 국회에 갔다가 친일파라고 하여 인사를 거부당하고 온 임문환을 불러 이승만은 조근조근 말했다.

"지금 내가 일본과 아라사[러시아] 일을 걱정하는 것은 나라의 장래를 생각해서요. 그러나 아라사는 공산당이기 때문에 언젠가 민주주의에 질 것이요. 그때까지 조심하고 있으면 돼. 일본은 달라요. 미국에 밀착하여 민주주의와 함께 번영해 나갈 거요.… (그러나) 그토록 좁은 땅에 저토록 많은 사람이 살면서 앞으로 오래 행복하게 살아갈 턱이 없어요. 언젠가는 상업이다 뭐다 해서 가장 가까운 우리나라로 밀려 올 거요. 그때야말로 일본을 잘 아는 당신들 친일파가 나라를 지켜야 되오."[51]

이 이야기는 이승만의 공산주의 필패의 신념뿐만 아니라 많은 반대에도 불구하고 왜 친일파 테크노크라트들을 등용하는지를 설명하는 말이기도 하여 꼼꼼히 톺아볼 필요가 있다. 이렇게 하여 반공주의는 대한민국의 건국 이데올로기가 되었다.

김구는 「나의 소원」에서 소련식 공산주의를 조선왕조시대의 전제정치에 비유하여 다음과 같이 비판했다.

49) Robert T. Oliver, *The Way It Was―All The Way: A Documentary Accounting* (unpublished), p.47.
50) 李仁, 『半世紀의 證言』, 明知大學校出版部, 1974, pp.168~173.
51) 任文桓, 『日本帝國と大韓民國に仕えた官僚の回想』, 草思社, 2011, pp.374~376.

모든 계급 독재 중에도 가장 무서운 것은 철학을 기초로 한 계급 독재다.… 수백년 동안 이소 조선에 행하여 온 계급 독재는 유교, 그 중에도 주자학파의 철학을 기초로 한 것이어서, 다만 정치에 있어서만 독재가 아니라 사상, 학문, 사회생활, 가정생활, 개인생활까지도 규정하는 독재였다. 이 독재정치 밑에서 우리 민족의 문화는 소멸되고 원기는 마멸된 것이다. 주자학 이외의 학문은 발달하지 못하니 이 영향은 예술, 경제, 산업에까지 미치었다. 우리나라가 망하고 민력이 쇠잔하게 된 가장 큰 원인이 실로 여기 있었다. 왜 그런고 하면 국민의 머릿속에 아무리 좋은 사상과 경륜이 생기더라도 그가 집권 계급의 사람이 아닌 이상, 또 그것이 사문난적(斯文亂賊)이라는 범주 밖에 나지 않는 이상 세상에 발표되지 못하기 때문이다. 이 때문에 싹이 트려다가 눌려 죽은 새 사상, 싹도 트지 못하고 밟혀 버린 경륜이 얼마나 많았을까. 언론의 자유가 얼마나 중요한 것임을 통감하지 아니할 수 없다. 오직 언론의 자유가 있는 나라에만 진보가 있는 것이다.

　　시방 공산당이 주장하는 소련식 민주주의란 것은 이러한 독재정치 중에도 가장 철저한 것이어서 독재정치의 모든 특징을 극단으로 발휘하고 있다.… 마르크스의 학설을 최후의 것으로 믿어, 공산당과 소련의 법률과 군대와 경찰의 힘을 한데 모아서 마르크스의 학설에 일점일획이라도 반대는 고사하고 비판만 하는 것도 엄금하여 이에 위반하는 자는 죽음의 숙청으로써 대하니, 이는 옛날에 조선의 사문난적에 대한 것 이상이다. 만일 이러한 정치가 세계에 퍼진다면 전 인류의 사상은 마르크스주의 하나로 통일될 법도 하거니와, 설사 그렇게 통일이 된다 하더라도 그것이 불행히 잘못된 이론일진대, 그런 큰 인류의 불행은 없을 것이다.…[52]

---

52) 『백범일지』, pp.427~428.

이승만과 김구는 성장환경과 학력과 독립운동을 한 장소와 방법에 많은 차이가 있었음에도 불구하고, 그리고 같은 시대의 지식인층이나 정치인들이 지닌 일반적인 사상경향과는 대조적으로, 철저한 반공산주의자들이었다는 사실은 의미심장하다.

4. 아시아 최초의 기독교국가 비전

1

항일의식이나 반공주의 그 자체가 이승만과 김구가 추구하는 궁극적인 가치와 목적일 수는 없었다. 그것은 근대적 국민국가로서의 대한민국이 추구하는 신념과 가치에 저촉되거나 그것을 위협하는 것에 대한 대결의 논리와 방법이었을 뿐이다. 이승만의 경우 그의 평생의 이상은 아시아에서 처음 되는 기독교국가 건설이었다. 『일본내막기』에서 먼저 강조한 것도 일본인들의 반기독교적인 사고방식, 곧 일본 군국주의의 정신적 기반인 신토[神道]에 대한 분석과 비판이었던 것은 그 때문이었다.

이승만은 앞에서 본 대로 20대 후반에 5년7개월 동안 한성감옥서에서 감옥생활을 하는 동안 기독교인이 되었고, 감옥 안에서 전도활동과 콜레라 환자 치다꺼리 등 봉사활동을 하면서 그가 추구하는 이상적인 국가는 기독교국가라는 신념을 갖게 되었다. 그리고 기독교의 본질은 사회구원이라는 것도 깨달았다. 그는 개인구원의 주장에 대해서는 "충군애국이 무엇인지, 세상을 건지는 것이 무엇인지도 모르고 다만 제 몸 하나와 제 영혼 하나의 구원 얻는 것만 제일이라 할진대 이는 결단코 하나님의 참 이치와 예수의 근본 뜻을 알지 못한다 이를지라"라고 비판했다.[53]

흥미 있는 것은 이승만이 성경 가운데 가장 감동되는 구절이 "건강한 사람에게는 의원이 쓸 데 없으나 병든 사람에게는 쓸 데 있느니라(「마태복음」 9:12, 「마가복음」 2:17, 「누가복음」 5:31)"라고 한 것이다. 그것은 세리와 죄인들과 어울려서 음식을 먹고 있는 예수를 보고 비난하는 바리세파 사람들을 비유적으로 나무란 예수의 말이다.

이승만은 1904년에 도미하여 유학생활을 할 때부터 한국이 하루속히

---

53) 리승만, 「대한교우들의 힘쓸 일」, 《신학월보》 1904년8월호, p.226.

기독교국가가 되어야 한다고 주장했다. 프린스턴대학교 대학원 재학시절인 1908년4월에 샌프란시스코에서 발행되는《대도(大道)》지에 기고한 글에서 이승만은 다음과 같이 주장했다.

　　교화상으로 말한진대 우리나라 사람들이 부지런히 기도하며 일한 공로로 오천년 고국에 처음되는 영광빛이 세상에 드러나는지라. 이십오년 전에 선교사가 처음으로 처사국[處士國: 곧 조선]에 이를 때에 모든 반대와 핍박과 구축하는 중에서 예수교 설립되기를 누가 뜻하였으리오마는 오늘날 이십만 조선 예수교인이 부지런히 일하며 금년 일년 내에 백만명 신교인이 생기기를 기도하매, 미국 각 교회에서 말하기를 오는 십오년 안으로 한 예수교나라가 되기를 기약하겠다 하는지라. 세계의 예수교회 사기 중 처음되는 일인고로 미국 각처 큰 교회에서는 조선문제를 공부 아니하는 곳이 드물며, 선교사업을 연설하는 자 조선교인들을 칭찬 않는 자 없어서, 모든 예수교 숭봉하는 나라들이 마땅히 조선 교회를 본받을 바이라 하나니, 이렇듯 영광스러운 일은 우리 조선인민이 일체로 하나님께 감사할 바이로다.…

　　일본이 삼십년 내에 신개명한 나라가 되었다고 세상에 자랑하며 여순구의 굳은 포대를 십년내에 두번 타파하였다고 사람마다 칭찬하니, 이것이 곧 저 사람들의 부지런히 일한 공효라 과연 장하다 하겠으나, 삼십년래에 우리의 완고 처사국을 변하야 문명예수교국을 만들진대 어찌 더욱 장하지 아니하며, 지난 이십여년 동안에 사람의 마음속에 형적없이 세운 포대 이십여만 자리를 타파함은 어찌 여순구 점령하는 힘보다 용이한 일이라 하리오.…[54]

프린스턴대학교에서 정치학 박사학위를 취득하고 귀국하여 서울

<hr />

54) 리승만, 「부지런한 결과」,《大道》 1910년4월호, 제2권5호, pp.141~142.

YMCA의 한국인 총무로 활동하던 이승만은 105인사건이 나자 다시 도미하여 1913년2월에 일생의 독립운동의 '기지'가 된 하와이에 정착했다. 그는 하와이에 도착하자마자 105인사건을 다룬 『한국교회핍박』을 저술했는데, 이 책에서 이승만은 한국에 기독교가 급속히 흥왕하는 사실을 소개하면서 그것은 하나님이 한국 백성으로 하여금 동양에 첫 기독교국가를 건설하게 하려는 것이라고 기술했다. 일본이 한국교회를 핍박하는 것이 바로 그 때문이라는 것이었다.

이승만은 한일합병 이후 3·1운동까지의 한국인을 다음과 같이 다섯 가지 부류로 나누어 설명했다. 첫째로, 우선 무식하고 양순하여 관인을 범같이 두려워하는 나머지 비록 속마음으로는 나라 생각이 가득할지라도 감히 표명하지 못하는 다수의 백성들, 둘째로 이완용, 송병준 등과 일진회원들처럼 드러내어 놓고 일본의 충성스러운 노예 노릇을 하는 패들, 셋째로 주색잡기에 빠져서 세월을 보내는 부패한 대관들과 상류층 사람들, 넷째는 아주 드러내어 놓고 항일운동을 하는 사람들로서 이들은 국민들로부터 은근히 앙망과 추종을 받고 있으나 그 수효가 많지 않을 뿐 아니라 대부분 외국에 나가 있거나 옥중에 있거나 귀양살이를 하고 있는 사람들이라고 했다. 일본당국은 이 네 부류의 사람들은 별로 두려워하지 않고, 가장 두려워하는 사람들은 다섯째 부류인 각 지방의 기독교회 지도자들이라고 했다. 이 다섯째 부류의 사람들을 이승만은 아주 실감나게 묘사했다.

수효도 많고 또한 다 자기 지방에서는 다소간 명망이 있는 자들이니, 가장 긴요한 부분이라. 어찌 보면 일본 주권을 복종하는 듯도 하고, 어찌 보면 피위피아위아[彼爲彼我爲我: 너는 너 나는 나]로 여기는 듯도 하야 남과 잘 섞이지도 아니하며, 혹 일본 주권자들이 청하야 벼슬을 하라 하면 공손히 사양하고 물러가 교회 속에 몸이 묻혀 혹 교육이나 전도에 종사하는데, 혹 일인들이 월급을 얼마씩 주며 비밀히 정탐을 하여 달라 하여도 듣지 아니하고, 혹 주색잡기로 유혹시켜도 빠지지 아니하며, 청년과 유년들을 대하야 모르핀과 권연초를 가까이 하는 폐단을 말하는지라.…[55]

이들이 바로 개화파의 중심세력인 '자립적 중산층'들이었다.

2

이승만은 하와이 동포사회를 한국을 동양에서 처음 되는 기독교국가로 건설하는 '기지'로 만드는 데 혼신의 노력을 경주했다. 그는 '하와이 팔도(八島)'의 '팔도'가 한문 글자는 다르지만 '조선 팔도(朝鮮八道)'의 '팔도'와 발음이 같으므로 "우리의 남조선이라 이를 만하다"면서, "하나님이 10년 전에 한인을 이리로 인도하신 것이 무심한 일이 아니되기를 기약하겠도다" 하고 재치 있는 수사로 하와이 동포들의 소명의식을 일깨우기도 했다.

이승만은 자기가 발행하는 《태평양잡지》를 통해서도 동양 최초의 기독교국가 건설론을 폈다. 1914년2월호에 실린 「한일교회합동문제」라는 글에서 이승만은 "일본이 한국을 병합하기에 여러 가지로 다 성취하여 여의하였으되 한가지 여의치 못한 것은 종교상의 문제"라면서, 다음과 같이 주장했다.

대개 예수교는 세상 사람들의 심령을 기르는 양식이라. 이 양식을 많이 저축하는 나라는 그 전정이 한량없이 장원하며 모든 물질적 진화가 일로조차 일어났는데, 영국, 미국, 프랑스, 독일 등 모든 나라의 왕고 역사와 현시 형편을 보면 가히 깨달을지라. 성경에 말씀한 바와

---

55) 리승만, 『한국교회핍박』, 新韓國報社, 1913, pp.59~60.

같이 하나님 나라와 그 의를 먼저 구하라 했으니 그 나라와 그 의를 먼저 구하고 다른 것을 구하는 자는 모든 것을 다 얻을 수 있을지라. 심령의 양식을 구하는 자는 참 복이 있는 자요 심령의 양식을 먼저 구하는 나라는 참 복이 있는 나라로다.

　자초로 일본은 물질상 진화를 구하는 동안에 조선은 심령적 양식을 먼저 구해 서양문명 부강의 요소되는 예수교를 받은 고로 지금 세상 사람들이 말하기를 조선은 동양의 처음 생기는 예수교나라가 되리라 하며….56)

　3·1운동이 일어나자 이승만은 국내외의 여러 곳에서 선포된 여러 임시정부에서 정부 수반으로 추대되었다. 4월 초에 블라디보스토크에서 수립된 최초의 임시정부로 알려진 노령정부에 대한 뉴스가 미국에 전해지자 AP통신 기자가 이승만을 찾아와서 인터뷰를 했는데, 이 자리에서 이승만은 "이번 독립운동지도자들의 주의는 한국으로 동양의 처음되는 예수교국을 건설하겠노라"라는 것이라고 언명했다.57)

　이승만은 1915년에 한인여학원을 설립했다가 1918년에 남녀공학의 한인기독학원으로 개편하는 것과 동시에 한인기독교회를 설립했는데, 이 두 기관은 이승만이 한국을 기독교국가로 만들기 위한 준비의 '기지'이자 하와이 동포사회를 통괄하는 자신의 정치적 거점이 되었다.

　또한 이승만의 이러한 기독교국가 건설 이데올로기는 독립운동 기간 내내 적십자운동 등 인도주의와 비폭력주의를 강조하는 것으로도 표명되었다.

　해방이 되어 김구와 김규식 등 임시정부 요인들이 귀국하고 닷새 뒤인 1945년11월28일에 조선기독교 남부대회 주최로 정동감리교회에서 임시

---

56) 리승만, 「한일교회합동문제」, 《태평양잡지》 1914년2월호, 제1권6호, p.81.
57) 《新韓民報》 1919년4월8일자, 「우리나라를 예수교국으로 만들어」.

정부 영수 환영대회가 열렸을 때에 김구와 김규식과 이승만은 답사를 통해 한결같이 기독교 정신이 건국의 기초가 되어야 한다고 강조했다. 김구는 "경찰서 열곳을 세우기보다 교회 하나를 세우자"라고 주장하고, 강한 나라를 세우려면 "성서 위에" 세워야 한다고 역설했다. 김규식도 불가침의 강국을 세우려면 "그리스도라는 반석 위에" 세워야 한다고 역설했다. 이승만은 "이제 우리는 신국가 건설을 할 터인데, 기초 없는 집을 세우지 말자. 곧 만세반석 되시는 그리스도 위에 이 나라를 세우자"라고 주장했다.[58]

올리버에 따르면 이승만은 세속적이기도 하고 신비적이기도 했다. 이승만이 일생을 바친 문제는 정치적인 것이었다. 그것은 사람들에 의하여 제기되고 설득을 통하여 공동 행동을 취할 수 있는 해결 방안을 도출해야 할 문제들이었다. 그런데 그의 돈독한 종교적 신념은 다른 사람들과의 타협을 저해하는 요인이 되기도 했다.

그렇게 형성된 이승만의 지도자형은 콘웨이(Martin Conway)의 고전적 정의에 따르면 '대중강요자(crowd compeller)형'의 지도자라고 할 수 있다. 대중강요자는 대중에게 최면적 권력을 행사하여 자신을 믿도록 만든다는 것이다.[59] 콘웨이의 정의는 실제로 유엔한국임시위원단 의장 메논(K. P. S. Menon)이 1948년2월19일에 열린 유엔소총회에서 "이승만 박사의 이름은 남한에서 마술적 권위를 가졌다"라고 한 보고연설을 상기시킨다.[60]

이승만의 이러한 성품에 대하여 올리버의 흥미 있는 증언이 있다. 6·25전쟁의 여진이 가시지 않은 어느 날 오후에 올리버는 이승만에게 한국의 재건과 통일에 대해 국제적 협력이 부족한 것과 관련하여 외국정부에 대해 이

---

58) 김흥수, 「기독교인 정치가로서의 이승만」, 유영익 편, 『이승만 대통령 재평가』, 연세대학교출판부, 2006, pp.408~409.
59) Martin Conway, *The Crowd in Peace and War*, 1915, Longmans, Green, and Co., pp.88~100.
60) 《東亞日報》 1948년2월22일자, 「小總會메논博士報告內容」.

승만의 비판이 너무 강경하다고 조심스럽게 지적했다. 그러자 이승만은

"나도 알아요. 그러나 나는 평생을 선동가로 살아왔기 때문에 어쩔 수가 없어요"

하고 말했다고 한다. 이러한 증언에 덧붙여 올리버는 자신의 계획에 대한 대중의 지지를 얻고자 하는 뜻에서 '선동'은 이승만의 오랜 습관이었을 뿐만 아니라 완전히 정상적이고 합당한 활동이었다고 기술했다.[61]

콘웨이의 정의에 따르면 대중강요자에 대비되는 지도자는 '대중표출자(crowd exponent)형'의 지도자이다. 대중표출자는 대중의 막연한 감정이나 충동을 의식하고 그들이 바라는 것을 구체화하여 그들을 행동하게 함으로써 그들을 지도할 수 있는 인물이다.[62] 김구는 이러한 유형의 지도자라고 할 수 있을 것이다. 그것은 1941년7월에 일본군의 공습이 계속되는 속에서 각기병을 앓으면서 하와이의 박신애(朴信愛)에게 쓴 다음과 같은 편지 문투에서도 실감할 수 있다.

다시 한가지 더 부탁할 것은 그곳 동포들이 우리 정부나 광복군이나 오라비 개인에게나 무슨 비평이나 누이가 듣고 아는 것은 지체말고 편지로 알게 하여 주시오. 잘하는 것은 더 잘하도록, 못한다는 비평은 잘하도록 힘쓸 터이오.⋯[63]

김구의 이러한 성품을 보여 주는 사례는 『백범일지』의 여러 대목에서 찾아볼 수 있다.

---

61) Robert T. Oliver, *Syngman Rhee and American Involvement*, p.188.
62) Conway, *op. cit.*, pp.101~103.
63) 「金九가 朴信愛에게 보낸 1941년7월25일자 편지」, 『대한민국임시정부자료집(42) 서한집 I』, p.323.

이승만과 프란체스카는 매일 밤 잠자리에 들기 전에 서로 성경구절을 소리내어 읽어 주는 것을 일과로 삼았다. 이승만은 「마태복음」을 좋아했다. 그 가운데서도 하필이면 "내가 세상에 평화를 주러 온 줄로 생각하지 말라. 평화가 아니라 칼을 주러 왔다"(「마태복음」 10:34), "자기 목숨을 얻으려는 사람은 잃을 것이며 나를 위하여 자기 목숨을 잃는 사람은 얻을 것이다"(「마태복음」 10:39)라는 전투적인 구절을 좋아했다고 한다. 그리고 그의 명상은 절반이 기도였다는 것이다.[64]

1948년에 수립된 대한민국은 물론 헌법에 정교분리를 규정한 근대적 국민국가로서 기독교가 국교는 아니다. 이승만도 유교와 기독교의 융화를 강조했고, 불교쪽에 대해서는 "교회에 가면 어쩐지 남의 집에 간 것 같고 절간에 들어서면 제 집에 온 것 같다"는 말을 하기도 했다.[65] 그러나 1948년에 수립된 대한민국이 비록 이승만이 꿈꾼 기독교국가는 아니었다고 하더라도 여러 가지 국가 의전이나 제도, 기독교 활동에 대한 지원, 기독교인들의 중용 등의 결과로 오늘날 기독교는 어떤 종교보다도 한국 민족주의의 확력 있는 중심 세력의 하나가 되었다. 물론 건국 이후의 기독교의 활동성과에 대한 평가는 다양하다.

기독교국가의 정치체제는 개인의 자유와 평등의 보장을 기본으로 하는 자유민주주의이며 경제체제는 자본주의임은 말할 나위도 없다. 이승만은 그러한 기독교국가의 이상적인 본보기는 미국이라고 인식했다. 그는 일찍이 옥중에서 쓴 『독립정신』에서 미국을 가리켜 "이런 나라는 참 즐겁고 편안하야 곧 인간의 극락국이라 할지라"라고 격찬했다.[66]

이승만은 《제국신문》의 「논설」과 『독립정신』에서 미국식 민주주의

---

64) Robert T. Oliver, *Syngman Rhee and American Involvement*, p.390.
65) 權五琦, 「李靑潭 인터뷰」, 《新東亞》 1967년 2월호.
66) 『독립정신』, p.71.

에 대하여 여러 차례 설명했는데, 이를테면 링컨 대통령이 게티스버그 연설에서 말한 유명한 민주주의 정의, 곧 흔히 "인민에 의한, 인민을 위한, 인민의" 정치라고 번역되는 "of the people, by the people, for the people"을 자기 나름대로 그럴듯하게 의역하고 있어서 흥미롭다. 처음 《제국신문》의 「논설」에서는 "그 정부에 세가지 본의가 있나니, 일은 백성이 세운 정부요, 이는 백성을 위하야 세운 정부요, 삼은 백성이 행하는 정부라"라고 번역했다가,[67] 『독립정신』에서는 "일은 백성이 하는 것이요, 이는 백성으로 된 것이요, 삼은 백성을 위하야 세운 것이라"라고 다듬었다.[68]

1948년에 제헌국회에서 헌법을 제정할 때에 대통령중심제를 주장하는 이승만과 내각책임제를 주장하는 한민당 등 다른 정파는 새 정부의 권력구조, 곧 정부형태를 가지고 심한 갈등을 빚었는데, 이승만의 내각책임제 반대 이유는 그것이 일본이나 영국처럼 왕제도를 버리기 어려운 나라들이 채택하고 있는 제도이고 진정한 민주주의 제도는 미국식의 대통령중심제라는 신념을 굽히지 않았다.

이승만은 망명지 하와이에서 "호랑이도 죽을 때는 제 굴을 찾는다는데…" 하며 조국을 그리다가 1965년7월19일에 90년의 긴 생애를 마쳤다. 주검으로 돌아온 그는 국립묘지 안 그가 생존 시에 스스로 잡아 둔 양지바른 언덕에 묻혔다.

죽음이 가까웠음을 느끼면서 그가 한 기도는 "이제 저의 천명이 다하여감에 아버지께서 저에게 주셨던 사명을 감당치 못하겠나이다. 바라옵건대 우리 민족의 앞날에 주님의 은총과 축복이 함께 하시옵소서.… 우리 민족이 굳세게 서서 다시는 종의 멍에를 메지 않게 하여 주시옵소서"라는 것이었다고 한다.[69]

---

67) 《제국신문》 1902년10월31일자, 「논설: 미국인민의 권리론 련속(二)」.
68) 『독립정신』, p.63.
69) 李仁秀 증언.

김구는 「나의 소원」에서 "나의 정치이념은 한마디로 표시하면 자유다. 우리가 세우는 나라는 자유의 나라라야 한다"고 전제하고 결론으로 다음과 같이 천명했다.

그렇다고 나는 미국의 민주주의 제도를 그대로 직역하자는 것은 아니다. 다만 소련의 독재적인 민주주의에 대하여 미국의 언론자유적인 민주주의를 비교하여서 그 가치를 판단하였을 뿐이다. 둘 중에서 하나를 택한다면 사상과 언론의 자유를 기초로 한 자를 취한다는 말이다. 나는 미국의 민주주의 정치제도가 반드시 최후적인 완성된 것이라고는 생각지 아니한다. 인생의 어느 부분이나 다 그러함과 같이 정치 형태에 있어서도 무한한 창조적 진화가 있을 것이다.…[70]

미국식 정치제도의 우월성을 인정하면서도 그러나 그것이 "최후적인 완성된 것"은 아니라고 강조한 것이 여운을 남긴다.

미국식 민주주의에 대한 이승만과 김구의 이러한 인식의 차이는 오늘날 한국민족주의의 최대의 과제인 통일의 방법을 모색하는 데 중요한 시사를 준다. 그것은 통일문제의 핵심은 민족문제가 아니라 체제문제라는 사실이다. 세계사에서도 매우 드물게 한 민족, 곧 한 정치체(body politic)로 장기간 한반도에서 공동생활을 해 온 우리 민족은 1948년에 체제가 다른 두 정부가 수립됨으로써 분단되었을 뿐이다.

통일문제에 대한 역사의 교훈은 다름 아닌 소비에트연방의 마지막 대통령 고르바초프(Mikhail S. Gorbachev)에 의하여 표명된 적이 있다. 1991년11월에 모스크바를 방문한 현대그룹의 정주영(鄭周永)과 이명박(李明博)에게 고르바초프가 물었다.

"한반도가 남북으로 분단될 당시에는 북한이 공업이 더 발달하고 국

---

70) 『백범일지』, pp.426~430.

민소득도 높았습니다. 남한은 겨우 농업에 의존하는 수준이었지요. 그런데 지금은 거꾸로 북한이 남한보다 가난합니다. 왜 그렇게 되었는지 아십니까?"

어리둥절해하는 두 사람에게 고르바초프는 이렇게 말했다.

"북한은 공산주의를 채택했고, 남한은 자본주의를 선택했기 때문입니다."[71]

고르바초프의 이러한 말은 한국의 통일문제를 천착하는 데 중요한 역사의 교훈이 아닐 수 없다.

---

71) 이명박, 『신화는 없다』, 김영사, 2007, pp.325~326.

1장

왕손의식과 '상놈'콤플렉스

— 가계와 어린 시절

1. 양녕대군의 16대손

1

영락한 조선조 종친의 후손 이황(李璜)이 대대로 살아온 한양을 떠나서 황해도 해주로 이주하게 된[1] 직접적인 계기는 분명하지 않다. 조선시대에 한양에 살던 양반 선비 가문이 지방으로 이주하는 경우는 대개 두 가지였다. 하나는 사화(士禍) 등에 연루되어 일족이 화를 피해 지방으로 피신하는 경우이고, 다른 하나는 생활이 궁핍해져서 낙향하는 경우였다. 이황의 경우는 후자에 속했을 것이다.

전설의 명산 수양산(首陽山)을 뒤로하고 망망한 바다에 면해 있는 해주는 고려조 이래로 해서지방(海西地方)의 군사요충지이자 행정의 중심지로 발달했다. 율곡(栗谷) 이이(李珥)가 황해감사로 있을 때에 수양산 밑에서 아름다운 석담(石潭)을 발견하고 황해감사에서 물러난 뒤에 여기에 집을 짓고 학문을 강론하자 경향 각지의 선비들이 몰려왔다고 한다. 『신증동국여지승람』은 해주가 "고을이 웅장하게 자리 잡아 물산이 많고, 지역이 커서 사민[四民: 士, 農, 工, 商]이 모두 모여들고, 여러 고을을 관리하는 곳"이라고 기술했다.[2] 그리고 해주는 지리상으로 한양과 그다지 두절된 곳이 아니었다. 이런 조건 때문에 이황이 이곳을 이주지로 삼았을 것으로 생각된다.

이황의 가문은 외로웠다. 자손이 많은 것이 곧 가문의 힘이던 시대에 이황의 할아버지도 아버지도, 그리고 그 자신도 독자(獨子)였다. 또 아들도 독자요 손자도 독자였다. 이황의 손자 이경선(李敬善)은 용모가 수려하고, 정이 많고, 씀씀이에 인색하지 않으며, 활달한, 그리고 태평스러운

---

1) Robert T. Oliver, *Syngman Rhee: The Man Behind the Myth*, Dodd Mead and Company, 1960, p.7.
2) 민족문화추진회 역, 『국역 신증동국여지승람(V)』, 민족문화추진회, 1970, p.404.

인품이었다.[3]

이경선은 자신이 어려서 다니던 서당 훈장 김창은(金昌殷)의 외동딸 김해 김씨와 혼인하여 초년에 아들 둘을 낳았으나 둘 다 천연두로 잃었다. 둘째 아들이 죽자 이경선은 격분한 나머지 역귀한테 올리는 터줏상을 몽둥이로 때려 부수고, 역귀가 머문다는 사당 앞에서 큰 칼을 휘둘렀다. 그가 석달 동안 몸져눕자 사람들은 그것이 그런 지각없는 행동 때문이라고들 말했다.[4] 그런데 이승만은 이상하게도 자서전 초록에는 자신이 이경선의 둘째 아들이라고 적었다.[5] 이경선에게는 딸이 둘 있었다. 큰딸은 해주의 단양(丹陽) 우씨(禹氏) 집으로, 작은딸은 평산(平山)의 청송(靑松) 심씨(沈氏) 집으로 시집을 갔는데, 이경선은 뒷날 한양에 올라와서 살면서도 이들 딸네 집을 찾아가곤 했다.

해가 거듭되어도 아들을 보지 못하는 이경선 내외가 얼마나 초조해했을지는 짐작하기 어렵지 않다. 이승만은 아버지가 좋은 묏자리를 찾느라고 수천냥의 돈을 썼다고 적어 놓았다. 어떤 지관이 이경선에게 아버지의 뫼를 잘못 써서 아들이 없다고 말했기 때문이었다는 것이다.[6] 그러나 궁색한 잔반(殘班)인 이경선에게 과연 그럴 만한 재력이 있었는지는 적이 의심스럽다. 아내는 아내대로 열심히 불공을 드리러 절에 다녔다.

이경선은 집을 줄여 평산으로 이사했다. 황해도 진산(鎭山)인 멸악산(滅岳山) 밑자락에 자리 잡은 평산은 해주에 버금가는 큰 고을이었다. 일찍이 평산도호부(平山都護府)가 설치되어 있던 곳으로서, "딴 지방에서 사족(士族)들이 흘러와서 사는 자가 있다"는 기록도 있다.[7] 또한 평산에는 유적지도 많았다. 마산면(馬山面)의 자모산성(慈母山城)은 병자호란

3) Robert T. Oliver, *op. cit.*, p.3.
4) Syngman Rhee, "Child Life in Korea", *The Korea Mission Field*, vol.8, no.3, March 1912, p.94.
5) 『청년이승만자서전』, 이정식 지음, 권기붕 옮김, 『초대대통령 이승만의 청년시절』, 동아일보사, 2002, p.248.
6) Syngman Rhee, *op. cit.*, p.94.
7) 李重煥 著, 李翼成 譯, 『擇里志』, 乙酉文化社, 1971, p.59.

(丙子胡亂) 때에 적병이 공략하지 못했던 좋은 피란처로, 그리고 의적 임꺽정[林巨正]이 웅거했던 곳으로 유명하다. 이경선은 자모산성에 가까운 대경리(大慶里) 능안골[陵內洞]에 정주했다. 지명으로 보아서 근처에 어떤 능이 있었을 것 같은데, 어느 문헌에도 능에 관련된 기록은 보이지 않는다. 풍수지리에 밝았던 이경선이 이 자모산성의 지세에 대한 고려와 함께 작은딸네 집과도 가까운 곳이었기 때문에 이곳을 새 거주지로 택했을 개연성이 있어 보인다.

2

이경선은 이 능안골에서 마침내 늦둥이 아들을 얻었다. 이렇게 이승만은 6대 독자로 태어났다. '은둔의 나라' 조선이 세계를 향해 문을 여는 계기가 된 운양호사건(雲揚號事件)이 터지던 해인 1875년2월19일(양력3월26일)이었다. 이경선보다 네살 위인 그의 아내는 손자를 볼 나이인 마흔두살에 아들을 낳은 것이었다. 뒷날 이승만은 "어머니는 나를 한양 서쪽의 한 절에 모셔놓은 부처님이 주셨다고 말하곤 했다"고 적었다. 김씨 부인은 그 절에 가서 불공을 드리고 난 어느 날 밤에 용이 품속으로 들어오는 꿈을 꾸었다고 했다. 그것이 태몽이었다. 그래서 이승만은 어릴 적에 '용이'로 불렸다.[8] 항렬이 승(承)자였으므로 아버지는 승룡(承龍)이라고 이름을 지었다. 김씨 부인이 아들을 낳기 위해 불공을 드리러 다녔던 한양 서쪽의 절은 북한산(北漢山) 기슭의 문수암[文殊庵: 지금의 文殊寺]이었다. 문수사에 전해져 오는 말로는, 김씨 부인은 문수암에서 백일기도를 드리고 나서 용꿈을 꾸었다. 오백나한(五百羅漢)을 모신 문수암은 전국적으로 알려진 기도 도량의 하나이다. 그렇기 때문에 김씨 부인은 평산에서 문수암까지 불공을 드리러 다녔던 것이다.

---

8) Syngman Rhee, *op. cit.*, p.95.

그토록 바라던 아들을 얻자 이경선 내외의 기쁨은 이루 말할 수 없었다. 큰 잔치가 벌어졌고, 동네사람들은 이씨 집안이 후사를 잇게 되었다고 축하했다. 돌날이 되어 승룡은 큰 돌상에 갖은 음식과 함께 늘어놓은 여러 가지 물건 가운데서 붓을 잡았다. 이승만 자신이 추측하듯이 아마 아기 손이 미칠 수 있는 가장 가까운 자리에 붓을 놓아두었기 때문에 그랬을 것인데도, 김씨 부인은 여간 기뻐하지 않았다. 김씨 부인은 승룡에게 커서 큰 학자가 될 것이라고 말하곤 했다.[9]

승룡이 세살 나던 해에 이경선은 집을 정리하여 한양으로 올라왔다. 이승만의 구술을 토대로 하여 쓴 서정주(徐廷柱)의 『이승만박사전(李承晚博士傳)』에는 이경선이 집을 정리하여 한양으로 올라온 것은 집안형편이 더욱 어려워졌기 때문이라고 적었다. 이경선이 술값으로 진 빚 때문에 능안골의 집마저 정리해야 할 형편이 되었다는 것이다.[10] 이승만은 자서전 초록에서 "한때 아버지도 부자였으나 젊은 시절에 모두 탕진해 버렸다. 어머니 말로는 내가 태어날 무렵에는 집에 재산이 없었다. '너의 아버지는 여자나 도박에는 흥미가 없었지만, 친구와 술을 위해서는 있는 대로 모두 내놓으셨다'는 것이다. 아버지가 친구들과 술잔을 주고받을 때는 세상의 어떤 일도 그보다 더 귀한 것이 없었다고 한다"라고 적었다.[11]

그러나 한편으로는, 어머니 김씨 부인이 외아들을 훌륭하게 키우기 위해 남편을 설득하여 한양으로 올라오게 되었다고 전해진다.[12] 6대 독자로 태어난 승룡이 입신출세해야 가문이 살아날 수 있었으므로 이경선이 아들 교육을 위하여 조상들이 살아온 한양으로 올라올 결심을 한 것은 당연한 일이었을 것이다. 오로지 술빚 때문에 집을 처분해야 했을 만큼 가난하지는 않았던 것은, 한양에 올라와서도 승룡이 어릴 때에 집에 늙은

9) *ibid.*, p.94.
10) 徐廷柱, 『李承晚博士傳』, 三八社, 1949, p.32.
11) 「청년이승만자서전」, 이정식 지음, 권기붕 옮김, 앞의 책, p.248.
12) 曺惠子, 「人間李承晚의 새 傳記 ①」, 《女性中央》 1983년 1월호.

양녕대군을 기리기 위하여 숙종 원년(1675)에 세운 지덕사. 남대문 밖에 있던 것을 1912년에 동작구 상도4동 221번지로 옮겼다. 1956년3월15일에 이근수의 자부 생일을 맞아 이승만 내외는 지덕사를 방문하고 일가친척들과 기념촬영을 했다.

하인 내외와 하녀 복녀를 부렸던 사실로도 짐작할 수 있다. 지금도 이승만 명의로 된 평산의 임야대장이 이화장(李花莊)에 보존되어 있다.[13]

한양으로 올라온 이경선은 처음에 남대문 밖 염동(鹽洞)에 자리를 잡았다가 이태 뒤에 낙동(駱洞)으로 옮겼고, 승룡이 열한살 되던 해에 다시 지덕사(至德詞)가 있는 도동(挑洞)의 우수현(雩守峴) 밑으로 이사했다. 우수현은 오랫동안 비가 오지 않을 때에 기우제를 지내는 마루터기였다. 이승만은 이 우수현 밑의 오막살이집에서 어른이 될 때까지 살았다. 지덕사는 태종(太宗)의 적장자로서 세자에 책봉되었다가 아우 충녕대군(忠寧大君: 뒤의 世宗)에게 세자의 지위를 넘겨준 양녕대군(讓寧大君)의 유덕을 기리기 위하여 숙종(肅宗) 원년(1675)에 세운 사당이다. 이경선이 지덕사 가까운 곳으로 이사한 것은 그곳에 양녕대군의 봉사손[奉祀孫: 조상의 제사를 받들어 지내는 자손] 이근수(李根秀) 판서를 비롯하여 일가들이 모여 살고 있었기 때문이다. 이승만은 양친으로부터 들은 지덕사에 얽

---

13) 李仁秀 증언.

힌 이야기를 자서전 초록에 자세히 적어 놓았다.

옛날 어느 추운 겨울날 남산골 가난한 이 생원 집에 한 중이 동냥을 왔다. 그러나 그 집주인은 땔감이 없어서 추위에 불도 때지 못하는 형편인데 무슨 동냥을 주느냐고 말했다. 그러자 중은 주변을 두리번거리다가 건너편 지덕사 앞에 있는 노간주나무를 가리키며 "저기 저 나무라도 베어다가 때시지 그래요" 하고 돌아갔다. 그리하여 그 집에서는 그 나무를 베어다가 그 겨우내 땔감 걱정을 하지 않고 지냈다.

지덕사가 있는 골짜기의 건너편 언덕에는 거창한 관제묘(關帝廟)가 있었는데, 노간주나무를 잘라버린 얼마 뒤에 임금이 그 관제묘에 참배하러 행차하게 되었다. 이 행차는 해마다 한 번씩 있는 행사였다. 임금이 관제묘에서 나오다가 건너편에 못 보던 헌 사당이 있는 것을 보고 그 사당의 유래를 묻자, 신하가 양녕대군의 사당이라고 아뢰었다. 임금은 낡고 쓰러져 가는 사당을 헐고 새로 짓게 하고, 그 가난한 선비에게는 벼슬을 주고 재산을 하사했다.…

이승만은 이 이야기를 소개하면서 그 임금이 지덕사 중수를 명한 것은 만일 양녕대군이 왕위 계승권을 포기하지 않았더라면 지금 자기가 임금의 자리에 있지 못했을 것이라는 사실을 잘 알고 있었기 때문이라고 설명했다. 그러면서도 양녕대군을 조선왕조를 창건한 태조(太祖)의 장남이고, 그가 왕위를 양보한 동생이 정종(定宗)이었다고 잘못 기술한 것은 적이 의아스럽다.[14] 이러한 지덕사는 이승만의 성장기의 생활에 많은 영향을 끼쳤고, 특히 자신이 왕족의 후예라는 의식을 깊이 심어 주었던 것 같다. 지덕사는 1912

---

14) "Autobiography of Dr. Syngman Rhee", George A. Fitch Papers, Yenching Institute, Harvard University(unpublished), pp.2~3; 「청년이승만자서전」, 이정식 지음, 권기붕 옮김, 앞의 책, p.251.

년에 일본인들에 의해 서울 동작구 상도4동 221번지의 현재 위치로 옮겨졌다.

이승만은 청년시절에 고종(高宗)과 조선의 조정에 대하여 누구보다도 과격한 비판자가 되었는데, 그러한 비판정신의 밑바닥에는 정치개혁에 대한 열정과 함께 자신이 왕위 계승권을 양보한 양녕대군의 후예라는 의식이 미묘하게 작용하고 있었음은 그의 자서전 초록의 다음과 같은 문장으로도 짐작할 수 있다.

> 만일에 16대 전의 나의 선조가 그렇게 관대하게 왕위 계승권을 동생에게 넘겨주지 않았더라면 나는 고종의 위치에 놓여졌을지 모른다. 그런데 우리나라는 고종 치하에서 독립을 빼앗겼다. 그래서 나와 이씨 왕족의 먼 관계는 나에게는 영예가 아니라 치욕이다. 그러한 관계로 나는 성을 바꿀 수 있는 것이라면 바꾸어 버리기라도 하겠다.[15]

이러한 생각의 밑바닥에는 특히 강화도령이었던 철종(哲宗) 이후의 왕위 계승의 정통성을 인정하고 싶지 않은 심리도 깔려 있었는지 모른다. 이승만은 조상에 관해서 적어 놓기는 했으나, 뒷날 자기의 전기를 쓰는 올리버(Robert T. Oliver)에게 자료를 전할 때에 다음과 같은 메모를 첨부했다.

> 나의 조상에 관한 이야기는 하지 말아 주시오. 나의 정적들은 내가 민주제도를 세우려고 하지 않고 (이씨) 왕조를 부활시키려 한다는 자기들의 주장을 '입증'하기 위하여 나의 족보를 캐내려고 애를 많이 썼기 때문입니다. 여기에 적은 것은 윤곽에 불과합니다.

---

15) "Autobiography of Dr. Syngman Rhee", p.3; 『청년이승만자서전』, 이정식 지음, 권기붕 옮김, 위의 책, p.427.

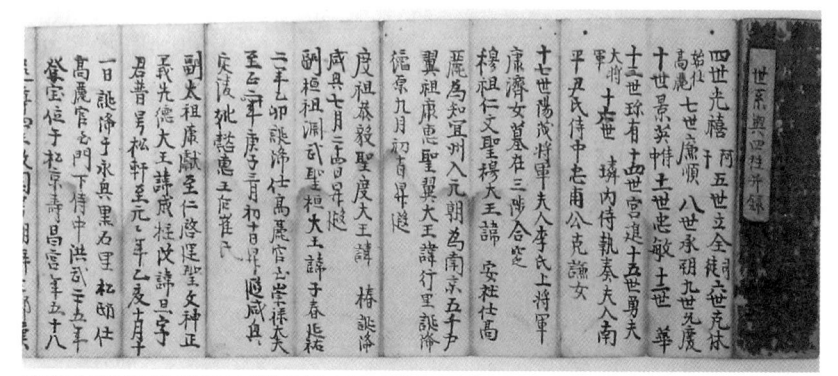

이경선이 어린 승만에게 만들어 준 『세계여사주병록: 선원세보』의 앞부분.

　그러나 올리버는 이승만의 이러한 당부에도 불구하고 이승만 전기에서 "이승만의 가계는 다년간 그의 울분의 대상이었고 또 어떤 점에서는 핸디캡이기도 했다"라고 전제하고 나서, 이승만의 가계를 소개했다.[16]

　이승만이 자신의 가계에 대해 울분을 느꼈다는 것은 자기 스스로 이씨 왕족과의 먼 관계를 "영예가 아니라 치욕이다"라고 한 것과 맥을 같이한다. 그러나 그것은 결국 자신이 왕위 계승권을 포기한 양녕대군의 후예라는 의식을 반증하는 것이기도 하다. 그리고 뒷날 그의 정적들 가운데 그를 가리켜 이씨 왕조를 부활시키려 한다고 비난한 사람들이 실제로 얼마나 있었는지는 분명하지 않다.

　보학(譜學)에 밝았던 이경선은 아들에게 자기네가 왕족의 후예라는 것을 주입시키려고 노력했다. 이승만이 어릴 때에는 말할 나위도 없고 성장하여 독립협회(獨立協會)의 급진과격파로 만민공동회(萬民共同會)를 주도하고 다닐 때에도, 그는 아들을 따라다니면서 "너는 6대 독자이다"라는 말을 강조했다. 위험한 행동을 하여 대가 끊기는 일이 있어서는 안 된다는 뜻이었다.

　이경선은 24권으로 된 족보를 아름다운 책장에 넣어 놓고 꺼내 보

---

16) Robert T. Oliver, *op. cit.*, p.7; 『청년이승만자서전』, 이정식 지음, 권기붕 옮김, 같은 책, p.249 역주 참조.

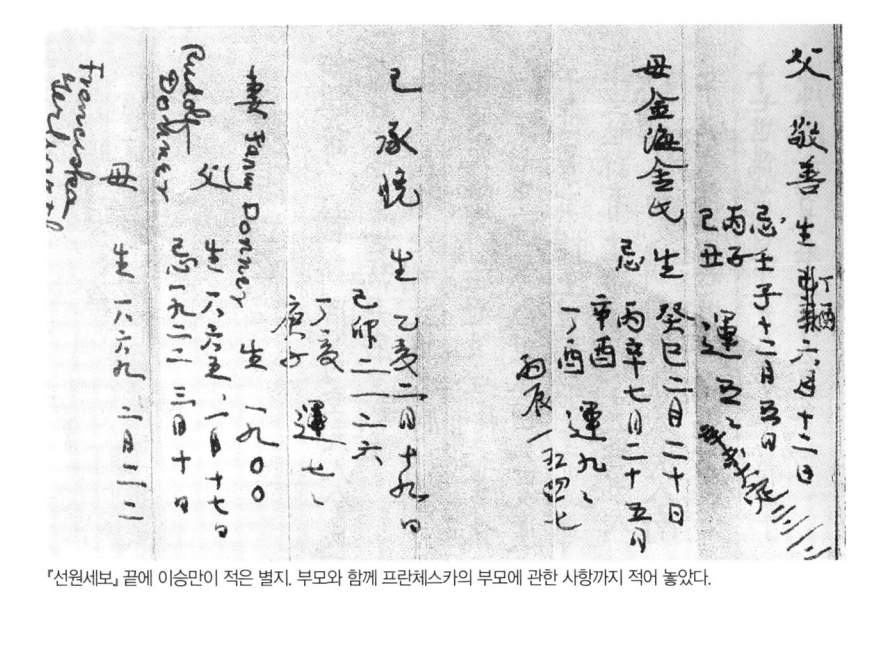

『선원세보』 끝에 이승만이 적은 별지. 부모와 함께 프란체스카의 부모에 관한 사항까지 적어 놓았다.

면서 직계(直系)는 어떻게 되고 지파(支派)는 어떻게 되었다는 것을 훤히 꿰고 있었다. 그는 자기네 가문뿐만 아니라 다른 명문의 족보에 대해서도 밝았다. 그러나 그는 어린 승룡이 족보에 전혀 관심이 없는 것을 보고 실망했다. 그리하여 이경선은 아들에게 신라시대까지 거슬러 올라가는 직계 선조의 계보를 손수 간략하게 적어서 조그마한 책자를 만들어주었다. 그것이 『세계여사주병록: 선원세보(世系與四柱幷錄: 璿源世譜)』이다. 이승만은 뒷날 하와이에서 집안 유물상자를 열었다가 이 『선원세보』를 발견하고[17] 평생 동안 소중하게 간직했다. 그뿐만 아니라 그는 똑같은 크기의 별지에 부모와 자기 자신과 아내 프란체스카의 관련사항을 자기 손으로 적어 넣어서 함께 보관했다. 그런데도 이승만은 평생 동안 족보에 대해 이야기하기를 좋아하지 않게 된 이유라면서 어릴 때에 들은 다음과 같은 이야기를 자서전 초록에 적고 있어서 흥미롭다.

---

17) "Autobiography of Dr. Syngman Rhee", p.3; 「청년이승만자서전」, 이정식 지음, 권기붕 옮김, 같은 책, p. 251.

어떤 사람이 죽은 뒤에 그의 혼이 저승에 가서 그곳 궁전의 구석구석을 안내받았다. 양반들이 살고 있는 어느 한곳에 들어갔더니, 그곳에 있는 양반들은 어찌나 말라빠졌던지 뼈와 가죽만 남아서 아주 가엾은 몰골들이었다. 어찌된 영문인가 하고 보고 있는데, 그 사람들이 다가왔다. 그리고 하는 말이, 자기들은 양반들의 유명한 조상들인데 자기네 후손들이 스스로 생계를 개척해 나갈 생각은 않고 늘 조상들만 뜯어먹어서 이렇게 되었으니 돌아가거든 제발 좀 그러지 말라고 일러 달라고 부탁했다는 것이었다.[18]

사실 이승만의 선조는 이황이 해주로 낙향하기 훨씬 전에 이미 잔반이 되어 있었다. 이승만의 가계는 양녕대군의 서자인 제5남 장평부정(長平副正) 이흔(李訢)의 후손들인데, 종친 예우는 『경국대전(經國大典)』의 규정에 따라 이흔의 손자인 이윤인(李允仁)에서 끝났다. 그 후대로는 이윤인의 아들 이충당(李忠讜)이 과거를 거쳐서 정6품 좌랑(佐郞)을 지내고 사후에 정3품 참의(參議)에 추증된 것이 가장 높은 벼슬이었다. 이충당의 아들 이원약(李元約)이 병자호란 때에 무공을 세워서 오위(五衛)의 종3품 무관직인 대호군(大護軍)을 지내고 사후에 전풍군(全豊君)에 추증되고, 그 후광을 입은 몇몇 자손들이 무관직에 등용되기도 했으나, 이승만의 6대조 이징하(李徵夏)가 음직(陰職)으로 현령(縣令)을 지내고 나서부터는 대대로 벼슬이 끊긴 채였다.[19] 해주로 이주한 이황은 이징하의 증손자이다.

---

18) "Autobiography of Dr. Syngman Rhee", p.1; 『청년이승만자서전』, 이정식 지음, 권기붕 옮김, 같은 책, p.249.
19) 宗正院 編, 『璿源續譜(太宗子孫錄: 讓寧大君派)』, 1902.1.3., 11., 2책, 高珽烋, 「開化期 李承晚의 思想形成과 活動(1875~1904)」, 《歷史學報》 109집, 歷史學會, 1986, p.26; 정병준, 『우남 이승만 연구: 한국근대국가의 형성과 우파의 길』, 역사비평사, 2005, pp.51~52.

2. 모반자 김자점의 방계 후손

김구의 선조들은 인조반정(仁祖反正)의 공신으로 인조 때에 크게 권세를 떨쳤던 김자점(金自點)의 방계 후손이었다. 김자점이 효종(孝宗) 때에 역모를 꾀하여 일족이 멸문을 당하게 되자 김구의 11대조 김대충(金大忠)이 가족들을 이끌고 처음에는 고향인 경기도 고양(高陽)으로 피신했다가, 그곳도 한양에 가까워서 위험하다고 하여, 다시 황해도 해주 서쪽 팔십리에 있는 백운방(白雲坊) 텃골[基洞]의 팔봉산(八峯山) 양가봉(楊哥

붓으로 쓴 『백범일지』 상권의 첫 부분.

峰) 밑으로 옮겨 숨어살게 되었다. 그러므로 김구 조상의 낙향은, 이승만 조상의 경우와는 대조적으로, 한양에 살던 양반 선비가문이 역모사건에 연루되어 화를 피해 지방으로 이주한 경우에 해당한다. 그리고 두 가문이 다 해주로 이주했다는 사실은 매우 흥미로운 일이다. 이때에 해주로 내려간 김대충은 관직이 사과(司果)였다. 사과란 직무가 없는 무장에게 녹봉을 주기 위해 마련한 직위로서 정6품에 해당했다. 김대충의 5대조 김종지(金終智)가 남평현감(南平縣監)을 지낸 이래로 대대로 부사직(副司直),

어모장군(御侮將軍) 등의 직무 없는 무관벼슬을 지냈다.[20]

이들은 김사점의 일족임을 숨기기 위하여 양반 행세를 단념하고 상민 생활을 했다. 농사일을 하고 임야를 개간하여 생계를 유지하다가, 군역전(軍役田)을 경작하면서부터 숫제 '상놈'의 패를 차게 되었다. 군역전이란 관아에 속한 경작지로서 땅 없는 가난한 사람들이 그 땅을 부치다가 전란이 나서 나라에서 징병령을 내리면 병역에 응해야 했다. 조선조 때에는 병역이 천역이었으므로 이러한 제도가 있었다.

조선 봉건사회에서 상민은 아무런 권리가 없었다. 김구는 어려서부터 자기 집안이 그러한 '상놈'이라는 사실에 대하여 심한 콤플렉스를 느끼면서 성장했다. 그의 자서전 『백범일지(白凡逸志)』는 여러 대목에서 그러한 콤플렉스를 토로하고 있다. 가령 뒤에서 보듯이, 그의 아버지가 숨을 거둘 때에 "연산으로 모시고 가서 만년에나 강씨, 이씨에게 상놈 대우를 받던 뼈에 사무치는 한을 면하시게 할까 하고 속으로 기대하였더니…" 하고 슬퍼하는 것은 그 대표적인 보기이다. 따라서 김구는 아마 위에 적은 직계조상들의 신분도 모르고 자랐을 것이다.

그런데 뒷날 『백범일지』의 국내판[국사원본]을 출판할 때에 원본에 없던 다음과 같은 문장을 서두에 적어 넣은 것은 매우 주목할 만한 일이다.

우리는 안동 김씨(金氏) 경순왕(敬順王)의 자손이다. 신라의 마지막 임금 경순왕이 어떻게 고려 왕건(王建) 태조의 따님 낙랑공주(樂浪公主)의 부마가 되셔서 우리들의 조상이 되셨는지는 『삼국사기』나 안동 김씨 족보를 보면 알 것이다. 경순왕의 8대손이 충렬공(忠烈公)이고 충렬공의 현손(玄孫)이 익원공(翼元公)인데, 이 어른이 우리 파의 시조요, 나는 익원공에서 28대손이다. 충렬공과 익원공은 다 고려

---

20) 『安東金氏翼元公派譜』 참조.

조의 공신이거니와 이조에 들어와서도 우리 조상은 대대로 서울에 살아서 글과 벼슬로 가업을 삼고 있었다.[21]

그리고 이 책의 권두에 있는 화보에는 김구가 귀국한 뒤에 경순왕릉을 참배하는 사진이 실려 있고, "내 시조 경순왕릉에 제를 드렸다"라는 설명이 붙어 있다. 이는 김구가 경순왕릉을 참배한 행동 그 자체와 함께 한국사회의 혈통주의 내지 씨족주의의 가치관을 반영한 것이라고 할 수 있을 것이다. 이 글 이후로 김구의 가계와 관련된 모든 기록은, 그 자신이 『백범일지』를 처음 집필할 때에 "조선(祖先)은 안동 김성(金姓)이니, 김자점씨의 방계라"라는 문장으로 시작한 것과는 달리, 김구가 '경순왕의 후예'임을 강조하고 있다. 가령 이승만은 김구의 『도왜실기(屠倭實記)』의 국문판에 붙인 서문에서 김구가 '명문의 후예'라고 소개했고, 진보적 성향의 지식인이었던 안재홍(安在鴻)도 김구가 암살된 직후인 1949년 8월에 쓴 「백범 김구선생 약사」에서 "선생의 본관은 안동이니, 그 선조는 신라 마지막 임금 경순왕의 후예로서…"라고 서두에 적었다.[22]

김씨 일족은 텃골 주위에 살고 있는 진주(晉州) 강씨(姜氏)나 덕수(德水) 이씨(李氏) 등 토착양반들로부터 대대로 핍박과 괄시를 받으면서 살았다. 김씨 집안의 처녀가 강씨나 이씨 집안으로 시집가는 것은 영광이었으나, 강씨와 이씨 집안의 처녀가 김씨 집안으로 시집오는 일은 거의 없었다. 강씨와 이씨 집안은 대대로 방장[坊長: 지금의 面長]을 지냈으나 김씨 집안사람은 기껏해야 존위(尊位)가 되는 것이 고작이었다. 존위란 방장의 지시에 따라 세금을 거두는 직분이었다. 강씨와 이씨네 사람들은 비록 머리 땋은 아이들이라도 칠팔십세 되는 김씨네 노인들에게 '하게'를 하는

---

21) 金九 著, 『金九自敍傳 白凡逸志』, 國士院, 1947, p.3.
22) 安在鴻, 「白凡金九先生略史」, 《新天地》 1949년8월호, 서울신문사.

한편, 김씨네 노인들은 갓 상투를 튼 강씨, 이씨 집 아이들에게도 반드시 손댓말을 썼다. 그러나 김구의 7대조 김언함(金彦喊)의 부인이 진주 강씨 였던 것을 보면,[23] 김씨 집안과 강씨, 이씨 집안 사이에 통혼이 전혀 없지 는 않았던 것 같다.

김씨 집안이 꽤 창성한 때도 있었다. 20여호 되는 텃골의 김씨 집단 취락에는 기와집도 있고, 선산에는 큰 석물을 만들어 놓기도 했다. 텃 골 뒷개[後浦]에 있는 묘역에는 김대충의 묘를 비롯하여 역대 김구 선 조들의 묘가 있었다. 그리고 세전노비를 두고 있기까지 했다. 그러다가 살림이 궁핍해지자 노비들을 해방시켜 주었는데, 그들 가운데는 김씨 집안에 혼사나 장례 등 큰일이 있을 때에는 와서 일을 보는 사람도 있 었다. 그러한 세전노비였던 이정길(李貞吉)이라는 인물을 회상하면서 김구가 "그는 소위 말하는 '종의 종'이었다. 이정길처럼 우리 운명보다 도 더 흉악한 운명을 가진 사람도 있었다"[24]라고 적어 놓은 것이 눈길 을 끈다.

김씨 집안은 해주에 온 이래로 글하는 사람도 없지는 않았으나, 이 름을 떨칠 만하지는 못했다. 그리하여 이웃 토반들의 핍박은 필연적으 로 김씨 집안 사람들의 불평불만과 저항을 유발했다. 김구의 증조부 김 영원(金榮元)은 가짜로 암행어사 행세를 하다가 체포되어 해주 관아 에 갇히기도 했는데, 서울 어느 양반의 청탁편지로 형벌을 면했다고 한 다.[25] 그런데 그러한 이야기가 사실이라면, 김씨 집안은 김구의 증조부대 까지 서울의 영향력 있는 양반과 연줄이 닿아 있었음을 말해 준다.

김영원에게 두 아들이 있었다. 큰아들 김만묵(金萬默)은 4남 1녀를 두 었는데, 김만묵의 둘째 아들 김순영(金淳永)은 소문난 효자였다. 김순영 은 집안이 가난하여 오랫동안 장가를 들지 못하고 있다가 스물네살이

---

23) 『安東金氏翼元公派譜』 참조.
24) 도진순 주해, 『백범일지 김구자서전』, 돌베개, 1997, p.23.
25) 『백범일지』, p.23.

되어 삼각혼으로 장연(長淵) 목감방(牧甘坊) 문산촌(文山村)의 열네살 난 현풍(玄風) 곽씨[郭氏: 뒤에 이름을 '낙원'(樂園)으로 지었다]와 혼인했다. 삼각혼이란 혼비를 절약하기 위하여 세 집안이 서로 딸을 바꾸는 것으로서, 주로 하층사회의 혼인풍습이었다. 이를 '물레 혼인' 또는 '물레바꿈'이라고도 일컬었다.[26] 김순영은 혼인하고도 살림을 나지 못하여 3년 동안 아들 하나뿐인 작은아버지 집에 더부살이를 했다. 그러다가 따로 살림을 나던 해에 김구를 낳았다. 1876년7월11일(양력8월29일). 그것은 이승만이 태어난 지 한 해 뒤이며, 이 나라의 역사가 크게 달라지는 병자수호조약[丙子修護條約: 한일수호조약]이 체결되던 해였다. 곽씨 부인이 꿈에 푸른 밤송이에서 크고 붉은 밤 한 톨을 얻어서 깊이 감추어 둔 것이 태몽이었다. 그것은 꿈에 용이 김씨 부인의 품속으로 들어왔다는 이승만의 태몽과는 퍽 대조적이다.

김구의 말대로 "일생이 기구할 조짐이었는지" 그의 출생은 유례없는 난산이었다. 사람들이 '웅덩이 큰 택'이라고 부르는 할아버지와 큰아버지가 사는 집에서 해산했는데, 진통이 있고 나서 일주일 가까이 되도록 아이는 태어나지 않고 산모의 생명은 위험했다. 친척들이 모두 모여 온갖 의약을 쓰고 미신 방법을 시험해 보았지만 효험이 없었다. 사태가 황급해지자 집안 어른들은 김순영에게 소길마를 머리에 쓰고 지붕에 올라가서 소 울음소리를 내라고 했다. 그것은 평안도와 해서지방의 풍속으로서, 난산의 경우 산모의 고통을 나누기 위한 의식이었다. 김순영은 처음에는 거절했으나 어른들이 호통을 쳐서 시키는 대로 했다. 그런 뒤에야 아이가 태어났다.

이날은 공교롭게도 김순영 어머니의 기일이었다. 김순영은 어머니가 돌아갈 때에 왼손 무명지를 칼로 잘라 어머니의 입에 피를 흘려 넣어 사

---

26) 『백범일지』, p.23 주8) 참조.

흘을 더 버티게 했다고 한다.[27] 부모나 남편이 위독할 때에 피를 내어 먹이려고 자기의 손가락을 자르는 이른바 단지(斷指)는, 허벅지의 살을 베는 할고(割股)와 함께, 효행과 정절의 극치로 평가되는 행위이다. 뒤에서 보듯이 김구도 아버지가 죽을 때에 할고를 했다.

곽씨 부인은 체구도 작은데다가 어린 나이에 고된 일로 많은 고생을 하고 열일곱살에 아들을 낳았는데, 젖이 부족하여 암죽을 끓여 먹이면서 차라리 아이가 죽었으면 좋겠다고 푸념하곤 했다. 그녀는 그 뒤로는 아이를 낳지 못했다. 그러나 부부의 정분은 좋았다. 김순영은 갓난아이를 품고 근처의 젖먹이 있는 집을 찾아다니면서 동냥젖을 얻어 먹였다. 김순영의 먼 친척 아주머니뻘 되는 핏개댁[稷浦宅]은 밤중에 찾아가도 조금도 싫어하는 내색을 하지 않고 아이에게 젖을 물려 주었다. 이때의 일과 관련하여 김구는 "내 나이 열살 남짓에 그분이 돌아가셔서 텃골 동산에 묻혔는데, 나는 그 묘를 지날 때마다 경의를 표하였다"라고 적어 놓았다.[28] 이러한 기술은 김구가 어릴 때부터 자기에게 도움을 준 사람들에 대한 고마움을 잊지 않으면서 성장했음을 말해 준다.

27) 『백범일지』, p.28.
28) 『백범일지』, p.24.

3. 어머니가 들려준 오백나한 이야기

1

이승만과 김구는 두 사람 다 외아들로 태어났다. 그러므로 그들의 유년기의 성장에는 부모의 영향이 압도적으로 컸다. 이승만이 어릴 때의 이야기를 적으면서 "이 모든 것은 어머니와 두 누이에게서 들은 것이다"[29]라고 한 것을 보면, 이승만은 어릴 때에 나이 차이가 많은 두 누이에게도 사랑을 받고 자랐음을 알 수 있다. 그러나 두 누이는 이승만네가 한양으로 올라오기 전에 이미 출가해 있어서 함께 생활하지는 않았다.

이승만은 아버지를 닮아서 강건한 체력을 타고났다. 이는 육체적 고초를 동반하는 뒷날의 파란만장한 생애에서 큰 자산이 되었다. 이승만은 키가 168센티미터쯤 되었고, 혈액형은 O형이었다.[30] 김씨 부인의 정성 어린 양육은 그가 건강하게 자라는 데 큰 도움이 되었다. 이승만은 어머니의 젖을 먹고 자랐다. 대통령 재임 때에 이승만은 이따금 비지찌개나 된장떡을 먹고 싶어 했다. 주방에서 정성껏 만들어 올리면 "우리 어머니가 만들어 주시던 그 맛이 아니야" 하면서도 맛있게 먹었다고 한다. 작고하기 얼마 전에도 "내가 남의 나라 음식도 많이 먹어 보았지만 우리나라 음식이 제일이야. 그중에서도 우리 어머니가 담근 동치미는 정말 맛있었지" 하며 어머니 손맛을 그리워했다. 김씨 부인은 달걀찜과 두부찌개를 만들 때에는 새우젓 국물로 간을 맞추었는데, 그 맛에 길들여진 이승만의 입맛에 맞추느라고 뒷날 프란체스카도 달걀찜과 두부찌개를 만들 때에는 새우젓을 썼다. 이승만은 여든이 넘어서도 간식으로 누룽지를 먹을 정도로 이가 튼튼했다. 그는 자신이 이가 좋은 것은 어머니가 담근 동치미와

---

29) Syngman Rhee, *op. cit.*, p.95.
30) 李仁秀 증언.

김치를 먹고 자란 덕분이라고 자랑하곤 했다. 하야하고 나서 하와이에서 요양생활을 할 때에 의사가 김치는 짜서 고혈압에 해롭다고 하여 프란체스카가 조금씩 주자 이승만은 "한국 사람은 김치를 못 먹으면 혈압이 더 오른단 말이야" 하고 투정했다.[31]

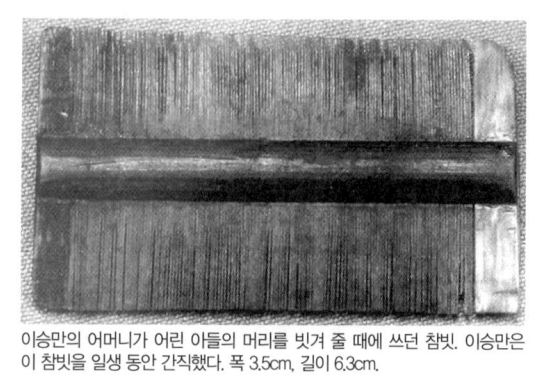

이승만의 어머니가 어린 아들의 머리를 빗겨 줄 때에 쓰던 참빗. 이승만은 이 참빗을 일생 동안 간직했다. 폭 3.5cm, 길이 6.3cm.

김씨 부인은 빗살이 촘촘한 작은 참빗으로 어린 승룡의 머리를 빗겨 주었다. 어머니가 참빗으로 머리를 빗길라치면 승룡은 너무 아파서 울곤 했다. 그런데 놀랍게도 이승만은 이 참빗을 일생 동안 간직했다. 하와이에 있을 때에 그는 이 참빗을 주머니에 넣고 다니면서 농장노동자들 아이들의 머리에 있는 이와 서캐를 잡아 주었고, 6·25전쟁 동안 피란민 수용소와 고아원을 방문할 때에도 이 참빗을 가지고 다니면서 그렇게 했다. 이승만은 운명하기 전 하와이의 병실에서도 이 작은 참빗을 만지작거리면서 고국을 그리워했다.[32] 프란체스카는 이 참빗을 가리켜 '이 잡는 연장(licehunter)'이라면서 웃곤 했다.[33]

승룡은 개구쟁이 소년으로 자랐다. 그는 끼니때와 책 읽는 시간과 잠자는 시간을 빼놓고는 집 밖에 나가서 뛰놀았다. 장난은 심했으나 재미있고 용감한 아이였고, 친구들 사이에 인기가 있었다고 같이 자란 서당친구 이병주(李丙冑)는 회상했다.[34] 승룡은 나막신을 신고 다녔다. 나막신

31) 리 푸란세스카 지음, 조혜자 옮김, 『대통령의 건강』, 촛불, 1988, p.69.
32) 위의 책, p.30.
33) 조혜자, 「촘촘한 사랑으로 머리를 빗긴다」, 《女苑》 1984년12월호.
34) 曺惠子, 「人間李承晩의 새 傳記②」, 《女性中央》 1983년2월호.

을 신고 성벽에 올라가서 아슬아슬하게 걷는 묘기로 친구들을 즐겁게 해 주기도 했다. 그리하여 '나막신 선비'라는 별명이 붙었다.

도동에는 동네 이름 그대로 복숭아나무가 많았다. 승룡의 집에도 복숭아나무가 있었다. 이승만은 미국에서 망명생활을 할 때에도 복숭아꽃이 만발하던 고향 집과 친구들과 함께 복숭아밭에서 복숭아를 따 먹던 일을 회상하곤 했는데, 그럴 때에는 마치 소년 같았다고 한다.[35]

설이 돌아오면 승룡은 대나무 살을 다듬어서 연을 만들어 날렸다. 우수현 고갯마루는 바람이 세기 때문에 연날리기가 좋았다. 노년에 이승만은 "참 연날리기를 많이 했지"라는 말을 자주 했다. 대통령의 바쁜 일정 속에서도 한국일보사 주최의 '전국 연날리기 대회'에 하루 두 번씩이나 들러 손수 얼레짓을 해보인 것도 이런 어린 시절의 향수에서였을 것이다. 얼레짓이 보통 솜씨가 아니었다고 한다.[36]

승룡은 남사당패를 따라가서 광대놀이를 구경하며 즐기기도 했다. "어, 사당돈이야…" 하고 남사당패가 흥을 돋우면 구경꾼들은 엽전을 던져 주었다. 어린 승룡도 사람들을 따라서 엽접을 던져 주기도 했다. 뒷날 그는 "남사당놀이는 참 재미있었어. 아마 그들은 행복했을 거야"라고 말하기도 했다.[37] 흥과 장난기가 많은 승룡은 남사당놀이를 구경하고 와서는 사당패 흉내를 그대로 내면서 신이 나서 사람들을 웃기기도 했다. 어느 날 그런 장면을 이경선에게 들켰다. 이경선은 크게 노하여 "회초리 가지고 내 방으로 오너라" 하고 불러서는 승룡의 걷어 올린 종아리를 호되게 후려쳤다. 그럴 때면 김씨 부인은 승룡이 매를 다 맞을 때까지 문 밖에서 기다렸다.[38]

이경선은 동네사람들로부터 "샌님은 더할 나위 없는 양반이시다"라

35) 리 푸란세스카 지음, 조혜자 옮김, 앞의 책, p.28.
36) 張基榮 증언, 「人間李承晩百年(5)」, 《한국일보》 1975년3월15일자.
37) 徐廷柱 증언, 「人間李承晩百年(5)」, 《한국일보》 1975년3월15일자.
38) 曺惠子, 「人間李承晩의 새 傳記②」, 《女性中央》 1983년2월호.

는 말을 듣는 선비였다. 그는 친구들과 어울려 술을 마신 뒤에도 비틀거리는 일이 없었다. 그는 만취했을 때에는 얼굴이 창백해져서 천천히, 그리고 침착하게 걸음을 걸었다.[39] 그는 아들에게 고전 시문(詩文)이나 명가(名家)의 문장을 외우게 하고, 도중에 아들이 틀리거나 막히면 머리를 설레설레 저으면서 자기가 이어 주곤 했다. 이경선은 어린 승룡에게 경전 말고도 실생활의 교훈이 되는 속담도 많이 가르쳐 주었다. 이경선은 아들에게 "고목에 꽃이 피랴"라는 속담의 보기를 들면서, 오지도 않을 복을 바라고 있지 말라고 가르치기도 했다고 한다.[40] 뒷날 이승만은 글을 적거나 연설을 할 때에도 비유법으로 속담을 많이 썼다.

이경선은 집을 비우는 때가 많았다. 그는 털빛이 서릿발처럼 흰 서산 나귀 한 필을 애지중지하며 먹이고 있었다. 이 나귀를 타고 나침반을 차고 좋은 묏자리를 찾느라고 금강산(金剛山)이고 어디고 두루 찾아다니는 것이 그의 오랜 습벽이었다. 이경선이 그토록 명당을 찾아 헤맨 것은 과거에 실패하여 가문을 일으키지 못한 한이 맺힌 그로서 늦둥이 외아들 승룡의 입신출세를 그만큼 간절히 바랐기 때문이었다. 그러나 이경선이 나침반을 차고 전국의 명당자리를 찾아다닌 것은 그의 아버지 묏자리를 찾기 위해서만은 아니었다. 그가 양녕대군의 봉사손 이근수를 비롯한 세가 친족들과 교제가 넓었던 것으로 보아 그들의 선영을 돌보고 명당을 찾아주는 지관(地官)일도 하고 있었던 것으로 짐작된다. 그리고 그것이 그의 중요한 수입원이기도 했을 것이다. 이경선은 불시에 나귀 등에 올라앉아 방울소리를 울리며 집을 나가서는 서너달씩 소식이 없다가 문득 어느 눈 내리는 날 밤에 방울소리를 울리며 돌아오는 때도 있었다.[41]

이러한 아버지를 이승만은 그다지 존경하지 않았던 것 같다. 죽은 조상들만 뜯어먹고 사는 양반들의 이야기를 소개하는 데서 보듯이, 가난한

---

39) 「청년이승만자서전」, 이정식 지음, 권기붕 옮김, 앞의 책, p.248.
40) Robert T. Oliver, *op. cit.*, pp.8~9.
41) 徐廷桂, 앞의 책, p.32.

형편에 족보만 들여다보고 앉았는가 하면 명당자리를 찾는다면서 오래 집을 비우는 아버지가 어린 승룡에게는 못마땅했을 것이다. 성장해서도 이승만은 아버지를 제대로 모시지 못했다. 뒤에서 보듯이 노후의 이경선은 종로의 한 교회 문간방에서 동네아이들을 가르치며 혼자서 궁색하게 살다가 생애를 마쳤다.

이러한 아버지였으므로 어린 승룡은 어머니로부터 훨씬 더 많은 영향을 받고 자랐다. 김씨 부인은 독실한 불교신자였고, 또 서당훈장인 아버지로부터 기본적인 한학소양을 익히고 있었다. 집안살림도 주로 김씨 부인이 몰래 삯바느질까지 해가면서 꾸려 나갔다고 한다.

2

이승만이 어머니로부터 받은 가장 큰 정신적 영향은 불교였다. 그는 어머니에게서 들은 석가모니의 전생담(前生譚)이나 오백나한 이야기를 어른이 되어서도 자세히 기억했다. 김씨 부인은 아들에게 오백나한 설화를 다음과 같이 들려주었다.

석가모니가 불교를 설법하고 기도할 때마다 '나무아비타불'을 300번 이상씩 되뇌며 온 누리를 여행하고 다닐 때였다. 어느 날 그는 피곤하여 기장 들판의 한쪽 구석에 앉아서 쉬었다. 마침 기장이 아주 잘 익어 낟알이 차서 이삭들은 늘어져 있었다. 지친 석가모니는 한창 수확 때인 들녘의 아름다운 정경에 감격하면서 무심코 기장 이삭을 건드렸다. 낟알 세개가 그의 손바닥에 떨어졌다. 그는 소중한 낟알을 버리기가 아까워서 별다른 생각 없이 그것을 입에 넣었다. 그러나 그는 이내 농부가 1년 내내 일해서 얻은 첫 수확을 자기가 먹어 버려서 농부에게 죄를 지었다는 사실을 깨닫고 깜짝 놀랐다. 그는 당장 제자들을 해산시키고 스스로 큰 소로 변신했다. 이 석가모니 소는 농부의 집으로 가서 낟알 셋을 먹은 대가로 3년 동안 일을 했다. 그 3년 동안 농부는 널리 소문이 날 만큼 큰 부자가 되었다.

어느 날 아침에 농부는 그의 소가 자기 앞에 와서 마치 사람처럼 말을 하는 것을 보고 소스라치게 놀랐다. 소는 농부에게 그날 밤에 그 집을 찾아오는 손님 500명을 대접해야 한다고 말했다. 농부는 의아스럽고 두려운 마음으로 500명을 위한 잔치를 준비했다. 그날 밤에 500명의 도둑 떼가 그 집에 들이닥쳤다. 굶주린 밤손님들이 한참 음식을 즐길 때에 그 소는 외양간에서 나와 도둑들에게 낟알 셋을 먹었던 것과 그 대가로 3년 동안 일했던 것을 모두 이야기했다.

농부에게 충분한 보상을 했으므로 석가모니는 그와 작별하고 다시 설법에 나섰다. 그 노상강도들은 모두 자기들의 죄를 뉘우치고 석가모니를 따랐다. 그것이 나한의 기원이었다.[42]

그런데 이러한 오백나한 설화는 석가모니의 일생을 다룬 『불소행찬(佛所行讚)』이나 그 밖의 불교 설화집에서도 찾아보기 어렵다. 불교경전에 대한 지식이 대중화되지 못했던 당시의 상황으로 미루어 김씨 부인은 아마도 문수암의 승려 등을 통하여 불교 교리에 대해서도 꽤 통달해 있었던 모양이다. 어린 승룡은 어머니의 말을 사실로 믿었다.

김씨 부인은 승룡을 생일 때마다 문수암에 보내어 불공을 드리게 했다. 불공을 드리러 갈 때에는 사흘 동안 집에서 금식을 하고 사람이나 짐승의 피나 시체와 같은 부정한 것을 보지 말아야 했다. 그렇게 한 다음 승룡은 복녀를 따라 문수암에 갔다. 문수암에 처음 갔을 때의 일을 이승만은 자서전 초록에서 다음과 같이 썼다.

북한산에 자리 잡은 그 아름다운 절의 첫인상은 어찌나 좋았던지 나의 기억에서 영원히 사라지지 않을 것이다. 영적인 분위기와 금욕적인 환경 속에서 모든 것이 어찌나 속세와 다르던지 나는 꿈나라에 간 기분이었다. 형형색색의 옷을 입고 모자를 쓴 오백 나한들이 웅장한

---

42) Syngman Rhee, *op. cit.*, pp.95~96.

이승만이 쓴 북한산 문수사 현판.

1958년9월27일에 83세의 나이로 프란체스카와 함께 문수
암을 찾아 북한산을 오르는 이승만.

불당에 일매지게 앉아 있었고, 벽에는 극락과 지옥의 그림들이 황홀
하게 그려져 있었다.[43)]

이승만은 대통령 재임 때에도 노구를 무릅쓰고 문수암을 찾았다. 현
재의 문수사의 현판도 이승만이 쓴 것이다. 이승만은 문수사뿐만 아니라
다른 유명한 사찰들도 기회가 있을 때마다 찾았다. 경북 영주시 부석사
(浮石寺)의 안양루(安養樓)에 걸려 있는 현판도 1957년에 이승만 내외가
방문했을 때에 쓴 것이다.

어린 시절의 불교의 영향은, 이승만이 성장하여 일생 동안 직접 간접
으로 기독교와 관련된 생활을 하면서도, 지워지지 않았다. 뒷날 대통령
이 된 뒤에 타락한 불교의 정화에 크게 관심을 기울인 것도 어린 시절에

---

43) *ibid.*, p.96.

불교로부터 받은 영향이 그만큼 컸기 때문이었을 것이다. 이승만은 심지어 자기는 교회에 나가지만 "교회에 가면 어쩐지 남의 집에 간 것 같고, 절간에 들르면 제집에 들어서는 것 같다"라고까지 토로한 적이 있다.[44]

승룡은 한문교육도 어머니에게서 먼저 받았다. 처음에는 다른 아이들과 마찬가지로 『천자문(千字文)』을 외우는 것이었는데, 김씨 부인은 어린 아들에게 매질을 해 가면서 글을 가르쳤다. 승룡은 총명했다. 그는 여섯살 때에 『천자문』을 떼었다. 그것이 무척이나 대견스러웠던 이경선 내외는 동네사람들을 불러모아 잔치를 벌였다. 『천자문』을 떼자 『동몽선습(童蒙先習)』을 익혔다.

김씨 부인은 아들에게 시(詩)도 가르쳤다. 이승만은 뒷날 어떤 감회를 느낄 때마다 그 자리에서 한시(漢詩)를 짓곤 했는데, 이는 어릴 때에 어머니로부터 받은 작시의 교육이 원천이 되었다. 이승만은 자서전 초록에서 다음과 같이 술회했다.

나의 첫 시상(詩想)도 어머니가 가르쳐 주셨다. 내가 어릴 때에 지은 아동시 한 구절이 나의 마음속에 얼마나 깊이 새겨졌던지, 그 뒤에 나는 오랫동안 그런 시를 지으려고 애를 쓰곤 했다.

風無手而搖木　바람은 손이 없어도 뭇 나무를 흔들고
月無足而行空.　달은 발이 없어도 하늘을 간다.[45]

이승만은 어른이 되어서도 이 시를 기억했다. 그는 자서전 초록에서 이 시를 영어로 다음과 같이 적었다.

<hr />

44) 權五琦, 「李青潭 인터뷰」, 《新東亞》 1967년2월호.
45) "Autobiography of Dr. Syngman Rhee", p.4; 「청년이승만자서전」, 이정식 지음, 권기붕 옮김, 앞의 책, p.253; 李仁秀, 「雪南 李承晚」, 韓國史學會 編 『韓國現代人物論(I)』, 乙酉文化社, 1987, p.7.

The wind has no hands but it shakes all the trees.
The moon has no feet but travels across the sky.

김씨 부인은 승룡의 교육에 온 정성을 다 쏟았다. 그녀는 승룡이 글씨를 쓰는 데 행여 지장이 있을까 하여 무거운 물건을 들지 못하게 하고, 돌팔매질도 못하게 했다.[46] 승룡은 열심히 글씨를 썼다. 이경선은 곧잘 동네사람들을 불러서 아들의 글씨 쓰는 모습을 보여 주었다. 여러 사람들이 둘러서서 "야, 그 도령 잘 쓴다" 하고 탄성을 울릴 때면 승룡은 여간 기쁘고 자랑스럽지 않았다.[47]

김씨 부인의 정성스러운 교육에 의한 빠른 학습의 성취는 '양녕대군 후예의 6대 독자'임을 강조하는 이경선의 훈계와 함께 승룡으로 하여금 상대적 우월감과 자신의 존재에 대한 특별한 긍지를 느끼게 했으며, 그것이 일생을 두고 그를 남다른 자신감과 사명감에 찬 인간형으로 발전시켰다.

이승만의 오랜 지지자였고, 그가 가장 신뢰하는 정치인의 한 사람이었던 허정(許政)은 이승만의 왕손의식과 관련하여 다음과 같이 술회했다.

우남(雩南)은 미국에서 교육을 받고 독립운동을 하는 긴 세월을 미국에서 지내며 민주주의를 체험했음에도 불구하고 머릿속에는 이씨왕가(李氏王家)의 자손, 양녕대군의 후손이라는 의식이 깊이 뿌리 박혀 있었다.… 그런데 이러한 성격과 태도는 이미 어린 시절에 형성된 것이었다. 나는 사람이 어려서 자라난 환경에 얼마나 많은 영향을 받는가를 우남의 경우에서 생생하게 보았다.

왕손이 배운 민주주의는 어린 시절에 형성된 성격 때문에 처음부

---

46) Syngman Rhee, *op. cit.*, p.98; Syngman Rhee, "Notes on Calligraphy", December 16, 1939, unpublished typescript, p.2.
47) Syngman Rhee, "Notes on Calligraphy", pp.1~2.

터 모순을 내포하고 있었다. 머리로는 민주주의를 생각하면서도 가슴으로는 왕손을 느끼는 우남은 봉건체제로부터 민주주의로 넘어오는 과도기의 모순을 한몸에 집약하고 있었다고 해도 지나친 말이 아닐 것이다.[48]

허정의 이러한 기술은 어릴 때에 주입된 이승만의 왕손의식이 일생 동안 작용하고 있었음을 말해 준다.

3

승룡은 여섯살 때에 천연두를 앓고, 병발증으로 몇달 동안 실명상태에 빠졌다. 그것은 그의 생애 최초의 큰 시련이었다. 이때의 일을 그의 전기들은 매우 극적으로 서술하고 있는데, 그것은 이승만이 그만큼 자세히 기억하고 있었기 때문일 것이다.

두창, 손님, 마마, 홍역 등 많은 이름으로 불리는 천연두는 무서운 전염병이었다. 조선조의 전 시대에 걸쳐서 계속 유행했고, 전염 규모도 엄청나서 사람들의 공포의 대상이었다. 그리하여 숙종(肅宗), 영조(英祖) 때에는 내의원에 두과(痘科)의 전문의를 두기도 했다. 천연두의 예방접종은 정조(正祖) 때에 정약용(丁若鏞)이 처음으로 소개했으나 불행하게도 서학(西學) 배척의 분위기에 밀려서 실시되지 못했고, 지석영(池錫永)에 의하여 본격적인 종두(種痘)사업이 실시된 것은 1879년에 이르러서였다.[49] 그러나 그 종두사업도 충분한 것은 아니었다. 승룡도 물론 예방접종을 받지 못했다.

일찍이 천연두로 두 아들을 잃은 이경선 내외가 승룡이 천연두를 앓

---

48) 許政, 『내일을 위한 證言』, 샘터, 1979, pp.233~234.
49) 金斗鐘, 『韓國醫學史』, 探求堂, 1966, p.476.

고 게다가 눈까지 멀게 되자 얼마나 당황했을지는 상상하기에 어렵지 않다. 승룡은 빨갛게 단 쇠붙이가 두 눈을 찌르는 것같이 아팠다. 집에서 일하는 늙은 부부가 두꺼운 포대기로 햇빛을 가리고 승룡을 업고 달래었다. 이경선 내외는 매일 치성을 드리고 약을 구하러 의원들과 친지들을 찾아다녔다. 100가지도 더 되는 약을 써 보았을 것이라고 한다. 마지막으로 이경선은 혜민서(惠民署)의 낭관(郎官)을 지낸 친척 이호선(李浩善)이 권하는 대로 아들을 외국인 의사에게 데려가 보이기로 결심했다. 그러나 그것은 여간 용기가 필요한 일이 아니었다. 승룡이 눈을 동여맨 채 조그마한 가마를 타고 집을 나가던 날 김씨 부인은 아들을 땅에 묻으러 보내기나 하는 것처럼 목을 놓고 울었다.

이경선이 찾아간 곳은 진고개에 있는 일본인 병원이었다.[50] 의사는 진찰을 마치고 물약 한병을 주면서 하루에 세번씩 승룡의 눈에 넣어 주라고 말하고, 사흘 뒤에 효과를 잘 살펴보라고 했다. 사흘째 되는 날은 공교롭게도 승룡이 일곱살 되는 생일이었다. 그리고 의사의 말대로 이날 승룡은 시력을 되찾았다. 그토록 심하게 앓던 눈병이 어떻게 이처럼 간단히 나을 수 있었는지 적이 의아스러운 일이다. 이경선은 감사의 표시로 달걀한 꾸러미를 들고 아들을 데리고 의사를 찾아갔다. 그러나 의사는 "댁의 아들이 나보다 더 달걀을 먹어야 합니다"라면서 사양했다. 이것이 승룡이 외국 사람을 만난 첫 경험이었다.[51]

이승만은 대통령 재임 때에 이호선의 후손을 찾았고, 1957년 6월 15일에 경무대로 찾아온 이호선의 손자며느리에게 어려서 눈병을 앓던 이야기를 했다고 한다.[52] 올리버는 승룡이 천연두를 앓은 것이 아홉살 때였고, 찾아간 의사는 초대 선교사인 알렌(Horace N. Allen, 安連)이었다고

50) 徐廷柱, 앞의 책, pp.47~48; 吳在景, 『隨想二十二年』, 汎曙出版社, 1973, p.95.

51) Robert T. Oliver, op. cit., p.12; 徐廷柱, 앞의 책, p.47.

52) 曺惠子, 「人間李承晚의 새 傳記②」, 《女性中央》 1983년 2월호.

기술했으나,[53] 이는 사실과 다르다. 왜냐하면 알렌이 고종의 허락을 얻어서 제동(齊洞)에 광혜원(廣惠院)을 개설한 것은 갑신정변(甲申政變)이 나던 이듬해인 1885년의 일이고, 이때에 승룡은 열살이 되어 있었기 때문이다.

---

53) Rober T. Oliver, *op. cit.*, p.43; 올리버, 「내가 아는 李承晩博士」 《新東亞》 1979년9월호.

4. 『수호지』의 영웅 같은 아버지

1

김구도 아버지를 닮아서 건장한 체구와 강한 의협심과 용맹을 타고 났고, 그것이 이승만의 경우보다도 훨씬 험난한 또 다른 풍운의 생애를 성공적으로 살아갈 수 있게 한 바탕이 되었다. 김구 자신도 『백범일지』 상권을 마무리하면서 "내 일생에서 제일 행복이라 할 것은 기질이 튼튼한 것이다. 거의 5년의 감옥 고역을 하루도 병으로 쉰 적이 없고, 인천감옥에서 학질에 걸려 반나절 동안 역을 쉰 적이 있을 뿐이다"[54]라고 그 점을 특별히 강조했다. 김구는 키가 170센티미터가량[五尺五寸]이었고, 혈액형은 AB형이었다.[55]

김구의 아명은 창암(昌巖)이었다. 창암도 서너살 때에 천연두를 앓았는데, 『백범일지』에 그것과 관련한 특별한 내용이 없는 것으로 보아서 심하게 앓지는 않았던 것 같다. 다만 어머니 곽씨 부인이 보통 종기를 치료할 때처럼 대나무 침으로 얼굴에 솟은 돌기에 고름이 맺힌 것을 따고 고름을 짜냈기 때문에 얼굴에 자국이 많이 생겼다.[56]

창암은 이승만과는 대조적으로 어머니보다도 아버지로부터 더 많은 영향을 받고 자랐다. 김순영은 김구의 말로는 "학식은 이름 석자를 쓸 줄 아는 정도"였다고 하나 그보다는 유식했던 것 같으며, 허우대가 좋고 성격이 호방했다. 술이 한량이 없었는데, 취기가 오르면 이웃 강씨, 이씨네 사람들을 만나는 대로 두들겨 패서 1년에도 여러 차례 해주 관아에 구금되어 문중에 소동을 일으키곤 했다. 사람을 구타하여 상해를 입히면 맞은 사람을 떠메어다가 때린 사람 집에 뉘여 놓고 죽는지 사는지를 지켜

---

54) 『백범일지』, pp.290~291.
55) 『백범일지』, p.252; 백범기념관 소장 김구의 마지막 입었던 옷 감정서.
56) 『백범일지』, p.24.

보는 것이 그 무렵의 지방 관습이었다. 그 때문에 한달에도 몇번씩 거의 죽게 된 사람이나 온몸이 피투성이가 된 사람이 김순영의 집 사랑방에 누워 있기가 일쑤였다. 김순영이 사람을 잘 팬 것은 술기운 때문만은 아니었다. 그것은 불평불만이 남달리 컸고, 의협심이 강했기 때문이었다.

김구는 자기 아버지가 "마치 『수호지(水滸誌)』에 나오는 영웅처럼 강자가 약자를 능멸하는 것을 보면 친불친(親不親)을 불문하고 참지 못하는 불같은 성격이었다"라고 적었다.[57] 그래서 김순영에 대하여 인근 상민들은 두려워서 공경하고 양반들은 슬슬 피했다.

김순영 형제의 음주벽에 관한 다음과 같은 에피소드는 어린 창암에게 준 가정환경의 영향이 어떠했는지를 짐작하게 한다. 창암의 넷째 삼촌 김준영(金俊永)도 김순영과 마찬가지로 술이 과했고, 취하면 곧잘 소동을 일으키는 것도 비슷했다. 그러나 그는 김순영과 반대로 양반에게는 감히 덤비지 못하고 문중 친척들에게만 위아래 없이 욕을 하면서 싸움을 걸었다.

창암이 아홉살 때에 큰아버지 김백영(金伯永)의 장례식이 있었는데,[58] 김준영의 행패로 장례식이 난장판이 되고 말았다. 김준영이 술에 취하여 상여꾼을 모조리 두들겨 패 버려서 낭패하자, 인근 양반들이 큰 생색을 내느라고 노복을 한 사람씩 보내어 다시 상여를 메고 가게 했다. 그런데 김준영은 그들까지 때려서 모두 쫓아 버리고 말았다. 마침내 김준영을 결박하여 집에 가두어 놓고 집안사람들끼리 운구하여 장례를 치르고 나서 가족회의를 열었다. 창암의 종증조부 주관으로 열린 가족회의는 김준영을 앉은뱅이로 만들기로 하고, 그의 두 발뒤꿈치를 베어 버렸다. 다행히 힘줄이 상하지는 않아서 병신은 되지 않았다. 아무리 홧김에 내린 결정이라고 하더라도 이러한 가족회의의 결정은 과격한 처사가 아닐 수 없다.

---

57) 『백범일지』, p.27.
58) 『백범일지』에는 이때가 할아버지 장례식 때였다고 적혀 있으나 이는 착오이다.

그런데 뒷날 김구가 『백범일지』를 집필할 때에 이 사실을 두고 "지금 생각해 보면 이것이 상놈의 본색이요 소위라 하겠다"라고 술회한 것은, 비록 조락한 시기의 임시정부이기는 했지만 그 수반인 국무령(國務領)까지 지낸 뒤인 이때까지도, 김구가 상놈콤플렉스를 불식하지 못했음을 보여준다. 또한 그러면서도 이처럼 자랑스러울 수 없는 이야기를 자서전에 자세히 적고 있는 데서 우리는 김구의 솔직한 성품을 실감할 수 있다.

준영 삼촌이 종증조부의 사랑에 누워서 범같이 울부짖는 바람에 어린 창암은 무서워서 근처에도 가지 못했다. 곽씨 부인은 어린 아들을 보고 말했다.

"너희 집의 허다한 풍파가 모두 술 때문에 생기는데, 두고 보아서 네가 술을 먹는다면 나는 단연코 자살을 하여서도 네 꼴을 보지 않겠다."

김구는 이때의 일을 회상하면서 "나는 이 말씀을 마음 깊이 새겼다"라고 적어 놓았다.[59)]

해마다 세밑이 되면 김순영은 닭이며 달걀이며 담배 같은 것을 준비하여 영리청(營吏廳)과 사령청(使令廳) 사람들에게 선물을 보냈다. 그러면 그 답례로 책력이나 해주먹 같은 것이 왔다. 이처럼 미리 손을 써 두는 것을 계방(稧房)이라고 했다. 이렇게 계방을 해두면 소송을 하게 되는 경우에는 말할 나위도 없고 만일에 영문(營門)이나 본아(本衙)에 잡혀 가서 감옥이나 영청에 갇히더라도 실제로는 사령이나 영리들과 같이 먹고 자는 것과 마찬가지이고, 태장이나 곤장을 맞게 되더라도 때리는 시늉만 하는 것이었다. 그런 뒤에 감옥에서 나와서는 반대 소송을 제기할 수도 있었다. 그렇게 하여 양반토호들을 구속시키고 나면, 그들은 재산을 있는 대로 써서 감사(監司)나 판관(判官)에게 뇌물을 주고 모면하더라도 사령이나 영속(營屬)들에게 별별 고통을 당하게 마련이었다. 실제로 그러한 수단으로 해서지방에서 1년 동안에 부호 여남은명이 낭패를 당하기

59) 『백범일지』, p.29.

도 했다.[60]

이러한 김순영이 도존위(都尊位)에 천거된 것은 인근 양반들의 회유책이었다. 그러나 김순영은 도존위가 된 뒤에도 양반들에게 고분고분한 다른 존위들과는 반대로 양반들로부터는 엄격하게 세금을 거두고 빈천한 사람들로부터는 자기가 대신 물망정 가혹하게 거두지 않았다. 그렇기 때문에 양반들은 김순영이라고 하면 부녀자나 아이들까지도 손가락질을 하며 미워했다.

김순영이 양반들의 사랑에 들를라치면 그 주인이 다른 양반들과 같이 있을 때에는 "허, 김 존위 왔는가?" 하고 말을 낮추었다가도, 혼자 있을 때에는 이따금 '이랬소', '저랬소' 하고 머드래 공대를 하곤 했다. 김순영은 결국 3년이 못 가서 공금을 축내었다는 구실로 면직되고 말았다.

이러한 아버지의 외아들 창암은 말 없는 아이로 고독하게 자랐다. 김구의 다음과 같은 어릴 때의 몇가지 에피소드는 그의 타고난 성품과 성장기의 생활환경을 잘 말해 준다.

창암이 네살 때의 일이었다. 곽씨 부인이 화로에 꽂아두고 쓰는 부서리[작은 부삽]를 가지고 놀다가 그만 그것이 손등에 쩍 달라붙었다. 그런데 아이는 울지도 않고 앉아서 "어, 부서리가 손등에 붙었다" 하고 말했다.[61]

김구 자신은 『백범일지』에서 어릴 때의 이야기를 다음과 같이 적어 놓았다. 김순영은 창암이 다섯살 때에 몇몇 일가와 함께 강령(康翎)의 삼거리로 이사하여 이태 동안 그곳에서 살았다. 일가들이 어떻게 하여 강령으로 함께 이사하게 되었는지는 분명하지 않으나, 경제적으로 궁핍하고 또 이웃 토반들을 피하여 새로운 환경을 찾아나섰던 것으로 짐작된다. 그곳은 앞은 바다요 뒤는 산이었다. 김순영의 집은 밤에 호랑이가 사람을 물

---

60) 『백범일지』, p.28.
61) 정정화, 『녹두꽃』, 未完, 1987, p.3.

고 집 앞을 지나갈 만큼 외딴 산 어귀에 있었다. 그리하여 김순영 내외가 농사일이나 해산물을 채취하러 나가고 나면 창암은 가까운 신풍 이 생원 집에 가서 그 집 아이들과 놀다 오는 것이 일과였다. 하루는 그 집 아이들이 "해줏놈 때려 주자" 하고 공모하여 창암은 몰매를 맞았다. 창암은 곧 집으로 돌아와서 부엌칼을 가지고 아이들을 찔러 죽일 참으로 그 집으로 달려갔다. 사랑 앞문으로 들어가면 아이들이 눈치챌까 보아 뒤로 돌아가서 칼로 울타리를 뜯고 안으로 들어갔다. 마침 안마당에 있던 열일여덟 살 되는 그 집 처녀가 보고 놀라서 큰 소리로 저의 오라비에게 일렀다. 결국 창암은 다시 아이들에게 실컷 얻어맞고 칼만 빼앗기고 돌아왔다.

또 하루는 창암이 혼자 집에 있으면서 몹시 심심해하고 있을 때에 엿장수가 "헌 유기나 부러진 숟갈로 엿들 사시오" 하고 외치며 지나갔다. 소년은 엿이 먹고 싶었으나 엿장수가 아이들의 자지를 잘라 간다는 말을 어른들에게서 들은 적이 있었기 때문에 방문을 닫아걸고 엿장수를 불렀다. 부러진 숟갈이라야 엿을 주는 줄 안 소년은 아버지의 멀쩡한 숟갈을 밟아 분질러 반만 문구멍으로 내밀었다. 엿장수는 엿을 한 주먹 뭉쳐서 들이밀어 주었다. 엿을 한참 맛있게 먹고 있을 때에 김순영이 돌아왔다. 사실대로 말하자 김순영은 "다시 그런 짓을 하면 혼을 내겠다"라고 꾸짖고 매질은 하지 않았다.

그 뒤의 어느 날이었다. 김순영이 엽전 스무냥을 방 아랫목 이부자리 속에 넣어 두고 나가는 것을 보고 창암이 그 돈을 모두 꺼내어 온몸에 감고 떡을 사먹으러 나섰다가 길에서 삼종조부를 만났다. 삼종조부는 돈을 빼앗으며 "네 아비가 보면 큰 매 맞는다. 어서 집으로 들어가거라" 하고 창암을 집으로 돌려보냈다. 얼마 뒤에 집에 돌아온 김순영은 말 한마디 없이 다짜고짜로 빨랫줄로 어린 아들을 동여서 들보에 달아매고 사정없이 매질을 했다. 그때에 마침 창암을 끔찍이 귀여워하는 재종조부 장련(長連) 할아버지가 지나가다가 창암의 비명소리를 듣고 달려 들어왔다. 장련 할아버지는 설명을 다 듣지도 않고 "어린것을 그토록 무지하게 때리느냐?"고 꾸짖으며, 창암을 때리던 매를 빼앗아 그것으로 김순영을 때렸다. 장련 할아비지는 김순영과 동갑이었으나 친족의 권위로 김순영을 질책한 것이었다. 어린 창암은 장련 할아버지가 고마웠고, 자기 아버지가 매맞는 것이 시원하고 고소했다. 장련 할아버지는 창암을 업고 들로 나가서 수박과 참외를 사 먹이고 나서 자기 집으로 데려갔다. 창암은 그 집에서 여러 날 자고 난 뒤에야 집으로 돌아왔다.[62]

한번은 장맛비로 집 근처에 샘이 솟아서 여러 갈래의 작은 시내를 이루었다. 창암은 집에서 빨강, 파랑 물감을 통째로 꺼내어다가 한 시내에는 빨강 물감을, 다른 시내에는 파랑 물감을 풀어서 붉은 시내와 푸른 시내가 한데 어우러지는 모양을 보며 좋아하다가 어머니로부터 호되게 매를 맞았다.[63] 성깔 찬 창암은 분한 생각에 한번 울기 시작하면 아침부터 저물도록 울음을 그치지 않았다. 이때도 그렇게 울었다.

독자로 태어난 창암이 김씨 일가만 모여 사는 텃골 집성취락의 씨족주의 분위기 속에서 김순영 내외뿐만 아니라 씨족 어른들로부터 특별한 귀여움을 받고 자랐던 것은 『백범일지』에 보이는 '종증조부', '삼종조부', '재종조부' 등의 여러 씨족 호칭으로도 짐작할 수 있다. 이러한 분위기는 그의 성장기 인격 형성에 큰 영향을 끼쳤을 것이다. 사촌들이 있기는 했으나, 창암은 어려서부터 집안 농사일만 거드는 사촌들과는 잘 어울리지 않았다. 김순영은 궁핍하면서도 어떻게 해서든지 외아들을 농사꾼으로 만들고 싶지는 않았던 것이다. 뒷날 치하포(鴟河浦)사건으로 구속되어 재판을 받을 때에 김구는 자신이 '7대 독자'라고 진술했고, 김순영과 곽씨 부인이 각각 법부대신에게 올린 탄원서에 '아들이 7대 독자'라고 진술한 것도 흥미롭다.

김구의 과묵한 성품과 대담성과 강한 저항정신은 선천적인 강인한 체

---

62) 『백범일지』, p.26.
63) 『백범일지』, p.27.

력과 함께 성장기의 이러한 생활환경에서 형성된 것이라고 할 수 있다. 그리고 그의 과묵한 성품은 뒷날 사회활동 과정에서 더러는 오해를 사는 요인이 되기도 했지만, 다른 한편으로 그것은 복잡한 상황 속에서 지도자로 성장하는 데 오히려 강점이 되었다.

곽씨 부인은, 김구의 표현에 따르면 "비록 하향 농촌에서 생장하였으나 무슨 일에나 잘 감당해 내시고 더욱 바느질이 능하신"[64] 여성이었다.

곽씨 부인은 김구가 어려서 서당에 다닐 때에 김품과 길쌈품을 팔아서 아들의 지필묵(紙筆墨) 값을 벌기 시작하여, 먼 이국땅 중경(重慶)에서 "내 원통한 생각을 어찌하면 좋으냐!" 하면서 숨을 거두기까지, 고난의 팔십 평생을 오로지 아들을 위해 바치는 것은 뒤에서 보는 바와 같다. 그러나 김구는 그런 어머니보다 아버지 김순영으로부터 훨씬 큰 영향을 받고 자랐고, 장성해서도 한참 동안 모든 중요한 결정은 아버지의 의견에 따랐다.

2

김순영은 창암이 열두서너살 때에 어떤 술집에서 김치경(金致景)이라는 함경도 사람 함지박장수를 만나서 취중에 말이 오가다가 그에게 열아홉살 난 딸아이가 있다는 말을 듣고 농담같이 며느리로 달라고 청혼을 했고, 김치경도 그러자고 했다. 그리하여 김순영은 창암의 사주까지 보내고, 여자아이를 가끔 집으로 데려오기도 했다. 이 무렵 창암은 서당에 다니고 있었는데, 동네 아이들이 그 일을 알고는 짓궂게 놀려 댔다.

"너는 함지박장수 사위다. 너의 집에 데려온 처녀가 곱더냐?"

이런 놀림을 받을 때면 창암은 몹시 불쾌했다. 하루는 추운 겨울날 창암이 얼음판에서 팽이를 치고 있는데, 그 여자아이가 곁에 와서 구경하다

---

64) 『백범일지』, p.105.

가 저한테도 팽이를 하나 깎아 달라고 했다. 그 말에 창암은 화가 머리끝까지 치밀어서 어머니를 졸라 여자아이를 돌려보내 버렸다. 그러나 딱히 약혼을 취소한 것은 아니었다. 김구는 이 일이 자기가 너더댓살 때의 일이라고 기억했으나,[65] 열두살 때부터 서당에 다니고 있었으므로 그것은 착오이다. 창암이 어머니를 졸라서 그 여자아이를 돌려보낸 것은 그 여자아이가 굳이 싫어서 그랬다기보다는 동네 아이들이 함지박장수 사위라고 놀리는 것이 더 창피했기 때문이었다. 이 무렵 창암은 '상놈' 신분을 벗어나는 유일한 길은 과거(科擧)에 급제하는 것이라는 것을 깨닫고 아버지를 졸라서 눈물겨운 서당 공부를 시작했다. 그만큼 김구는 어릴 때부터 신분상승에 대한 강한 욕구를 가지고 성장했다. 그리고 그것은 잔반의 궁핍한 처지에서 입신출세를 위하여 여섯살 때부터 과거를 목표로 서당 공부를 시작한 이승만의 경우와 절박성에서 크게 다를 것이 없었다. 그런데 김순영의 이 경박한 처사 때문에 김구가 평생의 스승인 유학자 고능선(高能善)의 손자사위가 되는 연분이 깨지고 마는 것은 뒤에서 보는 바와 같다.

---

65) 『백범일지』, p.89.

2장

과거에 낙방하고

1. 서당 도강(都講)에서 번번이 장원

이승만과 김구는 나이가 들면서 당시의 양반집 아이들이나 웬만한 상민의 아이들과 마찬가지로 서당공부를 시작했다. 목표는 물론 과거(科擧)였다. 과거는 유교를 국가 이데올로기로 삼은 나라에서 유교 경전의 시험을 통하여 관리를 선발하는 제도였다. 후주(後周)의 귀화인 쌍기(雙冀)의 건의에 따라 고려 광종(光宗)9년(958)에 처음 실시된 이후로 과거는 우리나라의 정치, 사회, 문화의 발전에 크나큰 영향을 끼쳤다. 특히 문관이 무관이나 서리(胥吏)를 누르고 국가권력을 장악하게 했던 문치주의(文治主義)는 근대국가의 기본 원리의 하나로 꼽히는 문민우위의 원칙을 봉건적 왕조시대에 일찌감치 정착시켰다는 점에서 세계의 역사에서도 특수한 경우라고 할 만하다. 조선시대에는 오직 과거에 급제하는 것만이 입신출세의 길이었고, 과거에 급제하려면 유교의 경전과 교양을 열심히 익혀야 했다. 그러한 전통이 한민족의 특성인 높은 교육열의 원천이 된 것은 흔히 지적되는 대로이다.

이승만은 일곱살 되던 해부터 시작하여 열아홉살 되던 1894년에 갑오개혁(甲午改革)으로 과거제도가 폐지될 때까지 서당공부를 계속했다. 그리고 열세살 때부터 계속해서 과거시험을 보았다. 그런데 이승만은 이 시절의 일에 대하여 자서전 초록에서나 다른 글로 적어 놓은 것이 거의 없다. 자서전 초록에는 앞으로 쓸 요량으로 적어 놓은 몇가지 사항 가운데 "학교[서당]생활·과거를 위한 교육·열권의 시전(詩傳)과 두권의 서전(書傳)을 외웠던 일"을 든 다음, "유가(儒家)에서 태어난 나는 중국고전과 역사, 문학, 종교 등에 관한 책들을 습득하여 과거시험을 보는 것을 나의 의무로 여겼고…"라고 적어 놓았을 뿐이다.[1] 올리버의 전기도 이 중요한 시기에 대해, 이 무렵의 한국에는 학교가 없었고 일반 가정에서 는 가정교사[훈장]를 고빙하여 자기 아이들과 친척들이나 친구 아이들 을 가르쳤다면서, 이승만은 양녕대군의 봉사손 이근수(李根秀) 판서의 아들 병주(丙胄)와 신응우(申膺雨), 신긍우(申肯雨), 신흥우(申興雨) 형 제 등과 함께 유교의 경전을 공부했고 열여덟살이 되기 전에 사서삼경(四書三經)의 중요한 부분을 외웠다고 아주 간략하게 언급했다.[2] 서정주(徐廷柱)의 전기에는 이 시절의 이야기가 자세하게 묘사되어 있으나, 이 전 기는 저자의 상상력으로 과장해서 서술한 부분이 많다. 실제로 서정주가 쓴 전기는 출판되자마자 판매금지되었는데, 프란체스카는 이승만의 영 문전기를 준비하고 있는 올리버에게 보낸 편지에서 이 책은 이승만의 어 릴 때에 관한 내용이 우스꽝스러울 만큼 뒤죽박죽으로 서술되어 있다고 비판했다.[3]

이승만은 일곱살 때부터 낙동(駱洞)에 있는 퇴직대신 이건하(李建夏) 의 서당에 다녔다. 이 서당은 이건하가 홀로 된 형수의 외아들 범교(範喬)를 가르치기 위하여 연 서당으로서, 낙동과 도동(桃洞) 등 이웃 동네 양반집 아이들 이삼십명을 모아 가르치고 있었다. 그런데 그곳은 어린 승 룡이 다니기에 너무 멀었으므로 이경선 내외는 집을 염동에서 서당 근처 인 낙동으로 옮겼다고 한다.[4]

승룡은 총명할 뿐만 아니라 훈장이 귀찮아할 정도로 파고드는 성미 가 있어서 대문[大文: 고전의 본문]과 전주(箋註) 말고도 다른 아이들이 모르는 여러 가지를 빠르게 깨우쳤다. 서당에는 서도(書徒)라는 것이 있

1) "Autobiography of Dr. Syngman Rhee", p.5;「청년이승만자서전」, 이정식 지음, 권기붕 옮김,「초 대 대통령 이승만의 청년시절」, p.253, p.270.
2) Robert T. Oliver, *Syngman Rhee: The Man Behind the Myth*, pp.13~14.
3) Mrs. Syngman Rhee(Francesca) to Robert T. Oliver, Apr. 3, 1950. 이정식 지음, 권기붕 옮김, 앞의 책, p.32 주17).
4) 徐廷柱,「李承晩博士傳」, p.55.

었다. 그것은 아이들의 학업의욕을 북돋우기 위하여 치르는 종합 경시였다. 한 서도기(書徒期)가 새로 시작되면 훈장은 아이들을 좌청룡(左靑龍)과 우백호(右白虎) 두 패로 갈라서 그들의 근면(勤勉), 강독(講讀), 필서(筆書) 등의 성적을 낱낱이 기록해 두고, 마지막 날에는 도강(都講)을 받았다. 도강이란 그동안 배운 글 전부를 한꺼번에 외우고 또 해석하게 하는 것으로서, 이 도강에 점수가 가장 많았다. 그런데 승룡은 도강에서 번번이 장원을 하여 자기 편이 이기게 했다. 그래서 공부를 못하는 범교와 함께 별명을 얻었다. 범교는 '범보(凡甫)'요 승룡은 '용보(龍甫)'였다.

어느 날 이경선은 서당의 초대를 받아 아들의 공부하는 모습을 보러 갔다가 승룡이『통감(通鑑)』셋째권을 도강하여 장원하는 것을 보았다. 그는 훈장에게 아들이 건성으로 외우는 것이 아니냐고 물었다. 훈장은 대답했다.

"저 아이는 양태부(梁太傅) 가의(賈誼)가 상소한 것뿐만 아니라 가의의 집안 내력까지 다 알고 있습니다. 궁금하시면 물어보시지요."[5]

『통감』이란 원래 사마광(司馬光)의『자치통감(資治通鑑)』을 일컫는 말이었으나, 조선시대에 서당에서『천자문』과『동몽선습(童蒙先習)』을 뗀 다음에 교재로 가르친『통감』은 294권이나 되는『자치통감』을 50권으로 요약한 강지(江贄)의『통감절요(通鑑節要)』를 말하는 것이었다. 가의는 한(漢)나라 태종(太宗) 때의 사람으로서, 20여세에 박사(博士)로 천거되어 국기를 튼튼히 하는 제반 정책을 폈는데, 양(梁)의 태부로 있으면서 태종에게 국정개혁을 강력히 촉구한 장문의 상소문은 특히 유명하다.[6] 그런데 서정주는 이경선이 승룡이 장원하는 것을 목격한 것이『통감』셋째권을 도강할 때였다고 썼으나, 가의에 관한 내용은『통감절요』의 일곱째권에 적혀 있다.

---

5) 위의 책, p.58.
6) 趙冰翼 譯解,『新譯 通鑑』, 弘新文化社, 1989, pp.204~216. 賈誼에 관해서는 蕭公權 著, 崔明·孫文鎬 譯,『中國政治思想史』, 서울대학교출판부, 1998, pp.507~516 및 金翰奎,「賈誼의 政治思想: 大韓帝國秩序確立의 思想史的一過程」,《歷史學報》제63집, 歷史學會, 1974년9월 참조.

내로라하는 양반집 아이들 가운데서 매번 도강에 장원을 할 만큼 뛰어났다는 사실은 어린 승룡으로 하여금 집에서 부모들에게 글을 배우고 글씨를 쓰면서 느꼈던 것보다 더욱 확고한 우월감과 자부심을 느끼게 했을 것이다.

2

승룡이 서당공부를 시작한 지 이태째 되는 1882년6월에 임오군란(壬午軍亂)이 일어났다. 승룡은 서당에서 글을 읽고 앉았다가 발이 저려서 잠깐 일어나 벽에 기대어 섰는데 꽝 하고 하늘이 무너지는 듯한 소리가 나면서 온 서당이 크게 울리는 바람에 방바닥에 쓰러졌다. 아이들은 모두 놀라서 눈이 휘둥그레졌다. 그러나 훈장은 "아, 어디 마른벼락이 내리쳤나 보다" 하면서 태연했다. 그러나 그것은 마른벼락이 아니라 난을 일으킨 군인들이 동대문 밖 화약고에 불을 질러서 화약고가 폭발한 것이었다.

군란이 터지자 서당은 찾아오는 어른들로 붐벼서 아이들은 공부를 할 수 없었다. 승룡은 몇몇 아이들과 같이 서당에서 나와 사람들이 많이 모인 곳을 쫓아다녔다. 수하동(水下洞) 어느 민씨 집에는 군인들이 몰려가서 집안 살림살이를 모조리 때려 부수고 있었는데, 곳간 문을 열고 독을 깨뜨리자 그 속에서 돈이 쏟아져 나와 마당에 산더미를 이루며 굴렀다. 구경하던 사람들이 주우려 하자 병정들이 고함을 쳐서 그들을 물리쳤다.[7]

임오군란은 밀린 급료분쟁을 계기로 하여 일어난 하급 군인들의 봉기였으나, 그 결과는 동북아시아 정세와 조선왕조의 운명에 엄청난 영향을 끼쳤다. 임오군란을 진압하는 과정에서 조선에 파병한 청국(淸國)은 이 봉기를 이용하여 재집권한 흥선대원군(興宣大院君)을 천진(天津)으로 납치하여 보정(保定)에 유폐시키고, 군대를 도성 안에 주둔시킨 다음, 본

---

7) 徐廷柱, 앞의 책, p.62.

격적으로 조선의 내정에 간섭했다. 대원군의 납치와 청국의 온갖 행패는 민중의 반청의식(反淸意識)을 확산시켰다. 한편으로 일본은 조선 조정을 협박하다시피 하여 제물포조약(濟物浦條約)과 조일수호조규속약(朝日修好條規續約)을 체결하여 자국의 이익을 챙겼다. 조일수호조규속약 제1항은 인천, 부산, 원산의 부두를 기점으로 100리까지 일본인의 행보거리를 확장함으로써 일본상인의 서울 침투를 가능하게 만들었다. 또한 도성 안에 외국 군대가 주둔하여 국내 정치세력과 결탁함으로써 2년 뒤에는 갑신정변이라는 유혈 쿠데타가 일어날 수 있는 여건을 조성했다.[8]

갑신정변은 김옥균(金玉均), 박영효(朴泳孝) 등 양반 출신의 젊은 관료층을 중심으로 한 개화파그룹이 1884년10월17일에 무력으로 국가권력을 장악하고 근대적 개혁을 시도한 사건이다. 이들은 청–프랑스전쟁이 진행되는 상황에서 청국과 일본의 외교적 대립관계를 이용하여 그동안 광주(廣州)와 북청(北青)에서 양성해 두었던 친군영(親軍營) 군대 등 1,050명의 조선군과 일본공사관 호위병 150명을 동원하여 권력을 장악했다. 이들 개화파의 권력구상은 14개조의 정강에 잘 나타나 있는데, 그 핵심은 일본의 명치유신(明治維新)을 모방한 대대적 개혁이었다. 정강으로는 문벌폐지와 인민평등권의 보장, 조세제도의 개혁, 근대적 경찰제도의 확립과 군대의 창설 등을 표방했다. 이때의 개화파의 쿠데타는 청국군대의 무력 진압으로 '3일 천하'로 끝나고 말았다. 당시 서울에는 1,500명의 청국군이 주둔하고 있었다.[9]

갑신정변이 터지자 승룡네 식구들은 뜻밖에도 잠시나마 고대광실에서 살게 되었다. 그 집은 바로 승룡이 다니는 서당을 연 이건하의 집이었다. 정변 통에 이건하 일족이 충청도 아산(牙山)으로 피란 가게 되어서 그 빈 집을 승룡네 식구들이 지켜 주기로 한 것이었다. 그런데 승룡은 이때

8) 김용구, 『임오군란과 갑신정변: 사대질서의 변형과 한국외교사』, 도서출판 원, 2004 참조.
9) 愼鏞廈, 『初期開化思想과 甲申政變研究』, 지식산업사, 2000, 韓國政治外交史學會, 『甲申政變研究』, 平民社, 1985, 김용구, 앞의 책 참조.

에 "범교네는 왜 피란을 가야 하고 우리 집은 왜 피란을 가지 않아도 되느냐"라는 의문이 생기면서 범교네와 자기네는 처지가 다르다는 사실을 어렴풋이 깨달았다고 한다.[10]

서당은 문을 닫았다. 승룡은 아침밥을 먹고 나서는 어머니 몰래 집을 나와서 소란한 난리 속의 길거리를 혼자서 구경하고 다녔다. 진고개 뒤 녹천정(錄川亭)쪽에서는 일본사람의 집이 모두 불타고 있었다. 청국 병정들이 길거리에 몰려다니고, 군중은 군중끼리 몰려가서 일본사람 집에서 된장통이며 비누통 같은 것을 들어내고 있었다. 청국 병정들은 그것들을 낱낱이 청룡도로 쳐부수어 보고서야 놓아 보냈다. 사람들은 구석구석에 모여서 수군거렸다. 개화당의 혐의만 받아도 죽인다느니, 말만 더듬어도 창으로 찔러 죽인다느니, 왜놈이 통나무단을 안고 숨어 있다가 맞아 죽어서 통나무 귀신이 되었다느니 하는 별의별 소리가 나돌았다.

승룡은 한낮이 훨씬 기운 뒤에야 집에 돌아왔다. 어머니가 어디를 갔다 왔느냐고 물어도 대답이 없었다. 밖에 나가서는 안 된다고 하지 않았느냐고 나무라도 들은 척도 하지 않았다. 밥상을 차려 주어도 먹지 않고 방 아랫목에 드러누워서 꼼짝도 하지 않았다. 드디어 밤이 되어 저녁을 드는 둥 마는 둥 하고 자리를 펴고 불을 껐을 때에야 승룡은 비로소 입을 열어 "일본은 뭐고 청국은 뭐야?" 하고 물었다. 승룡은 어머니의 설명을 건성으로 들으면서 오랫동안 이리저리 뒤척거렸다.[11]

이승만은 그의 자서전 초록에서는 이때의 일과 관련하여 그저 "나는 중국사람들이 한국에 들어오는 것을 보았고, 또 일본사람들이 오는 것을 보았다. 그리고 내란을 보았고 전쟁을 보았다. 나는 여러 차례의 전투를 구경했다"라고 간단히 적어 놓았다.[12] 열살의 조숙한 소년에게 외국인들

---

10) 徐廷柱, 앞의 책, pp.67~68.
11) 위의 책, p.72.
12) "Autobiography of Dr. Syngman Rhee", p.5; 「청년이승만자서전」, 이정식 지음, 권기붕 옮김, 앞의 책, p.253.

과도 관련된 정변의 모습은 단순한 호기심의 대상만은 아니었을 것이다. 이때에 느꼈다고 하는 일본과 청국에 대한 관심은 일생을 두고 그의 머리를 떠나지 않는 문제의식의 변수가 되었다. 범교네와 자기네는 처지가 다르다는 것을 어렴풋이 깨달은 것도 중요한 각성이었다. 그리고 갑신정변 주동자의 한 사람인 서재필(徐載弼)이 뒷날 이승만의 스승이 되어 그를 개혁운동에 앞장서게 만드는 것은 어쩌면 운명적이었는지 모른다.

3

갑신정변이 끝나고 아산으로 피란 갔던 이건하의 가족이 돌아오자 승룡네 가족은 남산 서남쪽 언덕의 도동으로 이사했다. 그곳은 지덕사가 있는 곳으로서, 먼 친척들이 몰려 살고 있었다. 이경선은 아들을 근처에 있는 이근수 판서 집 서당에 보냈다. 이 서당은 이근수가 아들을 가르치기 위하여 연 사숙이었다. 이근수는 승룡에게는 항렬로 치면 조카뻘에 해당하는 사람이었으나, 중추원 1등 의관, 궁내부 특진관, 장례원경(掌禮院卿), 시종원경(侍從院卿) 등의 현직(顯職)을 지낸 양녕대군파의 대표적인 인물이었다.[13] 승룡은 이 서당에서 과거제도가 폐지될 때까지 전통적인 한학교육을 받으며 과거공부에 열중했다.

이 시기가 이승만의 성장기에서 가장 중요한 시기였다. 이승만이 자신의 아호를 우남(雩南)이라고 지은 것도 이 우수재[雩守峴] 남쪽 도동 시절을 기려서 지은 것이었다. 이승만은 1956년에 이근수와 그 부인 안동 권씨의 합장묘에 자신이 비문을 짓고 또 그 비문을 손수 써서 묘비를 세우게 했는데, 그 비문은 이승만이 자신의 서당시절에 대하여 직접 적은 유일한 글이다. 한문으로 된 비문의 내용은 다음과 같다.

---

13) 安龍植 編, 『大韓帝國官僚史研究 (I)(II)(III) 1896.8.~1907.7.』, 延世大學校社會科學研究所, 1994~1995, 각권의 '李根秀' 항 참조.

이승만이 공부하던 도동서당. 1957년에 이곳을 찾은 이승만은 '연소정(鷰巢亭)'이라는 휘호를 남겼다.

　내가 어렸을 적에 우리 집은 남대문 밖 도저동(桃渚洞)의 관왕묘 동쪽 담 곁에 있었다. 여러 해 동안 이 지역에 있는 지덕사 앞의 고가 사숙(古家私塾)에서 수학하였다. 지덕사는 양녕대군의 묘호이다. 대대로 전해져 내려온 고택(古宅)이 그 앞에 있었고, 종손 근수 판서공이 그 집에 살았다. 판서공은 아들 병주(丙冑)군의 학업을 위하여 수원에 사는 일가 어른 가인(可人) 이승설(李承卨) 선생을 교수로 모셔 왔고, 북향한 긴 행랑을 강당으로 사용하였다. 봄 여름에는 당(唐), 송(宋)의 시문(詩文)을 읽고 시와 부(賦)의 과문(科文)을 지었고, 가을 겨울에는 경(經)과 사(史)와 고문(古文) 등을 일과로 삼았다. 당시에 함께 배우는 사람은 늘 예닐곱명이 있어서 날마다 머리를 맞대고 어깨를 나란히 하며 한떼의 물고기와 같았다.

　이때에 나의 아버지는 사방을 유람하였고, 우리 모자는 여종과 함께 세 식구가 한방에 거처하면서, 가난한 처지에도 편안하게 학업을 즐겼다. 부모님은 내가 학업에 전력하도록 늘 대군(大君)의 종가(宗家)에 가 있게 하여 판서공의 사랑을 많이 받았다. 정경부인(貞敬夫人) 권씨가 특히 애호(愛好)와 무육(撫育)을 더하여 때로는 자기 먹을 것을 나에게 먹게 하며 친아들과 같이 돌보아 주었다. 정경부인의 은덕은 참으로 잊을 수 없다. 타고난 성품이 겸손하고 온화하고 정숙하며 행동거지가 예법에 어긋남이 없고 말소리가 문 밖에서 들리지 않아, 사람들이 다 감복하였다. 게다가 우리 어머니와는 정의가 동기간이나 다름없었다.

양녕대군의 봉사손 이근수.

그 뒤로 나는 해외에 있을 때에도 이따금 그때의 일에 생각이 미치면 뜨거운 눈물이 옷깃을 적시곤 하였다. 나는 갑오년 청일전쟁 이후부터 시(詩)와 서(書)의 옛 학업을 버리고 영어와 신학문에 전심하여 비로소 세계대세에 눈을 뜨게 되었다. 뒤에 감옥살이의 화를 입었고, 이어 미주(美洲)를 떠돌며 갖은 고초를 겪다가 마침내 을유년(乙酉年)에 광복이 되어 미주로부터 귀국하였다. 먼저 도저동 옛집을 찾으니 상전벽해(桑田碧海)로 변천되어 세월도 바뀌고 사람도 떠나고 사묘(四廟)와 고택도 어디로 가버렸다. 여러 동창 친구들 중에서 오직 병주와 덕재(德載)와 나 세 사람만이 남아 지난 일을 추억함에 감고(感古)의 회포를 금할 길 없다. 그래서 시 한 수를 읊었다.

桃園故舊散如煙   복사골 옛 벗들 연기처럼 흩어졌네
奔走風塵五十年.   분주했던 풍진 50년.
白髮歸來桑海變   백발로 돌아오니 상전벽해되었구나
東風揮淚古祠前.   옛 사당 앞에서 동풍에 눈물짓는다.

아! 부모님 선영은 북녘에 있어서 아직도 성묘드릴 길이 없다. 다만 정경부인 묘소가 근교에 있기에 한조각 돌로써 옛일을 추억하고 은혜를 느끼는 뜻을 표하고자 병주군과 상의하여 몇 줄 적어 비를 세워 기념하는 바이다.

병신년(丙申年) 종말(宗末) 승만 삼가 지음[14]

'종말'이란 일가의 제일 말단이란 뜻이다. 이 글은 어려서 입은 은혜와 정의를 기리는 뜻에서 지은 비문이다. 그렇기는 하나 일반적인 비문의 격식에 비추어 이 비문은 너무나 파격이다. 정경부인 권씨와 자기 어머니 김씨 부인의 정의가 동기간이나 다름없었다는 말은 김씨 부인이 판서집 일을 거들어 주기 위해 그 집에 자주 드나들면서 권씨 부인과 자별하게 지냈음을 뜻하는 말일 것이다.

또한 일찍이 『독립정신』을 한글로 저술하고, 대통령이 되어서도 한글에 대하여 각별한 애착을 가지고 한글전용을 법제화하고 맞춤법 간소화에 대하여 자기 주장을 구체적으로 개진하기까지 했던 한글전용자 이승만이 왜 비문은 굳이 한문으로 지었는지 알 수 없다. 평소에 한시를 즐겨 짓고 글자 한 자 한 자에 세심한 신경을 썼던 그였으므로,[15] 이 비문을 작성하는 데도 많은 정성을 기울였을 것이다. 그리고 대통령이 되고 나서 서당에서 같이 공부했던 이근수 판서의 아들 병주를 초대 구황실재산관리위원장으로 임명한 것은 많은 것을 시사한다.

4

훈장 이승설은 육순이 넘은 노인이었다. 그는 늙도록 한번도 벼슬길에 올라보지 못했으나, 학식이 풍부하고 성품도 너그러워서 훈장으로서는 적격이었다. 흥선대원군도 이승설을 초빙하여 뒤에 고종이 된 둘째 아들 재황(載晃)을 가르쳤다는 이야기도 있다.[16] 승룡은 이근수 판서의 아

---

14) 경기도 안성군 삼죽면 진촌리 산109번지에 있는 이근수 묘소의 묘비문.
15) 尹錫五 증언.
16) 曹惠子, 「人間李承晩의 새 傳記②」, 《女性中央》 1983년 3월호.

들 왈수[日壽: 병주의 아명]와 또 그 친척되는 아이 을룡(乙龍) 등과 함께 이근수 내외의 비문 내용과 같은 서당공부를 했다.

서당공부는 과거준비가 주된 목적이었음은 말할 나위도 없다. 그러나 승룡은 글공부 말고도 색다른 관심과 재능을 나타냈다. 그는 다른 아이들과는 달리 혼자서 틈틈이 그림을 그렸다. 글을 읽다가 쉬는 시간에도 다른 아이들과 함께 밖에 나가서 놀지 않고 구부리고 앉아서 열심히 그림을 그렸다. 나비며 꽃이며 또 더러는 훈장의 얼굴 같은 것도 그렸다. 그가 가장 많이 그리는 것은 나비였다. 그것도 나는 나비, 앉은 나비, 호랑나비, 흰나비 등 모양과 종류가 가지가지였다. 훈장은 그림 그리는 것을 그만두라고 몇차례 일렀으나 승룡은 듣지 않았다. 이경선이 서당에 들렀다가 훈장에게서 아들의 이 괴벽을 듣고 꾸짖었으나 승룡은 막무가내였다. 훈장은 여가의 심심풀이로 반드시 나쁘지만은 않을 것 같아 나중에는 내버려두었다.

이처럼 승룡은 어려서부터 고집이 세었다. 어느 날 밤 글공부가 끝난 뒤에 승룡은 낮에 그리다 둔 그림을 계속 그리고 있었다. 주인집에서 내어온 무를 숟갈로 긁어먹던 훈장은 그 껍데기를 내밀며 "옜다, 이거 승룡이 먹어라" 하고 주어 보았다. 승룡은 덤덤한 표정으로 일어서서 그것을 받아 가지고는 자리에 앉아 한 손에 쥔 채 그리던 그림을 다시 계속했다. 그토록 열중해 있었던 것이다.

그러나 승룡은 어느 날 그렇게 몰입했던 그림 그리기를 갑자기 그만두었다. 이유는 간단했다. 아이들이 자기를 "이 나비, 이 나비!" 하고 불렀기 때문이다. 그동안 승룡은 이 집 청지기 최응원(崔應源)에게서 그림을 배웠는데, 최응원의 별명이 '최 나비'였다.[17] 청지기와 같은 별명으로 불리는 것이 싫어서 그림 그리기를 그만둔 것이 사실이라면, 그것은 몰락한 양반집 도령 승룡에게도 그만큼 신분에 대한 차별의식이 없지 않았음을

---

17) 徐廷柱, 앞의 책, p.76.

말해 준다. 서정주는 승룡이 서당시절에 '남 나비'로 통칭되던 나비 화가 남계우(南啓宇)에게서 나비 그림을 배웠다고 했으나,[18] 여러 가지 정황으로 미루어 보아 이는 사실이 아닐 것이다. 이승만은 평소에 오원(吾園) 장승업(張承業)의 그림을 좋아했다고 한다.[19]

승룡은 열두살 나던 해 봄까지『통감』열다섯권을 완전히 익혔다. 이어『논어(論語)』로부터 시작하여『맹자(孟子)』,『대학(大學)』,『중용(中庸)』의 사서를 배우는 한편 글씨 공부도 열심히 했다.[20] 승룡이 하루빨리 과거에 급제하여 관직에 등용되는 것만이 선조에 대한 도리이자 궁핍한 생계를 해결하는 길이었으므로 이경선 내외는 아들의 과거공부를 독려했다.

그러나 재주 있고 호기심 많고 한번 집착하면 밤낮을 가리지 않는 성품의 소년 승룡에게는 공부만이 모두가 아니었다. 물론 학과에도 게으르지 않았고, 글씨 쓰기와 시 짓기는 언제나 서당 아이들 총중에서 가장 뛰어났다. 독특한 필체의 이승만의 글씨는 대단한 명필로 꼽히는데, 그는 평소에 추사(秋史) 김정희(金正喜)의 글씨를 특히 좋아했다고 한다.[21] 뒷날 이승만은 미국에 있을 때에도 붓글씨 연습을 부지런히 하여, 신문지나 못 쓰는 편지 겉봉에까지 붓글씨를 연습한 것이 지금도 이화장에 보존되어 있다.

같이 공부하던 신긍우 형제들이『삼국지(三國志)』를 읽어 보라고 주자 승룡은 보름 동안 학과시간 말고는 그 책을 읽는 데 몰두했다. 그는 이어서『수호지(水滸誌)』,『전등신화(剪燈新話)』등의 소설책을 닥치는 대로 읽었다. 어떤 책은 부모와 훈장의 눈을 피해 청지기 방에 가서 몰래 읽었다. 청지기 방에 가서 읽은 책은『서상기(西廂記)』였다.『서상기』

---

18) 徐廷柱 증언, 「人間李承晩百年(4)」,《한국일보》 1975년 3월 14일자.
19) 曺惠子, 「人間李承晩의 새 傳記④」,《女性中央》 1983년 4월호.
20) 徐廷柱, 앞의 책, p.78.
21) 李仁秀 증언.

는 중국 원(元)나라 왕실 보(王實甫)가 쓴 희곡으로서, 나그네 선비 장군서(張君瑞)와 재상의 유아(遺兒) 최앵앵(崔鶯鶯)의 사랑 이야기를 그린 명작이다. 『춘향전』도 이 『서상기』의 전고(典故)를 많이 인용하고 있는데, 선조 이후의 문인 가운데 부모 몰래『서상기』를 읽지 않은 사람이 없었다고 일컬어질 만큼 널리 읽혔다.

『서상기』를 다 읽고 나자 승룡은 그림 선생이기도 한 청지기 최응원으로부터

이승만이 만 18세가 되던 1893년에 아버지를 모시고 서당 친구 김홍서 (왼쪽)와 함께.

소리를 배웠다. 『서상기』의 마지막 책장을 덮고 난 승룡은 옆에서 영남조(嶺南調)의 가사(歌詞)를 읊조리고 있는 청지기의 노랫소리에 한참 동안 귀를 기울이고 있다가 "융마(戎馬)는 관산북(關山北)이오…" 하는 두율(杜律)의 1절에 이르자 "나 그것 좀 가르쳐 줘" 하고 졸랐다고 한다. 그리하여 소년은 바로 종이를 가져다가 그 가사를 청지기가 부르는 대로 받아 적기 시작하여 며칠 뒤에는 그것에 표지를 두껍게 해 가지고 날마다 밤만 되면 청지기 방에 가서 어린 목청을 뽑았다는 것이다.[22]

봄에 풀꽃이 자랄 무렵이면 승룡은 또 그 풀꽃들을 뿌리째 옮겨다가 서당 앞 마당가에 심어 놓고 그것을 가꾸는 데 정성을 쏟았다. 꽃이 피고

---

22) 徐廷柱, 앞의 책, p.80.

거기에 나비와 벌이 날아와 앉을 때까지는 날마다 흙을 파다가 풀꽃뿌리를 북돋우고 물을 주었다. 할 일이 없는 때에는 그냥 그 앞에 가서 꽃잎사귀를 손가락 끝으로 스치며 왔다 갔다 하기도 하고 쪼그리고 앉아서 골똘히 들여다보기도 했다. 그리하여 훈장으로부터 "꽃귀신한테 들린 녀석 같으니라구!"라는 핀잔을 듣기도 했다.[23)]

훈장 이승설은 승룡을 무척 귀여워했고, 승룡도 훈장에게 짓궂은 장난을 할 만큼 스스럼이 없었다. 같은 '승(承)'자 항렬이었기 때문에 훈장은 승룡에게 각별한 친근감을 느꼈는지 모른다. 훈장은 바둑을 좋아하여 손님만 오면 바둑을 두었는데, 그럴 때면 승룡은 어깨너머로 바둑을 구경했다. 어느 날 승룡은 바둑에 열중해 있는 훈장의 바둑통을 치우고 그 자리에 타구를 갖다 놓았다. 바둑에 몰두해 있던 훈장은 바둑알을 집으려고 손을 뻗쳤다가 낭패를 보았다고 한다.[24)] 대통령 재임 때의 이승만의 바둑실력은 7급 정도였다고 조남철(趙南哲) 8단은 평가했다.[25)] 이승만은 재미시절에 바둑을 더러 두기는 했으나 특별히 배울 만한 기회는 없었다. 만일 서당에서 훈장의 어깨너머로 배운 것만으로 7급 정도의 바둑실력을 갖게 되었다면 그것은 승룡의 호기심과 재주와 열성의 또 하나의 증거가 될 법하다.

이승만은 1919년에 서울에서 수립된 한성정부(漢城政府)의 집정관총재(執政官總裁)로 발표된 뒤에 필라델피아에서 발행되는 《필라델피아 퍼블릭 레저(The Philadelphia Public Ledger)》지와 그때까지의 자기의 생애에 대하여 설명하는 긴 인터뷰를 했는데, 서당 공부하던 때의 일을 다음과 같이 설명했다.

나는 공자교(孔子敎)하는 가정에서 생장하여 아주 어렸을 때부터

---

23) 위의 책, p.82.
24) 李根秀 종손 李鏶(이굉) 증언, 「人間李承晩百年(6)」, 《한국일보》 1975년 3월 16일자.
25) 趙南哲 증언, 「人間李承晩百年(6)」, 《한국일보》 1975년 3월 16일자.

공자교의 철학과 종교를 나의 집[한국 서울]에서 배웠으니, 나의 첫번 기억되는 일은 곧 내 앞에 큰 책들을 놓고 그것을 장장이 외우던 일이라. 나는 과거를 보려고 예비하였으나 그러나 과거라 하는 것은 이 나라[미국]의 문과 임용시험과는 조금도 같지 아니한 것이라. 다만 양반만 과거를 보게 하고 그 과거에 급제를 하는 날에는 그 과거한 사람은 곧 정부 관인이며, 양반들은 아무 일도 농공업을 물론하고 하지 아니하며, 만일 하면 그 사람은 양반 축에 섞여 행세를 못하게 되니, 이는 순전히 지체[문벌]의 관계인 까닭으로 양반들은 암만 구차하더라도 실업을 경영치 못하니, 그들은 빈부를 물론하고 무슨 짓을 하든지 놀고 먹게만 마련이라.…[26]

이처럼 이승만은 과거제도의 모순점을 비판하면서도 자기가 과거시험에 응시하여 낙방한 이야기는 하지 않았다.

---

26) 《新韓民報》 1919년9월20일자, 「리승만박사의 경력담」.

2. 아버지 졸라 집에 서당 차려

1

김구의 서당공부는 이승만의 경우보다 훨씬 눈물겨운 동기에서 시작되었다. 창암은 열두살이 될 때까지 모두가 농군인 김씨 집성취락에서 자라면서도 다른 집 아이들과는 달리 농사일을 거들지 않았다. 그것은 매우 특이한 일이다. 이 무렵 김순영은 도촌위 일도 하면서 그럭저럭 생활을 꾸려 가고 있었던 모양이다. 그때까지 창암은 국문을 익혀 이야기책 정도는 읽을 줄 알았고, 한문도 이 사람 저 사람에게서 『천자문』을 배웠다.

창암이 열두살이 되어 글공부를 하겠다고 결심한 것은 어느 날 집안 어른들이 하는 말을 듣고 큰 충격을 받았기 때문이다. 몇해 전에 문중에 새로 혼사를 치른 집이 있었는데, 그 집 할아버지가 새 사돈을 보려고 서울 갔던 길에 사다 둔 말총갓[馬尾冠, 驄冠]을 밤중에 쓰고 나갔다가 이웃 동네 양반들에게 들켜서 갓을 산산이 찢기고, 그때 이후로 김씨네는 다시는 갓을 쓰지 못하게 되었다는 것이었다.

창암은 정색을 하고 어른들에게 물었다.

"그 사람들은 어찌하여 양반이 되었고, 우리 집안은 어찌하여 상놈이 되었습니까?"

"침산(砧山) 강씨의 선조는 우리만 못하지만 문중에 진사(進士)가 세 사람이나 생존해 있지 않느냐. 별담(鼈潭) 이 진사 집도 그렇다."

창암은 다시 물었다.

"진사는 어찌하여 되는가요?"

"진사 급제는 학문을 공부해서 큰 선비가 되면 과거를 보아서 되는 것이니라."

이 말을 들은 창암은 글공부를 하겠다고 결심하고 아버지에게 서당에 보내 달라고 졸랐다. 김순영은 아들이 기특하고 애처로웠으나 선뜻 결심하지 못했다. 텃골에는 서당이 없었기 때문이다. 그는 아들에게 말했다.

"동네에 서당이 없고, 다른 동네 양반 서당에서는 상놈을 잘 받지도 않거니와 받아 주더라도 양반집 아이들이 멸시할 터이니, 그 꼴은 못 보겠다."

그러나 늦게 외아들을 보아 자식 사랑이 남달랐던 김순영은 마침내 집안 아이들과 인근 친구의 아이들 몇 명을 모아 자기 집에 서당을 열었다. 수강료로는 가을에 쌀과 보리를 거두어 주기로 하고 이웃 청수리(淸水里)의 이(李) 생원을 훈장으로 모셔왔다. 이 생원은 신분은 양반이었으나 글이 짧아서 양반들 서당에서는 고빙하는 사람이 없었기 때문에, 결국 창암과 같은 아이들의 훈장이 된 것이었다. 훈장을 맞이하던 날의 가슴 설레던 감회를 김구는 다음과 같이 회상했다.

나는 그 선생님 오신다는 날, 너무 좋아서 못 견딜 지경이다. 머리를 빗고 새옷을 입고 영접을 나갔다. 저쪽으로부터 나이가 50여세나 되었음직한 키 큰 노인 한 분이 오신다. 아버님이 먼저 인사를 하고 나서 "창암아, 선생님께 절하여라" 하시는 말씀대로 절을 공손히 하고 나서 그 선생을 보매 마치 신인(神人)이라 할지 상제[上帝: 하느님]라 할지 어찌나 거룩해 보이는지 감상을 다 말할 수 없더라.[27]

이렇게 하여 가난한 김순영의 집 사랑이 서당이 되었다. 훈장의 식사도 김순영의 집에서 대접했다.

개학하던 첫날 창암은 "마상봉한식(馬上逢寒食)" 다섯글자를 배웠다. 소년은 뜻을 알든 모르든 관계없이 너무나 기뻐서 밤에 어머니의 맷매갈이를 도우면서 외우고 또 외웠다. "마상봉한식"이란 중국 당(唐)나라 시인 송지문(宋之問)의 「도중봉한식[途中逢寒食: 길에서 한식을 맞음]」

---

27) 金九 著, 『金九自敍傳 白凡逸志』(親筆影印本), 集文堂, 1994, p.10; 『백범일지』, pp.30~31.

이라는 유명한 시의 첫 구절인데, 이 시는 조선시대 서당에서 당시(唐詩)를 가르칠 때에 맨 먼저 가르치던 것이다. 창암은 새벽 일찍 일어나서 누구보다도 먼저 훈장 방에 가서 글을 배우고 도시락 망태기를 메고 멀리서 오는 아이들에게 그 배운 것을 가르쳐 주었다.

김순영의 집에서 석달을 지낸 뒤에 서당은 인근 산동(山洞)의 신(申) 존위의 사랑으로 옮겨 갔다. 김순영은 가난한 형편에 너무나 부담이 되어서 신 존위에게 서당을 넘겼던 것으로 추측된다. 창암은 도시락 망태기를 메고 산고개를 넘어서 서당에 다녀야 했으나, 오면가면 창암의 입에서는 글소리가 끊이지 않았다. 그리하여 창암보다 학습 정도가 앞선 아이들도 없지는 않았지만, 배운 것을 외우는 데에는 언제나 창암이 가장 뛰어났다. 그만큼 소년은 열심이었다.

그러나 반년이 지나지 않아서 창암의 서당공부는 중단되었다. 신 존위와 훈장 사이에 반목이 생겨서 끝내 훈장을 돌려보내고 말았기 때문이다. 표면적인 이유는 훈장이 밥을 너무 많이 먹는다는 것이었지만, 사실은 신 존위가 아둔한 자기 아들보다 창암의 실력이 훨씬 앞서는 것을 시기한 데서 비롯된 것이었다. 한두달 전의 일이었다. 매달 보는 도강을 앞두고 훈장은 창암에게 구차한 부탁을 한 적이 있었다. 창암이 늘 장원을 했으니까 이번에는 글을 일부러 못 외우는 것처럼 하고 훈장이 물어도 모른다고 대답하라는 것이었다. 창암은 훈장이 시키는 대로 했다. 그러자 신 존위의 아들이 장원을 했다고 하여 닭을 잡고 술상을 차려 내오기까지 했다. 그랬는데도 결국 신 존위는 그 훈장을 해고하고 만 것이었다. 이 일을 술회하면서 김구가 "이것은 참으로 소위 상놈의 짓이다"[28] 라고 적어 놓은 것도 그의 상놈콤플렉스를 보여 주는 한 보기이다.

어느 날 아침 일찍 훈장은 창암네가 아침도 먹기 전에 창암네 집에 와서 작별인사를 했다. 창암은 정신이 아찔하여 훈장의 품에 매달리면서 큰

---

28) 『백범일지』, p.31.

소리로 울었다. 훈장도 눈물이 비 오듯 했다. 훈장과 작별하고 나서도 창암은 밥도 먹지 않고 울기만 했다. 이러한 아들의 모습은 혈기 넘치는 김순영의 가슴을 견딜 수 없이 쓰라리게 했을 것이다. 얼마 뒤에 김순영은 이 생원과 같은 돌림 선생을 모셔다가 아들의 공부를 계속시켰다. 그러던 어느 날 김순영은 갑자기 중풍으로 쓰러져서 몸을 전혀 쓸 수 없게 되었다. 그리하여 창암의 공부는 다시 중단되고 말았다.

워낙 가난한 살림이었으므로 의원과 약을 대느라고 살림살이는 바닥이 났다. 김순영은 너더댓달 뒤에 반신불수로 다소 호전되었다. 입이 비뚤어져서 발음이 분명하지 못하고 한쪽 팔과 다리는 여전히 쓰지 못했으나, 반쪽이라도 쓸 수 있게 된 것이 다행이었다. 돈이 없어서 고명한 의원을 불러오지 못하자 마침내 김순영 내외는 비장한 결심을 했다. 문전걸식을 하면서 고명한 의원을 찾아가서 치료를 받아 보겠다는 것이었다. 그리하여 집과 솥까지 다 팔아 버리고 창암을 큰집에 맡기고 길을 떠났다.

창암은 사촌들과 같이 송아지 고삐를 끌로 산허리와 밭두렁에서 나날을 보내게 되었다. 사촌들은 농사일을 하고 자라면서 서당에 다닐 생각은 하지 않았던 것 같다. 그런 점에서 어떻게 해서든지 아들을 공부시키려고 애쓴 김순영의 자식 생각은 특기할 만하다. 뒷날 김구는 "나는 시골에서 나고 자랐으나 농군들의 '김매는 소리'나 '목동 갈까 보다 소리' 한마디 불러 본 적이 없었고, 기껏 한다고 해야 시나 풍월(風月)을 읊은 것밖에 없었다"라고 술회했는데,[29] 이는 그가 어릴 때에 농사일을 전혀 하지 않고 자랐음을 말해 준다.

어린 창암은 공부를 못 하게 되어 서러운데다가 아버지와 어머니가 보고 싶어서 견딜 수 없었다. 참다못한 그는 부모를 찾아 나섰다. 그리하여 세 식구가 신천(信川)으로, 안악(安岳)으로, 장련(長連)으로 같이 떠돌아다녔다. 장련에 머물 때에 창암의 할아버지 대상이 다가왔다. 김순영

29) 『백범일지』, pp.117~118.

내외는 창암을 장련 재종조의 누이 되는 친척집에 맡겨 두고 텃골로 돌아갔다. 그 친척집도 물론 농사를 지었다. 창암은 그 집주인이 구월산에 나무를 하러 갈 때면 같이 가야 했다. 어린 창암이 나뭇짐을 지고 걸어갈라치면 마치 나뭇짐이 걸어가는 것 같았다고 한다. 나무하러 다니는 일은 창암에게 무척 고통스러웠다. 그러나 육체적 고통보다 더한 고통은 그 동네 큰 서당에서 밤낮으로 흘러나오는 책 읽는 소리를 듣는 것이었다. 창암은 말할 수 없이 슬펐다. 김순영 내외가 장련으로 다시 오자 창암은 텃골로 돌아가서 공부를 하겠다고 졸랐다. 김순영의 병세는 호전되어 한쪽 팔과 다리도 조금 자유스러워지고 기력도 회복되어 갔다. 그리하여 김순영 내외는 아들의 열성에 못 이겨 다시 텃골로 돌아왔다.

2

텃골로 돌아오기는 했으나 김순영네 식구들은 의식주를 마련하기가 어려웠다. 친척들이 조금씩 추렴하여 겨우 거처할 곳을 마련해 주었다. 그리고 창암도 다시 서당에 다니게 되었다. 그러나 그 서당공부는 여간 고생스러운 것이 아니었다. 책은 빌려서 읽었고, 먹과 붓 값은 곽씨 부인이 김품과 길쌈품을 팔아서 마련해 주었다. 그런데 이미 열다섯살이 된 창암의 안목으로 볼 때에 만나는 훈장들이 모두 고루해서 마음에 차지 않았다. 그들은 거의가 양반집 아이는 가르치지도 못하고 상민 아이들을 상대로 『천자문』 정도를 가르치는 사람들이었다. 창암은 어느 훈장은 벼 열섬짜리, 어느 훈장은 다섯섬짜리 하고 훈장들의 학력을 평가하게 되었다. 그뿐만 아니라 훈장들의 마음씀이나 일처리가 남의 스승이 될 자격이 없어 보였다. 창암의 서당공부가 진척되지 않자 김순영은 아들에게 말했다.

"밥 빌어먹기는 장타령이 제일이라고, 너도 큰 글 하려고 애쓰지 말고 시행문[時行文: 실용문서 짓기]에나 주력하려무나."

그것은 김순영다운 권고였다. 창암은 아버지의 권고에 따랐다. 그리하여 토지문권(土地文券), 정소장(呈訴狀), 제축문(祭祝文), 혼서문(婚書文), 서한문(書翰文) 등을 틈틈이 연습하여 무식한 김씨 문중에서는 상당한 평판을 얻게 되었다. 문중사람들은 창암이 앞으로 존위(尊位) 하나는 할 자격이 있다고들 촉망했다. 창암은 자신의 한문실력이 겨우 몇 글자 엮어 쓸 정도에 지나지 않는다는 것을 알고 있었으나, 뜻은 존위 정도에 있지 않았다. 『통감』이나 『사략(史略)』을 공부하다가 "왕후장상(王侯將相)의 씨앗이 어찌 따로 있으리오"라는 진승(陳勝)의 말이라든가, 칼을 뽑아 뱀을 베었다는 유방(劉邦)의 행동, 빨래하는 부인에게서 밥을 얻어먹었다는 한신(韓信)의 행적 등을 읽을 때에는 창암은 자신도 모르게 두 어깨가 들썩거려졌다고 술회했다.[30] 진승의 이 말은, 중국 진(陳)나라 사람 진승이 오광(吳廣)과 함께 군사를 일으켰을 때에 무리를 선동하면서 했던 유명한 말인데,[31] 고려시대에 최충헌(崔忠獻)의 노비로서 봉기한 만적(萬積)도 이 문구를 인용했을 정도로 중국이나 우리나라에서 반란을 일으킬 때에 곧잘 인용되던 말이다.

창암은 어떻게 해서든지 공부를 계속하고 싶었다. 이러한 아들을 보고 김순영은 이름 있는 훈장을 찾아가서 배우게 하지 못하는 것이 괴로웠다. 그는 백방으로 마땅한 훈장을 찾아보았다. 마침 텃골에서 동북으로 10리 되는 학명동(鶴鳴洞)에 정문재(鄭文哉)라는 사람이 있었다. 그는 창암의 큰어머니와 재종남매 간이었는데, 상민이면서도 지방에서 꽤 알려진 선비였다. 그 정씨 집에는 여기저기에서 선비들이 모여들어 시와 부(賦)를 짓고, 한쪽에는 서당을 열어서 아이들을 가르쳤다. 김순영의 간곡한 부탁으로 창암은 그 서당에 수강료 없이 배우는 면비학동으로 다닐 수 있게 되었다. 창암의 기쁨은 말할 수 없었다. 매일 도시락 망태기를 메고 험한 고

---

30) 『백범일지』, pp.33~34.
31) 趙洙翼 譯解, 앞의 책, pp.90~91.

개와 깊은 계곡을 쏜살같이 넘나들어 서당에서 기숙하는 아이들이 일어나기도 전에 도착한 적이 한두번이 아니었다. 과문을 짓기 위한 공부의 초보인 대고풍(大古風) 열여덟귀를 익히고, 한당시(漢唐詩)와 『대학』, 『통감』을 배웠다. 글씨 연습은 종이를 살 돈이 없었으므로 분판[粉板: 분을 기름에 개어서 바른 널조각판]에다 했다. 뒷날 김구도 이승만과 마찬가지로 글씨를 많이 썼는데, 고졸한 듯하면서도 기운찬 그의 독특한 필체는 의기(義氣)나 우국(憂國)의 내용과 함께 명필로 평가된다. 창암의 서당공부는 이처럼 궁색하고 불안정했다. 그러나 그러한 환경에 좌절하지 않고 계속된 어린시절의 형설의 향학열은 김구로 하여금 일생을 통하여 교육에 특별한 열의를 갖게 하는 원동력이 되었다.

3. 열세살에 나이 올려 과거에 응시

1

승룡은 열세살 되던 해에 과거에 응시했다.[32] 이때에 승룡이라는 아명을 버리고 승만(承晚)으로 이름을 고치고 우남(雩南)이라는 아호도 지었다. 과거는 열다섯살부터 볼 자격이 있었으나, 고종24년(1887)의 과거는 왕세자빈의 관례[冠禮: 성인식]에 따른 경과(慶科) 정시(庭試)였으므로, 왕세자와 동갑인 열네살까지 응시할 수 있었다. 그런데 승룡은 아버지가 시키는 대로 나이를 한살 올려서 응시한 것이었다. 이경선은 그만큼 아들이 입신출세하기를 초조하게 기다렸고, 또 아들의 실력을 어지간히 믿었던 것이다.

이승만은 유생의 의관을 갖추고 과거장인 경무대(景武臺)로 갔다. 경무대는 경복궁의 북문인 신무문(神武門) 밖의 후원에 해당하는 지대였다. 과거장에는 청운의 뜻을 품은 젊은 유생들뿐만 아니라 늙은 선비들까지 구름처럼 모여들었다. 이때의 정시에 응시한 사람이 무려 15만 8,578명이나 되었다는 사실[33]은 왕조 말기의 정치적 불안정에도 불구하고 과거가 얼마나 젊은 선비들의 선망의 대상이었는지를 말해 준다. 서정주는 이때의 과거장의 모습을 자세히 묘사하고 있는데, 이는 처음으로 치르는 과거의 인상이 이승만에게 그만큼 뚜렷이 남아 있었음을 말해 주는 것이다.

응시자들은 20~30명씩 그들이 나온 지방이나 서당 또는 문벌의 이름을 적어서 장대 끝에 매단 사각형의 유지 등 밑이나 유지 우산 밑에 모여서 궁궐 문이 열리기를 기다렸다. 이러한 한무리를 접(接)이라고 했다. 접

---

32) 徐廷柱, 앞의 책, p.83.
33) 『日省錄』 高宗24년3월15일조.

마다 응시자뿐만 아니라 책과 지필묵(紙筆墨)을 들고 따라온 하인들까지 섞여서 큰 혼잡을 이루었다. 또 구석구석에는 장국밥과 설렁탕 장수들이 차일을 치고 있었다. 원래 과거장에는 응시자 이외의 사람의 접근을 엄금하고, 만일에 함부로 들어오는 사람이 있으면 붙잡아 수군(水軍)으로 삼았다. 그러던 것이 임진왜란 이후로 시험장의 단속이 소홀해지자 세도 있는 양반집 자제들은 서책을 든 사람이나 시험지를 베끼는 사람 등의 수종인을 데리고 들어가기가 예사였다. 그리하여 조선후기의 각종 과거장에서는 이 수종인들 때문에 큰 혼잡을 이루어 밟혀서 크게 다치는 등의 사고가 잇따랐다.

드디어 신무문이 열리자 유생들은 앞을 다투어 궁 안으로 몰려 들어가서 현제판(懸題板)에 내건 글제를 베껴 가지고 나와서는 정성을 다하여 답안지를 작성했다. 머리가 허연 시골 노인들이 진땀을 흘리고 있는 광경은 옆에서 보기에도 민망스러울 지경이었다. 민망스럽기는 이승만 자신의 처지도 마찬가지였다. 그는 낙방했다. 애당초 급제를 기대한 것이 무리였다. 이날의 정시에서 급제한 사람은 남광희(南光熙) 등 다섯 사람 밖에 되지 않았다.[34]

이승만이 과거를 볼 무렵에 와서는 과거제도는 타락할 대로 타락해 있었다. 과거장에 산더미처럼 쌓인 답안지는 제대로 채점도 되지 않았다. 15만8,000여명의 응시자들의 답안지를 그날로 채점해서 다섯 사람을 급제시켰다는 것은 과거제도가 얼마나 형식적인 것이 되어 있었는지를 말해 준다. 급제자가 미리 정해져 있기도 하고 시험관들에게 바치는 금품에 따라 급제가 결정되기도 하는 형편이었다. 이 무렵의 과거제도의 가장 큰 폐단은 이른바 차술(借述)이었다. 차술이란 과거장에서 다른 사람의 제술(製述)을 빌리는 것을 말한다. 차술은 다른 사람을 위해 답안지를 제술해 주는 대술(代述)과 함께 원래는 가장 엄격하게 금해서 이를 어기는

---

34) 위와 같음.

자는 장(杖) 100에 도[徒: 징역] 3년의 형에 처하도록 되어 있었다. 그러나 조선조 후기에 이르러 단속이 허술해지자 권세 있는 양반집 자제들이 글 잘하는 사람 네댓명을 과거장에 데리고 들어가서 각각 제술하게 한 다음 잘된 것을 골라서 제출하기도 하고, 글 잘하는 사람이 과거장 밖에서 제술하여 과거장의 서리(胥吏)나 군졸의 손을 빌려 응시자에게 전달하기도 했다. 심지어 응시자가 과거장을 빠져나와서 집에 가서 제술해 오는 경우도 있게 되었다.[35]

그런데 이승만도 자신은 낙방했으면서 몇몇 권세 있는 양반집 자제들의 일차유생(日次儒生) 시험 때에 대술을 해주어 그들이 진사가 되기도 했다고 한다.[36] 자존심 강한 이승만이 자기는 낙방하면서 다른 사람을 위해 대술을 해준 것이 사실이라면, 거기에는 어떤 구차스러운 사정이 있었을 것이다. 그리고 이러한 위법행위를 거리낌 없이 자행할 수 있었다는 것은 이 무렵의 과거장에서는 그만큼 차술과 대술이 예삿일이 되어 있었음을 말해 준다. 뒤에서 보듯이, 김구도 과거장에서 차술을 했다. 과거제도가 이처럼 타락하여 실력만으로는 급제의 희망이 없었음에도 불구하고 이승만은 과거시험이 있을 때마다 응시했다고 한다. 아마도 이경선 내외의 간절한 기대와 자신의 실력에 대한 자신감이 이승만으로 하여금 계속해서 응시하게 했을 것이다.

1948년5월에 제헌국회 의장이 된 이승만이 상도동의 지덕사를 찾아가는 길에 노량진을 지날 때에 동행한 이유선(李維善)에게 "노량진에 사육신묘가 있었는데 잘 보존되고 있는지 모르겠구면" 하고 물었다. 그렇다고 하자 그는 다음과 같이 말했다고 한다.

"나는 과거 보러 다닐 적에 급제하면 성삼문(成三問) 같은 충신이 되는 것이 소원이었지. 줄곧 과거장에 쫓아다니며 애썼는데, 늘 낙방만 했

---

35) 李成茂, 『改正增補 韓國의 科擧制度』, 集文堂, 1994, pp.222~227.
36) 徐廷柱, 앞의 책, p.87.

어. 그 당시 시험관뿐만 아니라 조정관헌의 부패와 매관매직질이 대단했
거든… 그때 나라 실정은 망할 수밖에 없었네. 이제 우리가 나랏일을 보
게 되었으니 나라 위해서 죽을 각오를 합세다."

그러곤 1955년에 사육신의 묘비를 세우게 했다.[37]

조선조의 과거는 식년시(式年試)와 각종 별시(別試)로 구분되어 있
었다. 식년(式年)이란 자(子), 묘(卯), 오(午), 유(酉)의 해를 말하는 것으
로서 3년마다 한 번씩 돌아오게 되어 있는데, 식년시에서는 33명씩 급제
시켰다. 그리고 각종 별시는 거의 해마다 시행되었다.[38] 이승만이 처음 응
시한 1887년부터 과거제도가 폐지되는 1894년까지 25회에 이르는 각종
과거시험이 시행되었다. 이 가운데 2차 시험에 해당하는 전시(殿試)나 권
력층의 자제들을 대상으로 시행하는 알성시(謁聖試)와 일차유생 응제시
(應製試) 등을 제외하고 이승만이 응시할 수 있었던 과거시험은 열한번
쯤 시행되었다.[39]

과거의 일정은 길게 마련이었다. 밤까지 계속되어 엿장수와 장국밥
장수들이 판을 거둘 무렵이면 흔히 사대문이 굳게 잠긴 뒤였다. 그렇게
되면 사대문 밖에 사는 응시자들은 모두 성벽을 넘어서 집으로 돌아가야
했다. 과거장에서 주는 표를 보이면 성벽을 넘는 것이 허용되기는 했으나
캄캄한 밤에 굽 높은 나막신을 신고 경복궁 뒤에서부터 남대문까지 걸어
와서 다시 성벽을 타고 넘어 도동골까지 돌아가기란 낙방한 이승만으로
서는 여간 서글프고 고통스러운 일이 아니었을 것이다.

---

37) 李維善 증언, 曺惠子, 「人間李承晩의 새 傳記③」, 《女性中央》 1982년 3월호.
38) 李成茂, 앞의 책, pp.113~141; 歷史學會 編, 『科擧 : 歷史學大會 主題討論』, 一潮閣, 1981 참조.
39) 『한국민족문화대백과사전(26)』, 「연표·편람」, 한국정신문화연구원, 1991, pp.358~364.

4. 좁쌀 지고 과거 보러 해주로

1

김구는 열일곱살에 처음이자 마지막으로 과거시험을 보았다. 정문재에게서 글을 익힌 지 이태째 되는 때였다. 그것은 이승만이 과거를 처음본 것보다 5년 뒤의 일이다. 임진년[壬辰年: 1892] 경과(慶科)를 해주에서 실시한다는 공포가 있자, 정문재는 그 사실을 김순영에게 알려 주면서 말했다.

"이번 과거에 창암이를 데리고 갔으면 좋겠는데, 글씨를 분판에 쓰는 것같이만 쓰면 제 답안지를 쓸 만하지만 종이에 연습하지 않으면 처음이라서 잘 못 쓸 것이네. 장지(狀紙)에 좀 쓰게 해봤으면 좋겠는데, 노형은 빈한한 터라 장지를 마련할 도리가 없겠지?"

장지란 과거의 답안지로 쓰이던 두꺼운 한지를 말한다. 과거 답안지는 과거장에서 한번 쓴 글자를 긁어내면서 수정할 수 있도록 특별히 두껍고 질이 좋은 종이를 썼다.[40] 그런데 이때에 창암이 과거를 볼 수 있을 만큼 실력을 쌓았다고 정문재가 판단한 것은 아니었다. 그것은 김순영과의 다음과 같은 대화로도 알 수 있다.

"종이는 내가 주선해 보겠지만 글씨만 쓰면 되겠나?"

김순영의 이러한 말에 정문재는 다음과 같이 대답했다.

"글은 내가 지어 줌세."[41]

이처럼 김구의 과거응시는 아예 차술을 전제로 한 것이었다. 정문재의 말에 김순영은 크게 기뻐하여 천신만고로 장지 다섯장을 샀다. 창암은 기쁘고 감사하여 필사(筆師)의 가르침대로 정성을 다해서 흰 종이가 꺼

---

40) 『백범일지』, p.32 주3).
41) 『백범일지』, p.35.

먼 종이가 되도록 글씨를 연습했다.

과거날이 다가왔다. 과거비용을 마련할 수 없는 김창암 부자는 좁쌀을 등에 지고 정문재를 따라서 해주로 갔다. 김순영이 이전부터 알고 있던 계방(稧房) 집에 묵으면서 과거날을 기다렸다.

과거장의 풍경은 서울 경무대의 풍경과 크게 다를 것이 없었다. 규모와 행색이 다를 뿐이었다. 선화당(宣化堂) 옆 관풍각(觀風閣) 주변 사방에는 새끼줄을 둘러치고, 응시자들로 하여금 열을 지어 과거장으로 들어가게 했다. 도포를 입고 검은 유건(儒巾)을 쓴 선비들이 흰 베에 '산동접(山洞接)'이니 '석담접(石潭接)'이니 하는 접이름을 써서 장대 끝에 매달고 큰 종이양산을 들고 자기네 접자리를 먼저 잡으려고 힘이 센 사람을 앞세워 밀치며 들어가느라고 크게 혼잡했다. 응시자 말고도 이런저런 일을 맡은 수종인이 따라 들어가기는 지방의 과거장도 마찬가지였다. 창암은 과거장으로 들어가면서 늙은 유생들이 이른바 걸과(乞科)하는 모습을 보았다. 관풍각을 향하여 새끼줄 그물 밑으로 머리를 들이밀고 "소생의 이름은 아무개이옵는데, 먼 시골에 살면서 과거 때마다 참여하여 금년에 일흔 몇살이올시다. 이 다음은 다시 과거에 참여하지 못하겠습니다. 초시(初試)라도 한번 급제하면 죽어도 한이 없겠나이다" 하며 호소하는 것이었다. 어떤 사람은 큰 소리로 외치고, 또 어떤 사람은 목을 놓고 울었다. 창암은 그것이 비굴해 보이기도 하고 가엾게 여겨지기도 했다.

창암이 자기네 접이 있는 곳으로 와 보니까 선생과 접장들이 자리를 잡고 앉아서 글 짓는 사람은 짓기만 하고 글씨 쓰는 사람은 쓰기만 하고 있었다. 이렇듯 지방의 과거장에서도 차술과 대술이 공공연히 자행되고 있었던 것이다. 그렇기는 하나, 창암이 처음부터 차술을 전제로 하고 과거에 응시하면서 아무런 거리낌이 없었다는 사실은 적이 의아스러운 일이 아닐 수 없다.

창암은 선생에게 말했다.

"이번에는 제가 아니라 제 아버님 명의로 답안지를 작성해 주시면 좋겠습니다. 저는 앞으로도 기회가 많지 않겠습니까."

창암은 자기보다도 아버지가 과거에 급제하여 양반이 되는 것이 더 소원이었다. 정문재는 창암의 요청을 쾌히 받아들였다. 이러한 창암의 효성은 옆에 있는 다른 사람에게도 갸륵하게 느껴졌던 모양이다. 이들의 대화를 듣고 있던 어떤 접장이 말했다.

"가상한 일이다. 네가 글씨가 나만 못할 터이니 네 아버지 답안지는 내가 써 주마. 너는 공부를 더해서 후일 네 과거는 네가 짓고 쓰도록 하여라."

그러면서 답안지를 대신 써 주었다.

이처럼 법에 저촉되는 일인데도 그것이 효도를 위한 것이기 때문에 미덕으로 간주될 수 있었던 것은 조선왕조사회의 비뚤어진 가족주의 가치관을 보여 주는 것이다. 창암은 정문재가 짓고 어떤 접장이 써 준 김순영 명의의 답안지를 새끼줄 그물 사이로 시관(試官) 앞을 향해 쏘아 들여보냈다. 그리고 나서 과거장의 광경을 보면서 과거에 관한 이런저런 말을 들었다. 통인[通引: 수령의 잡심부름을 하는 사람] 놈들이 시관에게는 보이지 않고 과거답안지를 한아름 훔쳐갔다고도 했다. 또 과거장에서 글을 짓고 쓸 때에는 남에게 보이지 말아야 하는데, 그 이유는 글을 지을 줄 모르는 사람이 다른 사람의 글을 보고 가서 그대로 적어 자기의 글로 제출하기 때문이라는 말도 들었다. 그뿐만 아니라 돈만 있으면 과거도 벼슬도 할 수 있다는 괴이한 말도 들었다. 글을 모르는 부자들이 거유(巨儒)의 글을 몇백냥, 몇천냥씩 주고 사서 급제도 하고 진사도 된다는 것이었다. 이런 말을 들으면서 창암은 과거에 대한 의문이 생기기 시작했다. 위의 몇가지 이야기만 들어 보아도 과거가 무슨 필요가 있으며 무슨 가치가 있겠는가 하고 여겨졌던 것이다.

과거시험의 결과는 물론 낙방이었다. 이때의 심정이 다음과 같았다고 김구는 적어 놓았다.

내가 심혈을 다하여 장래를 개척하기 위해 공부하는 것인데, 선비의 유일한 진로인 과거장의 꼬락서니가 이 모양인즉, 나랏일이 이 지경이면 내가 시를 짓고 부(賦)를 지어 과문육체[科文六體: 文科試의 고시과목의 문체. 詩, 賦, 表, 策, 疑, 義]에 능통한다 하여도 아무 선생, 아무 접장 모양으로 과거장의 대서업자에 불과할 것이니, 나도 이제 다른 길을 연구하리라 결심하였다.[42]

과거에 급제하는 것만이 양반이 되는 유일한 길이었기 때문에 창암은 열심히 서당공부를 했다. 그러나 창암이 해주 과거장에서 깨달은 것은 그가 지금까지 그토록 열성을 다하여 추구해 온 신분상승의 꿈은 부패한 과거제도를 통해서는 결코 이룰 수 없다는 분명한 사실이었다. 창암은 크나큰 좌절감을 느꼈다.

5. 열여섯살에 동네 동갑내기와 혼인

1

이승만은 열여섯살 때에 같은 동네에 사는 동갑의 음성(陰城) 박씨(朴氏)와 혼인했다. 박씨 부인과의 혼인에 대해서는 재미있는 에피소드가 있다. 아들에게 모든 것을 걸고 있는 이경선은 아들의 점을 쳐 보았는데, 나타난 점괘가 "봉사한테 장가들어야 출세한다"는 것이었다고 한다. 이 점괘 때문에 걱정하던 이경선의 눈에 띈 것이 외가에 의지하여 지내는 한동네의 박씨 처녀였다. 처녀는 1875년 6월9일에 아버지 박백계(朴白契)와 어머니 이씨 사이의 장녀로 경기도 시흥군 고천의 오봉산(五峰山) 서쪽 기슭 어여비에서 태어났는데, 두 돌도 되기 전에 아버지를 여의었다. 젊은 과부를 업어 간다는 말에 겁이 난 이씨 부인은 딸을 데리고 서울의 친정으로 돌아와 버렸다. 그 친정집이 바로 도동의 관왕묘 곁에 있었던 것이다. 처녀의 외할아버지가 전주 이씨 양녕대군파의 이헌필(李憲弼)이었다.[43]

처녀는 오른쪽 눈언저리에 푸르스름한 반점이 있었으므로, 이경선은 그것으로 '봉사'라는 점괘를 때우려 했다. 이 혼담을 듣고 이승만이 매우 놀란 것은 당연했다. 처녀가 정말로 봉사인지 아닌지 궁금했던 그는 처녀 집 부근에 숨어서 확인하기로 했다. 그것을 눈치챈 처녀는 한동안 문밖에 얼씬도 하지 않았다. 골탕을 먹이자는 생각이었다. 사흘이 지나자 처녀는 "안됐다"는 생각과 함께 한편으로는 "볼 테면 보라지" 하는 생각이 들어서 물동이를 이고 우물께로 나갔고, 이승만은 처녀가 봉사가 아님을 확인하고 돌아왔다는 것이다.[44]

박씨 부인은 활달하고 오달진 성품이었다. 이들 부부 사이는 이승만

---

43) 정병준, 『우남 이승만 연구: 한국 근대국가의 형성과 우파의 길』, 역사비평사, 2005, p.63 주32).
44) 李恩秀 증언, 「人間李承晚百年(7)」, 《한국일보》 1975년3월17일자.

이승만이 1904년에 미국으로 떠나기 전에 찍은 가족사진. 왼쪽부터 이승만의 큰누이(우태명 부인), 이경선, 아들 태산(봉수), 태산의 뒤에 서 있는 소년은 큰누이 아들 우종구, 이승만, 아내 박씨 부인.

의 첫번째 도미 때까지는 좋았던 것 같다. 박씨 부인은 뒷날 "우리 내외는 결혼한 뒤에 한번도 말다툼한 적이 없었다"라고 양자 은수(恩秀)에게 말했다고 한다.[45] 이승만 자신은 박씨 부인과의 결혼에 대해 자서전 초록에 "나는 어린시절에 그 당시의 습관대로 어른들의 중매로 장가를 들었다"라고 한마디만 적어 놓았을 뿐이다.[46]

2

이승만은 혼인한 뒤에도 서당공부에 열중했다. 이승만이 혼인하던 해

---

45) 위와 같음.
46) "Autobiography of Dr. Syngman Rhee", p.5; 「청년이승만자서전」, 이정식 지음, 권기붕 옮김, 앞의 책, p.254.

에 훈장 이승설이 돌아가고, 뒤를 이어 마을의 늙은 선비 석초(石樵) 김 생원이 훈장이 되었다. 김 생원은 특히 시를 즐기고 술을 좋아했다. 훈장은 이경선과 뜻이 맞아서 거의 날마다 같이 앉아 시를 읊고 술잔을 기울였다. 이 훈장 밑에서 이승만은 신응우 삼형제와 주인 아들 이병주 등과 더불어 해마다 하지에서 7월까지는 오로지 시만 공부하여 이 방면의 많은 것을 익혔다. 그뿐만 아니라 꽃필 무렵이나 녹음철에는 이승만은 훈장과 훈장 친구들을 모시고 경치 좋은 곳을 찾아다니면서 자신의 회포를 시로 읊기도 했다. 이승만의 시작(詩作) 재능은 이 시기에 집중적으로 연마되었던 것 같다. 이때에 지은 시 가운데 다음과 같은 시구들은 이승만이 광복 뒤에 귀국해서까지 기억했다.[47]

萬樹桃花屋數隣.　　일만 나무 복사꽃 서너 가호 이웃집.
好酒登宴紅作友　　술 즐겨 베푼 잔치 붉어진 얼굴
名亭隔樹綠爲隣.　　멋진 정자 푸른 녹음 이웃을 하리.

　여름밤이면 갓 상투를 튼 홍안의 유생들은 서당 마당에 싱싱한 풀내 나는 모깃불을 피워 놓고 당시(唐詩)를 암송했다. 그들은 마루에 걸터앉기도 하고 마당에 서기도 하여 좋아하는 당시를 목청을 돋우어 읊었다. 한 사람이 모깃불 무더기를 돌면서 "아미산월가(峨眉山月歌)라" 하고 나직이 시 제목을 대면 모두가 그 뒤를 따라 돌면서 "아미산월이 반륜추(半輪秋)하니, 영입평강강수류(影入平羌江水流)를…" 하고 소리를 맞추어 읊어 넘겼다. 몇 사람이 한 줄을 외우면 나머지 몇 사람이 그 다음 줄을 차례로 받아넘기기도 했다. 「아미산월가」란 이백(李白)이 스물다섯살에 고향인 촉(蜀)을 떠나면서 지은 유명한 칠언절구(七言絶句)로서, 조선시대에 서당에서 가장 널리 암송되던 당시의 하나였다.

---

47) 徐廷柱, 앞의 책, pp.92~93.

峨眉山月半輪秋　　아미산에 걸린 반쪽 가을 달
影人半羌江水流.　　평강강 강물에 그림자 비쳐 흐른다.
夜發淸溪向三峽　　밤에 청계를 떠나 삼협으로 가며
思君不見下渝州.　　그대를 생각하나 못 보고 유주로 내려간다.

　이 시는 전문이 스물여덟자밖에 되지 않으면서 지명이 다섯개나 나오
는 것으로도 유명하다. 아미산은 중국 사천성(四川省)에 있는 높이 3,035
미터의 절경지로서, 산허리에는 많은 사찰이 자리 잡고 있다. 유주는 지금
의 중경(重慶)이다.[48] 조선조의 유생들은 이러한 중국의 오지 지명들을
바로 가까이 있는 것처럼, 또는 마음속의 이상향처럼 친근하게 느끼면서
그들의 낭만을 불태웠다. 여름밤의 당시 암송은 젊은 유생들의 낭만뿐만
이 아니었다. 싱그러운 풀잎마다 달빛이 쏟아져 내리는 밤이면 마을 아낙
네들까지 이 당음(唐音) 소리를 들으려고 서당 담 밖으로 모여 들었다고
한다. 이승만은 그 가운데서도 목소리가 가장 크고 아름다웠다고 한다.
그가 먼저 시 제목을 이끌어 내거나 혼자서 읊어 넘길 때에는 서당 담에
붙어 있던 아낙네들은 서로 옆구리를 찌르며 소곤거렸다는 것이다.[49] 어
쩌다가 친구들이 술자리를 벌일 때에는 이승만도 함께 어울려 술을 마
셨다. 그러나 그는 뒷날 기독교인이 된 뒤부터는 술을 전혀 입에 대지 않
았다.[50]
　이승만은 열아홉살 되던 1893년까지 계속해서 과거를 보았다. 그동
안 『시전』, 『서전』, 『주역』 등의 경서도 거의 완벽하게 익혔다. 특히 1893
년과 1894년에 걸친 겨울에는 『시전』 열권을 반복해서 읽었다.[51] 그리하

48) 周勛初 主編, 『唐詩大辭典』, 南京鳳凰出版社, 2003, pp.745~746; 郁賢皓 主編, 『李白大辭
　　典』, 廣書教育出版社, 1995, pp.454~455.
49) 徐廷柱, 앞의 책, p.95.
50) 리 푸란세스카 지음, 조혜자 옮김, 『대통령의 건강』, p.38.
51) 「배재학교 창립 70주년 기념식에 참석하여」, 1955년6월8일, 『大統領李承晩博士談話集(第2
　　輯)』, 公報室, 1956, p.257.

여 이 무렵 그의 유교 경전이나 시문(詩文) 공부는 상당한 수준에 도달해 있었다. 그리고 그것이 그의 가치관이나 행동준거에 적지 않은 영향을 끼친 것은 다음과 같은 에피소드로도 짐작할 수 있다.

6·25전쟁이 나서 대전으로 피란했을 때의 일이다. 국회 의장단인 신익희(申翼熙), 장택상(張澤相), 조봉암(曹奉岩) 세 사람이 이승만을 찾아가서 국민들이 고난을 당하고, 특히 서울을 사수하겠다고 한 약속을 어겼으므로, 대통령으로서 국민에게 사과성명을 발표하는 것이 어떻겠느냐고 건의했다. 그러자 이승만은 대뜸 "내가 당(唐) 현종(玄宗)이란 말인가?" 하고 한마디로 거절했다.

당나라 현종이 자기의 잘못으로 백성을 전란 속에 이끌어 넣어 막대한 피해를 입히게 되자 죄기조(罪己詔)를 내려 스스로 사과했던 고사를 두고 한 말이었다. 이때에 그것을 가장 강력하게 진언한 사람은 조봉암이었는데, 이승만은 상기된 얼굴로 두 팔을 벌려 보이며 "과인이 덕이 없어… 하고 말인가?"라면서 흥분했다는 것이다.[52]

이 에피소드는 이승만의 중국 고전에 대한 지식과 함께 그의 군왕의식(君王意識)을 드러내 보이는 것이기도 하다.

감수성이 예민한 청년시절의 오랜 기간에 걸쳐 되풀이하여 학습한 중국 고전과 유교 경전의 교의는 이승만의 가치관과 정치사상의 본질적인 요소의 한 부분이 되었다. 유교의 정치이상은 왕도정치(王道政治)인데, 그것이 기독교에 입교한 뒤의 이승만의 사회구원 신앙과 소명의식과 절묘한 융화를 이루면서 그가 대중강요자형의 지도자[53]로 성장하는 요인이 되었다. 이승만의 유교에 대한 인식은 대통령 재임 때의 다음과 같은

---

52) 尹錫五 증언.
53) 콘웨이는 정치지도자의 유형으로 대중강요자(crowd-compellers), 대중표출자(crowd-exponents), 대중대표자(crowd-representatives)의 세가지를 들었다. 대중강요자란 강렬한 개성으로 대중에게 최면적 권력을 행사하여 자기를 믿게 만드는 지도자로서, 정치적 선동가가 이에 속한다고 했다(Martin Conway, *The Crowd in Peace and War*, 1915, Longmans, Green, and Co., pp.88~100).

담화에 잘 표명되어 있다. 그는 유교를 "우리나라 종교"라고 지칭하면서 나음과 같이 밀했다.

　내가 유시부터 동양 역사와 문학과 시서[詩書: 시경과 서경]를 공부해서 공자의 치천하(治天下)하는 대경대법(大經大法)을 공부하며 공자의 교화를 본받아 오다가 세운이 변천되어서 유교에서 벗어나서 현대 세계 대세에 주의하여 왔으나, 유교의 대지를 보면 그 근본이 다 예수의 도의와 모순되는 것이 별로 없어서, 공자님이 자기가 신(神)이 라거나 천신(天神)이라거나 해서 자기를 신명으로 섬기라는 것은 유교 경사[經史: 경서와 사기]에 도무지 없고, 시전(詩傳) 서전(書傳)을 다 보면 상제(上帝)가 죄짓는 임금은 다 폐지하고 문왕(文王) 같은 성군에게는 명을 내려서 천하를 복주게 만든다는 이런 것이 예수교 대지와 부합되는 것이 많은 것이며….

그러고는 유교와 예수교가 모순이 없다는 사실을 다음과 같이 설명 했다.

　예수교는 하나님을 섬겨서 옳은 일을 행하며 인생을 사랑해서 덕화(德化)를 함양시킴으로써 인간의 천국을 이루어 가지고 사람들이 육신으로도 복을 받거니와 영혼이 길을 찾게 만든 도이요, 유교는 이 세상에서 옳은 일과 자선을 행함으로써 세상에서 복리를 모든 백성과 동일히 받자는 것이므로, 그 신령에 대한 노선에는 다른 조건이 투철히 있으나 세상에서 복리를 누리는 도리에는 부자유친(父子有親), 군신유의(君臣有義), 장유유서(長幼有序), 부부유별(夫婦有別), 붕우유신(朋友有信)의 오륜(五倫)으로 인생이 금수와 같지 않은 그 대지로 예의지국에 이르는 것에 들어서는 오히려 유교가 더 세밀하 고 또 이 도리에 벗어나고는 소위 문명정도에는 나가기가 충분할 정

도에 이를 수 없을 것이다.…54)

물론 이 담화가 나온 배경에는 초대대통령 중임제한조항 철폐를 위한 개헌을 앞두고 유림의 지지를 얻기 위한 정치적 고려도 있었을 것이다.

---

54) 「유교의 교훈을 지켜 예의지국 백성이 되자」, 1954년10월1일, 『大統領李承晩博士談話集(第2輯)』, pp.244~246.

6. 아버지 권유 따라 관상 공부

1

과거에 낙방하고 큰 좌절감을 안고 집으로 돌아온 창암은 앞으로의 진로문제에 대해 아버지와 상의했다.

"제가 어떻게든지 공부를 해 가지고 입신양명하여 강가, 이가에게 당한 압제를 면할까 하였더니, 그 유일한 방법이라는 과거장의 폐해가 이와 같은즉, 제가 비록 거유(巨儒)가 되어 학력으로 강씨, 이씨를 제압한다 하더라도 그들에게는 공방[孔方: 엽전의 다른 이름. 엽전에 뚫린 구멍이 네모진 데서 나온 말]의 마력이 있는데 어찌하겠습니까. 또한 거유가 되도록 공부하려면 다소의 금전이라도 있어야 되겠는데, 집안이 이토록 가난하니 앞으로 서당공부는 그만두겠습니다."

이렇게 말하는 아들의 말에 김순영도 수긍했다. 그는 아들에게 권했다.

"너 그러면 풍수공부나 관상공부를 해 보아라. 풍수에 능해 명당에 조상을 모시면 자손이 복록을 누리게 되고, 관상을 잘 보면 선한 사람과 군자를 만날 것이다."

청암은 아버지의 이러한 말이 "이치에 맞는 말이라 생각되었다"고 한다. 그래서 그는 "그것을 공부해 보겠습니다. 서적을 얻어 주십시오" 하고 아버지에게 부탁했다.[55] 창암이 이렇듯 이때에도 아버지의 권고를 "이치에 맞는 말"이라면서 그대로 따르는 것은, 그가 아버지 김순영의 영향을 크게 받고 성장했음을 말해 주는 또 하나의 보기이다. 김순영은 아들에게 우선 『마의상서(麻衣相書)』 한권을 빌려다 주었다고 한다. 김구가 『마의상서』라고 기억한 책은 정확하게는 『마의상법(麻衣相法)』이었을 것이다. 그 책은 『달마상법(達摩相法)』과 함께 관상학의 쌍벽을 이루는

---

55) 『백범일지』, pp.37~38.

경전으로 꼽힌다. 『달마상법』은 불교계(佛敎系), 『마의상법』은 도가계(道家系)의 관상학 경전이다.[56] 관상공부를 하던 때의 일을 김구는 다음과 같이 매우 인상적으로 적어 놓았다.

나는 독방에서 상서(相書)를 공부하였다. 상서를 공부하는 방법은 먼저 거울을 마주하고 자신의 상을 보면서 부위와 명사[名辭: 개념이라는 뜻]를 익힌 다음에 다른 사람의 상에 이르는 것이 첩경이다. 그러고 보니까 다른 사람의 상보다 내 상을 잘 볼 필요가 있다고 생각되어 두문불출하고 석달 동안이나 내 상을 관상학에 따라 관찰하였다. 그런데 어느 한 군데도 귀격(貴格)이나 부격(富格) 같은 좋은 상은 없고, 얼굴과 온몸에 천격(賤格)과 빈격(貧格)과 흉격(凶格)밖에 없었다. 앞서 과거장에서 얻은 비관에서 벗어나기 위하여 상서를 공부하였는데, 오히려 그보다 더한 비관에 빠지게 되었다. 짐승과 같이 살기 위해서나 살까, 세상에 살고 싶은 마음이 없어졌다. 그런데 상서 중에 이런 구절이 있다.

"상 좋은 것이 몸 좋은 것만 못하고, 몸 좋은 것이 마음 좋은 것만 못하다(相好不如身好 身好不如心好)."

이것을 보고 나는 상 좋은 사람보다 마음 좋은 사람이 되어야겠다고 결심이 생겼다. 이제부터는 외적 수양은 어찌되었든지 내적 수양에 힘써야만 사람 구실을 하겠다고 마음먹으니까, 종전에 공부를 잘하여 과거를 하고 벼슬을 하여 천한 신분에서 벗어나 보겠다던 생각은 순전히 허영이요 망상이요 마음 좋은 사람이 취할 바가 아니라고 생각되었다. 그러나 마음 좋지 못한 사람이 마음 좋은 사람이 되는 방법이 있는가 자문해 보니까 역시 막연하였다.[57]

---

56) 曺誠佑 譯, 『麻衣相法』, 明文堂, 1996, p.4.
57) 『백범일지』, pp.38~39.

그래서 창암은 그만 상서를 덮어 버렸다는 것이다. 세상의 많은 자서전 중에서 이토록 처절한 자기 고백은 흔하지 않다. 이런 서술에서 우리는 인격 형성기의 김구의 큰 고뇌를 실감할 수 있다.

그런데 이상한 것은 김구가 그토록 감명받았다고 인용한 "상 좋은 것이 몸 좋은 것만 못하고…"라는 구절이 『마의상법』에 없다는 사실이다. 『마의상법』에는 비슷한 내용으로 다음과 같은 구절이 보인다.

> 인생의 부귀빈천(富貴貧賤)은 대개 상모(相貌)와 기색(氣色)에 의하여 결정되는 것이다. 그러나 선행을 하면 길상(吉祥)이 이르고 악행을 하면 재앙이 이르는 것이니, 형모(形貌)의 좋고 나쁜 것을 살피기에 앞서 마음 바탕을 먼저 살핀 뒤에 상모로써 길흉을 논해야 한다.[58]

이런 구절을 창암이 『백범일지』에 있는 것과 같은 말로 기억하고 마음 좋은 사람이 되기로 결심했다는 것은 매우 흥미로운 일이다. 어쩌면 이 시기에 황해도 일대에서 읽히던 관상서에 『마의상서』라는 것이 따로 있었고, 거기에는 김구가 기억하는 것과 같은 구절이 있었는지 모른다.

관상공부를 포기한 창암은 다음으로 지가서[地家書: 풍수설에 근거를 두고 묏자리나 집터의 좋고 나쁨을 판별하는 地術에 관한 책]를 읽었으나 흥미를 느끼지 못했다. 풍수지리에 관한 책은 중국 동진(東晉)의 곽박(郭璞)이 쓴 『장서(葬書)』를 비롯하여 여러 가지가 있었는데, 창암이 이때에 본 지가서가 어떤 것이었는지는 알 수 없다. 아버지의 권유에 따라 관상공부를 시작했다가 자신의 관상에 크게 실망하고 관상공부를 포기했음에도 불구하고 창암은 또다시 아버지의 권유대로 풍수공부를 해보려고 마음먹었던 것이다.

그는 이어 『손무자(孫武子)』, 『오기자(吳起子)』, 『삼략(三略)』, 『육도

---

58) 曺誠佑 譯, 앞의 책, p.198.

(六韜)』등의 병서를 읽었다. 어떤 동기에서 이런 병서를 읽었고, 또 어떻게 구해서 읽었는지에 대해서는 『백범일지』에도 언급이 없다. 그리고 김구는 이 무렵에 자기 집에 『동국명현록(東國明賢錄)』이 있었다고 했는데,[59] 이는 김순영이 웬만큼 책을 읽는 사람이었음을 말해 준다. 창암의 학문 수준으로 이 병서들의 내용을 다 이해하기는 물론 어려웠을 것이다. 그런데도 창암은 『손무자』나 『삼략』을 외울 정도로 열심히 읽었다. 병서 가운데서 관심 있게 보았던 대목은 다음과 같은 것이었다고 뒷날 김구는 회상했다.

태산이 앞에서 무너져도 마음이 흔들리지 않는다(泰山覆於前 心不妄動).
사졸들과 더불어 고락을 함께한다(與士卒 同甘苦).
나아가고 물러섬을 호랑이처럼 한다(進退如虎).
적을 알고 나를 알면 백번 싸워서 지지 않는다(知彼知己 百戰不敗).[60]

이처럼 창암은 어려운 병서를 1년 동안 읽으면서 한편으로는 일가 아이들을 모아서 글을 가르쳤다. 스스로 실의에 빠져 있으면서도 일가 아이들에게 글을 가르친 것은 김씨 집성취락에서는 창암이 그만큼 촉망받고 있었기 때문이었을 것이다. 그런데 창암이 내용을 충분히 파악하지 못하면서도 병서를 탐독했다는 사실은 눈여겨볼 만하다. 그가 관심 있게 보았던 대목이라고 인용한 위의 구절들이 모두 병서의 정수라고는 할 수 없으며, 인용도 부정확한 데가 있다. 그러나 그것은 이 병서들이 창암에게 어떤 영향을 끼쳤는가를 짐작하는 데 매우 중요하다. 병서를 탐독한 경험은 뒷날 그를 동학농민군의 선봉장이 되게 했을 뿐만 아니라 독립운동 과정에서 그가 외교활동에 주력하는 임시정부를 떠나지 않으면서도

59) 『백범일지』, p.146.
60) 『백범일지』, pp.39~40.

무장투쟁이나 테러리즘의 효과에 큰 비중을 두는 가치관의 기초가 되기도 했다.

이승만은 일곱살 때부터 열아홉살 때까지 12년 동안, 그리고 김구는 열두살 때부터 열일곱살 때까지 5년 동안 과거준비를 위한 공부를 했다. 감수성이 예민한 인격형성기에 이들이 깨우친 중국 고전에 대한 지식은, 비록 수준은 달랐으나 일생을 두고 큰 정신적 자산이 되었다. 그러나 과거제도가 그 본래의 기능을 상실한 상황에서 이승만과 김구가 과거에 급제하기를 기대했던 것 자체가 사실은 무모한 일이었다. 과거의 실패에 따른 큰 좌절감은 부패한 왕조사회에 대한 혐오와 저항의식으로 변하여 두 사람으로 하여금 사회변혁을 위한 운동에 앞장서게 했다.

3장

'애기접주'의 해주성 공략

1. 연비 1,000여명 둔 '애기접주'

1

이승만과 김창암이 과거장에서 목격한 부패한 현실은 무너져 가는 조선왕조사회의 상징적인 풍경이었다. 조정의 부패와 무능에 더하여 급증하는 외국상품의 유입과 미곡의 유출, 그리고 계속된 흉년과 질병 등으로 말미암아 민중의 고통은 날이 갈수록 심각해지고 있었다. 민중의 불만은 들판의 불길처럼 번지는 민란(民亂)과 화적(火賊)의 횡행으로 나타났다. 1876년의 개항부터 1894년의 동학농민봉기에 이르기까지 전국 각지에서 일어난 농민들의 봉기는 100여건에 이르렀는데, 극심한 가뭄이 들었던 1893년 한해에만 65건이나 되었다.[1]

황해도에서도 사정은 마찬가지였다. 1880년에는 장연(長淵)에서, 1885년에는 토산(兎山)에서, 그리고 1893년에는 8월에 재령(載寧)에서, 11월에 황주(黃州)에서 민란이 있었다. 특히 황주에서는 1차 봉기 때의 요구사항이 관철되지 않자 이듬해 1월에 다시 봉기했는데, 그것은 사망자 21명과 부상자 70여명의 희생자를 낸 대규모 민란이었다.[2]

사회적 동요는 민중의 심리적 불안을 부채질했다. 정신적 지주를 잃은 민중은 현실의 고통을 극복하기 위한 수단으로 유토피아적인 민간신앙에 빠져들었다. 『정감록(鄭鑑錄)』의 예언이 새로이 부활하고, 이러저러한 유언(流言)이 널리 퍼져 나갔다.

실의의 나날을 보내던 창암도 『정감록』의 예언과 관련된 괴이한 소문을 들었다.

---

1) 백승철, 「개항 이후(1876~1893) 농민항쟁의 전개와 지향」, 『1894년 농민전쟁연구: 18·19세기의 농민전쟁(2)』, 역사비평사, 1992, p.316.
2) 『日省錄』 高宗31년1월21일조; 「黃海道黃州民擾의 件」, 國史編纂委員會 編, 『駐韓日本公使館紀錄(3)』, 國史編纂委員會, 1988, p.7, p.401.

"어디서는 이인(異人)이 나타나서 바다에 떠다니는 화륜선[火輪船: 기선]을 못 가게 꽉 붙잡아 놓고는 세금을 내어야 놓아 보낸다."

"머지 아니하여 정도령(鄭都令)이 계룡산(鷄龍山)에 도읍을 정하고 이조(李朝) 국가는 없어질 것이니 밭은목에 가서 살아야 다음 세상에서 양반이 된다고 아무개는 계룡산으로 이사했다."[3]

종말론적 세계관을 반영한『정감록』의 주장은 당시의 정치현실과 사회상을 반영한 것이었다. "가난한 사람은 살고 부자는 죽는다"는『정감록』의 운명관은 민중에게 호소력이 있었다. 또한 그것은 지배층에 대한 민중의 노골적인 적개심을 선동하는 것이기도 했다. 고통 속에서 신음하던 민중은 적극적인 자기 노력에 의해서가 아니라 이처럼 초월적인 힘에 의하여 현실이 타개되기를 바랐던 것이다.[4]

창암은『정감록』에 대한 소문과 함께 동학(東學)에 대한 신비한 소문도 들었다. 텃골에서 남쪽으로 20리 떨어진 포동(浦洞)의 오응선(吳膺善)과 그 이웃 동네의 최유현(崔琉鉉)이 충청도의 최도명(崔道明)이라는 동학선생에게 입도하여 공부하고 있는데, 그들은 방에 드나들 때에 문을 여닫지도 않고, 문득 있다가 문득 없어지며, 공중으로 걸어다니고, 그 선생 최도명은 하룻밤 사이에 충청도에서 황해도를 왔다 간다는 등의 소문이었다.[5] 최도명이란 천도교 2세 교주 최시형(崔時亨)을 가리키는 말이었을 것이다. 이러한 소문은 앞날의 진로를 놓고 정신적으로 방황하고 있던 창암을 현혹시켰다. 그는 소문의 주인공을 만나서 사실을 확인해 보고 싶은 강한 충동을 느꼈다.

1893년 정초에 창암은 오응선의 집을 찾았다. 고기를 먹지 않고 목욕을 하고 새 옷으로 갈아입고 가야 만나 준다는 말을 듣고, 창암은 정성을 들여서 그대로 실천했다. 목욕하고 머리를 땋아 푸른 도포(道袍)에

---

3)『백범일지』, p.40.
4) 김영작,『한말내셔널리즘 연구: 사상과 현실』, 청계연구소, 1989, p.203.
5)『백범일지』, p.40.

녹대(綠帶)를 매고 집을 나섰다. 오응선의 집 문 앞에 이르자 방에서 무슨 글 읽는 것 같은 소리가 들렸다. 그러나 그것은 시나 경전을 읽는 소리와는 달랐고, 마치 노래를 합창하는 것 같기도 했으나 그 뜻을 알 수 없었다. 동학교도들이 동학경전을 암송하는 것을 처음 듣는 창암이 그것을 알아들을 수 없는 것은 당연했다.

창암은 겸손하게 주인을 찾았다. 젊은 청년 한 사람이 나와서 창암을 맞았다. 그는 상투를 틀고 통천관(通天冠)을 쓰고 있었다. 통천관은 원래 임금이 조칙을 내릴 때나 정사를 볼 때에 쓰던 관이었지만, 조선조 후기에는 양반들도 썼다. 창암은 오응선도 양반이라는 것을 알고 갔다. 창암이 공손히 절을 하자 오응선 역시 공손히 맞절을 하고 나서 물었다.

"도령은 어디서 오셨소?"

난생처음으로 양반으로부터 존대를 받은 창암은 너무나 황송하여 신분을 밝혔다.

"저는 어른이 되었더라도 당신께 공대를 받지 못할 상놈입니다. 하물며 아직 아이인데 어찌 공대를 하십니까?"

그러자 오응선은 도리어 감동하는 빛을 보이면서 예의를 갖추어 말했다.

"천만의 말씀이오. 나는 다른 사람과 달리 동학도인이기 때문에 선생의 교훈을 받아 빈부귀천에 차별 대우를 하지 않습니다. 조금도 미안해하지 마시고 찾아오신 뜻이나 말씀하시오."

김구는 이때의 감동을 "이 말만 들어도 별천지에 온 듯한 느낌이었다"[6]라고 술회했는데, 이는 그가 얼마나 상놈된 한이 뼈 속까지 사무쳐 있었던가를 말해 준다.

"제가 오기는 선생께서 동학을 하신다는 말을 듣고 도리(道理)를 알고 싶어 왔습니다. 저 같은 아이에게도 말씀해 주실 수 있습니까?"

"그처럼 알고 싶어 오셨다는데, 내가 아는 데까지 말씀드리겠습니다."

6) 『백범일지』, p.41.

"동학이란 어떤 종지(宗旨)이며 어느 선생이 천명하셨습니까?"

"동학은 용담(龍潭) 최수운(崔水雲) 선생이 천명하셨습니다. 선생은 이미 순교하셨고, 지금은 그 조카 최해월(崔海月) 선생이 대도주(大道主)가 되어 포교 중입니다. 동학의 종지로 말하면, 간사한 인간들로 하여금 개과천선하여 새 백성이 되게 하여 가지고 장차 참주인을 모시고 계룡산에 신국가를 건설하는 것입니다."[7]

동학은 1860년에 수운 최제우(崔濟愚)가 유교, 불교, 도교의 원리와 함께 농민들 사이에서 널리 신앙되고 있던 풍수지리설, 귀신신앙, 정감록 사상, 치병술(治病術) 등 온갖 민간신앙과 샤머니즘을 융합하여 창립한 종교사상이다.[8] 최제우는 "사람은 누구나 마음속에 하늘님을 모시고 있다"는 '시천주(侍天主)'의 원리를 정립했다. 2세 교주 최시형은 "사람은 곧 하늘님이다(人是天)", "사람 섬기기를 하늘님같이 하라(事人如天)"라고 주창했다. 그는 "베 짜는 며느리가 하늘님이며, 어린 이를 때리는 것은 하늘님을 때리는 것이다"라고 하여 한층 확대된 평등사상을 주창했다. 그는 동학에 입도하면 그날로 신분의 차별 없이 맞절을 하게 하고 '접장(接長)'이라는 호칭을 사용하게 했다.[9] 이처럼 동학의 평등사상은 최제우의 '시천주'에서 출발하여 최시형의 '사인여천' 단계를 거쳐서, 뒤에 3세 교주 손병희(孫秉熙)의 "사람이 곧 하늘"이라는 '인내천(人乃天)'을 통하여 완성되었다. 이와 같이 동학은 사람을 하느님과 동격에 놓고 인간의 존엄성을 강조한 평등사상과 함께 민중에게 친숙한 부적과 주문 등 주술적 포교 수단 때문에 기독교보다 더 빠르게 농민들 사이에 퍼져 나갔다.[10]

민중은 동학에 들어가면 굶주림과 온갖 질병에서 벗어날 수 있다고

---

7) 『백범일지』, p.42.
8) 愼鏞廈, 『東學과 甲午農民戰爭研究』, 一潮閣, 1996, p.15.
9) 이윤갑, 「1894년의 경상도지역의 동학농민전쟁」, 동학농민혁명기념사업회 편, 『동학농민혁명의 지역적 전개와 사회변동』, 새길, 1995, pp.154~155.
10) 愼鏞廈, 앞의 책, pp.28~32.

믿었다. 이러한 믿음은 삼정[三政: 전정(田政), 군정(軍政), 환곡(還穀)]의 문란과 빈번한 질병에 시달리던 민중에게는 가장 절실한 생존의 희망이었다. 동학은 병을 고치는 방법으로 주문을 외우는 것 말고도 하늘에 제사를 지내기도 하고 부적을 씹어 삼키거나 그것을 불에 태워 그 재를 물에 타서 먹는 등의 방법을 사용했다. 이러한 민중의 치병(治病)에 대한 믿음은 제1차 농민봉기를 지휘한 전봉준(全琫準)의 진술에도 잘 드러나 있다. 그는 동학에 입도하여 하늘을 공경하고 마음을 지키면 괴질에 걸리지 않는다고 진술했다.[11] 또한 치병과 함께 면화[免禍: 재앙을 면하는 것]도 민중이 동학에 입도하는 중요한 동기였다. 부적을 태워 마시면 액운을 막을 수 있다고 최제우는 말했다.[12]

이러한 동학이 경상도 일대를 풍미하게 되자 조정에서도 이를 주목하게 되었다. 특히 동학의 주문(呪文)이나 그 밖의 문장에 '천주(天主)', '상제(上帝)' 등의 말이 있고, 이것이 천주교와 혼동되는 원인이 되기도 하여, 최제우는 1864년 3월에 대구부(大邱府) 남문 밖에서 '혹세무민(惑世誣民)', '사도난정(邪道亂正)'이라는 죄명으로 효수(梟首)형에 처해졌다.

2

오응선이 창암에게 동학의 교의를 얼마나 구체적으로 설명해 주었는지는 알 수 없다. 창암은 오응선의 이야기에서 큰 감명을 받았다. 신분차별에 따른 철저한 좌절감에 빠져 있던 창암은 무엇보다도 동학의 평등사상에 마음이 끌렸다. 그는 동학에 입도만 하면 차별 대우를 철폐한다는 말이나 이씨 왕조의 운세가 다했으므로 장차 새 국가를 건설한다는 말에서 지난해에 과거장에서 겪었던 쓰라린 기억이 되살아났다. 김구는 이

---

11) 「全琫準供招」, 國史編纂委員會 編, 『東學亂記錄(下)』, 國史編纂委員會, 1959, p.537.

12) 「崔福述二招」, 「徐憲淳狀啓」, 李熙根, 「1894년 농민전쟁기 농민의 東學에 대한 인식」, 《한국근현대사연구》 제5집, 한울, 1996, p.27에서 재인용.

때의 감회를 "내 상(相)이 나쁜 것을 깨닫고 마음 좋은 사람이 되기를 맹세한 나에게는 하늘님을 몸에 모시고 하늘 도를 행한다는 말이 가장 마음에 와 닿았다"라고 회고했다.[13]

창암은 동학에 입도할 마음이 불같이 일어났다. 그는 오응선에게 입도 절차를 물었다. 오응선은 쌀 한말과 백지 세묶음, 누런 초 한쌍을 가져오면 입도식을 거행해 주겠다고 말했다. 창암은 오응선의 집에서 『동경대전(東經大全)』, 『용담유사(龍潭遺詞)』, 『궁을가(弓乙歌)』 등의 동학 경전을 훑어본 뒤에 집으로 돌아왔다.

흥분된 심정으로 집으로 돌아온 창암은 아버지에게 오응선을 만난 일을 자세히 보고했다. 김순영은 창암의 동학 입도를 흔쾌히 승낙하고 필요한 예물을 준비해 주었다. 이 무렵 김순영이 동학에 대하여 얼마나 알고 있었는지는 알 수 없으나, 괄괄한 성품인 그가 아들의 뜻을 존중하는 모습을 여기에서도 볼 수 있다.

창암은 아버지와 함께 준비한 예물을 가지고 가서 곧장 동학에 입도했다. 그는 동학의 교의를 열심히 배우는 한편 포교에도 열성을 기울였다. 김순영도 아들을 따라서 동학에 입도했다. 동학은 불만에 찬 창암의 젊은 열정을 빠르게 흡수해 갔다. 창암이 지난날의 자신을 벗어던지고 새로운 세계로 뛰어들었다는 것을 상징적으로 보여 주는 것은 이름을 바꾼 것이었다. 그는 동학에 입도하자마자 아명인 창암을 버리고 '창수(昌洙)'로 개명했다.

김창수가 동학에 입도할 무렵 동학교단은 확대된 교세를 바탕으로 하여 교조 최제우의 신원[伸冤: 억울하게 뒤집어쓴 죄를 씻음]운동을 전개하고 있었다. 동학교도들은 1892년 10월에는 공주(公州)에서, 11월에는 전라도 삼례(參禮)에서 집회를 열고 최제우의 신원과 정부의 동학교도 탄압 중지를 요구했다. 이어서 이듬해 2월에는 손병희 등 40여명의 교도

---

13) 『백범일지』, p.42.

들이 서울로 올라와서 고종(高宗)에게 직접 교조 신원과 동학 포교의 공인을 호소하는 복합상소(伏閤上疏)를 올렸다. 동학교도들은 세자의 탄신일을 기념하여 2월8일에 열리는 경과(慶科)를 이용하여, 과거 보러 가는 선비로 가장하고 서울로 올라왔다.[14] 사흘 동안 광화문 앞에서 무릎을 꿇고 곡(哭)을 하면서 상소를 올린 이들은 "소원대로 시행하겠으니 모두 집으로 돌아가서 안심하고 생업에 종사하라"는 고종의 비답을 받고 해산했다.[15]

동학교도들의 복합상소 직후에 '척양척왜(斥洋斥倭)'를 주장하는 방문이 서울의 각국 공사관과 교회당에 나붙어 사람들을 더욱 놀라게 했다. 2월17일 밤에 미국인 선교사 기퍼드(Daniel L. Gifford, 奇普)가 운영하는 학당의 문에 방문이 붙은 것을 시작으로 2월18일에는 미국인 선교사 존스(George H. Jones, 趙元時)의 집에,[16] 2월20일에는 프랑스공사관에,[17] 3월2일에는 일본공사관 벽에[18] 방문이 붙었다. 특히 존스의 집과 프랑스공사관에 붙은 방문에는 3월7일까지 철수하지 않으면 성토하겠다는 내용이 들어 있었다. 일본공사관에 붙은 방문은 "하늘이 이미 너희를 미워하고 우리의 스승이 이미 너희를 경계하라 하였으니 죽느냐 사느냐는 너희에게 달려 있다. 뒤늦게 후회하지 말고 다시 말하노니 급히 너희 나라로 돌아가라"라는 더욱 위협적인 내용이었다. 위협을 느낀 일본 변리공사 오이시 마사미(大石正己)는 2월24일에 본국정부에 군함 파견을 요청했고, 일본정부는 군함 1척을 인천으로 파견했다. 그러자 청국, 영국, 미국도 잇따라 인천으로 군함을 파견했다. 일본인이 느꼈던 위기감이 얼마나 절박했는가는 일본영사 스기무라 후카시(杉村濬)가 2월27일에 서

---

14) 『天道教會史草稿』, 韓國學文獻研究所 編 『東學思想資料集(1)』, 亞細亞文化社影印版, 1979, p.449.

15) 위의 책, p.452.

16) 「奇包學堂門前耶蘇教排斥榜文貼付에 관한 件」, 1893년2월18일조 및 「美人趙元時家屋에 貼付된 牧師退去榜文의 犯人逮捕要求」 1893년2월19일조, 高麗大學校亞細亞問題研究所 編, 『舊韓國外交文書(十) 美案(1)』, 高麗大學校出版部, 1967, pp.718~719.

17) 金允植 『續陰晴史(上)』 高宗30년2월24일조, 國史編纂委員會, 1960, p.257.

18) 「東學徒의 嚴戢要請」, 『舊韓國外交文書(二) 日案(2)』, 1967, p.385.

제3장 '애기접주'의 해주성 공략 **163**

울 거류민들에게 유사시의 행동요령을 시달하는 유시를 통보한 것으로
도 짐작할 수 있다. 일본공사관은 자국 상인들의 영업에 지장을 초래할
것을 염려하여 조선정부에 강력히 항의하고 엄중한 수사를 요구했다.

3

복합상소를 한 동학교도들이 해산하자 조정에서는 최제우의 신원
을 해주기는커녕 교도들이 상경하는 것을 막지 못했다고 하여 전라도관
찰사 이경직(李耕稙)을 파면하고 지방관들에게 교도들을 엄중히 단속
하라고 지시했다. 그리하여 동학교도들에 대한 탄압은 오히려 더 심해졌
다. 목숨을 건 복합상소가 물거품이 되고 탄압이 더욱 심해지자 동학교
도들은 한달 뒤인 3월11일부터 20여일 동안 충청도 보은(報恩)의 장내리
(帳內里)에서 2만7,000명이 참가한 대규모의 시위 집회를 열었다. 그것이
유명한 보은취회(報恩聚會)였다. 그리고 이 집회에서 내건 구호는 '교조
신원'이 아니라 뜻밖에도 '보국안민(輔國安民)'과 '척왜양창의(斥倭洋倡
義)'였다. 최시형을 비롯하여 보은취회를 주도한 동학지도자들은 이 구
호야말로 동학교단이 지배층으로부터 인정받고 일반 민중으로부터도
지지받을 수 있는 최선의 선택이라고 인식했던 것이다.[19]
이러한 동학교단의 움직임이 황해도지방 동학교도들에게 어떤 영향
을 끼쳤는지는 밝혀진 것이 없다. 황해도에서는 양반들이 동학에 가입하
는 경우가 전혀 없지는 않았지만 매우 드물었다. 반면에 억울하고 고통
받는 상민들 가운데서 동학에 입도하는 사람들이 날로 늘어갔다. 김창수
도 상민들을 많이 입도시켰다. 그리하여 불과 몇달 만에 김창수는 연비
(連臂)가 수백명이나 되었다.[20] 동학에서는 도를 전한 사람을 연원(淵源)

---

19) 朴孟洙, 「1893年 東學敎團의 報恩聚會와 崔時亨의 役割」, 《淸溪史學》 13, 精神文化硏究院, 1997,
　　p.388.
20) 『백범일지』, p.43.

이라고 하고 도를 전해받은 사람을 연비라고 했는데, 연원과 연비의 관계로 맺어져 있는 동학 조직제도를 연원제(淵源制) 또는 연비제(連臂制)라고 불렀다.[21]

김창수의 명성이 점차 알려지자 그에 대한 터무니없는 소문이 사방으로 퍼졌다. 호기심에 찬 사람들은 김창수를 찾아와서 물었다.

"그대가 동학을 해보니까 무슨 조화(造化)가 생기던가?"

그럴 때마다 김창수는 솔직하게 대답했다.

"나쁜 일을 하지 않고 선한 일을 하게 되는 것이 동학의 조화입니다."

그러나 김창수의 답변은 그들의 호기심을 충족시키지 못했다. 특별한 조화를 기대하고 찾아온 사람들은 김창수의 이러한 말을 곧이듣지 않았다. 그들은 김창수가 자기네에게 조화를 보여 주지 않는 것으로 생각했다. 오히려 그들은 "창수가 한길 이상 공중에서 걸어가는 것을 보았다"는 등의 말로 더 근거 없는 소문을 퍼뜨렸다. 김창수의 신통력에 대한 소문은 황해도는 물론이고 멀리 평안도에까지 빠르게 퍼져 나갔다. 그리하여 그의 연비 수는 급속히 늘어나서 1,000여명을 헤아리게 되었다.[22] 이러한 사실은 동학의 전파가 얼마나 민중의 조화나 이적(異蹟)에 대한 기대심리에 바탕을 두고 있었던가를 보여 준다. 김창수는 황해도와 평안도의 동학도 가운데 나이 어린 사람으로서 가장 많은 연비를 가졌다고 하여 '애기접주'라는 별명을 얻었다.[23] 그러나 그때까지 김창수가 동학교단으로부터 정식으로 접주(接主)의 첩지를 받은 것은 아니었다.

---

21) 朴孟洙, 「崔時亨硏究」, 韓國精神文化硏究院 博士學位論文, 1995, pp.153~154.
22) 「建陽元年6月27日, 海州白雲面居 金昌洙 年二十一供案」, 白凡金九先生全集編纂委員會 編, 『白凡金九全集(3)』, 대한매일신보사, 1999, p.218.
23) 『백범일지』, p.43.

2. 보은 가서 접주 첩지 받아

1

김창수가 동학 포교에 열성을 다하고 있는 동안 해가 바뀌어 1894년(甲午年) 새해가 되었다. 1894년은 이 나라 역사에 일찍이 찾아볼 수 없는 큰 지각변동이 일어난 해였다. 먼저 1월10일 이른 새벽에 전라도 고부(古阜)지방에서 농민들이 봉기했다. 고부군수 조병갑(趙秉甲)의 탐학에 견디다 못한 농민들은 전봉준의 지휘 아래 일제히 봉기했다. 고부 농민봉기는 이전의 민란에서는 생각할 수도 없었던 "군수 처단, 전라감영 점령, 서울 진격"이라는 구호를 내걸어 한 읍의 차원을 뛰어넘어 조선왕조사회 전체를 부정하는 차원으로 문제를 확대시켰다. 놀란 조정에서는 사태의 수습을 위해서 이용태(李容泰)를 안핵사(按覈使)로 파견했으나, 이용태의 지나친 횡포는 도리어 농민들의 가슴에 새로운 불을 지폈다. 그리하여 3월20일에는 전봉준을 대장으로 하고 손화중(孫和中)과 김개남(金開男)을 총관령(總管領)으로 한 전라도 농민군이 무장(茂長)에서 전면적인 봉기를 감행했다. 마침내 동학농민봉기의 막이 오른 것이었다. 이때에 내건 농민군의 슬로건은 '보국안민'과 '제폭구민(除暴救民)'이었다.

농민군은 전라도 일대를 휩쓸고, 4월27일에는 전주성을 점령했다. 그런데 이때의 봉기는 전라도지방 밖으로 확대되지 못했고, 북접(北接)의 중앙교단은 봉기에 호응하지 않았다. 이러한 상황 속에서 조정은 농민군을 진압하기 위하여 청국에 군대지원을 요청했고, 이 요청에 따라 청국이 군대를 파견하자 일본도 군대를 파견했다. 일본의 군대 파견은 갑신정변 뒤에 청국과 맺은 천진조약(天津條約)에 근거한 것이었으나, 오랫동안 청국과의 전쟁을 준비해 온 일본으로서는 절호의 기회가 온 것이었다.

전봉준은 탐관오리의 처벌, 삼정의 개혁과 부당한 세금징수의 철폐,

외국 상인의 불법활동 금지 등을 내용으로 하는 27개조의 폐정개혁안을 양호초토사(兩湖招討使) 홍계훈(洪啓薰)에게 제시했다. 홍계훈이 농민군의 신변보장과 폐정개혁안을 임금에게 올리는 조건으로 개혁안을 받아들이자 농민군은 5월8일에 전주화약(全州和約)을 맺고 전주성에서 철수했다. 농민군은 이때부터 약 4개월 동안 나주를 제외한 전라도의 모든 군현(郡縣)에 집강소(執綱所)를 설치하고 폐정개혁을 추진했다.[24]

이처럼 삼남지방에서 농민군이 크게 기세를 떨치고 있을 때에 김창수를 포함한 황해도지방 동학교도들이 어떻게 반응하고 활동했는지는 『백범일지』나 그 밖의 자료에도 분명하지 않다. 1894년 가을에 이르러 최유현과 오응선은 교주 최시형에게 황해도지방 동학교도의 명단을 보고하라는 통첩을 받았다. 그들은 곧 최시형이 있는 보은을 방문할 대표 열다섯명을 선정했는데, 김창수도 대표단에 포함되었다. 어린 김창수가 대표의 한 사람으로 선정된 것은 그만큼 포교를 열심히 하여 많은 연비를 두고 있었기 때문이었을 것이다. 김창수는 길게 땋은 총각머리가 여행에 불편할 것이기 때문에 머리를 자르고 갓을 썼다. 노자는 연비들이 마련해 주었다. 교단 간부들에게 줄 선물로는 해주 특산물인 향먹을 준비했다.[25]

김창수 일행은 해로와 육로를 이용하여 보은의 장내리에 도착했다. 동학의 성지인 장내리는 충청도, 경상도, 전라도 지방과 연결되는 교통의 요지로서 삼남지방 교도들이 집결하기에 편리한 지점이었다. 동학교단의 중앙본부 격인 육임소(六任所)가 1884년에 이곳에 설치된 이래로 최시형이 계속 머물고 있었고, 주위 100리 안에는 최시형이 개척한 많은 비밀 포교지들이 산재해 있었다.[26] 『시천교역사(侍天教歷史)』는 황해도 대

---

24) 韓㳓劤, 『全訂版 東學과 農民蜂起』, 一潮閣, 1983, 愼鏞廈, 앞의 책, 한국역사연구회, 『1894년 농민전쟁연구: 농민전쟁의 전개과정(4)』, 역사비평사, 1995, 裵亢燮, 「東學農民戰爭研究」, 高麗大學校 박사학위논문, 1996 참조.
25) 『백범일지』, pp.43~44.
26) 朴孟洙, 앞의 논문, pp.199~200.

표들을 맞이한 최시형이 "북쪽 교인은 어찌 이리 늦게 나타났느냐" 하고 크게 반기면서, 그 자리에서 최유현을 해서수접주(海西首接主)로 임명했다고 기술했다.[27] 최시형이 일행에게 했다는 "어찌 이리 늦게 나타났느냐"라는 말은 전년에 있었던 보은취회에 황해도 교도들이 참가하지 않았던 사실을 지적한 말이었을 것이다.

김창수 일행이 보은을 방문했을 때의 상황은 『백범일지』에 더 자세하다. 마을 안에 들어서자 사방에서 주문 외우는 소리가 들렸다. 마을 한쪽으로는 사람들이 무리를 지어 나가고 다른 한쪽으로는 무리를 지어 들어와서, 집집마다 사람으로 가득했다. 김창수 일행은 안내인을 통하여 열다섯명의 명단을 최시형에게 제출했다. 얼마쯤 시간이 지나고 나서 일행을 부른다는 연락이 왔다. 일행은 안내인을 따라 최시형이 거처하는 곳으로 들어갔다. 김창수는 호기심에 가득 찬 눈으로 최시형을 바라보았다. 『백범일지』는 이때의 일을 "다른 사람들도 같은 생각이었겠지만, 내가 천리를 멀다 않고 보은에 간 것은 선생이 무슨 조화 주머니나 주지 않나 하는 기대와 선생의 도골도풍(道骨道風)은 어떠한가 살펴보려는 생각이 간절했기 때문이다"라고 솔직하게 적어 놓았다.[28] 그것은 1,000여명의 연비를 두고 애기접주라는 별명을 듣고 있던 이때까지도 실은 김창수의 동학 교의에 대한 이해나 믿음이 투철하지 못했음을 말해 준다.

김창수는 최시형의 풍모를 유심히 관찰했다. 나이는 예순 가까이 되어 보이고, 길게 늘어뜨린 수염은 보기 좋을 만큼 약간 검은 가닥이 있었다. 그는 얼굴은 맑고 야위었으며, 머리에 큰 검은 갓을 쓰고 저고리만 입고 앉아서 일을 보았다. 방문 앞에 놓인 무쇠 화로의 약탕관에서 나는 약 달이는 냄새가 방 안에 가득했다. 그 약은 최시형이 먹는 독삼탕[獨蔘湯: 맹물에 인삼만 넣고 달인 약]이라고 했다.

---

27) 崔琉鉉, 『侍天敎歷史』, 『東學思想資料集(3)』, 1979, p.623.
28) 『백범일지』, pp.44~45.

김창수 일행은 일제히 교주에게 절을 올렸다. 그러자 최시형도 윗몸을 구부려 손을 땅에 짚고 맞절을 했다. 그러고는 "멀리서 수고시리 왔소이다" 하고 인사를 했다. 일행의 대표는 열다섯명이 각각 만든 교도 명부를 최시형에게 올렸다. 최시형은 명부를 문서 책임자에게 맡기면서 처리하라고 지시했다. 최시형의 방 안팎에는 많은 제자들이 호위하고 있었다. 뒷날 동학 3세 교주가 되는 손병희와 김연국(金演局) 두 사위와 유명한 박인호(朴寅浩) 등 많은 제자들이 있었다. 김연

동학의 제2대 교주 최시형. 김구는 최시형으로부터 접주 첩지를 받았다.

국은 나이가 마흔 가까운 순박한 농군 같았고, 손병희는 젊은 청년으로서 지식이 있어 보였다. 부적에 '천을천수(天乙天水)'라고 쓴 글씨로 보아 손병희는 글씨 재주도 있어 보였다.[29]

2

김창수 일행이 장내리에 머물고 있는 동안에 중대한 소식이 날아들었다. 남도지방의 각 관청에서 동학당을 체포하여 학대하고 있는 반면에, 전봉준을 중심으로 한 남접(南接)의 동학농민군이 전면적인 재봉기를

---

29) 『백범일지』, pp.45~46.

감행했다는 것이었다. 추수를 막 끝낸 9월 중순이었다.

조선정부의 철병요구를 거부하고 조선의 내정개혁을 내세워 조선내정에 공동으로 개입할 것을 청국에 제의한 일본은 청국이 그 제의를 거부하자, 민씨척족(閔氏戚族)정권을 타도하고 청일전쟁을 일으키기로 한 계책을 실행에 옮겼다. 일본군은 7월23일 밤에 경복궁(景福宮)을 점령했다. 그리고 7월25일에는 아산만 앞바다에서 청국 군함을 불의에 포격했다. 청일전쟁의 발발이었다. 일본군이 예상 밖으로 청국군을 쉽게 격파하고 일본의 압력으로 김홍집(金弘集)을 영의정으로 하는 친일개화파 내각이 발족하자, 농민군은 '척양척왜'의 기치를 내걸고 다시 봉기를 감행한 것이었다. 첫번째 봉기 때의 목표가 반봉건이었던 것에 비하여 재봉기 때의 목표는 이처럼 반외세였다.

동학농민군이 재봉기하자 토벌군은 봉기에 가담하고 아니하고 가리지 않고 동학교도를 마구잡이로 살해했다. 공주로 내려가는 경군(京軍)과 일본군은 충청도 곳곳에서 동학교도를 수색해서 살해했다. 각 군현마다 엄청난 희생자가 속출했다. 게다가 동학농민군에게서 피해를 입은 지방 유생들은 민보군(民堡軍)이라는 자체 토벌군을 조직하여 동학교도들에 대한 보복 살육을 자행했다.

계속되는 동학교도의 피해로 말미암아 최시형을 비롯한 동학지도부는 큰 위기에 직면했다. 특히 토벌군의 남진 방향에 위치한 경기도의 용인(龍仁), 안성(安城), 장호원(長湖院) 등지와 충청도의 진천(鎭川), 괴산(槐山), 음성(陰城) 등지의 교도들은 토벌군에 쫓겨 남하하지 않을 수 없었다. 토벌군에 밀리기 시작한 손병희, 손천민(孫天民) 등은 보은으로 집결하여 최시형에게 봉기할 것을 강력히 건의했다. 최시형은 동학교도의 학살 소식을 듣고 진노했다. 그는 손병희 등의 건의를 받아들여 북접 산하의 전국 접주를 충청도로 소집했다. 최시형은 순 경상도 말투로 단호하게 선언했다.

"호랑이가 물러 들어오면 가만히 앉아서 죽을까! 참나무 몽둥이라도 들고 나가서 싸우자!"[30]

그의 이 말은 곧 동원령이었다. 결국 최시형은 9월18일에 북접 산하 모든 지도자들의 봉기를 촉구하는 기포령을 내렸다.[31] 그것은 남접의 재봉기에 대한 호응이었다. 각지에서 와서 대기하던 대접주들이 각자의 근거지로 가기 위해 썰물처럼 밀려 나가기 시작했다. 김창수 일행 열다섯명도 각각 '해월인(海月印)'이 찍힌 접주 첩지를 받고 곧 보은을 출발했다. 갈 때에는 해로와 육로를 이용했으나 올 때에는 육로를 택했다.

돌아오는 길에 김창수 일행은 여러 곳에서 긴장된 분위기를 목격했다. 길을 가는 도중 곳곳에서 흰옷을 입고 칼을 찬 동학농민군을 만났다. 충청도 진천군 광혜원 장터를 지날 때에 본 모습이 인상적이었다고 『백범일지』는 기술했다. 이곳에는 동학접주 신재련(辛在蓮)이 이끄는 1만명의 농민군이 집결하여 대단한 기세를 과시하고 있었는데,[32] 평소에 동학교도를 학대하던 양반들이 잡혀 와서 길가에서 짚신을 삼고 있는 모습이 "가관이었다"는 것이다. 동학군은 진영을 설치하고 행인들을 검문하고 있었다. 김창수 일행은 증거를 보여 주고 무사히 통과했다.

동학군 진영 부근의 촌락에서는 많은 사람들이 밥을 지어 도소(都所)로 날랐다. 논에서 벼를 베던 농부들은 동학농민군이 몰려와서 집결하는 것을 보고는 놀라서 낫을 버리고 도망치기도 했다. 김창수 일행이 서울을 지날 때에는 경군이 삼남지방을 향하여 행군하고 있었다.[33]

---

30) 『백범일지』, p.46.
31) 李敦化, 『天道敎創建史』, 大東印刷所, 1933, p.65.
32) 신영우, 「충청도지역 동학농민전쟁의 전개과정」, 동학농민혁명기념사업회 편, 『동학농민혁명의 지역적 전개와 사회변동』, 새길, 1995, p.124.
33) 『백범일지』, pp.46~47.

3. 해주성 공략의 선봉장

1

황해도의 동학농민군은 김창수 일행이 해주로 돌아오기 전부터 이미 활동하고 있었다. 9월부터 조금씩 움직이기 시작하던 농민군은 10월 들어서 본격적인 활동을 전개했다.[34] 농민군이 처음으로 해주성(海州城)을 공략한 것은 10월6일께였다. 이 공격을 주도한 것은 최시형의 북접과 직접적인 연관이 없는 임종현(林宗鉉)을 중심으로 한 동학세력이었다.[35] 이들은 먼저 강령(康翎) 관아를 습격하여 무기를 탈취해 가지고 바로 해주성을 공략했다. 이들 농민군은 거의 한달 동안 해주성을 점령하고 있으면서 황해도 각 지역의 지방관을 임명하기까지 했다. 관군이 압수한 농민군의 「도록(都錄)」에 보면, 임종현은 스스로 황해감사를 자임하고, 성재식(成載植)을 강령현감, 이용선(李容善)을 안악군수, 최득수(崔得秀)를 해주판관으로 임명했다. 그 밖에도 이 「도록」에는 중군, 병졸 등의 이름까지 적혀 있었다.[36] 산포수 800명이 동학군에 가담하여 해주성의 군기를 탈취하고 성문을 지켰고, 황해도 감사는 통인 집에 숨어서 조정에 보고도 못했다.[37]

김창수 일행이 언제 해주로 돌아왔는지는 분명하지 않다. 『백범일지』는 9월에 돌아왔다고 했는데,[38] 임종현을 중심으로 한 동학농민군이 10월 초부터 한달 동안이나 해주성을 점령하고 있었던 사실에 대해서는 이상하게도 아무런 언급이 없다.

---

34) 韓沽劤, 「東學農民軍의 蜂起와 戰鬪: 江原·黃海道의 경우」, 《韓國史論》4, 서울大學校國史學科, 1978, p.367~400 참조.
35) 劉顯庚, 「甲午海營匪擾顚末」, 『東學亂記錄(下)』, pp.729~730.
36) 위의 책, p.736.
37) 韓沽劤, 앞의 책, p.179.
38) 『백범일지』, p.47.

해주에 도착한 김창수 일행은 즉시 황해도지역 동학군 봉기문제를 논의했다고 한다. 황해도에서도 양반과 관리들의 동학교도에 대한 탄압은 혹심했다. 그런데다가 삼남지방의 동학농민군으로부터 호응하여 봉기하라는 연락이 잇따라 도착했다. 그리하여 접주 열다섯명은 거사하기로 결의했다.[39]

황해도의 동학농민군도 다른 지방의 경우와 마찬가지로 순수한 동학교도만으로 구성되지는 않았다. 동학농민군에는 생활의 기반을 잃은 여러 종류의 사람들이 가담했다. 황해도 농민군에는 당오전(當五錢) 때문에 피해를 입은 농민들과 일자리를 잃은 사금(沙金) 채집 광부들이 많은 것이 특색이었다. 원래 당오전은 명목가치가 상평통보(常平通寶)의 다섯배로 정해져 있었으나 실제로는 두세배밖에 되지 않는 조악한 화폐였고, 그나마 민간에서 불법으로 위조하여 유통시키고 있어서 물가가 폭등했다. 특히 황해도지역에서는 사주(私鑄)가 많이 행해지고 있었다. 그리하여 문화(文化)에서는 사주에 관계하던 사람들이 동학에 입도하기도 했다.[40] 또한 1893년의 사금 채집 금지령에 따라 먹고살 길을 잃은 사람들이 무리를 지어 스스로 동학군으로 자처하기도 했다. 그리하여 이들 사금 채집 광부가 농민군의 절반에 이를 정도였다.[41]

10월까지 산발적으로 움직이던 황해도 동학농민군은 11월에 들어서서 수가 급증하여 도내 13개 읍이 농민군의 습격을 받았다.[42] 천도교단 역사서에는 임종현, 오응선, 최유현 등의 지휘로 총 20명의 접주들이 9개 지역에서 일제히 봉기했다고 기록되어 있는데,[43] 그것은 남부와 서부 지방을 중심으로 황해도의 3분의 2에 해당하는 지역에서 봉기했음을 뜻한다. 봉

39) 위와 같음.
40) 《司法稟報》 1895년1월30일조.
41) 鈴木彰, 「黃海道東學黨征討略記」, 『白凡金九全集(3)』, pp.91~92.
42) 金允植, 『續陰晴史(上)』, 高宗31년11월9일조, p.347.
43) 李敦化, 앞의 책, pp.68~69.

기의 중심지는 5개 접이 봉기한 해주였다.[44] 최유현 휘하의 동학농민군은 총집결 장소를 포동 부근의 죽천(竹川) 장터로 정하고 각지에 통문을 보냈다. 김창수는 팔봉산 아래 산다고 해서 자신의 접 이름을 '팔봉(八峯)'이라고 지었다. 푸른 비단에 "팔봉도소(八峯都所)" 넉자를 큼직하게 써서 걸고 "척양척왜"의 기치를 높이 내걸었다.

이처럼 김창수가 농민군 봉기를 준비하느라고 동분서주할 때에 집에서 생뚱맞은 일이 벌어졌다. 어느 날 집에 들어가니까 김순영 내외가 술과 떡을 장만하고 아들의 혼인 준비를 하고 있었다. 청일전쟁이 일어나자 나이 찬 아들딸을 둔 집에서는 자식을 혼인시키는 것을 중요한 의무로 알고 혼사를 서둘렀는데, 김순영 내외도 이러한 움직임에 휩쓸린 것이었다. 김창수는 열아홉살이었다. 그리고 상대는 어릴 때에 집에 데려오기도 했던 문제의 함지박장수 김치경(金致景)의 딸이었다. 김창수는 한사코 장가를 들지 않겠다고 우겼다. 아들의 단호한 태도에 김순영 내외도 단념하고 김치경에게 아들이 혼인을 절대로 원하지 않는다면서 그의 딸도 다른 집으로 출가시키라고 말했다. 김치경도 무방하게 생각했고, 따라서 김순영과 김치경이 취중에 했던 혼약은 없었던 일이 되었다.[45]

2

최유현 휘하의 동학교도 간부들은 전략 회의를 개최했다. 우선 동학 연비 중에서 무기 가진 사람을 모집하여 군대를 편성하기로 했다. 김창수는 산골 출신인데다가 상민이었으므로 그의 상민 연비 가운데는 산포수가 많았다. 이 산포수들은 자신의 총기를 가지고 있었다. 그 밖에 인근 부잣집에서 약간의 호신용 무기를 거두어 오기도 하여 부대 편성을 하고

---

44) 金庠基, 『東學과 東學亂』, 大成出版社, 1947, p.98.
45) 『백범일지』, pp.89~90.

보니까 김창수의 접에는 총 가진 군사가 700여명이나 되어서 다른 어느 접보다 우세한 무력을 갖추었다.[46]

황해도 농민군은 대체로 두가지 방법으로 무기를 조달했다. 첫째는 탄약고와 화약제련소 등의 무기제작소를 설치하여 자력으로 조달하는 방법이었다. 황해도는 무기제작에 필요한 납과 철 등이 많이 생산되는 지역이어서 일찍부터 광산개발이 성행했다. 그리하여 장연부에 회즙취착소(灰汁取搾所)를 만들어서 화약을 제조했고, 송화(松禾)의 온정(溫井)에는 칼과 창을 만드는 제조소를 설치하여 무기를 만들었다.[47] 다른 하나의 방법은 각 관아의 무기고를 습격하여 무기를 확보하는 것이었다. 출동한 일본군이 "관아에 있는 총기 탄약이 적을 방지하는 무기가 아니라 적에게 공급되는 무기가 되었으니, 관아는 적의 무기공급소였다"[48]라고 했을 만큼 농민군의 무기고 습격이 잦았다.

김창수의 산포수 부대는 해주성 공략 농민군의 주력부대가 되었다. 본래 산포수는 관포(官砲)로서 관에 등록되어 통제를 받았다. 이들은 평소에는 농업에 종사하다가 유사시에 동원되는 직업적 성격을 띤 지방의 무장조직이었다.[49] 동학농민군이 봉기하자 이들 산포수는 농민군에만 참여한 것이 아니라 농민군 진압을 위한 토벌군의 주력부대로 참여하기도 했다. 말하자면 산포수는 계급의식을 가진 동질적 집단이라기보다는 대가만 받으면 농민군과 진압군의 어느 쪽에나 참여할 수 있는 용병적 성격을 지닌 집단이었던 것이다.[50]

11월 하순이 되면서 각지에서 따로따로 행동하던 동학농민군이 차츰 해주성 주위로 집결하기 시작했다. 11월20일에 최유현 휘하의 동학농민

46) 『백범일지』, p.47.
47) 鈴木彰, 「黃海道東學黨征討略記」, 『白凡金九全集(3)』, pp.83~84.
48) 위의 글, p.84.
49) 송찬섭, 「황해도지방의 농민전쟁의 전개와 성격」, 동학농민혁명기념사업회 편, 『동학농민혁명의 지역적 전개와 사회변동』, 새길, 1995, p.255.
50) 趙東杰, 『韓國民族主義의 成立과 獨立運動史硏究』, 지식산업사, 1989, p.30.

군 5,000명이 해주성 서문쪽의 죽천장터에 집결했다.[51] 황해도 감사의 수기에는 이때에 집결한 농민군의 지휘사가 최서옥(崔瑞玉)이라고 했는데, 여러 가지 정황으로 미루어 볼 때에 최서옥이란 최유현을 지칭하는 것이었다. 같은 날 남문쪽의 취야(翠野)장터에도 수천명의 동학농민군이 집결했다.[52] 이들 농민군은 아마 임종현 휘하의 동학농민군이었을 것이다. 사흘 뒤인 11월23일 새벽에는 취야장터의 농민군이 일본군과 관군의 공격을 받아서 두시간 동안 격전이 벌어지기도 했다.[53] 황해도 동학농민군이 해주성 공략을 위해서 총집결한 것은 11월27일이었다. 김창수도 산포수 부대를 이끌고 죽천장터로 나갔다.

황해도는 동학교단의 영향력이 크게 미치지 못하는 지방이었기 때문에 동학농민군은 교단과 직접적 연계가 없는 임종현, 원용일(元容日) 등의 세력과 교단의 지시를 받는 최유현, 오응선 등의 세력으로 나누어져 있었다.[54] 그리하여 제2차 해주성 공략을 위해 집결한 황해도 동학농민군은 하나의 지도체계에 따라 작전을 수행하지 못했다. 이는 최유현 등의 동학농민군 지도부가 해주성 공략의 전략을 수립하는 데 큰 취약점이 되었다.

농민군은 이처럼 죽천장터와 취야장터 두곳을 중심으로 집결했는데, 장곡면 죽천은 신천(信川), 장연 방면에서 해주로 통하는 교통의 요지였고, 취야는 옹진(甕津), 마산(馬山) 방면에서 해주로 들어오는 길과 장연군에서 두곡면을 지나서 해주로 들어오는 큰길이 서로 만나는 곳에 위치한 황해도 남부 일대의 가장 큰 상업과 교통의 중심지였다.[55]

이날의 동학농민군의 해주성 공략 전투상황에 대해서는 『백범일지』와 함께 당시 황해도 감사 정현석(鄭顯奭)의 수기인 「갑오해영비요전말

---

51) 鄭顯奭, 「甲午海營匪擾顚末」, 『東學亂記錄(下)』, p.734.
52) 위의 책, p.735.
53) 鈴木彰, 「黃海道東學黨征討略記」, 『白凡金九全集(3)』, p.69.
54) 송찬섭, 앞의 글, p.254.
55) 黃海道誌編纂委員會 編, 『黃海道誌』, 黃海道誌編纂委員會, 1970, p.101.

(甲午海營匪擾顚末)」과 농민군을 패퇴시킨 일본군 장교 스즈키 아키라 (鈴木彰)의 「동학당정토약기(東學黨征討略記)」의 세가지 기록이 있는데, 내용이 일치하지 않는 점이 있다. 『백범일지』에 따르면 전투상황은 다음과 같았다.

최고회의에서는 해주성을 함락하여 탐관오리와 일본인을 다 처단하기로 결정하고 김창수를 선봉으로 결정했다. 김창수가 선봉으로 결정된 것은 나이는 어리지만 평소에 무학[武學: 곧 兵法]에 대한 연구가 있었고, 또 김창수의 접이 산포수로만 구성된 정예였기 때문이었다. 그러나 이러한 결정의 이면에는 지도부가 자기들이 총알받이가 되는 것을 꺼려한 점도 있었다. 김창수는 최고회의의 결정을 수락했다. 그는 말에 올라 "선봉(先鋒)"이라는 사령기를 잡고 해주성으로 전진하는 농민군의 앞장을 섰다. 농민군은 해주성 서문 밖 선녀산(仙女山)에 진을 치고, 총지휘부는 총공격령을 내리면서 선봉인 김창수에게 작전계획을 맡겼다. 김창수는 다음과 같은 작전계획을 제의했다.

"지금 성내에 경군은 아직 도착하지 못했고 오합지졸로 편성된 수성군(守城軍) 200여명과 왜병 7명이 있다. 선발대로 하여금 먼저 남문을 향해 진격하게 하면 선봉 휘하의 부대는 전력을 다하여 서문을 공략한다. 총소[總所: 총사령부]에서는 추세를 보아 아군이 취약한 곳을 응원한다."

김창수가 제의한 작전계획은 그대로 채택되었다. 이때에 일본군이 성위에 올라가서 시험총[試驗銃: 공포] 네댓발을 쏘았다. 그러자 어이없게도 남문으로 향하던 선발대가 놀라서 도주하기 시작했다. 일본군은 남문으로 나와서 도주하는 군중에게 총을 연발했다. 김창수는 선두에 서서 전군을 지휘하여 서문에 도착한 다음 공격을 시작했다. 이때에 갑자기 총소에서 퇴각을 명령했고, 선봉대가 퇴각을 위해 머리를 돌리기도 전에 군중은 산과 들로 도망쳤다. 김창수가 도망하는 이유를 묻자 남문 밖에서 서너명이 총에 맞아 죽었기 때문이라고 했다. 이런 상황에서 김창수의

부대도 퇴각하지 않을 수 없었다.[56)]

그러나 위와 같은 『백범일지』의 서술만으로는 이날의 전투상황을 전체적으로 파악하기가 어렵다. 이 점에 대해서는 다른 두 기록이 참고가 된다. 우선 김창수가 제의한 작전계획이 정보 부족에 따른 중대한 판단착오였던 것이 이날의 동학농민군의 해주성 공략이 실패한 큰 원인이었다. 김창수는 적의 주력이라고 할 수 있는 일본군이 성 밖으로 빠져나갔다고 생각하고 이때가 적을 공격할 수 있는 최적의 시점이라고 판단했던 것이다. 그러나 황해도 감사 정현석은 일본군이 빠져나간 틈을 타서 농민군의 총공세가 있을 것을 예상하고 은밀히 일본군을 성 안으로 진입시켜 놓고 있었다. 성 안에 있던 일반 군졸과 서리도 모르게 신식화기로 무장한 일본군 40명[57)]이 비밀리에 동문을 통하여 성 안에 진입해 있었던 것이다. 그리하여 성 안의 병력은 일본군 40명, 영포(營砲) 200여명을 주력으로 하고 그 밖에 감영에 소속된 각종 하급 서리 등으로 구성되어 있었다. 한편 이날 해주성 공략에 직접 참가한 동학농민군은 6,000~7,000명이었다. 그 밖에 10리쯤 떨어진 곳에 1만명, 30리쯤 떨어진 취야장터에 1만3,000~1만4,000명이 집결해 있어서 해주성 공략에 동원된 동학농민군은 무려 3만명에 이르렀다고 한다.[58)] 그것은 과장된 숫자일 수 있을 것이나, 전봉준이 공주성 공략을 위하여 동원한 농민군의 병력이 1만여명[59)]이었던 점을 감안하면 해주성 공략에 동원된 농민군이 얼마나 큰 규모였는지 짐작할 수 있다.

일본군쪽의 기록에 따르면 전투상황은 다음과 같았다. 남문에 접근해 온 동학농민군 300여명은 가까이 있는 솔밭에 숨어서 일본군을 향해 사격을 가했다. 그러나 서쪽의 동학군은 사격하지 않았다. 그리하여 스

---

56) 『백범일지』, pp.47~48.
57) 鄭顯奭, 「甲午海營匪擾顚末」, 『東學亂記錄(下)』, p.736. 이때에 해주성에 입성한 일본군의 수에 대해서 정현석은 60명이라고 했고, 일본군 지휘 책임자 스즈키는 40명이라고 했다.
58) 鈴木彰, 「黃海道東學黨征討略記」, 『白凡金九全集(3)』, p.75.
59) 「全琫準供招」, 『東學亂記錄(下)』, p.531.

즈키는 서쪽의 동학군에게 총포가 없는 것으로 판단하고, 40명의 병력을 둘로 나누어 20명은 성 안에 남아서 남문쪽의 동학농민군을 대적하게 하고, 자기는 나머지 20명을 이끌고 성 밖으로 나와서 서문쪽의 동학군에게 사격을 가했고, 그러자 서문쪽의 동학군은 모두 도망쳤다고 했다. 스즈키가 말하는 서문쪽의 동학군이란 김창수가 소속된 최유현 중심의 농민군 부대일 것이다. 그리하여 일본군은 남문쪽의 동학군에 대해 앞쪽과 옆쪽에서 사격을 가하여 네시간에 걸친 격전 끝에 퇴각시켰다. 일본군은 15리쯤 더 추적했으나 농민군의 방향을 잡을 수 없었다. 이날의 접전은 공략이 시작될 때부터 다섯시간가량 소요된 대혈전이었다.[60] 황해도 감사의 수기에 따르면 이날의 전투에서 산포수 20명이 사망하고 15명이 생포되었으며, 관군과 일본군의 인명피해는 한 사람도 없었다.

3

김창수가 참여한 동학농민군의 제2차 해주성 공략은 이처럼 무참하게 실패하고 말았다. 패전의 결정적 원인은 화력의 열세였다. 동학농민봉기 당시에 일본군이 사용한 무기는 스나이더(Snider) 소총이었다. 영국제 엔필드(Enfield) 소총을 개량해서 만든 이 소총은 1867년부터 일본군에서 사용되었는데, 최대 사정거리는 1,800미터나 되었다.[61] 그것에 비해 동학농민군이 사용한 화승총의 사정거리는 100보 정도밖에 되지 않았다. 게다가 화승총은 격발과정도 복잡했다. 그리하여 동학농민군은 적을 뻔히 쳐다보면서도 쏘지 못했다.[62] 또한 화승총은 장마철이나 한겨울 추위에서는 발사할 수 없는 치명적인 약점이 있었는데,[63] 농민군이 해주성을

---

60) 鈴木彰, 「黃海道東學黨征討略記」, 『白凡金九全集(3)』, pp.74~75.
61) 朴孟洙, 「동학농민전쟁기 일본군의 무기: 스나이더 소총과 무라타 소총을 중심으로」, 《한국근현대사연구》 제17집, 한울, 2001, pp.259~260.
62) 황현 지음, 김종익 옮김, 『오하기문』, 역사비평사, 1994, p.269.
63) 朴成壽, 『獨立運動史硏究』, 創作과批評社, 1980, p.95.

동학농민봉기 때에 일본군이 사용한 스나이더 소총.

공략한 것은 11월27일(양력12월23일)이었으므로 그러한 화승총마저 제대로 작동하지 못했을 것이다.

화력뿐만 아니라 전투력의 열세도 패전의 중요한 원인이었다. 동학농민군은 전투경험이 거의 없었다. 농민군의 주력인 산포수 부대는 해주성 공략을 앞두고 새로 조직된 부대였고, 김창수 역시 총기 사용이나 전투경험이 전혀 없었다.

주술의 힘에만 의지하고자 한 동학교도들의 신앙도 심각한 문제였다. 1894년9월부터 7개월 동안 황해도 서북지방에 머물면서 동학교도들의 활동을 목격한 미국인 여선교사 벙커(Annie E. Bunker, 房巨夫人)는 이들 동학교도는 "전쟁터에서는 적의 탄환도 물로 변해 버린다"고 믿고 있었고, 실제로 1월(양력) 어느 날에 이 지방의 수부[해주를 가리키는 듯]에서 처음으로 20~30명밖에 안 되는 일본군과 싸운 수천명의 동학군은 "그들의 동료가 쓰러지는 것을 보자 지도자들에게 주술을 쓰라고 소리쳤다는 말도 들었다"라고 기술했다.[64] 이러한 서술은 동학농민군의 제2차 해주성 공략 때의 상황을 말하는 것으로 여겨진다.

---

64) Mrs. Annie E. Bunker, "Seven Months Among the Tong Haks", *The Korean Repository*, June 1895, p.204.

4. 같은 동학군의 기습받고 부대 괴멸

1

해주성에서 패퇴한 김창수는 부대를 해주 서쪽으로 80리 떨어진 회학동(回鶴洞)의 곽감역(郭監役) 집에 집결시키기로 하고 선발대를 파견했다. 김창수가 군사를 마지막으로 수습하여 회학동에 도착하자 휘하의 농민군들은 흩어지지 않고 모두 모여 있었다. 감역이란 조선조 중기 이후에 궁궐과 관청의 건축과 보수공사를 위하여 선공감(繕工監)에 두었던 종9품의 관직을 말하는데, 곽감역이 누구이며 김창수와 어떤 관계의 인물이었는지는 알 수 없다.

해주성 패전에 분개한 김창수는 일단 병사들을 정돈하고 잘 훈련된 군대를 만들기로 했다. 그는 동학교도 여부를 가리지 않고 전투경험이 있는 장교 경력자를 초빙하여 군사들에게 총격술, 행군, 체조 등을 교련하기로 했다. 그러던 어느 날 초면의 두 사람이 김창수에게 면회를 요청했다. 그들은 문화 구월산(九月山) 아래 사는 정덕현(鄭德鉉)과 우종서(禹鍾瑞)라고 자신들을 소개했다. 두 사람은 김창수보다 나이가 열살은 더 많아 보였고, 식견 있는 사람들이었다. 그러나 이들이 무엇을 하던 사람들이었는지는 『백범일지』에도 언급이 없다.

김창수가 찾아온 이유를 묻자 그들은 태연하게 말했다.

"동학군이란 한 놈도 쓸 만한 것이 없는데, 그대가 좀 낫다는 말을 듣고 한번 보고 싶어서 왔네."

그러자 같이 앉아 있던 김창수의 연비들이 버럭 화를 냈다. 동학을 비방하는 자라는 둥 무례한 자라는 둥 하는 온갖 비난이 쏟아졌다. 그러나 김창수는 크게 화를 내면서 연비들을 꾸짖었다.

"손님과 면담하는데 이렇게 무례한 것은 나를 돕는 것이 아니라 멸시하는 것이다."

연비들을 밖으로 내보내고 세 사람만 남자 김창수는 예의를 갖추어 말했다.

"선생들이 이렇게 먼 길을 오신 것은 저에게 좋은 계책을 가르쳐 주고자 하심이 아닙니까?"

정덕현이 반문했다.

"내가 설혹 계책을 말하여도 듣고나 말는지, 그대가 실행할 자격이 있는지 의문이네. 요새 동학군 접주라는 자들이 호기충천해서 선비를 무시하는 판인데, 그대도 그런 접주의 한 사람이 아닌가?"

김창수는 더욱 공손한 말투로 말했다.

"제가 다른 접주와 같은지 아닌지는 먼저 가르쳐 주신 뒤에 제가 실천하는 것을 보고 나서 판단하시는 것이 어떻습니까?"

그제야 정덕현은 흔쾌히 손을 내밀어 김창수와 악수를 했다. 그러고는 다음과 같은 계책을 말했다.

첫째, 군기정숙(軍紀正肅). 병졸들이 서로 절하거나 경어 쓰는 것을 폐지할 것.

둘째, 민심을 얻을 것. 동학당이 총을 가지고 마을에 다니면서 곡식이나 돈을 빼앗는 강도와 같은 행위를 금지할 것.

셋째, 현자(賢者)를 초빙하는 글을 발포하여 경륜 있는 인사를 많이 얻을 것.

넷째, 전군을 구월산에 모아 훈련을 실시할 것.

다섯째, 재령(載寧)과 신천 두 군에 왜놈이 무역미 수천석을 쌓아두었으니, 그것을 몰수하여 패엽사(貝葉寺)로 옮겨서 양식에 충당할 것.

이 다섯가지는 김창수 부대를 포함한 동학군의 공통적인 과제였다. 김창수는 매우 기뻐하면서 정덕현의 제의를 받아들였다. 그러고는 당장 전군을 집합시켜서 정덕현은 모주(謀主)이고 우종서는 종사(從事)라고 선언하고, 두 사람에게 경례를 하게 했다.[65]

---

65) 『백범일지』, pp.49~50.

구월산으로 부대를 옮길 준비에 분주하던 어느 날 밤에 뜻밖의 손님이 찾아왔다. 신천군 청계동(淸溪洞)의 안태훈(安泰勳) 진사가 보낸 밀사였다. 이때에 파견된 밀사가 안태훈의 장남인 안중근(安重根)이었다는 기술도 있으나,[66] 안중근의 자서전이나 『백범일지』에는 그러한 언급이 없다. 김구는 뒷날 안태훈의 인품에 대해 "문장과 글씨는 물론이요 지략까지 겸비하여 명성이 해서지방은 물론 경향에 널리 알려져 조정 대관들도 정중히 대접하는 이였다"라고 술회했지만,[67] 이 시점까지는 안태훈에 대해 이렇듯 자세히 알고 있지는 않았다. 안태훈은 동학군이 봉기하자 청계동 자기 집에 의려소(義旅所)를 설치하고 그의 동생과 아들들로 하여금 병사를 담당하게 하면서 격문을 돌려 산포수 70여명과 장정 100여명을 모아 부대를 조직했다.[68] 이때에 안태훈이 모집한 산포수의 규모에 대해서는 기록에 따라 차이가 있다. 『백범일지』는 300여명이었다고 했고,[69] 『안중근혈투기(安重根血鬪記)』에는 산포수 80여명과 일반 장정 400여명이었다고 했다.[70] 안태훈은 서울의 어느 대신의 주선으로 황해도 감사와 긴밀히 연락하면서 동학농민군 토벌에 나서서 신천지방의 농민군 토벌에 큰 성과를 거두었고, 11월에는 원용일 부대 2,000여명을 대파하기도 했다.[71] 그리하여 황해도 동학농민군은 안태훈 부대를 두려워하고 있었다.

또 동학농민군이 해주성을 공략했을 때에 감사의 요청으로 안태훈이 지원군을 보냈다는 이야기도 있으나,[72] 확실하지 않다. 그런데 청계동은 천봉산(川峰山) 너머 김창수 부대가 머물고 있는 회학동과는 20리밖

---

66) 李全, 『安重根血鬪記』, 延泉中學校期成會, 1949, p.24.
67) 『백범일지』, p.50.
68) 鄭顯奭, 「甲午海營匪擾顚末」, 『東學亂記錄(下)』, p.735.
69) 『백범일지』, p.50.
70) 李全, 앞의 책, pp.18~19.
71) 위의 책, pp.18~23.
72) 같은 책, pp.18~20.

에 떨어져 있지 않았다. 따라서 김창수도 항상 청계동쪽을 경계하고 있던 참이었다.

밀사는 정덕현이 만났다. 정덕현은 밀사를 만나 보고 나서 다음과 같이 보고했다. 안태훈은 비밀리에 김창수를 조사해 본 뒤에 "군이 젊고 대담한 인품을 지닌 것을 사랑하여 토벌하지 않을 터이나, 군이 만일 청계를 침범하다가 패멸하면 인재가 아깝다"는 후의에서 밀사를 보냈다는 것이었다.[73]

안태훈이 밀사를 보낸 것은 서로 있을 수 있는 피해를 사전에 막고자 하는 의도가 있었을 것이다. 동학군 가운데 규율과 훈련이 비교적 잘된 김창수 부대와 바로 가까이 대치하고 있는 것은 안태훈으로서도 은근히 불안한 일이었을 것이기 때문이다. 물론 안태훈은 일본 토벌군의 면담 요청을 거절했을 만큼[74] 의기가 강한 인물이었기 때문에, 김창수에 대해 특별히 관심이 있었다는 말도 거짓이 아니었을 것이다.

그런데 뒤이어 안태훈이 김창수에게 피신처를 제공해 주기까지 하는 점으로 미루어 보면, 그의 행동은 신임 감사로 부임한 조희일(趙熙一)의 동학군 설유책과 관련이 없지 않았던 것 같다. 11월30일에 해주에 도착한 조희일은 일본군의 혹독한 농민군 진압책에 반대하고 적극적인 설유책을 폈다.[75] 그는 평산부사(平山府使)가 자신의 지시를 어기고 동학군을 토벌하는 데 주력한다는 이유로 파면하기도 했다.[76] 조희일의 설유책은 효과를 발휘했다. 김창수를 동학에 입도시킨 오응선과 최유현 등이 소장(訴狀)에서 신임 감사의 설득에 감화되어 지난날의 잘못을 뉘우치고 영구히 양민으로 돌아가겠다고 한 것이나,[77] 임종현이 장두(狀頭)로

73) 『백범일지』 p.51.
74) 鈴木彰, 「黃海道東學黨征討略記」, 『白凡金九全集(3)』, p.85.
75) 정은경, 「황해도·강원도지역의 농민전쟁」, 『1894년 농민전쟁연구: 농민전쟁의 전개과정(4)』, 역사비평사, 1995, pp.416~417.
76) 「黃海道東學起討伐狀況과 平山府使留任件」, 『駐韓日本公使館記錄(3)』, pp.251~252, pp.616~617.
77) 「三谷儒生等單子」, 鈴木彰, 「黃海道東學黨征討略記」, 『白凡金九全集(3)』, pp.108~110.

올린 소장에서 조희일의 설유에 응하고 자신들이 지닌 무기를 수영(水營)에 반납하겠다고 한 것[78] 등은 그 대표적인 사례였다.

이러한 상황에서 안태훈이 밀사를 파견했기 때문에 김창수는 이 문제를 신중히 검토하지 않을 수 없었다. 참모회의를 소집한 결과 안태훈의 제안을 받아들이기로 하고, 다음과 같은 밀약을 체결했다.

"나를 치지 않으면 나도 치지 않는다. 양쪽 중에 어느 한쪽이 불행에 빠지면 서로 돕는다."[79]

동학농민군과 토벌군이 이러한 밀약을 체결했다는 것은 매우 의아스러운 일일 수 있다. 이 밀약대로라면 만일에 동학농민군이 함께 청계동을 공략하는 경우에는 김창수는 같은 농학농민군과 싸워야 했기 때문이다. 그러나 동학농민군의 주력이 이미 패퇴한 상황이었으므로 실제로 그러한 사태가 벌어질 가능성은 희박했다. 따라서 이 밀약은 김창수가 관군이나 일본군 등 다른 토벌군에 의하여 위험한 처지에 빠질 경우에 안태훈이 감영 등에 작용하여 김창수를 구원하겠다는 약속의 성격이 더 강한 것이었다.

2

패엽사로 부대를 이동한 김창수는 절 입구에 초소를 지어 군사들의 산 밖 출입을 엄금했다. 그는 장기전에 대비하여 군량미 확보에 나섰다. 먼저 문화군의 동산평(東山坪)에 일본인이 쌓아 둔 쌀을 패엽사로 옮겼다. 쌀을 몰수해 놓고 산 아랫마을에 쌀 한섬을 져 오면 서말을 준다고 고지하자 그 많은 쌀을 하루 만에 모두 옮길 수 있었다. 그리하여 40석은 운반 경비로 쓰고 나머지 110석은 패엽사로 옮겼다.[80] 『백범일지』에는 이

---

78) 「道內各邑儒生等單子」, 『白凡金九全集(3)』, pp.106~107.
79) 『백범일지』, pp.50~51.
80) 「建陽元年6月27日 海州 白雲面居 金昌洙 年二十一供案」, 『白凡金九全集(3)』, pp.218~219; 『백범일지』, p.51.

김구가 남은 동학군부대를 이끌고 피신했던 구월산 패엽사.

때에 몰수한 군량미가 백미 1,000여석이라고 했으나[81] 이는 착오이다.

김창수는 군율을 강화하여 동학군으로서 민가에 피해를 주는 무리를 엄격하게 다스렸다. 각 마을마다 "동학을 빙자하여 돈을 강제로 빼앗거나 행패를 부리는 무리가 있으면 즉각 보고하라"고 고지하고, 이 훈령에 따라 고발되면 체포하여 무기를 가진 자는 무기를 빼앗고 곤장과 태장을 가했다. 그러자 이내 사방이 평안해지고 민심이 안정되었다.

구월산에서 김창수가 가장 역점을 두고 실행한 것은 사격훈련 등의 군사조련과 널리 인재를 구하는 일이었다. 김창수는 현인을 초빙한다는 글을 포고하고 또 구월산 주위에 평판 있는 인사를 조사하여 혼자 직접 걸어서 찾아가기도 했다. 그리하여 신천군 월정동(月精洞)의 송종호(宋宗鎬)를 모셔 와서 자문을 받기도 하고, 풍천군(豊川郡)의 허곤(許坤)이라는 명사가 찾아와서 합류하기도 했다. 송종호는 초시(初試)에 급제한 사람으로서 일찍이 상해(上海) 등지를 다녀와서 해외 사정에도 밝았고, 사람 됨됨이가 걸출하여 영웅의 기풍이 있었다.[82] 허곤은 문필이 뛰어나고 사무에 밝은 사람이었다. 이들은 이때에 맺은 인연으로 뒷날 김구가

---

81) 『백범일지』, p.51.
82) 위와 같음; 安岳郡民會 編, 『安岳郡誌』, 安岳郡民會, 1976, p.156.

장련지방을 중심으로 교육계몽운동을 펼칠 때에 동지로서 재결합하게 된다. 특히 우종서는 김구를 기독교에 입교시키는 사람이라는 점에서, 이 때의 이들의 만남은 김구에게 매우 중요한 의의를 지닌 것이었다. 패엽사 에는 도승(道僧)으로 이름난 주지 하은당(荷隱堂)과 그 제자 등 수백명 의 남녀 승도가 있었다. 김창수는 이따금 하은당에게 설법을 들었다.

구월산 주변에 진을 친 부대는 김창수 부대 말고도 여러 부대가 있었 다. 개중에 이동엽(李東燁)이라는 접주가 이끄는 부대가 힘을 떨치고 있 었다. 이동엽은 앞서 해주성을 점령했던 임종현으로부터 문화 군수에 임 명되기도 한 인물이었다. 같은 동학군이면서도 김창수 부대와 이동엽 부 대는 알력이 심했다. 이동엽 부대의 군사들이 패엽사 인근 마을을 노략질 하다가 김창수 부대원에게 잡혀서 총기를 빼앗기고 벌을 받은 뒤에 풀려 나기도 했다. 그런데 김창수의 부하 가운데 마을로 내려가서 재물을 약 탈하다가 발각되어 엄한 형벌을 받고는 도망쳐서 이동엽의 부하가 되거 나 아예 노략질을 하고 싶어서 밤중에 이동엽의 부대로 도망하는 자들이 생겼다. 이렇게 되자 김창수 부대는 점점 세력이 약해졌다.

이 무렵에 김창수의 신상에 중대한 변화가 생겼다. 그것은 최고회의에 서 김창수의 동학접주의 직임을 해임시키기로 결정한 것이었다. 그런데 이러한 중요한 사실에 대해『백범일지』에 구체적인 설명이 없는 것은 적 이 의아스럽다. 이때의 최고회의가 무엇을 지칭하는지도 분명하지 않다. 그것은 아마 패엽사 주변에 진을 친 농민군 부대 지휘자들의 협의회 같은 것으로 짐작된다. 이 무렵의 상황을 김구는 다음과 같이 적었다.

패엽사에서 우리는 간간이 최고회의를 열어 장래방침을 의논하였 다. 당시 경군과 왜병이 해주성을 점거하고 주위에 흩어진 동학교도 를 소탕하고 점차 서쪽으로 옹진, 강령 등을 평정하고 이제 학령(鶴

嶺)으로 넘어온다고 한다.[83]

　뒷날 김구는 이때에 자신의 접주직임을 해임시키기로 한 최고회의의 조치가 "나에게서 병권을 박탈하자는 야심이 아니요 나로 하여금 몸을 보전하게 하려는 방책이었다"라고 기술했는데, 그러한 조치가 어떻게 자신의 몸을 보전하게 하는 방책이 되는 것인지에 대해서도 설명이 없다. 아무튼 그렇게 해서 허곤을 평양에 파견하여 장호민(張好民)의 소개로 황주병사(黃州兵使)의 양해를 얻은 다음 패엽사에 있는 부대를 허곤에게 인계하기로 했다고 한다.[84]

　'병사'란 지방 관군의 병권을 관장하는 병마절도사(兵馬節度使)를 가리키는 말이다. 황해도에는 병마절도사가 둘이 있었는데, 하나는 감사가 겸임하고 하나는 황주진(黃州鎭)에 두고 있었다.[85] 그런데 평양에 있던 장호민이 누구이며 그의 소개로 황주병사의 양해를 얻어서 부대를 허곤에게 인계한다는 말이 무엇을 뜻하는 것인지는 명확하지 않다. 최유현, 임종현 등 황해도 동학농민군 지도부가 감사의 설유책에 순응하겠다는 소장을 보낸 것도 이 무렵이었던 것 같다. 김창수 부대의 경우도 그러한 상황과 관련이 있는 것이 아니었나 생각된다. 어떻든 이 결정에 따라 허곤은 송종호의 편지를 지니고 평양으로 출발했다.

3

　치열했던 남부지방의 동학농민군의 활동은 12월2일에 최고지도자였던 전봉준과 김개남이 체포됨으로써 막을 내렸다. 해주성 공략 이후로 토벌군과 산발적인 전투를 계속하던 황해도의 동학농민군도 12월 중순

---

83) 『백범일지』, p.52.
84) 『백범일지』, pp.52~53.
85) 『한국민족문화대백과사전(26)』, 「편람 편」, 한국정신문화연구원, 1991, p.98.

체포되어 압송되어 가는 동학농민군 대장 전봉준(왼쪽에서 세번째).

을 넘기면서 세력이 급격히 약화되었다. 관군과 일본군은 해주성을 거점
으로 하여 주위의 동학농민군을 소탕해 나갔다. 그러한 상황에서 김창수
부대는 어처구니없게도 토벌군이 아니라 같은 동학군인 이동엽 부대의
기습을 받고 괴멸되고 말았다.

매서운 추위가 몰아치는 12월이었다. 김창수는 신열과 두통이 심하여
며칠 동안 꼼짝 못하고 방에 누워 있었다. 하은당이 문병 와서 살펴보고
말했다.

"홍역도 치르지 못한 대장이로구려."

하은당은 화포영장(火砲領將) 이용선(李龍善)에게 김창수의 방에 사
람들이 일절 출입하지 못하게 하고는 자신이 직접 치료를 전담하고 홍역
에 경험이 있는 나이 든 여승으로 하여금 간병하게 했다. 그런데 김구는
서너살 때에 이미 홍역을 앓았으므로 이때의 병은 홍역 비슷한 다른 병이
었을 것이다.

그런 어느 날이었다. 이동엽이 전 부대를 이끌고 습격해 온다는 급보
가 날아들었다. 보고가 끝나자마자 이동엽의 군사들이 총을 쏘고 칼을
휘두르며 절 안으로 들이닥쳤다. 순식간에 절 안은 양쪽 군사들의 육박
전으로 소란해졌다. 수적으로 열세인 김창수 부대는 제대로 싸워 보지도

못하고 뿔뿔이 흩어지고 말았다. 이 무렵 임종현은 문화 달천(達川)에 머물고 있었는데,[86] 이동엽 부대는 임종현의 휘하에 있었으므로 김창수 부대보다 훨씬 유리한 위치에 있었을 것으로 짐작된다.

이동엽이 호령했다.

"김 접주에게 손대는 자는 사형에 처한다."

이러한 이동엽의 호령에 대해 김구는 "그것은 이동엽이 나를 미워하지 않아서 그런 것이 아니라 나를 박해하면 뒷날 큰 화를 입을까 두려워했기 때문이다"라고 적어 놓았다.[87] 왜냐하면 김창수 자신은 최시형에게 직접 접주 첩지를 받은 동학의 정통인 반면에 이동엽은 임시방편으로 임종현에게 접주 첩지를 받은, 말하자면 '2세 접주'였기 때문이라는 것이었다.

김창수 부대를 제압한 이동엽은 화포영장 이용선만을 사형에 처하라고 했다. 격분한 김창수는 자리를 박차고 나가서 큰 소리로 외쳤다.

"이용선은 나의 지휘명령에 따라 행동한 것뿐이다. 이용선이 죽을죄가 있다면 그것은 곧 나의 죄이니 나를 총살하라!"

그러나 김창수의 노호는 아무 소용이 없었다. 이동엽은 부하에게 김창수의 손발을 꽉 붙들고 움직이지 못하게 하고는 이용선만 끌고 나갔다. 잠시 뒤에 마을 어귀에서 총소리가 났고, 뒤이어 이동엽 부대는 퇴각했다. 김창수는 황급히 마을 어귀로 달려갔다. 이용선은 죽고, 그가 입었던 옷은 불에 타고 있었다. 김창수는 이용선의 머리를 부둥켜안고 통곡했다. 한참 울다가 자기 저고리를 벗어서 이용선의 머리를 감싸 주었다. 그 저고리는 김창수가 동학접주가 되어 지도자 노릇을 한다고 하여 곽씨 부인이 지어 보낸 생전 처음 입어 보는 명주저고리였다. 김창수는 마을사람들을 시켜서 이용선의 시신을 거두어 정성껏 묻게 했다. 김창수가 눈 속에서 벌거벗은 몸으로 통곡하는 모습을 보다 못한 마을사람들이

---

86) 「黃海道 東學黨情況에 관한 報告」, 『駐韓日本公使館記錄(3)』, p.258, p.622.
87) 『백범일지』, p.53.

옷을 가져다 주었다. 이용선은 함경도 정평(定平) 사람으로서 장사하러 황해도에 와서 살고 있었다. 그는 사냥하는 총술이 있고 무식한 대로 사람을 다스리는 재주가 있어서 김창수는 그를 화포영장에 임명했었다.[88]

이동엽 부대는 퇴각하면서 김창수 부대가 비축해 둔 군량미를 전부 가지고 가 버렸다. 동학농민군이 가장 중요하게 여긴 것은 군량미 확보였다. 그들은 군량미를 조달하기 위하여 정부와 부잣집 곡식을 탈취하거나 반강제적으로 헌납받았다. 김창수도 군량미 조달을 위해 여러 가지 방법을 썼다. 구월산으로 부대를 옮길 때에 일본인이 동산평에 쌓아 둔 많은 쌀을 빼앗은 것은 앞에서 본 대로이다. 그 밖에도 그는 해주 검단방(檢丹坊)의 박홍석(朴泓錫)이 쌓아 둔 벼 200석을 빼앗아 송화 접주 방원중(方元仲)과 나눈 적이 있고, 석담의 이 참판 집에서는 돈 250냥을 빼앗기도 했다.[89] 그러므로 김창수 부대는 군량미를 비교적 넉넉히 확보해 둔 상태였을 것이다. 뒷날 김창수는 동산평에서 옮겨 온 쌀 110석 모두를 이동엽에게 빼앗겼다고 진술했다.[90]

그런데 이동엽 부대의 기습은 단순히 김창수 부대와 이동엽 부대의 알력 때문에 감행된 것이 아니라, 그러한 알력까지 포함하여 앞에서 본 이른 바 최고회의의 결정, 곧 김창수의 동학접주직임을 해임하는 조치와 관련이 있지 않았는지 생각해 볼 만하다. 김창수가 관군이나 일본군에 적극적으로 대항하기보다는 오히려 토벌군인 안태훈과 모호한 관계를 갖는 점 등이 최고회의에서 문제가 되었을 수 있고,[91] 이동엽 부대는 그러한 최고회의 쪽과 연계되어 있었는지 모른다.

이동엽 부대의 습격을 받은 김창수는 그날 밤으로 부산동(缶山洞)의 정덕현 집으로 피신했다. 정덕현에게 그동안의 사정을 상세히 설명하고

---

88) 『백범일지』, pp.53~54.
89) 「建陽元年6月27日, 海州 白雲面居 金昌洙 年二十一供案」, 『白凡金九全集(3)』, pp.226~227.
90) 위와 같음.
91) 裵潤模, 「김구의 『백범일지』와 민족주의사상 연구」, 仁荷大學校 박사학위논문, 2001, pp.82~83.

제3장 '애기접주'의 해주성 공략   191

복수할 결의를 말했다. 그러나 장덕현은 만류했다.

"이용선의 죽음은 불행한 일이오. 그러나 형은 더 큰일을 해야 할 장부이외다. 울분을 참으시오. 며칠 동안 홍역을 치료한 뒤에 나와 함께 풍진을 피하여 유람이나 떠납시다."

"아니오. 이용선의 복수를 해야 합니다."

"복수는 의리상 당연한 일이지요. 그러나 그럴 필요가 없어요. 경군과 일본군이 여태 구월산을 공격하지 못한 것은 산 밖 이동엽 부대의 세력이 크고 또한 패엽사의 우리 부대도 험한 산세에 의거한데다 비교적 정예부대라고 듣고 있었기 때문이오. 이제 두 부대의 싸움 소식을 들은 경군과 일본군은 곧바로 이동엽 부대를 섬멸하고 패엽사를 점령할 것이오. 그러니 복수를 말할 여지가 없어요."

정덕현의 판단은 옳았다. 김창수는 정덕현의 집에서 며칠 동안 요양하다가 장연군 몽금포(夢今浦) 부근의 마을로 피신했다.[92] 그가 몽금포에 피신해 있는 동안에도 황해도 동학농민군의 활동은 계속되었다. 이처럼 해를 넘겨서도 황해도 농민군의 활동이 수그러들지 않자 조정에서는 대대적인 토벌에 나섰다. 3월에는 강화도의 군사가 파견되어 이미 파견된 일본군과 연합해서 농민군을 토벌했다. 그리하여 농민군 세력은 크게 약화되었다.

김창수는 이동엽이 잡혀가서 사형을 당했다는 소식을 들었다. 또한 각군의 동학농민군도 저항 끝에 거의 패퇴했다는 소식도 들었다. 이런 소식을 들으면서 김창수는 몽금포에서 석달 동안 은거하고 있었다. 나는 새도 출입하기 어려운 마을이라는 몽금포 부근의 작은 마을에서 동학농민군의 잇따른 패전 소식을 들으면서 그 역시 패퇴한 '애기접주' 김창수의 심경은 참담했다. 새로운 흥분과 희망으로 동학에 입도한 지 이태 만에 느낀 것은 또 하나의 커다란 좌절감이었다. 그 좌절감이 과거에 낙방

---

92) 『백범일지』, p.54.

했을 때나 관상책을 읽고 나서 느낀 것보다 훨씬 더 심각했던 것은, 뒤이어 청계동에 머물 때의 자신의 심경이 다음과 같았다고 한『백범일지』의 솔직한 술회로도 짐작할 수 있다.

> 먼저 과거장에서 비관적인 생각을 품었다가 희망을 관상서 공부로 옮겼고, 나 자신의 관상이 너무도 못생긴 것을 슬퍼하다가 마음 좋은 사람이 되리라는 결심을 했다. 그러나 마음 좋은 사람이 되는 방법 또한 묘연하던 차에 동학당의 수양을 받아 신국가 신국민을 꿈꾸었으나 이제 와서 보면 그도 역시 바람 잡듯 헛된 일이었다.[93]

이러한 감회는 동학의 교의에 대한 실망보다도 왕조의 교체와 평등사회의 도래, 그리고 그에 따른 새로운 신분 상승의 기대가 무산된 데 대한 좌절감에서 우러나오는 것이었다. 이때의 일 이후로는 『백범일지』에 동학에 대한 언급이 일절 없다.

그러나 동학과 동학농민봉기가 '바람 잡듯 헛된 일'이 아니었음은 그 뒤의 이 나라 역사가 웅변으로 말해 준다. 다만 김구의 이러한 처연한 술회는 그 뒤의 사회활동과 관련된 그의 가치관을 살펴보는 데 중요한 참고가 된다. 그것은 그토록 치열한 전투경험에도 불구하고 동학의 교의가 그의 가치관으로서 뿌리 내린 것은 아니었음을 뜻하는 것이다. 팔봉도소에 높이 내걸었던 '척양척왜'의 창의(倡義) 구호는 청계동에서 만난 유학자 고능선(高能善)의 훈도를 통하여 위정척사사상(衛政斥邪思想)으로 내면화되었다가 그 뒤에 김구가 개화파(開化派)가 되면서 자기부정된다. 그러나 '척왜'의 정서는 그러한 사상적 전환이 있고 난 뒤에도 교육계몽운동과 감옥생활과 오랜 독립운동 기간을 통하여 김구로 하여금 한국의 저항적 민족주의의 표상이 되게 하는 원동력이 되었다.

---

93) 『백범일지』, p.61.

김창수는 1895년2월에 정덕현과 함께 몽금포를 떠나서 텃골 집으로 돌아왔다. 청일전쟁이 끝나고, 동학농민군의 봉기도 진압되었다. 그러나 아직도 위험이 완전히 사라진 것은 아니었다. 일본군이 죽천장터에 진을 치고 농민군을 수색하고 있었다. 김순영 내외는 매우 불안해하면서 아들에게 차라리 멀리 떠나 피신하라고 권했다. 그러나 패전의 장수가 찾아갈 곳은 어디에도 없었다. 정덕현은 궁여지책으로 청계동 안태훈을 찾아가 보자고 했다. 김창수는 주저했다. 안태훈이 받아들인다고 하더라도 패전의 장수로서 포로 같은 대우를 받는다면 평생 후회될 것이었다. 그러나 장덕현은

"안 진사가 밀사를 파견한 진의는 군사적인 원조나 계략이라기보다는 나이 어린 형의 담대한 기개를 아낀 것이니 염려 말고 같이 갑시다"

하고 김창수를 설득했다. 달리 뾰족한 방도가 있는 것도 아니었다. 김창수는 청계동을 찾아가기로 결심했다.[94]

왕실과 조정에 대하여 강한 불만과 저항감을 느끼면서도 과거 말고는 달리 진로를 찾지 못한 채 계속 서당에 나가면서 고뇌하던 궁색한 젊은 유생 이승만이 동학과 동학농민봉기에 대하여 어떻게 인식했는지는 우리의 중요한 관심사가 아닐 수 없다. 이승만 자신의 자서전 초록이나 전기에는 이때의 일과 관련하여 언급한 것이 없다. 이승만은 동학농민봉기가 전국을 휩쓴 이듬해 봄부터 신학문을 배워 개화운동의 급진과격파로 활동하는데, 이때의 이승만은 동학운동에 대하여 매우 부정적으로 평가했다. 그는 뒤에 옥중에서 쓴 『청일전기』에서 동학농민군의 봉기가 탐관오리들의 핍박 때문에 불가피한 것이었다는 점을 인정하면서도 다음과 같이 비판했다.

---

94) 『백범일지』, pp.54~55.

만일 격분하여 일어날진대 법을 범치 말며 경계[經界: 옳고 그름이 분명해지는 한계]를 잃지 말고 옳은 도리로 조용히 조처하려 할진대 정부에서 부득불 전국 민심을 따라 준행하여 주었을지니 전국에 큰 이익이 되었을 것이어늘, 이름을 동학이라 하고 어리석게 『정감록』에 무슨 말이 있다, 혹 무슨 신장[神將: 여러 방위에 많은 권속신을 거느리고 나쁜 귀신을 쫓아내는 신]을 부린다 하여 천하고 무식한 말을 믿고 도처에 소요하여 필경 난민이 되고 말았으니, 이는 다만 내 나라에만 득죄(得罪)함이 아니라 세상에 큰 죄인들이 됨이라. 기왕 일은 다 어두워서 모르고 그러하였거니와 한번 경험한 후에는 저마다 짐작할 만하거늘, 들으니 지금도 어리석은 백성들이 종시 요사한 말을 믿고 작당하여 기도를 한다 하며 부적을 써서 민심을 현혹케 하는 자가 있다 하니, 저희 어리석은 것은 이루 말할 수 없거니와 나라를 위하여 대단 위태히 여기노라.[95]

그리고 옥중에서 쓴 또 다른 글에서도 "한국의 동비[東匪: 동학당]나 청나라의 의화단(義和團)은 모두 서양을 배척하고 옛날로 돌아가자는 구호를 내세워 의거라고 표방하며 천하에 웃음거리를 남기고 스스로 패망을 자초하였다"[96]라고 혹평했다. 동학과 동학농민봉기에 대한 이러한 평가는 이승만뿐만 아니라 그 당시의 개화파 지식인들의 공통된 인식이었다.

---

95) 『청일전기』, 『梨花莊所藏 雩南李承晚文書 東文篇(二) 李承晚著作 2』, 中央日報社·延世大學校現代韓國學研究所, 1998, p.245.
96) 「新譯戰記附錄」, 『雩南李承晚文書 東文篇(二) 李承晚著作 2』, p.46.

4장

"배재학당에 가서 화학을 배우라고 말했다"

1. 과거제도 폐지와 배재학당 입학

1

1894년(고종31년)7월부터 1896년2월까지 세차례에 걸쳐서 추진된 갑오개혁은, 비록 일본 세력이 배후에서 종용한 것이기는 했으나, 한국 근대화의 획기적인 제도개혁이었다. 그리고 그것은 실학(實學)에서부터 갑신정변과 동학농민봉기에 이르는 조선시대 후기의 여러 가지 개혁운 동들이 표방한 내용을 반영한 것이기도 했다.

먼저 정치적으로는 연호로 '개국기원(開國紀元)'을 사용함으로써 청 (淸)과의 종속관계에서 벗어났음을 천명했다. 그리고 의정부(議政府)와 궁내부(宮內府)를 분리하고 종래에 명확한 구별이 없었던 재정을 분리시 켰다. 중앙과 지방의 관제를 개혁하고, 사법권은 행정기구에서 분리하여 독립시켰다. 관제개혁과 관련하여 중요한 조치는 과거제도를 폐지한 것 이었다. 경제 면에서는 재정을 일원화하고 은(銀)본위제를 채택했으며, 조세도 종전의 물납제(物納制)를 금납제(金納制)로 바꾸고 도량형을 통 일시켰다. 사회 면에서는 더욱 획기적인 개혁이 이루어졌다. 문벌(門閥)과 반상(班常)의 구별을 없애고 노비제도를 폐지했다. 조혼을 금지하는 한 편 과부의 재가(再嫁)를 허용했다. 인신매매를 금지하고, 형벌에서 연좌 제(緣坐制)를 폐지했다.

이듬해 1월에 선포된 「홍범14조(洪範十四條)」는 갑오개혁의 내용을 총괄한 기본 강령이었는데, 이는 "우리나라 최초의 근대적 성질을 띤 헌 법(憲法)"으로 평가되기도 한다.[1] 그러나 청일전쟁에서 승리한 일본이 갑 오개혁을 계기로 조선에 대한 내정간섭을 더욱 강화함에 따라, 갑오개혁 은 그 역사적 당위성에도 불구하고 국민들의 반발에 부딪혀 좌절되고 말

---

1) 俞鎭午, 『新稿 憲法解義』, 一潮閣, 1952, p.11.

았다.[2]

갑오개혁의 제도개혁 가운데 양반 선비사회에 가장 큰 충격을 준 것은 과거제도의 폐지였다. 타락할 대로 타락하여 본래의 기능을 완전히 상실한 상황이었음에도 불구하고 전국 유생들의 과거에 대한 집착은 줄어들지 않았고, 그것이 갑오개혁 전체에 대한 반발로 이어졌다. 이경선(李敬善)의 다음과 같은 반응은 그 전형적인 보기였다. 과거를 통한 아들의 입신출세 길이 영영 막혀 버린 사실에 대해 울분을 참지 못한 이경선은 손바닥으로 방바닥을 치고 책상을 치고 또 자기 무릎을 치면서 이렇게 말했다고 한다.

"흥, 미친 놈들! 조상이 천년을 하루같이 지켜 오던 성현의 길을 폐지하고, 그러고도 그놈들이 벌을 받지 않을까. 인재를 골라서 쓰지 않는다면 어느 개새끼라도 마구 갖다 쓸 작정인가. 무렴(無廉)한 왜놈들! 무렴한 개화당놈들! 그놈들 때문에 인제 나라는 망하고 마느니라! 두고 보아라!…"[3]

이승만 자신의 좌절감도 마찬가지였을 것이다. 이때의 일을 그는 자서전 초록에서 다음과 같이 적었다.

1894년에 일어난 청일전쟁은 우리나라로 하여금 동양세계는 현대문명의 광범위한 영향을 무시할 수 없다는 것을 일깨워 주었다. 전쟁이 끝난 직후에 낡아빠지고 많이 악용되어 오던 과거제도가 폐지되었는데, 이 조치는 전국 방방곡곡에 묻혀 있던 야망적인 청년들의 가장 신성한 꿈을 산산이 부수는 조치였다.[4]

2) 김영작, 『한말내셔널리즘 연구: 사상과 현실』, pp.244~333, 柳永益, 『甲午更張研究』, 一潮閣, 1990, 한국정치외교사학회 편, 『한국근대정치사의 쟁점』, 집문당, 1995, pp.71~204, 왕현종, 『한국근대국가의 형성과 갑오개혁』, 역사비평사, 2003 참조.
3) 徐廷柱, 『李承晩博士傳』, pp.108~109.
4) 「청년이승만자서전」, 이정식 지음, 권기붕 옮김, 『초대대통령 이승만의 청년시절』, pp. 270~271.

아버지의 말을 묵묵히 듣고 있던 이승만은 마지못해 한마디 대꾸했다.

"새로 된 시험제도가 있기는 한 모양입니다만…."

과거시험 대신에 새로 마련된 시험제도는 다음과 같은 것이었다. 일반 하급관리 채용을 위해서 보통시험과 특별시험의 두가지를 두어 전자는 국문, 한문, 사자[寫字: 글씨 베껴 쓰기], 산술, 국내 정략, 외국 사정, 발책[發策: 논문] 등의 과목을 시험하고, 후자는 특별한 기술 소유자를 추천하여 시험하는 것이었다. 그리고 고급관리 임용은 현임 고급관리의 협의 공천으로 후보자 세사람을 국왕에게 천거하여 그 가운데서 국왕이 택일하는 칙임관(勅任官)과 대신이 선발하여 도찰원(都察院)의 평의를 거쳐 국왕의 재가를 받는 주임관(奏任官) 제도를 신설했다.[5]

새 시험제도라는 말에 이경선의 목소리는 한층 더 날카로워졌다.

"뭐? 새 시험제도라고? 그래 그깐 놈들에게 붙어서 개화당이 돼? 어림도 없는 소리다. 선비는 죽어도 궁색해선 안 되느니라. 백이(伯夷) 숙제(叔齊)같이 산채를 씹다가 죽을지언정 어찌 그까짓 왜놈배들한테 부동한단 말이냐. 꿈에라도 너는 그따위 시험제도 같은 건 생각지도 말고, 이 난세에 성명(性命)을 보존할 생각을 해라. 고르지 못한 때에 묻혀서 사는 것은 예로부터 있던 길이다."

이런 대화 끝에 이경선은 자리에 눕더니 갑자기 목이 멘 듯한 말투로 이렇게 말했다고 한다.

"내 스스로 과거 길에 실패하고 가산을 탕진한 뒤에 만득(晚得)으로 너 하나를 얻어서 네게나 어떻게 입신의 길이 열리는 걸 보려 했더니, 이젠 그것도 다 틀리고 딴 세상이 되고 말았구나. 그러니 이제 내게 무슨 보람이 있겠느냐. 어떻게 살든 이제는 벌써 구차한 목숨들이 되었다. 내일 나는 황해도 너의 누이 집에나 다녀올까 한다. 언제 돌아올지는 모르지만

---

5) 鄭求先,「甲午改革期 官吏任用制度改革에 관한 一考察: 科擧制廢止 및 薦擧制受容을 중심으로」,《慶州史學》제12집, 慶州史學會, 1993, pp.57~82.

딴생각하지 말고 식구들의 연명책이나 생각해 보아라."[6]

이렇게 하여 이승만에게는 가난하고 암담한 나날이 더해 갈 뿐이었
다. 일가친척들도 이 출세의 길을 잃은 젊은 선비의 가족을 돌보아 주는
이가 없게 되어, 여섯 식구는 죽도 거르는 날이 많아졌다. 이때에 이승만
에게는 세살배기 아들 태산(泰山, 일명 鳳秀)이 있었다. 그 어린아이를 굶
기는 것은 이경선 내외나 이승만 내외나 자신들의 허기를 견디기보다 더
큰 고통이었다.

2

과거제도의 폐지는 그러나 아이로니컬하게도 과거에 집착해 온 이승
만의 운명을 바꾸어 놓는 큰 행운의 계기가 되었다. 그 운명의 전환은 배
재학당(培材學堂)을 통하여 이루어졌다. 이승만은 과거제도가 폐지된
다음에도 한동안은 습관대로 서당에 나갔다. 그러나 서당은 이미 공허한
장소가 되어 있었다. 학도들도 뿔뿔이 흩어져서 서당에 가봐야 말벗 하
나 없었다.

집에 들어앉아서 실의의 나날을 보내는 이승만에게 어느 날 도동서당
의 글동무 신긍우(申肯雨)가 찾아왔다. 신긍우의 아버지 신면휴(申冕休)
는 일찌감치 기독교에 입교하여 개화당이 되어 있어서 세 아들에게도 신
학문을 공부시켰다. 신긍우는 유신파(維新派)의 명사 현채(玄采)에게서
일본말을 배우고 있었다. 현채는 『동국사략(東國史略)』, 『만국사기(萬國
史記)』 등을 저술하고 일본학자들이 쓴 역사책을 번역하는 등 우리나라
근대 역사학의 성립에 기여했다.[7] 그리고 신면휴는 이경선과도 허물없는
사이였다.

---

6) 徐廷柱, 앞의 책, p.110.
7) 盧秀子, 「白堂 玄采研究」, 《梨大史苑》 제8집, 梨花女子大史學會, 1969 참조.

"오늘은 자네에게 한가지 꼭 권할 일이 있어서 왔네."

신긍우는 자리에 앉자마자 이승만에게 찾아온 이유를 말했다.

"자네도 대강은 짐작하겠지만 때는 이미 바뀌어 가고 있네. 유학을 닦아 과거를 보던 때는 지나고, 이제는 개화 천지가 되어 가고 있단 말일세. 주저하지 말고 자네도 우리하고 같이 개화를 배우세. 일본말도 배우고 영어도 배우고 산학(算學)도 배우고 세상 돌아가는 도리도 알아보잔 말이야. 어쩔 텐가? 내일부터라도 같이 현채 선생한테 가지 않겠는가?"

그러자 이승만은 찾아온 친구가 무안할 정도로 버럭 화를 냈다.

"아따, 자네 말주변이 꽤 늘었네 그려. 그것 모두 현채라는 사람한테서 배웠나? … 자네 대체 언제부터 그렇게 유자(儒者)가 아니고 천주학쟁이고 또 왜놈의 사환인가? 실없는 사람 같으니.… 그런 소리 하려면 아예우리 집에 오지 말게!"

그러나 신긍우는 단념하지 않고 기차나 기선 등 서양문물의 놀라움을 설명하면서 이승만을 설득하려고 했다. 이승만은 처음에 신긍우가 선불리 자기를 움직이려 하는 것이 불쾌했으나, 그의 너무나도 진지한 태도 때문에 웃음을 띠지 않을 수 없었다.

"자네나 좋으면 개화당을 맘껏 하게. 그러나 나한테 권할 생각은 아예 꿈에도 내지 말게."

"고집부리지 말고 좀 생각해 보게. 일본말과 영어를 배워 두어서 해로울 것이 무에 있단 말인가? 행여 외국사신으로 가더라도 말쯤은 알아둬야 할 것 아닌가? … 며칠 새 또 올 테니 잘 생각해 보아."

신긍우는 그 뒤에도 하루가 멀다 하고 이승만을 찾아왔다. 게다가 그는 가난한 친구의 처지를 걱정하여 몇차례 쌀말과 장작짐을 하인에게 들려 보내기도 했다. 그리하여 이승만은 그의 열성과 우정에 감복하여 신긍우를 이렇게 만든 것이 무엇인가를 곰곰이 생각해 보고 궁금하게 여기게

끔 되었다.[8] 이때의 일을 이승만 자신은 자서전 초록에서 다음과 같이 적었다.

> 서당을 떠나 '새것'을 배우러 간 친구들을 반역자로 여기던 나에게 친구들이 때때로 놀러 와서 전보며 철도며 비행기 등 서양에서 발명된 놀라운 것들에 대해 배우라고 역설했으나, 나는 "그들이 천지를 개벽해도 나는 어머니의 종교를 저버리지 않겠다"라고 하면서 일축하곤 했다.[9]

이처럼 이승만은 그때까지만 해도 신학문을 배우는 것은 천주학쟁이가 되는 것이고 따라서 그것은 "어머니의 종교"를 배반하는 일로 생각했다. 이렇게 두어달이 지난 뒤의 동짓달 어느 날 저녁 무렵에 신긍우가 다시 이승만을 찾아왔다. 신긍우는 이승만에게 배재학당에 가 볼 것을 애원하듯이 권했다.

"입학이야 하든 안 하든 꼭 한번 구경이라도 해보게. 이것까지도 못 들어 주겠는가?"

신긍우는 이미 배재학당에 입학해 있었다.[10] 이승만은 그의 우정도 우정이려니와 한편으로는 그 '배재학당'이라는 데가 어떤 곳인지도 궁금해졌다.

며칠 뒤에 드디어 이승만은 신긍우와 그의 동생 신흥우(申興雨)와 함께 배재학당을 방문했다. 신긍우는 이승만보다 세살 위였고 신흥우는 이승만보다 여덟살 아래인 소년이었다. 신긍우 형제를 따라가면서 이승만은 다짐했다.

"별일이 있어도 천주학은 하지 않을 테니 그리 알게."

---

8) 徐廷柱, 앞의 책, pp.112~116.
9) 『청년이승만자서전』, 이정식 지음, 권기붕 옮김, 앞의 책, p.270.
10) 培材百年史編纂委員會, 『培材百年史(1885~1985)』, 學校法人 培材學堂, 1989, p.112.

배재학당 사무실에 당도하자 신긍우는 이승만을 미국인 교사 노블(William Noble, 魯普乙)이 있는 곳으로 데리고 갔다. 노블은 1892년에 조선에 와서 배재학당의 교사가 된 사람으로서 이승만이 입학할 무렵에는 학술부장을 맡고 있었다.[11] 노블은 웃는 낯으로 흔연히 일어서서

"내가 노블이오. 잘 오셨소"

하고 조선말로 말하면서 악수를 청했다. 그러나 악수를 아직 모르는 이승만은 적잖이 의아해하면서 생전 처음 보는 이 미국인의 하는 짓과 이상한 생김새를 뚫어지게 지켜보았다. 노블은 여전히 웃는 낯으로 이승만에게 말했다.

"이 선생, 우리 학당에 오는 것을 싫어한다더니 어떻게 오늘은 이렇게 반갑게 오셨소? 참 잘 오셨소. 부디 좀 잘 살펴보시고 좋으면 우리 학당에 입학하시오. 그리고 우리 미국사람들에게 조선말도 잘 좀 가르쳐 주시오."

노블의 이러한 태도는 아마도 배재학당의 서양인들이 이승만에 대하여 예비지식을 가지고 있었고, 신긍우로 하여금 이승만에게 입학을 권유하게 했음을 보여 주는 것이었다.

노블은 앞장서서 이승만을 교실마다 안내했다. 이승만이 처음 구경한 곳은 기도실이었다. 무슨 뜻인지 모르겠으나 "금일대벽성(今日大辟城) 생구주(生救主)"라는 금색 글씨가 쓰인 붉은 비단폭을 벽에 걸어놓고 그 밑에서 여러 사람들이 고개를 숙이고 눈을 감고 있었다. 그것은 아마 크리스마스 행사를 준비하는 모습이었던 것 같다. 이승만은 그 모습들이 어찌나 우습든지 무심결에 소리를 내어 웃었다. 그러고는 옆에 있는 신긍우를 보고 물었다.

"저게 천주학이지?"

그러나 신긍우는 질색을 하며 말했다.

---

11) 위의 책, p.65.

"천주학은 무슨 천주학이야. 그건 기도라는 것일세. 여기선 기도만 하면 그만이니까."

다음에 들어간 곳은 북학반(北學班) 교실이었다. 거기에서는 지리를 가르치고 있었는데, 칠판 옆에 시간표를 '월(月) 화(火) 수(水) 목(木) 금(金) 토(土)'의 요일별로 큼직하게 써 붙여 놓고 있었다. '금 목 수 화 토'의 오행(五行)밖에 모르는 이승만의 눈에는 그것이 오행을 잘못 뒤집어 놓은 것으로 보였다. 그는 신긍우를 돌아보며 "저게 뭐야? 오행 하나를 똑바로 쓸 줄도 모르고…"하고 말했다. 그러나 교단에 선 선생이 오대양(五大洋) 육대주(六大洲)와 조선의 위치를 설명할 때에는 처음 듣는 것이어서 신기했다. 그리하여 북학반 교실에서 한참 동안 서 있었다. 옆에서 눈치를 챈 신긍우는 이승만의 귀 가까이 입을 대고 말했다.

"저까짓 것은 아무것도 아니야. 다녀보면 우리가 모르던 새 지식이 얼마든지 나오니까. 가령 우리나라나 청국뿐만 아니라 세계 각국의 역사라든지, 서당에서 못 배운 것을 얼마든지 배울 수 있다네."

마지막으로 영어교실에서 한 미국인 교사가 학생들에게 영어단어를 가르치는 것을 보고 다시 노블 교사의 사무실로 돌아온 것은 점심시간이 다 된 때였다. 노블은 이승만에게 점심준비를 시켰으니까 같이 먹자고 했다. 그러나 이승만은 굳이 사양하고 신긍우 형제와 함께 밖으로 나왔다.[12]

3

배재학당은 1882년의 조미수호통상조약 체결 이후로 본격적인 기독교의 전래에 따라 조선에 온 미국 북감리교 선교사 아펜젤러(Henry G. Appenzeller, 亞扁薛羅)가 설립한 한국 최초의 신교육기관이었다. 조선

---

12) 徐廷柱, 앞의 책, pp.117~121.

르네상스 건축양식을 따서 1887년에 벽돌로 지은 배재학당 신축공사.

에서 기독교의 보급이 교육사업과 의료사업을 통하여 시작되었던 것은
널리 알려진 사실이다. 학당의 설립이 허용될 때까지도 서양종교의 선교
활동은 금지되어 있었다. 배재학당은 아펜젤러가 1885년8월에 의사지
망생 두 사람에게 자기 집 서재에서 영어를 가르치기 시작한 것이 효시
였는데, 이듬해 2월에 고종으로부터 '배재학당(培材學堂)'이라는 교명을
받음으로써 사회적으로 입지를 튼튼히 구축할 수 있게 되었다. '배재(培
材)'란 당시에 흔히 쓰이던 "배양인재(培養人材)"라는 말에서 따온 것이
었다.[13]

　　배재학당은 1887년3월에 한국 최초의 르네상스 양식의 교사를 신축
했다. 그 비용은 미국 감리교 선교부가 보낸 4,000달러로 충당했다. 이
새 교사의 반지하실에 산업부를 두어 가난한 학생들이 학비를 벌면서 공

───────
13) 李光麟, 「初期의 培材學堂」, 『開化派와 開化思想硏究』, 一潮閣, 1989, p.105.

부할 수 있게 한 것은 일찍이 조선사회에서는 볼 수 없었던 획기적인 일
이었다.

학생들은 처음에 붓을 매고 미투리 삼는 일을 했으나, 일반시민들로
부터 환영을 받지 못하여 산업부는 곧 파산했다. 그러다가 그해 12월에
올링거(Franklin Ohlinger, 茂林吉) 목사가 부임하여 이듬해 1월부터 삼
문출판사(Trilingual Press)라는 인쇄소를 경영하면서 학생들은 그곳에
서 일자리를 얻게 되었다. 이 출판사는 국문, 한문, 영문의 세가지 활판시
설을 갖추었다고 하여 그렇게 이름을 붙인 것이었다. 성서번역이 진전됨
에 따라 많은 부수의 성서를 인쇄하게 되고, 주일학교용 교재나 일반인쇄
물도 주문을 받게 되어 학생들의 일감이 많아졌다. 1896년에 와서는 인
쇄소의 부대사업으로 제본소도 시작했다. 이 인쇄시설은 뒷날 이승만이
이 나라의 선구적인 언론인으로, 그리고 개화운동의 선봉장으로 성장하
는 온상이 되었다.

조선정부는 배재학당을 통역관 등을 양성하는 기관으로 생각했고,
학당을 찾아오는 학생 가운데는 영어를 배워서 당장 출세하려는 생각을
가진 사람들이 많았다. 이 무렵에 배재학당에 입학하는 학생은 대체로 두
가지 부류였다. 하나는 일찍 개화한 선비집 자제들이고, 다른 하나는 영
어를 배워서 역관(譯官)이나 그 밖의 정부기관의 직임을 얻어서 출세해
보려는 중류층의 청년들이었다. 명문집 자제들 가운데는 잔심부름을 하
는 하인을 데리고 등교하는 학생도 있었다. 몇달 다녀서 영어를 얼마쯤
해득하면 취직이 되어 나가는 학생들이 생기기 시작하자 양학(洋學)의
인기가 높아졌다.[14] 따라서 처음에는 학생들의 입학과 휴학 또는 취학이
일정하지 않았다.

그러나 아펜젤러의 목적은 그렇게 단순한 것이 아니었다. 그것은 배
재학당의 첫 연례보고서(1888~1889)의 다음과 같은 문장으로도 짐작할

---

14) 尹聲烈, 「남기고 싶은 이야기들: 培材學堂」, 《中央日報》 1977년2월4일자.

수 있다.

배재학당의 목적은 조선 학생들에게 서구의 과학과 문학 교육과
정에 대한 철저한 훈련을 제공하는 것이지만, 현재의 조선 학교체제의
본질적 특성과 결합시킨 것이다. 이 목적에 따라서 비록 수업의 대부
분이 영어를 전달매체로 삼고 있으나, 중국 고전이 가장 중요한 비중
을 차지하고 있으며, 모든 학생은 의무적으로 중국 고전 과목을 공부
해야 한다.[15]

이때는 물론 과거제도가 폐지되기 전이었다. 이렇게 하여 배재학당의
교육은 급속히 한국사회에 큰 영향을 미쳤다. 그 가운데서도 특기할 만
한 사실은 조선인 교사나 학생들이 기독교 지식에 대한 관심을 크게 나
타내고 학교 채플에 의무적으로 참석한 점이었다.[16]

1886년에 조선정부에서 세운 신식학교였던 육영공원(育英公院)이
1894년에 폐교되자 조선정부는 이듬해 정월22일(양력2월16일)에 배재학
당과 통역관 양성을 위한 협정을 맺었는데, 그것이 배재학당이 급성장하
는 계기가 되었다. 협정의 주요내용은 통역관 양성을 위하여 조선정부가
해마다 200명의 위탁생을 보내고, 학생들의 월사금과 학생 50명당 조선
인 부교사 1명에 대한 봉급도 부담한다는 것이었다. 그런데 이 통역관 양
성 협정서의 조선쪽 서명자가 '외무아문(外務衙門) 주사(主事) 현채(玄
采)'로 되어 있는 것이 눈길을 끈다.[17] 앞에서 본 대로 현채는 바로 신긍
우의 일본어 선생이었다.

이 무렵 배재학당은 위탁교육시킬 학생을 모집하는 데 각별히 힘을

15) 이만열 편, 『아펜젤러: 한국에 온 첫 선교사』, 연세대학교출판부, 1985, p.331.
16) Daniel L. Gifford, "Education in the Capital of Korea Ⅱ", *The Korean Repository*,
    August 1896, p.311.
17) 이만열 편, 앞의 책, pp.370~371; 李光麟, 앞의 책, p.115.

기울이고 있었다. 왜냐하면, 위의 협정에 따르면 만일에 학생이 200명이 되지 못하는 경우에는 조선정부의 보조금 지급조건에 차이가 있었기 때문이다.[18] 그러므로 신긍우가 이승만에게 배재학당에 입학할 것을 적극적으로 권유한 것도 그러한 학생모집운동의 일환이었을 것이다. 이승만이 자서전 초록에서 "진보파 정권은 여러 가지 학교를 세우고 관비로 운영하여 젊은이들로 하여금 외국어를 배우고 서양문명을 배우도록 온갖 장려를 하고 설득을 하였다"[19]라고 기술한 것도, 그가 배재학당에 입학할 무렵의 사회적 분위기와 그의 입학 동기를 짐작하게 한다.

4

이승만은 집으로 돌아오면서 여러 가지 착잡한 생각에 잠겼다. 조금 전에 배재학당에서 노블이라는 사람이 자기들에게 조선말을 가르쳐 달라고 하던 말도 되새겨졌다. 그는 결심했다. 아버지의 염려가 아니더라도 이승만으로서 당장 절박한 문제는 가족들의 호구책이었다.

'그것을 위해서라면 배재학당 아니라 그보다 더한 데라도 들어가자. 가령 신긍우의 말과 달리 배재학당이 천주학과 개화당을 하는 곳이라 하더라도 내 마음은 그런 것에 빠져들 턱이 없다. 천주학과 개화당, 그것이 참으로 어떤 것인가도 똑똑히 알아보자.'

이승만이 이렇게 마음을 정리하고 있을 때에 신긍우가 찾아왔다. 이승만은 신긍우에게 물었다.

"아까 노블이란 서양 사람이 조선말을 가르쳐 달란 말을 했는데, 그것이 정말일까? 그리고 또 월사금은 얼마나 줄 작정일까?"

"그야 물론이지. 서양 사람은 거짓말은 않네. 아마 적어도 생활비야 받

---

18) 이만열 편, 위의 책, p.370; 李光麟, 위의 책, p.114.
19) "Autobiography of Dr. Sygman Rhee", p.5; 「청년이승만자서전」, 이정식 지음, 권기붕 옮김, 앞의 책, p.271.

게 되겠지. 그러려면
꼭 배재학당에 입학해
야 해. 그래야 조선말
선생으로도 써줄 테
니까."

그러자 이승만은
서슴지않고 말했다.

"그럼, 나 내일 배
재학당에 입학하겠네.
오늘 갔을 때쯤 다시
찾아갈 테니까 자네
가 입학절차를 소개
해 주게."

이렇게 하여 이승
만은 배재학당에 입

조선관복 차림을 한 노블 선교사와 배재학당 교직원들.

학했다.[20] 배재학당에 입학한 시기에 대하여 뒷날 이승만 자신은 1895년이
었다고 회고했는데,[21] 배재학당에 입학하고 얼마 있지 않아서 알게 된 제
중원(濟衆院)의 의료선교사 조지아나 화이팅(Georgiana E. Whting, 花
伊勝)이 한국에 온 것이 1895년4월6일이었던 것으로 보아[22] 이승만이 배
재학당에 입학한 것은 1895년 봄 무렵이었을 것으로 짐작된다. 그러나
이승만의 사진집에 들어 있는 화이팅 자매의 사진에 이승만의 친필 글씨
로 '1894'라고 적혀 있고, 이승만의 구술을 토대로 한 서정주의 전기는
1894년 동짓달 어느 날이었다고 서술하고 있어서 확실하지는 않다.

20) 徐廷柱, 앞의 책, pp.122~123.
21) 「1945년11월28일에 정동예배당에서 거행된 임시정부 영수 환영회에서의 답사」, 雩南實錄編
纂委員會 編, 『雩南實錄(1945~1948)』, 悅話堂, 1976, p.341.
22) 김승태·박해진 엮음, 『내한 선교사 총람 1884~1984』, 한국기독교역사연구소, 1994, p.523.

이승만이 배재학당에 입학하고 나서 느낀 심리적 갈등은 역시 기독교 문제였다. 그는 한동안 어머니에게 배재학당에 입학한 사실을 말하지 않았다. 왜냐하면 "천하에 몹쓸 교리"를 가르치는 학당에 나가는 것을 김씨 부인이 용납할 것 같지 않았기 때문이다. 이승만은 난생처음으로 아침 예배에 참석했을 때의 일을 다음과 같이 적었다.

예배실에서 나는 뒷줄에 앉아서 그 방에 있는 모든 것을 면밀히 살펴보았다. 키가 큰 아펜젤러씨가 강단에 서서 청중에게 조선말로 이야기를 하는데, 나로서는 알아들을 수 없는 말이었다. 물론 나는 그의 말을 경청하려고 간 것은 아니었다. 그런데 이상하고 또 내 마음속에 깊이 느껴진 것은 1900여년 전에 죽었다는 사람이 나의 영혼을 구한다는 이야기였다. 나는 혼자서 생각했다. "아니 그래, 저렇게 훌륭한 일들을 하는 사람들이 정말 그런 바보 같은 교리를 믿는단 말인가. 아마 저 사람들은 자기네는 그것을 믿지 않으면서 그저 무지몽매한 사람들에게 그것을 믿게 하기 위해서 왔나 보다. 그러니까 가난하고 무식한 사람들만 교회에 가는구나. 위대한 석가를 알고 공자의 지혜를 아는 유식한 학자야 어디 저런 교리를 믿을 수가 있겠나." 이렇게 결론을 내린 나는 마음에 편안함을 느꼈고 그래서 어머니에게 모든 것을 알려드렸다.[23]

배재학당에 입학했다는 이승만의 말을 듣고 놀란 김씨 부인은 아들의 손을 붙잡고 말했다.

"아가, 너는 천주학꾼이 되는 거지, 그렇지?"

김씨 부인은 이승만이 장가든 뒤인 이때까지도 그를 '아가'라고 불렀다. 이승만은 단호하게 말했다.

---

23) 『청년이승만자서전』, 이정식 지음, 권기붕 옮김, 앞의 책, pp.271~272.

"아닙니다, 어머니. 저는 그들이 하는 말을 믿기에는 너무 총명합니다. 어디 배운 선비가 그들의 교인이 되는 것을 보셨습니까?"

그제서야 김씨 부인은 안도감을 느끼기는 하는 모양이었으나, 그래도 마음을 아주 놓지는 못하는 눈치였다.[24]

이승만은 또 어릴 때에 길에서 전도하는 미국 선교사들을 보면서 느꼈던 일과 배재학당에 입학하던 때의 일을 다음과 같이 말하기도 했다.

내가 아이 적에 미국 선교사들이 돌아다니며 길가에서 복음을 전도하는 것을 흔히 보았으나 우리는 그들을 몹시 업신여겼으며, 나는 스스로 항상 생각하기를 '다만 무식하고 빈한한 사람들만 저 선교사들의 말을 들으러 다니고 나는 공자와 석가여래의 일과 이 세상 여러 종교를 다 알거니' 생각하고 우리는 저 선교사들을 지목하여 "양고자"라고 부르고, 우리의 고유한 신령들에게 지성으로 기도하여 아무쪼록 저 예수교가 우리나라를 위해하기 전에 진작 이것을 망하게 하여 달라고 하였노라.

1894년에 청일전쟁 끝에 그때 집권하였던 유신당 정부가 과거제도를 폐지하고 전국 청년들은 그 유신당들이 권장하여 외국어와 역사와 더 놀랄 만한 서양문명의 근세 과학적 신발명을 배우게 하니, 나의 가정 법칙을 불구하고 오랫동안 나의 속으로 반복하다가, 필경은 내가 영어를 배우겠다고 결심하여 나의 어머니에게 품고(稟告)하지도 아니하고 감리교회 부속학교에 입학하였으니, 그 학교는 곧 한국 안에 첫번 설립된 예수교 학교요, 감리교인 헨리 지 아펜젤러 박사가 설립한 바라.[25]

---

24) 「청년이승만자서전」, 위의 책, p.272.
25) 《新韓民報》 1919년9월20일자, 「리승만박사의 경력담」.

이승만이 입학할 무렵인 1895년에 배재학당에 등록된 학생수는 모두 109명이었다. 학생들은 영어부, 한문부, 신학부의 셋으로 나뉘어 있었는데, 영어부에 등록한 학생이 76명으로서 가장 많았다.[26] 이승만도 영어부에 등록했다. 학생수는 급격히 늘어나서 이듬해에는 영어부에 106명, 한문부에 60명이 등록했다. 그러나 신학부는 학생수가 적어서 곧 폐지되었다.[27] 영어부에서 가르치는 과목은 읽기, 문법, 철자법, 역사, 수학, 화학 자연과학개론이었다.[28]

이 무렵의 배재학당은 한국인, 미국인, 청국인, 일본인이 두루 섞여 배우고 가르치는 국제적 분위기의 학교였다. 그리고 이 학교의 가장 큰 장점은 우수한 교수진이었다. 설립자 아펜젤러는 펜실베이니아주의 명문 프랭클린 앤드 마셜 대학(Franklin and Marshall College)과 드루신학교(Drew Theological Seminary)를 졸업하고 목사 안수를 받자마자 한국에 온 소명의식에 불타는 이상주의자였다. 이승만에게 영어를 처음 가르쳐 준 노블 목사나 존스(Grorge H. Jones, 趙元時), 벙커(Dalziel A. Bunker, 房巨), 헐버트(Homer B. Hulbert, 訖法, 轄甫) 등의 다른 교사들도 아펜젤러 못지않은 학력과 소명의식을 지닌 사람들이었다.[29]

이승만이 배재학당에 입학한 가장 큰 동기는, 자신이 자서전 초록에서 "내가 배제학당에 가기로 한 큰 야심은 영어를, 영어 한가지를 배우는 것이었다"라고 기술했듯이,[30] 영어를 배우기 위한 것이었다. 이승만이 가

26) 이만열 편, 앞의 책, p.372.
27) Daniel L. Grifford, op. cit., pp.310~311.
28) Methodist Episcopal North Report for 1894, p.246, 白樂濬, 『韓國改新敎史』, 延世大學校出版部, 1991, p.241에서 재인용.
29) 『培材百年史』, p.48 및 Young I. Lew, "American Adviser in Korea, 1885~1894: Anatomy of Failure", Andrew C. Nahm, ed., The United State and Korea: American-Korean Relations 1866~1976, The Center for Korea Studies, Western Michigan University Press, 1979, pp.64~90 참조.
30) 『청년이승만자서전』, 이정식 지음, 권기붕 옮김, 앞의 책, p.274.

장 먼저 영어를 배운 선생은 노블이었다. 노블이 학생들에게 가르친 첫 영어 문장은 "His father told him to go to Pai Jai and study chemistry.(그의 아버지는 그에게 배재학당에 가서 화학을 배우라고 말했다)"라는 말이었다.[31] 이승만은 이 수수께끼 같은 문장을 일생 동안 잊지 않았다.

배재학당의 설립자 아펜젤러 선교사 가족. 아펜젤러는 이승만이 감옥에 있을 때에 이승만의 가족을 돌보아 주었다.

이승만은 학생들 사이에서 이내 두각을 나타내어 서양인 선교사들에게도 알려지게 되었고, 그것은 그에게 서양인 병원인 제중원의 의료선교사 화이팅에게 조선어를 가르치고 또 그녀에게서 영어를 배우는 기회를 가져다 주었다. 화이팅은 스물여섯살 난 처녀였다.

이승만은 처음 얼마 동안은 아침 일찍 제중원에 나가서 화이팅에게 조선어를 가르치고 나서 다시 배재학당에 통학했다. 그러나 그 뒤 오래지 않아서 제중원의 요청으로 화이팅과 같은 의료선교사 샤트롱을 맡은 배재학당 학우 이충구(李忠求)와 함께 그곳에서 하루 내내 있으면서, 오전에는 화이팅에게 조선어를 가르치고 오후에는 그녀에게서 영어를 배우는 것으로 일과를 삼았다. 화이팅에게 조선어를 가르친 지 한달이 되던 날

---

31) Robert T. Oliver, *Syngman Rhee: The Man Behind the Myth*, 1960, p.18.

이승만에게서 한국어를 배운 제중원의 여의사 화이팅(오른쪽)과 그녀의 여동생. 아래 글씨는 이승만의 것이다.

이승만은 그녀로부터 한달 사례비로 은화 20달러를 받았다. 날아갈 듯한 기분으로 집에 돌아온 이승만은 사례금 봉투를 김씨 부인 앞에 내놓고 그동안의 경위를 이야기했다. 너무나 엄청난 돈에 기겁을 한[32] 김씨 부인은 울음을 터뜨리며 아들을 보고 말했다.

"아가, 굶어 죽어도 좋으니 행여 천주학은 하지 마라."

이승만은 북받치는 심정을 억누르며 뚜렷하고 자신에 찬 목소리로 외쳤다.

"어머니, 저를 믿으세요!"[33]

그런데 이승만이 한달 사례비로 받은 20달러가 그 무렵 조선에서 얼마나 큰돈이었던가는 1896년에 학당 산업부의 인쇄공장에 부설한 제본소 사업에 대한 선교부의 연례보고서가 "제본소 사업은 실적이 좋아서 1897년 수입은 151달러59센트나 되었다"[34] 라고 기술한 것과 견주어 보더라도 짐작할 수 있다. 그 당시에 동양 각국에서 유통되던 달러 은화는 거의가 멕시코 은화였는데, 멕시코 은화 20달러는 쌀 열다섯말[斗]을 살

---

32) "Autobiography of Dr. Sygman Rhee", p.5; 「청년이승만자서전」, 이정식 지음, 권기붕 옮김, 앞의 책, p.254.
33) 徐廷柱, 앞의 책, pp.128~129.
34) 이만열 편, 앞의 책, p.390.

수 있는 돈이었다.[35) 그것이 미국 은화였다면 액수는 훨씬 더 많아진다. 1895년1월22일(양력2월16일)에 학무아문(學務衙門)과 배재학당 사이에 체결한 위탁생 교육 계약에는 한국인 부교사에게 월급으로 은화 20달러를 지급하기로 했는데,[36) 이승만이 화이팅으로부터 받은 돈은 그것과 같은 액수였던 것이다. 이렇게 하여 화이팅에게 조선어를 가르치고 받은 사례비는 이승만 가족의 생계문제를 해결했을 뿐만 아니라 그의 사회활동에도 큰 힘이 되었다.

화이팅의 조선말과 함께 이승만의 영어도 빠르게 발전했다. 그리하여 그는 6개월 뒤에는 배재학당 교사 벙커의 요청으로 배재학당의 신입생반을 맡아서 영어를 가르치게 되었다. "영어공부를 시작한 지 여섯달밖에 되지 않았는데, 영어선생이 되었다고 하여 사람들의 칭찬이 자자했다"라고 이승만은 그의 자서전 초록에 적었다.[37)

---

35) 李憲昶 교수가 1904년의 자료를 근거로 환율변동과 물가상승률을 감안하여 계산했다.
36) 이만열 편, 앞의 책 p.370; 李光麟, 앞의 책, p.114.
37) "Autobiography of Dr. Sygman Rhee", p.5; 「청년이승만자서전」, 이정식 지음, 권기붕 옮김, 앞의 책, p.254.

2. 춘생문사건(春生門事件)과 단발

1

배재학당에 입학하여 이승만이 배운 것은 물론 영어만이 아니었다. 신학문의 학습을 통하여 많은 새로운 지식을 얻게 되었고, 세상에는 유교만이 아니라 기독교도 삶의 원리라는 것을 알게 되었다. 그리고 개화파가 기본이념에서는 옳다는 것도 깨달았다. 나아가 개화파의 여러 친구들을 통하여 조정의 움직임도 그전보다 구체적으로 알게 되었다. 배재학당에 입학한 뒤에 주로 사귄 친구들은 신긍우 형제들 이외에 이충구, 윤창렬(尹昌烈), 이익채(李益采) 등이었는데, 그들은 개화를 주장하는 열혈청년들이었다. 이승만은 이들로부터 많은 것을 배웠다.

1895년8월20일(양력10월8일) 새벽에 한달 전에 새로 부임해 온 일본군 예비역 육군 중장 미우라 고로(三浦梧樓) 공사의 진두지휘 아래 서울에 와 있던 외교관, 고문관, 군인, 경찰, 신문기자, 낭인배 등 120여명이 궁궐에 난입하여 민비[閔妃: 1897년에 明成皇后로 추책됨]를 무참하게 시해한 을미사변(乙未事變)이 발생했을 때에 그 사실을 맨 먼저 이승만에게 알려 주면서 비분강개한 사람도 이충구였다. 이충구는 눈물을 흘리면서 사건의 경위를 설명하고 나서 결연히 말했다.

"국모께선… 놈들에게 찔려 돌아가시며 친위대를 향해 '날 살려라'라고 고함을 치셨다 하오. 역적놈들, 모두 무얼 하고 있었는지. 형! 나는 기어이 원수를 갚으려 하오. 어떻게 해서라도. 인제 두고 보시오!"

이승만은 이충구의 손을 잡으면서 말했다.

"충구 형, 일을 꾸미거든 나도 같이 하게 해주시오."

그러나 이충구는 "고맙소. 그렇지만 형은 아직 그대로 계시오. 인제 더 큰일에 쓰일 날이 있을 테니…" 하고 말하면서, 자리에서 일어났다. 이때에 이승만은 이충구와 같은 개화당이라면 얼마든지 조선에 더 있어야겠

다고 생각했다고 한다.[38]

청일전쟁에서 승리한 일본은 시모노세키(下關)조약에 따라 청국으로부터 대만(臺灣)과 요동반도(遼東半島)를 할양받기로 했으나 러시아, 프랑스, 독일 세나라의 압력[3국간섭(三國干涉)]으로 요동반도는 청국에 반환되고, 청국은 열강의 각축장이 되었다. 이러한 국제환경 속에서 조선의 정국도 급박하게 돌아갔다. 서울에 있는 서양 외교관들의 사교장이었던 정동구락부(貞洞俱樂部)는 갑자기 서양인과 조선인의 사교장이 되고, 정부는 민비를 중심으로 하여 친러시아 경향이 뚜렷해져 갔다. 민비와 그 일파가 러시아공사 베베르(Karl I. Weber, 韋貝)와 빈번히 접촉하고, 친러파의 이완용(李完用), 이범진(李範晉) 등이 입각하는가 하면, 고종은 내정개혁을 위한 칙령이나 재가 사항이 자신의 의사에서 나온 것이 아니었다는 말을 하기도 했다. 이러한 상황에서 자행된 을미사변은 조선에서 러시아와 대결하게 된 일본이 조선정부가 러시아에 접근하는 것을 차단하기 위해서 저지른 만행이었다.[39]

미우라 공사는 만행의 증거를 남기지 않기 위하여 민비의 시신에 휘발유를 끼얹어 태워서 궁궐의 뒷숲에 묻게 한 다음 민비가 궁궐을 탈출한 것처럼 위장하여 고종에게 민비의 폐서인조칙(廢庶人詔勅)을 내리도록 강요했다. 고종은 저들이 작성한 조칙문에 서명할 것을 거절하면서 차라리 손을 자르는 것이 낫겠다고 말했다고 한다.[40]

사건 직후에 일본의 요구에 따라 새로 임명된 궁내부대신 이재면(李載冕)과 내각총리대신 김홍집(金弘集) 등 여덟 대신이 서명한 이 폐서인조칙은 이틀 뒤인 8월22일에 관보로 공포되었는데, 그 내용은 치욕적이었다.

---

38) 徐廷柱, 앞의 책, pp.133~134.
39) 崔文衡 外, 『明成皇后弑害事件』, 民音社, 1992, 한국정치외교사학회 편, 『명성황후 시해사건과 아관파천기의 국제관계』, 東林, 1998, pp.9~151, 이민원, 『명성황후 시해와 아관파천』, 국학자료원, 2002, pp.27~105 참조.
40) Isabella L. Bird Bishop, *Korea and Her Neighbours*, vol.Ⅱ., John Murray, 1898, p.69.

짐(朕)이 즉위한 지 32년이 되었으나 치화[治化: 백성을 다스려 교화함]가 미흡하다. 왕후 민씨는 가까운 무리들을 끌어들여 좌우에 두고, 짐의 총명을 가리고 인민을 함부로 착취했다. 짐의 정령(政令)을 어지럽히고, 관직을 팔고, 탐학이 지방에까지 퍼지니 도적이 사방에서 일어나서, 종묘사직이 위태로워졌다. 짐이 그 극악을 알면서도 벌하지 못했던 것은 오직 짐이 불명(不明)했을 뿐만 아니라 저들 무리를 기탄해서였다.…[41]

평소에 고종에 대하여 모멸적 감정을 지니고 있던 이승만이 고종의 이 참담한 조칙을 어떻게 받아들였을지 궁금하다.

을미사변은 미우라가 일본공사로 부임한 지 한달 남짓 만에 발생한 사건이었다. 그러므로 그것은 일본정부의 개입 없이 외교에는 문외한인 미우라 한 사람이 독단적으로 자행한 범행이었다고 보기는 어렵다. 사건의 보도를 들은 메이지 천황(明治天皇)은 시종에게 다음과 같이 말했다고 한다.

"할 때는 하는군."[42]

메이지의 이러한 반응은 이 시기의 일본 최상층 인물들의 한국 인식이 어떠했는가를 짐작하게 한다.

국제적인 비판과 항의가 빗발치자 일본정부는 미우라를 비롯한 관계자 50여명을 본국으로 소환하여 히로시마(廣島) 감옥에 수감했다. 그리고 민비도 10월10일에 복위되었다.

2

민비시해에 대한 복수를 하겠다고 다짐하면서 헤어졌던 이충구가 제

---

41) 「王后閔氏廢位通報」, 1895년8월23일(양력10월11일), 『舊韓國外交文書(三) 日案(3)』, 1967, p.354; 鄭喬, 『大韓季年史(上)』, 國史編纂委員會, 1957, p.120.
42) 三浦梧樓, 『明治反骨中將一代記(觀樹將軍回顧錄)』, 芙蓉書房, 1981, pp.249~250.

중원으로 이승만을 찾아온 것은 사건이 있고 두달 가까이 지난 10월11일 이었다.

"긴히 할 말이 있으니 우리 집까지 같이 좀 갑시다."

이승만을 자기 집으로 데리고 간 이충구는 안방에서 주안상을 보아 오게 한 다음 조용히 말했다.

"사실은 일을 좀 만드느라고 그동안 형을 찾지 못했소. 이제는 일이 다 되어 내일 새벽에 바로 거사하게 되었소. 국모를 손수 모시던 친위대 가 우리 편이 되었으니까 반드시 성사할 것이오.… 우리는 내일 새벽에 바로 대궐로 쳐들어가서 국모를 돌아가시게 한 친일파 내각놈들과 그 흉악한 왜놈들을 모조리 없애고 상감을 모실 작정이오. 그러나 혹시 일 이 어찌될는지 몰라서… 형! 만일에 내게 화가 미치는 날이 있으면 내 가 족을 좀 보살펴 주시오."

이승만은 이충구를 나무라면서 말했다.

"전에도 말한 것처럼 형이 하는 일이면 나도 같이할 각오가 되어 있소. 형만 보내고 낸들 뒤에서 어찌 편안히 앉아 있겠소."

"이번 일을 맡을 사람들은 이미 다 결정이 되었고, 다만 내 뒤를 부탁 할 친구만이 없소. 형을 빼고 싶어서 뺀 것이 아니라, 그렇게 한 것은 역시 부질없지만 내 우정인 줄 아시오. 형은 6대 독자가 아니오. 그러니 이제 그 값이 될 만한 더 큰일에 몸을 바치시란 말이오."

이승만은 이충구의 청을 승낙하는 수밖에 없었다.[43] 이충구가 말하 는 거사란 친러파와 친미파 인사들이 협력하여 1895년10월12일(양력11 월28일) 새벽에 고종을 미국공사관으로 피신시키고, 민비시해 이후에 개 편된 친일내각을 타도하려 했던 개획을 말한다. 이른바 춘생문(春生門) 사건[44]이 그것이었다. 이 무렵 고종은 경복궁의 가장 뒤채인 건청궁(乾淸

43) 徐廷柱, 앞의 책, pp.134~135.
44) 洪景萬, 「春生門事件」, 『李載龒博士還曆紀念韓國史學論叢』, 한울, 1990, pp.647~676 참조.

宮)에 거처하고 있었다. 신무문(神武門)을 들어가면 바로 대궐 후원이고 후원 동쪽에 있는 협문이 춘생문인데, 이 문은 대궐 밖에서 가장 빠르고 은밀하게 고종의 처소로 접근할 수 있는 문이었다. 이충구와 함께 거사를 모의한 주동자들은 시종원 시종 임최수(林最洙), 시종원경 이재순(李載純), 전 훈련 제3대대 대대장 이도철(李道徹), 전 군부대신 안경수(安駉壽), 외부협판 윤치호(尹致昊)의 아버지인 전 남병사 윤웅렬(尹雄烈) 등이었다. 친위대 소속 장교 수십명도 거사에 가담했다. 친러파인 이충구는 러시아공사관에서 탄환 80발을 얻어 오고, 안경수를 러시아공사관에 피신해 있던 이범진과 연결시켜 놓기도 했다.[45] 이들은 고종과도 내밀히 연락이 닿아서 신변의 위협을 느끼고 있던 고종으로부터 "궁성을 보호하고 흉역(凶逆)을 처단하라"는 밀지까지 받아 놓고 있었다.[46] 병력은 동별영(東別營)의 친위대 병력을 동원했고, 있을 수 있는 일본군의 방해를 저지하기 위하여 외국 공사관에 지원을 요청하여, 러시아공사관은 거사 당일에 일단의 병력을 대궐로 파견하기까지 했다.

그러나 이 계획은 궁궐 안에서 호응하기로 한 친위대 대대장 이진호(李軫鎬)의 배신으로 실패하고, 거사를 주동했던 사람들은 대부분 러시아와 미국 공사관과 미국 선교사들의 집으로 피신했다.[47] 이 사건을 빌미로 하여 일본정부는 히로시마 감옥에 수감되어 있는 미우라 등 민비시해 주모자들을 증거 불충분이라는 이유로 모두 석방했다.

뜬눈으로 밤을 새운 이승만은 아침 일찍 이충구의 집에 가 보았다. 그런데 집에 없어야 할 이충구가 집에 있었다. 이충구는 의아해하는 이승만에게 조용히 설명했다.

"애석하게도 일이 다 틀렸소. 새벽에 우리는 대궐문 앞에 가서 신호총을 놓았지만, 안에서 호응하기로 약조한 놈들이 문을 열어 주어야지.

45) 鄭喬, 『大韓季年史(上)』, pp.125~126.
46) 오영섭, 「고종과 춘생문사건」, 《鄕土서울》 제68호, 서울시사편찬위원회, 2006.10., pp.205~208.
47) 尹致昊, 『尹致昊日記(四)』, 國史編纂委員會, 1975, pp.93~107.

놈들은 하룻밤 사이에 변절하여 도리어 우리를 향해 탕탕 총을 놓고 있는 것이 아니겠소. 사람들이 이렇게 되어 가다가는 이 나라 일이 어떻게 될는지…. 일은 다 글렀소. 인제 오래잖아 포졸들이 우리를 잡으러 올 것이오."

"그럼 어째 도망하지 않고 그러고 계시오?"

이승만은 안타까워서 물었으나, 이충구는 태연하게 대답했다.

"도망해서 무엇하오. 내가 달아나면 같이 일하던 사람들만 경을 칠 테니 내가 혼자 총책임을 지겠소."

이튿날 들으니까 이충구는 이도철과 같이 체포되고, 윤웅렬은 상해로 망명했다고 했다. 법부대신 장박(張博)이 직접 이충구를 고문하자 "이 역적놈들아, 내가 성공했으면 너희 놈들이 먼저 죽었을 것이다!" 하고 외쳤다는 소식도 들렸다.[48]

춘생문사건은 이승만이 처음으로 직접 정치현실과 관련을 갖는 계기가 되었다. 사건과 관련된 검거선풍이 있고 나서도 이승만은 여느 때와 마찬가지로 제중원에서 화이팅에게 조선말을 가르치고 있었다. 그러던 어느 날 복녀가 울면서 제중원으로 달려왔다.

"서방님, 큰일 났어요. 아까 윤창렬씨가 서방님을 찾아왔는데, 그 뒤를 따라 순검들이 셋이나 쫓아 들어오면서 윤 선생의 손을 붙들고 '당신이 이승만씨요?' 하지 않겠어요. 아니라고 하니까 윤 선생 놓아 주고 방으로 들어와서 샅샅이 뒤지고 있어요. 마님께선 어떻게 놀라시는지…. 그러니 서방님, 집에는 오지 말고 어디 숨으세요, 네."

"그래 윤창렬씨는 어떻게 되었니?"

"윤 선생은 순검들이 방에 들어온 틈에 도망했어요."

"알았다. 그럼 어서 집으로 가서 마님께 잘 알아서 할 테니 내 일은 조금도 걱정 마시라고 여쭈어라."

---

48) 徐廷柱, 앞의 책, pp.136~138.

이승만은 당장 피신하기로 결심했다. 이충구를 통하여 거사계획을 알고 있기는 했으나, 직접적으로는 아무런 관련이 없는 이승만이 지명수배된 이유는 분명하지 않다. 위에서 보았듯이 이충구는 이승만의 참여를 끝까지 배제했는데, 이러한 이충구와의 관계만으로 이승만이 지명수배되지는 않았을 것이다. 미국공사 실(John M. B. Sill)이 춘생문사건과 관련하여 본국에 보낸 보고문에 다음과 같은 대목이 있는 것이 눈길을 끈다.

저는 우리 선교사들이 그들의 동정과 관심을 표현하는 데 무분별하지나 않았는지 우려합니다. 선교사들이 이번 사건에 죄가 없는 것은 확실합니다. 다만 선교사들의 조선어 교사 중 일부는 이번 사건에 관계된 것이 틀림없고, 그들은 외국인의 동정에 지나친 기대를 했던 것 같습니다.[49]

이 말은 이승만이 지명수배된 것이 미국인 선교사의 조선어 교사였기 때문임을 시시해 준다. 사건의 주모자인 이충구도 미국인 선교사의 조선어 교사였으므로 친일내각이 이들 조선어 교사들과 미국인의 연계를 의심하는 것은 당연했다. 이승만은 화이팅의 도움으로 머리에 붕대를 감은 여자 환자로 가장하고 가마를 타고 남대문을 빠져 나와서 양화진(楊花津)에 있는 화이팅의 친구 지킵슨 부인 집으로 갔다. 거기에서 하루를 보낸 뒤에 다시 황해도 평산의 누이 집을 찾아 혼자 걸어서 갔다.

춘생문사건에 대한 재판은 사건이 있고 나서 한달이 지난 11월15일에 특별법원에서 실시되었다. 주모자 임최수, 이도철은 사형이었고 이충구, 이민굉(李敏宏), 전우기(全佑基), 노흥규(盧興奎)는 제주도 종신 유배, 이재순, 안경수, 김재풍(金在豐)은 태 100과 징역 3년형에 처해졌다. 그러

49) John M. B. Sill to Secretary of State, Dec. 3, 1895, Spencer J. Palmer ed., *Korean-American Relations: Document Pertaining to the Far Eastern Diplomacy of the United States*, vol.Ⅱ., University of California Press, 1963, p.139.

나 왕족인 이재순은 특전으로 형을 면하여 3년 동안 향리로 추방되었고, 이창근(李昌根) 등 나머지 23명은 모두 석방되었다.[50]

이승만은 1896년2월 어느 날 화이팅으로부터 안심하고 상경하라는 전갈을 받았다. 화이팅은 재판이 있고 나서 달포가 지나도록 이승만이 나타나지 않자 직접 연락했던 모양이다. 이승만은 불안한 느낌이 가시지 않은 채 서울로 돌아왔다.

3

김홍집 내각은 일본공사와 일본인 고문관의 의견에 따라 '개혁정책' 을 시행했다. 11월17일은 양력으로 1896년1월1일이 되는 날이었는데, 이 날을 기하여 음력 사용을 폐지하고 태양력을 쓰고, '건양(建陽)'이라는 새 연호를 쓰게 했다(이 책에서도 지금까지는 음력을 썼으나 1896년1월1 일 이후의 일부터는 양력을 쓰기로 한다).

여러 개혁정책 가운데 가장 충격적인 것은 11월15일에 공포한 단발령(斷髮令)이었다. 이 단발령의 강제는 민비시해에 이어 다시 한번 민심을 자극하여, "나의 목은 자를 수 있어도 나의 두발은 자를 수 없다"는 유학자 최익현(崔益鉉)의 유명한 말이 상징하듯이, 국민적 저항을 촉발했다. 그 때문에 1896년에 접어들면서 전국적으로 의병이 봉기하게 되었다.

그런데 이 무렵의 이승만의 행동 가운데 특히 주목되는 것은 자진하여 상투를 자른 일이었다. 그는 오래전부터 단발문제로 고민하고 있었다. 그는 상투를 "조선이 결별해야 할 낡은 보수적인 과거의 상징"으로 생각하고,[51] 제중원의 의사 에비슨(Oliver R. Avison, 魚丕信)과 단발문제

---

50) 『日省錄』 高宗32년11월15일조.
51) Robert T. Oliver, *op. cit.*, p.22.

1885년에 미국인 알렌에 의하여 설립된 우리나라 최초의 서양의학 의료기관인 제중원.

를 상의했다. 제중원 뒤의 언덕에 에비슨의 집이 있었는데, 이승만은 일요
일마다 에비슨을 찾아가서 영어를 연습하고 조선의 장래에 대해 논의했
다. 에비슨은 이승만이 대통령이 된 뒤에 그에게 보낸 편지에서 그때의 일
을 흥미롭게 회상했다.

아무튼 당신은 내가 격려해 줄 필요가 없었지요. 당신이 그때에 걷
던 그 길이 얼마나 위험한 것인가에 대해 내가 경고했던 것을 기억하시
는지 모르겠습니다. 내가 하는 말을 조용히 듣고 한참 있다가 "그래도
나는 그대로 하겠습니다" 하던 당신을 나는 잘 기억합니다.… 나는 내
가 처해 있던 거북한 입장을 생각하면 지금도 웃을 수밖에 없습니다.
왕이 편찮거나 병이 있다고 생각했을 때에 그분을 진찰하러 갔다 와서
는 군주제가 폐기된 뒤의 장래에 대하여 당신과 토론하곤 했으니까요.
분명히 우리 둘은 반역자들이었지요.[52]

52) 에비슨이 1949년 12월12일에 李承晩에게 보낸 편지, 「청년이승만자서전」, 이정식 지음, 권기
봉 옮김, 앞의 책, p.273.

이러한 에비슨이었으므
로 단발문제로 고민하는 이
승만에게 단발을 강력히 권
고했을 것이 틀림없다. 그리
하여 이승만은 단발령이 공
포되자 자의로 단발하기로
결심했다. 물론 그때까지는
대부분의 배재학당 학생들
은 상투머리를 하고 다녔다.

이승만은 이경선이 출타
한 어느 날 오후에 김씨 부
인에게 단발할 결심을 말했
다. 그는 자서전 초록에 김
씨 부인에게 "단발을 하는
것은 고래의 신조에 어긋나
는 일이기는 하나 세조(世

이승만에게 기독교와 민주주의 사상을 고취해 준 제중원의 의료선교
사 에비슨.

潮)의 흐름에 거역할 수가 없다는 것을 아뢰었다"라고 적었다.[53]

우는 김씨 부인을 보고 이승만도 울었다. 이승만은 정중히 조상의 위
패를 꺼내어 그 앞에 고하고 나서 에비슨에게 가서 상투를 잘랐다. 상투
를 자를 때의 일을 이승만은 자서전 초록에 인상적으로 적어 놓았다.

닥터 에비슨이 가위로 나의 머리를 잘랐다.… 그때에 몇몇 외국 사
람들이 동정 어린 눈으로 지켜보았는데, 머리카락이 잘리고 상투가
내 앞에 떨어질 때에 나는 싸늘한 전율을 느꼈다. 그리고 나는 병원에
딸린 작은 방에서 이틀 밤을 지냈다.… 내가 나타나자 어머니는 무척

53) 「청년이승만자서전」, 위의 책, p.272.

놀라고 자식이 죽기나 한 것처럼 통곡하였다. 나의 그 귀중한 상투는 어느 여선교사가 필라델피아 근처의 자기 친구에게 보냈는데, 그 뒤에 행방불명이 되었다.[54]

한편 에비슨은 이때의 일을 조금 다르게 회고했다.

폐하께서 머리를 깎은 직후의 어느 일요일 오후에 이승만씨가 우리 집에 찾아와서 상투를 잘라 달라고 하여 나를 놀라게 했다. 내가 "정말 상투를 자르고 싶습니까?" 하고 묻자, "물론 싫지요. 그러나 잘라야 하기 때문에 이왕이면 친구가 자르게 하고 싶습니다. 이 일을 재미로 여기는 자들에게 잘리고 싶지는 않습니다"라고 대답했다. 우리는 시약소로 갔다. 나는 여기에서 그의 상투를 단번에 잘라 테이블 위에 얹어 두고는 남은 머리카락을 내 기술껏 다듬어 주었다. 내 기술이라야 대단한 것이 아니었으나 적어도 폐하의 머리를 깎은 사람보다는 더 잘 깎았다. 이발이 끝나자 이씨는 잘린 상투를 정성스럽게 집어서 가제에 쌌는데, 두 뺨에 눈물이 흘러내렸다. 그는 그것을 집에 가져가서 어머니에게 드리겠다고 말했다.[55]

에비슨은 이승만이 잘린 상투를 어머니에게 갖다 드리겠다고 말했다고 했는데, 이승만은 김씨 부인에게 먼저 보인 다음에 미국인 여선교사에게 건네주었던 모양이다. 사실은 고종도 울며 겨자 먹기로 단발을 했다. 단발을 한 직후에 에비슨을 만난 고종은 "보시오, 저들이 우리 모두를 중으로 만들어 놓았소"라고 말했다고 한다. 아무튼 이때의 단발령을 두고 에비슨이 "일본인이 이미 자행한 여러 가지 행위로 야기된 조선인의 적개

---

54) 같은 책, pp.272~274.
55) 올리버 R. 에비슨 지음, 황용수 옮김, 『구한말 40여년의 풍경』, 대구대학교출판부, 2006, pp. 276~277.

심에다 극히 불필요한 모욕감마저 더 보태게 되었다"[56]라고 한 말은 적절한 지적이었다.

이승만이 상투를 자른 날짜는 분명하지 않다. 단발령을 공포하는 날 고종은 왕세자와 함께 단발을 했으므로, 에비슨의 회고대로라면 이승만이 단발을 한 것은 단발령이 공포된 직후였다. 단발령이 공포된 것은 춘생문사건이 있고 나서 한달쯤 지난 1895년11월15일이었고, 또 바로 그날 춘생문사건에 대한 재판이 있었으므로, 이승만이 상투를 자른 것은 평산에서 돌아와서 얼마 되지 않은 때였다.

의료선교사로 1893년에 조선에 온 에비슨은 1935년까지 줄곧 한국에 머물면서 세브란스 의전과 연희전문의 교장을 역임하는 등으로 한국의 의료와 교육에 생애를 바쳤다. 이승만은 1952년3월1일에 피란지 부산에서 외국인에게는 헐버트에 이어 두번째로 에비슨에게 독립유공훈장을 수여하면서, '훈장증'의 문면을 직접 작성했다. 전무후무하리만큼 파격적인 이 '훈장증'은 젊은 시절의 자신과 에비슨의 관계를 다음과 같이 강조했다.

위대한 의무선교사요 한국인의 온정적인 친우요 후원자인 알. 오. 에비슨 박사는 금세기 초엽 한국에 있어서 곤란한 과도기에 내한하여 서울 왕립병원에서 의사로 시무하여 한인을 위하여 수고하며 끊임없이 백성들을 사랑하였으니, 에비슨 박사는 그가 이 땅에 전한 기독교 정신으로부터 오는 자유주의 사상의 상징으로서 본 대통령의 신실한 친구이었으며 또 본 대통령의 청년시기에 기독적 민주주의 새 사상을 호흡케 하였으니, 에비슨 박사의 한국인의 희망에 대한 고매한 지원은 모든 한인이 이것을 지실하고 있는 바이니, 그가 그 재능과 지도역량을 다 바쳐 일한 연희대 세브란스병원 앞뜰에 서 있는 그의 동상이 이를 증명하는도다. 차후에 일인의 학정은 이 기념상까

---

56) 위의 책, p.275.

지 제거하고 말았으니, 지금 대한민국은 우리 국민의 에비슨 박사에
대한 감사의 념을 새로이하며 그의 이름을 한인의 영육의 보전을 위
하여 애쓴 이름 있는 외국인 친우의 명록에 올림을 영예로 여기며 대
한민국 헌법이 부여한 대통령의 권한에 의하여 자에 건국공로훈장
단장을 길이 표창함.[57]

단발령에 반대하는 관료들이 벼슬을 내던지고 낙향하는 등 전국이
단발 반대로 들끓는 상황에서 이승만이 자진하여 단발을 결행한 것은 외
국인들과 어울려 생활하는 동안에 그가 급진적인 개화파가 되고 있었음
을 말해 준다. 그리고 그것은 그가 일생을 통하여 크고 작은 많은 결단의
고비에서 보여 준 과단성의 한 보기이기도 하다. 그러나 불행하게도 이
승만은 단발령이 조선의 정황을 파국으로 몰고 가면서 자신들의 정치적,
군사적, 상업적 이익을 추구하려는 제국주의 일본의 강압에 의한 것이라
는 사실[58]을 깊이 인식하지 못했다.

4

단발령 소동과 함께 정국은 또다시 급전직하로 바뀌었다. 을미사변
직후에 일본공사의 강요에 따라 발족한 김홍집 내각에 대한 극도의 불신
과 신변안전에 대한 공포에 싸여 있던 고종은 친러파인 이범진을 통하여
신임 러시아공사 스페예르(Alexis de Speyer, 士貝耶)에게 구원을 요청
하고 있었는데, 러시아공사관과 이범진, 김홍륙(金鴻陸) 등 궁내관들은
단발령에 반대하여 각처에서 봉기하는 의병을 진압하기 위해 시위대(侍
衛隊)의 주력이 지방으로 파견되어 궁궐의 경비가 소홀해진 틈을 이용하

---

57) 延世大學校 醫科大學, 《醫學百年記念畵報》 제1집, 1985, p.33.
58) 李玟源, 「상투와 단발령」, 《史學志》 제31집, 檀國史學會, 1998 참조.

여, 2월11일 새벽에 고종과 왕세자를 러시아공사관으로 이어(移御)시킨 것이다. 이른바 아관파천(俄館播遷)이었다. 춘생문사건이 있은 지 두달 남짓만의 일이었다.

러시아공사관으로 거처를 옮긴 그날로 고종은 총리대신 김홍집 등 친일내각 인물들의 체포와 처형을 명령하고 새 내각을 발표했다. 새로 구성된 내각은 친러파보다도 친미파를 중심으로 다양한 인물들을 기용한 정동파 내각(貞洞派內閣)이었다. 그것은 러시아

러시아공사관에 머물면서 방문자의 알현을 받고 있는 평복 차림의 고종.

가 조선의 내정에 깊이 개입한다는 인상을 피함으로써 있을 수 있는 열국의 비난을 미연에 방지하려고 한 배려에서 취해진 조치였다. 총세무사(總稅務士)로 고빙했던 영국인 브라운(John McLeavy Brown, 柏卓安)[59]을 재정고문으로 임명하면서 탁지부(度支部)의 실상을 조사할 권한을 부여하고, 외부(外部)와 법부(法部)의 고문이던 미국인 그레이트하우스(Clarence R. Greathouse, 具禮)를 고등재판소 감독관으로 임명하여 민비시해사건의 수사와 재판과정에서 중요한 역할을 하게 하는 한편, 재판제도를 개선하게 한 것도 베베르의 이러한 방침에 따른 것이었다. 고종은 정부조직을 바꾸어 내각을 폐지하고 의정부(議政府)를 부활시킴으로써

---

59) 金賢淑,「韓末顧問官 J. McLeavy Brown에 대한 研究」,《韓國史研究》 66호, 韓國史研究會, 1989.9 참조.

왕권을 강화하고자 했다.[60]

한편 각국 외교관들은 아관파천이 있고 나서 조선의 재정, 재판, 교육제도 등의 분야에서 가장 많은 발전이 이루어졌다고 본국 정부에 보고했다. 그러나 그것은 러시아의 위와 같은 방침에 의한 일시적 현상에 지나지 않았다. 이승만이 뒷날 아관파천에 대해 조선이 독립할 수 있는 좋은 기회의 하나였다고 말한 것도[61] 이러한 상황에 대한 과대한 평가에 따른 것이었다. 그러나 러시아공사관에 머물러 러시아 군인의 보호를 받으면서 러시아공사의 조언에 따라 내리는 고종의 지시가 자주적인 것일 수 없었음은 뒤이어 일본을 제외한 각국에 철도, 광산, 산림 등의 각종 이권을 허용한 것으로도 짐작할 수 있다.[62]

김홍집 등 친일내각의 수뇌는 길거리에서 맞아 죽기도 하고 더러는 일본으로 망명했다. 춘생문사건으로 사형당한 임최수와 이도철은 각각 내부협판과 군부협판에 추증(追贈)되고, 종신유배형에 처해졌던 이충구는 4월9일에 내부참서관에 임명되었다. 이충구는 뒤이어 법부 형사국장, 고등재판소 판사 등을 거쳐 1897년12월에는 경무사(警務使)에 임명되고,[63] 한러은행 설립에도 참여하는 등 적극적인 친러파로 활동했다.

국왕이 외교영사관에 머무는 수치스러운 상황이 벌어지자 최익현을 비롯한 전국의 유생들과 관료들로부터 고종의 환궁을 촉구하는 상소가 잇따랐다. 그러나 환궁할 경우에 있을지 모를 신변의 위협을 우려한 고종은 1년이 지나서 러시아 군사교관에 의하여 훈련된 친위대가 궁궐경비를 담당할 수 있게 된 1897년2월20일에야, 그것도 외국 공사관들과 인접한 경운궁[慶運宮: 지금의 德壽宮]으로 환궁했다.[64]

고종이 환궁한 뒤에도 러시아는 한국정부에 계속해서 영향력을 행

---

60) 『日省錄』 建陽元年(1896)8월18일(양력9월24일)조.
61) 『독립정신』, 『雩南李承晚文書 東文篇(一) 李承晚著作 1』, 1998, p.378.
62) 愼鏞廈, 『獨立協會研究』, 一潮閣, 1976, pp.151~152, 이민원, 앞의 책, p.128.
63) 安龍植 編, 『大韓帝國官僚史研究(I) 1896.8.~1901.7.』, p.631.
64) 이민원, 앞의 책, p.125.

일본인들에게 시해된 지 2년이나 지나서야 거행된 명성황후 국장.

사했다. 우선 왕궁의 호위가 러시아 군사교관의 지휘와 통제 아래 있었다. 러시아는 조병식(趙秉式), 심상훈(沈相薰) 등 친러파를 요직에 기용하게 하는 한편, 고종의 측근에는 김홍륙 등 러시아어 통역관을 배치시켰다.

고종은 러시아의 간섭을 벗어나서 자주권을 확립하고 친정체제를 강화하기 위한 조치를 취했다. 먼저 3월23일에는 국가제도를 재정비할 교전소(校典所)를 설치하고,[65] 10월에는 칭제(稱帝)할 것을 선포하고, 국호를 대한제국(大韓帝國)으로 선포하는 동시에 황제 즉위식을 거행했다.[66] 1월에 시호를 명성(明成)으로 정했던 민비도 명성황후로 개칭하고, 11월21일에는 명성황후 국장을 거행했다. 명성황후는 일본인들에게 시해된 지 2년 넘어 지나서야 인산(因山)이 거행된 것이다.

---

65) 韓哲昊, 『親美開化派研究』, 國學資料院, 1998, pp.211~220.
66) 李玟源, 「稱帝論議의 展開와 大韓帝國의 成立」, 《淸溪史學》 제5집, 韓國精神文化研究院, 1998.2 참조.

3. 서재필의 권유로 협성회(協成會) 조직

1

이승만이 평산에서 돌아온 직후에 배재학당에서 서재필(徐載弼) 박사 환영회가 열렸다. 서재필은 《독립신문》의 발간 준비를 위하여 분주하던 때였는데, 그가 귀국한 뒤에 청중 앞에서 강연을 하기는 이때가 처음이었다. 미국 시민권 소유자인 서재필은 아펜젤러 등 미국인의 협조를 얻어서 이 강연회를 한국 정계에 공개적으로 등장하는 계기로 삼았던 것 같다. 그가 이 강연에서 미국의 정치제도를 특별히 소개한 것도 그러한 의도를 나타낸 것이었다. 같은 무렵에 서재필은 서울의 감리교단이 발행하던 영문 잡지 《코리언 리포지터리(*The Korean Repository*)》에 「조선이 가장 필요한 것(What Korea Needs Most)」이라는 글을 발표하여 현대적 교육의 긴요함을 강조하기도 했다.[67]

이승만도 이 환영회에 참석했다. 이승만이 서재필을 처음 보는 자리였는데, 이때의 서재필과의 만남은 이승만이 개화기 주역의 한 사람으로 급성장하는 계기가 되었다.

서재필은 열아홉살에 별시(別試) 문과에 급제할 만큼 재주가 있었고, 열정이 넘치는 개화파로서 갑신정변에 참여하여 '3일천하'의 개화당 정권에서 병조참판(兵曹參判) 겸 후영정령관(後營正領官)이라는 요직에 임명되었다. 갑신정변이 실패하자 김옥균(金玉均) 등과 같이 일본으로 망명한 뒤 미국으로 건너가서 컬럼비아 의과대학[Columbia Medical Center: 조지워싱턴대학교 의과대학의 전신]을 고학으로 졸업하고, 워싱턴에서 병원을 개업했다. 그러다가 그곳을 방문한 박영효(朴泳孝)의 종용으로 1895년11월 중순(양력12월 말)에 귀국한 것이었다. 11년 만의 귀국

---

67) Philip Jaisohn, "What Korea Needs Most", *The Korea Repository*, March 1896, pp.108~110.

이었다. 이때에 그는 서른두살이었다.

박영효가 서재필의 귀국을 종용한 것은 그의 개인적인 의견이 아니라 갑오개혁 때에 집권한 개화파 내각의 요청에 따른 것이었다. 이보다 앞서 그해 5월에 박정양(朴定陽)이 내각 총리대신으로 취임하면서 서재필을 외부협판으로 임명하고 속히 귀국하도록 요청했으나, 그때에는 응하지 않았다.

서재필이 귀국하자 개화파 내각은 그가 정부에 참여할 것으로 기대했다. 그러나 서재필의 생각은 달랐다. 그는 아펜젤러의 집을 거처로 정하고 국내 수구파들로부터의 만일의 위해에 대비하면서 정부 밖에서 안전하게 미국 시민권을 가지고 민중을 계몽하는 사업을 하고 싶어 했다. 이때의 일을 서재필은 다음과 같이 술회했다.

> 김홍집과 유길준(兪吉濬)은 나에게 외부대신이 되어 달라고 요청하였다. 나는… 정계에는 아무런 야심이 없고 귀국한 주요 목적이 인민을 가르치고 지도 계몽하려는 데에 있었던 까닭으로 그 요청을 굳게 거절하였다.[68]

그것은 아관파천 직전의 일이었다. 서재필로서는 김홍집 내각에 참여하지 않은 것이 천만다행이었다. 그에게는 이미 재회를 반길 친족이 없었다. 갑신정변으로 삼족이 멸문을 당했기 때문이다. 부모와 형과 아내는 음독자살했고, 동생은 참형을 당했으며, 아들은 굶어 죽었다.[69]

서재필은 재혼한 미국인 부인과 같이 귀국했다. 그는 미국에서 '필립 제이슨(Philip Jaisohn)'이라는 이름을 썼는데, 귀국해서도 '제손[한자로는 堤仙]'이라고 미국 이름을 그대로 썼다. 그가 공식 활동에서도 제손이

---

68) 金道泰, 『徐載弼博士自敍傳: 韓末史를 중심으로』, 首善社, 1948, p.198.
69) 위의 책, p.151.

갑신정변 뒤에 미국으로 망명했다 11년 만에 귀국하여
《독립신문》을 발행하면서 독립협회를 이끈 서재필.

라는 이름으로 일관한 것은 신변안전
을 고려하여 미국 시민권자임을 강조
하기 위해서였다. 제손씨가 실크 해트
에 모닝 코트 차림으로 부인과 같이 길
을 걸을라치면 구경꾼이 몇십명씩 뒤
를 따라다니곤 했다.

서재필은 귀국하자마자 정부의 보
조를 받아서《독립신문》을 발간할 준
비를 시작했다. 김홍집 내각은 독립신
문사의 설립자금으로 3,000원(圓)을
지출하도록 하고 또 서재필의 개인 생
계와 가옥 임대를 위해 1,400원을 따
로 지출하도록 하여, 총계 4,400원을
정부 예산에서 지급했다. 이와는 별도로 서재필이 앞으로 10년 동안 중
추원(中樞院) 고문으로 재직하면서 월봉 300원의 거액을 받도록 조치함
으로써 그의 활동을 보장했는데,[70] 아관파천 이후에 새로 구성된 정동파
내각은 다행히《독립신문》발간에 한결 더 적극적이었다.[71]

이 무렵의 서재필의 행동거지에 대하여 윤치호는 매우 솔직하게 적어
놓았다.

서재필 박사는 모든 것에 대해 지시하기를 좋아하는 야심적인 사
람이다. 그는 격정적이고, 단호하고, 빈틈이 없다. 분명히 그는 한국이
자랑할 만한 인물이다. 그는 대신들과 협판들을 늙었거나 젊었거나
마치 그들이 철없는 아이들이기나 한 것처럼 그렇게 훈계하고 다룬

---

70) 愼鏞廈, 앞의 책, p.12, p.16.
71) 韓哲昊, 앞의 책, pp.171~180.

다. 그들의 대부분은 그의 무례한 태도를 보면서도 미국의 보호를 받고 있는 그에게 화도 내지 못한다. 월봉 300달러에 10년 고빙계약을 맺고 있는 그는 한국관리들의 비위를 맞출 필요가 없다.[72]

1896년4월7일에 창간된 《독립신문》 창간호.

이러한 서재필의 매몰찬 태도를 두고 양반관료 사이에서는 입방아를 찧는 사람들이 많았다. 윤치호의 다음과 같은 기술이 그러한 상황을 짐작하게 한다.

　　서재필 박사는 1884년에 (천민이 되는) 치욕을 당하고 자결한 전 부인의 묘를 찾아보지 않았다고 하여 비난을 받고 있다. 그가 귀국한 뒤에 늙고 가난한 장인이 그를 찾아오자 이 사위는 그에게 2달러를 주었고, 장인은 받지 않았다고 한다. 나는 서 박사가 인정스러운 사람이 아니라는 것을 잘 알지만, 그 이야기는 믿을 수 없다. 분명히 그는 냉정하고 거만하여 문유영이나 한세진과 같은 많은 옛 친구들을 멀리

---

72) 『尹致昊日記(五)』 1897년8월8일조, p.81.

한다. 한세진은 어느 날 서재필이 길에서 가까이 오는 거지를 발길로 걷어치는 것을 보고 충격을 받았다.[73)

이승만은 환영회에서 행한 서재필의 강연에서 적지 않은 감동을 받았다. 특히 다음과 같은 대목이 감명 깊었다고 한다.

"미국에서는 인민의 권리라는 것을 대단히 존중합니다. 각도, 각 고을에서 백성이 각기 자기네 마음에 맞는 훌륭한 인물을 선거해서 정부에 보내면 정부에서는 이들로써 국회를 조직하고, 그들의 정하는 대로 온갖 정치를 운영하게 됩니다. 법도 그렇게 해서 정합니다. 그러니 미국에서는 정부가 하는 일에 대해 백성이 불평을 갖는 일이 없습니다. 그건 왜냐하면 국회는 곧 그들이 뽑아 보낸 사람들이 모인 곳이니까요."[74)

그것은 의회주의의 가장 기초적인 내용을 소개한 데 지나지 않는 것이었지만, 전제군주제 아래 있는 청중에게는 눈이 휘둥그레지는 이야기로 들렸을 것이다. 그리하여 그 강연을 들은 젊은 청년들은 누구나 미국을 부러워했고, 또 서재필을 통하여 미국을 좀더 알아보고 싶고, 되도록 조선도 그렇게 만들어 보고 싶어졌다는 것이다.[75)

환영회가 있은 지 석달 뒤인 1896년5월부터 서재필은 아펜젤러의 요청에 따라 매주 목요일 오후에 배제학당에 가서 세계지리, 역사, 정치학, 의사진행법 등 폭넓은 분야에 걸친 특별 연속강의를 시작했다. 채플실에서 실시된 서재필의 특별 연속강의에는 많은 사람들이 몰렸다. 연속강의는 1년 동안 계속되었는데, 이승만이 서양 시민사회와 조선의 정치현실, 그리고 국제사회에서의 조선의 위치 등에 대해 뚜렷한 인식을 갖게 된 것은 서재필의 이 연속강의를 통해서였다. 서재필의 특강은 학생들의 큰 호응을 얻었다. 그것은 학당의 교사 벙커가 그해 8월21일에 감리교 선교부 연례회

73) 『尹致昊日記(五)』1898년1월15일조, p.125.
74) 徐廷柱, 앞의 책, p.146.
75) 위의 책, p.147.

에서 배재학당에 대해 다음과 같이 보고한 것으로도 짐작할 수 있다.

　　몇달 전부터 서재필 박사가 학생들에게 실시하고 있는 연속강의에 대해 특별히 말하고 싶습니다. 이 강의는 예배실에서 실시되고 있는데, 언제나 학생들로 의자가 꽉 메워집니다. 강의는 조선말로 하기 때문에 학생들에게 큰 도움을 줍니다. 유럽을 설명하려고 할 때에는 지도 위에 그 지역을 표시하고 나서 일반 역사와 교회발달사를 훤히 알 수 있도록 설명합니다. 우리는 서 박사가 앞으로도 이 강의를 계속하여 예정했던 계획의 전부를 학생들에게 들려 주기를 희망합니다.[76]

　이승만은 이 해 음력7월25일에 어머니를 여의었다.[77] 몇달 전에 이승만이 상투를 자를 때만 해도 건강에 특별한 문제가 없었던 김씨 부인이 어떻게 갑자기 사망했는지 궁금하다. 이승만의 구술을 토대로 한 그의 전기들도 김씨 부인의 죽음에 대해서는 전혀 언급이 없다. 이때의 부의록이 보존되어 있는데, 이 부의록은 당시의 장의문화를 짐작할 수 있는 귀중한 자료이기도 하다. 부의로는 돈뿐만 아니라 백지, 황촉 등 물품을 보내기도 했고, '이 참판(李參判)'과 '윤 참봉(尹參奉)' 집에서는 죽을 한 동이씩 쑤어 보낸 것이 눈길을 끈다. 부의금을 제일 많이 보낸 사람은 250냥을 보낸 제중원의 여의사 화이팅이었고, 다음은 200냥을 보낸 이충구였다. 이승만과 이충구의 우의가 얼마나 자별했는지를 이것으로도 짐작할 수 있다.
　또한 이 부의록에는 다음과 같은 이승만의 친필 한시 두 수가 적혀 있어서 여러 가지를 궁금하게 한다.

---

76) D. A. Bunker, "Pai Chai College", *The Korean Repository*, September 1896, pp.363~364.
77) 『世系與四柱幷錄 璿源世系』 및 부의록 표지. 이때는 양력을 쓰기 시작한 때이기는 했으나 부의록 표지에 적힌 "丙申七月二十五日"이라는 이승만의 친필은 음력 표기일 것이다.

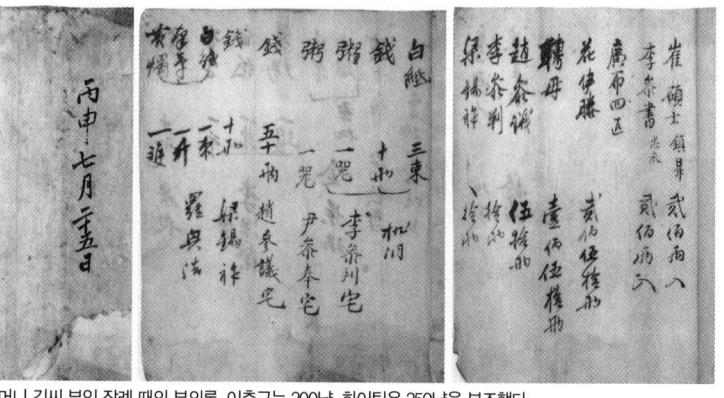

이승만의 어머니 김씨 부인 장례 때의 부의록. 이충구는 200냥, 화이팅은 250냥을 부조했다.

重門深鎖日如年　중문은 굳게 잠겨 하루가 일년 같고
客思秋懷仍渺然.　나그네 생각 가을 회포 다 묘연하다.
咫尺家山徒夢想　가산이 지척인데 부질없는 몽상뿐
月光遍照兩邊天.　달빛이야 두곳 하늘 두루 비추리.

鞠育情恩廿二年　스물두해 정성으로 길러 주시어
而今身髮正軒然.　이제는 몸과 머리 정녕 훤칠하구나.
未奉靈柩安土宅　영구를 받들고 가 장사를 못 모시니
戴頭寧不愧蒼天.　하늘을 머리에 이고 어찌 부끄럽지 않으리.
　　雩南 唫哭　　　우남 곡하며 읊음.

　김씨 부인의 묘는 황해도 평산에 있는데, 이 시로 미루어 보면 이승만은 장지까지 가지 않았다. 마흔이 넘어서 얻은 6대 독자, 그것도 양녕대군의 16대손인 귀한 외동아들을 위하여 그토록 정성을 쏟았던 어머니의 장례를 치르면서 장지까지 갈 수 없었던 피치 못할 어떤 사정이 있었는지는 알 수 없지만, 극히 이례적인 일이 아닐 수 없다.

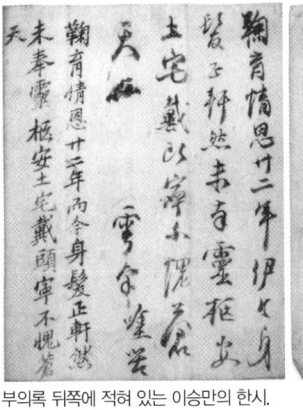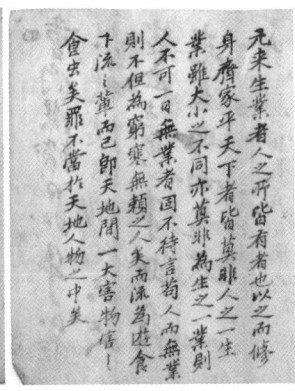

부의록 뒤쪽에 적혀 있는 이승만의 한시.

2

　서재필은 특강을 시작한 지 반년이 지났을 때에 배재학당 학생들로
하여금 토론회를 위한 모임을 조직하도록 권장했다. 그는 미국에서 고
등학교에 다닐 때에 과외활동으로 '리노니아(Linonia)'라는 문학토론회
에 참가하여 많은 영향을 받았는데, 그것을 본떠서 배재학당의 학생들로
하여금 민주적 토론방식을 통하여 자발적으로 개화의식을 깨치도록 하
고자 했던 것이다.[78] 모임의 이름을 '협성회(協成會)'라고 정하고, 11월30
일에 그 첫 회합을 열었다. 그것을 보도한《독립신문》의 기사는 협성회에
대한 서재필의 의욕과 기대가 어떠했는가를 짐작하게 한다.

　배재학당 학도들이 학원 중에서 협성회를 모아 일주일에 한번씩
　모여 의회원 규칙을 공부하고 각색 문제를 내어 학원들이 연설공부를
　한다니 우리는 듣기에 너무 즐겁고, 이 사람들이 의회원 규칙과 연설
　하는 학문을 공부하여 조선 후생들에게 선생들이 되어 만사를 규칙이

78) 李光麟, 앞의 책, p.120.

있게 의논하며 중의를 좇아 일을 결처하는 학문들을 퍼지게 하기를 바라노라.[79]

《독립신문》은 이틀 뒤에는 다시 「논설」란에서 다음과 같이 논평하면 서, 대신들도 배재학당에 가서 학생들에게 배우라고 권유하기까지 했다.

배재학당 학도들은 근일에 협성회를 모아 의회원 규칙과 연설하는 법을 공부를 하는데, 규칙을 엄히 지키고 속에 있는 말을 두려움이 없 이 하며 일 의논할 때에 거조[擧措: 행동거지]가 제제창창[濟濟蹌蹌: 위엄이 있고 질서가 정연함]하여 혼잡한 일이 없고 꼭 중의를 좇아 대소 사무를 결정하니, 우리 생각에는 의정부 대신네들이 배재학당에 가서 이 아이들에게 일 의논하는 법을 배워 가지고 가서 일을 의논하면 좋을 듯하더라.[80]

《독립신문》의 이러한 「논설」은 협성회의 토론회가 독립협회가 준비하 고 있던 의회개설운동의 예비훈련과 같은 성격을 지닌 것이었음을 시사 한다. 1898년1월1일자로 발행된 협성회 기관지《협성회회보》에는 협성회 회원 138명의 명단이 실려 있는데,[81] 이들은 모두 배재학당의 학생들이었 을 것이다. 이 무렵의 배재학당의 학생수는 1897년6월에 176명, 1898년9 월에는 약간 줄어서 103명이었다.[82] 이밖에 배재학당 학생이 아닌 사람들 로 지방유지들까지 포함하여 '찬성원'을 두었다.

이승만은 협성회의 창립에 적극적으로 참여했다. 그리하여 1898년5 월의 제6차 임원진 구성 때에는 학당의 선임 교사인 양홍묵(梁弘黙)에

---

79) 《독립신문》 1896년12월1일자, 「잡보」.
80) 《독립신문》 1896년12월3일자, 「논설」.
81) 《협성회회보》 1898년1월1일자, 「본회원의 성명」.
82) 鄭晉錫, 『韓國言論史研究』, 一潮閣, 1983, p.199.

이어 협성회 회장에 선임되었다.[83] 이렇게 하여 이제 이승만은 이 나라 최초의 학생회 간부가 되었다. 그만큼 그는 정치적으로 빨리 성숙해져 갔다. 그리하여 학생들 사이에서는 "주상호(周相鎬, 뒤의 時經)는 조선어를 연구하러, 이승만은 정치를 하러 배재를 다닌다"라는 말이 나돌 정도였다.[84]

토론회는 매주 거르지 않고 열렸다. 주제는 처음에 "국문과 한문을 섞어 씀이 가함"(제1회), "학도들은 양복을 입음이 가함"(제2회), "학원(學員)들은 매일 운동함이 가함"(제4회) 등의 구체적이고 실제적인 것으로 시작하여, "우리나라 종교를 예수교로 함이 가함"(제7회), "노비를 속량함이 가함"(제8회), "국민이 이십세 된 자는 일제히 병정으로 택함이 가함"(제13회), "사농공상(士農工商) 학교를 세워 인민을 교육함이 가함"(제17회), "우리나라에서 상하의원을 설립함이 급선무로 결정함"(제24회), "재정과 군권을 남에게 맡기는 것은 곧 나라를 남에게 파는 것으로 결정함"(제42회), "각 고을마다 우체를 설치하고 인민의 서신을 종편 왕래케 하는 것이 요무로 결정함"(제47회), "나라를 개명하자면 신문국(新聞局)을 각처에 실시하는 것이 요무로 결정하는 문제"(제50회) 등과 같이 사회구습의 타파, 정치제도의 개혁, 실업 교육의 진흥, 체신제도의 확충, 언론 창달 등 근대 시민사회의 필수적인 주요 문제들을 망라했다.

이러한 주제에 대해 우의[右議: 찬성자]와 좌의[左議: 반대자]를 두어 토론하게 하고 또 회의도 공개했기 때문에 토론 참가자들뿐만 아니라 일반 방청객도 협성회의 토론회에 큰 흥미를 갖게 되었다. 토론회는 1896년11월30일부터 1898년7월16일까지 모두 51회가 열렸는데,[85] 회를 거듭할수록 학생들의 변론술도 발전했다.

---

83) 위의 책, p.202.
84) 尹聲烈 증언, 「人間李承晩百年(10)」, 《한국일보》 1975년7월20일자.
85) 洪性俊, 「開化期 協成會運動에 관한 연구」, 《崇實史學》 제14집, 崇實大學校史學會, 2001, p.18. 토론회의 내용에 대해서는 金東冕, 「協成會의 思想的研究」, 《史學誌》 제15집, 檀國大學校 史學會, 1981, pp.67~104 참조.

학생들이 박수치는 법을 배운 것도 이때였다고 한다. 토론회가 진행되던 어느 날 서재필은 문득 생각난 듯이 말했다고 한다.

"미국에서는 남이 연설할 때에 잘하면 손바닥을 마주 때려 박수라는 것을 하는 법이오. 여러분도 잘한다고 생각되거든 그렇게 해보시오."

이때에 이승만은 아무리 미국 것이 좋다고 하더라도 그런 것까지 흉내 낼 필요가 있겠느냐는 생각이 들어서 일부러 "자, 그럼 우리 박수합시다" 하고 큰 소리로 말하면서 박수를 선도했다. 그러자 서재필은 "좋으면 혼자서 박수하지 남까지 꼭 같이 하자고 권할 것은 뭐야!" 하고 핀잔을 했다. 그리하여 강당 안은 한바탕 웃음판이 되었다고 한다.[86]

토론회가 흥미 있게 진행되자 협성회의 회원수도 급증했다. 회원은 배재학당 학생뿐만 아니라 일반인의 가입도 권장하여, 1년 뒤인 1897년 12월에는 200명을 헤아리게 되었다.[87] 일반인도 회원으로 가입할 수 있게 된 것은 협성회가 학생회의 범위를 벗어나서 개화운동을 위한 사회단체가 되어 가고 있었음을 뜻한다. 그리하여 협성회의 활동은 지방에까지 알려지게 되고, 그에 따라 지방 협성회가 조직되기까지 했다. 1897년6월에 황해도 장연의 송천(松川)에서 협성회를 결성하기 위하여 서상윤(徐相崙)과 김윤오(金允五)가 서울 협성회로 찾아와서 약조를 하고 장연 협성회를 결성했다. 회장은 김윤오이고 회원은 25명이었다고 한다. 그 뒤에 장연 협성회는 규칙에 밝은 회원을 보내 줄 것을 요청해 와서 서울 협성회에서는 김흥경과 김필원을 파견했다.[88]

협성회는 4개월 전에 결성된 독립협회의 모든 활동에도 적극적으로 참가하고 독립협회를 지원함으로써 가장 강력한 자매단체 구실을 하게 되었다.[89] 또한 협성회의 토론회는 독립협회에도 영향을 주어, 독립협

86) 徐廷柱, 앞의 책, pp.148~149.
87) 《협성회회보》(제8호) 1898년2월19일자, 「논설」.
88) 《협성회회보》(제2호) 1898년1월8일자, 「회중잡보」.
89) 愼鏞廈, 앞의 책, p.116.

회도 정기적 토론회를 주요한 활동으로 채택했다. 독립협회의 토론회는 1897년 8월 29일부터 이듬해 12월 3일까지 34회가 열렸다.[90] 이 무렵에 1년 가까이 조선을 여행하던 영국인 여행가 비숍(Isabella L. Bird Bishop)은 배재학당에 대해 다음과 같이 썼다.

미국에서 교육받은 조선인 제이슨 박사는 최근에 일주일에 한번 씩 이 학당에서 지구의 지리적 구분과 함께 유럽의 정치사와 기독교회 사에 대한 강의를 하여 많은 사람들을 열광시켰다. 영국의 퍼블릭 스 쿨[public school: 기숙제 남자 사립 중고교]에서 보는 도덕적 자존심과 유사한 기풍과 함께 애국심을 이곳 학생들에게 함양시키고 있다.[91]

3

이승만은 1897년 7월 8일에 배재학당을 졸업했다. 입학한 지 2년 반 남 짓한 때였다. 이때에는 졸업식을 '방학예식'이라고 했는데, 이 방학예식에 서 공과도강(工課都講)을 치렀다.[92] 그런데 배재학당에서 정규 졸업생을 배출하기 시작한 것은 1909년부터였던 것으로 되어 있다. 그 이전의 수 료자는 명예졸업생으로 다루고 있는데, 명예졸업생으로는 이승만을 포 함하여 31명의 명단이 전해진다.[93] 이승만에게 배재학당에 입학할 것을 강력히 권유했던 신긍우는 명예졸업생 명단에 없고 그의 동생 신흥우만 기재되어 있는 것이 의아스럽다.

이때의 방학예식은 배재학당이 설립되고 나서 처음으로 거행되 는 공식 졸업식이었다. 그것은 사회적 큰 이벤트였다. 《독립신문》은

---

90) 위의 책, pp.262~263.
91) Isabella L. Bird Bishop, *op.cit.*, p.209.
92) 尹聲烈, 「남기고 싶은 이야기들: 배재학당(5)」, 《中央日報》 1977년 2월 8일자.
93) 『培材80年史』, 學校法人 培材學堂, 1965, p.819.

한글판 「잡보」란과 영문판의 머리기사로 이 방학예식[영문판에서는 'commencement exercises'라고 했다] 광경을 자세히 보도했다. 예식은 정동예배당에서 거행되었다. 식장에는 태극기와 성조기가 높이 게양된 가운데 왕실을 비롯하여 각부 대신과 중추원 의관 등 조선의 정치인과 관리들, 각국 외교관들, 그리고 외국 부인들을 포함한 600여명의 내빈들이 참석했다. 대신들도 한 사람을 빼놓고는 모두 참석했다.

조선어와 영어로 된 프로그램이 배부되고, 배재학당 당장 아펜젤러가 사회를 보았다. 먼저 교사들과 학생들이 독립가[영문판에는 '축복의 샘으로 오라'라는 찬송가]를 부르고, 성서공회의 영국인 켄무어(Alexander Kenmure)가 영어로 기도를 한 다음, 세 사람의 한문 도강이 있었다. 한 사람은 『조선역대사략(朝鮮歷代史略)』, 한 사람은 『통감(通鑑)』, 한 사람은 『조선사략(朝鮮史略)』을 외웠다. 다음은 영어 도강이었다. 신흥우가 영어로 「어떤 사람의 어머니」라는 글을 외웠다. 이어 학생들이 찬송가 4중창을 부르고 나서, 송언용이 「광명단의 사명」이라는 글을 외웠다.

영어 도강의 하이라이트는 이승만의 영어 연설이었다. 이승만은 「조선의 독립」이라는 제목으로 연설을 했다. 그는 조선과 중국의 관계와 청일전쟁을 통한 독립 획득경위를 개략적으로 말하고 나서, 조선이 당면한 어려움과 무엇이 필요한지에 대해 열변을 토했다. 그의 대담한 발언은 청중들로부터 박수갈채를 받았다. 《코리언 리포지터리》는 이승만의 연설에 대해 다음과 같이 평가했다.

아직 미숙한 이 졸업생 대표는 「조선의 독립」을 그의 연설제목으로 선택했다. 그것은 조선에서 거행되는 첫 대학(college) 졸업식 연설의 제목으로서 적절한 것이었다. 나라의 독립만이 이들 젊은이들이 교육받은 것을 실천할 수 있는 터전을 마련해 줄 것이다.… 이승만씨의 어법(語法)은 훌륭했고, 감정도 대담하게 표현되었으며, 발음도 깨끗

하고 명확했다.[94]

또한《독립신문》도 이승만의 영어 연설에 대해 "이승만이 영어로 조선 독립문제를 연설하는데, 뜻이 훌륭하고 영어도 알아듣게 하여 외국 사람들이 매우 칭찬들 하더라"[95] 라고 보도했다. 그리고《조선크리스도인회보》는 "이승만씨는 조선국 독립한 일을 영어로 연설한 후에 독립가를 노래하니 또한 일좌 회원들이 칭찬하며 손뼉을 치는 소리 회당이 진동하며 크게 기뻐하고…"라고 하여, 이승만이 연설 끝에 독립가를 불렀다고 보도했다.[96] 이승만의 연설에 이어 미국공사 실(John M. B. Sill, 施逸)의 축사가 있었다. 예식의 제1부 행사는 이것으로 끝났다.

계속된 제2부 행사는 협성회의 토론회였다. 방학예식에 협성회 행사를 포함시킨 것은 그만큼 학당에서도 협성회 활동을 대외적으로 자랑할 만한 일로 꼽고 있었음을 뜻한다. 먼저 회장 양홍묵이 협성회의 취지를 소개하고 나서, "동양제국(東洋諸國)이 서양[泰西] 개화를 채용할 때를 당하였다"라는 토론제목을 제시했다. 관례에 따라 찬성쪽 두 사람과 반대쪽 두 사람이 토론했는데, 한시간 가까이 계속된 토론은 "깊이 든 잠들을 깨울 만큼"[97] 청중들을 사로잡았다. 이어서 서재필이 서양역사를 배운 학생들 가운데서 우수한 네 사람을 시상하고, 학부대신 민종묵(閔種黙)이 협성회를 격려하는 축사를 했다.

끝으로 애국가를 부르고 나서 장소를 배재학당 동산으로 옮겨서 다과회가 열렸다. 내빈들은 학생들의 잘 훈련된 체조를 관람하고 다과를 들면서 담소했다. 배재학당은 1년 동안 학생들을 가르친 데 대한 감사의 표시로 서재필에게 『스탠더드 사전』한질을 증정했다.

---

94) "The Closing Exercises of Pai Chai", *The Korean Repository*, July 1897, p.272.
95)《독립신문》1897년7월10일자, 「잡보」; *The Independent*, Jul. 13, 1897.
96)《조선크리스도인회보》1897년7월14일자, 「배재학당 방학」.
97)《독립신문》1897년7월10일자, 「잡보」.

많은 내외국인이 참가한 방학예식에서 야심적인 영어 연설을 함으로써 박수갈채를 받은 것은, 이승만에게 자긍심을 더욱 북돋우어 주는 감격스러운 일이었다.

4

서재필은 이처럼 이승만의 학문과 정치의식의 빠른 성장에 큰 영향을 끼쳤다. 그는 뒷날 이때의 이승만에 대하여 다음과 같이 적었다.

> 그[이승만]는 스무남은살 된 젊은이였으나 매우 진지하고 야망에 차 있었다. 그는 자신의 생애를 교육사업에 바치기를 원했고, 나의 활동에 대하여 깊은 관심을 가지고 있었다. 나는 그에게 만일 그의 생애를 한국 민중의 복지를 위하여 바치기를 원한다면 먼저 유럽이나 미국에 가서 교양교육을 받고 지도력을 갖출 준비를 해야 한다고 말했다.[98]

이승만의 미국 유학도 서재필의 이러한 권고가 자극이 되었다. 이승만의 국제정치 인식도 서재필로부터 큰 영향을 받았을 것은 말할 나위도 없다. 이 무렵 서재필은 러시아의 이권 요구와 러시아인 군사교관 및 재정고문 고빙을 반대하는 운동을 벌이고 있었는데, 이러한 서재필의 러시아에 대한 비판의식은 그대로 이승만에게 전수되었다.

서재필을 초청하여 특별 연속강의를 하게 함으로써 큰 효과를 거둔 배재학당은 1898년 2월부터 다시 윤치호를 초청하여 학생들에게 강의하게 했다. 무관 출신의 개화파였던 윤웅렬의 아들로 태어나서 조선 최초의 일본 유학생이 된 윤치호는 갑신정변에 직접 가담하지는 않았지만 개화

---

98) Philip Jaison, "Jaison on Rhee", p.1; 유영익, 『젊은 날의 이승만: 한성감옥생활(1899~1904)과 옥중잡기 연구』, 연세대학교출판부, 2002, p.170에서 재인용.

당의 일원으로서 김옥균, 박영효 등과 각별히 친밀했기 때문에 정변이 실패하자 중국으로 망명했다. 상해의 중서학원(中西學院)을 수료하고 미국으로 건너간 그는 밴더빌트(Vanderbilt)대학교와 에모리(Emory)대학교에서 서양 학문을 습득했다. 대학을 졸업한 뒤에 중서학원의 영어교사로 재직했던 윤치호는 1895년에 귀국하여 외부협판과 학부협판을 역임했고, 1896년4월에 니콜라이 2세(Aleksandrovich Nikolai Ⅱ) 대관식에 참석하는 민영환(閔泳煥)의 수행원으로 러시아에 갔다가 프랑스를 거쳐 이듬해 1월에 귀국했다. 귀국한 뒤에는 서재필, 이상재(李商在) 등과 함께 독립협회를 이끌었다.[99]

윤치호도 일주일에 한번씩 배재학당에 나와서 학생들에게 격물학(格物學)을 가르쳤다. 격물학이란 자연과학이 처음 소개될 때에 중국에서 그렇게 번역하여 썼던 말인데, 조선에서도 한동안 그대로 따라 썼다. 윤치호는 단발한 머리에 망건을 쓰고 다녀서 화제가 되기도 했다. 그는 자연과학 가운데서도 주로 천문학을 강의했다고 한다.[100] 그런데 윤치호 자신은 그의 일기에 이때에 학생들에게 가르친 것이 '자연지리학(Physical geography)'이었다고 적어 놓았다.[101]

이승만이 윤치호의 강의를 들었는지는 분명하지 않다. 이승만은 이때에 배재학당을 졸업하고 협성회의 운영과 《협성회회보》를 발간하는 일에 열중하고 있었다. 같은 친미파인 윤치호와 이승만은 독립협회 활동에 열성적이었던 점을 미루어 보아 이 무렵에는 개인적으로도 친분관계를 맺고 있었을 것이다. 뒷날 이승만은 이 무렵의 윤치호와의 관계에 대하여 다음과 같이 적었다.

서울에서 나는 새로운 정부형태를 도입하는 데 열의를 가진 한 그

---

99) 朴正信, 「尹致昊硏究」, 《白山學報》 제23호, 白山學會, 1977.12 참조.
100) 《朝鮮日報》 1934년12월4일자, 「朝鮮新敎育側面史: 培材校50年座談會」.
101) 『尹致昊日記(五)』 1898년3월28일조, p.136.

룹의 젊은이들과 어울렸다. 그들은 군부대신의 아들인 지체 높은 한 젊은 인사의 지도를 받고 있었다. 그 젊은 인사는 1884년의 정변에 조금 관여했다가 정변이 실패하자 해외로 빠져나갔던 인물이었다. 그는 미국에서 선교사들과 함께 공부했다. 그는 청일전쟁 동안에 고국에 소환되어 정부 요직에 기용되었다. 중국에 있을 때에 기독교인이 된 그는 선교사들의 선의를 확신할 뿐만 아니라 이전보다도 더 입헌정치(立憲政治)에 열의를 가지고 있었다. 그러나 그는 국민들을 교육하는 것과 동시에 국왕과 내각의 대신들에게 호의적인 영향을 끼침으로써 그것을 유혈 없이 실현하려고 했다.[102]

이승만은 배재학당을 기반으로 하여 급진적 개화파로서 지도적 지위를 빠르게 구축했다. 그것은 한 인간이 자기 자신을 변화시킬 수 있는 힘이 얼마나 큰 것인가를 보여주는 것이었다. 이승만은 배재학당의 학습을 통하여 마음속에 혁명이 일어났다고 다음과 같이 토로했다.

내가 배재학당에 가기로 한 큰 야심은 영어를, 영어 한가지를 배우는 것이었다. 그러나 나는 영어보다도 더 중요한 것을 배웠음을 깨달았다. 그것은 정치적 자유의 개념이었다. 한국의 일반 백성이 무자비한 정치적 탄압 속에 살고 있다는 것을 조금이라도 아는 사람이라면 한 젊은이가 평생 처음으로 기독교국가에 사는 사람들은 법에 의해서 그들 통치자의 포학으로부터 보호받는다는 말을 들었을 때에 그의 마음속에 어떠한 혁명이 일어났을지를 쉽게 상상할 수 있을 것이다. 나는 속으로 "우리가 그러한 정치적 원칙을 채택한다면 억압받는 동포들에게 크나큰 축복이 되겠구나" 하고 생각했다.[103]

---

102) "Mr. Rhee's Story of His Imprisonment", 유영익, 앞의 책, p.8, p.171에서 재인용.
103) 『청년이승만자서전』, 이정식 지음, 권기봉 옮김, 앞의 책, p.274.

이승만이 그렇게 되는 데에는 배재학당과 제중원에 와 있는 미국인들의 영향도 크게 작용했다. 이승만은 그의 개인적 매력과 적극성에 더하여 누구보다도 빨리 미국식 민주주의에 대한 신봉자가 되고 있었으므로, 이들 미국인들은 그가 선교사업을 비롯한 미국의 이해관계에도 크게 유용한 인물이 될 수 있으리라고 기대했을 것이다.

5장

청계동의 '고산림'

1. 안중근의 아버지 안태훈 진사

1

김창수와 정덕현(鄭德鉉)은 험하기로 소문난 천봉산(千峰山)을 넘어서 청계동(淸溪洞) 어귀에 도착했다. 황해도 신천군(信川郡) 두라면(斗邏面)에 속한 청계동은 의적 정내수(鄭來秀)의 근거지로서 구월산에 버금가는 천연의 요해지였다. 삼면은 산록으로 병풍처럼 둘러싸이고 동쪽 한곳으로만 관문이 터져 있었다. 관문 앞에는 망대산(望臺山)이라는 작은 산이 가로막고, 그 좌우로 좁은 길이 나 있었다. 천봉산 골짜기로부터 흘러내린 청계천(淸溪川)의 맑은 물이 마을 한가운데를 돌아서 그림처럼 흘러내리고, 동구 앞 암벽에는 '청계동천(淸溪洞天)'이라는 네 글자가 크게 새겨져 있었다.[1] '동천(洞天)'이란 산에 둘러싸이고 내에 둘린 경치 좋은 곳으로서 신선이 사는 곳이라는 뜻이다. 그 글씨는 안태훈(安泰勳)이 쓴 것이었다. 김창수는 그 글씨가 흐르는 물소리를 따라 마치 살아 움직이는 듯한 착각을 느꼈다.[2] 멀리 바라보이는 마을에는 드문드문 흩어져 있는 사오십채의 민가가 눈에 띄었다.

마을 어귀의 작은 산 위에는 포대가 설치되어 있고, 파수병들이 지키고 있었다. 파수병들은 두 사람을 보자 누구냐고 물었다. 두 사람이 이름을 대자 그들은 의려장(義旅長)이 허가했다면서 통과시켜 주었다. 의려장이란 안태훈을 지칭하는 말이었다. 뒤이어 호위병이 나와서 두 사람을 안태훈의 집으로 안내했다. 안태훈의 집 문 앞에는 조그마한 연못이 있고 그 안에 초가 정자 한칸이 있었다. 이곳은 안태훈의 여섯 형제가 평소에 술을 마시고 시를 지으면서 소일하는 장소였다. 대청에 올라서자 안태훈

---

1) 李全, 『安重根血鬪記』, 延泉中學校期成會, 1949, p.5; 萬壽祠保存會, 『義士安重根傳記』, 三信文化社, 1964, p.19.
2) 『백범일지』, p.55.

이 직접 쓴 '의려소(義旅所)'라는 세 글자의 횡액이 걸려 있는 것이 눈에 들어왔다.

안태훈은 본채 마루에서 두 사람을 친절하게 맞이했다. 수인사를 나눈 뒤에 안태훈이 말했다.

"김 석사가 패엽사에서 위험을 벗어난 뒤에 무척 걱정하였습니다. 애써 탐색하였으나 계신 곳을 찾을 수 없었습니다. 그러던 차에 오늘 이처럼 찾아주시니 감사합니다."

석사(碩士)란 벼슬 없는 젊은 선비를 높여 부르는 말이다. 그러고는 바로 김창수 부모의 안부를 물었다.

"부모님이 모두 계시다고 들었는데, 어디 편히 계실 곳이 있습니까?"

"달리 갈 곳이 없어서 아직 본동에 계십니다."

이 말을 듣자 안태훈은 즉시 오일선(吳日善)에게 총을 휴대한 병사 30명을 내어 주면서, 오늘 안으로 텃골에 가서 김 석사 부모님을 모시고 이웃 동네에 있는 우마를 구해서 가산 전부를 옮겨 오라고 명했다. 안태훈은 김창수의 가족을 위하여 집 한채를 사 주었다. 그리하여 김창수네 가족은 그날로 청계동 생활이 시작되었다. 그것은 김창수가 스무살이 되던 1895년2월의 일이었다. 안태훈은 김창수에게 날마다 자기 사랑에 와서 놀라고 했다. 혹시 자기가 없을 때에는 자기 동생들과 놀든지 친구들과 이야기를 나누든지 책을 보든지 마음대로 하고, 아무 걱정 없이 안심하고 지내라고 했다.[3] 이렇게 시작한 청계동 생활은 네댓달밖에 되지 않는 짧은 기간이었으나, 동학농민봉기의 패장 김창수에게는 삶의 방향을 바꾸어 놓는 운명적인 기간이었다. 청계동까지 동행한 정덕현이 어떻게 되었는지는 『백범일지』에 언급이 없다.

안태훈의 집안은 14대조 안효신(安孝信)이 서울에서 해주로 낙향한 이래 대대로 향리직을 세습했던 향리가문이었다. 그러다가 안태훈의 증

---

3) 『백범일지』, pp.55~56.

안씨 일가가 이상촌으로 개척한 천봉산 밑의 청계동. 왼쪽 외국인은 안중근에게 신앙과 세계정세에 눈을 뜨게 해준 빌헬름 신부.

조부대에 이르러 사형제가 모두 무과에 급제하여 무반가문으로 명성을 떨쳤다. 안태훈의 아버지 안인수(安仁壽)는 자신의 경제력과 조상들의 후광에 힘입어 명예직으로 진해현감이 되었는데,[4] 이 때문에 사람들은 안인수의 집을 '안 진해댁'이라고 불렀다.[5] 안인수는 정미업으로 막대한 돈을 모아서 재산이 황해도에서 손꼽힐 정도였다고 한다.

청계동은 조선시대의 대부분의 집성취락과는 달리 해주에 살던 안씨 일가가 새로 개척한 마을이었다. 안씨 집안이 청계동을 개척한 동기에 대해서는 기록에 따라서 조금씩 이야기가 다르나, 요컨대 안인수가 여섯 아들과 상의하여 좋은 피란처를 찾아 후일을 도모하기 위한 보금자리로 개척한 곳이 청계동이었다. 천봉산 골짜기는 해도 볼 수 없는 원시림으로서 낮에도 맹수가 소리쳐 울고, 사는 사람이라고는 화전민 열두서넛집

4) 吳瑛燮, 「개화기 안태훈(1862~1905)의 생애와 활동」, 《한국근현대사연구》 제40집, 한울, 2007, p.10~11.
5) 李全, 앞의 책, p.2.

안중근의 아버지 안태훈 진사.

뿐이었다. 안인수는 그런 골짜기의 집터와 임야를 사들인 뒤에 차남 태현(泰鉉)을 시켜 여러 명의 목수, 미장, 역군을 데리고 들어가서 우선 스무남은칸짜리 집 석채를 짓고, 사오십명의 방문객을 맞을 수 있는 큰사랑과 하인들이 기거할 수 있는 행랑채도 지었다. 또한 우물 세군데를 파고 계곡을 흐르는 맑은 물을 이용하여 연못을 만들었다. 마을 어귀에는 망을 볼 수 있는 누대도 설치했다. 공사가 끝나자 안인수 일가는 가산을 모두 정리하고 300여석 정도 추수할 농토만 남겨 둔 채 권속 70~80명이 청계동으로 이사했다.[6]

안태훈은 안인수의 6남3녀 가운데 셋째 아들이었다. 여섯 형제가 모두 글재주와 인물이 출중했는데, 그 가운데서도 안태훈의 재능이 가장 뛰어났다. 1884년에 박영효(朴泳孝)가 일본으로 유학을 보내기 위해 선발한 70명 가운데 한 사람으로 뽑혔으나, 갑신정변이 실패하고 박영효가 일본으로 망명하자 몸을 피해 고향으로 내려와서 자연과 벗하며 살기로 결심했다고 한다.[7] 그는 형제들 가운데 유일한 진사시 합격자였다.[8] 안태훈은 1880년대 후반에 다시 상경하여 개화파 관료인 김종한(金宗漢)의 집에 머물면서 과거를 준비했고, 김종한이 시관(試官)일 때에 진사

---

6) 위의 책, p.5; 『백범일지』, p.59.
7) 안중근, 『안응칠역사』, 尹炳奭 譯編, 『安重根傳記全集』, 國家報勳處, 1999, p.132; 『백범일지』, p.59.
8) 『안응칠역사』, p.132; 신용하 엮음, 『안중근 유고집』, 역민사, 1995, p.23.

안태훈 형제가 모여 시문을 즐기던 초가 정자.

시에 합격하여 김종한의 문객이니 식구니 하는 소리를 듣기도 했다.[9] 그런데 『사마방목(司馬榜目)』의 1891년 증광시(增廣試) 항목에 안태훈의 이름 대신에 바로 아래 동생인 안태건(安泰健)이 사마시에 합격한 것으로 적혀 있는데, 이는 갑신정변에 관여했던 안태훈이 자신의 전력을 숨기기 위해 동생의 이름으로 응시했던 것으로 짐작된다. 『사마방목』을 제외한 안중근과 관련된 모든 자료에 안태건을 진사라고 한 것이 없고, 안태훈이 안씨 가문의 유일한 진사라고 기록되어 있다.[10]

김종한은 판서 김계진(金啓鎭)의 아들로서 1876년에 식년(式年) 문과에 급제하고 홍문관 부제학, 이조참판 등을 거쳐서 1894년에는 도승지가 되었다가, 일본군의 왕궁 점령 뒤에 성립된 김홍집 내각에 참여했던 고종의 측근이었다. 안태훈이 동학농민군 토벌에 나설 때에도 김종한과 긴밀히 연락을 취했고, 동학농민군으로부터 곡식 500석을 빼앗아 군량

9) 『백범일지』, p.59.
10) 吳瑛燮, 앞의 글, pp.17~18.

미로 사용한 것이 뒷날 조정에서 크게 문제가 되었을 때에도 김종한의 도움을 받았다.

김종한은 또 1896년에는 독립협회 활동에도 참여하는 한편, 관직에 있으면서 경강상인[京江商人: 한강을 중심으로 활동하던 곡물 상인]들과 깊은 관계를 맺고 돈놀이를 하기도 하고, 조선은행(朝鮮銀行)과 한성은행(漢城銀行)의 설립 발기인으로 참여하고 철도용달회사를 설립하는 등 경제활동에도 적극적이었다. 그러나 그는 1910년에 이완용(李完用)이 조직한 친일단체 정우회(政友會)의 총재직을 맡았고, 그 공로로 한일합병 뒤에 남작의 작위를 받았다.

2

안태훈은 첫인상에도 범상한 사람으로 보이지 않았다. 그는 찌를 듯한 눈빛으로 상대방을 압도하는 기운이 있었다. 당시 조정 대관들도 그로부터 글이나 말로 비판을 받으면 처음에는 그를 욕하다가도, 일단 그와 한번 얼굴을 마주 대하면 부지불식간에 외경하는 태도를 가지게 되었다고 한다. 또한 김창수가 보기에 안태훈은 성품이 퍽 소탈했다. 그는 무식한 아랫사람들에게 조금도 교만하지 않고 친절하게 대했다. 그리하여 위아래 사람 모두 안태훈과 함께하기를 좋아했다. 그는 용모가 맑고 빼어났으나, 술이 과하여 코끝이 약간 붉은 것이 흠이었다.

안태훈은 시문(詩文)에도 능했다. 김창수는 시객(詩客)들이 안태훈이 지은 율시(律詩)를 외우는 것을 자주 들었다. 안태훈 자신도 이따금 김창수를 불러서 자작시 가운데 잘된 것이라고 생각하는 것을 읊어 주곤 했다. 안태훈이 읊어 준 시 가운데 뒷날 김구가 『백범일지』를 쓸 때까지 기억한 것으로는 다음과 같은 시가 있었다. 그것은 동학농민봉기가 일어났을 때에 지은 시구였다.

曉蝎求生無跡去　새벽 굼벵이는 살고자 흔적 없이 가버리고

夕蚊寧死有聲來.　저녁 모기는 죽기를 무릅쓰고 소리치며 덤빈다.

시의 내용은 동학농민봉기 때에 삶을 좇아 소리 없이 피신하는 사람들과 금방 죽을 줄 모르고 덤비는 동학농민군의 무리를 굼벵이와 모기떼에 비유하여 풍자한 것이었다.[11] 안태훈의 동학농민봉기에 대한 인식을 읽을 수 있는 시구이다.

또한 안태훈은 황석공(黃石公)의 『소서(素書)』 구절을 직접 써서 벽장문에 붙여 놓고 술이 거나하여 흥취가 일면 그것을 낭송하곤 했다. 황석공은 중국 진(秦)나라 말엽의 병법가로서, 진시황(秦始皇)을 살해하려다가 실패하고 숨어 있던 장량(張良)에게 『태공병법(太公兵法)』을 가르쳤다는 전설적 인물이다. 『황석공삼략(黃石公三略)』이라고도 불리는 이 책은 장량이 유방(劉邦)을 도와서 한(漢)나라를 세울 때에 크게 이용되었다고 전해진다. 『소서』는 황석공이 지은 것을 송(宋)나라 장상영(張商英)이 노자(老子)의 설에 따라 주석을 단 책으로 알려져 있는데, 도(道), 덕(德), 인(仁), 의(義), 예(禮)의 다섯가지를 일체로 한 이 책은 본문과 주석이 한 사람이 지은 것 같은 내용이 많아서 장상영이 황석공의 이름을 빌려 지은 것이라는 의혹도 있다.

김창수는 청계동에서 안중근(安重根)을 만났다. 안중근은 안태훈의 장남이었다. 안태훈은 중근, 정근(定根), 공근(恭根) 세 아들을 두었는데, 동학농민봉기가 있던 해에 혼인한 안중근은 열일곱의 나이에 상투를 틀고 있었다. 안중근은 자주색 명주 수건으로 머리를 동이고 돔방총을 메고 숙부 안태건과 함께 근처 산으로 날마다 사냥을 다녔다. 안중근은 사격 솜씨가 뛰어나서 나는 새와 뛰는 짐승을 백발백중으로 맞힌다고 했다. 그리하여 어떤 날은 하루에 노루나 고라니를 여러 마리 잡아 와서 군

---

11) 『백범일지』, p.58.

사들을 먹이기도 한다는 것이었다.

안태훈의 집은 각지에서 몰려드는 산포수들로 붐볐다. 적을 때에는 여남은명, 많으면 사오십명가량의 식객 포수꾼이 묵고 있었다. 그들은 개인 기량을 겨루기도 하고 때로는 갑을홍백(甲乙紅白)으로 편을 갈라서 사격 솜씨를 겨루었다. 그럴 때마다 안중근은 뛰어난 기량을 과시하여 보는 이들을 감탄하게 했다. 특히 그가 열네살 나던 해 가을의 분반 대항 경연에서 자신이 속한 홍반의 성적이 아주 부진하여 도저히 만회할 가망이 없어 보일 때에 마지막 사수인 그가 다섯발을 어김없이 적중시켜 홍반이 승리하게 한 것은 당대의 산포수들 사이에 널리 알려진 이야기였다고 한다.[12]

안태훈의 여섯 형제는 거의 다 술과 독서를 좋아하여 안중근이 짐승을 사냥해 오면 형제가 반드시 한데 모였다. 안태훈은 아들과 조카들의 공부를 위해 서당을 만들었다. 그는 빨간 두루마기를 입고 머리를 땋아 늘어뜨린 열아홉살의 정근과 공근에게는 "글을 읽어라, 써라" 하고 독려했지만, 큰아들 중근에게는 공부를 하지 않는다고 꾸짖지 않았다. 안중근은 초(楚)나라의 항우(項羽)처럼 장부답게 살기로 결심하고 글공부에 연연하지 않고 사냥에 열중했다고 한다.[13]

안중근과 김창수는 세살밖에 나이 차이가 없었으나 두 사람은 서로 상대를 인식하는 것이 많이 달랐던 것 같다. 김창수는 안씨 집안과의 인연을 소중히 생각했다. 뒷날 김구는 임시정부 주석이 되었을 때에 위험에 처한 안중근의 가족을 각별히 보살폈다. 또한 안씨 집안의 안정근, 안공근, 안원생(安原生), 안우생(安偶生), 안미생(安美生) 등은 뒷날 김구와 크고 작은 인연을 맺고 함께 활동했다. 안공근은 임시정부 시절에 김구의 핵심참모로 활동했고, 안정근의 딸 안미생은 김구의 큰며느리가 되

---

12) 萬壽祠保存會, 앞의 책, pp.20~21.
13) 『안응칠역사』, pp.132~133.

었으며, 안공근의 아들 안우생은 김구의 비서로 일했다. 그러나 안중근은 김창수에 대해 특별한 관심이 없었던 것 같다. 안중근은 뒷날 동학군을 '좀도둑'이며 친일단체 일진회(一進會)의 원조라고 할 정도로 동학에 대해서 매우 비판적이었다.[14] 그는 자서전에서 "동학당이 곳곳에서 벌떼처럼 일어나서, 외국인을 배척한다는 핑계로 군현을 가로지르며 관리들을 죽이고, 백성들의 재산을 약탈한 것이 나라가 위태롭게 된 요인이며, 일본과 청국과 러시아가 조선에서 전쟁을 일으킨 원인이 되었다"라고 기술했다.[15] 김구가 『백범일지』에서 안중근에 대하여 비교적 자세히 적은 것과는 대조적으로, 안중근의 자서전에는 김구에 대한 언급이 전혀 없다.

안태훈은 김창수에게 특별한 호의를 베풀었다. 그러면서 여러 가지 질의와 담론으로 김창수를 시험했는데, 김구는 이때의 일을 "당시 나는 유치한 수준의 행동이 많은 때였다"라고 자괴했다.[16]

어느 화창한 봄날이었다. 안태훈은 술과 안주를 차려 놓고 산포수들을 데리고 놀면서 씨름판을 벌였다. 동학군 토벌을 위해 안태훈의 의려소에 모였던 산포수들은 그때까지 해산하지 않고 있었다. 그런데 마지막 결승에 오른 두 사람은 힘과 재주가 서로 어금버금하여 쉽사리 결판이 나지 않았다. 두 사람이 씨름하는 것을 구경하던 안태훈이 김창수에게 물었다.

"창수가 보기에 어느 사람이 이길 것 같은가?"

"키가 크고 힘이 세어 보이는 사람이 질 것 같습니다."

그러자 안태훈은 다시 그 이유를 물었다.

"아까 씨름할 때에 키 큰 사람의 바지가 찢어져 볼기가 드러난 것을 보았습니다. 그러므로 그 사람은 기운을 다 쓰지 못할 듯합니다. 저는 단연코 그 사람이 질 줄 압니다."

---

14) 「동양평화론」, 신용하 엮음, 앞의 책, p.173.
15) 『안응칠역사』, p.133.
16) 『백범일지』, p.56.

김창수의 말이 끝나기도 전에 과연 그 키 큰 산포수가 나가떨어졌다. 이 일이 있고 난 뒤에 안태훈은 김창수를 더욱 아꼈다고 한다.[17] 보기가 드러날 만큼 찢어진 바지를 입은 씨름꾼이 힘을 제대로 쓸 수 없을 것은 쉽게 짐작할 수 있는 일이다. 안태훈이 김창수에게 누가 이기겠느냐고 물은 것은 김창수의 주의력을 시험하기 위해서였을 것이다. 그러나 그러한 상황을 눈여겨본 것을 자랑스럽게 적으면서, 자기의 짐작이 적중하자 안태훈이 자기를 더욱 아꼈다고 하는 것은, 김창수의 청계동 생활이 매우 조심스러운 것이었음을 짐작하게 한다. 안태훈은 일찍이 밀약을 맺으면서까지 그 의기를 아꼈던 이 젊은 동학접주가 자기를 찾아온 것을 반갑게 여겨 그를 환대하면서 여러 가지로 사람 됨됨이를 떠보고 있었던 것이다.

안태훈의 이러한 배려에도 불구하고 김창수의 청계동 생활은 편안하지 않았다. 청계동에 들어와 살면서 김창수는 갈 곳도 마땅하지 않고 아는 사람도 없고 해서 주로 안태훈의 사랑에 가서 시간을 보냈다. 그런데 안태훈이 자리에 없을 때면 산포수들은 김창수가 들으라고 일부러 큰 소리로 떠들었다.

"저자는 진사님만 아니었으면 벌써 썩어졌을 것이다. 아직도 접주님 소리 들으면서 여러 사람에게 대접받던 생각이 날걸."

"그렇고 말고. 저자는 우리 같은 산포수들을 초개같이 볼걸."

또 어떤 사람은 입을 삐죽이며 빈정거렸다.

"여보게 그런 말들 말게. 혹시 귀에 담아 두었다가 뒷날 동학이 다시 득세하는 날 앙갚음을 할지 누가 알겠나."

산포수뿐만이 아니었다. 안태훈의 아우들도 산포수들의 이러한 빈정거리는 말과 행동을 곁에서 보면서도 나무라지 않았다. 이러한 안태훈 아우들의 태도에 대해 김구는 "이것은 처음 만나 술 한잔씩 나누어 보니 내

17) 『백범일지』, pp.56~57.

게 별로 볼 것이 없다고 판단했기 때문인지, 아니면 포꾼들의 언동을 자기네 형님에게 보고하여 안 진사가 무식한 포꾼들을 직접 질책하는 것이 도리어 나에게 이롭지 못할 것이라 판단해서 그런지는 잘 모르겠다"[18] 라고 퍽이나 조심스럽게 적어 놓았다.

산포수들로부터 모멸을 당할 때마다 김창수는 당장이라도 청계동을 떠나고 싶은 생각이 불현듯이 일었다. 그러나 안태훈이 그토록 후대하는데 무식한 산포수들의 수작을 탓하는 것은 오히려 용렬하다는 생각이 들어서 참고 지냈다. 이러한 상황에서 자신의 앞날을 생각하면 김창수는 더욱 암담했다. 이때의 절박했던 심정을 김구는 다음과 같이 술회했다.

이제 패전한 장수의 신세가 되어 안 진사의 후의를 입어 생명만은 안전하게 지키게 되었으나, 장래를 생각하면 과연 어떤 곳에 발을 디뎌야 나아갈 길을 찾을 수 있을까 하는 생각에 가슴이 답답하고 스스로 의심을 느꼈다.[19]

그러나 김창수의 그러한 고뇌는 오래 가지 않았다. 그것은 그가 안태훈의 사랑에서 일생 동안 정신적 스승이 되는 유학자 고능선(高能善)을 만났기 때문이다.

---

18) 『백범일지』, pp.64~65.
19) 『백범일지』, pp.61~62.

2. 해주의 화서학파 고능선

1

안태훈의 사랑에는 나이가 쉰살 남짓 되어 보이는 노인 한 사람이 자주 들렀다. 그는 의관이 매우 검소했으나 기골이 짱짱했다. 안태훈은 그를 지극히 공경하여 늘 윗자리로 모셨다. 어느 날 안태훈이 그 노인에게 김창수를 인사시키고 이력을 소개했다. 노인은 고능선이라는 유학자였다. 고능선은 첫인상에도 특출한 사람으로 보였다. 김창수보다 몇달 뒤에 청계동을 방문한 김형진(金亨鎭)도 그를 가리켜 "정학군자(正學君子)"라고 했을 만큼[20] 그에게는 꼿꼿한 선비의 풍모가 있었다. 그리하여 사람들은 그를 "고산림(高山林)"이라고 불렀다.[21]

'산림'이란 원래 산곡(山谷)과 임하(林下)에 묻혀 사는 학덕을 겸비한 유학자를 뜻하는 말이었으나, 조선조 후기에는 국가의 징소(徵召)를 받아 관직의 제수 등 특별한 예우를 누리면서 왕실과 조정의 일에 큰 영향력을 행사하는 유학자들을 지칭하는 말이었다. 그리하여 "열 정승이 한 왕비만 못하고 열 왕비가 한 산림만 못하다"라는 말까지 있었다.[22] 선조(宣祖)대에서 철종(哲宗)대에 이르기까지 114명의 산림이 존재했던 것이 확인된다.[23] 그러나 조선조 말기에 와서는 산림에서 강학(講學)하는 일반 유학자들을 산림으로 통칭했다. 고산림도 그러한 유학자였다.

어느 날 김창수는 평소처럼 안태훈의 사랑에서 고능선과 함께 하루 종일 지냈는데, 헤어질 무렵에 고능선이 김창수에게 말했다.

"창수, 내 사랑 구경 좀 아니하겠나?"

20) 金亨鎭, 『路程略記』, 『白凡金九全集(3)』, pp.148~149.
21) 『백범일지』, p.59.
22) 李佑成, 「朝鮮儒敎政治와 '山林'의 存在」, 『韓國의 歷史象』, 創作과批評社, 1982, p.254.
23) 禹仁秀, 『朝鮮後期山林勢力研究』, 一潮閣, 2002, pp.217~224 참조.

뜻밖의 제안에 감동한 김창수는 "선생님 사랑에도 가서 놀겠습니다" 하고 대답했다.

이튿날 김창수는 고능선의 집을 찾아갔다. 고능선은 반가운 표정으로 김창수를 맞이하고, 맏아들 원명(元明)을 불러서 인사를 시켰다. 고원명은 나이가 서른이 넘었는데, 사람 됨됨이는 명민해 보였으나 비범하고 너그러운 기질은 아버지에 미치지 못해 보였다. 그에게는 딸이 둘 있었다. 큰딸은 열대여섯살쯤 되어 보였고 작은딸은 네댓살이나 된 어린아이였

김구의 평생의 정신적 스승이 된 화서학파 유학자 고능선.

다. 아들은 아직 없다고 했다. 고능선의 둘째 아들은 혼인한 뒤에 사망하여 과부며느리만 있었다.

고능선이 거처하는 작은사랑방에는 방 안 가득히 책이 쌓여 있었고, 네 벽에는 유명한 옛 선비들이 남긴 좌우명과 고능선이 마음에 깊이 깨우친 글들을 써붙여 놓고 있었다. 고능선은 무릎을 포개고 단정하게 앉아서 마음을 닦기도 하고, 때때로 『손무자(孫武子)』와 『삼략(三略)』 등의 병서를 읽기도 했다.

고능선은 김창수와 이야기를 하다가 이런 말을 했다.

"자네가 매일 안 진사 사랑에 다니며 놀지만, 내가 보기에는 자네에게 절실히 필요한 정신수양에는 별 도움이 없을 듯하네. 그러니 매일 내 사랑에 와서 나와 같이 세상사도 이야기하고 학문도 토론하는 것이 어떻겠나?"

김창수는 그 말이 황공하고 고마웠다.

"선생님이 이처럼 저를 너그럽게 받아 주시지만, 소생이 어찌 감당할

만한 재질이 있겠습니까?"

고능선은 아무 말 없이 미소만 지었다. 그러나 김창수는 자기를 아끼고 사랑하는 고능선의 마음을 엿볼 수 있었다. 김창수는 기쁘기보다는 두려움이 앞섰다. 이때의 심정을 김구는 다음과 같이 적었다.

> 고 선생이 저처럼 나를 사랑하지만, 참으로 내게 저토록 고명한 선생의 사랑을 받을 만한 소질이 있는가. 내가 선생의 과분한 사랑을 받는다 해도 종전에 과거니 관상이니 동학이니 하던 것과 같이 아무 효과도 내지 못하지는 않을까. 그렇게 된다면 나 자신이 타락됨은 둘째요 고 선생과 같이 순결한 양반에게까지 누를 끼치게 될지 모른다는 두려움이 생겼다.[24]

이러한 서술은 감수성이 예민한 10대 후반의 몇년 동안에 인생의 크나큰 좌절을 몇차례나 경험한 김창수의 겸허한 자격지심을 토로한 것이었다. 그는 이러한 속마음을 고능선에게 그대로 고백했다.

"선생님! 선생님은 저를 분명히 살펴 가르쳐 주십시오. 저는 불과 스무살에 일생의 진로에 대하여 스스로 속이고 그르쳐 허다한 실패를 거치고 지금에 와서 민망하기 이를 데 없습니다. 선생님이 저의 자격과 품성을 밝히 보시고 좋은 점이 있어 보이면 사랑해 주시고 가르쳐 주십시오. 그러나 만일 좋은 사람이 될 조짐이 없다면 저는 고사하고 선생님의 높으신 덕에 누를 끼치고 말 것입니다. 그리 되는 것은 원치 않습니다."

말하는 동안 김창수는 자신도 모르는 사이에 눈물이 흘러내렸다. 고능선은 김창수의 마음에 그러한 고통이 있는 것을 보고 지극히 동정하는 말로 그를 위로했다.

"사람이 자기를 알기도 쉽지 않거든 하물며 남을 어찌 밝히 알 수 있

---

24) 『백범일지』, p.62.

겠는가. 그러므로 내가 자네의 장래를 판단할 힘은 없으나, 한가지 확실히 말할 것이 있네. 그것은 성현(聖賢)을 목표로 하고 성현의 발자취를 밟아 가도록 하라는 것이네. 예로부터 성현의 지위까지 도달한 사람도 있고, 좀 미치지 못한 사람도 있고, 성현이 되는 길이 너무 높고 멀다 하여 중도에 달아나거나 자포자기하여 금수(禽獸)와 그다지 멀지 않은 자리에 있는 사람도 있다네. 자네가 마음 좋은 사람이 되려는 참뜻을 가진 이상 몇번 길을 잘못 들어서 실패나 곤란을 겪었더라도 그 마음만 변치 말고 끊임없이 고치고 나아가노라면 목적지에 도달하는 날이 반드시 있을 것이네. 지금은 마음에 고통을 가지는 것보다 행하기에 힘써야 할 것이 아닌가. 실패는 성공의 어머니요 고민은 즐거움의 뿌리이니 자네 상심 말게. 나 같은 늙은이가 자네 앞길에 혹시 보탬이 된다면 그 또한 영광이 아닌가."

그 말은 김창수에게 큰 위안이 되었다. 이때의 심정을 김구는 "마치 주리던 아이가 어머니 젖을 빨아먹는 것과 같았다"[25]라고 술회했다.

김창수는 고능선에게 결연히 말했다.

"그러시면 앞길에 대한 모든 것을 선생님 보시는 대로 가르쳐 주십시오. 마음을 다해 받들어 행하겠습니다."

"자네가 그같이 결심했으면 됐네. 내 눈빛이 미치는 데까지, 자네 역량이 있는 데까지 내 모든 역량을 다할 터이니 젊은 사람이 너무 상심 말고 매일 나와 같이 지내도록 하세. 갑갑할 때에는 우리 원명이와 산 구경도 다니며 놀게."

이렇게 하여 김창수는 고능선의 제자가 되었다.

그날부터 김창수는, "밥을 안 먹어도 배고픈 줄을 모르고 고 선생이 죽으라면 죽을 수도 있을 것 같았다"고 술회했을 만큼,[26] 고능선의 가르

---

25) 『백범일지』, p.62.
26) 『백범일지』, p.63.

침을 열심히 배우고 익혔다.

김창수의 열정 못지않게 고능선의 자세도 진지했다. 그는 김창수가 오기 전에 그날 가르칠 부분의 책장을 접어 두었다가 김창수에게 펼쳐 보일 정도로 열성을 기울였다. 그는 경서(經書)를 차례로 가르치는 것보다 김창수의 정신과 이해력을 감안하여 "뚫어진 곳을 기워 주고 빈 구석을 채워 주는 구전심수[口傳心授: 말로 전하고 마음으로 가르침]의 교법"으로 가르쳤다.[27]

2

고능선은 화서학파(華西學派)에 속하는 유학자였다. 화서학파란 개항기 이후 화서(華西) 이항로(李恒老)의 학맥을 잇는 대표적 위정척사파(衛正斥邪派)로서, 뒷날 독립운동의 큰 줄기를 이루는 세력을 지칭하는 말이다. 1842년(헌종8년)10월8일에 해주 수양산(首陽山) 아래 송라동(松蘿洞) 가촌(嘉村)에서 태어난 고능선은 초명(初名)이 석규(錫奎)였는데, 1893년쯤에 석로(錫魯)로 개명했다. 능선은 그의 자이며, 호는 후조(後凋)였다. 유인석(柳麟錫)과 동갑인 그는 이때에 쉰네살이었다.

김구는 고능선을 유인석의 동문으로서 유중교(柳重敎)에게 사사했다고 했으나, 두 사람이 학문을 해 온 경력과 유중교에게 사사한 시기로 볼 때에 동렬의 동문이라고 하기에는 무리가 있다. 유인석은 이항로의 학통을 계승한 중암(重菴) 김평묵(金平黙)과 성재(省齋) 유중교에게 차례로 사사했다. 그러나 가난한 선비 집안에서 태어나서 농사를 짓고 학문을 힘쓰면서 궁색한 선비생활을 했고 젊어서 몇차례 과거시험에 실패했던 고능선이 유중교의 문하에 들어간 것은 유인석보다 한참 뒤인 1887년

---

27) 위와 같음.

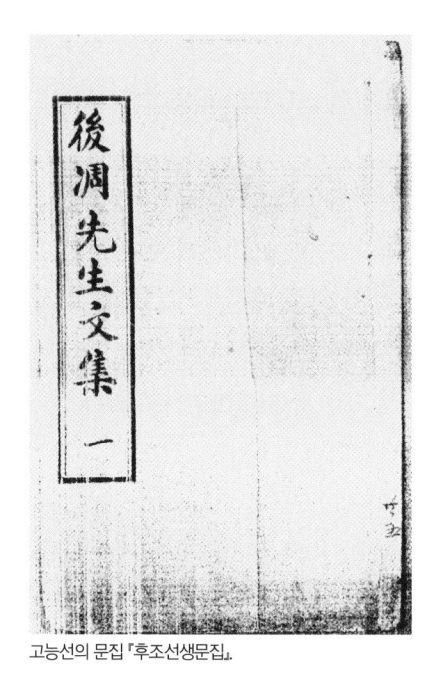
고능선의 문집 『후조선생문집』.

7월이었다. 그는 마흔여섯살의 나이로 해주에 가족을 남겨 둔 채 단신으로 춘천(春川)의 가정리(柯亭里)로 유중교를 찾아가서 1890년 1월까지 2년 반 동안 그의 학문을 전수했다. 40대 중반의 나이로 가족을 떠나서 수학했다는 것은 매우 보기 드문 일이다. 어려운 처지에서도 그는 그만큼 남달리 학문에 열의가 있었다. 1890년2월에 해주로 돌아온 그는 이태 뒤에 강회(講會)를 열고 후진을 양성했다.[28] 고능선은 유인석을 가장 친한 동문으로 생각했고, 특히 가정리 유학시절에 유인석이 베푼 호의를 고마워했다.[29] 그러나 유인석은 고능선에 대하여 특별히 언급하고 있지 않다. 고능선의 학문은, 그 자신도 "노둔하고 재능이 없다"[30] 라고 겸손해한 것으로 짐작되듯이, 유인석과 비교할 수준은 아니었다. 그러나 그의 학문적 지조와 그것을 바탕으로 한 투철한 애국심은 김창수를 크게 감화시켰다.

고능선이 청계동으로 이주한 경위에 대하여 『백범일지』는 동학농민봉기가 일어났을 때에 안태훈이 의려소를 설치하면서 고능선을 모사(謀士)로 초빙했던 것이라고 했으나,[31] 고능선이 청계동으로 이주한 것은 농민봉기 전인 1893년2월이었으므로, 실제로는 안태훈이 자기 아들과 조카들

28) 吳瑛燮, 『華西學派의 思想과 民族運動』, 國學資料院, 1999, p.115; 권오영, 「高錫魯의 위정척사사상과 '口傳心授'의 교육」, 『백범과 민족운동연구』 제3집, 백범학술원, 2005, pp.255~295 참조.
29) 韓國文集編纂委員會 編, 『後凋先生文集』, 「年譜」, 景仁文化社, 1993.
30) 위와 같음.
31) 『백범일지』, p.60.

을 가르칠 훈장으로 그를 초빙한 것으로 보인다.[32] 훈장으로 있으면서 안태훈이 의려소를 설치하자 자연히 거기에 참여하게 되었을 것이다.

고능선이 김창수에게 관심을 갖게 된 데에는 그럴만한 이유가 있었다. 고능선은 안태훈으로부터 김창수를 소개받았을 때부터 이 젊은 동학농민군 대장을 눈여겨보았다. 그는 김창수가 범상[虎相]으로서 앞으로 큰일을 할 수 있는 자질을 지녔다고 생각했다. 그렇기는 하나 투항한 패장과 같은 처지의 김창수의 청계동 생활은 고능선에게도 여간 불안정해 보이지 않았을 것이다. 그리고 고능선 자신의 처지도 따지고 보면 김창수의 경우와 기본적으로 크게 다르지 않았다. 고능선이 청계동에 오기 전에 안태훈과 어떤 관계였는지는 분명하지 않으나, 서로 말을 놓는 것을 보면 친교가 오래된 것 같기도 하다. 안태훈의 초빙으로 청계동에 와서 그의 극진한 대접을 받으면서 살고 있기는 했으나, 그 호의가 부담스러웠을 것이다. 또 그만큼 고독했을 것이다. 특히 철저한 위정척사파의 가난한 유학자인 고능선으로서는 천주학에 관심을 갖는 개화파 안태훈의 신세를 계속 지고 있는 것 자체가 부담스러웠을 것이다. 황해도에서도 천주교는 1893년에 안악군(安岳郡) 문산면(文山面) 원성리(遠星里) 마렴을 공소(公所)로 정하고 포교활동을 활발히 전개하여, 김창수가 청계동에 머문 1895년에는 안악군 용문면(龍門面) 매화동(梅花洞)에 본당을 건축했다.[33]

고능선은 김창수에게 고금의 위인들을 비평한 내용을 들려주기도 하고, 스스로 연구하여 깨달은 요체와 『화서아언(華西雅言)』이나 『주서백선(朱書百選)』에 나오는 긴요한 구절들을 교재로 삼아서 김창수를 가르쳤다.[34] 『화서아언』은 김평묵과 유중교가 제자들을 가르치기 위하여 스승 이항로의 저술과 어록 가운데 중요한 내용을 뽑아서 편찬한 책이고,

---

32) 『後凋先生文集』, 「年譜」.
33) 『安岳郡誌』, p.258.
34) 『백범일지』, p.63.

『주서백선』은 주희(朱熹)가 스승과 친우와 제자들에게 보낸 편지 가운데 중요한 내용 100편을 뽑아서 펴낸 책이다. 조선시대에 주희의 글을 모아 편찬한 책은 여러 종류가 있는데, 그 가운데 1794년에 정조(正祖)가 친히 편찬한『주서백선』이 가장 널리 알려져 있다.

화서 이항로의 현실 인식과 서양 대응 논리는 다음과 같은 구절에 극명하게 드러나 있다.

중국을 높이고 이적[夷狄: 오랑캐]을 물리쳐야 하는 것은 천지가 다할 때까지의 대원칙이다.… 만일에 우리나라의 사민(士民)들이 집집마다 중국을 높이고 이적을 물리치는 의리(義理)를 강명(講明)하게 했다면 이적이 몸둘 곳이 없을 것이다. 아! 오늘날은 온 천하가 이적이 되었으나, 서양이라는 것은 이적 중에서도 가장 심한 것들이다.[35]

또한 그는 청국과 서양을 구별하여 다음과 같이 주장했다.

중국의 도가 망하면 이적과 금수가 밀려오는 것이다. 북노[北虜: 북쪽 오랑캐]는 이적이므로 오히려 말할 수나 있으나 서양은 금수이므로 말할 수도 없다.[36]

이러한 이항로의 사상을 철저하게 계승한 고능선은 "선왕(先王)의 법이 아니고 선왕의 도가 아닌 것은 거론할 필요가 없다"[37] 라고 말하고, "오직 우리나라에만 한가닥 밝은 맥이 남아 있고, 세계 각국이 대부분 피발좌임(被髮左衽)한 오랑캐들이다"[38] 라고 강조하여, 김구가 '존중화양

---

35) 金胄熙 譯,『華西集』, 제30「尊中華」, 大洋書籍, 1975, p.323, pp.337~338.
36) 위의 책, 제35「洋禍」, pp.398~299.
37)『백범일지』, p.179.
38)『백범일지』, p.115.

이적주의(尊中華攘夷狄主義)'[39] 라고 표현한 위정척사사상을 김창수에게 가르쳤다. '피발좌임'이란 머리를 풀고 옷깃을 왼쪽으로 여민다는 뜻으로서, 오랑캐의 풍습을 지칭하는 말이다.

위정척사사상은 옳은 것을 받들고 옳지 못한 것을 물리친다는 '숭정학벽이론(崇正學闢異論)'의 사상에 입각하여, 정통 유학을 받들고 불교와 양명학(陽明學) 등을 이단으로 배척하는 유교적 정치윤리사상이다. 역사적으로는 주희가 송대(宋代) 이후 여진족(女眞族)의 무력침공으로 한족(漢族)과 중화문화가 위기에 봉착하자 유교의 정통성을 강조하고 춘추대의(春秋大義)로 이적을 응징할 것을 역설하면서 화이의식(華夷意識)을 뼈대로 하여 체계화한 사상이었다. 그것이 조선에 들어와서는 조선사회의 이데올로그들이었던 성리학자들 사이에 화이론적 세계관과 중화주의적 가치관으로 자리 잡았고, 명(明)나라가 멸망한 뒤에는 조선이 정통이라는 이른바 소중화사상(小中華思想)에 입각한 존명배청(尊明排淸)의 북벌론(北伐論)으로 발전했다.

이와 같은 위정척사사상이 민족운동의 차원에서 구체적으로 모습을 드러낸 것은 1860년대 중반 이후에 서양의 통상요구가 시작되면서부터였다. 1866년에 병인양요(丙寅洋擾)와 제너럴 셔먼(General Sherman)호 사건이 발생하자 이항로, 기정진(奇正鎭) 등이 서양을 '양적(洋賊)'으로 지칭하고 이들과의 타협을 거부할 것을 주장한 '주전척화(主戰斥和)'의 상소를 올리면서 구체적인 행동을 전개했다. 이항로를 비롯하여 그의 학문을 계승한 김평묵, 유중교, 최익현, 유인석 등이 위정척사운동의 대표적 인물로 꼽힌다.[40] 고능선도 이 학맥에 속했다.

이들 척사파는 당시의 역사적 상황을 서양문명과 중화문명의 충돌로 파악하여, 구미제국(歐美諸國)의 강압적인 통상요구를 소중화문명

---

39) 『백범일지』, p.178.
40) 吳瑛燮, 앞의 책; 朴敏泳, 「華西學派의 形成과 衛正斥邪運動」, 《한국근현대사연구》 10집, 한울, 1999, pp.37~70 참조.

(小中華文明)인 조선문명의 정체성에 대한 도전이자 침략 행위로 인식했다.[41] 척사론의 이론적 출발점은 화이론(華夷論)에 근거한 소중화론(小中華論)이었는데, 이항로에 와서는 이른바 '화이인수지별(華夷人獸之別)'의 주장으로 발전했고, 그것이 척사론의 핵심사상이 되었다. 이항로는 명은 중화로, 조선은 소중화로, 청은 중국을 지배하고 있으나 이(夷)로, 그리고 서양과 그 앞잡이인 일본은 금수로 인식했다. 이와 같은 대외인식에서 볼 때에 서양과 일본의 침략은 곧 중화의 이적화나 금수화가 아닐 수 없었다.[42]

이처럼 위정척사사상은 대외적으로 구미제국을 배척하는 강렬한 반침략사상의 성격을 지니고 있었다. 그러나 그것은 삼강오륜(三綱五倫)에 바탕을 둔 봉건적 사회질서를 고수하려는 보수적 성격을 아울러 지니고 있었다. 그렇기 때문에 위정척사파는 척양척왜(斥洋斥倭)를 근간으로 하는 반침략적 배외운동을 전개하기는 했지만 그것을 현실의 모순을 극복하기 위한 사회개혁운동으로 발전시키지는 못했다. 따라서 척사사상은 반침략의 강렬한 에너지에도 불구하고 반봉건이나 개화사상과는 대립적인 것이었다. 이 점이 척사운동이 개화운동이나 동학농민운동과 구별되는 특징이었다.[43]

고능선은 위정척사의 논리를 몸소 실천하고 있었다. 그는 서양 옷을 입지 않았고 서양 물건은 일절 집안에 들이지 않았다.[44] 그는 서양 물건이라고는 당성냥 한가치도 쓰지 않았다.[45] 고능선의 가르침을 받은 김창수는 동학접주로서 팔봉도소에 표어로 내걸었던 '척양척왜'가 조선의 정통성을 지키는 진리라는 사실을 이제 확신하게 되었다. 김구는 이때의 일을 다음과 같이 적었다.

41) 洪淳權, 『韓末湖南地域義兵運動史研究』, 서울대학교출판부, 1994, p.244.
42) 『백범일지』, pp.317~318.
43) 김영작, 『한말 내셔널리즘 연구 : 사상과 현실』, p.342.
44) 金亨鎭, 『路程略記』, 『白凡金九全集(3)』, pp.600~601.
45) 『백범일지』, p.180.

청계동에서 오로지 고 선생만을 하나님처럼 숭배하던 때에는 나역시 척왜척양이 우리의 당연한 천직이라 생각하였다. 이에 반대하는자는 사람이 아니고 짐승이라고 여겼던 것이다.[46]

그리하여 그는 서양인을 "눈이 움푹 들어가고 코가 우뚝 선 원숭이에서 멀지 않은 오랑캐들"[47]이라고 생각했고, 따라서 그들을 배척하는 것을 더없이 고귀한 가치로 믿게 되었다.

3

김구는 고능선의 훈육과 관련하여 "고 선생은 주로 의리(義理)가 어떤 것인가에 대해서 말씀하셨다"[48]라고 적어 놓았다. 고능선은 김창수에게 아무리 뛰어난 재주와 능력이 있는 자라도 의리에서 벗어나면 그 재능이 도리어 화근이 되며 사람의 처세는 마땅히 의리에 근본을 두어야 한다고 강조했다.[49] 그런데 고능선이 김창수에게 강조한 의리란 단순한 일상의 생활규범으로서의 의리가 아니라 화서학파의 의리론(義理論)이었다.

의리론은 소중화론과 함께 화서학파의 핵심적 사상이었다. 이항로는 공자의 춘추대의(春秋大義), 맹자의 벽이단(闢異端), 주자의 존화양이(尊華攘夷)의 정통론으로부터 송시열(宋時烈)의 존명배청(尊明排清)의 북벌론으로 이어지는 의리를 유학의 정통도맥으로 인식했다.[50] 이항로가 조선의 유학자 가운데 이황(李滉)이나 이이(李珥)보다도 교조적이고 당파성이 강했던 송시열을 주자의 도통(道統)으로 꼽는 것은 북벌론

---

46) 『백범일지』, p.115.
47) 『백범일지』, p.116.
48) 『백범일지』, p.63.
49) 『백범일지』, p.63.
50) 吳錫源, 「19세기 韓國道學派의 義理思想에 관한 연구: 華西 李恒老 및 華西學派를 중심으로」, 成均館大學校 박사학위논문, 1992 참조.

을 통하여 역사의 정통성을 회복하려고 했던 송시열의 의리론에 더 큰 비중을 두었기 때문이다. 이항로는 「심조묵계지언(深造默契之言)」에서 "배우는 사람은 주자를 종주(宗主)로 하지 않으면 공자의 문턱에 들어갈 수 없고, 송자[宋時烈]를 헌장(憲章)으로 하지 않으면 주자의 통서(統緖)에 접할 수 없다"[51]라고 했을 만큼, 송시열의 존화양이사상으로부터 절대적 영향을 받았다. 이와 같은 도통 인식이 고능선에게도 그대로 계승되었던 것이다.

고능선은 김창수에게 의리의 중요성을 강조하기 위하여 박태보(朴泰輔)의 보습단근질 일화와 삼학사(三學士)의 절개에 대해서도 설명했다.[52] 박태보는 숙종(肅宗) 때의 문신으로서 인현왕후(仁顯王后)의 폐위를 강력히 반대하다가 심한 고문을 당하고 유배 가던 길에 고문의 후유증으로 노량진에서 죽었다. 고능선은 박태보가 보습으로 단근질을 당하면서도 끝까지 굴하지 않고 오히려 "이 쇠가 식었으니 다시 달구어 오너라"라고 했다는 이야기를 김창수에게 들려 주었다. 삼학사는 병자호란 때에 청국과의 화의를 끝내 반대하다가 청국으로 잡혀간 윤집(尹集), 오달제(吳達濟), 홍익한(洪翼漢) 세 사람을 말한다. 이들은 청국으로 잡혀가서 모진 고문을 당했으나 끝까지 절개를 지키다가 처형당했다.

고능선은 김창수에게 일을 할 때에는 판단, 실행, 계속의 세단계로 사업을 성취해야 한다고 가르쳤다. 그는 김창수의 가장 큰 결점이 과단성이 부족한 것이라고 보았다. 그는 김창수에게 무슨 일이나 밝히 보고 잘 판단하고도 실행의 첫 출발점이 되는 과단성이 없으면 다 쓸데없다면서 다음과 같은 시를 힘주어 설명했다.

得樹攀枝無足奇

---

51) 『華西論』 附錄 9권, 「年譜」 1813년조.
52) 『백범일지』, pp. 118~119.

懸崖撒手丈夫兒.
(벼랑에서) 나뭇가지를 잡고 오르는 것은 기이한 일이 아니나
벼랑에서 잡은 손을 놓을 수 있어야 가히 장부이다.[53]

고능선의 통찰은 정확했다. 김구의 과단성 부족은 앞서 상투를 자를 때에 본 것과 같은 이승만의 경우와는 아주 대조적인 것이어서 주목할 만한 가치가 있다. 왜냐하면 두 사람의 이러한 대조적인 성향은, 특별히 예외적인 경우를 제외하고는, 일생을 두고 그대로 표출되면서 그들이 직면했던 중대한 일들에 큰 영향을 끼쳤기 때문이다.

김구는 고능선에게서 배운 이 시구를 평생토록 잊지 않고 중요한 결단이 필요할 때면 그것을 되새기곤 했다. 그런데 이 시구는 유교의 경전이나 유학자의 작품이 아니라 『금강경오가해(金剛經五家解)』에 있는 송(宋)나라 때의 선승(禪僧) 야부도천(冶父道川)의 금강경 송(頌)의 일부이다. 이 시구는 다음과 같이 이어진다.

水寒夜冷魚難覓
留得空舡載月歸.
물은 차갑고 밤은 싸늘해 고기는 잡히지 않고
빈 배에 달빛만 싣고 돌아온다.[54]

일반적으로 조선의 유학자들이, 특히 교조적 학풍의 화서학파들이 불교 경전을 읽는 것은 극히 드문 일이었다. 그러나 궁핍한 생활여건에서도 의리론의 실천을 중시했던 고능선은 자신의 실천철학과 부합되는 학문과 사상을 폭넓게 수용했던 모양이다. 그리고 그러한 고능선의 가르침

---

53) 『백범일지』, pp.63~64.
54) 권오영, 앞의 글, p.287 주 75) 참조.

이 김구의 사상적 유연성의 기초가 된 것 같다.

고능선의 의리에 대한 가르침은 김구가 뒷날 위정척사파에서 개화파로 변신한 뒤에도 평생의 행동준거가 될 만큼 큰 영향을 끼쳤다. 그 점에 대해서는 『백범일지』의 여러 대목에 언급되어 있는데, 뒷날 개화파로서 교육계몽운동에 헌신하다가 안악사건(安岳事件)과 신민회사건(新民會事件)으로 15년형을 선고받고 서대문형무소에서 복역할 때에 다음과 같이 자성하는 것은 그 대표적인 보기이다.

> 너는 일찍이 고후조(高後凋)에게서 의리가 무엇인지 가까이에서 배웠고, 그이에게서 배운 금언 중에 삼척동자라도 개나 양을 가리켜 절을 시키면 반드시 크게 노하며 불응한다는 말을 강단에서 신성한 제2세 국민에게 연설하던 네가 머리를 숙여 왜놈 간수에게 절을 하느냐. 네가 항상 암송하는 고인의 시 가운데, '식인지식 의인의 소지평생 막유위[食人之食 衣人衣 所志平生 莫有違: 남이 해준 음식을 먹고 남이 만들어 준 옷을 입거늘 품은 뜻은 평생 어기지 말아야 한다]'라는 구절을 망각했느냐.… 남아는 의로 죽을지언정 구구히 살지 않는다고 평일에 어린 학생을 가르치더니, 네가 오늘 살아 있는 것이냐. 네가 개 같은 생활을 견디어 지내고서 17년 뒤에 장차 공을 세워 죄를 갚을 자신이 있느냐.[55]

또한 김구는 뒷날 고능선의 사망 소식을 들었을 때를 회상하면서 다음과 같이 적었다.

> 아, 슬프다! 이 말을 기록하는 오늘까지 30여년 동안 내 마음을 쓰거나 일을 할 때에 만에 하나라도 아름다이 여길 만한 점이 있다면 그

---

55) 『백범일지』, p.244.

것은 오로지 당시 청계동에서 고 선생이 나를 특히 사랑하시고 심혈을 다 기울여 구전심수하시던 훈육의 덕일 것이다.[56]

그리고 1947년에 『백범일지』(국사원본)를 출간할 때에 책머리에 고능선의 사진을 싣고, 그 옆에 "나는 나라에 충성하는 법을 고후조 선생께 배웠다"라는 설명을 붙였다.

---

56) 『백범일지』, p.180.

3. 구국방략 찾아서 청국으로

김창수는 고능선의 가르침을 통하여 정신적 안정을 되찾았다. 그러자 청계동 생활에도 점차 적응해 갔다. 안태훈은 사랑에서 잔치를 벌이고 흥취 있게 놀 때마다 반드시 고능선을 초청했다. 그런데 안태훈은 또 그 자리에, 김구 자신의 말대로 "술로나 글로나 나이로나 겉모양으로나 그 자리에 전혀 어울리지 않는" 김창수를 빠뜨리지 않았다. 만약 김창수가 조금만 늦어도 안태훈은 산포수나 하인을 불러서 "너 속히 돼지골 가서 창수 서방님 모셔 오너라" 하고 김창수를 부르러 보냈다. 안태훈이 김창수를 이처럼 대우하자 산포수들의 태도도 저절로 공손해졌고, 안태훈 아우들의 태도도 바뀌었다. 또한 고능선이 김창수를 친근하게 대우하는 것을 본 마을 사람들의 태도도 차차 달라졌다. 안태훈이 고능선의 집을 이따금 방문하는 일도 있었다. 그럴 때면 두 사람은 서로 주거니 받거니 하면서 고금의 일을 강론했다. 김창수는 이러한 강론을 곁에서 듣는 것이 여간 흥미롭지 않았다.

이 무렵 김창수는 몇년 전부터 시작된 산증(疝症) 때문에 고생했는데, 청계동에서도 산기가 재발했다. 산증이란 고환이나 음낭 등의 질환 때문에 일어나는 신경통과 요통의 일종으로서, 산증에 걸리면 아랫배가 당기며 통증이 있고 대소변이 막히기도 한다. 김창수가 안태훈의 사랑에서 만난 오(吳) 주부[主簿: 한약방 주인을 일컫는 말]에게 산증의 치료법을 묻자, 오 주부는 사삼[沙蔘: 더덕 뿌리]을 많이 먹으면 낫는다고 일러 주었다. 그 말을 듣고 김창수는 틈나는 대로 고능선의 아들 원명과 함께 약초 캐는 괭이를 메고 뒷산에 올라가서 사삼도 캐고 바위 위에 앉아서 이런 저런 이야기도 나누었다. 이렇게 석달 동안 사삼을 복용하자 산증이 깨끗이 나았다. 이 소문을 들은 신천(信川)군수가 안태훈을 통하여 사삼을 구해 줄 것을 당부해 와서 김창수는 사삼 한 망태기를 캐어 그에게 보내 주었다.[57] 이때의 신천군수는 김상현(金商絢)이었다. 그는 1894년12월13일에 동학농민군이 신천 관아를 습격했을 때에 가족을 데리고 청계동으로 피신했다가 이듬해 3월에야 관아로 돌아갔는데,[58] 동학농민군이 관아를 습격하고 민가에 불을 지른 것을 엄하게 다스리지 못한 죄로 황해도 감사 조희일(趙熙一)과 함께 1895년2월27일자로 파면되었다.[59]

김창수는 날마다 고능선의 집에서 공부를 하면서 고능선과 밥도 같이 먹고, 밤이 깊어서 인적이 끊어질 때까지 국사를 논의하기도 했다. 그러던 어느 날 고능선은 김창수에게 청국에 가기를 권유했다. 그는 김창수에게 먼저 시국에 대한 자신의 심정을 토로했다.

"만고 천하에 흥해 보지 못한 나라가 없고 망해 보지 못한 나라가 없네. 종전에는 토지와 백성은 가만 두고 군주 자리만 빼앗는 것으로 흥(興)이라 망(亡)이라 하였지. 그러나 지금의 망국이란 나라의 토지와 백성과 주권을 병탄하는 것이네. 우리나라도 반드시 망하게 되었는데, 필경은 왜놈에게 멸망당하게 되었네. 소위 조정대관들은 전부 미외사상[媚外思想: 외세에 영합하려는 사상]만 가지고, 러시아를 친하여 자기 지위를 보존할까, 혹은 영국이나 미국을, 혹은 프랑스를, 혹은 일본을 친하여 자기 지위를 공고히 할까, 순전히 이런 생각들뿐이거든. 나라는 망하는데 국내의 최고 학식을 가졌다는 산림학자들도 한탄하며 혀만 차고 있을 뿐 어떠한 구국의 경륜이 있는 사람이 보이지 않으니 큰 유감일세. 나라가 망하는 데도 신성하게 망하는 것과 더럽게 망하는 것이 있는데, 우리나라는 더럽게 망하게 되겠네."

김창수는 놀라서 그 까닭을 물었다. 고능선이 대답했다.

"일반 인민이 의를 붙들고 끝까지 싸우다가 적에게 복몰[覆沒: 배가

---

57) 『백범일지』, p.65.
58) 李全, 앞의 책, p.21; 『義士安重根傳記』, p.29.
59) 『日省錄』 高宗32년2월27일조.

뒤집혀 가라앉음. (집안이) 결딴나서 망함]당하는 것은 신성하게 망하는 것이요, 일반 신민이 적에게 아부하다가 적의 꾐에 빠져서 항복하고 망하는 것은 더럽게 망하는 것일세. 지금 왜놈의 세력은 온 나라에 차고 넘치고 궐내까지 침입하여 대신들의 임면을 왜적의 마음대로 하고, 만반 시정이 제2의 왜국이 아닌가. 만고 천하에 망하지 않는 나라가 없고 만고 천하에 죽지 않는 사람이 없다네. 그런즉 자네나 나나 죽음으로써 보국(報國)하는 한가지 일만 남았네."

말을 마친 고능선은 슬픈 낯빛으로 김창수를 보았다. 김창수도 눈물을 흘렸다. 김창수는 다시 스승에게 물었다.

"망할 것으로 하여금 망하지 않게 할 방책은 없습니까?"

"자네 말이 옳네. 기왕 망할 나라라도 망하지 않게 힘써 보는 것이 신민된 자의 의무이지. 지금의 조정 대관들 모양으로 외세에 영합하지 말고 청국과 서로 돕는 방법으로 결합할 필요가 있네. 지난해 청일전쟁에서 청국이 패했으니 언젠가는 복수전쟁을 한번 벌이려 할 것이네. 적당한 인재가 있으면 청국에 가서 사정도 조사하고 그곳 인물들과도 연락해 후일에 대처하는 것이 절대 필요하니, 자네 한번 가 보려나?"

고능선의 이러한 권유는 김창수를 매일 만나 학문을 가르치면서도 전혀 입 밖에 낸 일이 없던 것이었다. 그리고 청국과의 제휴는 외세의존이 아니며, 청국은 청일전쟁의 패전의 수모를 만회하기 위하여 반드시 복수전을 벌일 것이라는 고능선의 전망은 이때의 위정척사파들의 국제정세 인식의 한계를 보여 주는 것이었다.

"저같이 나이 어리고 지각 없는 것이 간들 무슨 효과를 얻겠습니까?"

그러자 고능선은 웃는 얼굴로 다음과 같이 말했다.

"그거야 그렇지. 자네만으로 생각하면 그렇지. 이런 생각을 하는 동지들이 많으면 청국의 정계나 학계나 상계나 각 방면으로 들어가서 활동할 때이지만 지금은 누가 그런 뜻을 가진 사람인지 알 수 있겠나. 자네 한 사람의 생각이라도 그렇게 하는 것이 뒷날 유익하겠다 싶으면 실행하여 보는 것뿐이지."

김창수는 스승의 권유를 서슴지 않고 받아들였다.

"마음이 항상 울적하니 먼 곳으로 바람도 쏘일 겸 떠나 보겠습니다."

고능선은 김창수의 말에 흡족하여 그가 떠난 뒤에 그의 부모 일은 자기가 책임지겠다고 약속했다.

청계동으로 이사한 뒤로 김순영(金淳永) 내외가 어떻게 생활하고 있었는지에 대해서는 『백범일지』에도 언급이 없다. 들이나 산에 나가 일했다는 말도 없다. 양식은 안태훈이 보내 주었을 것이지만 김순영이나 곽씨 부인이 안태훈 집에 내왕했던 것 같지는 않다. 그들은 고능선의 가족과도 별로 내왕이 없었던 것 같다. 김창수 부모의 일을 자기가 책임지겠다고 한 고능선의 말은, 김창수가 인사도 하지 않고 청국으로 떠나고 나면 안태훈이 김순영 내외를 돌보지 않을 수도 있음을 상정하고 한 말이었을 것인데, 고능선이 그러한 경우까지 생각하면서 김창수를 비밀리에 청국으로 떠나보내고자 한 데에는 그만큼 심각한 고려가 있었을 것이다. 또한 주목할 것은 그때까지 크고 작은 모든 일을 아버지와 상의하고 아버지의 의견에 따라 행동해 온 김창수가 청국으로 떠나는 이 중대한 일을 결심하면서 아버지와 상의했다는 말이 없는 사실이다. 그것은 김창수가 그만큼 정신적으로 성장했을 뿐만 아니라 고능선의 압도적 영향 아래 있었기 때문이었다.

고능선의 배려를 고맙게 받아들인 김창수는 물었다.

"안 진사와도 상의를 하면 어떻습니까?"

그러나 고능선은 뜻밖에도 반대했다.

"내가 안 진사의 의향을 짐작하는데, 그는 천주학을 해볼 마음이 있다네. 만일 양이(洋夷)에 의뢰할 마음이 있다면 그것은 대의에 위반된 행동이지. 안 진사에 대한 태도는 뒷날 결정할 날이 있을 것이니, 출국에 대한 문제는 아직은 말하지 않는 것이 좋겠네. 다만 안 진사는 확실한 인재이니, 자네가 청국에 가서 여러 곳을 다녀보고 그 결과로 좋은 동기가 생기게 되면 그때에 가서 상의해도 늦지 않을 것이네. 그러니 이번 일은 비밀에 부치고 떠나는 것이 합당할 것 같네."

갈 곳 없는 패전의 장수에게 부모를 모시고 안주할 곳을 마련해 주기까지 하면서 호의를 베푼 안태훈에게 하직인사조차 하지 않고 떠난다는 것은 그야말로 고능선이 강조한 의리에 위반되는 행동임에 틀림없었다. 그럼에도 불구하고 고능선이 김창수로 하여금 안태훈 모르게 떠나도록 한 것은 만일에 안태훈이 알게 되면 김창수의 청국행이 좌절될 수도 있다고 판단했기 때문이었을 것이다. 그만큼 그에게는 김창수를 청국으로 떠나보내는 것이 중요했던 것이다. 김창수로서도 안태훈 몰래 떠나가기가 여간 송구스럽지 않았을 것이다. 그런데도 그는 "고 선생의 말을 옳게 여기고 출발을 준비했다"고 한다.[60] 김창수의 이러한 태도에서도 이때에 그가 얼마나 고능선에게 경도되어 있었는가를 짐작할 수 있다.

2

고능선의 권유에 따른 김창수의 청국행은 화서학파의 구체적 행동방안이 논의된 시점과 일치한다는 점에서 눈여겨볼 만하다. 화서학파의 의병봉기의 직접적 움직임은 1894년12월에 복제개혁(服制改革)이 발표되고 나서부터였다. 복제개혁문제는 갑신정변 이래로 줄곧 논란이 되었던 것인데, 1894년12월16일자 칙령으로 조선에서 처음으로 검은색의 서양식 복제가 채용된 것이다.

복제개혁이 발표되자 유인석을 비롯한 화서학파 유생들은 이에 반대할 뜻을 분명히 했다. 유인석은 1895년1월에 제천(堤川)의 주용규(朱庸奎)에게 보낸 편지를 통하여 그곳의 소장파 유생들에게 의병봉기를 촉했

---

60) 『金九自敍傳 白凡逸志』(親筆影印本), pp.37~38; 『백범일지』, pp.63~67.

다.[61] 유인석은 또 「을미훼복시입언(乙未毀服時立言)」을 지어 "선왕의 법복(法服)을 고치는 것은 천지와 성현과 선왕과 부조(父祖)에게 죄를 짓는 것이라. 장차 살아서 무엇하리요.… 선왕의 도를 수호하다가 죽는 것은 선비의 의리이다. 죽지 않는 사람은 없는 법이나, 삶보다 영광스러운 죽음이 있다. 금일의 일은 죽음이 있을 뿐이다"[62] 라면서 전통복제를 지키기 위해 죽음도 불사한다는 비장한 뜻을 천명했다.

그러한 상황에서 1895년5월에 내부대신 박영효의 수하인 제천군수 김익진(金益珍)이 관내에 있는 화서학파 유생들에게 변복령에 따를 것을 강요하자 문제가 확대되었다. 유인석은 이에 대처할 방안을 마련하기 위해 전국의 화서학파 유생 150여명을 5월2일과 3일 이틀 동안 제천의 장담(長潭)으로 불러 모아 강습례(講習禮)와 향음례(鄕飮禮) 형식의 대규모 집회를 열었다. 이러한 특별집회를 통하여 화서학파 유생들은 박영효의 매국적 제도개혁을 성토하고 복제개혁을 주도하는 중앙의 개화파들에게 대항하기로 결의했다. 그러나 성토의 대상이었던 박영효가 5월15일에 국왕폐립음모에 연루되어 실각하고 일본으로 망명하자 화서학파의 박영효 규탄과 변복령 반대운동은 잠시 무르춤해졌다.[63] 그러나 이러한 집회는, 규모의 차이는 있었으나 11월15일의 단발령 이후에 본격적인 의병운동이 일어나기까지 지속적으로 전개되었다.

5월의 장담집회에 참가한 사람들은 거의 대부분이 유중교 문하의 유생들이었다. 그리고 이들이 중심이 되어 뒷날 화서학파의 본격적인 의병항쟁이 전개되었다.[64] 이때의 장담집회에 고능선이 참석했던 것 같지는 않다. 그러나 유인석과 서신 왕래를 계속했던 것으로 미루어 고능선이 장담집회를 알고는 있었을 것으로 짐작된다. 장담집회가 열린 것이 5월

---

61) 吳瑛燮, 앞의 책, pp.232~233.
62) 『毅菴集』 권35, 「乙未毀服時立言」, 吳瑛燮, 위의 책, p.233에서 재인용.
63) 吳瑛燮, 같은 책, pp.235~236.
64) 朴敏泳, 앞의 글, p.297.

초였고, 김창수가 청국으로 출발한 것이 5월 하순이라는 사실이 그러한 추론을 가능하게 한다. 따라서 김창수의 청국행은 고능선의 개인적 구상에 따른 것이었다기보다는 화서학파의 시국대응책의 일환이었다고 보아야 할 것이다. 화서학파 유생 가운데 의병활동의 해외 근거지 구상을 가장 먼저 제기한 사람은 홍재학(洪在鶴)이었으나,[65] 그러한 구상을 실제로 가장 먼저 실행한 사람이 김창수를 청국으로 보낸 고능선이었던 셈이다.

고능선의 만류가 있었다고 하더라도 안태훈에게 작별인사조차 하지 않고 떠난다는 것은 김창수로서는 여간 마음에 걸리지 않았다. 안태훈을 마지막으로 한번 보고 속으로나마 하직인사를 하는 것이 도리일 것 같았다. 김창수는 그러한 생각으로 안태훈의 사랑에 갔다가 우연히 참빗장수 행색을 한 사람을 만났다. 말하는 것과 행동거지로 보아 예사 참빗장수가 아닌 것이 분명했다. 김창수가 인사를 청하자 그 사람은 자신을 남원군(南原郡) 이동(耳洞)에 사는 김형진이라고 했다. 김창수는 김형진에게 자기 집에 가면 참빗을 살 테니까 같이 가자고 하여 함께 집으로 갔다. 하룻밤을 같이 보내면서 이런저런 이야기를 나누어 보니까 과연 그는 단순한 참빗장수가 아니었다.

김구는 김형진의 첫인상에 대해 "사람됨이 그다지 출중해 보이지 않고 학식도 넉넉하지는 못해 보였으나, 시국에 대한 불평으로 무슨 일을 해보겠다는 결심은 있어 보였다"[66]라고 적었다. 자기보다 열다섯살이나 연상이며 초시(初試)에 합격한 진사인 김형진의 인품이 김창수에게 이처럼 대수롭지 않게 보였던 것은 아마 참빗장수라는 선입견 때문이었을 것이다. 김형진의 본명은 김원명(金元命)이며 김형모(金炯模), 김형진(金亨振), 김봉회(金鳳會) 등의 다른 이름을 가지고 있었다. 김형진은 유중교

65) 吳瑛燮, 앞의 책, p.115.
66) 『백범일지』, p.68.

의 문하에서 배웠고,[67] 친구의 죽음을 애도하는 제문에 명나라 연호를 사용할 정도로 철저한 위정척사파였다.[68] 그는 1895년4월에 척양척왜의 큰 뜻을 품고 상경하여, 무관 출신으로 요직을 두루 거치면서 일본의 강압적 내정개혁요구에 반대했던 원로 신정희(申正熙)를 찾아갔으나 별다른 방책을 얻지 못했다. 그는 한양 성 안이 온통 왜색천지인 것에 크게 실망했다고 했다.

김창수는 김형진을 데리고 고능선의 집으로 갔다. 고능선 역시 그와 이야기를 나누어 본 뒤에 "남의 머리가 될 인물은 못 되나 다른 사람을 도와서 일을 성사시킬 만한 소질은 있어 보인다"라고 말했다. 그리하여 고능선과 김창수는 김형진이 김창수의 길동무로 손색이 없다고 판단했다.

김형진 역시 김창수에게 호감을 느꼈다. 그는 김창수가 자기와 같은 종씨인 것이 우선 반가웠다. 척양척왜의 큰뜻을 함께할 동지를 구하던 그에게 김창수는 뜻이 맞는 인물로 보였다. 『백범일지』에는 안태훈이 당대의 문장가요 대영웅이라는 것이 삼남지방에까지 알려져서 김형진이 청계동을 찾아왔다고 했으나,[69] 김형진 자신은 이때의 상황을 다음과 같이 적어 놓았다.

우연히도 하루는 신천에 가게 되었다. 청계동에 사는 안태훈은 나라의 주권 회복의 큰 뜻을 품고 의병을 널리 모아 수천에 이르고, 진지를 본도에 구축하였으며, 병기와 총기와 쌓아 놓은 양곡이 산더미 같았다. 들어가서 의려장 안태훈을 만나 보고 그 진중에 머물면서 며칠을 기숙했다. 그런데 우연히도 종씨 창수를 만나게 되었다. 그는 왜병 두목과 싸우다가 패하여 깊은 산 속에 숨어 사는 중이었다. 그때 나이

---

67) 金南植, 「金亨鎭志士略歷」, 1994 및 「救國志士 成均進士 安東金先生墓碣銘」, 도진순, 「1895~96년 金九의 聯中義兵活動과 치하포사건」, 《韓國史論》 38, 서울大學校國史學科, 1997, p.134, 주37).

68) 金亨鎭, 「路程略記」, 『白凡金九全集(3)』, p.621.

69) 『백범일지』, p.68.

는 스무살이었다. 같이 종가에 돌아가 고락을 함께할 것과 척양척왜의 계략을 의논하였다.[70]

이처럼 청계동을 찾아와서 우연히 만난 두 사람이 쉽게 뜻이 통할 수 있었던 것은 김형진이 유중교의 문하생이고 김창수는 같은 화서학파인 고능선의 훈육을 받아 척양척왜의 시국인식이 일치했기 때문이다. 두 사람은 의기투합하여 함께 청국 여행을 떠나기로 결심했다.[71] 김창수가 청계동에 은거한 지 석달쯤 지난 때였다.

김창수가 여행준비를 어떻게 했는지는 자세히 알 수 없다. 이 시대의 여행은 거의 도보여행이었다. 김창수는 이때에 집에서 먹이던 말을 내다 팔아서 여비 200냥을 마련했다고 한다.[72] 어려운 형편에서 김창수네가 어떻게 비싼 말을 먹이고 있었는지 알 수 없다.

김창수의 청국행은 고능선의 권유에 따른 것이기는 했으나 뚜렷한 목표와 방문지가 있었던 것은 아니었다. 청국과의 제휴문제는, "가는 길에 백두산을 답파하고 만주를 거쳐 북경을 최종 목적지로 정했다"[73] 라고 한 데서 보듯이, 막연한 기대를 넘어서지 못했다. 그러므로 이때의 청국행은 지형과 주변정세도 관찰하고 견문도 넓힐 수 있는 기회로 생각했을 따름이었다. 그리하여 두 사람은 함경도의 동해안을 거쳐 백두산을 돌아서 가는 우회코스를 택했다.

70) 金亨鎭, 『路程略記』, 『白凡金九全集(3)』, p.584.
71) 『백범일지』, pp.68~69; 金亨鎭, 『路程略記』, 『白凡金九全集(3)』, p.584.
72) 『백범일지』, p.69.
73) 위와 같음.

6장

청국행과 반일의병활동

1. 첫번째 청국행과 '마통령 마대인'

■ 1

김창수와 김형진이 청계동을 출발한 것은 1895년5월이었다.[1] 두 사람은 이때에 관찰하고 경험한 내용을 각각 기록으로 남겼다. 김창수는 30년 뒤에 쓴 자서전『백범일지』에, 김형진은 돌아와서 얼마 되지 않은 1898년에 쓴『노정약기(路程略記)』에 상세히 적어 놓았다.

『노정약기』에 따르면, 두 사람의 청국행은 5월과 9월의 두차례였다. 이 글은 두차례에 걸친 청국행의 코스와 일정을 자세히 적어 놓아서, 두번 다녀온 사실을 뭉뚱그려서 한번 다녀온 것처럼 서술한『백범일지』의 내용을 보완해 준다. 그러나『노정약기』의 서술은 전반적으로 과장이 너무 많아서 신빙성에 문제가 있다.

두 사람은 먼저 백두산을 답파하고 만주지방을 거쳐서 북경(北京)까지 가기로 하고 길을 떠났다. 청계동을 출발한 두 사람은 재령(載寧)의 여물평(餘物坪), 석해(石海), 월진(越津)을 지나서 봉산(鳳山)을 거쳐서 황주(黃州)에 이르렀다. 북쪽으로 가는 교통의 요지인 황주는 청일전쟁의 격전지로서 피해를 입은 곳이었다. 그러나 전란의 상처에도 불구하고 황주는 여전히 아름다운 고장이었다. 황주에서 두 사람은 일본 병사 300명가량이 백성들과 어울려 환담하는 광경을 보고 몹시 불쾌했다.[2] 중화(中和)를 거쳐서 평양(平壤)에 도착했다. 그곳에서 두 사람은 여행방법을 협의했다. 앞으로는 험한 산길인데다가 국경이 가깝기 때문에 변장하는 것이 유리할 것 같았다. 김형진은 이미 고향 남원을 출발하여 황해도에 이르는 동안 참빗장수 행세를 해왔다. 두 사람은 이번에도 참빗장수로

---

1) 金亨鎭,『路程略記』,『白凡金九全集(3)』, p.137.
2) 金亨鎭,『路程略記』, 위의 책, pp.137~138.

변장하기로 하고 여비를 전부
털어서 참빗, 붓, 먹 등 산골
마을에 요긴한 물품을 사서
한짐씩 짊어졌다.

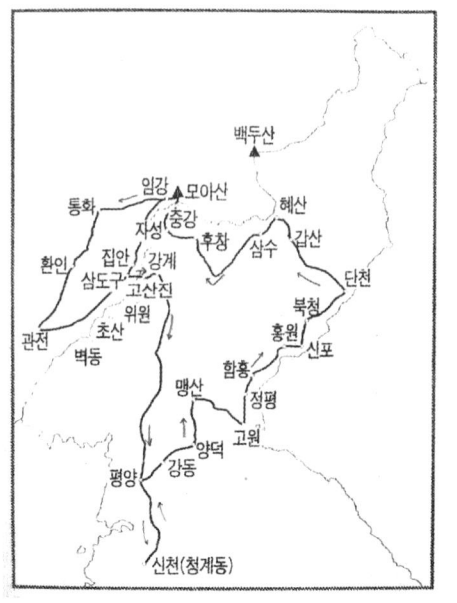

『백범일지』에 적혀 있는 청국행 코스.

강동(江東)의 열파(咽波)
장터를 지날 때에 갑자기 장
대 같은 소나기가 쏟아졌다.
두 사람은 비를 피하고 하룻
밤 쉬어 가기 위해 가까운 재
실을 찾아 들었다. 그런데 김
창수는 재실에 먼저 들어와 있
던 일흔살가량의 주정뱅이 노
인에게 까닭 없이 두들겨 맞았
다. 그는 억울한 생각이 들었으나 원대한 목적을 품고 먼 길을 가는데 사
소한 일에 마음 둘 바 아니라고 생각하고, 김형진과 한신(韓信)의 고사를
이야기하면서 서로 위로했다.[3] 한신의 고사란, 회음(淮陰)의 부랑배가 한
신에게 시비를 걸어 자기 가랑이 밑으로 기어서 지나가라고 하자 한신이
모욕을 참고 그 부랑배의 가랑이 밑을 기어서 지나갔다는 이야기를 말하
는 것이다.

성천(成川)을 지나서 고원(高原)으로 내려갈 때에는 험하기로 이름난
기린령(麒麟嶺)을 넘었는데, 종일 걸어도 인기척을 발견할 수 없었다. 목
은 마르고 배는 점점 고파 왔다. 지나가는 길에 마침 뽕밭이 있어서 오디
를 따 먹고서야 겨우 갈증과 허기를 면할 수 있었다.[4]

두 사람은 함흥(咸興)에 도착하여 조선에서 제일 긴 나무다리로 소

---

3) 『백범일지』, p.69; 金亨鎭, 『路程略記』, 같은 책, p.139.
4) 金亨鎭, 『路程略記』, 같은 책, p.139.

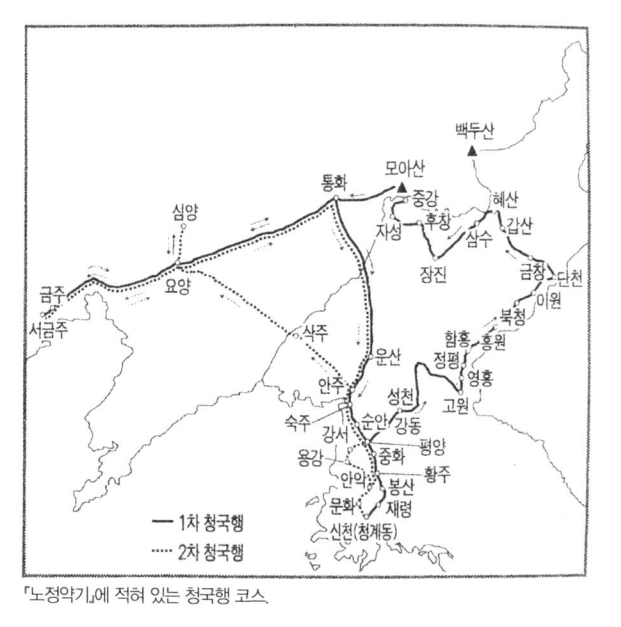

「노정약기」에 적혀 있는 청국행 코스.

문난 만세교(萬歲橋)를 건넜다. 이 다리는 함흥평야를 휘감아 도는 성천강(城川江)을 가로질러 반룡산(盤龍山)의 낙민루(樂民樓) 아래에 가설된 150칸이나 되는 다리인데, 이성계(李成桂)가 조선조의 만세불역(萬世不易)을 기원하는 뜻에서 '만세교'라고 명명했다고 전해진다. 김구는 이 다리를 '남대천 다리'라고 기술했으나 이는 착오이다. 남대천은 북청(北青)에 있는 강이다. 김구는 만세교와 관련하여 김삿갓[金笠: 본명 金炳淵]이 이 다리를 두고 읊은 다음과 같은 시구를 적어 놓았다.

山疑野窄超超立　산은 들이 좁을까 저어하여 멀리멀리 서 있고
水恐舟行淺淺流.　물은 배 다니는 것이 두려워 얕게얕게 흐른다.

김구는 이 시구를 소개하면서 "사람들이 이 구절을 가리켜 명작이라고 하였다"[5]라고 썼는데, 화서학파 유림들과는 거리가 먼 풍자시인 김삿갓의 시구를 알고 있었다는 것은 그가 김삿갓의 반골정신과 해학을 그만큼 좋아했기 때문인지 모른다. 이 시구는 김삿갓의 「등함흥구천각(登

5) 『백범일지』, pp.70~71.

조선에서 가장 긴 나무다리로 소문났던 함흥 만세교.

咸興九天閣)」이라는 시의 일부인데, 원문은 "산의야협원원립(山疑野狹
遠遠立) 수외주행천천류(水畏舟行淺淺流)"이다.[6] 김구는 '착초초(窄超
超)'와 '공(恐)' 네 자를 틀리게 기억한 것이다.

　　만세교를 건너자 조선의 4대물(四大物)의 하나인 장승 네개가 길가
좌우에 마주 보고 서 있었다. 『백범일지』에 따르면, 이 시기에 조선의 4대
물로 꼽히던 것은 경주의 성덕대왕 신종[속칭 '에밀레종'], 논산군 은진면
관촉사의 은진미륵[석조미륵보살입상], 연산(連山)의 쇠솥, 함흥의 장승이
었다.[7]

　　이성계가 세웠다는 낙민루를 구경하고, 서문루(西門樓)에 오르자 사
방이 끝이 보이지 않을 만큼 망망했다. 두 사람이 동문으로 나와서 덕산
관(德山館)에 이르렀을 때에 해가 서산으로 기울었다. 김형진은 여기에
서 준비해 온 노자가 바닥이 나고 말았다고 썼다.[8] 짊어지고 온 물건들을
이때까지 다 팔지는 못했을 것이므로 아마 현금이 떨어졌다는 뜻일 것이
다. 두 사람은 여덟마을을 돌아다니면서 구걸해서야 겨우 끼니를 때웠고,

6) 權寧漢 譯, 『김삿갓 시모음집』, 전원문화사, 2001, p.247.
7) 『백범일지』, p.71.
8) 金亨鎭, 『路程略記』, 『白凡金九全集(3)』, p.141.

각자 따로따로 잠자리를 구하여 하룻밤을 지냈다. 다음날 두 사람은 길이 어긋나서 서로 간 곳을 찾을 수 없었다. 김창수는 할 수 없이 혼자서 함관령(咸關嶺)을 넘었다. 함관령은 함경남도 함주군(咸州郡)과 홍원군(洪原郡)의 경계를 이루는 고개로서, 골이 깊고 경사가 급하며 굴곡이 많았다. 그러나 길은 폭이 넓고 평탄하여 옛부터 홍원과 함흥과 원산(元山)을 잇는 중요한 종단교통로로 이용되었다. 고갯마루에서 동쪽으로 5리쯤 떨어진 영상리(嶺上里)에는 고려 공민왕(恭愍王) 때에 이성계가 원나라 군대를 물리친 전공을 기념하여 세운 달단동 승전기적비(韃靼洞勝戰紀蹟碑)가 있었다. 김창수는 고개를 내려오는 길에 승전비를 구경하고 고개 밑 주막에 닿았다. 여기에서 극적으로 김형진을 다시 만났다.[9]

두 사람은 홍원에 도착했다. 여기서부터는 동해안의 평탄한 해안길이 이어졌다. 홍원은 은어, 송어, 연어, 게 등 각종 해산물이 풍부한 고장이었다. 그 가운데서도 특히 유명한 것은 게잡이였다.[10] 김창수는 건장한 한 아낙네가 광주리에 꽃게 한마리를 힘겹게 이고 가는 것을 보았는데, 광주리에 담긴 게 다리 하나가 자기의 팔뚝보다 더 굵었다고 적어 놓았다.[11] 신포(新浦) 부근은 명태, 송어, 고래 등 한대성 어족이 많이 잡히는 곳이었다. 두 사람은 신포를 지나면서 이 지방의 경치와 명태잡이하는 광경을 보았다.

함경도지방을 지나면서 김창수가 인상 깊게 느낀 것은 이 지방 사람들의 높은 교육 상황이었다. 이때의 김창수의 청국행은 국토순례의 성격이 없지 않았는데, 어릴 때에 가난한 아버지를 졸라 서당에 다니면서 공부에 열심이었던 그가 눈여겨 관찰한 것이 이처럼 교육문제였다는 것은 뒷날 그의 교육활동과 관련하여 눈여겨볼 만하다. 홍원에서는 어떤 큰 동네의 서재를 방문했다. 이 서재는 건물이 크고 웅장한데다 교사가 세

---

9) 위와 같음.
10) 洪原郡誌編纂委員會 編, 『洪原郡誌』, 洪原郡民會, 1973, pp.142~143.
11) 『백범일지』, p.70.

김구가 '문화향'이라고 격찬한 북청의 옛 관아.

사람이나 있었다. 한 사람은 경서반, 한 사람은 중등반, 한 사람은 유치반을 맡아 가르치고 있었는데, 대청 좌우에 북과 징을 매달아 두고 북을 치면 독서를 시작하고 징을 치면 마치는 특이한 방법을 쓰고 있었다.

신포를 지나서 북청(北靑)에 들어섰다. 북청은 자녀교육에 대한 열성이 높기로 특히 유명한 곳이었다. 아무리 산간벽지의 빈촌이라도 추수가 끝나고 나서 겨울 동안에는 반드시 훈장을 초빙하여 자녀들을 가르쳤다. 한말(韓末)에 전국적으로 보기 드물게 북청의 학교수가 무려 80여개에 이르렀다는 사실은 이곳의 교육열을 웅변으로 말해 준다.[12] 북청 사람들은 옛날부터 과거에 열심이었다. 김창수가 방문했을 때에도 군안에 생존한 진사가 30여명이나 있고 급제자가 일곱 사람이나 된다고 했다.[13]

남대천 좌우에는 솟대가 무수히 세워져 있었다. 솟대신앙은 삼한시대(三韓時代) 이래의 민간신앙으로서 긴 장대 끝에 여러 가지 모양을 만들어 매달고 숭배하는 것을 말한다. 북청지방의 솟대는 이 지방의 교육적

12) 咸鏡南道誌編纂委員會 編, 『咸鏡南道誌』, 咸鏡南道誌編纂委員會, 1968, p.594.
13) 『백범일지』, p.71.

특색을 잘 나타내고 있었다. 조선시대 솟대의 한 유형으로 과거에 급제한 사람이 자기 집 앞이나 조상의 산소 같은 곳에 세우는 화주(華柱)가 있었다. 김창수가 본 북청의 솟대도 이런 화주였다. 그것은 기둥에 용의 형상을 새기고 꼭대기에는 날아가는 용의 모양을 만들어 붉은 칠을 해서 꽂아 놓은 것이었다. 남대천 좌우에 그런 솟대가 무수히 세워져 있는 것을 보고 김구는 북청이 "가히 문화향(文華鄕)이라 부를 만했다"[14] 라고 술회했다.

북청을 출발한 두 사람은 단천(端川)을 지나서 백두산이 있는 서북쪽으로 향했다. 단천까지는 비교적 평탄한 해안길이었으나 마운령(摩雲嶺)을 지나서부터는 개마고원(蓋馬高原) 일대의 험산준령이 펼쳐져 있어서, 지금까지와는 달리 험한 고개를 힘들게 넘어야 했다. 마운령을 넘어 갑산(甲山)에 도착했다. 김형진은 이때가 6월19일이라고 했고, 김구는 7월경이라고 했다.[15]

갑산은 산중 높은 지대에 자리 잡은 큰 읍이었다. 그런데 이상하게도 관사(官舍)를 제외한 모든 집의 지붕에 한결같이 풀이 무성했다. 얼른 보기에 사람이 살지 않는 황폐한 빈 고을 같은 느낌이 들었다. 그러나 그것은 그곳 말로 '봇껍질'이라는 것으로 지붕을 이고 그 위에 흙을 덮은 다음 풀씨를 뿌려서 무성하게 자라도록 해놓은 것이었다. 그렇게 해놓으면 아무리 큰비가 퍼부어도 흙이 씻겨 내리지 않는다고 했다. 봇껍질은 색이 희고 탄력성이 강해서 지붕을 일 때에 반드시 조약돌이나 흙으로 눌러 놓아야 한다고 했다. 그렇게 해두면 흙기와나 돌기와보다 오래가고 무너지지 않는다는 것이었다. 또한 그곳에서는 죽은 사람을 염습할 때에도 봇껍질로 싼다고 했다. 그렇게 하면 땅속에서 만년이 지나도 해골이 흩어지지 않는다는 것이었다.[16]

---

14) 『백범일지』, p.72.
15) 金亨鎭, 「路程略記」, 『白凡金九全集(3)』, p.143; 『백범일지』, p.72.
16) 『백범일지』, p.72.

두 사람은 갑산을 떠나서 혜산진(惠山鎭)에 도착했다. 이곳은 우리나라에서 기온이 가장 낮은 곳으로서 겨울에는 혹한이 몰아친다. 혜산진을 지나는 길에 두 사람은 그곳에서 동남쪽으로 5리쯤 떨어진 곳에 있는 국사당(國師堂)과 제향당(祭享堂)을 구경했다. 백두산 줄기가 남쪽으로 뻗치면서 조선 산맥의 큰 줄기를 이루는 곳에 있는 국사당은 북방 이민족의 침입에 대비하여 세운 것이고, 제향당은 봄과 가을에 백두산 산신제를 지내는 곳이었다. 국사당 주련에는 다음과 같은 글귀가 적혀 있었다.

六月雪色山　　유월에도 눈 덮인 산
白頭而雲霧.　　백두에 운무가 감돌고
萬古流聲水　　만고에 소리쳐 흐르는 물은
鴨綠而汹湧.　　압록에 용솟음친다.[17]

혜산진은 압록강 건너편 중국인 민가에서 개 짖는 소리까지 들렸고 압록강도 걸어서 건너다녔다. 혜산에서 백두산 가는 길을 묻자 서대령(西大嶺)을 넘어서 간다고 했다. 혜산을 출발한 두 사람은 삼수(三水)를 거쳐서 청산령(靑山嶺)을 넘어 장진(長津)으로 갔다. 삼수읍성 안팎에는 민가가 30여호 있다고 했다. 장진으로 가는 길은 인적 없는 길이 200리 가량이나 되는 험한 길이었다. 두 사람은 청국인 왕청산(王淸山)과 동행인 수십명과 함께 걸었다.[18] 장진에서 후창(厚昌)을 지나서 자성(慈城)을 거쳐 중강(中江)에 이르렀다. 중강에서 압록강을 건너서 마침내 중국 땅인 모아산(帽兒山)에 도착했다. 모아산은 자성 건너편의 임강(臨江) 옆에 있는 산이다.

17) 金亨鎭, 『路程略記』, 『白凡金九全集(3)』, p.144.
18) 金亨鎭, 『路程略記』, 위의 책, pp.144~145.

삼수부터 모아산에 이르기까지 험산준령이 아닌 곳이 없었다. 어떤 곳은 70~80리나 사람이 살지 않는 곳도 있어서 아침에 출발할 때에 미리 점심밥을 싸 가지고 가야 했다. 산길은 험하고 산림이 울창하여 지척을 분별하기 어려웠으나 맹수는 별로 없었다. 나무 가운데 큰 것은 밑둥 하나를 벤 그루터기 위에 일여덟 사람이 둘러앉아서 밥을 먹을 수 있다고 했다. 두 사람은 찍어 넘긴 나무를 잘라서 곡식을 넣어 두는 통을 파고 있는 것을 보았는데, 장정이 나무통 안에 들어가서 도끼질을 하고 있었다. 또한 이쪽 산꼭대기의 노목이 쓰러져서 건너편 산꼭대기에 걸쳐 있는 것도 눈에 많이 띄었다. 행인들은 깊은 골짜기로 내려가지 않고 그 외나무다리를 타고 건너갔다. 두 사람도 그렇게 건넜는데, 김구는 그것이 "마치 신선이 다니는 길인 듯싶었다"고 회상했다.[19]

이 지방은 인심이 매우 순후하고 먹을 것이 풍부하여 손님을 무척 반가워하고 얼마든지 묵어 가게 한다고 했다. 양식은 거의 귀리와 감자였다. 개천에는 이면수라는 물고기가 많았는데 맛이 무척 좋았다. 이면수[또는 이민수]는 바닷물고기인데, 어떤 민물고기를 이 지방에서 이면수라고 불렀는지 알 수 없다. 사람들이 짐승 가죽으로 옷을 해 입는 것으로 미루어 원시시대 생활을 그대로 하고 있는 듯했다.

모아산에서 서북쪽으로 노인령(老人嶺)이라는 고개를 넘고 또 넘어 서대령으로 가는 길에서 100리에 두어 사람씩 동포들을 만났다. 그들은 거의가 금 캐는 사람들이었다. 그런데 만나는 사람마다 백두산 가는 것을 말렸다. 서대령에는 향마적(嚮馬賊)이라는 중국인 마적떼가 숲 속에 숨어 있다가 길 가는 사람들을 총으로 쏘아 죽이고 소지품을 빼앗아 가기 일쑤라는 것이었다. 얼마 전에도 우리 동포가 피살되었다고 했다. 그리하여

---

19) 『백범일지』, p.73.

두 사람은 백두산 가는 길을 단념하고 통화현(通化縣)으로 가기로 했다.

두 사람이 백두산으로 가고자 한 이유는 뚜렷하지 않다. 백두산 너머에 있는 북간도(北間島)지방은 1880년대에 들어와서 한인월간민(韓人越墾民)에 의한 집단적인 개척이 본격적으로 진행되었는데,[20] 두 사람이 청국 여행을 하게 된 동기의 하나가 화서학파 유림들의 해외 근거지 구상에 따른 현지 답사였을 것인데도 백두산과 그 너머 북간도지방으로 가는 길을 쉽사리 포기한 것은 의아스럽다. 북간도지방 개척과 함께 1880년대 들어 청국(淸國)과 조선(朝鮮) 사이에 다시 논란이 되었던 백두산정계비(白頭山定界碑)에 대한 관심도 보이지 않는다. 이는 고능선(高能善)이 김창수를 청국으로 보낸 이유가 청국이 반드시 복수전을 할 것이므로 청국과 제휴할 필요가 있다고 강조한 데서 보듯이, 이 무렵 화서학파 유림들의 관심이 일본을 물리치기 위해 청국군과 연대를 도모하는 데에만 쏠려 있기 때문이었을 것이다.

두 사람은 파저강[婆猪江: 지금의 渾江]에서 배를 타고 통화현에 도착했다. 통화현성은 세운 지 오래되지 않아서 관사와 성루문의 서까래가 아직 흰빛을 띠고 있었다. 성 안팎에는 집이 500여호쯤 된다고 했다. 동포집은 단 한 집뿐이었는데, 이 집 남자 주인은 변발(辮髮)에 중국 복장으로 통화현 군대에 복무한다고 했고, 여자들은 모두 조선옷 차림이었다. 그 주인은 호통사[胡通辭: 만주어 통역인]였다. 서문 밖에서 조선인 주막을 발견하고 반가운 마음에 찾아 들었다. 주막 안에는 동포가 여남은 명 있었다. 두 사람은 그들로부터 후한 대접을 받았다.[21]

두 사람은 통화현의 환인(桓仁), 관전(寬甸), 임강(臨江), 집안(輯安) 일대를 돌아다녔다. 파저강 좌우에는 연개소문(淵蓋蘇文)과 설인귀(薛仁貴)의 보루 유적지가 있었고, 도처에 천연의 요새가 있었다. 연개소문

---

20) 金春善, 「北間島'지역 韓人社會의 形成硏究」, 國民大學校 박사학위논문, 1998, pp.53~94 참조.
21) 『백범일지』, pp.73~74; 金亨鎭, 「路程略記」, 『白凡金九全集(3)』, p.145.

은 고구려(高句麗) 보장왕(寶藏王) 때의 대막리지였고, 설인귀는 당(唐)나라 고종(高宗) 때의 장군으로서 고구려가 멸망한 뒤에 평양에 설치된 안동도호부(安東都護府)의 도호(都護)로 부임했던 사람이다. 천연 요새들은 고구려, 요(遼), 금(金), 여진(女眞)의 발원지라고 했다. 한곳에서는 임경업(林慶業)의 비각을 보았는데, 비문에는 '삼국충신 임경업의 비(三國忠臣林慶業之碑)'라고 새겨져 있었다. 비각 근처에 사는 중국사람들 사이에서는 병든 사람이 있으면 이 비각에 와서 병을 낫게 해 달라고 비는 풍습이 있다고 했다.[22]

두 사람은 이 일대 요새지가 고구려의 발원지라는 말을 듣고도 고구려의 유적을 찾아볼 생각은 하지 못했다. 집안은 고구려의 도읍이었으며, 집안 뒷산이 국내성(國內城)이고 유명한 광개토왕비(廣開土王碑)와 웅장한 장군총(將軍塚)도 가까이 있었는데, 이러한 유물과 유적이 있다는 사실조차 두 사람은 알지 못했다. 이는 조선조 유학자들의 조선 고대사, 특히 고구려사에 대한 관심과 지식이 얼마나 박약했는지를 보여 주는 것이다.

이 지역에서는 논이 보이지 않았다. 그러나 토지가 비옥하여 잡곡은 비료를 주지 않아도 무엇이나 잘 되기 때문에 한 사람이 농사를 지으면 열 사람이 먹어도 족할 정도라고 했다. 제일 귀한 것은 소금인데, 소금은 의주(義州) 방면에서 물길을 이용하여 실어 온다고 했다.

통화현 일대를 돌아다니면서 김창수가 가장 안타깝게 느낀 것은 조선인 호통사들의 횡포였다. 호통사들은 중국어 몇마디를 배워 가지고 중국사람들에게 붙어서 동포들에게 온갖 행패를 부렸다. 그들은 여자들의 정조를 유린하고 돈과 곡식을 강제로 빼앗는 등의 못된 짓을 서슴지 않았다. 김창수는 우연히 어느 중국인 집에서 치마저고리를 입고 머리를 땋은 한 처녀를 보았다. 사람들에게 물어보니까 그 처녀의 부모가 사윗감

---

22) 『백범일지』, pp.74~75.

을 찾고 있었는데, 그것을 눈치 챈 호통사가 중국인에게 진 빚 대신에 그 처녀를 알선해 주겠다고 약속하고 처녀의 부모를 위협하여 강제로 중국 인에게 넘긴 것이었다.

이곳에 이주한 동포들은 대부분이 청일전쟁 때에 환란을 피해 중국땅 으로 건너간 사람들이었다. 그 밖에 더러는 죄를 짓고 도망한 사람들, 민 란을 일으켰던 주동자들, 공금을 횡령하고 도망쳐 온 평안도와 함경도의 서리(胥吏)들도 있었다. 이들은 중국사람들이 살지 않는 깊은 산속 후미 진 곳을 택해서 화전(火田)을 일구고 조와 강냉이 농사를 지으면서 곳곳 에 두세 집씩 모여 오두막집을 짓고 살고 있었다. 그러나 인심은 아주 순 후하여 이곳 말로 "앞대 나그네[고국인]"가 오면 무척 반가워했다. 동네 에 들어가면 제각기 맞아들이고, 남녀노소가 모여들어 고국 이야기를 하 라고 조르기도 하면서, 이집 저집에서 다투어 음식을 대접했다.[23]

그런데 이때부터 있었던 일에 대해서는 『백범일지』와 『노정약기』의 기 록에 많은 차이가 있다. 『백범일지』에 따르면 두 사람은 통화현 일대까지 만 여행했다. 그러나 『노정약기』는 이때에 두 사람은 통화를 지나서 서쪽 으로 멀리 서금주(西錦州)까지 간 것으로 기술했다. 서금주는 조선에서 북경으로 가자면 반드시 거쳐야 하는 길목이었다. 『노정약기』는 이때의 일을 다음과 같이 적었다.

서금주에 이르자 어떤 청국 군대가 진을 치고 웅장한 기세를 떨치고 있었다. 청국 군대를 보자 김형진은 '장부다운 기개'가 발동하여 창수를 돌아보고 말했다.

"대장부가 이같은 만군(萬軍)의 진을 보고 어찌 무심히 지나칠 수 있 겠소."

그리하여 두 사람은 청군 진영을 찾아갔다. 그러나 청군 대장은 이들 을 쉽게 만나 주지 않았다. 두 사람은 일부러 청군에게 잡히기로 했다. 청

---

23) 『백범일지』, p.75.

국 군인들은 두 사람을 체포하고 심문했다. 그들은 두 사람을 첩자로 알고 죽이겠다고 협박했다. 그러나 두 사람은 당당하게 대장을 만나러 왔다는 뜻을 통역에게 전했다. 얼마 뒤에 두 사람을 포박하여 장막 안으로 끌고 오라는 지시가 내렸다. 두 사람 앞에 앉아 있는 인물은 대장 '마통령 마대인(馬統領馬大人)'이었다. 두 사람을 보자 마대인은 호통을 쳤다.

"너희들은 무슨 일로 감히 진중에 들어왔느냐?"

두 사람은 태연히 응수했다.

"우리는 의병을 모아서 왜병을 쫓아 싸웠으나 강포한 왜적에게 패한 바가 되어 외로운 몸이 쉴 곳이 없게 되었습니다. 상국(上國)은 우리 부모의 나라인 까닭에 목숨을 걸고 찾아왔습니다."

그러나 마대인은 두 사람의 말을 쉽게 곧이듣지 않았다. 옆에 있던 정대인(鄭大人)이라는 자가 다시 큰 소리로 호통을 치며 두 사람을 굴복시키려고 했다. 마침내 두 사람은 크게 격분하여 정대인을 꾸짖었다.

"우리가 너희 장수와 더불어 이야기하고 있는데 어찌 이같은 소란을 피우느냐!"

그러고는 웃으면서 마대인을 보고 말했다.

"우리는 일찍이 상국에는 인재가 매우 많다는 말을 귀가 아프게 들었는데, 오늘 대면해 보니까 용두사미로구려."

그제야 마대인은 황급히 손수 결박을 풀어 주면서 말했다.

"참으로 내가 좋아할 인물이오. 내가 그대들의 심중을 알고자 잠시 시험한 것이오."

이렇게 하여 두 사람은 서금주 마대인의 진중에 며칠 동안 머물면서 뒷날 서로 도울 것을 문서로 약속했다.[24]

얼마 뒤에 두 사람은 귀국길에 올랐다. 갈 때와는 달리 돌아올 때에는 압록강을 건너서 평안도를 거쳐 오는 가까운 코스를 택했다.

---

24) 金亨鎭, 『路程略記』, 『白凡金九全集(3)』, pp.145~147.

그런데 청국군 진영을 찾아가서 그 대장을 만나고 뒷날 서로 도울 것을 문서로 약속했다는 이 중요한 사실에 대해『백범일지』에는 아무런 언급이 없다. 그러나『노정약기』의 이 대목의 서술은 과장된 느낌이 없지 않다. 그리고 이때에 만났다는 마통령 마대인이 어떤 존재였는지에 대해서도 아무런 설명이 없다.

이 무렵 만주 일대에는 독자적인 병력을 가진 크고 작은 군벌(軍閥)들이 할거하고 있었다. 청일전쟁 때에 조선에 출병한 청국군도 대부분이 이러한 군벌들의 병력이었다. 청일전쟁 때에 조선에 출병한 장수 가운데 여순(旅順)에 주둔하던 마옥곤(馬玉崑)이라는 사람이 있었는데,[25] 어쩌면 두 사람이 만났다는 마통령 마대인이 마옥곤이었는지 모른다.[26]

또한 두 사람이 출발할 때에는 북경을 목적지로 삼았으면서도 왜 여기에서 발길을 돌렸는지에 대해서『백범일지』나『노정약기』나 아무런 설명이 없다. 마대인의 지원약속을 문서로 받은 것이 사실이라면, 그것으로 청국행의 목적을 달성했다고 생각했을 수는 있다.

두 사람은 통화현에서 노인령을 넘어 운산(雲山), 안주(安州), 순안(順安)을 지나 평양에 이르렀다. 안주에서 청천강(淸川江)을 건널 때에는 전봇대를 세우는 일본인들의 행패가 보기 싫어서 다른 배를 타고 건넜다. 평양에서는 일본인 수천명이 청일전쟁 전승 1주년 기념축하연을 요란하게 벌이고 있었다. 이를 본 두 사람은 끓어오르는 분노를 참을 수 없어서 그날 밤 평양에서 묵지 않고 곧장 대동강을 건너서 청계동으로 돌아왔다. 이때가 7월 그믐이었다.[27]

25) 黃玹, 『梅泉野錄』, 國史編纂委員會, 1955, pp.160~161; 황현 지음, 김종익 옮김, 『오하기문』, p.182, p.187; 謝俊美, 「淸日戰爭時 조선투입 淸軍의 동원과 朝鮮 내에서의 전투상황」, 翰林大學校아시아文化硏究所 編, 『淸日戰爭의 再照明』, 翰林大學校出版部, 1996, p.140.
26) 도진순, 「1895~96년 金九의 聯中義兵活動과 치하포사건」, 《韓國史論》38, p.141.
27) 金亨鎭, 『路程略記』, 『白凡金九全集(3)』, pp.147~148.

2. 김이언 의병부대를 찾아서

1

김창수는 청계동으로 오면서 사람들에게 고능선(高能善)의 안부를 물었다. 사람들은 고능선의 맏아들 고원명(高元明) 내외가 콜레라에 감염되어 함께 죽었다는 놀라운 소식을 알려 주었다. 김창수와 김형진이 청국을 다녀오는 사이에 조선 북부지방은 콜레라가 만연하여 많은 피해를 입었다. 1895년5월에 의주 등 서북지역에서 시작된 콜레라는 6월18일까지 전국적으로 4,883명의 사망자를 낼 정도로 심각한 피해를 끼쳤다. 정부는 콜레라에 대한 검역, 소독, 예방의 규칙을 발표했으나 불결한 환경과 근대적 의료기구의 미비로 별다른 효과를 거두지 못했다.[28]

김창수는 마을에 들어서자마자 고능선의 집을 찾아가서 조문했다. 고능선은 슬픈 기색을 드러내지 않고 오히려 침착하고 태연한 자세였다. 이러한 스승을 바라보는 김창수는 가슴이 답답하여 아무 말도 할 수 없었다. 하직인사를 하고 나오려는데, 고능선은 김창수가 이해할 수 없는 말을 했다.

"곧 성례를 하기로 하세."

김창수는 듣기만 하고 집으로 돌아왔다. 집에 와서야 그는 고능선의 말뜻을 이해할 수 있었다. 김창수가 청국으로 떠난 사이에 김순영(金淳永) 내외와 고능선은 김창수와 고능선의 맏손녀를 혼인시키기로 약속한 것이었다. 김순영 내외는 약혼하게 된 경위를 번갈아 가면서 아들에게 설명했다.

김창수가 없는 동안 고능선은 김순영을 자기 사랑에 와서 소일하게 했다. 그러면서 김순영 내외에게 김창수의 어릴 때의 일을 물어보았다.

---

28) 金斗鍾, 『韓國醫學文化大年表』, 探求堂, 1966, pp.552~558.

아들 내외가 콜레라로 죽은 뒤에 고능선은 김순영에게 이렇게 말했다고
했다.

"내가 청계동에 온 뒤로 수없이 많은 청년을 시험하여 왔는데, 노형 아
들만 한 사람을 아직 보지 못했소. 불행히 아들아이와 며느리가 갑자기
죽고 보니 내 몸과 마음을 전부 의탁할 사람을 생각하게 되었는데, 노형
의 아들과 내 맏손녀가 혼인을 하고 내가 창수에게 의탁하면 어떻겠소?"

김순영은 황공해하며 사양했다.

"선생께서 그처럼 미거한 자식을 사랑하시는 것은 감사하지만 반상
(班常)의 다름으로나 덕행으로나 제 집 형편으로나 자식의 처지로나 감
당할 수 없습니다. 제 자식이 속마음은 어떤지 모르나 저도 스스로 인정
하다시피 외모도 하도 못나서 선생 집안에 욕이 될까 두렵습니다."

그러나 고능선은 김순영에게 이렇게 말했다고 했다.

"아비만큼 아들을 아는 사람이 없다고 하나, 내가 노형보다 아드님에
대해 좀더 알는지 알겠소. 아드님이 못생겼다고 그다지 근심은 마시오.
내가 보건대 창수는 범상[虎相]입디다. 인중이 짧은 것이라든지 이마가
두툼한 것이라든지 걸음걸이라든지. 장래 두고 보시오. 범의 냄새도 풍기
고 범의 소리도 질러서 세상을 놀라게 할는지 알겠소."[29]

그렇게 하여 자기가 없는 사이에 고능선의 손녀딸과 약혼을 맺었다
는 것이었다. 김창수는 고능선이 자기를 그처럼 촉망하고 손녀사위로 삼
기로 한 뜻을 헤아리고 책임감이 더 무거워지는 느낌이 들었고, 한편으로
는 그 성의를 감당하기 어렵다는 생각도 들었다. 그러나 약혼녀의 성품이
뛰어난 점이나 상당한 가정교육을 받은 점을 생각하면 만족스러웠다.

그 뒤로 김창수가 고능선의 집에 갈라치면 안채에서도 기정사실로 여
기는 빛이 보였고, 예닐곱살 된 둘째 손녀는 김창수에게 아저씨라고 부르
며 "안아 주오", "업어 주오" 하며 따랐다. 또한 약혼녀는 고능선의 밥상

---

29) 『백범일지』, p.86.

에 김창수의 밥을 같이 차려 들고 김창수가 앉아 있는 자리에도 들어왔다. 이런 모습을 볼 때에 김창수는 무척 흐뭇했다. 그가 도와서 고원명 부부의 장례도 치렀다.[30]

청계동으로 돌아온 지 달포쯤 지나서 김창수는 놀라운 소식을 들었다. 1895년8월20일 새벽에 일본인들이 궁궐에 난입하여 민비(閔妃)를 무참히 시해했다는 것이었다. 을미사변(乙未事變)이었다. 뒤이어 김홍집(金弘集)을 내각총리대신으로 하는 친일정권이 수립되었다. 국모시해 사실이 알려지면서 일본인들의 만행에 대한 분노가 전국적으로 끓어올랐고, 곳곳에서 '국수보복(國讐報復)'의 기치를 들고 의병이 봉기했다. 정국은 극심한 혼란상황에 빠져들었다.

그런데 이때의 김창수의 거취에 대해『백범일지』에는 전혀 언급이 없다.『노정약기』에 오히려 비교적 상세하게 적혀 있다. 민비시해에 따른 정국변화가 예상되어 김창수와 김형진은 대책을 논의해 보았으나 뚜렷한 방안이 없었다. 그리하여 김형진이 김창수에게 다시 청국에 가 보자고 제의했고, 김창수는 흔쾌히 동의했다. 그러나 여비 한푼 없는 처지였으므로 당장 실행할 수는 없었다.

이때에 김창수의 사정을 전해들은 재종조 김재희(金在喜)가 안악(安岳) 사람 최창조(崔昌祚)에게 도움을 청했고, 최창조는 김창수의 여행목적에 동의하여 청동(靑銅) 100여냥을 여비로 원조해 주었다고 한다.[31] 김창수와 김형진이 두번째 청국행의 여비를 김재희와 최창조로부터 지원받았다는 사실은 눈여겨볼 만하다. 왜냐하면 김재희와 최창조는 김창수와 김형진이 두번째 청국행에서 돌아와서 같이 참여하는 장연(長淵) 산포수의병모의의 핵심인물들이었기 때문이다. 그러므로 이들은 이미 이 무렵부터 서로 행동을 같이하고 있었을 것이다.

---

30) 『백범일지』, p.87.
31) 金亨鎭, 『路程略記』, 『白凡金九全集(3)』, p.150.

여비를 지원받자 김창수는 김형진과 함께 두번째 청국행에 나섰다. 이때가 9월12일로서 첫번째 청국행에서 돌아온 지 두달이 채 안 된 때였다.[32] 두번째 청국행은 목표가 분명했다. 첫번째 청국행 때에 서면 약속을 받아 놓은 마대인 진영을 찾아가서 거병문제를 구체적으로 의논하자는 것이었다.

청계동을 출발한 김창수와 김형진은 문화(文化)를 거쳐서 안악에 도착하여 최창조 집에서 며칠 머문 뒤에 용강(龍岡)과 강서(江西)를 지나서 평양 감영에 도착했다. 이번에는 평양성 안도 둘러보았다. 치열했던 청일전쟁 때의 전투 흔적이 도처에 남아 있었다. 두 사람은 모란봉 기자묘(箕子廟) 앞에서 '왜적전망공신지비(倭賊戰亡功臣之碑)'를 발견하고 손으로 땅을 치며 대성통곡했다고 김형진은 적었다.[33] 기자묘 일대는 전투가 가장 치열했던 곳이다. 그런데 두 사람과 거의 같은 시기에 평양을 여행했던 비숍(Isabella L. Bird Bishop)은 칠성문(七星門) 근처에서 전사한 봉천(奉天)사단 최고사령관 좌보귀(左寶貴)의 비를 일본사람들이 세워 놓은 것을 보았다고 기술했다.[34]

칠성문을 나서서 순안(順安)과 숙천(肅川)을 지나 안주(安州)에 이르자 날이 저물었다. 두 사람은 가까운 마을로 들어가서 하룻밤 묵고 갈 숙소를 찾았다. 그러나 마을 주민들은 쌀쌀했다. 하는 수 없이 두 사람은 빈 집을 찾아들어 짚을 이불 삼아 하룻밤 여독을 풀었다.[35]

2

『노정약기』에 따르면, 두 사람이 서금주(西錦州)에 도착한 것은 9월

---

32) 위와 같음.
33) 金亨鎭, 『路程略記』, 같은 책, p.151.
34) Isabella L. Bird Bishop, *Korea and Her Neighbors*, vol.Ⅱ., p.119.
35) 金亨鎭, 『路程略記』, 『白凡金九全集(3)』, pp.151~152.

제1부 양반도 깨어라 상놈도 깨어라(1)

21일이었다.[36] 두 사람은 서금주에서 며칠을 묵은 다음 9월 말에 관동연왕(關東燕王) 의극당아(依克唐阿)가 있는 심양(瀋陽)으로 갔다. 이들은 연왕에게 청국의 원조를 요청하는 '상소문'을 올렸다. '상소문'은 박영효, 서광범(徐光範) 등을 규탄하면서 다음과 같이 썼다.

조선과 왜는 하늘을 같이할 수 없는 원수이므로 신민(臣民)된 도리로서 어찌 눈물을 뿌리고 통곡하지 않겠습니까. 그러므로 신(臣) 등은 비록 미련하나 분격을 누르지 못하여 의기를 모아 군사를 일으켜서 작년 겨울부터 올봄까지 왜적과 수십차례 접전하여 왜놈 수천명을 죽이고 양도[糧道: 식량 나르는 길]를 끊었습니다. 그러나 병기가 부족하고 농사일 때문에 진(陳)을 잠시 거두고 천병[天兵: 淸國軍을 가리킴]의 원조를 간절히 바라고 있습니다. 지금 다행히 왜적이 방심하고 추수도 다 끝나 가므로 병사들을 움직일 시기입니다. 병법에 예리한 곳을 피하고 허술한 곳을 친다고 했는데, 조선은 왜와 각국의 요로입니다. 이곳에서 화의 근원을 끊고 곡식의 방출을 막는다면 이것은 진실로 목을 눌러 등을 다스리는 형국이므로 중국의 근심은 자연히 없어질 것입니다. 이것이야말로 병가(兵家)의 계책이 아니겠습니까.

저희는 산 넘고 바다 건너와 피눈물로 호소하나이다. 천조(天朝의) 성덕(盛德)으로 아랫것들을 긍휼히 여기시는 자애의 공을 밝히소서. 엎드려 바라옵건대 보잘것없는 것들을 굽어 살피시어 위무(威武)를 발양하시고, 역적들을 죄 주어 대의를 밝히소서. 천병(天兵)이 동으로 건너오고 의사(義士)가 서에서 맞이하면 칼에 피 한방울 묻히지 않고 석권할 수 있을 것입니다. 군사를 일으켜서 하늘을 받들고 사람의 뜻을 좇아서 동쪽의 작은 나라를 경고하여 사해의 편안을 도모하시고, 만세토록 견고한 반석을 세우시고, 그 위훈이 바다 한쪽 구석의

36) 金亨鎭, 『路程略記』, 위의 책, p.152.

창생들에게 길이 전승되게 하소서.[37]

의극당아는 태평천국(太平天國)의 군대를 진압한 공을 세우고 흑룡
강 장군(黑龍江將軍)을 역임한 장군이었다. 그는 1884년에 훈춘부도통
(琿春副都統)으로 있으면서 북간도의 한인월간민 문제로 경원부(慶源
府)에 조회를 보내기도 했고,[38] 청일전쟁 때에는 평양전투에 참여하기 위
해 8개 군영을 이끌고 압록강을 건넜으나, 이미 패전했다는 소식을 듣고
만주지방으로 돌아가서 구련성(九連城)과 관전 등을 수비하다가, 1895
년 초부터는 요양(遼陽)에 부임하여 해성(海城)에서 일본군에 항전했고,
전후에는 포대, 철로 등의 복구사업에 노력했다.[39] 『노정약기』는 이때에
만난 관동연왕의 이름이 '이극강아(李克康阿)'였다고 적었으나, 이는 '의
극당아'의 오기일 것이다. 다만 관동연왕이라는 호칭이 무엇을 뜻하는지
는 분명하지 않다.

'상소문'을 보고 난 의극당아는 서금주의 마대인 등으로부터 이미 이
야기를 들었다면서 술과 고기로 두 사람을 환대했다. 연왕 진중에 얼마
동안 머물고 있을 때에 갑자기 회회족(恢恢族)이 연왕군을 습격했다고
한다. 이때에 김형진은 자신이 추대인(鄒大人)을 수행하여 군사 3,000명
을 이끌고 나가서 회회족을 대파하는 전과를 올리고 극진한 대접을 받았
다고 기술했는데,[40] 이 무렵에 회회족과 같은 소수민족이 만주 일대에 준
동하고 있은 것은 사실이었으나, 병력의 수나 그 밖의 정황 등으로 보아
서 김형진의 서술을 그대로 믿기는 어렵다.

며칠 뒤에 김형진이 일본의 움직임을 탐지하기 위하여 국내로 돌아가
겠다고 하자 연왕은 서금주 진동영(鎭東營)의 서경장(徐敬章) 앞으로

---

37) 金亨鎭, 『路程略記』, 같은 책, pp.154~156.
38) 金春善, 앞의 논문, pp.72~73.
39) 黃玹, 앞의 책, p.161; 謝俊美, 앞의 글, p.141; 『中國歷史大辭典 淸史(下)』, 上海辭書出版社,
   1992, p.456.
40) 金亨鎭, 『路程略記』, 『白凡金九全集(3)』, pp.157~161.

글을 써 주면서 서로 의논하라고 했다고 한다. 『노정약기』는 서경장을 심양, 뇌양(雷陽), 길림(吉林)의 삼도도통령(三道都統令) 겸 흥부도태(興部道泰)로 있는 장수이며, 사람됨이 관대하고 대인의 풍모가 있어서 사람들의 공경을 받았고, 그 때문에 황제가 그에게 '청천(靑天)'이라는 호를 내렸다고 적어 놓았다.[41] 『노정약기』에서 말하는 '徐敬章'은 '徐慶璋'이었을 것이다. 관전지현(寬甸知縣), 요양지주(遼陽知州) 등을 역임한 서경장은 청일전쟁 때에는 군대를 이끌고 일본군과 싸웠고 이재민 구휼에 힘쓰기도 했다. 그리고 1895년1월에 일본군이 요양 남쪽으로 침략했을 때에는 두달 남짓 동안 치열하게 항전했다.[42]

두 사람이 찾아가서 청국 방문의 취지를 설명하자 서경장은 보군도통령(步軍都統令)을 상징하는 금자령기(金子令旗) 한쌍을 주면서 "우리 군대를 차후에 반드시 동국(東國)에 보내어 돕겠다"고 문서로 약속했다고 한다.[43] 그러면서 서경장은 두 사람에게 인신(印信)과 직첩(職牒)을 주었다는 것이다. 이때에 김창수는 '의병좌통령(義兵左統領)'이라는 직첩을 받았는데,[44] 그는 이 직첩을 소중하게 간직했다. 그런데 『백범일지』에는 이러한 이야기가 전혀 없을 뿐만 아니라 청국군과 인연을 맺게 된 계기도 『노정약기』와는 다르게 서술되어 있다. 이처럼 중요한 일을 김구가 기억하지 못하지는 않았을 것인데, 생략한 이유가 궁금하다.

『백범일지』에 따르면, 두 사람은 통화현을 여행하는 동안에 평안도 벽동(碧潼) 사람 김이언(金利彦)이 청국의 지원을 받아서 의병을 일으키려 한다는 소문을 들었다. 김이언은 힘과 용기가 남달리 뛰어나고 학식도 풍부하다고 했다. 일찍이 심양자사(瀋陽刺史)가 그의 용력을 높이 사서 준마 한필과 『삼국지(三國志)』 한질을 주었고, 청나라 고급 장교들로부

41) 金亨鎭, 『路程略記』, 위의 책, p.162.
42) 『中國歷史大辭典 淸史(下)』, p.597.
43) 金亨鎭, 『路程略記』, 『白凡金九全集(3)』, p.162.
44) 「重犯供招」, 『東學亂記錄(下)』, pp.563~569.

터도 융숭한 대우를 받고 있다는 것이었다.

두 사람은 일단 김이언을 찾아보기로 하고, 따로따로 다니기도 하고 함께 다니기도 하면서 그에 대한 정보를 수집했다. 삼도구(三道溝)가 그의 비밀 근거지라는 것을 알았다. 강계성(江界城)의 서문인 인풍루(仁風樓)에서 80리가량 더 가서 압록강을 건너면 중국사람들이 황성(皇城)이라고 부르는 곳이 있는데, 거기에서 10리쯤 되는 곳이 삼도구였다. 두 사람은 김이언의 사람됨이 어떤지 알아보기 위해서는 서로 모르는 사람인 것처럼 떨어져서 가는 것이 유리할 것으로 생각했다. 그리하여 김형진은 유람객 행색으로 변장하고, 김창수는 참빗장수 행색을 하고 나섰다.[45]

김창수는 김이언을 찾아가다가 압록강에서 100리쯤 떨어진 곳에서 청국 무관 한 사람을 만났다. 그는 엉덩이에 관인이 찍힌 말을 타고 마래기[청국의 관리나 군인들이 쓰던 투구 비슷한 모자]를 쓰고 옥로(玉鷺)를 꽂고, 홍사(紅絲)를 드리우고 있었다. 김창수는 덮어놓고 앞으로 나가서 말머리를 잡았다. 무관은 곧 말에서 내렸다. 김창수는 청국을 방문하는 취지서 한장을 써서 품 안에 간직하고 다니면서 청국사람 가운데 문자 아는 사람을 만나면 그 취지서를 내보이곤 했는데, 그 청국 무관에게도 그것을 보였다. 그러자 무관은 취지서를 다 읽기도 전에 갑자기 길바닥에 털썩 주저앉으면서 큰 소리로 울음을 터뜨렸다. 김창수는 갑작스러운 그의 행동에 놀라서 까닭을 물었다. 무관은 취지서 가운데 "痛彼倭敵與我 不共戴天之讐(통탄할 바 저 왜적은 나와 같은 하늘 아래 살 수 없는 원수이다)"라는 구절을 가리키며 다시 김창수를 붙들고 통곡했다. 김창수는 황급히 필통을 꺼내어 필담을 시작했다. 먼저 무관이 물었다.

"일본이 어찌하여 당신의 원수이오?"

"일본은 임진년(壬辰年)부터 대대로 내려오는 국가의 원수일 뿐 아니라 지난달에는 우리 국모를 불살라 죽였기 때문이오."

---

45) 『백범일지』, pp.76~77.

관서팔경의 하나로 꼽히는 강계성의 서문 인풍루.

다음에는 김창수가 물었다.

"당신이 초면에 이같이 통곡함은 무엇 때문이오?"

"나는 지난 갑오년(甲午年)에 평양싸움에서 전사한 서옥생(徐玉生)의 아들이오. 강계 관찰사에게 부친의 시체를 찾아 달라고 부탁했는데, 그로부터 전갈이 오기를 부친의 시체를 찾아 놓았으니 와서 운구해 가라 하였소. 그런데 가 보았더니 부친의 시체가 아니어서 이렇게 빈손으로 되돌아오는 길이오."

그는 자기 집이 금주(錦州)인데 부친은 집에 있던 병사 1,500명 가운데서 1,000명을 이끌고 출전했다가 전멸했고, 현재 자기 집에는 남은 병사 500명이 있다고 했다. 『백범일지』에는 이때에 김창수가 서옥생의 아들에게 평양 보통문 앞 들녘에서 일본사람들이 세운 '서옥생전망처(徐玉生戰亡處)'라는 나무비를 보았다고 말해 주었다고 했는데, 김창수가 보았다는 이 비는 어쩌면 『노정약기』에 적혀 있는 '왜적전망공신지비'거나 이사벨라 버드 비숍이 본 좌보귀의 비를 말한 것인지 모른다. 서옥생이 좌보귀 휘하의 장수로서 함께 평양전투에 참가했던 것은 조선쪽 기록에서

도 확인된다.[46)]

서옥생의 아들은 또한 넉넉한 재산형편이며 자신의 나이며 가족사항 등에 대해서도 상세히 말해 주었다. 그는 자기가 더 나이가 많다고 하여 김창수를 "띠띠[弟弟: 아우]"라 부르면서, 자기더러는 "꺼꺼[哥哥: 형]"라 부르라고 김창수에게 써 보였다. 그러고는 김창수가 짊어지고 있던 봇짐을 그의 말 안장에 달아매고 김창수를 함께 태우고는 복수하는 그날이 올 때까지 자기와 함께 지내자면서 자기 집으로 가자고 했다. 김창수는 미안한 마음에 자기는 걸어서 가겠다고 했으나 서옥생의 아들은 걱정 말라면서 10리만 가면 관마(官馬)를 얻어 탈 수 있다고 말했다.

김창수는 그와 함께 말을 타고 가면서 곰곰이 생각해 보았다. 그와의 인연은 장차 큰 도움이 될 것이 틀림없었다. 그러나 우선 먼저 떠난 김형진에게 이 사실을 알릴 길이 없었다. 그리고 김이언 의병에 대해서 알고 싶은 생각이 앞섰으므로, 무턱대고 금주로 가서 그의 집에 머물고 싶지는 않았다. 김창수는 말에서 내렸다.

"이봐요, 꺼꺼. 내가 고국의 부모와 이별한 지 어느덧 1년이 지났는데 소식을 알지 못하고 있고 또 왕실에서 변을 당한 뒤에 나라 안의 정치 상황이 어떻게 변했는지도 모르고 있소. 내가 먼저 고국으로 돌아가 부모님께 승낙을 얻어 가지고 와서 떳떳이 꺼꺼와 함께 지내면서 장래를 도모함이 어떻겠소?"

서옥생의 아들은 다시 눈물을 흘리면서 말했다.

"동생 사정이 그러하다 하면 어쩔 수 없지. 어서 속히 고국의 부모를 뵌 뒤에 다시 와서 만납시다."

김창수는 무척 아쉬운 마음으로 그와 작별하고 다시 김이언 의병부대를 찾아서 발길을 돌렸다.[47)]

---

46) 황현 지음, 김종익 옮김, 앞의 책, 1994, p.190.
47) 『백범일지』, pp.77~80.

3

서옥생의 아들과 헤어진 김창수는 대엿새 뒤에 삼도구에 도착했다. 이집 저집에 들러 참빗창수 행세를 하면서 김이언의 동정과 그 부하들에 대해 알아보았다. 김이언은 일 벌이기를 좋아하는 성격인데다가 자신감이 지나쳐서 다른 사람의 계책을 받아들이는 도량이 부족하다고 했다. 또한 쉰살의 나이에도 불구하고 심양에 있는 500근짜리 화포를 앉은 자리에서 두손으로 들어 올렸다 놓았다 한다고도 했다. 김창수는 김이언이 진정한 마음의 용기는 부족한 사람이 아닐까 하는 생각이 들었다. 김이언보다는 그의 동지로서 초산(楚山) 이방을 지냈다는 김규현(金奎鉉)이라는 사람이 오히려 의리도 있고 계책도 잘 세우는 것 같아 보였다.

김이언 의병부대의 주력은 산포수들이었다. 김이언은 평안도에서는 초산, 강계, 위원(渭原), 벽동 등지에서 산포수를 모집하고 압록강 건너 청국지역에서는 이주민 포수를 모집하여, 부대원 수가 300명이나 되었다. 의병을 일으킨 대의명분은 "국모가 왜구에게 피살된 것은 국민 전체의 치욕이므로 가만히 앉아서 참고 있을 수 없다"는 것이었다. 격문은 글을 잘하는 김규현으로 하여금 지어서 붙이게 했다.

김이언의 의병뿐 아니라 을미의병(乙未義兵)의 주된 전투력은 산포수들이었는데, 그들은 을미의병 뒤에도 항일의병부대의 주요 구성원이 되어 의병이 무장투쟁으로 발전하는 데에 결정적 역할을 했다. 원래 지방의 산포군은 대원군 집권기에 병인양요(丙寅洋擾)와 같은 외적의 침입에 대비하기 위하여 설치한 것으로서, 1876년에 이르러서는 그 규모가 전국적으로 약 3만명에 이르렀다. 산포군은 그 지방의 전략적 가치나 읍의 크기에 따라서 규모에 차이가 있었다. 대체로 전략적 요충지는 200명 이상, 대읍(大邑)은 100명 이상, 중읍(中邑)은 30명에서 50명, 소읍(小邑)은 10명에서 20명을 기준으로 설치했다. 지방에 도적이 출몰할 때에도 도적의 규모가 크면 이들이 동원될 만큼 지방의 산포군은 강력한 치안병력이 되기도

했다.[48]

산포수들이 의병에 참여하는 계기는 여러 가지였다. 이들은 지방 양반층의 지배력 유지를 위하여, 또는 전투에 대한 보수를 바라서 의병운동에 참여하기도 했지만,[49] 그보다 더 직접적으로는 갑오개혁으로 지방군대가 폐지됨에 따라 해산된 산포군이 의병부대로 몰려드는 경우가 많았다.[50] 1895년5월의 지방제도 개혁으로 각 지방에 경찰이 설치되면서 지방의 군대는 폐지되었다. 이에 따른 실직 규모가 얼마나 컸던가는 종래에 있던 현역병 1만명을 귀휴(歸休) 조치한다는 계획[51]으로도 짐작할 수 있다. 김이언이 산포수를 300명이나 모집할 수 있었던 것은 이러한 상황에 힘입은 것이었다.

김창수와 김형진은 김이언의 의병에 참가했다. 김창수는 압록강을 건너서 강계성에 숨어들어 화약을 사 나르기도 하고, 초산과 위원 지역으로 다니면서 몰래 산포수를 모집하기도 했다. 그러느라고 강에 빠져서 하마터면 죽을 뻔한 적도 있었다. 위원에서 일을 마치고 삼도구로 돌아오던 길에 엷은 얼음을 잘못 밟아서 그만 강 속에 빠지고 만 것이었다. 혼자서 있는 힘을 다하여 겨우 강 건너편에 도착했으나 온몸이 얼어붙어서 한 발자국도 움직일 수 없었다. 그대로 가다가는 얼어 죽을 판이었다. 그의 고함소리를 듣고 산골짜기에 살던 마을사람이 달려와서 자기 집으로 데려가 몸을 녹여 주어서 목숨을 건질 수 있었다.[52]

김이언 의병이 강계성을 공략한 것은 1895년11월 초였다. 대의명분은 물론 국모시해에 대한 복수였다. 강계는 당시 23부(府)의 하나로서 관찰

48) 延甲洙, 「大院君執權期(1863~1873) 西洋勢力에 대한 대응과 軍備增强」, 서울大學校 박사학위논문, 1998, pp.155~178.
49) 趙東杰, 「義兵運動과 韓國民族主義上의 位置(上)」, 『韓國民族主義의 成立과 獨立運動史研究』, 지식산업사, 1989, p.30.
50) 金祥起, 「甲午更張과 甲午乙未義兵」, 《國史館論叢》 제36집, 國史編纂委員會, 1992, pp.83~87.
51) 井上馨, 「日淸和平後의 對韓方針을 정하는 일에 대한 內申」 1895년4월8일, 『駐韓日本公使館記錄(7)』, 1992, p.9, p.365.
52) 『백범일지』, p.80.

사가 부임해 있었고, 국경지대였으므로 군대도 주둔하고 있었다. 그러므로 강계성을 공략하는 것은 곧 조선 조정을 사실상 지배하고 있는 제국주의 일본을 무찌르는 일이었다.

추운 날씨로 압록강은 얼어붙어 있었다. 김창수가 강계성을 공략할 계책을 묻자 김이언은 이미 강계 병영에 있는 장교들이 내응하기로 되어 있으므로 성에 들어가는 것은 문제없다고 장담했다. 김창수는 다시 물었다.

"그러면 그 장교들이 순수한 애국심으로 내응하는 것입니까, 아니면 다른 이유가 있습니까?"

김이언은 다음과 같이 대답했다.

"내가 이미 심양에 가서 인명노야(仁明老爺)와 친하고 그가 하사하는 말까지 받은 일을 이 장교들이 알고 있소. 그러므로 언제든지 청나라 군사들의 응원만 받아 오면 그들이 다 같이 행동해 주겠다고 굳게 약속하였소."

"그러면 청나라 군대들은 이번에 다소간이라도 사용케 됩니까?"

"이번에는 안 되지만 우리가 거사하여 강계를 점령하면 원병이 온다고 하였소."

그리고 모집한 포수들의 복장문제가 나와서 김창수는 다음과 같이 주장했다.

"포수 가운데 청국말을 잘하는 사람이 많으니까 그중에서 몇십명에게 청국 장교 옷을 입혀서 청국의 장교나 대장으로 꾸밉시다. 그리고 나머지는 조선옷을 입혀 뒤에 따르게 합시다. 선두는 심양 자사로부터 하사받은 말을 타게 하고 청국 장교로 꾸민 군인에게는 긴 칼을 채워서 선두로 입성케 함이 좋은 계책일까 합니다. 이유는 강계성 장교들이 내응한다는 것을 그대로 믿기 어렵기 때문입니다. 그 사람들은 단지 청국 군대가 들어오면 그것을 보고 내응하겠다는 것이지 의리상 내응한다는 것이 아닙니다. 그러므로 만약 우리에게서 청국 군대의 그림자도 보이지 않으면 정세는 부득이하여 반대방향으로 가고 말 것입니다."

이러한 주장은 동학농민봉기 때에 해주성 공략의 경험이 있는 김창수의 지략을 보여 주는 것이다. 그러나 김이언은 김창수의 제안을 받아들이지 않았다. 김이언은 먼저 국경지대에 있는 고산진(高山鎭)을 습격하여 무기를 탈취한 다음, 그 무기를 가지고 강계성을 공격한다는 계획을 세웠다. 김창수는 이 계획 역시 합당하지 않은 일임을 역설했다.

"지금 우리에게 300여명의 포수가 있으니까 이 병력만 가지고 질풍뇌우의 형세로 힘차게 돌진해 들어가면 충분히 성을 점령할 수 있습니다. 선발대의 수효가 비록 적기는 해도 저쪽에서는 우리 뒤에 얼마나 많은 병력이 있는지 모를 것이므로 충분히 이길 수 있을 것입니다."[53]

김규현과 백 진사라는 경성 사람 등은 김창수의 의견에 동조했다. 그러나 성격이 독단적인 김이언은 이 의견에도 반대했다. 첫째는 우리가 당당하게 국모를 죽인 원수를 갚기로 한 이상 당연히 백의군인으로 입성하는 것이 옳지, 청군 복장과 청군 장교로 가장하는 것은 옳지 않다는 것이었고, 둘째는 군인은 있으나 무기가 부족하므로 먼저 고산진을 쳐서 무기를 탈취해 가지고 다음날 강계성을 점령하는 것이 옳다는 것이었다.

김창수와 김형진은 김이언의 주장에 끝까지 반대했으나 김이언은 듣지 않았다. 두 사람은 김이언과 결별하지는 말고 일단 따라가 보기로 했다.

먼저 밤중에 고산진을 기습하여 무기를 쉽게 탈취할 수 있었다. 탈취한 무기는 빈손으로 따라오던 사람들에게 나누어 주었다. 이튿날 한밤중에 전군이 얼음 위를 걸어서 강계성으로 진군했다. 선두가 인풍루 밖 10리쯤 되는 곳에 이르렀을 때에 강의 남쪽 기슭 솔밭에서 화승총 불빛이 반짝거렸다. 약속대로 김이언 부대를 마중 나온 강계대 소속 장교들이었다. 그들은 김이언에게 와서 물었다.

"이번에 오는 군대 중에 청군이 있소?"

역시 그들의 관심은 청군의 지원이었다. 그러나 김이언은 순진하게 대

---

53) 『백범일지』, pp.81~82.

답했다.

"우선 강계를 점령하고 통지하면 곧 청군이 올 것이오."

그러자 그 장교들은 고개를 설레설레 저으면서 돌아갔다. 그들이 돌아가자마자 솔밭에서 포성이 터지고, 탄환이 빗발처럼 쏟아지기 시작했다. 좌우의 산골짜기 사이의 험준한 빙판 위에서 1,000여명의 사람과 말떼가 큰 혼잡을 빚으며 물밀듯이 밀려 나가고 들어왔다. 어느새 총알에 맞아 죽은 사람, 다쳐서 아우성치는 사람들의 신음소리가 골짜기에 가득 찼다.

김창수는 김형진과 몇걸음 후퇴하면서 상의했다.

"김이언의 이번 실패는 치명적인 것이어서 다시 사람들을 모으지 못할 거요. 그러므로 저들과 같이 퇴각할 아무 필요가 없소. 이렇게 낯선 행색으로는 잡히기 쉬울 테니까 잠시 강계성 부근에 몸을 피했다가 고향으로 돌아갑시다."

그리하여 두 사람은 김이언 부대로부터 떨어져 나왔다. 그 뒤에 김이언은 진위대장 김동궁(金東兢)을 처단하는 전과를 올리기도 했으나, 이내 체포되고 옥중에서 자결했다.[54]

김창수와 김형진은 산 언저리로 올라가서 인풍루 밖 첫 동네로 들어갔다. 이때에 김창수와 김형진이 겪었던 에피소드는 난리통의 산골주민들의 의식과 행동을 실감나게 보여 준다. 한집으로 들어가자 집 바깥문이나 안문이나 다 열린 채였다. 주인을 찾았으나 빈 집이었다. 안방으로 들어가자 방 한구석 화덕에 불이 피어 일렁일렁하고 있었다. 두 사람은 우선 화덕 옆에 앉아서 손발을 녹였다. 가만히 앉아 있으려니까 방 안 가득히 기름 냄새와 술 냄새가 났다. 시렁 위에 얹힌 광주리에 여러 가지 고기가 가득했다. 우선 닭다리와 돼지갈비를 화덕불에 쪼여 먹고 있는데, 베 두건을 쓴 사람이 가만히 방문을 열고 안을 들여다보았다.

---

54) 愛國同志援護會 編, 『韓國獨立運動史』, 愛國同志援護會, 1956, p.32, p.499. 이 책에는 '金利彦'이 '金利賢'으로 기록되어 있다.

"웬 사람인데 야반에 남의 집을 묻지도 않고 침입하는가?"

김창수가 일부러 큰 소리로 꾸짖었다. 베 두건 쓴 사람은 놀라고 겁에 질려 머뭇머뭇하며 말했다.

"이것은 내 집인데요."

"누가 주인이든 이렇게 눈 오는 밤인데, 들어와 몸이나 녹이시오."

베 두건 쓴 사람이 들어오자 김창수가 물었다.

"당신이 이 집 주인이라면 집을 비우고 어디를 갔던 거요? 내가 보기에 주인 같아 보이지는 않소만 추울 터이니 와서 고기나 자시오."

그러자 베 두건 쓴 사람도 어이가 없어하면서 이야기를 했다.

"오늘이 내 어머님 대상입니다. 각처에서 조객이 와서 제사를 지내려는데, 갑자기 동구에서 총소리가 진동하지 않겠습니까. 조객들은 뿔뿔이 흩어져 도망하고, 나도 식구들을 산속으로 피신시키고 잠시 와본 길이오."

김창수는 실례했다고 말하면서 둘러댔다.

"우리도 장사차 성내에 왔는데, 당도하자마자 난리가 났다고 소동을 하기로 촌으로 피란 나온 것이오. 와서 보니까 당신 집 문이 열려 있기에 들어왔고, 들어와 보니까 음식물이 있기에 요기를 하던 중이오. 난리 때라 이런 일도 있는 법이니 용서하시오."

그제야 주인은 마음을 놓는 눈치였다. 김창수는 주인에게 산속으로 피한 식구들을 돌아오게 하라고 권했다. 그러나 주인은 주저했다.

"지금도 보니까 동구 밖에 군대가 밀려가던데요."

"군대가 무슨 일로 출발한다는지 들으셨소?"

주인은 청나라쪽을 가리키며 말했다.

"강 건너 쪽에서 의병이 밀려와 강계를 치려다가 군대한테 밀려간다고 합디다. 그렇지만 멀리서 자주 총성이 들리니 알 수 있습니까. 승부가 어찌될지는 아무도 모르지요."

김창수와 김형진은 주인에게 말했다.

"의병이 오나 군대가 오나 촌사람들에게야 무슨 관계가 있겠소. 부녀자와 어린아이들이 눈 속에서 밤을 지내다가 무슨 위험이 있을지 모르니 속히 집으로 돌아오게 하시오."

주인은 일어나면서 말했다.

"내 집 식구뿐 아니라 온 마을이 거의 다 산 위에서 밤을 보낼 준비를 했으니까 손님은 과히 염려치 마시고 이왕 내 집에 오셨으니 집이나 지켜 주시오. 나는 산에 있는 식구들을 가서 보고 오리다."

이렇게 하여 김창수와 김형진은 그 집에서 하룻밤을 자고, 다음날 아침 일찍 강계를 출발하여 적유령(狄踰嶺)을 넘어서 며칠 뒤에 신천 청계동에 도착했다.[55]

---

55) 『백범일지』, pp.83~85.

3. 장연 산포수들의 의병 모의

1

두 사람이 돌아온 시점은 『백범일지』와 『노정약기』에 다르게 기술되어 있다. 『백범일지』는 김이언 의병의 실패 직후인 11월 무렵으로, 『노정약기』는 진동영(鎭東營)에서 연말을 보내고 1896년정월4일(양력2월16일)에 돌아왔다고 기술했다.[56] 그러나 관련 자료를 종합해 보면, 두 사람이 돌아온 시점은 아무리 늦게 잡아도 단발령이 공포된 1895년11월15일 이전이었던 것 같다. 뒤에서 보듯이, 장연(長淵) 산포수들의 봉기 모의 신문조서인 '중범공초(重犯供招)'에 따르면, 이들의 거사예정일이 1896년1월3일(양력2월15일)이었고 이를 위해서 모인 것이 1895년 12월12일(1896년 양력1월15일)이었는데, 김형진은 모의단계인 12월 시점에 해주 묵방(墨坊)의 청룡사(青龍寺)에 머물고 있었다.[57]

청계동에 돌아온 김창수는 먼저 고능선을 찾아가서 청국행에서 있었던 일을 보고했다. 압록강과 두만강 건너편의 토지의 비옥함과 그곳의 지세며 인심이며 서옥생의 아들을 만난 일 등을 자세히 설명했다. 그리고 김이언 의병에 참가했던 일도 말했다. 고능선은 이때에 김창수에게서 들은 것을 적어 두었다가 뒷날 유인석(柳麟錫)이 두번째로 의병부대를 이끌고 압록강을 건너 통화현 오도구(五道溝)에 정착할 때에 알려 주었던 것 같다.[58] 이때는 고능선도 유인석 부대와 동행했다.

김창수가 청계동으로 돌아온 지 얼마 되지 않아서 단발령이 공포되었다. 군대와 경찰은 거의 다 머리를 깎았고, 문관들도 각군의 면장까지 단발을 했다. 그러나 단발령의 충격은 컸다. 전국적으로 단발에 반대하는

---

56) 『백범일지』, p.85; 金亨鎭, 『路程略記』, 『白凡金九全集(3)』, p.162.
57) 「重犯供招」, 『東學亂記錄(下)』, pp.563~569 참조.
58) 『백범일지』, p.87, pp.177~178.

저항운동이 거세게 일어났다. 지방 어디에서나 단발하는 관리를 습격하는 크고 작은 저항이 잇따랐다. 조직적이고 강력한 무력항쟁도 전개되었다. 그것이 을미의병이었다.[59] 을미의병의 발단은 물론 민비시해사건이었으나 의병활동이 본격적으로 전개된 것은 단발령이 공포된 뒤였다. 위정척사파 유생들은 당시 일본의 내정간섭과 개화파의 개혁정책을 유교적 지배체제의 해체라고 인식하고, 그러한 위기를 극복하기 위하여 '복수보형(復讐保形)'의 명분 아래 '적신(賊臣)'을 토벌할 것을 표방했다.

고능선과 김창수도 단발령에 반대하는 의병을 일으켜야 한다는 데 뜻을 같이했다. 두 사람은 안태훈(安泰勳)과 상의하기로 하고 그를 찾아갔다. 그러나 안태훈은 아무 승산 없이 일어났다가는 실패할 수밖에 없으므로 그럴 생각이 없고 천주교를 믿다가 뒷날 기회를 보겠다면서 두 사람의 제의를 거절했다. 이해 9월에 이미 산포수 부대를 해산시킨[60] 안태훈은 천주교에 귀의할 뜻을 품고 있었다. 따라서 서양문화의 수용에 뜻을 가진 그로서는 봉건적 명분의 의병봉기에 찬동할 수 없었던 것이다. 그는 단발에 대해서도 고능선과 다르게 생각했다. 안태훈은 지금 당장 머리를 깎아야 한다면 깎을 의향이 있다고 말했다. 고능선에게는 이 말이 모독으로 여겨졌을 것이다. 안태훈의 도움으로 청계동으로 와서 생활하는 처지이기는 했으나 안태훈의 이러한 태도를 보자 고능선은 참을 수 없었다. 그는 조금도 주저하지 않고 그 자리에서 절교를 선언했다.

"진사, 오늘부터 끊네!"

그러고는 바로 자리에서 일어났다.[61] 이 한마디로 두 사람의 그동안의 교분은 간단하게 끝나 버렸다.

김창수 역시 안태훈의 태도를 이해할 수 없었다. 우리나라에서 일어난

---

59) 金祥起, 『韓末義兵研究』, 一潮閣, 1997. 李相燦, 「1896年 義兵運動의 政治的性格」, 서울大學校 박사학위논문, 1996 참조.
60) 李全, 『安重根血鬪記』, p.26.
61) 『백범일지』, p.87.

동학은 토벌하고 서양 오랑캐가 하는 서학(西學)은 배워야 한다는 말이
괴이하게 생각되었다. 김창수는 단발에 순순히 응하겠다는 안태훈의 태
도를 보고 "그에게 의리가 없다는 것이 아니고 무엇이겠는가!"라고 여겼
다고 한다.[62]

이 무렵 안태훈은 동학농민봉기 때에 농민군에게서 빼앗은 양곡문제
로 매우 난처한 입장에 처해 있었다. 탁지부(度支部)대신 어윤중(魚允中)
과 전 선혜청(宣惠廳) 당상 민영준(閔泳駿)은 안태훈이 군량미로 사용해
버린 양곡이 자신들이 사 둔 것이라면서 물어낼 것을 요구했다. 안태훈이
이를 거절하자 어윤중은 안태훈이 빼앗은 양곡으로 군대를 길러서 역모
를 꾀하려 한다고 고발했다. 이 때문에 안태훈은 서울에 불려 올라가서
몇차례 재판을 받기까지 했다. 그러다가 아관파천(俄館播遷)으로 어윤
중이 살해되면서 사건은 흐지부지되었다. 그러나 다시 민영준이 안태훈
을 협박했다. 다급해진 안태훈은 천주교당으로 피신하여 몇달 동안 그곳
에 숨어 있었는데, 이때에 그는 천주교 신자가 되었다. 김종한(金宗漢)의
도움으로 가까스로 위기를 모면한 안태훈은 청계동으로 돌아오면서 많
은 천주교 서적을 가지고 왔고, 안씨 일가족은 세례를 받고 천주교인이
되었다.[63]

이 무렵에 안태훈이 어떤 유력인사에게 김창수에 대하여 언급한 편지
가 보존되어 있어서 매우 주목된다.

제가 취포[聚包: 산포수를 모음]한다는 이야기는 참으로 가소로운
일입니다. 이놈이 취포를 하자면 단발할 때에 창의(倡義)하는 것이 마
땅한 일이었거늘 그때는 몸을 사리며 움직이지 않고 보기만 하다가
단발이 정지된 뒤에야 취포한단 말입니까.… 해주의 동학 김창수라는

62) 『백범일지』, p.88.
63) 안중근, 『안응칠역사』, 尹炳奭 譯編, 『安重根傳記全集』, pp.135~136.

자는 해주 묵방지(墨坊地)에 몰래 산포수를 모아서 우리 동을 습격하려고 소굴을 만들었는데, 우리는 그것을 모르고 있다가 다행히 순포 수십명이 다가오는 것을 만나게 되자 김창수는 도망가고 산포수들 역시 떠나 버렸다 하므로 저도 또한 사방으로 김창수의 발자취를 쫓았으나 아직 그 그림자도 못 찾았습니다. 혹시 이들의 일이 잘못 전해져서 도리어 모략이 꾸며진 것인지 모르겠습니다. 일동(一洞)만 빼고 보면 서로 틈이 생기기를 바라는 적들이 많이 있으며, 또한 영읍(營邑)에서도 끝내는 모두 털어놓을 것이라고 의심받고 있습니다.…이놈은 과연 보호받지 못할 지경에 이르렀은즉 모함자의 혀를 자르고 쌓이고 쌓인 분을 말끔히 씻어 버리고저 하오니 몇놈의 이름을 몰래 알려 주시기 바랍니다.[64]

편지를 쓴 날짜는 "1월10일 오정(午正)"으로만 되어 있는데, 그것은 아마도 1896년음력1월10일이었을 것이다. 안태훈이 이처럼 사실과 다른 말을 한 것은 김창수를 청계동에 머물게 했던 사실이 외부에 알려지면서 신천군수로부터 추궁을 받게 되었기 때문이었던 것 같다.

고능선과 김창수는 상의하여 속히 혼례를 치르고 청계동을 떠나기로 했다. 김순영 내외는 고능선과 같은 훌륭한 가문 출신의 며느리를 보는 것이 무엇보다도 기뻐서 온 정성으로 혼수와 혼구를 준비하느라고 분주했다.

2

의병운동은 황해도에서도 여러 지방에서 활발하게 전개되었다. 그런데 이들 의병은 거의가 위정척사파 유림과는 관계없는 옛 이서층(吏胥

64) 延世大學校國學硏究所 소장 安泰勳簡札; 張錫興, 「19세기말 安泰勳書翰의 자료적 성격」, 《韓國學論叢》 26호, 國民大學校韓國學硏究所, 2003, pp.139~167 참조.

層)과 산포수들이 결합한 것이었다. 그리고 산포수 가운데는 동학농민봉기 때에 전투에 참가한 경험이 있는 동하 출신이 많았다.

안태훈의 협조를 기대할 수 없게 된 김창수는 김형진과 함께 서경장에게서 약속받은 청국 군대의 출병지원과 황해도 산포수 부대의 무장력을 결합하는 방안을 모색했다. 그리하여 두 사람은 장연 산포수들의 봉기계획에 적극적으로 참여했다. 그러나 봉기 모의에 가담한 산포수들의 동기는 김창수와 김형진의 경우와는 달랐다. 김창수와 김형진은 단발반대의 대의명분으로 봉기 모의에 참여했으나 산포수들은 정부의 정책실패에 대한 불만으로 봉기에 가담했던 것이다.

장연 산포수 봉기의 핵심인물은 김창수의 재종조 김재희와 백낙희(白樂喜)였다. 두 사람은 김창수가 청국에서 돌아오기 전인 11월 무렵에 만나서 봉기를 준비하고 있었다. 이때에 김재희는 산포 도반수(都班首)가 되고 백낙희는 산포 명사반수(明査班首)가 되었다. 사전 논의를 마친 두 사람은 12월12일에 김창수의 집을 방문하여 김창수와 함께 청룡사에 머물고 있는 김형진을 찾아갔다. 이 모임에서 김형진은 두차례 청국을 방문하여 마대인과 의극당아로부터 진동창의(鎭東倡義)의 인신과 직첩을 받아 가지고 온 사실을 설명하고, 마대인이 머지않아 군대를 거느리고 올 것이라면서 속히 봉기할 것을 촉구했다. 김형진은 스스로 평안, 전라, 황해 3도 도통관(道統官)이 되고, 백낙희는 장연 선봉장이 되어 장연 산포수들을 주력으로 하여 봉기하기로 했다.[65]

장연 산포수들의 봉기계획은 크게 세단계로 설정되었다. 첫단계는 장연과 안악의 산포수를 동원하여 장연 관아를 점령하고 무기를 탈취하는 것이었다. 그것이 성공한 뒤에는 다음 단계로 해주로 진격하여 김형진과 김창수의 지휘 아래 장연과 안악의 산포수를 주력으로 하고, 그 밖의 다른 세력과 함께 해주성을 공략하는 것이었다. 마지막 단계는 약속대로

---

65) 白樂喜招辭, 「重犯供草」, 『東學亂記錄(下)』, pp.564~565.

진군해 오는 청국 군대와 함께 서울로 진격하여 양왜(洋倭)를 토멸하고 각 대신을 주멸(誅滅)한 다음 해도(海島)의 정씨(鄭氏)를 맞이하여 왕으로 추대하는 것이었다.[66]

장연 산포수 모의는 당시 민중 사이에 널리 유포되던 '해도진인설(海島眞人說)'의 영향을 받은 것이었다. 『정감록』이나 『도선비기(道詵秘記)』에 바탕을 둔 해도진인설은, 책에 따라서 다소 차이는 있으나, 나라가 혼란해져서 삼국으로 분열되면 정씨가 남해의 섬으로부터 군사를 일으켜 혼란을 수습하고 새로운 통일왕조를 세운다는 것이었다. 1748년에 일어난 청주(淸州)와 문의(文義)의 괘서사건(掛書事件)을 조사하는 과정에서 처음으로 나타난 '진인출현설(眞人出現說)'은 1812년의 홍경래란(洪景來亂)에서 다시 고개를 들기 시작하여 그 뒤의 크고 작은 여러 반란사건에 빈번하게 등장했다.[67]

그러나 장연 산포수 봉기계획은 어이없이 실패하고 말았다. 첫단계의 거사날인 정월 초하루에 신화방(新花坊)에서 봉기 인원을 동원하던 백낙희 등 주동자 다섯 사람이 안악의 김재희 세력이 합류하기 전에 동네주민들에게 체포되어 버렸기 때문이다. 이들을 구출하려고 각군의 산포수 부대가 집결한다는 소문도 있었으나, 바로 경군이 파견되어 산포수들의 집결을 무산시켰다. 백낙희 등이 체포되자 김창수와 김형진을 비롯하여 안악 대덕방(大德坊)의 최창조, 김재희, 해주 검단방(儉丹坊)의 유학선(柳學先), 문화 차장동의 이씨는 바로 피신했다.

그런데 김창수가 장연 산포수 봉기 모의에 가담하면서 고능선과 협의했는지는 분명하지 않다. 단발령 소식을 듣자 바로 의병을 일으키기로 하고 함께 안태훈을 찾아가서 상의했던 것으로 미루어, 비록 동학농민봉기에 참가했던 산포수들을 중심으로 의병을 모집하기로 했더라도 김창

---

66) 金啓祚招辭, 「重犯供草」, 『東學亂記錄(下)』, p.567.

67) 白承鍾, 「18~19세기 『정감록』을 비롯한 각종 예언서의 내용과 그에 대한 당시대인들의 해석」, 《震檀學報》 제88호, 震檀學會, 1999, pp.265~290 참조.

수가 고능선과 상의하지 않았다고는 생각하기 어렵다.

장연 산포수 봉기에서 주목되는 점은 개화파 정권을 타도하기 위하여 청군과의 연합작전을 도모했다는 사실이다. 황해도지방 농민군의 청국군에 대한 신뢰와 기대는 이미 동학농민봉기 때부터 나타나고 있었다. 가령 농민봉기 당시에 해안(海安) 수접주가 평산(平山) 수접주에게 보낸 통문에는 농민군이 빨리 봉기하여 감사 부자의 머리를 베어 청군 진영에 바치자고 한 대목이 있는데, 이때에 이들은 청국 군대를 '천병(天兵)'으로 호칭했다.[68] 또한 1895년7월에 봉기한 평안남도 상원(祥原) 의병도 청국 군대를 '천군(天軍)'이라고 했다. 이러한 현상은 같은 시기의 안동의병(安東義兵)이나 을미의병 이후의 의병운동에서도 나타나는 공통적인 현상이었다. 또한 장연 산포수 봉기는 '복수보형'이라는 위정척사파 의병의 대의명분과 동학농민군 조직이 결합했다는 점에서 눈여겨볼 만하다.[69]

그러나 그것은 민중의 호응을 얻지 못했다. 우선 장연 산포수 봉기가 같은 마을의 주민에 의해 고발되었다는 사실이 그것을 말해 준다. 체포 과정에서 백낙희는 동네사람들에게 피투성이가 되도록 두들겨 맞았다.[70] 이 무렵 황해도와 평안도 지방은 청일전쟁의 피해로 말미암아 일반 백성들의 청국에 대한 인식이 매우 악화되어 있었다. 청일전쟁에 참여한 청군이 패퇴하면서 온갖 노략질을 자행했기 때문이다.

그런데 특이한 것은 장연 산포수 봉기 모의에 대해서『백범일지』에 전혀 언급이 없다는 사실이다. 관련 자료들로 미루어 볼 때에 김창수가 봉기 모의에 가담한 것은 틀림없다. 우선 주목되는 것은 김창수 자신이 얼마 뒤에 치하포사건으로 체포되었을 때에 해주감영에서 한 진술이다. 그는 다음과 같이 말했다.

"일찍이 단발로 각처에서 의병이 봉기할 때에 저는 의병좌기총(義兵

---

68) 鈴木彰, 「黃海道東學黨征討略記」, 『白凡金九全集(3)』, p.104.
69) 도진순, 앞의 글, p.150.
70) 「重犯供草」, 『東學亂記錄(下)』, p.569.

左旗總)이 되어 전라도 김형진과 함께 해주 검단방 청룡사에 머물다가 음력12월에 안악지방에 가서 이곳 대덕방에 사는 좌통령(左統領) 최창조와 서로 논의하며 며칠을 머물다가 돌아왔사옵고, 치하포사건에 이르러서는 과시 전혀 알지 못하오니 잘 살펴서 처리하여 주옵소서."[71]

뒤에서 보듯이, 김창수가 해주감영에서 모진 고문을 당하면서도 치하포사건을 부인한 것은 중앙 관아[內部]에 가서 대관들 앞에서 자신의 큰 뜻을 개진하기 위해서였다.[72] 그리고 어떤 연유에서였는지 김형진도 『노정약기』에서 이때의 모의 사실을 전혀 언급하지 않았다. 그러나 그가 산포수 봉기 모의에 가담했던 것은 『노정약기』에 장연 산포수 봉기의 격문이 첨부되어 있는 것을 보더라도 틀림없는 사실이다.[73] 그러므로 두 사람은 똑같이 산포수 봉기 모의 사실을 의도적으로 기술하지 않은 것이 틀림없다. 『백범일지』에서 자신의 여러 가지 실패의 행적까지 솔직히 서술한 김구가 이때의 일만은 왜 생략했는지 의아스럽다. 그것은 아마도 다른 의병운동이 외세의 침략에 대항하여 국권을 수호한다는 명분을 전제로 한 것이었는 데 비하여 장연 산포수 봉기 모의는 역성혁명(易姓革命)을 기도한 일종의 역모였고, 또 민중의 유언에 근거한 황당한 모의였기 때문이었을 것이다.

청군의 지원을 얻어 서울로 진격하여 일본의 마수에 놀아나는 이씨 왕조(李氏王朝)를 뒤엎고 '해도의 정씨'를 새로이 왕으로 옹립한다는 대담한, 그러나 너무나도 터무니없는 꿈을 가지고 계획했던 산포수 봉기 계획이 허무하게 수포로 돌아가고 만 것은 스물한살의 청년 김창수에게 또 한번의 큰 좌절이었다. 그러나 그보다도 더 가슴 아픈 것은 때를 같이 하여 고능선 손녀와의 약혼이 깨어져 버린 일이었다.

산포수 봉기를 준비하느라고 돌아다니던 어느 날 김창수는 검단방에

---

71) 「海州白雲面居 金昌洙 年二十一 供案」 1896년6월27일, 『白凡金九全集(3)』, pp.218~219.
72) 『백범일지』, p.107.
73) 金亨鎭, 『路程略記』, 『白凡金九全集(3)』, pp.130~133.

있는 친구 집에서 자게 되었다. 검단방은 김창수의 집이 있는 백운방과 바로 이웃이었는데, 산포수 봉기 모의에 가담한 유학선이 그곳에 살고 있었다. 그리고 근처 청룡사에 김형진이 머물고 있었다. 검단방에서 자고 난 이튿날 아침 일찍이 뜻밖에도 고능선이 그곳을 찾아왔다. 고능선은 어렵게 입을 열어 다음과 같이 말했다.

"자네가 어렸을 때에 뉘 집에 약혼을 했다가 자네가 원치 않아서 퇴혼 했다고 했던 것이 지금에 와서 문제가 되네 그려. 내가 어제 사랑에 앉았 노라니까 성이 김가라고 하는 사람이 찾아왔다네. 나를 보고 당신이 아 무개냐고 묻기로 그러하다 했더니, 내 앞에다가 칼을 내어 놓고 하는 말 이, '들으니 당신 손녀를 창수에게 허혼했다 하니 첩으로 주는 것이오, 정 실이오?' 하고 물었네. 하도 괴상하여 김가를 나무라며 초면에 그게 무 슨 무례한 말이냐 했더니, 김가가 노기등등하여 하는 말이, '창수의 정처 는 곧 내 딸인데, 이제 들으니 당신 손녀와 혼인한다 하기로 첩이라면 가 하나, 정실이라면 이 칼로 생사를 가름하겠다' 하지 않겠나. 그래서 '나는 창수가 종전에 약혼한 곳이 있었으나 이미 파혼된 줄 알고 허혼하였소. 그러나 이제 당신의 말을 듣건대 엄연히 약혼 중이라 하니 이 문제는 내 가 창수를 보고 해결할 터이니 당신은 물러가오' 하여 돌려보냈네. 이 일 을 어찌하겠나? 우리 집안 여자들은 큰 난리가 났네."

이 말을 듣는 순간 김창수는 모든 일이 틀렸다고 생각했다. 단념하겠 다는 뜻을 분명히 했다.

"제가 선생님을 믿고 따르는 본래 의도는 선생님의 손녀사위나 됨에 있지 않습니다. 저는 정녕코 선생님께서 친히 가르쳐 주시는 교훈을 마음 속에 아로새기고 죽을 때까지 그 거룩하신 가르침을 봉행하기로 마음에 맹세하였습니다. 그러니 혼인하든 안 하든 무슨 상관이 있겠습니까. 혼 사는 서로 단념하고 의리로만 선생님을 받들겠습니다."

혼인은 단념했으나 마음속으로는 여간 섭섭하지 않았다. 고능선은 김창수의 말을 듣고 눈물만 흘리면서 탄식했다.

"내가 장래에 몸과 마음을 의탁할 만한 사람을 물색하기에 허다히 마음을 써서 자네를 만났고 더욱이 미혼이므로 혼사까지 성약한 것인데, 이런 괴변이 어디 있겠나. 그러면 혼사는 다시 거론하지 않기로 하세."

이렇게 하여 스승의 손녀딸과의 약혼은 깨어졌다. 김창수가 어렸을 때에 김순영이 술김에 경솔하게 함지박장수 김치경(金致景)에게 했던 청혼이 화근이 된 것이었다. 그가 동학접주로 바쁘게 활동하고 있을 무렵에 김순영 내외가 김치경 딸과의 혼례를 서둘자 김창수는 완강하게 거부했었고, 김순영도 김치경에게 그 뜻을 전하면서 딸을 다른 자리에 출가시키라고 했었다. 김치경도 도리 없는 일이라고 생각했다고 한다. 그리하여 김창수는 이 문제가 마무리된 것으로 생각하고 잊고 있었다. 문제는 김치경이 청계동에서 10여리밖에 떨어지지 않은 신천 수유령(水踰嶺)으로 이사하여 술장사를 하고 있다가 김창수의 혼인 소식을 들으면서 불거졌다. 김치경은 속으로 이 혼인을 방해하면 돈푼이나 얻을 수 있겠다는 생각에서 훼방을 놓은 것이었다. 이러한 사정은 쉽사리 짐작할 수 있는 일인데도 불구하고 김창수를 손녀사위로 삼으려고 마음먹은 것을 눈물까지 흘리면서 쉽게 단념하는 고능선의 태도도 의아스럽다. 화가 치민 김순영이 김치경의 집에 쫓아가서 거친 화풀이를 했을 것은 말할 나위도 없다. 김치경은 이미 자기 딸을 가까운 마을에 돈을 받고 약혼해 놓은 상태였다.

이 일이 있고 난 뒤에 고능선은 비동(飛洞)으로, 김순영 내외는 텃골로 이사했고 김창수는 서옥생의 아들을 찾아서 다시 청국으로 가기로 했다. 그것은 김창수의 세번째 청국행이었다. 김형진은 고향으로 돌아갔다.[74]

---

74) 『백범일지』, pp.88~90.

7장

신화가 된 치하포사건

1. 변복한 일본인을 살해하다

1

급히 피신하여 청국의 서옥생(徐玉生)의 아들 집을 찾아나선 김창수는 평양에 도착했다. 평양은 단발령 소동으로 어수선했다. 관찰사를 비롯한 모든 관리들이 단발을 하고 길목을 지키고 서서 지나가는 백성들을 붙들고 강제로 머리를 깎고 있었다. 단발령을 피하여 시골이나 산골로 숨어 들어가는 백성들의 원성이 자자했다. 이런 광경을 보면서 김창수는 머리 끝까지 분노가 치밀어 올랐다. 그는 평양을 지나 안주(安州)에 도착해서 게시판에 붙은 포고문을 보고서야 단발령이 철회되었음을 알았다. 『백범일지』는 이때의 상황을 다음과 같이 적어 놓았다.

소문을 듣자니까 경성 종로에서 사람들에게 단발을 시켰다가 큰 소동이 일어났다고 했다. 일본인들의 가옥을 때려부수고 일본인을 다수 때려죽이는 등 변란이 나고 당시 정부 당국자들에게도 큰 변동이 일어났다는 것이다. 이야기를 들어보니까 장차 나라 안 사정이 많이 변할 낌새라서 굳이 출국할 것이 없다는 생각이 들었다. 또 삼남 방면에서 의병이 봉기한다고도 하므로 돌아가서 시세를 관찰하리라 결심하고 회정하였다.[1]

'정부 당국자들의 큰 변동'이란 1896년2월11일의 고종의 아관파천(俄館播遷)과 그에 따른 친일파 내각의 와해를 말한다. 아관파천은 단발령으로 술렁거리던 정국을 또 한번 역전시키는 결정적 계기가 되었다. 고종은 김홍집(金弘集)을 중심으로 한 친일파 내각의 각료들을 모두 처형하라는 조칙

---

1) 『백범일지』, p.91.

1890년대 황해도 안악군 지도.

을 발표하고, 이어서 이완용(李完用), 이범진(李範晉), 박정양(朴定陽), 이윤용(李允用) 등 정동파(貞洞派)를 주축으로 한 내각을 임명했다.

아관파천 직후에 고종은 민심수습을 위한 조칙을 잇달아 발표했다. 2월18일에는 "단발문제는 편할 대로 할 것을 허락한다"라고 하여 사실상 단발령을 철회하고, 의병은 각자 고향으로 돌아가서 본업에 힘쓰라고 선유(宣諭)했다. 2월27일에는 다시 각지의 의병들에게 즉시 해산할 것을 종용하는 조칙을 발표했는데,[2] 그것은 단발령에 반대하여 일어났던 반일의병에 대한 사면을 뜻하는 것이었다.

단발령의 강행에 따라 일본인들의 피해가 잇따랐다. 아관파천이 있던 날에는 경무청 문전 대로에서 총리대신 김홍집과 농상공부대신 정병하(鄭秉夏)의 참살현장을 구경하러 나왔던 다나카 히데카즈(田中秀一)라

---

2) 『承政院日記』建陽元年2月27日(양력2月18日)조.

는 일본인이 살해되기도 했다.[3] 『백범일지』의 위와 같은 서술은 이러한 사실이 입소문을 통하여 안주와 같은 지방에까지 빠르게 전해졌음을 말해 준다.

김창수는 청국행을 단념하고 안주에서 발길을 돌렸다. 그는 3월8일 (음력1월25일)[4] 에 용강군(龍岡郡)에서 안악군(安岳郡)으로 돌아오기 위해 치하포(鴟河浦)로 가는 배를 탔다. 치하포는 안악에서 동북쪽으로 40리쯤 떨어진 작은 포구였다. 강 위에는 녹지 않은 큰 얼음덩이가 곳곳에 떠다녔다. 해마다 해빙기가 되면 가끔 나루터에서 사람들이 큰 얼음덩이에 둘러싸여 참사를 겪는 일이 있었는데, 불행히도 이날은 김창수가 탄 배가 얼음덩이에 갇히고 말았다. 배는 얼음덩이에 떠밀려 제대로 방향을 잡지 못하고 진남포(鎭南浦) 하류까지 밀렸다가 조수를 따라 다시 상류로 밀리곤 하면서 오르락내리락했다. 배가 떠밀릴 때마다 선객들은 말할 나위도 없고 뱃사공들까지 모두 당황해했다. 배 안은 삽시간에 울음바다가 되었다. 어떤 사람은 하나님을 찾았고, 또 어떤 사람은 어머니를 부르며 울었다.

김창수는 살아 나갈 방도를 생각해 보았다. 배 안에는 준비된 식량이 없었기 때문에 시간이 지나면 얼어 죽는 것보다 먼저 굶어 죽을 판이었다. 다행히 나귀 한필이 있었다. 얼음덩이의 포위가 오랫동안 계속될 경우 나귀를 잡아서 열대여섯 사람의 비상식량으로 사용하기로 했다. 김창수는 사람들에게 무작정 소리내어 운다고 목숨을 구할 길이 열리는 것이 아니니 뱃일을 사공에게만 맡기지 말고 모두 힘을 합해서 얼음덩이를 밀어내자고 소리쳤다. 선객들은 모두 호응하고 나섰다. 김창수는 몸을 날려 얼음덩이에 뛰어올랐다. 그러고는 얼음덩이가 몰려 있는 형세를 살펴

3) 「英國政府ノ朝鮮國王播遷事件ニ關スル意向照會方訓令ノ件」 1896년2월16일, 日本外務省 編, 『日本外交文書 29』, 國際聯合協會, 1954, pp.690~691; 『高宗時代史(四)』 建陽元年2月11日조, 國史編纂委員會, 1970, p.39. 駐韓日本公使館記錄에는 이때에 살해된 일본인이 田中秀一의 동생 田中彌市라고 했다(「日本人殺傷者의 逮捕處罰要求件」, 『駐韓日本公使館記錄(9)』, 1993, pp.1~3, pp.269~270).
4) 「仁川萩原事務代理發信 原外務次官宛公信要旨」 1896년4월6일, 『白凡金九全集(3)』, pp.200~201.

보고 큰 얼음덩이에 의지해서 작은 것을 힘껏 밀어내기 시작했다. 이렇게 노력한 끝에 밤이 늦어서야 간신히 강 하류에 닿았다. 배가 하류로 많이 떠밀려 왔기 때문에 치하포에서 5리나 떨어진 강기슭에 닿았다. 서산에 지는 달이 희미하게 비추고 있었다.

일행은 치하포에 도착해서 주막을 겸한 나루터 주인집으로 들어갔다. 풍랑 때문에 유숙하는 손님들이 세칸 방에 가득했다. 자정이 넘은 시간이었으므로 방마다 코고는 소리만 들렸다. 배 안에서 함께 고생했던 일행들도 세칸 방으로 제가끔 흩어져 들어가서 잠이 들었다.

김창수가 막 잠이 들자마자 갑자기 밖이 소란스러워졌다. 먼저 들어온 여행객들이 새벽부터 일어나서 길 떠날 차비를 하느라고 수선을 피웠다. 시간은 새벽 3시쯤이었다.[5] 유명한 김구의 치하포 무용담은 여기서부터 시작된다. 치하포사건은 『백범일지』에 김구의 다른 어떤 행적보다도 생생하게 묘사되어 있다. 그만큼 이 사건은 김구의 일생을 통한 항일투쟁에서 훈장과 같은 상징성을 지닌 사건이었다. 긴박했던 당시의 상황을 김구는 다음과 같이 썼다.

조금 있다가 아랫방에서부터 아침식사가 시작되어 가운뎃방과 윗방까지 밥상이 들어왔다. 그때에 가운뎃방에 단발을 하고 조선옷을 입은 사람 한 명이 같이 앉은 나그네와 인사를 나누고 있었다. 성은 정(鄭)씨라 하고 장연(長淵)에 산다고 하는데, 말투는 장연말이 아니고 서울말이었다. 그 무렵 황해도에서는 장연이 단발을 맨 먼저 했으므로 평민들도 단발한 사람이 더러 있었다. 시골 노인들은 그를 진짜 조선사람으로 알고 이야기를 나누었으나, 내가 보기에는 분명히 왜놈이었다. 자세히 살펴보니까 흰 두루마기 밑으로 칼집이 보였다. 가는 길을 묻자 진남포로 간다고 했다.

5) 「公文 제20호: 日本人 土田讓亮의 被害事件과 犯人逮捕要求件」 1896년3월31일, 『駐韓日本公使館記錄(9)』, p.4, p.272.

김창수는 먼저 이 일본인의 변복에 주목했다. 그리고 문득 국모보수(國母報讐)를 위해 그를 처치해야겠다는 생각이 들었다.

이곳은 진남포 맞은편 기슭이므로 매일매일 여러 명의 왜인이 자기네의 본래 행색대로 통행하는 곳이다. 그러므로 저놈이 보통 장사치나 기술자 같으면 굳이 우리 조선사람으로 위장하지 않아도 되었을 것이다. 그렇다면 혹시 저자가 우리 국모를 시해한 미우라 고로(三浦梧樓)가 아닐까. 서울에서 일어난 분란 때문에 도망하여 당분간 숨으려는 것은 아닌가. 만일 미우라가 아니더라도 미우라의 공범일 것 같다. 아무튼 칼을 차고 숨어 다니는 왜인이 우리 국가와 민족의 독버섯인 것은 명백한 사실이다. 내가 저놈 한명을 죽여서라도 국가의 치욕을 씻어 보리라.

김구는 그 일본인을 처치하기로 결심한 뒤의 상황을 박진감 있게 기술해 놓았다.

먼저 주위 환경과 나의 역량을 살펴보았다. 방 세칸에 가득 찬 손님수가 40여명 되어 보였고, 그놈의 패거리가 몇명 정도 섞여 있는지는 알 수 없었으나 나이 열일여덟살 되어 보이는 총각이 그놈 옆에서 무슨 말인가 하고 있었다.
나는 혼잣몸에 빈손이 아닌가. 섣불리 손을 썼다가 내 목숨만 저놈의 칼 아래 끊어 보내는 것은 아닐까. 그렇게 되면 내 의지와 목적은 세상에 드러내지도 못하고 도리어 도적놈의 시체 하나만 남기고 죽고 말 것이다. 또 내가 빈손으로 단번에 저놈을 죽일 수는 없다. 만약 죽을 결심을 하고 대들더라도 방안에 있는 사람들이 만류하면 그 틈을 타서 저놈의 칼이 내 몸에 들어오고 말 것이다. 그러니 아무리 생각해도

이 일은 불가능한 일이다.[6]

이렇게 생각하자 김창수는 가슴이 심하게 울렁거렸다. 그런데 이 절박한 순간에 마음의 불안을 진정시켜 준 것은 고능선(高能善)의 가르침이었다. 정신적 혼란에 빠져서 잠시 고민하는 사이에 홀연히 한가닥 광선이 가슴속에 비치는 듯했다고 『백범일지』는 적었다. 고능선에게서 배운 다음의 구절이 떠올랐던 것이다.

得樹攀枝無足奇
懸崖撒手丈夫兒.
(벼랑에서) 나뭇가지를 잡고 오름은 기이한 일이 아니나
벼랑에서 잡은 손을 놓을 수 있어야 가히 장부이다.

김창수는 스스로 자문자답해 보았다.
'네가 보기에 저 왜인을 죽여 설욕하는 것이 옳다고 확신하느냐?'
'그렇다.'
'너는 어릴 때부터 마음 좋은 사람 되기가 소원이 아니었느냐?'
'그렇다. 그러나 지금 나는 성공하지 못할 경우를 먼저 걱정한다.'
한편 이렇게도 생각해 보았다.
'원수 왜놈을 죽이려다가 성공하지 못하고 도리어 내가 죽임을 당하면, 한낱 도적의 시체로 세상에 남겨질까 그것을 미리 걱정하고 있는 것이다. 그렇다면 내가 이때까지 마음 좋은 사람이 되고자 했던 것은 다 거짓 소망이었던가? 사실은 몸에 이롭고 이름 내는 것을 좋아하는 사람이 되려는 소원만 가졌던 것이 아닌가?'
자문자답 끝에 비로소 김창수는 실패에 대한 두려움을 떨쳐 버리고

---

6) 『백범일지』, pp.92~93.

죽을 각오로 결행하기로 결심했다. 그제서야 마음의 동요가 사라지고 여러 가지 계책이 떠오르기 시작했다.

우선 그는 방 안에 있는 40여명의 손님들과 동네사람 수백명을 움직이지 못하게 해야 한다고 생각했다. 일본인이 만약 조금이라도 불안한 상태를 느끼게 되면 그것에 대비할 것이기 때문에 일단 아무 눈치도 채지 못하도록 안심을 시키고 자기 혼자서만 자유자재로 연극을 하는 방법을 쓰기로 했다. 연극이란 장사(壯士) 행세를 하는 것이었다. 그런데 실은 이때에 김창수는 평양에서부터 동행한 세 사람과 같이 있었다.[7]

이윽고 아랫방에 밥상이 도착하여 먼저 밥상을 받은 사람이 숟가락질을 시작했다. 그들이 3분의 1도 채 못 먹고 있을 무렵에 밥상을 받은 김창수는 네댓숟갈로 한그릇 밥을 다 먹어치웠다. 김창수가 일어서서 주인을 부르자 골격이 준수하고 나이가 서른일여덟살쯤 되어 보이는 사람이 문 앞에 와서 물었다.

"어느 손님이 불렀소?"

김창수는 주인을 보고 말했다.

"내가 좀 청했소이다. 다름 아니라 내가 오늘 700여리나 되는 산길을 걸어서 넘어가야 하는데, 아침을 더 먹고 가야겠으니 밥 일곱상만 더 차려다 주시오."

주인은 아무 대답 없이 김창수를 빤히 보기만 하다가 그의 말에는 대답도 않고 방 안에서 아직 밥을 먹고 있는 다른 손님들을 둘러보며 말했다.

"젊은 사람이 불쌍도 하다. 미친 놈이군."

그러고는 안방으로 들어가 버렸다.

김창수는 한쪽으로 드러누워서 방 안 사람들의 반응을 눈여겨보면서 일본인의 동정을 살폈다. 방 안에서는 두 갈래로 논쟁이 일어나기 시작했다. 그 가운데 유식하게 보이는 청년들은 주인의 말과 같이 김창수를 미

---

7) 「海州居 金昌洙 年二十一 初招」 1896년8월31일, 『白凡金九全集(3)』, p.250.

친 사람이라고 했다. 그러나 긴 담뱃대를 붙여 물고 앉은 노인들은 그 청년들을 나무라며 말했다.

"여보게들 말을 함부로 말게. 지금인들 이인(異人)이 없으란 법이 있나. 이런 말세에는 마땅히 이인이 나는 법일세."

그 말을 받아서 청년들이 대꾸했다.

"이인이 없을 리야 없겠지요만 저 사람 생긴 꼴을 보세요. 무슨 이인이 저렇겠어요."

일본인은 별로 주의하는 빛도 없이 식사를 마치고 중문 밖에 서서 문기둥을 의지하고 방 안을 들여다보며 총각 아이가 밥값 계산하는 것을 지켜보았다.

2

김창수는 천천히 몸을 일으켰다. 다음 순간 큰 소리로 호령하며 그 일본인을 발길로 차서 거의 한길이나 되는 계단 밑으로 떨어뜨렸다. 그러고는 바로 쫓아 내려가서 일본인의 목을 힘껏 밟았다.

세칸 객방의 문이 일제히 열리면서 문마다 사람들이 다투어 머리를 내어 밀었다. 김창수는 몰려나오는 사람들을 향하여 소리쳤다.

"누구든지 이 왜놈을 위하여 내게 달려드는 자는 모두 죽이고 말겠다!"

김창수의 말이 채 끝나기도 전에 일본인이 새벽 달빛에 칼을 번쩍이며 달려들었다. 김창수는 얼굴로 떨어지는 칼을 잽싸게 피하면서 발길로 왜놈의 옆구리를 차서 거꾸러뜨리고는 칼 잡은 손목을 힘껏 밟자 칼이 땅바닥에 떨어졌다. 칼을 빼앗아 든 김창수는 일본인을 머리부터 발끝까지 난도질을 했다. 아직 3월 초승 날씨라서 마당은 빙판이었는데, 피가 샘솟듯 넘쳐 흘러내렸다. 김창수는 손으로 일본인의 피를 움켜 마시고 그 피를 얼굴에 발랐다. 그러고는 피가 뚝뚝 떨어지는 칼을 들고 방 안으로 들어가서 좌중을 향해 소리쳤다.

"아까 왜놈을 위하여 내게 달려들려고 하던 놈이 누구냐?"

방 안에 있던 손님들 가운데 미처 도망가지 못한 사람들은 모두 엎드려 빌었다. 이렇게 하여 김창수는 좌중을 제압했다.

주인 이화보(李化甫)가 나타났다. 그는 감히 방에 들어오지도 못하고 방 바깥에 엎드려서 빌었다. 김창수는 이화보에게서 일본인이 타고 온 배가 있다는 말을 듣고 그 배의 뱃사람들을 데려오게 했다.

눈치 빠른 이화보는 재빨리 세숫물을 대령했다. 이어서 밥 일곱그릇을 한상에 놓고 다른 한상에는 반찬을 차려 들여왔다. 김창수는 얼굴을 씻고 밥상 앞에 앉았다. 그는 큰 양푼 한개를 가져오게 하여 밥과 반찬을 함께 붓고 숟가락 한개를 더 가져오게 하여 숟가락 두 개를 포개어 들고 밥 한덩이를 사발통만 하게 떠서 먹었다. 한두어 그릇 분량을 먹다가 숟갈을 던지고 혼잣말로 중얼거렸다.

"오늘은 먹고 싶던 원수의 피를 많이 먹었더니 밥이 들어가지를 않는다."

뱃사람 일곱명이 문 앞에 와서 엎드렸다.

"소인들은 황주에 사는 뱃놈들인데, 왜놈을 싣고 진남포까지 뱃삯을 받기로 하고 가던 죄밖에 없습니다."

김창수는 뱃사람들에게 명하여 일본인의 소지품 전부를 가져오게 했다. 소지품을 조사하자 살해된 일본인의 이름은 쓰치다 조스케(土田讓亮)이고 신분은 육군 중위였다고 『백범일지』는 기술했다. 그가 가진 돈은 엽전 열섬으로서 1,000냥가량 되었다. 김창수는 그 돈으로 뱃삯을 지불하고, 이화보에게 그 마을 동장을 불러오라고 했더니 이화보 자신이 동장이라고 했다. 김창수는 동행인 세 사람이 돌아갈 노자를 조금씩 나누어 주고 75냥으로 자신이 타고 갈 당나귀를 한필 샀다. 그러고는 나머지 돈 800냥을 이화보에게 맡기면서 동네의 가난한 사람들에게 나누어 주라고 했다. 동행인들에게 노자를 나누어 주고 나귀를 구입한 사실은

『백범일지』에는 적혀 있지 않으나 김창수는 재판과정에서 자백했다.[8]

"왜놈의 시체는 어찌하오리까?"

이화보가 물었다. 김창수는 주저 없이 지시했다.

"왜놈들은 우리 조선사람들뿐 아니라 모든 생물들의 원수이다. 강 속에 던져서 물고기와 자라들까지 즐겁게 뜯어먹도록 해라."

이어 김창수는 이화보에게 쓸 것을 가져오게 하여 포고문을 썼다. 먼저 일본인을 죽인 이유를 "국모보수의 목적으로 이 왜인을 죽인다"라고 밝히고, 마지막 줄에 "해주 백운방 기동 김창수(海州白雲坊基洞金昌洙)"라고 써서 사람들이 지나다니는 길거리 벽에 붙이게 했다. 그리고 다시 이화보에게 명령했다.

"네가 이 동네 동장이니까 안악군수(安岳郡守)에게 사건의 전말을 보고해라. 나는 내 집으로 돌아가서 하회를 기다리겠다. 왜놈의 칼은 내가 가지고 간다."

김창수는 겉으로는 태연하게 행동했으나 마음속으로 매우 불안했다. 만약 동네사람들이 가지 못하게 막거나 자신이 출발한 뒤에라도 동네사람들이 뒤쫓아 와서 붙든다면 사실을 설명할 기회도 없이 사람들에게 살해당할지도 모르는 일이었다. 그리하여 그는 위계를 쓰기로 했다. 그는 서경장이 써준 '의병좌통령(義兵左統領)' 첩지를 꺼내 보이며, 일행 수백명이 곧 도착할 테니까 짚신 등 물건을 미리 준비하라고 이화보에게 지시했다.[9]

출발하려고 보니까 의복이 말이 아니었다. 옷은 온통 피로 물들어 있었다. 다행히 벗어 걸어 두었던 두루마기가 있어서 그것을 입고 허리에 칼을 찼다. 김창수는 늠름한 태도로 여행자들과 동네사람들이 모여 쳐다보는 가운데 준비된 당나귀를 타고 귀로에 올랐다.[10]

---

8) 『백범일지』, pp.93~97; 「海州居 金昌洙 年二十一 初招」 1896년8월31일, 『白凡金九全集(3)』, p.251.
9) 「金昌洙 再招」 1896년9월5일, 『白凡金九全集(3)』, pp.256~257.
10) 『백범일지』, p.99.

김창수가 신천읍(信川邑)에 도착하자 마침 신천 장날이었다. 장터 곳곳에서 치하포 이야기를 하는 것이 들렸다. 그들은 김창수의 행적을 과장해서 이야기하고 있었다.

"오늘 새벽 치하포나루에 어떤 장사가 나타나서 일본사람을 한주먹으로 때려 죽였다지."

"그래. 그 장사하고 같이 용강에서부터 배를 타고 갔다는 사람을 만났는데, 나이 스물도 채 못 되어 보이는 소년이더라는군. 강 위로 얼음덩이가 몰려와서 배가 그 사이에 끼어 다 죽게 되었는데, 그 소년 장사가 큰 얼음덩이를 손으로 밀어내고 배에 탄 사람들을 다 살렸다더군. 게다가 그 장사는 밥 일곱그릇을 눈깜짝할 사이에 다 먹더라는걸."

　김창수는 이런 말을 듣다가 신천 서부에 사는 동학 친구 유해순(柳海純)을 찾아갔다. 유해순은 김창수를 맞아들인 뒤에 얼마쯤 있다가 말했다.

"형의 몸에서 피비린내가 나오."

　그러면서 그는 김창수의 행색을 자세히 훑어보았다.

"의복에 웬 피가 이다지 많이 묻었소?"

"길에 오다가 왜가리 한마리를 잡아먹었더니 피가 묻었소이다."

　김창수는 신천 장터에서 사람들이 하는 말을 듣고 마음에 여유가 생긴 것이었다. 유해순은 다시 물었다.

"그 칼은 웬 것이오?"

"형이 동학접주 노릇할 적에 남의 돈을 많이 강탈하여 두었다는 말을 듣고 내가 강도질하러 왔소."

　그러나 유해순은 사실 이야기를 하라고 다그쳐 물었다.

"동학접주가 아니고서 그런 말을 해야 믿지요. 어서 사실대로 말해 보시오."

　김창수는 유해순 형제에게 사건의 경위를 대강 들려 주었다. 그들은 놀라면서 김창수의 행동이 쾌남아다운 행동이라고 말했다. 그러나 집으로는 돌아가지 말고 빨리 다른 곳으로 피신하라고 강권했다. 김창수는 절대로 그렇게 할 수 없다고 힘주어 말했다.

"사람의 일은 모름지기 밝고 떳떳해야 하오. 그래야 사나 죽으나 값이 있지, 세상을 속이고 구차히 사는 것은 사나이 대장부가 할 일이 아니오."

이렇게 말하고 그는 곧장 집으로 돌아왔다. 아버지에게 그동안에 있었던 일을 상세히 보고하자 김순영 내외 역시 피신할 것을 권했다. 그러나 김창수는 자신이 왜놈을 죽인 것은 사사로운 감정으로 한 일이 아니라 국가적 수치를 씻기 위해 행한 일이므로 정정당당하게 대처하겠다고 말했다.

"피신할 마음이 있었다면 애시당초에 그런 일을 하지 않았을 것입니다. 이미 실행한 이상 자연히 법사(法司)에서 조치가 있을 터이니, 그에 따르도록 하겠습니다. 이 한몸 희생하여 만인을 교훈할 수 있다면 죽어도 영광된 일입니다. 제 소견으로는 집에 앉아서 마땅히 당할 일을 당하는 것이 의로운 일이 되리라고 생각합니다."

모든 일에 아버지의 의견대로 행동해 온 김창수였으나 이때는 단호히 자신의 소신을 굽히지 않았다. 김순영도 더 이상 강권하지 않고 이렇게 말했다.

"내 집이 흥하든 망하든 네가 알아서 하여라."[11]

치하포사건은 순간적 의분에서 나온 돌발적 행동이었다. 그러나 그것은 '국모보수'를 위해서 목숨을 건 행동이었다. 그리고 친구나 부모의 권유에도 불구하고 김창수가 피신하지 않은 것은 재판과정을 통하여 조정 대신들을 각성시키고 일본인들을 질타하겠다고 결심했기 때문이었다. 그만큼 고능선의 훈도는 김창수의 확고한 행동철학이 되어 있었다.

---

11) 『백범일지』, pp.99~100.

2. 외교문제가 된 김창수 체포

1

집에서 대기한 지 석달이 지나도록 김창수를 찾아오는 사람이 없었다. 길에 방을 써 붙이고 주막집 주인으로 하여금 안악군수에게 보고하도록 하고 왔는데도 김창수의 체포가 이처럼 늦어진 것은 그만큼 안악군이나 해주부가 치하포사건의 수사에 적극적이지 않았기 때문이다.

쓰치다와 동행한 젊은이는 평안도 용강 출신의 통역 임학길(林學吉)이었다. 그는 사건 현장에서 도망하여 3월12일 저녁에 평양에 도착했고, 그곳에 와 있던 경성 일본영사관의 히라하라 아쓰다케(平原篤武) 경부에게 쓰치다 살해의 전말을 알렸다. 히라하라 경부는 이튿날 일본순사 두명과 조선순검 다섯명을 데리고 평양을 출발하여 3월15일에 현장에 도착했다. 그는 핏자국이 낭자한 사건 현장을 확인했으나, 이화보는 이미 도피하고 없었다. 그는 엽전을 비롯한 쓰치다의 소지품을 수거하고 이화보의 아내와 선원 등 동네사람 일곱명을 연행하여 평양으로 돌아갔다. 이화보의 집 담벽에 붙여 둔 포고문은 이미 누군가가 떼어 없애 버려서 히라하라의 눈에 띄지 않았던 것 같다. 동네사람들로부터 투숙객의 범행이었음을 확인한 히라하라는 각 지방관에게 범인의 체포를 요청했다.[12]

일본공사 고무라 주타로(小村壽太郎)는 3월31일에 외부대신 이완용에게 즉시 평양관찰사와 당해 군수에게 엄중히 지시하여 범인을 빨리 체포해서 의법 처단할 것을 요구했다. 이에 따라 외부에서는 평양부와 개성부와 해주부에 차례로 치하포사건의 범인을 빨리 체포하라고 지시하고, 그러한 사실을 일본공사관에 통보했다.[13] 보고를 올린 곳은 해주부뿐이

---

12) 「仁川萩原事務代理發信 原外務次官宛公信要旨」 1896년4월6일, 『白凡金九全集(3)』, pp.199~200.
13) 「日本人 土田讓亮의 被殺事件과 犯人逮捕要求件」 1896년3월31일, 「土田讓亮의 被殺事件과 犯人逮捕要求에 대한 照覆」 1896년4월4일, 『駐韓日本公使館記錄(9)』, pp.4~5, p.272.

었다. 해주부는 안악군수의 보고를 토대로 하여 4월19일자로 치하포사건의 범인이 김창수라는 것을 확인하는 보고를 올렸다. 이 보고서는 김창수가 장연 산포수 거사혐의로 수배 중인 인물이라는 사실도 기술했다.[14] 그러나 보고를 올린 해주부나 안악군도 수사를 적극적으로 하지 않았다. 아관파천으로 정국이 급변하자 해주부는 관찰사들이 스스로 사직을 원하는 바람에 관찰사의 교체가 빈번했다. 4월1일에 이명선(李鳴善)이 자신의 능력으로는 난국을 감당할 수 없다는 이유로 관찰사를 사직했고, 신임 윤길구(尹吉求) 역시 같은 이유로 임기를 한달도 채우지 못하고 4월17일에 사직했다. 4월21일에 윤길구의 후임으로 임명된 이건창(李建昌)은 고종의 즉시 환궁 등을 건의하는 상소를 거듭 올리면서 관찰사직을 사양하다가 6월23일에 유배되고, 그 후임으로 7월15일에 민영철(閔泳喆)이 임명되었다. 이렇게 해주부관찰사가 바뀌는 동안 참서관(參書官) 김효익(金孝益)이 관찰사 서리로 직무를 대행했다.[15] 외부대신 이완용은 평양부와 해주부에 거듭 범인을 빨리 체포하라고 지시했지만 해주부는 별다른 조치를 취하지 않았다.[16]

범인 체포가 지연되자 인천 일본영사관은 6월5일에 와타나베 타카지로(渡邊鷹次郎) 등 영사관 소속 순사 세 사람을 치하포사건 조사와 평양 부근의 일본인 정황 시찰을 위해 평양으로 파견했다.[17] 와타나베는 1882년에 일본영사관 소속 경관으로 한국에 온 이래 1921년에 조선총독부 경무국 고등경찰과 통역관으로서 퇴임할 때까지 제국주의 일본의 한국지배의 첨병으로서 여러 가지 공작을 자행했다.[18] 김구와는 17년 뒤에

---

14) 「報告 제2호: 海州府觀察使署理 海州府參書官 金孝益이 外部大臣께」 1896년4월19일, 『白凡金九全集(3)』, pp.202~204.

15) 「日省錄」 建陽元年2월20일조, 2월29일조, 2월30일조, 3월5일조, 3월9일조, 3월17일조, 3월30일조, 5월9일조, 6월5일조.

16) 「指令 제1호: 外部大臣 李完用이 海州府觀察使署理 參書官 金孝益에게」 1986년5월1일, 『白凡金九全集(3)』, p.205.

17) 「仁川萩原事務代理發信 小村外務次官宛公信要旨」 1896년6월29일, 『白凡金九全集(3)』, p.220.

18) 朝鮮公論社 編, 『紳士名鑑』, 朝鮮公論社, 1917, p.146; 朝鮮中央經濟會 編, 『京城市民名鑑』, 朝鮮中央經濟會, 1921, p.100.

안악사건과 105인사건으로 다시 만나게 된다.

일본순사들은 3주 동안이나 조사를 하고 돌아갔다. 그들은 평안부 관찰사 정경원(鄭敬源)을 찾았으나, 그 역시 아관파천으로 정국이 바뀌자 사표를 제출하고 성 밖에서 숨어 지내고 있어서 만나지 못했다. 일본순사들은 참서관을 만나서 범인 수색을 소홀히 한다고 항의했으나 참서관은 사건을 관할부인 해주부로 이첩했다고 대답했다. 일본순사들은 평양부로부터 순검 두명을 지원받아 해주부로 가서 관찰사 서리 김효익을 만나고 범인 수색을 위한 해주부 순검의 지원을 부탁했다. 해주부 순검 네명을 추가로 지원받은 일본순사들은 6월18일에 치하포로 갔다. 이들은 6월21일 새벽에 사건 현장에 도착했으나 이화보는 기미를 눈치채고 도피한 뒤였다. 일본순사들은 이화보의 가족들을 어르고 달래어 이화보를 데려오게 해서 체포한 다음, 조선순검들로 하여금 이화보의 집을 수색하게 하여 관련서류를 수거하고, 이화보와 사건을 잘 알고 있는 집강(執綱) 오용점(吳龍占)을 연행했다. 이들은 6월26일에 배편으로 인천으로 돌아갔다.[19]

김창수는 드디어 6월21일(음력5월11일)에 체포되었다. 사건이 있은 지 석달이나 지난 때였다. 잠자리에서 일어나기도 전인 이른 아침이었다. 어머니가 급히 사랑문을 열고 말했다.

"애, 우리 집 앞뒤에 보지 못하던 사람들이 무수히 와서 둘러싸누나."

이 말이 끝나자마자 수십명이 쇠채찍과 쇠몽둥이를 들고 들이닥쳤다.

"네가 김창수냐?"

"나는 그렇거니와 당신들은 무엇하는 사람들인데, 이같이 요란하게 인가에 침입하는가?"

그제야 그들은 「내부훈령등인(內部訓令等因)」이라고 적힌 체포장을 보이고 김창수를 해주감영으로 연행했다. '등인'이란 조선시대에 공문의

---

[19] 「仁川萩原事務代理發言 小村外務次官宛公信要旨」 1896년6월29일, 『白凡金九全集(3)』, pp.224~225.

내용을 요약하고 결론을 지을 때에 쓰는 용어였다. 김창수를 체포하러 온 순검과 사령은 30명가량이나 되었다. 그들은 쇠사슬로 김창수의 몸을 여러 겹으로 묶었다. 그런 다음 몇명은 앞뒤에 서서 쇠사슬 끝을 잡고 나머지 사령들은 좌우로 에워싸고 길을 걸었다.[20] 김창수를 체포하기 위해 그처럼 많은 순검과 사령이 동원되고 그를 쇠사슬로 겹겹이 결박한 것은 그의 힘을 두려워했기 때문일 것이다. 한동네에 있는 20여호 전부가 문중 사람들이었지만 겁에 질려서 한 사람도 감히 내다보지 못했다. 이웃 동네 강씨네와 이씨네들은 김창수가 동학을 한 죄로 붙잡혀 가는 줄 알고 수군거렸다.

김창수는 이틀 만에 해주감옥에 수감되었다. 김순영 내외는 해주로 와서 아들의 옥바라지를 했다. 곽씨 부인은 밥을 빌어다가 사식을 넣어주었고, 김순영은 전에 알던 사령청, 영리청, 계방 사람들에게 아들의 석방을 교섭하고 다녔으나 세태가 이전과 달라졌고 사건이 워낙 중대하여 아무 소용이 없었다.

김창수는 6월27일에 신문을 받았다. 그는 대전목(大全木) 칼을 목에 찬 채 선화당(宣化堂) 뜰로 들어갔다. 신문 내용은 세가지였다. 첫째는 동학농민봉기 때에 동산평(東山坪) 농장에 일본인들이 쌓아 둔 미곡을 탈취한 것 등의 행적이었고, 둘째는 장연 산포수 거사사건이었으며, 셋째가 치하포사건이었다. 김창수는 미곡 탈취와 장연 산포수 거사 모의는 인정했으나 정작 치하포사건은 부인했다.[21] 김구는 이때에 자기를 신문한 관리가 감리 민영철이었다고 기술했으나,[22] 궁내부 특진관이던 민영철이 해주부관찰사로 임명된 것은 앞에서 보았듯이 7월15일이었다. 게다가 민영철은 8월 하순까지도 부임하지 않았다. 그러므로 신문은 관찰사

20) 『백범일지』, pp.100~101.
21) 「海州 白雲面居 金昌洙 年二十一 供案」 1896년6월27일, 『白凡金九全集(3)』, pp.235~236.
22) 『백범일지』, p.101.

서리 참서관 김효익이 했을 것이다.[23] 이때에 김효익은 해주재판소 검사도 겸하고 있었다.[24]

"네가 안악 치하포에서 일본사람을 살해하고 도적질을 했다는데, 사실이냐?"

"그런 일 없소."

"네 행적의 증거가 분명한데 부인하느냐?"

김창수가 사실을 부인하자 김효익은 김창수의 주리를 틀라고 했다. 갑오개혁 이후로 근대적 사법제도가 시행되었으나 잔혹한 고문은 그대로 자행되었다. 대번에 정강이뼈가 허옇게 드러났다. 김창수는 입을 꾹 다물고 아픔을 참다가 마침내 기절했다. 그러자 잠시 고문을 중지하고 얼굴에 찬물을 끼얹어 정신을 들게 하고는 다시 고문을 가했다. 김구의 왼쪽다리 정강이에는 이때에 받은 고문의 흉터가 일생 동안 없어지지 않았다.

"본인의 체포장을 보면 「내부훈령등인(內部訓令等因)」이라 하였은 즉, 본 관찰부에서 처리할 수 없는 사건이니 내부에 보고만 하여 주시오."

모진 고문에도 불구하고 김창수는 끝내 해주감영에서 자신이 일본인을 살해한 사실을 자백하지 않았다. 그 이유는 내부로 이송되어 조정 고관들 앞에서 그들을 꾸짖으면서 일본인 살해동기를 밝히고 싶었기 때문이다.[25]

2

해주부는 김창수가 치하포사건의 주범이라는 사실을 입증하기 위해

---

23) 「海州府觀察使署理 海州府參書官 金孝益 報告: 法部大臣께」 1896년6월30일, 『白凡金九全集(3)』, pp.226~236.

24) 安龍植 編, 『大韓帝國官僚史研究(I) 1896.8.~1901.7.』, p.42.

25) 『백범일지』, pp.101~102.

서는 일본순사들이 인천으로 압송해 간 이화보와의 대질이 필요하다고
보고 내부와 법부와 외부에 이화보를 해주부로 보내 줄 것을 건의했다.[26]
외부는 이 건의를 받아들여 7월7일에 "이화보와 대질하여 김창수의 좌악
을 모두 밝혀 법부로 보고하라"고 해주부에 지시하는 한편, 인천부에는
"일본영사와 협의하여 이화보를 해주로 압송하라"고 지시했다.[27]

그러나 이 지시는 인천 일본영사관의 반대로 이행되지 않았다. 일본영
사관의 하기와라 슈이치(萩原守一) 영사대리는 인천부 관찰사에게 이 사
건은 일본인을 살해한 중대한 안건이므로 자신이 입회할 필요가 있다면
서, 오히려 김창수를 인천으로 압송하여 신문하는 것이 마땅하다고 주
장했다.[28] 결국 일본쪽의 강력한 요구로 김창수는 인천감리서 순검과 인
천 일본영사관 경찰서 순사에 의하여 인천으로 압송되었다.[29] 김창수가
인천으로 압송된 것은 황해도 일대의 재판관할권이 인천항재판소에 소
속되어 있었기 때문이기도 했다. 김순영 내외는 고향에 있는 집과 세간을
다 팔아서 아들을 따라다니며 뒷바라지하기로 결심했다. 김순영은 가산
을 정리하기 위해 집으로 돌아갔고, 곽씨 부인은 인천으로 압송되는 아
들을 따라 나섰다.[30]

일행은 연안읍(延安邑)에서 하룻밤 자고, 이튿날 나진포(羅進浦)를
향해 걸었다. 연안읍에서 5리쯤 되는 길가에 있는 한 무덤 곁에서 잠시 쉬
게 되었다. 날씨가 몹시 더웠으므로 순검들은 참외를 사서 먹으면서 길
가에 앉아 쉬었다. 무덤 앞에 있는 비석 앞면에 "효자이창매지묘(孝子李
昌梅之墓)"라고 새겨 있고, 비석 뒷면에는 어느 임금이 이창매의 효성에

26) 「報告 제3호: 海州府觀察使署理 參書官 金孝益이 外部大臣께」 1896년6월28일, 「海州府觀察使署
理 參書官 金孝益 報告: 法部大臣께」 1896년6월30일, 「照會: 內部大臣 朴定陽이 外部大臣 李完
用에게」 1896년7월12일, 「白凡金九全集(3)」, pp.216~217, pp.226~234, pp.244~246.

27) 「指令: 外部大臣 李完用이 海州府觀察使署理 參書官 金孝益에게」 1896년7월9일, 「訓令 제25호:
外部大臣 李完用이 仁川府觀察使署理 參書官 任午準에게」 1896년7월9일, 위의 책, pp.237~238,
pp.241~243.

28) 「在仁川萩原事務代理發信 小村外務次官宛公信要旨」 1896년7월18일, 같은 책, p.249.

29) 「報告 제1호: 仁川港裁判所判事 李在正이 法部大臣 韓圭卨께」 1896년9월13일, 같은 책, p.273.

30) 「백범일지」, p.102.

감복하여 효자 정문[旌門: 국가에서 효자, 열녀 등을 표창하기 위하여 그 집 앞이나 마을 앞에 세우던 붉은 문]을 내렸다는 내용이 적혀 있었다. 이창매의 무덤 옆에는 이창매 부친의 무덤이 있었다. 무덤 근처 사람과 순검들이 창수에게 들려 준 이창매의 이야기는 이러했다.

이창매는 연안의 통인[通引: 지방 관아에서 수령의 심부름을 하는 사람]이었는데, 그는 부친 장례 뒤에 비바람을 맞으면서 지성으로 산소를 모셨다. 얼마나 극진하게 무덤을 모셨던지 무덤 앞의 신 벗은 자리에서부터 절하는 자리까지 한 발자국 한 발자국 걸어갔던 자국들과 두 무릎을 꿇었던 자국과 향로와 향합을 놓았던 자리에 풀이 나지 않았다. 만일 사람이 그 움쑥움쑥 파인 자리를 흙으로 메우면 당장 천둥소리가 진동하고 큰비가 내려 그 흙들을 씻어내곤 했다.

효자 이창매의 사연을 듣자 김창수는 어머니에 대한 연민의 정을 억제할 수 없었다. 이때의 안타까웠던 심정을 김구는 다음과 같이 썼다.

눈으로 그 비문을 보고 귀로 그 이야기를 듣는 나는 순검들이 알세라 어머님이 알세라 피 섞인 눈물을 흘리며 이창매에게 대죄(待罪)하였다.

다 같은 사람의 자식으로 태어나서 이창매는 부모 죽은 뒤까지 저렇듯 효도한 자취가 있으니, 그 부모 생전에는 어떠했을지를 알 것 같았다. 나의 뒤를 허둥지둥 따라다니시느라 넋이 다 빠져서 내 옆에 앉아 하염없이 한숨만 짓고 계시는 어머님을 차마 뵐 수 없었다. 이창매가 무덤 속에서 다시 살아 나와서 나를 보고, 너는 나무는 조용히 있고 싶어 하나 바람이 그치지 않는다는 구절을 읽지 못했느냐고 책망하는 듯싶었다. 일어나서 출발할 때에 이창매의 무덤을 다시금 되돌아보며 마음속으로 수없이 절을 하였다.[31]

---

31) 『백범일지』, pp.102~103.

"나무는 조용히…"의 시구는 "나무는 조용히 있고 싶어 하나 바람이 그치지 않고, 자식은 모시고자 하나 어버이가 기다려 주지 않는데(樹欲靜而風不止 子欲養而親不待)"라는 『한시외전(韓詩外傳)』의 구절로서, 어버이가 살아계실 때에 효도하지 못함을 탄식한 것이다.[32] 정강이뼈가 드러나는 심한 고문을 받으면서도 '국모보수'를 위해 변복한 일본인을 살해했다는 자긍심을 잃지 않았던 김창수가 다시 인천감영으로 끌려가면서 길가의 효자비를 보고 자신의 불효를 눈물로 통탄한 것은 김구의 효성의 진면목을 느끼게 한다. 김구는 이때에 이창매의 묘를 보고 느낀 감동을 일생 동안 기억했다.

나진포에서 육로는 끝나고 거기서부터는 배를 탔다. 밤이 되었다. 달빛도 없고 사방이 온통 캄캄한 속에 잔잔한 물결 소리와 뱃사공의 노 젓는 소리만 귓전에 와 닿았다. 강화도(江華島)를 지날 무렵 종일 뜨거운 햇볕을 받으며 걸어왔던 순검들도 모두 지쳐서 잠이 들었다. 이때에 곽씨 부인이 뱃사공도 듣지 못할 만큼 낮은 목소리로 아들의 귀에 대고 속삭였다.

"얘야, 네가 이제 가면 왜놈 손에 죽을 터이니, 맑고 맑은 이 물에 너와 나와 같이 죽어서 귀신이라도 모자 같이 다니자."

이렇게 말하고 나서 곽씨 부인은 아들의 손을 끌고 뱃전으로 나가려 했다. 순간 눈물이 핑 돈 김창수는 황급히 어머니를 위로했다.

"어머님은 자식이 이번에 가서 죽는 줄 아십니까? 결코 죽지 않습니다. 자식이 국가를 위하여 하늘에 사무치게 정성을 다해서 원수를 죽였으므로 하늘이 도우실 것입니다. 분명히 죽지 않습니다."

그러나 곽씨 부인은 아들의 말을 곧이들으려 하지 않았다. 그저 자기를 위로하느라고 하는 말인 줄만 알고 다시 아들의 손을 잡아끌었다. 김창수는 거듭 왜 자식의 말을 안 믿으시냐고 간곡하게 말했다. 그제야 곽

---

32) 『백범일지』, p.103 주69).

씨 부인은 투신할 것을 단념했다.

"너의 아버지와도 약속했다. 네가 죽는 날이면 우리 둘도 같이 죽자고."

곽씨 부인은 아들의 단호한 말을 듣고서야 어쩌면 아들이 죽지 않을지도 모른다고 생각했던 것이다. 하늘을 향하여 두 손을 비비고 알아듣지 못할 낮은 목소리로 축원을 하는 어머니의 모습을 옆에서 지켜보는 김창수는 가슴이 미어질 듯했다.[33]

---

33) 『백범일지』, pp.103~104.

3. 인천감리서의 세차례 신문

1

　김창수는 8월13일에 인천에 도착했다.[34] 감옥에 들어가자마자 김창수는 도적죄수방의 9인용 차꼬 중간에 채워져 꼼짝할 수 없게 되었다. 한 달 전에 잡혀와 있던 이화보는 김창수를 보자 자기의 무죄를 입증해 줄 줄 알고 매우 반겼다. 몹시 불결한 감옥 환경에다가 찌는 듯한 무더위 때문에 김창수는 곧 장티푸스에 걸렸다. 고통을 견디지 못한 김창수는 자살을 기도했다. 그는 동료 죄수들이 잠든 틈을 타서 이마에 손톱으로 '충(忠)'자를 새기고 허리띠로 목을 졸라매어 의식을 잃었다. 그러나 같은 차꼬에 채워진 죄수들이 소란을 피워서 다시 깨어났다. 그러는 사이에 열은 내렸으나 보름 동안이나 먹지 못했다.[35]

　이화보와 참고인 오용재(吳龍在)는 김창수의 신문이 있기 전에 별도로 인천 일본영사관 경찰의 입회 아래 인천부의 신문을 받았는데, 이들의 신문결과를 기록한 인천 일본영사관의 보고서에서 김창수를 '의병대장(義兵大將)'이라고 지칭하고 있는 것이 눈길을 끈다. 이 보고서는 "이화보 등의 관련 진술에 애매한 것이 많으나… 쓰치다의 가해자는 강서군(江西郡)을 습격한 의병대장 김창수 외 4명이고 이화보가 쓰치다의 소유재산과 한전(韓錢) 몇섬을 맡은 일은 전적으로 김 장군의 강제명령에서 나온 것만은 판명되었다"라고 기술했다.[36] 김창수를 의병대장이라고 한 것은 사건 당시의 김창수의 행동과 함께 그가 '의병좌통령'이라는 첩지를 보여 주었다는 이화보의 말에 근거한 것이었을 것이다.

　얼마 뒤에 김창수는 인천감리서(監理署)에서 신문을 받았다. 개항장

---

34) 「京 제37호: 仁川港情況報告」 1895년8월25일, 『駐韓日本公使館記錄(10)』, 1994, p.265, p.514.
35) 『백범일지』, p.106.
36) 「機密 제10호: 仁川港情況追加報告」 1896년7월10일, 『駐韓日本公使館記錄(10)』, p.212, p.468.

의 감리서는 강화도조약 이후로 개항장의 늘어나는 통상업무를 전담하고 개항장 안의 대외관계 사무를 신속히 처리하기 위하여 1883년8월19일에 인천(仁川), 원산(元山), 부산(釜山) 세곳에 설치했던 것인데, 1895년5월의 지방제도 개편에 따라 폐지했다가 이듬해 8월7일에 다시 설치했다.[37] 개항장의 최고책임자인 감리는 행정과 치안은 물론 사법까지 관할하고, 개항장 안에 거류하는 외국인의 인명과 재산의 보호와 함께 외국인과 조선인 사이의 사송[詞訟: 민사소송]을 각국 영사와 상호 심사하는 권한을 가지고 있었다.[38] 감리서와 함께 개항장의 치안 업무를 담당하도록 1896년8월10일에 각 개항장에 경무서(警務署)가 설치되었다. 경무서의 최고책임자는 경무관(警務官)인데, 경무관은 해당 감리의 지휘를 받았다.[39]

갑오개혁으로 각도와 개항장에 근대적 재판소가 설치되기는 했지만 이처럼 행정과 사법이 완전히 분리된 것은 아니었다. 그리하여 각도의 관찰사는 재판소 판사를 겸임했고, 각 개항장의 감리는 개항장재판소 판사를 겸임했다. 이 무렵의 인천감리는 이재정(李在正)이었다. 탁지부협판이던 이재정이 인천부윤(仁川府尹)으로 발령받은 것은 1896년8월6일이었는데, 이튿날 감리서가 설치되자 그는 인천부윤으로서 인천감리를 겸임하게 되었다.[40] 이 무렵 감리들은 외교문제가 얽힌 사건을 다루기를 꺼려했는데,[41] 이재정은 부임한 지 한달도 되지 않아서 치하포사건과 같은 복잡한 사건을 맡게 된 것이었다.

김창수는 세차례 신문을 받았다. 그런데 신문의 내용과 심리과정의 분위기에 대해서 『백범일지』와 신문조서 등 당시의 공식기록 사이에는

---

37) 李鉉宗, 『韓國開港場研究』, 一潮閣, 1975, pp.29~41 참조.
38) 「勅令 제50호: 各開港場監理署 復設官制 및 規則」建陽元年8월7일조, 「各開港場監理가 該地方府尹을 兼任하는 件」建陽元年8월7일조, 宋炳基 外 編著, 『韓末近代法令資料集(Ⅱ)』, 國會圖書館, 1971, pp.141~145.
39) 『日省錄』建陽元年(1897년)7월2일조.
40) 安龍植 編, 『大韓帝國官僚史研究(1) 1896.8~1901.7.』, pp.587~588.
41) 「仁川港情況報告」1896년8월25일, 『駐韓日本公使館記錄(10)』, p.264, p.513.

많은 차이가 있다. 그것은 치하포사건이 '국모보수'라는 대의와 일본인 살해라는 외교적인 미묘한 문제가 겹친 것이었으므로 당시의 상황에서 공식기록들을 사실대로 자세히 적지 못했을 개연성이 없지 않고, 반면에 『백범일지』는 사건이 있은 지 30여년 뒤에 상해의 임시정부 청사에서 회고한 것이므로 과장된 점이 없지 않기 때문일 것이다.

경무관의 이름부터 『백범일지』와 신문조서에는 다르게 기록되어 있다. 김구는 김윤정(金潤晶)이라고 기억했으나 이는 착오이다. 이때의 경무관은 김순근(金順根)이었다. 김윤정은 1897년3월에 학부 유학생으로 미국에 유학하여 1903년에 콜로라도대학교(University of Colorado)를 졸업하고 바로 주미공사관에 채용되어 서기생, 참서관(參書官), 대리공사를 차례로 지냈다. 그가 귀국한 것은 1905년 을사조약으로 주미공사관이 폐쇄된 뒤이며, 귀국한 뒤에 태인(泰仁)군수를 거쳐 인천부윤으로 전임된 것은 1906년11월의 일이다.[42] 그는 한일합병 뒤에는 중추원 참의와 고문 등을 역임하며 친일의 길을 걸었다. 김구는 『백범일지』를 쓸 시점에 김윤정은 친일파로서 경성부의 참여관(參與官)이 되어 있다면서, 인천 경무청에서의 신문과 관련하여 "그 역시 그때는 의협심이 좀 생겼다가 날이 오래되는 대로 마음도 따라 변한 것으로도 볼 수 있다"[43]라고 술회한 것을 보면, 일생 동안 이때의 경무관을 김윤정으로 잘못 기억하고 있었음을 알 수 있다.

경무관의 인품에 대한 설명도 의아스럽다. 『백범일지』에 따르면, 김창수를 신문한 경무관은 의협심이 강하고 인정이 많은 사람으로서 신문하는 동안 김창수에게 여러 가지 감동적인 호의를 베풀었다. 그러나 당시의 기록에 보이는 이때의 경무관 김순근은 전혀 다른 성품의 인물이었다. 김순근은 김창수의 재판이 있기 한달 전인 1896년7월19일에 부부싸

---

42) 『大韓帝國官員履歷書』, 國史編纂委員會, 1972, p.155; 安龍植 編, 『大韓帝國官僚史研究(Ⅲ) 1904.3.~1907.7.』, 1995, p.115.
43) 『백범일지』, p.111.

움을 한 인천부민을 문초하다가 잘못하여 한 사람을 치사시켰다. 이 때문에 인천항 주민 500~600명이 관찰부에 몰려가서 거세게 항의했고, 관찰사는 일본영사관에 신변보호를 요청하여 일본영사관 경찰이 동원되는 소동이 벌어지기까지 했다.[44] 또한 "김순근은 자신의 직무를 돌보지 않고 청루주가(靑樓酒家)에 다니면서 술과 요리나 먹고, 경무서에 재판소를 설치하였는지 백성들을 유무죄 간에 매를 때린다"라고 호소하는 인천항 주민들의 탄원 편지가 《독립신문》에 실리기도 했다.[45]

1차 신문은 1896년8월31일 오후 1시에 경무청 마당에서 열렸다.[46] 김창수는 장티푸스를 심하게 앓고 있어서 간수의 등에 업혀 경무청으로 나갔다. 김구는 이 첫 신문 때의 상황을 아주 자세히 적어 놓았다.

김창수는 경무청에 나가면서 비장한 결심을 했다. 그것은 '내가 해주에서 정강이뼈가 드러나는 악형을 당하고 죽게 되었으면서도 사실을 부인한 것은 내부에까지 가서 대관들을 대하여 말하려 한 것이었다. 그러나 불행히 병으로 죽게 되었으므로 부득불 여기에서라도 왜놈 죽인 취지를 말하고 죽으리라'라는 것이었다.

경무청 안에는 죄인을 고문하는 형구를 삼엄하게 설비해 놓고 있었다. 간수가 김창수를 업어다가 문 밖에 앉히자 경무관이 물었다.

"어찌하여 저 죄수의 형용이 저렇게 되었느냐?"

열병으로 그렇게 되었다고 간수가 보고하자 경무관은 김창수에게 물었다.

"네가 정신이 있어서 족히 묻는 말에 대답할 수 있겠느냐?"

"정신은 있으나 성대가 말라붙어서 말이 나오지 않으니 물을 한잔 주시면 마시고 말을 하겠소."

44) 「仁川警官의 過失致死로 因한 港民騷擾鎭壓日警派援通報」 1896년7월19일조 및 후속 왕복 문서, 『舊韓國外交文書(三) 日案(3)』, pp.466~468.
45) 《독립신문》 1896년9월5일자, 「잡보」.
46) 「仁川港監理 李在正이 外部大臣 李完用께」 1896년9월12일, 『白凡金九全集(3)』, p.271.

경무관은 청지기더러 바로 물을 가져다 주게 했다.

경무관은 김창수의 이름과 나이와 주소를 묻고 나서 사실심리를 시작했다.

"네가 안악 치하포에서 모월 모일에 일본인을 살해한 일이 있느냐?"

"본인이 그날 그곳에서 국모의 원수를 갚기 위해 왜구 한명을 때려죽인 사실이 있소."

김창수의 이 말에 경무청 안이 갑자기 조용해졌다. 김창수 옆으로 의자에 앉아서 신문을 지켜보던 와타나베 순사가 의아해하며 옆 사람에게 갑자기 조용해지는 이유를 묻는 것 같았다. 그것을 보자 김창수는 온 힘을 다하여 "이놈!" 하고 호령했다.

"지금 소위 만국공법이니 국제공법이니 하는 조규 가운데 국가와 국가가 통상통화조약(通商通和條約)을 체결한 뒤에 그 나라 임금을 살해하라는 조문이 있느냐. 개 같은 왜놈아. 너희는 어찌하여 우리 국모를 살해하였느냐. 내가 죽으면 귀신이 되어, 살면 몸으로 너희 임금을 죽이고 왜놈을 씨도 없이 다 죽여서 우리 국가의 치욕을 씻으리라!"

그러자 와타나베는 "칙쇼, 칙쇼" 하면서 대청 뒤쪽으로 사라졌다. 칙쇼(畜生)라는 일본말은 '제기랄' 또는 '개자식'이라는 뜻의 욕이다. 이때의 김창수의 이러한 호통은, 이마에 손톱으로 '충'자를 새기고 자결하려고 했던 행동과 함께, 주목할 만한 가치가 있다. 그것은 그만큼 그가 유교적 근왕사상(勤王思想)이 투철했고, 따라서 군왕(君王)의 권위가 갖는 정치적 비중을 크게 생각하고 있었음을 말해 준다. 그리고 김창수의 이러한 사상은 개화파가 된 뒤에도 크게 달라지지 않았다. 뒷날 이봉창(李奉昌)이나 윤봉길(尹奉吉)의 의거가 다 일본 천황과 관련된 것이었던 사실도 결코 우연한 일이 아니다.

이날의 신문에 배석한 와타나베는 치하포사건이 발생하자 가해자 수사와 일본 행상인 사정을 알아보기 위해 평양으로 급파되었던 인천 일본영사관 소속의 와타나베 타카지로 순사였다.

정내의 공기가 긴장되자 관원 하나가 경무관에게 와서 말했다.

"사건이 너무도 중대하니 감리 영감께 말씀드려 직접 신문하시도록 해야겠습니다."

몇분 뒤에 감리 이재정이 들어왔다. 경무관은 그때까지 신문한 것을 감리에게 보고했다.

김창수는 이재정을 보고 힐문했다.

"본인은 시골의 일개 천민이지만 신민된 의리로 국가가 수치를 당하고 백일청천 아래 내 그림자가 부끄러워서 왜구 한명을 죽였소. 그러나 내가 아직 우리 사람으로 왜황(倭皇)을 죽여 복수했단 말을 듣지 못하였거늘 지금 당신들은 몽백[蒙白: 국상을 당하여 흰 갓을 쓰고 소복을 입는 것]을 하였으니, 춘추대의(春秋大義)에 군부(君父)의 원수를 갚지 못하면 몽백을 아니한다는 구절도 읽어 보지 못하고 한갓 부귀와 국록을 도적질하는 더러운 마음으로 임금을 섬기시오?"

김창수의 추상같은 호령에 이재정과 경무관 김순근을 비롯하여 참석한 관리들 수십명의 얼굴이 홍당무가 되었다. 이재정이 마치 하소연하듯이 말했다.

"창수의 지금 하는 말을 들은즉, 그 충의와 용기를 흠모하는 반면에 내 당황스럽고 부끄러운 마음도 비할 데 없소이다. 그러나 상부의 명령대로 신문하여 위에 보고하려는 것뿐이니 사실이나 상세히 공술하여 주시오."

김순근은 창수의 병세가 아직 위중한 것을 보고 감리와 귓속말을 하고는 신문을 중지하고 그를 옥으로 데려가게 했다.[47]

그러나 당시의 신문조서에는 이때의 상황이 전혀 다르게 기록되어 있다. 김순근이 주관한 1차 신문의 기록은 간단했다.

"너의 한 일은 이미 공범인 이화보가 명확하게 진술했으니 감추지 말

---

47) 『백범일지』, pp.107~109.

고 모든 것을 이실직고하라."

김순근의 이러한 신문에 김창수는 다음과 같이 대답했다는 것이다.

"저는 본년 정월24일에 용강에서 고향인 안악으로 가다가 중도에서 평양에 사는 정일명(鄭一明)과 함경도 정평(定平)에 사는 김장손(金長孫)과 김치형(金致亨)을 만나 같은 배로 치하포까지 갔습니다. 이화보의 주막에서 저녁을 먹고 잠을 잤으며, 새벽 일찍 아침밥을 먹고 길을 떠나려고 했습니다. 주막집 법도가 노소(老少)를 분별하여 차례로 상을 내어오는 법인데, 유숙객 중에 머리를 깎고 칼을 차고 있는 수상한 자가 앉아서 먼저 밥을 달라고 한즉 주인이 먼저 밥상을 내었습니다. 심기가 분연하여 유심히 그자의 행색을 살펴보았더니 과연 일본인이기에 불구대천의 원수란 생각이 들자 심장이 끓어올랐습니다. 곧바로 마당으로 내려가 일본인이 밥값을 계산하는 틈을 타서 발로 차 넘어뜨린 다음 손으로 때려죽이고 시체는 강물에 던져 버렸습니다. 동행한 세 사람에게 돈을 가져오게 하여, 주막집 주인에게 800냥을 맡기고 그 나머지 돈은 동행인 세 사람이 노자를 청하기에 나누어 주어서 보냈습니다. 그리고 저는 일본인의 칼을 빼앗고 당나귀 한필을 75냥을 주고 사서 혼자서 재령으로 갔습니다. 5월에 집에 돌아와 있다가 해주 순포에게 체포되어 이곳까지 왔습니다."[48]

이러한 신문조서의 내용은 사건의 의미를 축소해서 기록한 것일 개연성이 없지 않다. 한편 『백범일지』에는 치하포에 혼자 갔고 쓰치다를 살해한 것도 혼자였다고 했으나, 신문조서에 따르면 이처럼 동료 세 사람과 함께 갔다. 이는 쓰치다의 동행인과 마을사람들의 증언을 토대로 작성한 히라하라의 보고서나 이화보의 공초와도 일치한다.[49] 궁금한 것은 그 동행인들이 누구였는가 하는 점이다. 김창수는 이들이 여행 중에 우연히 만

---

48) 「海州居 金昌洙 年二十一 初招」 1896년8월31일, 『白凡金九全集(3)』, pp.250~252.
49) 「公文 제20호: 日本人 土田讓亮의 被殺事件과 犯人逮捕要求件」 1896년3월31일, 『駐韓日本公使館記錄(9)』, pp.4~5, p.272; 「安岳郡鴟河浦店主李化甫 年四十八 初招」 1896년8월31일, 『白凡金九全集(3)』, pp.253~255.

난 사람들이라고 진술했다. 한편 해주부관찰사 서리 김효익이 4월19일에 외부대신에게 올린 보고에는 이때의 동행인이 장연 산포수 봉기를 같이 모의했던 김형진(金亨鎭)과 최창조(崔昌祚)였다고 기술되어 있다.[50] 한편 김형진의『노정약기』에는 치하포사건에 대한 서술은 전혀 없다.

2

경무청의 신문 장면 이야기는 이내 감옥 바깥에까지 알려졌다. 김창수는 간수의 등에 업혀 경무청에서 나오다가 어머니가 서 있는 것을 보았다. 간수가 곽씨 부인을 보고 말했다.

"안심하시오. 어쩌면 이렇게 호랑이 같은 아들을 두셨소."

감옥으로 돌아온 김창수는 옥중에서도 한바탕 큰 소동을 일으켰다. 왜냐하면 여전히 자신을 도적죄수방에 가두고 차꼬를 채웠기 때문이다. 김창수는 소리를 벽력같이 지르며 관리들을 호통쳤다.

"지금까지는 내가 아무 의사를 드러내지 않았으므로 나에 대한 대우를 강도로 하나 무엇으로 하나 잠잠히 입을 다물고 있었다. 하나 오늘은 정당하게 내 뜻을 발표하였거든 아직도 나를 이다지 홀대하느냐. 땅에 금을 그어 놓고 그것이 감옥이라 하여도 그 금을 넘을 내가 아니다. 내가 당초에 도망하여 살고자 하는 생각이 있었다면 왜놈을 죽인 그 자리에 내 주소와 성명을 갖추어 포고하고 또 내 집에 와서 석달여나 잡으러 오기를 기다리고 있었겠느냐. 너희 관리놈들이 왜놈을 기쁘게 하기 위해 내게 이런 홀대를 하느냐!"

김창수가 얼마나 크게 요동을 쳤던지 같은 차꼬에 발목이 채워져 있던 죄수들이 일제히 발목이 다 부러졌다고 고함을 치고 야단법석을 떨었다. 소동을 듣고 온 김순근은 애꿎은 간수를 책망하면서 김창수를 다른

---

50)「報告 제2호: 海州府觀察使署理 參書官 李孝益이 外部大臣께」1896년4월19일,『白凡金九全集(3)』, p.203.

방으로 옮기고 차꼬도 풀게 했다.

이 소동이 있고 나서야 김창수에 대한 대우가 달라졌다. 김구는 "이때부터 나는 옥중왕(獄中王)이 되었다"라고 써 놓았다.[51] 얼마 뒤에 아들을 면회 온 곽씨 부인은 비록 초췌한 얼굴이었으나 희색이 돌았다. 곽씨 부인은 감리서 문 밖에 있는 개성 출신의 물상객주 박영문(朴永文)의 집에 매일 세끼 아들에게 사식을 들여 주는 조건으로 식모로 들어가서 일을 했다.

"아까 네가 신문을 받고 나온 뒤에 경무관이 돈 150냥을 보내어 네 보약을 먹이라고 하더라. 오늘부터는 주인 내외는 물론이고 사랑 손님들도 나를 매우 존경하며 대하고, 또 옥중에 있는 아드님이 무슨 음식을 자시고자 하거든 말만 하면 다 해주마고 한다."

그러면서 또 곽씨 부인은 아들이 기겁할 이야기를 했다.

"일전에 어떤 뚜쟁이 할미가 와서, 당신이 아들을 위하여 이곳에서 고용살이하는 것보다는 내가 중매를 서서 돈 많고 권력도 많은 남편을 얻어 줄 터이니 그리 가서 옥에 밥도 마음대로 해서 가져가고 일도 주선하여 속히 나오도록 하여 주는 것이 어떠냐 하기로, 나는 남편이 있고 며칠 안에 이곳에 온다고 말한 일도 있다."

이 말을 듣자 김창수는 천지가 아득했다. 그는 어머니를 보고 말했다.

"그것이 다 이놈의 죄올시다."[52]

이튿날부터 김창수를 보려고 면회를 신청하는 사람들이 하나둘 생기기 시작했다. 이화보의 과장된 선전으로 김창수에 대한 소문은 감옥 안팎에서 더욱 큰 화제가 되었다. 인천항의 유력자들과 노동자들까지도 아는 관리에게 김창수를 신문할 때에 알려 달라는 부탁을 하기도 했다.

닷새 뒤인 9월5일에 2차 신문이 열렸다. 2차 신문도 경무관 김순근이

---

51) 『백범일지』, p.110.
52) 『백범일지』, pp.109~110.

주재했다. 김창수는 이날도 간수의 등에 업혀 감옥문을 나섰는데, 경무청으로 가는 길에는 김창수를 보려고 나온 사람들로 가득했다. 경무청 안에는 각 관청의 관리와 인천항의 유력자들이 다 모인 것 같고, 담장 꼭대기와 지붕 위에까지 경무청 뜰이 보이는 곳은 어디나 사람들이 올라가 있었다.[53]

그런데 2차 신문 내용에 대해서『백범일지』는 "나는 전에 다 말했으므로 다시 할 말이 없다" 하고 말을 끝냈다고 했으나, 신문조서에 따르면 2차 신문에서는 동행인의 범행가담 여부, 범행에 사용한 흉기, 쓰치다를 살해한 뒤에 빼앗은 금전의 액수와 사용처 등을 집중적으로 추궁받았다.

경무관은 김창수더러 배 안에 돈과 재물이 있는 것을 미리 알고 쓰치다를 살해한 것이 아니냐고 추궁했고, 김창수는 쓰치다를 살해한 뒤에야 배 안에 돈이 있는 것을 알았다고 진술했다. 국모보수라는 동기에 대해서는 언급이 없는데, 이는 1차 신문에서 이미 밝혔으므로 재론하지 않았을 수 있다.

쓰치다에게서 빼앗은 금전의 액수에 대하여 김창수는 1차 신문 때에는 800냥이라고 했던 것을 2차 신문 때에는 엽전 100냥가량이었다고 진술했다. 이 점을 김순근이 추궁하자 김창수는 처음 신문에서는 졸지에 잘못 진술했으며, 800냥을 이화보에게 맡긴 일이 없다고 했다. 그러나 1차와 3차 신문, 이화보의 신문, 그리고『백범일지』에서는 한결같이 쓰치다에게서 빼앗아 이화보에게 맡긴 금전의 액수가 800냥이었다고 했다.

더욱 중요한 것은 금전의 처분문제였다.『백범일지』와 그 밖의 공식기록에는 모두 김창수가 쓰치다에게서 빼앗은 금전을 자신이 가지지 않고, 동행인들에게 노자로 조금씩 나누어 준 것과 자신이 타고 갈 당나귀 한 필을 산 것 말고는 나머지 800냥 전부를 어음을 받고 주막 주인에게 맡겼다고 했다. 특히『백범일지』에서는 맡긴 800냥을 이화보로 하여금 불

53)『백범일지』, pp.111~112.

쌍한 마을사람들에게 나누어 주게 했다고 썼다.[54] 김창수가 이화보에게 맡긴 800냥은 사건 직후 현장을 조사한 일본순사들이 가져가서 인천 일본영사관으로 옮겼다.[55]

또한 2차 신문에서 경무관은 김창수의 '좌통령'이라는 첩지의 출처도 추궁했고, 김창수는 그것이 서경장으로부터 받은 것임을 강조했다.

2차 신문이 있고 나서는 김창수를 면회 오는 사람이 더욱 많아졌다. 면회 오는 사람들을 대개 이런 말들을 했다.

"나는 인천항에 거주하는 아무개올시다. 당신의 의기를 사모하여 신문장에서 얼굴을 뵈었소이다. 설마 오래 고생하시려구요. 안심하고 지내십시오. 출옥 후에 한자리에서 반가히 뵈옵시다."

면회 오는 사람들은 음식을 한상씩 준비하여 들여보내 주었다. 김창수는 그들의 정성에 대한 감사의 표시로 보는 데서 몇점씩 먹고는 죄수들에게 차례로 나누어 주었다. 그때의 감옥제도는 음식물을 규칙적으로 끼니마다 나누어 주는 것이 아니라 죄수들이 짚신을 삼아서 간수가 인솔하고 길거리에 나가서 팔아다가 죽이나 쑤어 먹는 형편이었다. 면회 오는 사람들이 들여 주는 음식은 정성스럽게 준비한 것이었으므로 죄수들은 말할 나위도 없고 김창수도 처음 먹어 보는 음식이 많았다. 그는 음식이 들어올 때마다 앉은 차례대로 죄수들에게 나누어 주었다.[56]

3차 신문은 다시 닷새 뒤인 9월10일에 1, 2차 신문 때와는 달리 감리서에서 열렸다. 이날은 감리 이재정이 인천항재판소 판사 자격으로 직접 신문했다. 김구는 3차 신문 때에는 일본인이 보이지 않았다고 했으나,[57] 신문조서와 이재정이 외부에 올린 보고서에는 인천 일본영사관의 경부 가

---

54) 『백범일지』, p.98.
55) 「公文 제20호: 日本人 土田讓亮의 被殺事件과 犯人逮捕要求件」 1896년3월31일, 『駐韓日本公使館記錄(9)』, pp.4~5, p.272.
56) 『백범일지』, p.112.
57) 위와 같음.

미야 기요시(神谷淸)가 회동심리(會同審理)했다고 기록되어 있다.[58] 이재정은 일본영사관의 경찰관들이 지켜보는 가운데 차분하게 신문했다.

김창수는 쓰치다를 죽인 동기가 "국모보수"라는 것을 거듭 주장했다. 뒷날 김구는 이때에 이재정이 "매우 친절하게 말을 묻고, 나중에 신문조서 꾸민 것을 보여 주면서 고칠 것은 고치게 하고 서명시켰다"라고 회고했다.[59]

김창수는 1, 2차 신문에서는 쓰치다를 혼자서 살해했다고 했으나, 3차 신문에서는 동행한 세 사람과 주막에 묵고 있던 사람들이 모두 협력했다고 진술했다. 감리 이재정은 그 말이 1, 2차 신문 때의 진술내용과 일치하지 않음을 지적하면서 사실 여부를 다그쳐 물었다. 이화보는 2차 신문에서 동행한 세 사람이 김창수와 함께 범행에 가담했다고 진술했다. 그러나 그는 또 같은 신문에서 당시의 상황에 대해 "지척을 분간하기 어려운 칠흑같이 어두운 밤이라 흉기를 판별할 수 없었습니다"라고 진술하기도 했다.[60] 그러나 "제가 먼저 시작하자 여러 사람들이 힘을 합쳐 끝을 냈습니다"라고 한 김창수의 3차 진술과 1, 2차 진술, 『백범일지』의 서술내용으로 볼 때에 동행한 세 사람과 주변사람들은 쓰치다 살해과정에 직접 참여하지는 않았고, 김창수가 쓰치다를 살해한 다음에 마무리하는 일을 거들었던 것으로 판단된다. 한편 사건 직후에 현장을 조사한 히라하라 경부의 보고를 토대로 인천 일본영사관의 사무대리 하기와라가 본국정부에 보고하기로는 한국인 4~5명이 쇠막대기로 쓰치다를 살해했다고 했다.[61]

이렇게 하여 신문은 모두 끝났다. 며칠 뒤에 일본인들이 김창수의 사진을 찍겠다고 해서 김창수는 경무청으로 또 업혀 나갔다. 그날도 경무청 안팎으로 구경꾼들이 인산인해를 이루었다. 경무관이 슬쩍 김창수의

---

58) 「金昌洙 三招」 1896년9월10일 및 「仁川港監理 李在正이 外部大臣 李完用께」 1896년9월12일, 『白凡金九全集(3)』, pp.264~267, p.271.

59) 『백범일지』, p.112.

60) 「李化甫 再招」 1896년9월5일, 『白凡金九全集(3)』, pp.262~263.

61) 「仁川萩原事務代理 發信 原外務次官宛公信要旨」 1896년4월6일, 위의 책, p.200.

귀에 들리게 말했다.

"오늘 지 사람들이 청수의 사진을 박으러 왔으니까 주먹을 쥐고 눈을 부릅뜨고 찍으시오."

그러면서 감리청은 청사 안에서 김창수를 촬영하는 것은 허락하지 않았다. 결국 길에서 사진을 찍게 되었는데, 일본인들은 죄인의 표시로 김창수에게 수갑을 채우든지 포승으로 결박을 해달라고 요구했다. 그러나 김순근은 "이 사람은 계하죄인[啓下罪人: 임금의 재가를 받아 담당 관아에 내려진 죄인]이므로 대군주 폐하의 분부가 없는 이상 그의 몸에 형구를 댈 수 없소" 하고 거절했다. 그러나 일본인은 쉽사리 단념하지 않았다.

"정부에서 형법을 만들어 사용하면 그것이 곧 대군주의 명령이 아니오?"

경무관은 갑오개혁 이후에 형구는 모두 폐지했다고 대답했다. 일본인은 다시 말했다.

"귀국의 감옥 죄수들이 쇠사슬을 찬 것과 칼을 쓴 것을 내가 보았소."

경무관은 화가 나서 일본인을 꾸짖었다.

"죄수의 사진에 대해 조약에 정한 의무는 없소. 단지 상호간에 참고자료로 삼으려는 것에 불과한 작은 일로 이같이 내정간섭을 하는 것은 받아들일 수 없소."

구경꾼들은 경무관이 명관이라고 웅성거렸다.

옥신각신한 끝에 길에서 김창수가 앉은 옆에 포승을 놓아두고 사진을 찍게 되었다. 이때에 김창수는 웬만큼 기운이 돌아와 있었다. 그는 큰 소리로 일본인들을 꾸짖고 나서 몰려든 사람들을 향해서 소리쳤다.

"이제 왜놈이 국모를 시해했으니 온 백성들의 대치욕일 뿐만 아니라 왜놈의 독해는 궐내에만 그치지 않고 당신들의 아들과 딸이 필경은 왜놈의 손에 다 죽을 터이니, 나를 본받아서 왜놈을 보는 대로, 만나는 대로 다 죽입시다!"

그러자 와타나베 순사가 직접 창수에게 물었다.

"네가 그러한 충의가 있을진대 어찌 벼슬을 못 하였느냐?"

"나는 벼슬을 못 하는 상놈이기 때문에 작은 놈밖에 죽이지 못했거니와 벼슬하는 양반들은 너희 임금의 목을 베어 원수를 갚을 것이다."

그러자 김순근이 일본인은 죄수에게 직접 신문할 권한이 없다면서 와타나베를 제지했다.[62]

이재정은 3차 신문을 끝내자 바로 9월12일과 13일에 외부대신과 법부대신에게 치하포사건의 경과와 조속한 사건처리를 요망하는 보고서를 올렸다.[63] 이재정의 보고내용은 9월22일자 《독립신문》에 다음과 같이 간략하게 보도되었다.

> 인천감리 이재정씨가 법부에 보고하였는데, 해주 김창수가 안악군 치하포에서 일본 장사 토전양량을 때려 죽여 강물 속에 던지고 환도와 은전을 많이 뺏었기로 잡아서 공초를 받아 올리니 조율처판(照律處辦)하여 달라고 하였더라.[64]

정부는 공식 판결을 빨리 내리지 않았다. 그리하여 김창수는 미결수로서 기약 없는 감옥생활을 시작했다.

---

62) 『백범일지』, pp.112~114.
63) 「仁川港 監理 李在正이 外部大臣 李完用께」 1896년9월12일, 「仁川港裁判所判事 李在正이 法部大臣 韓圭卨께」 1896년9월13일, 『白凡金九全集(3)』, pp.270~272, pp.273~275.
64) 《독립신문》 1896년9월22일자, 「잡보」.

4. 쓰치다는 누구인가?

1

김구가 변복한 일본인을 보자마자 대뜸 민비를 시해한 일본공사 미우라이거나 그 공범일 것이라고 생각했다는 것은 그만큼 그의 순진성과 동시에 국모시해에 대한 조건반사적 반일감정을 보여 주는 것이었다. 중요한 것은 쓰치다의 소지품을 조사해 보니까 그가 일본군 육군 중위였다고 한 대목이다. 그러나 쓰치다가 일본군 육군 중위였음을 증명하는 소지품이 어떤 것이었는지는 『백범일지』에도 언급이 없다. 해주부에서나 인천감리서에서의 세차례에 걸친 신문에서도 쓰치다의 신분과 관련된 이야기는 없었다.

이 무렵에 조선에 파견된 일본군 중위는, 동학농민군의 해주성 공략 때의 경우에서 보았듯이, 상당한 지휘권을 가진 장교였다. 그러한 신분의 일본군 중위가 변복하고 혼자서 벽지를 여행했을 개연성은 희박하다. 다만 이 무렵 지방 정황을 탐색하기 위하여 하사관급의 군인들이나 밀정들이 상인이나 승려 등의 행색으로 벽지를 여행하는 경우는 없지 않았다. 그러나 그러한 경우라면 그렇게 많은 돈을 가지고 다니지는 않았을 것이다.

사건이 발생하고 나서 가장 먼저 현장에 도착하여 쓰치다의 소지품을 챙긴 일본경찰은 쓰치다가 나가사키(長崎)현 쓰시마(對馬島)의 이즈하라(嚴原)항 사람으로서 조선에 장사하러 온 상인이라고 보고했다. 이 보고에 따르면, 쓰치다는 이즈하라항의 무역상 오쿠보 키이치(大久保機一)의 고용인으로서, 1895년10월에 진남포에 도착하여 11월4일에 장사하러 황주로 갔고,[65] 사건 당시에 그는 황주 십이포(十二浦)에서 조응

---

65) 「仁川萩原事務代理 發信 原外務次官宛公信要旨」 1896년4월6일, 『白凡金九全集(3)』, pp.200~201.

두(趙應斗)의 배를 세내어 통역을 대동하고 인천으로 돌아가던 참이었다.[66]

개항 직후부터 조선에 침투한 일본상인들은 개항장 밖의 지역에도 상설 점포를 설치하는 등 조약을 위반하고 내륙 깊숙이 침투하여 상행위를 함으로써 조선인들로부터 비난의 대상이 되었다. 특히 청일전쟁 이후로는 청국상인 대신에 일본상인의 진출이 급증했다. 통계에 따르면, 1893년 현재 서울을 제외한 개항장에서 활동하던 일본상인은 8,048명이었는데, 1899년에는 1만3,473명으로 증가했다.[67] 이 때문에 조선상인들은 많은 피해를 입었고, 여러 곳에서 조선상인과 일본상인이 충돌하는 일이 빈번했다.[68] 특히 을미사변과 단발령으로 반일감정이 전국적으로 고조되면서 이들 일본상인이 조선인의 일차 공격목표가 되어 피살자가 생겨났다. 일본인이 피해가 잇따르자 일본의 요구로 고종은 일본인 피살에 대한 경참(驚慘)의 칙어를 내렸고, 외부에서도 3월28일에 군부에 조회를 보내어 각지역의 군인들로 하여금 일본인의 보호와 비적(匪賊)에 대한 경계를 강화하도록 했다.[69]

한편 일본정부는 조선 내륙지방에서 장사하는 일본상인의 안전을 위하여 1896년2월22일자로 훈시를 내려 내륙지방에 들어가 있는 일본인의 철수를 명령했다. 이 철수령에 따라서 많은 일본상인이 인천으로 철수했다. 일본상인들은 신변의 위험을 느껴 변복하고 조선사람으로 위장하기도 했는데,[70] 쓰치다도 이때에 변복하고 인천으로 철수하던 길이었을 것으로 생각된다.

---

66) 「報告 第2호: 海州府觀察使署理 參書官 金孝益이 外部大臣께」 1896년4월19일, 위의 책, p.202.

67) 《독립신문》 1899년10월30일자, 「잡보: 한국체류 일인」

68) 愼鏞廈, 『獨立協會硏究』, 一潮閣, 1976, pp.529~550 참조.

69) 「義兵들의 日人傷害에 대한 勅語待下通報」 1896년2월11일, 『舊韓國外交文書(三) 日案(3)』, p.400; 「照會 第11호: 外部協辦 高永喜가 軍部協辦 白性基에게」 1896년3월28일, 『軍部去來案(제2책)』, 도진순, 「1895~96년 金九의 聯中義兵活動과 치하포사건」, 《韓國史論》 38, p.152에서 재인용.

70) 「公 제33호: 吉州地方의 賊徒狀況報告」 1896년4월4일, 『駐韓日本公使館記錄(8)』, 1993, p.260, p.541.

일본공사관은 3월24일에 그때까지의 피살자 18명의 신분과 피해상황을 자세히 조사하여 조선정부에 일본인 살해자의 조속한 체포와 처벌을 요구하는 공한을 보냈다.[71] 그리고 5월30일에는 늘어난 피해자의 명단과 함께 조선정부에 피해배상을 요구할 것을 본국정부에 건의했다.[72] 이 보고서에는 피해 일본인이 62명(피살자 43명, 부상자 19명)으로 집계되어 있다. 피살자 43명을 직업별로 구분하면 어민 19명, 전신공부(電信工夫) 9명, 상인 7명, 군속 3명, 육군측량수 2명, 역부(役夫) 1명, 촉탁 1명, 의사 1명이었다. 어민의 수가 많은 것은 불법어로를 하다가 울진에서 조난당한 어부 15명과 강원도 고성군에 정박한 어부 3명이 의병들에게 집단으로 살해되었기 때문이다.[73]

이 보고서에는 쓰치다가 "매약상(賣藥商)"으로 기재되어 있다.[74] 피해 일본인 가운데 매약상은 세 사람이었는데, 이 무렵 황해도는 일본인 매약 행상이 많은 곳이었다.[75] 일본약품은 개항 직후의 수입품목에서 큰 비중을 차지하지는 않았으나, 조선내륙에서 행상하는 일본상인 가운데는 품질이 떨어지는 약을 함부로 속여 팔아서 신용을 잃게 되므로 단속해야 한다는 그들 자체의 논의가 있을 정도였다.[76]

눈여겨봄직한 것은 그렇게 빈번했던 테러 가운데 일본인 이외의 외국인 피해는 한건도 없었다는 사실이다. 가령 강릉 의병 민용호(閔龍鎬)가 일본인을 습격한다는 것을 다른 외국 공사들에게 알리면서 일본인 이외

71) 「公文 제19호: 日本人殺傷者의 逮捕嚴罰要求件」 1896년3월24일, 『駐韓日本公使館記錄(9)』, pp.1~3, pp. 269~270.
72) 「機密 제41호: 我國人民被害에 관한 件」 1896년5월30일, 위의 책, pp.18~22, pp.283~ 286.
73) 「公文 제21호: 蔚珍地方에서의 日本人 15명 被殺事件에 대한 眞相糾明과 加害者嚴罰要求」 1896년4월4일, 「公文 제23호: 高城地方에서의 日本人殺害事件에 대한 眞相糾明과 加害者嚴罰要求」 1896년4월9일, 같은 책, pp.6~7, pp.273~274.
74) 「機密 제41호: 我國人民被害에 관한 件」 1896년5월30일, 같은 책, p.21, p.285.
75) 「公信 제36호: 平壤開城地方 情況視察報告件」 1896년9월16일, 『駐韓日本公使館記錄(8)』, p.304, p.577.
76) 「公信 제36호: 平壤開城地方 情況視察報告件」 1896년9월11일, 위의 책, p.307, p.580; 「京 제38호: 仁川領事館 所屬 巡査의 出張報告書」 1896년9월1일, 『駐韓日本公使館記錄(10)』, pp.271~272, p.519.

의 외국인에 대해서는 다른 뜻이 없음을 표명한 것은 그러한 상황을 짐
작하게 한다.[77]

2

오지에서 철수하여 인천항에 집결한 일본상인들은 5월에 이르러 상
권을 되찾는다는 명분 아래 계림장업단(鷄林獎業團)을 조직했다.[78] 치
하포사건이 있은 지 두달 뒤의 일이다. 쓰치다가 이 계림장업단과 관련
이 있었는지 생각해 볼 수 있다. 비록 계림장업단이 일본관리들의 적극적
인 비호 아래 결성되기는 했지만, 일본정부의 철수령이 내리기 이전에 그
것을 준비한 것 같지는 않다. 설령 그러한 준비가 일부에서 추진되었다고
하더라도 오지에 가 있는 매약상인 쓰치다가 장업단 결성 준비에 관여했
을 개연성은 거의 없다.

조선인으로부터 피해를 입은 일본인에 대한 배상문제는 사건발생 직
후부터 중요한 외교문제가 되었다. 이러한 일본의 요구가 알려지자 독립
협회는 만민공동회를 통하여 일본인 피해자 배상금 요구를 강력히 규탄
했다.

그 뒤로도 일본은 한국정부에 대해 자국인 피해자들에 대한 배상을
지속적으로 요구했으나 한국정부는 명확한 답변을 하지 않았다. 그러다
가 사건이 발생한 지 9년이 지난 1905년2월에 이르러 한국정부는 배상금
을 지불하고야 말았다. 이때는 한국이 이미 일본의 '보호국(保護國)'으로
전락하고 있던 때였다. 이때에 한국정부는 배상금 액수를 감해 줄 것을
요청하여 청구액에서 4분의 1을 감한 18만3,750원(圓)을 황실금고에서

---

77) 「機密 제7호: 露國人과 日本人에 대한 暴徒의 態度」 1896년4월29일, 『駐韓日本公使館記錄(8)』,
p.268, p.547.
78) 韓哲昊, 「鷄林獎業團(1896~1898)의 조직과 활동」, 《史學研究》 第55~56 合集, 韓國史學會,
1998, pp.629~650 참조.

지불했다.[79]

외교교섭이 타결되자 1905년3월에 일본인 피해자들은 개별적으로 보상을 받았다. 이때에 피해보상 대상자는 피해자의 직계가족인 정상상속인(正常相續人)과 공정위임장(公定委任狀)을 가진 사람으로 제한했는데, 쓰치다의 유가족은 정상상속인으로서 다른 피해자들과 같이 3,778원59전의 배상금을 지급받았다.[80]

쓰치다에 대한 배상 내용을 기록한 일본 「외무성 고시 제1호」 내용.

치하포사건은 당시에 빈번했던 일본인에 대한 테러와 다른 중요한 특징이 있다. 우선 김창수가 쓰치다를 살해한 뒤에 그가 소지한 거액의 금전을 확인하고도 거의 손을 대지 않았다는 점이다. 그뿐만 아니라 김창수는 그 금전을 이화보에게 맡기면서 동네의 불쌍한 사람들에게 나누어주라고 지시했다. 또한 김창수는 국모의 원수를 갚기 위해서라는 쓰치다 살해 동기와 자신의 주소까지 떳떳이 밝혔다. 이것은 일본인을 살해한 뒤에 금품을 탈취하고 잠적한 다른 사건들의 경우와는 전혀 다른 점이다.

또 한가지 주목되는 것은 김구가 일생 동안 쓰치다를 일본군 장교

79) 「往電 제35호: 損害賠償問題解決件」 1905년1월25일, 「損害賠償金減額裁可에 대해 陳謝 및 本國政府通報件」 1905년1월25일, 「公文 제15호: 賠償問題解決에 대한 謝意轉奏要請件」 1905년2월5일, 「公文 제15호: 賠償金支佛通告」 1905년2월7일, 『駐韓日本公使館記錄(9)』, pp.42~43, pp.46~47, pp.305~306, pp.309~310.

80) 日本外務省外交史料館 소장, 『外務省記錄』, 「外務省告示 제1호」 1905년3월15일. 이 자료에는 쓰치다 조스케(土田讓亮)의 한자이름이 '土田讓助'로 되어 있다.

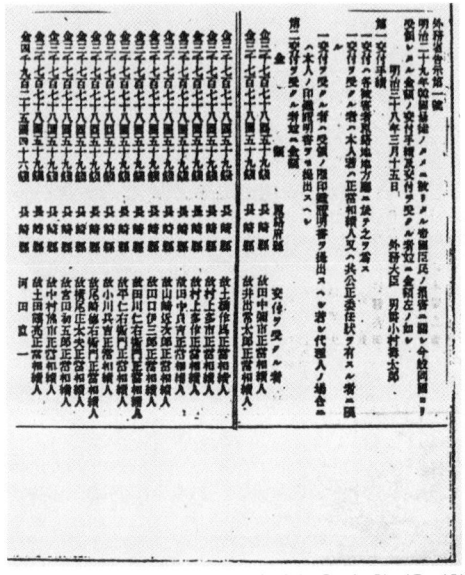

쓰치다의 정상상속인에게 한국정부가 배상금을 지불할 것을 밝힌 「외무성 고시 제호」.

로 믿고 있었다는 사실이다. 김구는 『백범일지』 상권을 1928년 3월에 쓰기 시작하여 이듬해 5월에 탈고했는데, 이때는 쓰치다를 일본군 중위였다고 적었다. 그랬다가 1932년 4월에 윤봉길(尹奉吉)의 홍구공원(虹口公園) 폭파사건이 있고 난 직후에 발표한 「홍구공원작탄사건진상(虹口公園炸彈事件眞相)」이라는 성명에서는 쓰치다를 일본군 대좌(大佐)였다고 적었다.[81]

81) 秋憲樹 編, 『資料 韓國獨立運動(2)』, 延世大學校出版部, 1972, p.56.

8장

일간지 시대를 열다

1. "한국사람만으로 제작되는 첫 신문"

1

이승만은 졸업한 뒤에도 계속해서 배재학당에 나와서 초등반 영어를 가르치는 한편 협성회(協成會) 활동에도 열성을 쏟았다. 그는 토론회에서 자주 연설자나 토론자로 선정되었고, 연설 예정자가 다른 일로 불참할 때에는 연설을 대신하기도 했다. 토론의 주제에 따라 결론이 찬성쪽으로 나든 반대쪽으로 나든 이승만이 참가하는 쪽이 토론을 잘한 것으로 평가되는 경우가 많았다. 가령 "재정(財政)과 군권(軍權)을 남에게 맡기는 것은 곧 나라를 남에게 파는 것으로 결정함"(제42회)이라는 주제의 토론에서 이승만은 반대쪽 연사로 토론했는데, 결론은 가편[可便: 찬성쪽]으로 결정되었으나 토론은 부편[否便: 반대쪽]이 잘한 것으로 판정된 것이 그러한 보기이다.[1] 그것은 이승만의 토론이 그만큼 뛰어났기 때문이었을 것임은 말할 나위도 없다. 이 토론회의 주제는 이 무렵의 외교현안이었던 러시아인 재정고문과 군사교관의 철수문제에 관한 것이었다.

협성회 회원들은 자신들의 토론회가 회를 거듭할수록 사회적 관심이 높아짐에 따라 토론회의 내용과 결과를 회원들은 말할 것도 없고 일반국민과 정부관료들에게도 알릴 필요가 있음을 느꼈다. 그리하여 제29회 토론회는 "우리 중에 일주일간 회보를 발간함이 가함"이라는 주제를 두고 토론한 끝에, 회보를 발간하기로 결정했다. 제33회 토론회는 "신문국을 각처에 배설하여 인민의 이목을 넓힘이 가함"이라는 주제로 신문의 중요성을 더욱 폭넓게 토론했다.

신문의 중요성에 대한 인식은 개화파 지식인 사회에서 보편화하고 있

---

1) 《협성회회보》 1898년4월2일자, 「회중잡보」.

협성회 기관지 《협성회회보》 창간호.

었다. 독립협회도 1897년12월의 토론회에서 "인민이 귀로 듣고 눈으로 보는 것을 열리고 밝게 하려면 본 나라와 다른 나라들의 신문지를 널리 발표하는 것이 제일 긴요함"이라는 주제로 토론했다.[2] 국내 신문뿐만 아니라 외국 신문들도 많이 보급시켜야 한다는 것이었다. 그리하여 1898년1월1일을 기하여 주간신문 《협성회회보》[당시의 표기는 《협성회회보》]가 발간되었다.[3]

《협성회회보》의 발행으로 토론회는 더욱 활기를 띠었다. 토론회의 주제는 2주일 전에 결정하고 1주일 전에《협성회회보》에 게재하여 회원들 모두가 사전에 알도록 하고, 또 토론회가 끝난 다음에는 그 결과를 보도했다. 이렇게 하여 회원수도 급속히 불어났다.《협성회회보》창간호에는 회원 138명의 이름과 준회원 격인 '찬성원' 45명의 이름이 실려 있는데, 이승만의 이름은 일곱번째로 기재되어 있다. 이 수는 1989년8월까지에는 정회원 218명, 찬성원 111명으로 늘어나서 회원수는 모두 329명이 되었다.[4] 찬성원 가운데는 안창호(安昌浩)의 이름도 보인다. 찬성원은 배재학당 재학생이나 졸업생이 아닌 사람으로서 협성회의 취지에 찬동하여 가입하는 사람들을 말하는 것이었다. 이 무렵 안

---

2) 《독립신문》 1897년12월23일자, 「잡보」.
3) 鄭晋錫, 「협성회회보·민일신문 論攷」, 『韓國言論史研究』, 一潮閣, 1995, pp.198~202.
4) 洪性俊, 「開化期 協成會運動에 관한 연구」, 《崇實史學》 제14집, p.7.

창호는 서울의 구세학당[救世學堂: 원두우학교]을 졸업하고 독립협회에도 가입하여 독립협회의 평양지회 결성을 위해 노력하고 있었다.

《협성회회보》의 발행에 대해 아펜젤러(Henry G. Appenzeller, 亞扁薛羅)가 발행하던 영문잡지《코리언 리포지터리(*The Korean Repository*)》는 다음과 같이 보도했다.

> 새해 들어 서울에 또 하나의 새로운 주간신문이 나타났다. 배재학당의 협성회는 200여명의 회원들 사이의 유대를 더욱 강화해야 할 필요성을 느껴 소형의 주간신문을 발행하기로 결정했다. 한국에서 발행되는 모든 신문들이 외국인의 지원과 감독을 받고 있으나, 이 신문은 오로지 한국인의 손에 의해 발행되었다. 이 신문의 이름은《협성회회보》이다. 신문은 모두 4면으로서 규격과 모양은《대한크리스도인회보》와 비슷하다. 1면에는 일반적 사안과 당면문제에 대한 편집자의 논설을 싣고, 2면과 3면에는 국내외 뉴스, 4면에서는 주로 사회의 관심사를 다루었다. 편집진은 아홉 사람으로 구성되어 있는데, 그것은 한국정부의 각부를 연상시킨다.[5]

이 기사에서 언급된 편집진 아홉 사람이 누구였는지는 밝혀져 있지 않다.《협성회회보》에는 이승만과 함께 최병헌(崔炳憲), 신용진(辛龍鎭), 이익진, 오긍선(吳兢善), 홍정후(洪正厚), 김만식이 기명논설을 썼는데, 이들은 다 편집진이었을 것이다. 회보의 총책임자는 물론 협성회 회장이었고, 창간 당시에는 이익채(李益采)가 회장이었다. 회장과 별도로 신문을 전담하는 회보장(會報長)을 두고 양홍묵(梁弘黙)이 회보장을 맡았다.「논설」을 쓴 일곱 사람과 이 두 사람을 합하면 모두 아홉 사람이다.

---

5) "Another Weekly Newspaper", *The Korean Repository*, January 1898, p.34.

이 무렵 정부의 대신이 아홉 사람이었는데,[6] 《협성회회보》편집진이 아홉 사람이라고 해서 《코리언 리포지터리》가 "한국정부의 각부를 연상시킨다"고 한 것은 매우 흥미롭다.

《협성회회보》 창간호의 「논설」은 학생신문답게 먼저 교육의 중요성을 강조하고 나서, 회보 발간의 동기를 다음과 같이 천명했다.

> 우리가 지금 배운 학문이 넉넉해서 전국 동포를 가르치자 하는 것이 아니라, 우리는 오늘날 천은(天恩)을 입어 학교에서 몇해씩 공부하는 고로 혹 깨달아 아는 것이 더러 있는지라. 우리 배운 대로 유익한 말이 있으면 전국 동포에게 같이 알게 하고, 또한 우리의 작은 정성으로 전국 동포를 권하야 서로 친목하고 일심으로 나라를 위하고 집안을 보호하여 가자는 주의라. …[7]

이러한 구절은 협성회 회원들이 얼마나 엘리트 의식과 사명감에 차 있었는지를 보여 준다. 《협성회회보》는 협성회의 기관지이기는 했으나 편집체제와 내용은 완전히 일반종합지였다. 실제로 발간 취지도 일반 국민을 대상으로 한 것이었음은 다음과 같은 「논설」로도 짐작할 수 있다.

> 한번 발간하기에 10여원씩 밑져 가며 이 회보를 발간하는 것은 전국 동포의 이목을 열어 내외국 형편이 어떻게 될 줄을 대강 알게 하고, 우리 2천만 동포가 일심협력하여 우으로 임금과 나라를 받들고 아래로 우리 동포의 집안들을 보호하여 가자고 발론하여 시작한 것이러

---

6) 이때의 대신은 궁내부대신(宮內府大臣), 의정부의정(議政府議政), 내부대신(內部大臣), 외부대신(外部大臣), 탁지부대신(度支部大臣), 법부대신(法部大臣), 학부대신(學部大臣), 군부대신(軍部大臣), 농상공부대신(農商工部大臣)의 9명이었다(『한국민족문화대백과사전(26)』, 「직관변천표」, pp. 114~120).

7) 《협성회회보》 1898년1월1일자(제1호), 「논설」.

니.…[8]

이러한 발간 취지는 《독립신문》의 그것과 비슷한 것이었다. 한글전용을 한 것도 마찬가지였다. 체제도 《독립신문》과 똑같이 1면에는 「논설」, 2면과 3면에는 「내보」와 「외보」를 싣고, 4면에는 협성회 소식인 「회중잡보」를 실었다. 이 「회중잡보」도 협성회의 사회적 비중으로 보아서 일반에게 뉴스 가치가 충분히 있었다.[9] 그리고 《코리언 리포지터리》가 《협성회회보》를 "한국인의 손에 의해서 만들어지는 최초의 신문"이라고 한 것은 《독립신문》의 발행인 서재필(徐載弼)이 미국시민권을 가진 사람이고 한국정부의 지원을 받아서 신문을 발행하고 있는 사실을 빗대어 한 말이었다. 이승만은 뒷날 《협성회회보》를 발행한 일과 관련하여 자서전 초록에서 다음과 같이 술회했다.

나는 몇몇 청년들의 도움을 받으면서 신문을 시작했는데, 《협성회회보》는 한국사람들만으로 제작되는 신문으로서는 우리나라에서 최초의 것이었다. 작은 신문이기는 했으나 나는 그 지면을 통하여 자유와 평등이라는 위험한 사상을 나의 힘을 다하여 역설했다. 아펜젤러씨나 그 밖의 사람들이 내가 급진적 행동을 계속하다가는 목을 잘리게 될 것이라고 여러번 충고해 주었으나, 그 신문은 친러파 정부와 러시아공사관의 위협으로 생겨난 여러 가지 재난과 위험을 겪으면서도 계속 발간되었다.[10]

이처럼 이승만은 《협성회회보》를 완전히 자기가 주동해서 발행한 것

---

8) 《협성회회보》 1898년 2월 19일자(제8호), 「논설」.
9) 鄭晋錫, 『한국언론사』, 나남출판, 1990, p.175; 《협성회회보》 창간 이후의 이승만의 언론활동에 대해서는 정진석, 「언론인 이승만의 말과 글」, 『뭉치면 살고…』, 朝鮮日報社, 1995, pp.24~59 참조.
10) "Autobiography of Dr. Syngman Rhee", p.6; 「청년이승만자서전」, 이정식 지음, 권기붕 옮김, 『초대대통령 이승만의 청년시절』, p.274.

이라고 적었다. 그러나 그가 말한 친러파 정부와 러시아공사관의 위협과 그에 따른 재난이 어떤 것이었는지는 알려진 것이 없다. 그것은 뒤에서 보는 바와 같은,《매일신문》에 대한 러시아공사관의 외교적 압력을 잘못 적은 것 같다.

2

《협성회회보》가 창간될 때에는 서울에서 네가지 신문이 발간되고 있었다. 일본인들이 1895년2월17일부터 발행하던《한성신보(漢城新報)》, 1896년4월7일에 서재필이 창간한《독립신문》, 그리고 기독교 신문으로 1897년2월2일에 아펜젤러가 창간한《조선크리스도인회보(The Christian Advocate)》[당시의 표기는《죠션크리스도인회보》. 12월8일자 제45호부터《대한크리스도인회보》로 개제]와 두달 뒤인 4월1일에 언더우드(Horace G. Underwood, 元杜尤)가 창간한《그리스도신문(The Christian News)》이 그것이었다.《한성신보》는 일본정부의 보조를 받아서 대판 네면 가운데 세면은 한글로, 한면은 일본어로 발행하고 있었는데, 이 신문은 한국의 국체(國體)를 모독하는 글을 싣는가 하면 러시아공사관에 머물던 고종을 비웃는 글[동요]을 실어 한국 정부와 국민들을 격분시키기도 했다. 또한 한성신보사는 민비를 시해한 일본인들의 비밀 본거지가 되기도 했다.

한국의 근대적 신문의 효시는 1883년(고종20년)10월1일(양력10월31일)에 정부기관인 박문국(博文局)에서 발행한《한성순보(漢城旬報)》였다. 박영효(朴泳孝), 유길준(兪吉濬) 등 개화당의 노력으로 탄생한 이 신문은 비록 정부가 발행하는 것이기는 했지만, 국내외의 시사를 비롯하여 서양의 신문화를 소개하는 데 큰 구실을 했다. 이듬해에 일어난 갑신정변으로 발행이 중단되었다가 1885년12월21일(양력1886년1월25일)에 속간되면서 열흘에 한번씩 발행하던 것을 1주일에 한번씩 발행하게 되어, 제호도《한성주보(漢城周報)》로 고쳤다. 그러나《한성주보》도 재정난으로 박문국이 1888년6월6일(양력7월14일)에 통리교섭통상사무아문(統理交涉通商事務衙門) 소속으로 되었다가 다음달에 폐지됨으로써 폐간되고, 그 뒤 수구파의 득세 속에서 8년 동안이나 신문 없는 암흑시대가 계속되었다. 그러한 상황에서 창간된 일본인들의《한성신보》가 얼마나 왜곡된 영향을 끼치고 있었을지는 짐작하기에 어렵지 않다. 그러므로《독립신문》의 창간은 획기적 의의를 지니는 일이었다.

《독립신문》의 인기와 영향력은 놀라웠다. 서울의 관료와 지식인들 사이에서는 말할 나위도 없고 시골 장터에서까지 널리 읽혔다. 군수가 장터에 사람을 모아 놓고 글 잘 읽는 사람을 시켜 장꾼들에게《독립신문》을 읽어 주는 일도 있었다.[11] 그리하여 한부가 최소한 200명에게 읽혔다고 뒷날 서재필은 술회했다.[12]

《협성회회보》는 이러한《독립신문》을 의식하면서 발행되었다. 그런데《독립신문》이 정부로부터 4,400원(圓)의 보조금을 받아서 발간된 것[13]과 대조적으로《협성회회보》는 순전히 회원들의 출연금과 유지들의 찬조금으로 발간되었다는 것은 눈여겨볼 만하다.《협성회회보》창간호는 제호 바로 밑의「논설」란 앞에 본문보다 훨씬 큰 2호 활자로 "이 회보는 매 토요일에 한번씩 발간하고 파는 처소는 배재학당 제일방이요 값은 매장에 엽전 너푼씩이니 사 보시기를 바라오"라는「광고」를 내고, 또「회중잡보」란에는 1897년12월30일까지 협성회에서 의연금 수입한 금액이 138원11전이며 지출된 금액이 86원7전으로서 현재 52원3전8리가 남았다고 보도했다.

협성회는 기부금을 계속 모금했는데,《협성회회보》창간호부터 제12

---

11) 《독립신문》1898년11월9일자,「신문 없지 못할 일」.
12) F. A. McKenzie, *Korea's Fight for Freedom*, 1920, AMS Press, Inc, rep. 1970, p.67.
13) 愼鏞廈,「獨立協會研究」, 一潮閣, 1976, p.16, 정진석,「독립신문 창간의 역사적 배경과 의미」,「독립신문과 한·중·일 근대신문의 생성」, 한국언론학회, 1996, pp.4~7, 韓哲昊,「親美開化派研究」, 國學資料院, 1998, pp.171~180 참조.

호(1898년3월19일자)까지 「회중잡보」란에는 기부금 기탁자의 이름과 금액이 매 호 실려 있다. 금액은 적게는 4전에서부터 많게는 2원에 이르기까지 다양했다. 1원50전에서 2원까지의 비교적 액수가 큰 돈은 회원보다는 주로 협성회에 협조적인 찬성원이나 정부관료 등이 희사했다. 이승만은 40전을 출연했다.[14]

창간 때부터 논설과 그 밖의 기사를 열심히 쓴 이승만은 《협성회회보》 3월5일자(제10호)에 「고목가」라는 시를 발표했다. 어려서 어머니로부터 지도받은 그의 시작(詩作) 재능과 함께 이 무렵의 그의 시국관을 잘 드러낸 작품이다. "Song of an Old Tree"라는 영문제목까지 달아 놓은 것도 흥미롭다. 그것은 외국사람들에게 보이기 위한 것이었다.

일. 슬프다 저 나무 다 늙었네
　　　병들고 썩어서 반만 섰네.
　　　심악(甚惡)한 비바람 이리저리 급히 쳐
　　　몇백년 큰 남기[나무가] 오늘 위태.

이. 원수의 땃작새 밑을 쪼네
　　　미욱한 저 새야 쪼지 마라
　　　쪼고 또 쪼다가 고목이 부러지면
　　　네 처자 네 몸은 어디 의지.

삼. 버티세 버티세 저 고목을
　　　뿌리만 굳박혀 반근(盤根)되면
　　　새 가지 새 잎이 다시 영화 봄 되면
　　　강근이 자란 후 풍우불외(風雨不巍).

사. 쏘아라 저 포수 땃작새를
　　　원수의 저 미물 남글(나무를) 쪼아

───────
14) 《협성회회보》 1898년2월5일자(제6호), 「잡보」.

비바람을 도와 위망(危亡)을 재촉하야

넘어지게 하니 어찌할꼬.[15]

　이 시는 뒤이어 여러 신문이나 잡지에서 유행하는 애국시의 효시였다. 그러나 《협성회회보》나 이를 계승한 《매일신문》, 그리고 그보다 앞서 창간된 《독립신문》 등 당시의 신문에는 이승만의 이 시 말고는 게재된 것이 없다. 이 시에서 이승만은 대한제국을 '고목'에, 친러파 관료들을 '딱작새[딱따구리]'에, 러시아의 위협을 '비바람'에, 독립협회나 협성회와 같은 개화파 지식인들을 '포수'에 비유했다.[16] 말하자면 이 시는 러시아의 위협에 직면하여 조국의 운명은 생각하지 않고 저들의 앞잡이가 되어 날뛰는 관료들을 제거하고 대한제국의 기반을 굳건히 해야 한다는 내용의 시였다. 그것은 이 시기의 개화파 지식인들의 보편적인 위기의식을 보여 주는 상징적인 작품이었다.

　그런데 뒷날 이승만이 옥중에서 《제국신문》[당시의 표기는 《뎨국신문》]에 기고한 한 「논설」의 끝 부분에 이 「고목가」를 인용하고 있는 것이 흥미롭다. 《제국신문》의 「논설」은 "고인이 시를 지어 말하기를, 쪼고 쪼는 딱작새야 다 썩은 고목을 쪼고 쪼지 마라 일조에 풍우가 이르러 그 나무가 쓰러지면 너희가 어디서 깃들려고 하느뇨 하였으니, 짐승을 경계한 글로 족히 사람을 깨우칠 만하도다"라고 적었는데,[17] 자신이 지은 시를 인용하면서 "고인이 시를 지어 말하기를"이라고 했다면 아무리 수사(修辭)라고 하더라도 어이없는 작위가 아닐 수 없다. 그렇지 않으면 말 그대로 이 시의 원전이 따로 있었는지 모른다.

---

15) 니승만, 「고목가」, 《협성회회보》 1898년 3월 5일자(제10호).
16) 주진오, 「청년기 李承晚의 언론·정치활동 해외활동」, 《역사비평》 33호, 역사문제연구소, 1996, p.166.
17) 《제국신문》 1902년 10월 8일자, 「논설: 군명을 청탁함이 신하의 큰 죄」.

《협성회회보》1898년 3월 19일자(제12호)에 실린 「논설」은 스물네살의 청년지사 이승만이 기명으로 집필한 최초의 논설이었다. 내용은 러시아가 요구한 부산 절영도(絶影島)의 조차(租借)문제에 대한 것이었다. 3국 간섭 뒤에 러시아는 절영도의 조차를 요구했는데, 그것은 부동항을 얻기 위한 러시아의 전통적 남하정책의 일환인 동시에 일본의 대륙침략을 저지하기 위한 거점을 확보하려는 의도였다.

절영도는 1885년에 이미 각 외국 상인들의 거류지로 내정된 뒤로 일본이 자국 함대의 석탄저장고로 사용하고 있었다. 절영도 조차문제가 다시 거론된 것은 아관파천을 계기로 러시아의 정치적 입지가 강화되면서부터였다. 1897년 8월에 러시아공사 베베르(Karl I. Weber, 韋貝)가 한국정부에 절영도 조차를 요구한 데 이어, 그의 후임으로 온 스페예르(Alexis de Speyer, 士貝耶)도 10월에 같은 요구를 해 와서 친러파 정부는 이를 허여하려고 했다.[18] 그러나 이 요구는 독립협회를 중심으로 한 한국 민중의 강력한 저항에 부딪혔다. 1898년 2월 22일에 국권수호와 내정개혁을 강력히 촉구하는 상소를 올린 독립협회가 가장 먼저 문제 삼은 것도 이 러시아의 절영도 조차요구였다.

상소를 올리고 나서 닷새 뒤인 2월 27일에 열린 독립협회의 통상회는 임원 개선을 한 다음 새로 제의(提議)에 선출된 정교(鄭喬)로부터 절영도 조차문제에 대한 보고를 듣고, 그의 제안에 따라 이 사안에 대한 정부의 방침을 묻는 편지를 이튿날 외부대신 서리 민종묵에게 발송했다. 독립협회는 러시아의 요구를 거절하기 위해서는 이미 허여된 일본의 석탄저장고 부지도 철거시켜야 한다고 주장했다. 이어 3월 7일에 열린 독립협회 특별회는 단호한 결의에 차 있었다. 이날 독립협회는 절영도 일본 석탄저

---

18) 「絶影島內의 露貯炭地要求를 둘러싼 外部協辦과 露副公使와의 會談抄」, 1897년 9월 22일, 『舊韓國外交文書(十七) 俄案(1)』, 1969, pp.464~466.

장고 부지의 철거를 요구하는 편지를 외부에 발송했다.

이승만의 「논설」은 이러한 상황에서 집필된 것이었다. 이승만은 몇가지 논쟁점을 하나씩 반박하면서 러시아가 요구하는 절영도의 조차를 허락해서는 안된다고 역설했다. 이승만은 이미 일본에 절영도 안에 석탄저장고를 짓도록 허락했으므로 러시아에도 허락해야 한다는 주장에 대해 다음과 같이 논박했다

대저 대한정부에서 대한 땅을 가지고 임의로 하는 권리가 있은즉, 누구는 주고 누구는 아니 주는 것이 정의에 고르지 못하다고는 할지 언정 경계[經界: 옳고 그름이 분간되는 한계]에 틀리다고 할 수는 없는 지라. 또한 전에 어찌하여 일본에 땅을 좀 빌려 주었다고 동맹 제국을 다같이 대접하자면 영국, 미국, 프랑스, 독일, 러시아, 오스트리아, 이탈리아, 일본제국에 다 공평히 빌려 주어야 할 터이니 삼천리 강산이 몇조각이나 남겠으며, 겸하여 그 후에는 세계 각국이 다 토지를 바라고 대한과 통상약조를 청할 터이니, 누구와는 약조하고 누구와는 아니하면 또 공평치 못하다 할 터인즉, 동서 70여국을 무엇을 가지고 고루 정답게 대접하리오. …

또 땅을 아주 할양하라는 것이 아니라 조차하자는 것이므로 괜찮지 않느냐는 주장에 대해서는 다음과 같이 재치 있는 비유로 비판했다.

땅을 아주 주는 것이 아니라 빌리는 것인즉 관계치 않다고 하니, 이는 전국을 다 주어도 빌리는 것인즉 관계치 않다 하는 말이라. 만일 남이 나와 정 있다고 내 물건을 달라는 사람은 내 친구가 아니라 곧 나를 꾀어 물건을 탈취하자는 도적이라. 내것이 다 없어져서 더 가져갈 것이 없기까지만 정다운 친구인 그런 친구는 없느니만 못한지라.…

그리고 연전에 일본에 조차해 줄 때에는 말이 없다가 러시아가 요구하자 이를 문제 삼는 것은 불공평하지 않느냐는 주장에 대해서는 다음과 같이 반박했다.

이는 우리가 일본에 후하고 러시아에 박하게 하는 듯하나, 연전에는 우리가 적연[的然: 정확]히 몰랐고 지금인들 정부에서 특별히 백성에게 광고하여 우리를 알게 하여 준 것은 아니로되, 요행히 황천이 묵우[黙祐: 말 없이 도움]하심을 힘입어 국중에 신민이 생긴 후로 그중에서 새로 배운 것도 많거니와, 첫째 내 나라 정부 시세와 국중 소문과 외국 형편을 소상히 알아 상하 원근이 정의를 상통하여 각히 이산(離散)한 마음이 적이 합심할 만하게 된지라.…

그래서 문제를 삼게 된 것이므로 불공평 문제와는 관계없다는 것이었다. 그러면서 그는 다음과 같이 국민들의 각성을 촉구했다.

우리가 특별히 국은(國恩)을 남보다 더 입어 독히 충성이 갸륵하다는 것이 아니라 일을 알고 본즉 진실로 애닯고 원통한 중 당초에 우리가 내 나라 일을 남의 일 보듯 하는 까닭에 이런 일이 생겼은 즉, 다만 말로만 시비할 뿐 아니라 장차 목숨을 결단코 이런 일을 눈으로 보지 않기로 작정할지라. 그런 즉 우리가 암만 말하여도 실효가 없으니 말하는 우리나 말 아니 하는 남이나 조금치도 다른 것이 없다 할 듯하나, 말만 하여도 국중에 백성이 있는 것을 보임이요, 또한 전국 백성이 우리와 같이 일심으로 한마디씩 반대할 만하게 되었으면 당초에 남의 토지를 달랄 이도 없거니와 설사 달라더라도 그동안 대한 1,200만명 백성 중에서 무슨 거조[擧措: 무슨 일을 꾀하거나 처리하기 위한 조치가 있을는지 모를지라.…

이승만은 다음과 같은 훈계조의 말로 「논설」을 끝맺었다.

그런고로 지금 우리가 내 물건 달라는 친구를 시비함이 아니라 이 백성 중에 몰라서 아는 체 못하는 자와 알고도 모르는 체하는 자의 죄와 책망이 더 큰지라. 우리는 바라건대 우리 동포들은 무슨 일을 물론하고 대한 일이라 하거든 다만 내 나라 일로만 알 것이 아니라 내 집안 일로 아시고 각히 생각가는 대로 서로 모여 쓸데없는 공론과 시비라도 좀 하여 보시오.[19]

대한(大韓)의 일이라 하거든 "내 나라 일"로만 알 것이 아니라 "내 집안 일"로 여기라고 강조한 것이 인상적이다. 그것은 이때까지만 해도 국가보다는 가문(家門)을 더 소중히 생각하는 한국사회의 씨족주의 내지 가족주의 가치관을 의식한 말일 것이다. 《협성회회보》에 게재된 모든 논설들이 모두 조금은 훈계조이기는 했으나 이승만의 이 문투는 유별나다. 그러나 지적 우월감에서 자칫하면 현학적(衒學的)이게 마련인 젊은 나이에 이처럼 쉬운 말로 대중을 설득하는 문장을 쓸 수 있었다는 것은 이승만의 또 다른 재능을 보여 주는 것이다. 이에 앞서 3월10일에는 독립협회 주최로 종로에서 러시아인 탁지부고문 및 교련교관의 해고와 절영도 조차요구를 거절할 것을 촉구하는 이 나라 초유의 대규모 대중집회가 열렸고 이승만은 이 집회에서 연설을 했는데, 위의 논설은 이때에 한 연설의 내용이었던 것 같다.

협성회는 《협성회회보》의 발행과 보급에 매우 열성적이었다. 《협성회회보》 1월15일자(제3호)의 「회중잡보」에는 "회원은 회보를 친히 찾아다 보고 그 외 회보 보는 사람에게는 갖다 주기로 작정되었더라"라는 기사가 보인다. 이는 우리나라에서 처음으로 구독자들에게 신문을 배달하기

19) 니승만, 「논설」, 《협성회회보》 1898년3월19일자(제12호).

로 결정했음을 말해 준다. 회보제작을 맡은 임원들은 매 수요일 오후 6시30분에 모임을 가졌고, 회보는 토요일의 토론회에 맞추어 발행되었다. 수요일의 모임은 기사마감과 다음호 기획을 위한 편집회의였을 것이다. 이 모임에 빠지는 사람에게는 벌금 30전을 물리고, 세번 빠지면 회원에서 제명하기로 했다. 이러한 일은 이승만을 비롯한 《협성회회보》 제작진이 회보제작에 얼마나 열성적이었는가를 말해 준다. 그리고 1월30일자(제5호)부터는 "광무 이년 일월 이십륙일 농샹공부 인가"라고 제호 바로 밑에 정부의 정식 인가를 받은 신문임을 밝혔다.

또한 《독립신문》의 「광고」란에는 1월18일자부터 다음과 같은 《협성회회보》의 광고가 실렸다.

《협성회회보》는 대한 학도들이 주장하여 출판하는 것인데, 학문과 시국에 유조한 논설과 본국에 긴요한 소문과 외국형편과 회중잡보와 각처 광고가 있으니, 학문상에 유의하는 이들은 그 회보를 정동 배재학당 제일방으로 가서 사 보시오.

이 「광고」는 《협성회회보》가 4월9일에 《매일신문》으로 바뀔 때까지 매 호 빠지지 않고 실렸다.

2. 최초의 일간지《매일신문》

1

《협성회회보》가 사회적으로 큰 호응을 얻자 협성회는 마침내 야심적인 일간지 발행을 단행하기에 이르렀다. 그것은《협성회회보》를 창간하고 석달도 되지 않은 때였다. 선구자들의 행동은 언제나 이처럼 모험적이었다. 협성회는 3월19일의 토론회에서 "일주일간에 한번씩 내는 회보를 매일 한번씩 발간하자고 작정"했다.[20] 그리하여《협성회회보》는 4월2일자의 제14호로 마감하고, 제15호 발행 날짜인 4월9일에 우리나라 최초의 일간지인《매일신문》[당시의 표기는《미일신문》]을 창간한 것이다.《독립신문》은 그때까지 일주일에 세번씩 발행되고 있었다.《매일신문》은 창간호「논설」에서 창간 동기를 다음과 같이 천명했다.

우리 협성회 회원들이 일심 합력하야 금년 정월 1일부터 매 토요일에 일차씩 회보를 발간하야 지나간 토요일까지 14호가 났는데, 대략 본 회중 사무와 내외국 시세 형편이며 소문 소견의 학문에 유조할 만한 것을 기재하야 국가 문명 진보에 만분지 일이라도 도움이 하나님의 도우심과 회원들의 극진한 성의로 지금 이 회보가 거의 1,000여장이 나가니, 우리 회보 보시는 이들에게 감사함을 치하하는 중, 일주일에 한번씩 내는 것을 기다리기에 매우 지리한지라. 회원 중 유지각하신 몇몇 분이 특별히 불석신고(不惜辛苦)하고 열심으로 주선하였거니와 아울러 회원들이 일심으로 재력을 모아 오늘부터 매일 신문을 내는데, 내외국 시세형편과 국민에 유조한 말과 실적한 소문을 많이 기재할 터이니….

---

20)《협성회회보》1898년3월26일자(제13호),「회중잡보」.

그러면서 이 「논설」은 우리나라에서 처음으로 일간지를 발행하는 것을 다음과 같이 자부했다.

한국 최초의 일간지 《매일신문》 창간호.

> 대범 서양제국서는 국중의 신문 다소를 가지고 그 나라 열리고 열리지 못함을 비교하거늘 돌아보건대 우리나라에 신문이 얼마나 되느뇨. 과연 부끄러운 바라. 만행으로 《독립신문》이 있어 영자로 발간하매 외교상과 나라 권리 명예에 크게 관계되는 영광이라. 그 외 《한성신보》와 두세가지 교중(敎中) 신문이 있으나 실상은 다 외국사람의 주장하는 바요, 실로 우리나라 사람이 자주하여 내는 것은 다만 《경성신문》과 우리 신문 두가지뿐인데, 특별히 매일신문['일간지'라는 뜻]은 우리가 처음 시작하니, 우리나라 사천년 사기(史記)에 처음 경사라 어찌 신기하지 않으이오. 아무쪼록 우리 신문이 문명 진보에 큰 기초가 되기를 우리는 간절히 바라노라.[21]

「논설」은 이러한 일간지를 발행하는 자신들의 포부를 "우리 회원이 일심 애국하는 지극한 충성의 간담을 합하여 이 신문상에 드러내노라"라고 패기에 찬 말로 천명했다. 이 「논설」은 이승만이 직접 집필한 것이거나

---

21) 《매일신문》 1898년 4월 9일자, 「논설」.

적어도 그의 주장이 많이 반영되었을 것이다.

이어 4월12일자(제3호) 「논설」은 두면에 걸쳐서 신문의 중요성을 특별히 강조했다. 이 「논설」은 "신문이라 하는 것이 나라에 크게 관계가 되는 것으로 세가지 목적이 있으니 첫째 학문(學問)이요, 둘째 경계(經界)요, 셋째 합심이라"고 전제하고, 그 세가지를 구체적으로 설명했다. 학문이란 신문의 계도(啓導)의 기능을 말하는 것이고, 경계는 비평과 고발의 기능을, 합심은 국민적 통합의 기능을 뜻하는 것이었다. 이러한 주장은 이승만을 비롯한 협성회 간부들이 신문의 기능에 대해 인식이 얼마나 소명의식에 찬 것이었는지를 말해 준다. 그런데 이승만이 《매일신문》의 창간 경위에 대해서 다음과 같이 술회한 것은 《협성회회보》의 논지와 관련하여 아펜젤러 등 배재학당의 경영진과 협성회 간부들 사이에 알력이 없지 않았음을 시사해 준다.

나는 배재학당에서 다른 학생들과 《협성회회보》를 시작하였고, 그 주필이 되었다. 작은 학생신문이 정부고관들을 비판하게 되자 곧 세상 사람들의 관심을 끌었다. 그래서 아펜젤러 교장은 우리에게 논설을 검열받으라고 했다. 그렇지 않으면 학교 신문으로는 발간할 수 없다는 것이었다. 독립정신이 강한 유영석(柳永錫)과 나는 학교를 나와서 한국 최초의 일간지를 내기 시작했다. 사람들은 우리더러 외국의 보호를 받지 않고 그런 신문을 발간하면 위험하다고 했으나 《매일신문》은 아주 호평을 받게 되어, 서재필 박사는 우리 신문 때문에 자기의 신문을 팔 수 없다고까지 하게 되었다.[22]

서정주와 올리버는 다같이 이때의 일을 자세히 기술하고 있으나, 내용은 사실과 다른 점이 많다. 《협성회회보》의 비판을 못마땅하게 여긴 정

---

22) "Autobiography of Dr. Syngman Rhee", p.6; 「청년이승만자서전」, 이정식 지음, 권기붕 옮김, 앞의 책, p.256.

부가 아펜젤러와 알렌(Horace N. Allen, 安連) 공사를 통하여 압력을 행사했고, 그래도 듣지 않자 그 신문을 폐간시켰다는 등의 내용이 그러한 보기이다.[23] 이는《매일신문》을 발행하는 데 혼신의 노력을 기울였던 이승만의 과장된 기억에 따른 것일 것이다. 그만큼 이승만은《매일신문》창간했던 일을 생애를 두고 자랑스럽게 여겼다. 그것은 올리버가《매일신문》의 발행과 관련하여 "그(이승만)의 주제는 정부와 사회의 개혁을 위한 정열적이고 반복적인 요구였다. 이 작은 신문은 새 한국의 실질적 탄생이었다.… 그것은 곧 이승만의 정치경력의 참된 시작이었다"[24] 라고 기술한 것으로도 짐작할 수 있다.

실제로《매일신문》의 발간은 젊은 이승만이 개화파 지식인 사회에서 주목받는 계기가 되었다. 이승만은 뒷날 앞에서 본《필라델피아 퍼블릭 레저(The Philadelphia Public Ledger)》지와의 인터뷰에서도 자신이《매일신문》창간을 주도하여 한국에 일간지 시대를 연 일을 가장 자랑스럽게 강조했다.

나는 그때에 한 신문을 발간하기 시작하였으니, 이는 곧 한국 안 처음으로 출생한 매일신문[일간신문]이오 이는 곧 한인사회에는 제일 용감한 일이라. 서 박사는 그때에 자기의 신문을 격일보[1주3차]로 발행하나 그이는 미국 공인이로되 우리는 그이와 같이 외국사람의 보호도 받지 못하였는데, 나는 스스로 말하기를 "만일 서양사람들이 자기들의 자손을 위하여 이와 같은 일을 하였을 지경이면 우리는 우리 민족을 위하여 그만한 일을 마땅히 할 일이라" 하여 나는 그 일을 위하여 나의 생명까지도 희생하기를 즐겁게 생각하였으니, 나의《매일신문》을 이용하여 저 개인 자유의 주의를 제일 용감하고 강력한 모양

---

23) 徐廷柱, 『李承晩博士傳』, pp.150~153.
24) Robert T. Oliver, *Syngman Rhee: The Man Behind the Myth*, p.20.

으로 전도하였으니, 백성들이 우리 신문을 매우 좋아하여 이 신문이 전국에 분전되었으며, 정부는 비록 우리를 항상 위협하나 저 도처에 환영받는 군자를 감히 금지치 못하였더라.[25]

또한 이승만은 해방되고 귀국한 직후인 1945년10월23일에 열린 전조선 신문기자대회와 11월28일에 정동예배당에서 열린 임시정부 영수 환영회 등에서도 50년 전에《매일신문》을 발행했던 일을 아주 자랑스럽게 회고했다.[26]

그런데 배재학당 안에 있는 삼문출판사(三文出版社)의 활판을 이용하여 주간으로 찍어내던《협성회회보》를 학교에서 나와 일간지로 발행하면서 어떻게《협성회회보》의 발행예정 날짜에 맞추어《매일신문》을 창간할 수 있었는지 퍽 궁금한 일이다. 협성회가 일간지를 발행하기로 결정한 것이 3월19일이었는데, 다른 인쇄시설을 이용하여 4월9일에《매일신문》이 창간되었다는 사실은 그 전에 별도의 준비가 있었음을 말해 준다.

위에서 본 대로, 이승만은 자서전 초록에서 유영석과 함께 학교를 나와서《매일신문》을 발행했다고 적었다. 이 무렵 유영석은 협성회 회장이었다. 유영석은《협성회회보》를 창간한 1월부터《협성회회보》와는 별도로 일간신문 발행을 위해 노력하고 있었던 것이다. 내부의 주사(主事)를 지내고 독립협회에 참여하면서 이문사(以文社)라는 인쇄소에 관여했던 이종일(李鍾一)은 유영석이 자기를 찾아와서 신문발행을 제의했다고 적어 놓았다.[27]

이 비망록에 따르면, 이종일과 유영석은 이문사 관계자인 이종면(李鍾冕), 이종문(李鍾文), 장효근(張孝根) 등과도 신문발행문제를 논의했

---

25)《新韓民報》1919년9월20일자,「이승만박사의 경력담」.
26)《自由新聞》1945년10월25일자,「眞正한 言論自由는 全朝鮮福利增大에」; 雩南實錄編纂會,『雩南實錄(1945~1948)』, p.342.
27) 李鍾一,『沃坡李鍾一先生論說集(三), 沃坡備忘錄』1898년1월10일조, 敎學社, 1984, p.294.

다. 이문사는 원산항 지사 겸 덕원(德源)군수, 외교교섭국장, 중추원 의관 등을 역임한 김익승(金益昇)이 일본에서 수입한 활판인쇄기를 가지고 1896년 말쯤에 설립한 인쇄소였다. 이 이문사와 협성회의 합작으로《매일신문》의 발행이 가능했던 것이다.[28] 이문사가 인쇄시설과 함께 300환(圜)의 운영자금을《매일신문》에 투자했다는 기술도 있다.[29] 뒷날《제국신문》은《매일신문》을 창간할 때에 유지 인사들이 300원을 원조하여 그 돈으로 이문사의 활판을 세내었던 것이라고 설명했다.[30] 그리고 활판인쇄기를 가지고 있던 김익승은 중경임시정부의 부주석이었고 해방 뒤에 귀국하여 남조선과도입법의원 의장이 된 독립운동가 김규식(金奎植)의 숙부였다.[31] 어렵게 이문사의 활판인쇄기를 확보한 협성회 임원들은 남대문 안의 싸전 도가이던 집을 빌리고 인쇄기를 옮겨서《매일신문》을 발행하게 된 것이었다.

《협성회회보》가《매일신문》으로 바뀌면서는 협성회와는 별도로 신문사 조직을 갖추었으나, 이내 경영과 제작의 주도권문제와 관련한 사내분규가 일어나서 제작진의 변동이 잦았다. 창간되고 사흘 뒤인 4월12일자(제3호)《매일신문》의 「협성회 회중잡보」란에는 "이 신문 사장은 본회 회장이 예겸할 줄로 작정되었더라"라고 하여 협성회 회장이《매일신문》사장을 겸하기로 결정했다고 밝히고 있는데,《매일신문》창간 당시의 협성회 회장은 유영석이었다. 그리고 한달 뒤인 5월14일(토)에 열린 협성회 통상회는 이승만을 회장, 양홍묵을 부회장으로 선출하고, 협성회의 기금 60원을 매일신문사로 넘겨 주기로 의결했다.[32]

그런데 이승만이 협성회 회장이 되었으므로 당연히 사장을 겸해야 했

---

28) 崔起榮, 『大韓帝國時期新聞研究』, 一潮閣, 1991, pp.14~16.
29) 崔埈, 『韓國新聞史』, 一潮閣, 1960, p.84.
30) 《제국신문》1902년2월19일자, 「본사 사적이라」.
31) Edward W. Wagner, "The Three Hundred Year History of the Haeju Kim(海州金) Chapkwa-chungin(雜科中人) Lineage", 『宋俊浩教授停年記念論叢』별쇄, 1987, pp.19~20; 『雩南實錄(1945~1948)』, p.342.
32) 《매일신문》1898년5월21일자, 「협성회 회중잡보」.

을 터인데도 불구하고 5월21일자 《매일신문》에는 편집인 최정식(崔廷植), 저술인 이승만, 발행 겸 인쇄인 유영석이라고 기재되어 있어서 의아스럽다. 최정식은 협성회의 찬성원이었으나 독립협회 활동에도 열성을 보인 과격한 성품의 사람이었다. 그랬다가 일주일 뒤인 5월27일자에야 회장인 이승만이 사장과 기재원[記載員: 기자 내지 주필]을 겸한다는 기사가 실렸다.[33]

2

이승만이 협성회 회장이 되고 나서 사흘 뒤인 5월16일자 《매일신문》은 1면 전체와 2면에 걸쳐서 러시아와 프랑스가 한국정부에 이권을 요구한 외교문서의 내용을 폭로하여 큰 파문을 일으켰다. 국가기밀과 국민의 알 권리의 마찰이라는 언론의 본질적 논제의 하나가 한국 언론사상 처음으로 등장한 것이었다. 러시아의 요구는 목포(木浦)와 진남포(鎭南浦) 조계지에 인접한 사방 10리 안의 땅을 섬들까지 빼지 않고 사겠다는 것이었고,[34] 프랑스의 요구는 평양의 석탄광산을 채굴하여 경의선(京義線) 철도 부설공사에 사용하겠다는 것이었다.[35] 프랑스는 이미 경의선 철도 부설권을 획득해 놓고 있었다. 《매일신문》은 이러한 사실을 폭로하면서 기사 끝머리에 다음과 같은 선동적인 말을 덧붙였다.

이 말을 들음에 치가 떨리고 기가 막히어 분한 마음을 억제할 수 없는지라. 우선 기재만 하거니와 이는 참 대한신민의 피가 끓을 소문이라. 대소 인민 간에 대한의 신민된 이들이야 이런 소문을 듣고 잠시

---

33) 《매일신문》 1898년5월27일자, 「협성회 회중잡보」.
34) 「露領事館基址로 租界外二十里內外의 陸地만을 購買할 수 있다는 照會」 1898년5월14일, 『舊韓國外交文書(十七) 俄案(1)』, pp.566~567.
35) 「法國京義鐵路會社에 許施하기로 한 炭鑛의 確定促求件」, 1898년5월5일, 『舊韓國外交文書(十七) 俄案(1)』, pp.387~388.

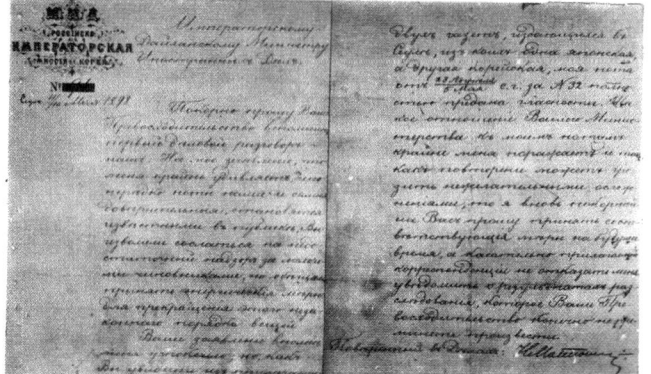
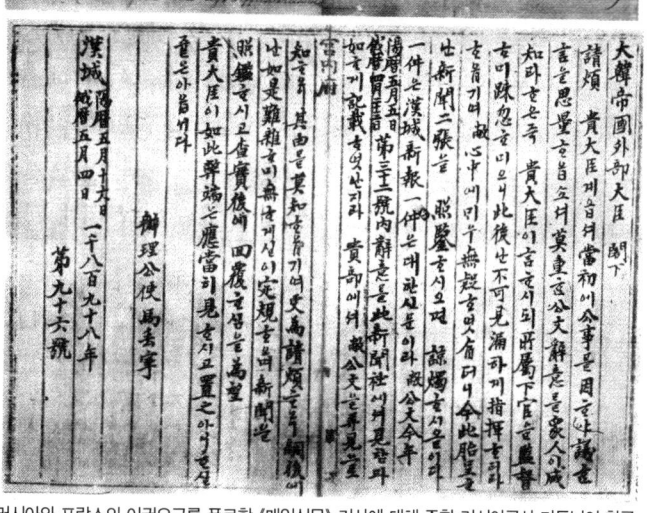

러시아와 프랑스의 이권요구를 폭로한 《매일신문》 기사에 대해 주한 러시아공사 마튜닌이 한국 정부에 보낸 항의 공문(위)과 번역문(아래). 이 일로 이승만은 외부에 소환되었다.

인들 어찌 가만히 앉았으리오. 우리 동포들은 일심으로 발분(發憤)하여 속히 조치할 도리를 생각들 하시오.

이러한 폭로와 선동으로 국민들에게 큰 충격을 준 이 기사는 이승만이 쓴 것이었다. 그리고 그것은 이 문제에 대한 독립협회의 격렬한 반대운동을 반영한 것이기도 했다. 이 기사가 보도된 것과 같은 날인 5월16일에 독립협회는 회의를 소집하고 이승만, 정항모(鄭恒謨), 박치훈(朴治勳) 세 사람을 총대위원[대표자]으로 지명하여 외부대신 조병직(趙秉稷)에게 사실의 전말과 그에 대한 대책을 묻는 강경한 편지를 작성하여 보내도록 했다.[36]

《매일신문》의 기사는 당장 외교문제로 비화했다. 러시아와 프랑스의 이권요구 사실은 《한성신보》에도 보도되었는데, 그것은 물론 일본인들의 관심을 반영한 것이었다. 러시아공사 마튜닌(N. Matunine, 馬丟寧)은 그날로 《매일신문》과 《한성신보》를 첨부한 조회공문을 외부에 보내어 외교기밀이 누설된 데 대하여 항의하면서 앞으로 이런 일이 없도록 하라고 요구했고,[37] 프랑스공사 플랑시(V. Collin de Plancy, 葛林德)는 관련자를 처벌할 것을 요구하는 조회공문을 보냈다.[38] 그리하여 외부는 이튿날 《매일신문》의 그 기사 책임자를 소환했다. 사장 겸 기재원인 이승만이 외부에 출두했다. 전날 독립협회의 총대위원으로 외부를 항의방문했던 이승만은 《매일신문》 기자로서 다시 외부에 불려간 것이었다.

외부의 관리들은 이승만에게 《매일신문》이 정부가 외국과 비밀로 공문 거래하는 일을 신문에 기재하여 반포함으로써 중대한 공사(公事)가 부질없이 누설될 염려가 있다고 책망했다. 양국 공사관에서 조회한 내용이 신문에 보도된 데 대해 양국 공사가 무수히 힐문하므로 견딜 수 없다는 것이었다. 외부 관리들이 이러한 책망에 대해 이승만은 다음과 같이 반박했다.

"대신이 외국 사람이 아니고 외부가 외국 관청이 아니거늘 나라 일을 외국 영사와는 몰래 의논하면서 그 백성을 모르게 할 이유가 어디 있소? 이같이 어려운 때에 나라를 위해 일을 하면서 이만한 일을 어렵다고 하면 설령 남이 군사를 내어 나라를 침노하면 국가를 위해 의리로써 죽으려는

---

36) 《매일신문》 1898년 5월 17일자, 「외부에서 아관에 한 답조회」.
37) 「露側公文內容이 新聞에 漏洩된 데 대한 抗議」 1898년 5월 16일, 『舊韓國外交文書(十七) 俄案(1)』, pp.570~571.
38) 「平壤礦事의 新聞發表에 대한 抗議」, 1898년 5월 16일, 『舊韓國外交文書(十七) 俄案(1)』, pp.392~393.

생각이 어떻게 나겠소? 또한 신문 때문에 괴로운 일이 있다고 나를 불러 가지고 걱정으로 말씀하시니, 우리가 신문을 나라를 위하지 말고 외국을 도와 말을 해야 옳단 말이오!"

그러자 외부 관리들은 "우리가 《매일신문》을 책망하자는 것이 아니라 당장 두 공사관에 회답을 해야 하는데, 어떻게 대답해야 좋을지 의논하고자 불렀을 뿐이오"라고 한발 물러섰다.

이승만은 "이렇게 말하면 될 것 아니오" 하고 외부의 관리들에게 설유조로 말했다.

"우리는 대한 신하요 신문기자는 대한의 백성인 즉 대한 토지는 신하와 백성이 같이 관계되는 일이니, 우리가 신문사에 알렸든지 신문사에서 탐지하여 냈든지 다 내 나라를 위하여 하는 일이니 신민 간에 자기 나라를 위하여 하는 일을 귀 공사가 말라고 할 권리가 없다, 하고 말이오."

외교기밀의 누설문제를 질책하기 위하여 이승만을 불러들였던 외부 관리들은 그의 논리정연한 반박에 할 말이 없었다. 이승만은 외부 관리들이 배짱이 없다고 분개하면서 자리를 박차고 나왔다. 이 일은 일본 신문에까지 보도되었다.[39]

《매일신문》의 5월20일자 「논설」은 이 기자 소환사실을 보도하면서 위의 대화내용까지 소상히 소개하고 나서 다음과 같은 말로 끝맺었다.

(외국 외교관들이) 아무리 나라를 위하더라도 남의 땅을 공문을 가지고 사려함도 공법(公法)에 보지 못한 말이요 백성이 저희 나라를 위한다고 벌주라고 하는 것도 공문 거래상에 못할 말이라. 지금 대한의 관인과 백성이 이만치라도 열려 가는 모양이니, 외국 친구들은 대한을 좀 달리 대접하여 교제상에 서로 정의 있게 지내어 가기를 우리

---

39) 《万朝報》, 「韓國特信」, 方善柱, 『在美韓人의 獨立運動』, 翰林大學校아시아文化研究所, 1989, p.191.

는 힘써 바라노라.[40]

러시아공사는 5월19일에 다시 《매일신문》이 러시아 사관(士官)을 모함했다면서 5월18일자 신문을 첨부하여 항의하는 조회공문을 외부에 보내왔다.[41] 《매일신문》은 5월7일자, 11일자, 18일자의 세차례에 걸쳐서 운산에서 있었던 러시아 사관의 행패와 이를 규탄하는 주민들의 동향을 잇달아 보도했다. 5월7일자 기사는 다음과 같았다.

원산항에서 러시아 사관이 대한사람 둘이 자는 것을 죽인 까닭에 항구 백성 수천명이 감리영(監理營)을 에워싸고 원수갚아 달라고 소동이 대단하다고 전보가 왔다니, 우리 듣기에 이런 놀라운 일이 없는지라. 다시 탐문하여 자세히 속보하려 하거니와 그 항구 백성들은 참 동포의 의를 이같이 생각하고 일심으로 보수[報讎: 앙갚음]하려 함은 진실로 고마운 일이라. 들으니 감리사가 그 소동된 백성들을 정돈하려고 매우 애를 쓴다니, 이 일을 속히 조처하여 백성의 마음들만 상쾌하게 하여 줄 것 같으면 소동은 자연 정돈될러라.[42]

또한 러시아공사가 새로 문제 삼은 5월18일자 기사는 다음과 같은 것이었다.

러시아 사관 둘이 하사와 병정 약간 명과 통사[통역] 등을 데리고 함경북도로부터 들어온다는 말은 이미 기재하였거니와, 또 들은즉 그 사관들이 원산항에 이르러 감리영에 방 하나를 빌려 있는데, 저희 나라 국기를 꽂으매 감리사가 말하기를 남의 나라 공해에 국기를 함부

40) 《매일신문》 1898년5월20일자, 「논설」.
41) 「露國士官을 誣毀한 韓國新聞에 對한 解明要求」, 『舊韓國外交文書(十七) 俄案(1)』, pp.578~579.
42) 《매일신문》 1898년5월7일자, 「잡보」.

로 꽂는 것은 공법에 마땅치 않은 일이라고 금단하여도 그냥 꽂음에 그 일로 서울 있는 러시아공사한테 조회히였더니, 그 공시도 그 일이 마땅치 않은 줄로 말하야 그 사관들이 지금은 감세관리의 집에 나와 있는데, 국기는 여전히 꽂고 있음에 그 주의를 알지 못할 일이라고 한다더라.[43]

한편 협성회는 5월23일에 특별회를 소집하여 프랑스공사가 기재원의 처벌을 요구해 온 문제를 논의한 뒤에 양홍묵 등 다섯 사람을 총대위원으로 선정하여 외부대신에게 편지를 보내기로 결의했다.[44] 이에 따라 양홍묵 등은 25일에 외부대신 조병직에게 편지를 보내어 만일 《매일신문》 기재원이 죄가 있거든 의율징치[依律懲治: 의법처단]하고 죄가 없으면 프랑스공사에게 죄 없는 이유를 설명해서 양국 교제상 체례[體禮: 관리들 사이의 예절]에 서로 손상이 없게 하라고 촉구했다.[45]

러시아와 프랑스의 공사들과 한국정부 사이의 조회공문은 그 뒤에도 여러 차례 오갔다. 프랑스공사는 외교공문이 신문에 게재되는 것을 막기 위하여 앞으로는 공문용어를 한문으로 번역하지 말고 프랑스어로만 사용하자고 제의하기도 했다.[46]

한국정부와 은밀히 교섭하여 이권을 챙기려 했던 열강으로서는 《매일신문》이 여간 부담스러운 존재가 아니었다. 그것은 《제국신문》이 이때의 상황을 "외국 공영사도 이 무세(無勢)한 종이조각을 꺼리기를 군사 몇만 명보다 어렵게 여기고…"[47]라고 기술한 것으로도 짐작할 수 있다. 마침내 정부와 러시아 및 프랑스는 당초의 계획을 변경할 수밖에 없었는데, 이것

43) 《매일신문》 1898년5월18일자, 「잡보」.
44) 《매일신문》 1898년5월24일자, 「잡보」.
45) 《독립신문》 1898년5월28일자, 「잡보」.
46) 「往來公文의 新聞揭載를 避하기 위한 法文使用件」, 『舊韓國外交文書(十七) 俄案(1)』, pp. 400~402.
47) 《제국신문》 1898년8월15일자, 「논설」.

은 신문과 독립협회가 거둔 최초의 외교적 승리였다.

이때의 러시아공사의 항의조회에는 신문을 규제할 법을 제정하라는 요구도 포함되어 있었는데, 10월에 이르러서는 일본공사 가토 마스오(加藤增雄)도 주한외교사절 대표 자격으로 외교문서를 신문에 보도하지 못하게 하라는 조회를 외부에 보내왔다. 그리하여 한국정부에서 신문관계법의 제정문제가 논의되기 시작했다. 그러나 그것은 독립협회의 드센 자주민권운동의 전개 속에서 보류되다가 독립협회가 해산되고 난 직후인 1899년 초에 한국 최초의 언론법인「신문지조례(新聞紙條例)」가 재정되었다.[48] 말하자면 이승만이 러시아와 프랑스의 비밀 외교문서를 폭로한 것이「신문지조례」를 제정하는 계기가 된 셈이었다. 그러나 이「신문지조례」는 시행되지 않은 채 폐기되고, 1907년에 가서야 흔히「광무신문지법(光武新聞紙法)」으로 일컬어지는「신문지법」이 제정되었다.

《매일신문》이 일간으로 발행된 것은 다른 신문에도 큰 자극을 주어 《독립신문》도 7월1일부터 일간으로 발행되었고, 뒤이어 8월10일에는 《제국신문》이, 9월5일에는《황성신문(皇城新聞)》이 일간신문으로 창간되어 마침내 한국에도 일간지 시대가 열리게 되었다.

---

48)「신문지조례」의 내용은 鄭晉錫,「대한제국 최초의「신문지조례」제정과 그 내용」,『제7회 韋庵 張志淵 기념 학술세미나』, 2001, pp.25~31 참조.

3. 《매일신문》의 내분과 《제국신문》 창간

1

그러나 이승만은 곧 사내분규로 《매일신문》의 사장직에서 물러났다. 이승만이 사장과 기재원을 겸임하기로 되었다는 보도가 나가고 사흘 뒤인 《매일신문》 5월30일자(제44호)와 31일자(제45호)에 연달아 협성회에 긴급한 일이 있어서 31일 오후 4시 부회장 양홍묵의 집에서 특별회를 개최한다는 공고가 났다.[49] 그리고 6월4일자(제49호)에는 다음과 같은 기사가 실렸다.

전 화요일 특별회에 회원들이 모여 난상히 의론하고 매일신문사를 본회 회원 중으로 고본금(股本金)을 수합하야 회사로 조직하고, 사장은 양홍묵씨요 기재원은 최정식, 이승만 두씨를 인용하고, 회계는 유영석, 박신영 두씨로 정하고, 간독(看督)은 현제창, 현덕호 두씨로 작정되다.[50]

말하자면 협성회 회장과 《매일신문》 사장 자리가 분리된 셈이었다. 그리고 협성회 회원들 사이에 고본[주식]을 모아 신문사를 회사 체제로 개편한 다음 사장에 양홍묵을 선출하고, 기존 직책 이외에 회계와 간독을 추가했다는 것이었다. 또한 사장 겸 기재원이었던 이승만은 기재원으로서 제작에만 관여하게 한다는 것이었다. 그런데 이 특별회는 양홍묵의 집에서 열린 것이었으므로 정상적인 회의였다고 하기 어렵다.

이러한 움직임에 대한 기존 제작진의 입장은 《매일신문》 7월7일자(제

---

49) 《매일신문》 1898년5월30일자 및 5월31일자, 「협성회 특별회 공고」(영인판에는 없음).
50) 《매일신문》 1898년6월4일자, 「협성회 회중잡보」.

77호)에 실린 장문의 「사중고백」에 표명되어 있다. 이 「사중고백」은 활판과 회계 책임을 맡은 유영석의 부탁으로 기재원 최정식이 내부대신으로부터 13도에 구독을 권유하는 공찰(公札)을 받아냈고 이에 따라 신문 발행 부수가 1,000여장이 늘어나자 "몇몇 사람이 나서서 본회를 배반하야 신문 회사라 칭하고 사장이니 간독이니 내어 그 사업하여 놓은 것을 은근히 권리를 앗으려 하는 까닭에" 분란이 생겼다고 주장했다. 협성회 회장이 겸하는 사장직을 양홍묵이 비정상적인 방법으로 탈취했다는 것이었다.

그러나 이튿날 신문에는 완전히 반대되는 내용의 기사가 실렸다. "근일에 기재원 이승만씨가 유고하야 최정식으로 잠시 대리하였더니" 최정식이 허위사실을 기재했다는 기사였다. 그리고 《매일신문》은 협성회 회원이 회사를 조직하여 발행하는 것이 규칙인데, 유영석과 최정식이 "회원 밖의 사람을 부동하여 본사 제원(諸員)을 도리어 내어 보내고 신문을 독(獨)히 주장하여 발간하려 하니" 본사 규칙에 위배되므로 해임했다고 설명했다.[51] 그런데 이보다 앞서 6월23일자에 기재원 최정식이 물러나고 윤하영(尹夏榮)이 그 후임이 되었다는 기사가 있는 것으로 미루어 보면, 기존 제작진과 새로 구성된 임원들 사이의 마찰이 신문사 안에서 계속되고 있었던 것 같다.

유영석과 최정식과 함께 《매일신문》의 제작에 열중했던 이승만이 내분과정에서 구체적으로 어떻게 행동했는지는 자세히 알 수 없다. 7월1일에 다시 양홍묵의 집에서 사원총회가 열린 다음,[52] 7월8일자(제78호) 기사에서 "기재원 이승만씨가 유고하여…"라고 한 것을 보면, 이때의 사원총회에서 이승만을 해임하기로 결의했던 것 같다. 내분은 경영권과 신문 제작의 주도권을 둘러싼 싸움이었는데, 이문사 쪽과 연계된 이승만, 유영석, 최정식 등이 양홍묵 그룹을 신문제작에서 배제했기 때문에 일어났던

---

51) 《매일신문》 1898년7월8일자, 「잡보」.
52) 《매일신문》 1898년7월1일자, 「잡보」.

것으로 짐작된다. 그러한 사정은 앞의 「사중고백」이 "우리 몇몇 사람이 이 일을 주징하야 수삭을 지내는 바 한달에 몇백원씩 밑져 들어가는 고로 한 사람도 찾아와 걱정하는 것을 볼 수 없이 남의 일 보듯들 하니…" 하고 양홍묵 그룹을 비난한 것으로도 알 수 있다.

그러나 양홍묵 그룹이 신문제작에 적극적으로 참여하지 않았던 것은 아마 협성회 회장인 이승만이 최정식과만 의기투합하여 배재학당의 같은 교사이면서 아홉살이나 연장인 부회장 양홍묵을 신문제작에서 소외시켰기 때문이었던 것 같다.

1897년7월에 독립협회의 위원으로 선입되었던 양홍묵은 1898년3월에는 새로 설치된 사법위원(司法委員) 서기에 선임되는 등으로 독립협회 활동에도 열성을 쏟고 있었다. 그리고 7월16일에 열린 협성회 통상회의는 "매일신문사를 다시 조직할 일로 임원을 다시 선정했다"면서 임원은 사장 1인, 총무원 1인, 기재원 2인, 회계 1인으로 정했다고 발표했다. 그러나 새로 선임한 사람들의 이름은 밝히지 않았다.[53]

이승만은 회장으로서 마땅히 이때의 통상회의를 주재하는 입장에 있었음에도 불구하고 회의에 참석했는지조차 분명하지 않다. 그리고 다시 일주일 뒤인 7월23일의 통상회의에서는 회장 이승만을 출회[黜會: 제명] 조치하고, 부회장 양홍묵은 의원 사임했다. 새 회장에는 한치유(韓致愈), 부회장에는 윤창렬(尹昌烈)이 선출되었다.[54] 이승만과 양홍묵은《매일신문》내분의 양쪽 책임자로서 인책된 것으로 여겨진다.

《매일신문》의 내분은 신문사의 분립을 가져왔다. 역사적인 일간지로 창간한 지 석달 만의 일이었다.《매일신문》에서 해임된 유영석과 최정식이 이문사로부터 세내었던 주자와 기계 등의 인쇄시설과 《매일신문》의 사옥을 장악하고 7월10일쯤부터 《일일신문(日日新聞)》이라는 신문을

---

53) 《매일신문》 1898년7월19일자, 「협성회 회중잡보」.
54) 《매일신문》 1898년8월17일자, 「협성회 회중잡보」.

발간하기 시작한 것이었다. 이승만도《일일신문》제작에 참여했을 것이다.[55] 이들이 인쇄시설과 사옥을 장악할 수 있었던 것은 처음에 이문사로부터 인쇄시설을 임대할 때에 협성회 회장이던 유영석과 서기이던 김연근의 명의로 임대했기 때문이었다.

《일일신문》의 발간에 대해《독립신문》은 "《일일신문》이 또 발간이 되었으니 세상에 유익할 일을 기약하노라"라고 보도했다.[56] 한편《매일신문》은 7월9일부터 휴간하고 사옥을 전 선혜청 앞 균역청 도가였던 집으로 옮겨서 7월18일부터 속간했다. 뒤이어《매일신문》과 협성회가 주자와 기계를 소유주 김익승으로부터 샀다면서 가져가 버리자《일일신문》쪽에서 소송을 제기하는 사태가 벌어졌고, 7월22일에 열린 재판에서《일일신문》이 승소하자 주자와 기계는《일일신문》이 도로 가져갔다.[57] 7월16일에 김익승이 협성회에 입회했다는 것을 보면,[58]《매일신문》과 협성회가 주자와 기계를 김익승에게 샀다는 말은 사실이 아니었던 것 같다.

그리하여《매일신문》은 8월21일부터 열흘 동안 다시 정간했다가 임시 사무소를 남대문 안 대평동(大平洞)의 전 서서(西署)였던 집으로 옮겨서 8월10일부터 속간했다. 인쇄시설을 되찾은《일일신문》은 그러나 몇호 발행되지 못하고 중단되었다. 그 인쇄시설을 이용하여《제국신문》이 창간되었기 때문이다.

2

《제국신문》은《매일신문》이 속간된 8월10일에 창간되었다.《제국신문》을 처음 준비한 사람들은《매일신문》창간에도 참여했던 이문사 그

---

55) 정진석, 『歷史와 言論人』, 커뮤니케이션북스, 2001, p.40.
56) 《독립신문》 1898년7월12일자, 「잡보: 신문신설」.
57) 두 신문의 재판 관계기사는 《독립신문》 1898년7월19일자, 「잡보: 두 신문 재판」, 7월23일자 「잡보: 두 신문사 재판」, 8월22일자 「잡보: 신문사 소식」.
58) 《독립신문》 1898년8월17일자, 「협성회 회중잡보」.

룹이었는데, 이 신흥 상공업자들은 4,000~5,000원의 자본으로 경영을 맡고[59] 이종일, 이승만, 유영식 세 사람이 편집을 맡는 형태로 출발한 것이었다. 이문사 명의로 신문발간 인가를 받은 다음 사장은 이종일이 맡았고, 이승만은 주필로서 주로 「논설」을 집필했다.[60] 《제국신문》은 창간사 격인 「고백」을 통하여 다음과 같이 발간 취지를 설명했다.

　　본사에서 몇몇 유지한 친구를 모아 회사를 조직하여 가지고 새로 신문을 발간할 새 이름을 제국신문이라 하야 순국문으로 날마다 출판할 터이니, 사방 첨군자는 많이 주의들 하여 보시오. 대개 제국신문이라 하는 뜻은 곧 이 신문이 우리 대황제 폐하의 당당한 대한국 백성에게 속한 신문이라 함이니, 뜻이 또한 중대하도다. 본래 우리나라 대한이 개국한 지 4천여년 동안에 혹 남에게 조공도 하고 자주도 하였으나, 실로 대한국이 되고 대황제 존호를 받으시기는 하늘 같으신 우리 황상폐하께오서 처음으로 창업하신 기초라. 우리 일천이백만 동포가 이같이 경사로운 기회를 즈음하여 나서 당당한 대한제국 백성이 되었으니, 동양반도국 4천여년 사기에 처음되는 경사라.…

대한제국의 선포를 경축하는 뜻으로 제호를 《제국신문》으로 삼았다는 것이었다. 그리고 지면제작 방향을 다음과 같이 천명했다.

　　그동안 국중에 신문이 여럿이 생겨 혹 날마다 발간도 하며, 혹 간일(間日)하여 내기도 하며, 혹 일주일 동안에 한두번씩 내기도 하는데, 그중에 영어신문이 하나이요 국한문으로 섞어서 내는 것이 하나이요 일어로 섞어 내는 것도 있으되 그중에 국문으로 내는 것이 제일 긴요

59) 《제국신문》 1899년12월27일자, 「제국신문 중간사실」.
60) 金榮熙, 「李鍾一의 言論觀과 뎨국신문의 性格에 관한 一考察」, 『仁石朴有鳳博士華甲記念論叢』, 傳藝苑, 1981, pp.410~411 및 崔起榮, 앞의 책, pp.12~24 참조.

할 줄로 믿는 고로 우리
도 또한 순국문으로 박
일 터인데, 논설과 관보
와 잡보와 외국통신과
전보와 광고 등 여러 가
지를 내어 학문상에 유
조할 만한 말이며 시국
에 진적[眞的: 사실 그대
로임]한 소문을 들어 등
재하려는 바, 본사 주의
인즉 신문을 아무쪼록
널리 전파하여 국가 개
명에 만분지 일이라도
도움이 될까 하야, 특별
히 값을 간략히 마련하
고 날마다 신실히 전하

이승만이 주필을 맡았던 《제국신문》 창간호.

여 보시는 이들에게 극히 편리하도록 주의하오니…[61]

이처럼 《제국신문》의 주된 발행목적도 《독립신문》이나 《매일신문》
의 그것과 마찬가지로 국민계몽에 있었다. 한글전용을 한 것도 그 때문
이었다. 특히 신문값을 다른 신문에 비하여 싸게 매긴 것은 서민층과 부
녀자들에게까지 읽히겠다는 의도에서였다. 그런데 뒷날 을사조약이 강
제된 뒤에 《제국신문》이 다음과 같이 특별히 한글의 중요성을 강조한
것을 보면 한글전용이 오직 널리 읽히기 위한 것만이 아니었음을 알 수
있다.

61) 《제국신문》 1898년8월10일자, 「고백」.

제 나라 글을 숭상하지 아니하고 남의 나라 글을 배우되 제 나라에 글이 없는 고로 인민생활에 제일 필요되는 내 나라 역대 사적이 없어서 중원[中原: 곧 中國] 역사부터 가르치고 배운즉… 그런 고로 자기 나라는 소홀히 알고 남의 나라 위하는 사상이 팽창하여, 사람마다 독립사상이 없고 의뢰심만 남아서 남에게 의뢰하기를 좋아하다가 오늘날 이 지경이 된 것은 확실한 사실이로다.[62]

《독립신문》의 창간 때와 마찬가지로《제국신문》에도 배재학당 출신의 한글연구가 주시경(周時經)이 잠시 참여했으나, 이 무렵의 한글신문 제작이 오직 주시경의 주장에 따른 것만은 아니었다. 서정주는《매일신문》을 창간할 때에 이승만이 친구들의 반대를 무릅쓰고 한글전용을 고집하여 실현시켰는데, 그것은 민주주의 혁명을 성취하기 위해서는 먼저 무지한 일반 민중이 깨어야 한다고 생각했기 때문이었다고 썼다.[63] 실제로 이승만은 일찍부터 한글전용 주장자였다.[64]

그런데《제국신문》의 창간호가 어차피 경쟁지일 수밖에 없는《독립신문》이나 심지어《매일신문》에 대해서조차 우호적인 「광고」를 게재한 것은 눈여겨볼 만한 일이다.《독립신문》에 대해서는 "우리 대한에 매우 긴요한 신문이니 많이 사다들 보시오"라고 했는가 하면,《매일신문》에 대해서도 "그동안 몇호 정지되었더니 요사이 회사를 다시 조직하고 오늘부터 신문이 다시 발간되었는데, 요긴한 소문과 유익한 말이 많더라"라고 복간 사실까지 알리면서 구독을 권했다.《제국신문》의 이러한 태도는 《매일신문》이 8월12일자부터 23일까지 10여차례에 걸쳐 "근일에《제국신문》이 새로 났는데, 우리《매일신문》과는 도무지 상관이 없으니 혹 신문 보시는 군자들이《제국신문》을《매일신문》으로 그릇 아실 듯하기로

62)《제국신문》1907년9월17일자, 「논설: 국문을 경하게 여기는 까닭에 국세가 부패한 이유」.
63) 徐廷柱, 앞의 책, pp.154~155.
64) 김인선, 「개화기 이승만의 한글운동 연구」, 延世大學校 박사학위논문, 1999 참조.

자에 광고하노이다"라는 사고(社告)를 낸 것과는 매우 대조적이다. 이는 《매일신문》쪽에서 《제국신문》의 창간을 매우 못마땅하게 여겼음을 말해 준다.

이승만은 《제국신문》 주필로서 정력적으로 활동했다. 《매일신문》에서 해임되고 《일일신문》 창간에 참여했던 최정식은 《제국신문》 창간에는 관여하지 못했다. 그는 1898년 8월 초에 독립협회 회의에서 한 발언이 문제가 되어 투옥되었기 때문이다. 이승만은 예리한 논리와 기발한 비유와 절묘한 풍자로 독자들을 설득하고 선동함으로써 《제국신문》의 성가를 급속히 제고시켰다. 그 대표적인 것이 《한성신보》와의 논쟁이었다.

4. 《한성신보》와의 논쟁

1

《제국신문》이 창간되고 나서 2주일이 채 되지 않은 시점에서 이승만이 일본인들이 발행하는 《한성신보》와 벌인 논쟁은 그의 초기 언론활동의 백미였다. 논쟁의 꼬투리가 된 것은 《제국신문》 8월16일자 기사였다. 한국 병정 하나가 군복을 입은 채 일본인 전당포 주인에게 손찌검을 당하는 모습을 보고 길 가던 사람이 분을 참지 못하여 그 이유를 따지자 전당포 주인은 그 사람에게까지 욕설을 퍼부었는데, 이러한 사실을 일본경찰에 고발했는데도 일본경찰은 아무런 조처를 취하지 않는다는 내용의 기사였다.[65]

이어 8월29일자에는 한 일본인이 한국사람을 칼로 찌른 사건과 관련하여 한국사람 여럿이 일본경찰소에 끌려가서 매를 맞고 갇혔다는 기사가 실렸다. 사건의 내용은 다음과 같은 것이었다.

전날 저녁 8시에 수교[水橋: 수표교] 앞에서 장사하는 일본인 집에서 한 일본인이 배를 깎고 있는데, 옆에 앉아 있던 한 한국사람이 침을 잘못 뱉어서 일본인 옷에 떨어졌다. 일본인이 배 깎던 칼로 침 뱉은 사람을 찔러 유혈이 낭자하자 사람들이 지소에 가서 신고했다. 그러나 순검은 움직이지 않았다. 일본인 집 앞에 수백명이 모였다. 칼질한 일본인은 그 집 안으로 숨었고 달려온 일본순사는 한국사람들을 해산시키려 했다. 일본순사들과 한국사람들 사이에 소란이 벌어지고 많은 사람이 일본경찰에 연행되었다. 경무청에 가서 호소했으나 소용이 없었다. 사람들은 울분을 참지 못하며 헤어졌다.[66]

---

65) 《제국신문》 1898년8월16일자, 「잡보」.
66) 《제국신문》 1898년8월29일자, 「잡보」.

이승만은 이 사실을 「대한사람 봉변한 사실」이라는 장문의 기사로 상세히 보도했다. 모두 네면의 지면 가운데 1면 머리부터 두면 반에 걸친 이 기사는 한국인들이 한국경찰에 항의하는 모습을 실감나게 묘사했다.

(모인 사람들이) 나라가 위태하니까 한데 모여 저희끼리나 보호하려는 것을 어찌 헤쳐서 각기 따로 가서 남에게 매 맞고 칼질 받으란 것이니, 장차 나라를 어찌 하잔 말이오, 왜 백성들을 업신여기려 하오, 왜 백성들 연설 못하게 하오, 백성들이 모여 저의 몸을 보존하고 나라에 힘이 생기면 외국사람에게 방해로울까 그리하오, 순검이 백성들이 낸 돈으로 매삭 칠팔원씩 먹고 이 백성 보호하려는 것이 직책이 아니라 백성을 약하도록 만드는 것이 직책으로 아오 하며 말하기를, 우리가 이런 일을 밤낮 모여서 의논하여야 쓸 터이니 이 나라 경무청에서 또 잡아 가두더라도 내일 다시 모여 의논들 하자고 하고 울분함을 이기지 못하여 헤어졌으니, 백성들은 모여서 생명들을 차리시오.[67]

《제국신문》이 연달아 일본인들의 행패를 폭로하자 《한성신보(漢城新報)》가 《제국신문》을 비판하고 나섰다. 《한성신보》는 9월11일자에서 위의 《제국신문》 기사는 "기자 이승만이 그날 신문 채울 말이 없어서 스스로 꾸며 한폭의 그림을 그렸다"라고 비난했다. 일본인에 의한 구타사건은 있지도 않았고, 사소한 일을 이승만이 침소봉대하여 기사화했다는 것이었다.

적반하장격의 공격에 대해 이승만은 두면이 넘는 장문의 「논설」을 통하여 드세게 반박했다. 그는 《한성신보》가 "《제국신문》 기자 리승만이라고 성명을 들어 책망하였으니, 리승만이가 이런 일에 책망을 듣는 것은 나라를 위하여 대단한 영광으로 아노라"라고 응수하고, 또 그날 신문 채

---

67) 《제국신문》 1898년8월30일자, 「잡보」.

일본정부의 보조를 받아 서울에서 일본인이 발행하던 《한성신보》. 이승만은 《제국신문》을 통하여 이 신문과 논전을 벌였다.

울 말이 없어서 스스로 꾸며 한폭의 그림을 그렸다는 비난에 대해서는, "스스로 그림 그린 것이 아니라 적확한 사실을 비추어 사진 박은 것으로 우리는 생각하노라" 하고 재치 있게 받아넘겼다.

이승만의 이 「논설」은 이 무렵의 그의 일본에 대한 인식을 보여 주는 글이기도 하여 꼼꼼히 톺아볼 만한 가치가 있다. 그는 먼저 《한성신보》를 비꼬는 말로 시작했다.

우리가 《한성신보》에 대하여 감사함을 치하할 계제가 없어 항상 서어[鉏鋙: 서먹한 것]함을 면치 못하더니 지금 이런 좋은 기회를 만나 한마디 치하함이 없지 못하겠기로 대강 말하거니와, 이 《신보》가 우리나라에 설치된 지 다섯해 동안에 긴요한 소문과 양국 교제에 관계되는 말이며 개명에 유조(有助)한 사건을 들어 국중에 보고하여 주었으매 우리가 깊이 감사히 여기노라.

그러고 나서 이승만은, 그러나 이 신문에 대하여 "두어 마디 변론함을 마지못할 일이 있도다"라면서 다음과 같이 지적했다.

본월 11일《한성신보》중에 하였으되 성내에서 발간하는 신문 중에 일본사람에게 소간한 사건을 간간 그 사실을 잃고 혹 붓으로 희롱하야 타국 관청의 행위를 손상코자 하는 바, 8월16일에 발간한《제국신문》에 회동 벽문 일인의 전당집에서 대한 병정을 무수히 구타하였다 한 말은 결단코 구타한 사실은 없는 것을《제국신문》에 짐짓 내었다 하며 무수히 발명[發明: 잘못이 없음을 밝힘]하고, 또 그 아래 말하였으되 이런 조그마한 일을 바늘로 기둥을 만들어 기재하였다고 하였으니, 당초에 바늘도 없었으면 무엇으로 기둥을 만들었으리오. 이것만 보아도 바늘만치라도 구타한 사실이 있는 것은 가히 짐작하겠도다.…

그리고《한성신보》가 무슨 마음으로 일본경찰을 시비하느냐고 한 데 대해서는 다음과 같은 말로 반박했다.

우리가 일본관리를 시비할 것도 없거니와 설사 시비를 하였다 하더라도 본래 신문이라 하는 것은 춘추필법(春秋筆法)으로 통 세계에 어떤 사람이든지 지위와 권리를 거리끼지 않고 혹 실수와 그른 행위하는 자는 평론하는 권리가 다같이 있는 고로, 근일로만 말하여도 8월19일과 23일《한성신보》에 경부철도사건을 인연하야 대한정부를 모두 시비하였으니, 이것은 또한 무슨 뜻인지, 원청강 일본신문은 대한정부를 시비하는 권이 있고 대한신문은 독히 일본관인을 시비하는 권이 없을 이는 만무한 줄로 우리는 확실히 믿노라.…

그러고는 위의 사건과 관련한《한성신보》의 주장의 모순점을 날카롭게 지적했다.

지난달 29일과 30일《제국신문》에 기재한 바 대한사람이 봉변한 사건에 대하야, 수교에서 배 사먹던 일인이 대한사람이 침을 뱉어 무례히 함에 놀라 우연히 물리치려 하다가 가졌던 칼에 다쳐 약간 피가 흘렀다 하였으니, 그것은 매우 소상한 듯하나, 그 아래 말하기를 여러 사람들이 성군작당하여 일본영사관 앞에 모여 크게 작경[作梗: 못된 행실을 부림]하려 하는 것을 위급히 여겨 일본경찰관이 그 격동하는 자들을 잡음에 무리가 점점 흩어졌다고만 하였고 그 사람들을 잡아들여다가 어찌 하였단 말은 없으니, 그 말을 좀 자세히 들었으면 좋을 듯하나, 그날 우리 신문에 그 사람들을 잡아들여다가 무수히 때렸다고 하였거늘 그 말은 발명치 아니하였으니 더 듣지 아니하여도 소상히 짐작할 일이요,….

이승만은 그러면서《한성신보》의 오만한 태도를 이렇게 꾸짖었다.

또 하였으되 일본 사정을 모르는 고로 일본영사의 행동에 대하야 시비할뿐더러 이따금 이웃나라 관원과 관청을 향하야 외람히 조롱하고 꾸짖는다고 하였으니, 어느 날 몇호 신문에 어느 일본 관원을 무슨 일로 꾸짖었는지는 자세히 설명치 아니하였은즉 우리가 스스로 깨닫기 어렵거니와, 을미년 납월분에《한성신보》에서 우리나라 대황제 폐하게 대하야 무례한 말로 크게 실례한 까닭에 우리나라 신민들이 그 신문을 아니 본 일이 있었는 줄은 세상이 거반 아는 바이니, 이는 대한 사정을 자세히 알고 한 일인지. 우리는 일본에 대하야 이같이 심하게 한 적도 없거니와 근자에 두 나라 교제가 점점 친밀하여 가는 터인즉, 구태여 적은 허물을 인연하여 피차 틈이 나게 되는 것은 본사에서 진실로 원치 아니하는 바로라.

이승만은 「논설」의 결론으로 한·일·청 3국의 우호관계의 중요성을 강조하고, "일본 하등인들"의 경거망동 때문에 그러한 큰 목적에 지장을 주지 않도록 일본 외교관들은 거류 자국민을 단속하여 양국 백성들이 "한나라 사람같이 친밀히 지내게" 하라고 《한성신보》 아닌 일본 외교관들에게 다음과 같이 점잖게 타일렀다.

대저 대한과 일본과 청국은 서로 친밀히 지낼 수밖에 없는 형편인데, 이 형편을 일본에서 더욱 밝히 깨닫고 힘써 주선하야 아무쪼록 대한 인민이 속히 개명하야 세계에 동등 백성이 되기를 일심으로 바라는 터이기로, … 설사 일본사람들에게 조금 관계되는 일이 있더라도 대한 백성이 되어 일호라도 이전 수치를 면하고 남과 동등 권리를 찾으려고 하는 것은 동양 삼국이 함께 바라는 공번된 큰 일이요, 아래 백성들의 잠시 격분한 일로 정의를 손상하는 것은 사사 조그마한 일이라. 연래로 일본 하등인들이 그 큰 목적을 잃고 대한 백성들을 혹 무리히 대접한 일이 바히 없었다고는 못할 터이라. 이런 행위가 없어지지 않고 본즉 백성끼리 항상 울분한 마음을 품어 교제가 손상할 염려가 있는 중 지금은 대한 백성들도 차차 이런 행위를 받지 아니할 생각들이 생기는 터인즉, 일본 외교관원들이 더욱 그 아래 백성들을 단속하야 이런 폐단이 막혀 한나라 사람같이 친밀히 지내게 하는 것이 동양삼국의 큰 목적을 생각하는 의리로 믿고 바라노라.[68]

---

68) 《제국신문》 1898년9월14일자, 「논설」.

이러한 동양3국 연대론은, 안경수(安駉壽)의 '일·청·한 동맹론(日淸韓同盟論)'에서 보듯이, 개화파 지식인들의 보편적인 주장이었다. 한국의 개화파 지식인들뿐만 아니라 중국의 지도적 지식인들도 이른바 범아시아주의에 긍정적이었다. 손문(孫文)은 많은 연설에서 '아시아 연합'을 주장했다.[69]

이 글에서 이승만이 《한성신보》가 발행된 지 5년이 되었다고 한 것은 착오였다. 위에서 본 대로 《한성신보》가 창간된 것은 1895년2월이었으므로 이때는 3년 반쯤 된 때였다.

이 무렵 한국에서는 정치적으로는 러시아가 압도적 영향력을 행사했으나 경제적으로는 일본이 여전히 한국 시장을 지배하고 있었다. 1896년 현재 한국에 있는 외국상사 258개 가운데 210개가 일본상사였다.[70] 따라서 한국에 와 있는 외국인 가운데도 일본인이 1898년 현재 1만5,062명으로 압도적으로 많았다. 청국인은 2,530명, 그 밖의 나라 사람들은 220명에 지나지 않았다.[71] 그리고 이때에 와 있던 일본인 가운데는 이승만의 말대로 "하등인들"이 많아서 한국인들과 곧잘 마찰을 빚었다. 그리고 일본인들의 신문과 논쟁을 벌인 이 글에서도 우리는 이승만이, 가령 러시아에 대한 것과는 대조적으로, 일본에 대해서 기본적으로는 우호적 인식을 하고 있음을 알 수 있다.

이승만의 반박에 대해 《한성신보》는 연달아 두차례나 《제국신문》을 비난했다. 이승만은 《제국신문》 9월21일자 「논설」을 통하여 이를 다시 반박했다. 이 제2차 논쟁은 사실 여부에 대한 논란보다는 언론의 본질 문제에 관한 논쟁이었다. 《한성신보》는 《제국신문》이 사실보도를 넘어서 여론을 선동한다고 비난했는데, 이에 대해 이승만은 "본래 신문이 국민의

---

69) Andre Schmid, *Korea Between Empires 1895~1919*, Columbia University Press, 2002, p.88.
70) 러시아財務部 編, 崔璇·金炳璘 譯, 『國譯 韓國誌』, 韓國精神文化研究院, 1984, p.553.
71) 細川嘉六, 『植民史』(細川嘉六著作集, 第二卷), 理論社, 1972, p.210.

개명(開明)을 주장함인즉 자기 뜻을 나타내어 시비를 분석하게 하는 것이 가장 귀한지라" 하고 계도의 기능의 중요성을 강조했다.

또 《한성신보》는 이승만이 신문의 비평의 기능을 춘추필법에 비유하여 강조한 것에 대해 "기재인이 공부자(孔夫子) 같은 성인이뇨?"라면서 "망령되고 참람[僭濫: 분수에 맞지 않게 과함]하다"고 비판했는데, 이에 대해 이승만은 이는 한문에 병든 말이라고 일축했다. 『춘추(春秋)』는 공자가 편찬한 것으로 전해지는 고대 중국 노(魯)나라의 역사를 기록한 책이며, 춘추필법이란 『춘추』와 같이 엄격한 비판적 태도로 사실을 기술한다는 뜻으로 흔히 쓰는 말이다. 이승만은 다음과 같은 말로 이 반박 「논설」을 마무리했다.

> 「논설」은 소견을 베푸는 것이라고 하였는데, 근래 《한성신보》에 「논설」 보기가 매우 드무니 아마 소견을 다 베푼 모양이요, 「잡보」는 사실을 곧 기록하는 것이라 하였는데, 근래 일본 친구의 다치는 말을 잘 볼 수 없으니 이는 마치 이로운 말만 들리고 해로운 말은 아니 들린다는 속담과 흡사하고, 또 우리는 우리보다 용렬한 자에게 비하면 좀 낫다 하였으니 이는 을축년(乙丑年)에 난 아이가 갑자년(甲子年)에 난 아이보다 한살 덜 먹었다는 말과 같은지라. 이것이 다 자미로운 말이 아니뇨. 이는 다 일시 웃음거리 말이어니와 《한성신보》는 대한과 일본 사이에 한낱 신문이니 관계가 더욱 큰지라. 이 신문이 양국 교제에 매우 주의한다 함은 크게 감사히 여기노라.[72]

이승만의 이러한 비유법과 풍자는 그의 특출한 재능을 드러내 보이는 것이었다. 이승만은 《제국신문》이 창간되고 나서 얼마 지나지 않아서 독립협회의 만민공동회 활동에 적극적으로 참여했으므로 이 무렵의 《제국

---

72) 《제국신문》 1989년9월21일자, 「논설」.

신문》의 논설은 바로 독립협회의 여러 가지 자주민권운동의 기본 정신이
반영된 것이었다.[73]

2

한국의 일간신문의 효시가 된《매일신문》은 1899년1월에 이승만이
투옥된 뒤에도 계속 발행되다가 그해 4월 초에 경영권이 보부상들의 모
임인 상무공사(商務公社)로 넘어가서 4월14일부터 경제와 산업 문제를
다루는《상무총보(商務總報)》로 바뀌어 발행되었다. 이 신문사의 사장
은 아이로니컬하게도 독립협회 탄압에 앞장섰던 길영수(吉永洙)였다. 그
러나 이 신문은 일반의 호응을 받지 못하여 곧 없어지고 말았다.

길영수는 한국 언론사상 처음으로 신문을 고발하여 재판을 받게 한
사람이기도 했다. 1898년7월에《대한황성신문(大韓皇城新聞)》[《황성신
문》의 전신]이 경기도 과천군청의 관리 김성표(金聲杓)의 투서로 군수 길
영수의 비위사실을 폭로했는데, 길영수는 그것이 사실무근이라고 하여
한성재판소에 제소하고 공판날에 과천군 주민 수백명을 서울로 데리고
와서 재판소 앞에서 위협적인 분위기를 조성했다.《대한황성신문》쪽에서
는 주필 유근(柳瑾)이 재판정에 출두했고, 유근은 길영수의 요구로 투서
한 사람이 김성표임을 밝히고 말았다. 이러한 사실을 보도한《매일신문》
의 「논설」은 취재원을 보호하지 못한《대한황성신문》주필 유근에 대해
"이렇게 투서한 사람의 성명을 경솔히 발설하고 보면 종금 이후로 투서
통이 비기가 쉽고 투서하려는 사람들이 각 신문사를 다 일반으로 알까
저어하노라"라고 신랄하게 비판했다.[74] 그것은 한국 언론사상 취재원 보
호 논란의 효시이기도 했다.

---

73) 金榮熙, 앞의 글, pp.414~415.
74) 《매일신문》1898년7월30일자, 「논설」.

이승만은 뒷날 옥중에 있으면서도 2년3개월 동안이나 비밀히 《제국신문》의 「논설」을 써서 내보냈고, 출옥하고 나서도 미국으로 떠날 때까지 석달 동안 《제국신문》의 「논설」을 집필했다. 그것은 그가 떠날 때에 《제국신문》이 "본사 리승만씨가 미국으로 떠났다"라고 하고, 또 이를 보도한 《대한매일신보》도 "《제국신문》 주필하던 리승만씨"라고 한 것으로도 짐작할 수 있다.[75] 이승만은 또 뒤에서 보듯이 미국으로 가는 배 안에서 항해 도중의 견문기를 《제국신문》에 「편지」로 적어 보냈다. 《제국신문》은 우여곡절을 겪으면서 일본의 침략에 저항하다가 제호의 연원이 된 대한제국과 운명을 같이하여 1910년8월2일에 폐간되었다.

올리버가 이승만이 《매일신문》을 창간한 일을 가리켜 "새 한국의 실질적인 탄생"이었다고 말하고, 그것은 "이승만의 정치 경력의 참된 시작이었다"고 한 것은 이승만 자신이 《매일신문》 창간을 주도한 것을 역사적인 일이었다고 자부하고 있었음을 보여 주는 것이다. 실제로 1898년에 시작된 일간지 시대의 개막은 한반도가 지구 규모의 세계로 편입되는 획기적인 계기가 되었다. 신문들은 한반도와 그 주변의 변화를 설명하고 그것을 독자들의 일상생활의 일부로 만들었다. 신문들은 이제 "한국 민족을 재정의(再定義)하는 일에 종사한 가장 눈에 띄는 공적 기관"[76]이 되었다. 이승만의 언론활동은 1898년 한해에 집중되었다. 그러나 이때의 언론활동의 경험은 뒤이은 옥중생활과 독립운동의 전 과정에서 이승만이 무엇보다도 언론을 통한 선전활동에 가장 큰 비중을 두고 열성을 기울이는 바탕이 되었다.

---

75) 정진석, 『歷史와 言論人』, p.52.
76) Andre Schmid, *op. cit.*, p.54.

9장

독립협회의 급진과격파

1. 첫 만민공동회의 연사

1

1898년3월10일 오후 2시에 종로 네거리에서 한국 최초의 근대적 대중집회가 열렸다. 이 날짜 《독립신문》은 "오늘 오후 2시에 종로에서 유명한 유지각한 이들이 좋은 연설을 한다고 뜻있는 군자들을 청하였다더라"라는 예고기사를 실었다. 이 집회는 서재필(徐載弼)과 이완용(李完用)이 은밀히 계획한 것이었다. 이완용은 정변모의사건으로 일본에 망명한 안경수(安駉壽)의 뒤를 이어 2월27일에 독립협회 회장이 되어 있었다.[1] 윤치호(尹致昊)는 대중집회의 위험성을 염려하여 반대했으나, 이날의 집회에 독립협회 간부들은 전면에 나서지 않고 배재학당(培材學堂)과 경성학당(京城學堂)의 젊은 교사와 학생들을 연사로 내세우는 조건으로 찬성했다.[2]

이승만은 현공렴(玄公廉), 홍정후(洪正厚) 등과 함께 이 역사적 대중집회의 연사로 선정되었다. 이승만과 홍정후는 배재학당 대표였고, 현공렴은 경성학당 대표였다. 현공렴은 개화파 사학자 현채(玄采)의 아들로서, 일본에 유학한 뒤에 경성학당에 다니면서 광무협회(光武協會)를 조직하고 그 회장을 맡고 있었다. 협성회를 주도하던 이승만이 독립협회와 직접적 관련을 맺게 된 것은 이때부터였다.

집회에는 주최쪽이 기대한 것 이상으로 많은 사람들이 모였다. 《독립신문》과 정교(鄭喬)는 이날 모인 군중이 1만여명에 이르렀다고 했고,[3] 집회를 참관한 외국사람들도 8,000명가량의 인파로 추산했다.[4] 이 무렵의

---

1) 鄭喬, 『大韓季年史(上)』, p.183.
2) 尹致昊, 『尹致昊日記(五)』 1898년3월10일조.
3) 《독립신문》 1989년3월12일자, 「잡보」; 鄭喬, 앞의 책, p.182.
4) The Korean Repository, March 1898, "Right about face", p.114.

서울의 인구가 19만6,000명가량밖에 되지 않았던[5] 점을 감안하면 엄청난 규모의 군중이 모인 것이었다.

집회는 먼저 미전(米廛)의 쌀장수 현덕호를 집회의 회장으로 선출했는데, 그것은 일반대중의 참여를 과시하기 위한 배려에서였다. 연사들은 백목전(白木廛) 다락 위에서 연설을 했다. 집회의 목적은 외교현안인 러시아의 군사교관과 재정고문을 철수시키자는 여론을 조성하고, 이 집회의 이름으로 그러한 주장을 담은 편지를 정부에 보내기 위한 것이었다. 연사들은 대한이 자주독립국임을 강조하고 러시아의 군사교관과 재정고문관의 철수를 주장했다.[6] 그것은 독립협회가 2월22일에 올린 상소문과 같은 내용이었다. 청중은 박수를 치고 "옳소" 하고 외치면서 "사람마다 대한이 자주 독립하는 것을 원하는 것"을 표시했다.[7] 대회는 이어 외부대신에게 회중의 일치된 뜻을 밝힌 편지를 보내기로 결의하고 이승만, 장붕(張鵬), 현공렴 세 사람을 총대[대표]위원으로 선출하여 그들의 이름으로 편지를 외부(外部)에 전달하도록 했다.[8]

대회는 큰 성공이었다. 독립협회가 이 집회를 계획할 때에는 특별한 이름이 없이 '민회(民會)'라고만 했으나, 모인 사람들이 1만여명이 되었다고 하여 이날 이후로는 대중집회를 가리켜 '만민공동회(萬民共同會)'라고 일컫게 되었다. 이날의 집회는 질서정연했고 연사들의 연설기조도 침착했다.[9] 그리고 외국인들도 많이 참관했는데, 개중에는 러시아공사 스페예르(Alexis de Speyer, 士貝耶)도 공사관원들과 함께 그 자리에 나와 있었고, 배재학당 교장 아펜젤러(Henry G. Appenzeller, 亞扁薛羅) 등 미국인들도 와서 지켜보았다. 이날의 집회는 정부와 서울의 외교계에 큰

---

5) 서울의 인구는 1891년에 19만3,159명, 1900년에 19만6,898명이었다(권태환·전광희·은기수, 『서울의 전통 이해: 인구와 도시화』, 서울시립대학교 서울학연구소, 1997, p.85).
6) 《독립신문》 1989년3월15일자, 「잡보」.
7) 鄭喬, 앞의 책, p.182.
8) 《협성회회보》 1898년3월12일자, 「백성이 백성된 직분을 한다」.
9) *The Independent*, Mar. 12, 1898, "People's Mass Meeting".

1899년에 전차가 처음 개통했을 무렵의 서울 종로거리.

충격을 주었고, 독립협회의 간부들은 대회가 질서정연하게 진행된 것에
만족했다.[10] 총대위원 세 사람은 다음과 같은 편지를 써서 외부대신 민종
묵(閔種黙)에게 전했다.

　경계자(敬啓者)는 아라사[러시아]공사가 외부에 조회한 사건에
대하야 일만백성이 공동회의하와 대한에서 아라사에 고빙한 탁지부
고문관과 군부의 교련사관을 일병 해고하야 대한의 지주권을 튼튼케
할 일로 가하다는 의논을 결정하야 이에 앙포하오니 조량하옵서 만
민의 동심옹망[同心顒望: 같은 마음으로 크게 우러러 바람]하는 것을
맞추게 하심을 바라나이다.[11]

　민종묵은 이튿날 세 총대위원 앞으로 "공동한 의론을 알았으며 러시

10) 『尹致昊日記(五)』 1898년 3월 10일조.
11) 《독립신문》 1898년 3월 12일자, 「잡보」.

제9장 독립협회의 급진과격파　**431**

독립협회는 1896년에 사대주의의 상징물이던 모화관을 개수하여 독립관으로 쓰고 모화관 앞에 세워져 있던 영은문(위)을 헐고 그 자리에 파리의 개선문을 본떠서 독립문(아래)을 세웠다. 독립문 앞의 기둥은 영은문 주초.

아 고문관과 사관을 보낼 일은 탁지부와 군부의 소관이요 또한 정부에서 어떻게 결정하는가를 기다릴 것이라"라는 답장을 보내왔다.[12] 독립협회 회장 이완용은 이날부로 전라북도 관찰사로 임명되었다.[13]

---

12) 《독립신문》 1898년3월15일자, 「잡보」; 鄭喬, 앞의 책, p.183.
13) 『高宗實錄』 光武2년3월11일조; 《독립신문》 1898년3월15일자, 「잡보」.

이승만은 3월12일에 민종묵의 답장을 종로 네거리에 내다 붙였다. 종로 네거리에는 이틀 전에 만민공동회가 열렸던 자리에서 독립협회와는 관계없는 시민들의 자발적인 만민공동회가 다시 열리고 있었다. 남촌에 사는 사람들이 나서서 독립협회의 만민공동회 때와 같은 취지의 연설을 하는가 하면, 어떤 북도사람 네명과 시위대 사관 두명이 반대연설을 하려다가 시민들에게 제지당하기도 했다. 이승만이 내다붙인 민종묵의 답장을 보고 또 어떤 사람이 외국세력을 끼고 임금에게 불충하는 자를 규탄하는 연설을 했고, 모인 사람들은 박수를 치며 호응했다.[14]

1898년은 독립협회의 자주민권운동이 절정을 이룬 해였다. 독립협회는 조선이 청국으로부터 독립한 것을 기념하여 영은문(迎恩門) 자리에 독립문을 세우고 그 주변에 독립공원을 조성할 것을 사업목적으로 표방하고 1896년7월2일에 결성된 사업단체였으나, 실제로는 서재필 등 개화파들이 처음부터 이 나라 최초의 근대적 정당을 목표로 결성한 정치결사였다. 독립협회는 서재필의 계몽적 강연회에 이어 1897년8월29일부터는 배재학당의 협성회(協成會)와 같은 토론회를 정례적으로 개최함으로써 정치결사로서의 협회의 역량을 배양할 뿐만 아니라 자주민권운동의 대중적 기반을 급속히 확대해 나갔다. 그리고 1898년에 접어들어서는 상소와 정부 각부에 보내는 편지와 만민공동회라는 대중집회를 통하여 열강의 이권침탈 저지와 의회설립 요구 등의 운동을 드세게 전개했다.

독립협회의 자주민권운동의 기폭제가 된 것은 1898년 2월21일에 올린 구국선언 상소였다. 중추원 1등 의관이자 독립협회 회장인 안경수를 소수(疏首)로 한 이 상소의 내용은 밖으로는 자주독립을 주장하고 안으로는 입헌정치를 주장하면서 부패한 탐관오리의 처단과 대대적인 내정개혁을 요구한 것이었다.[15]

---

14) 《독립신문》 1898년3월15일자, 「잡보」; 《협성회회보》 1898년3월19일자, 「내보」
15) 愼鏞廈, 『獨立協會研究』, pp.285~287.

3월10일의 만민공동회는 놀라운 결과를 가져왔다. 독립협회의 회원수도 급속히 늘어났고, 공주(公州), 평양(平壤), 대구(大邱), 선천(宣川), 의주(義州), 목포(木浦), 인천(仁川) 등 각지에 지회가 설립되었다.[16] 정부는 독립협회의 주장대로 3월12일에 러시아에 재정고문과 군사교관의 철수를 요구했고, 3월17일에는 러시아정부도 군사교관과 재정고문의 철수를 통보해 왔다.[17] 그뿐만 아니라 부산 절영도(絶影島)의 석탄저장고 부지 조차요구도 철회하고, 3월1일에 설립한 한러은행도 철폐했다.

러시아의 이러한 조치는 때마침 러시아의 극동정책이 한국문제보다도 만주문제에 '모험적 진출'[18]을 도모하던 때이기 때문이었다. 그리하여 4월25일에 일본 외상 니시 도쿠지로(西德二郞)와 주일 러시아공사 로젠(Romanovich R. Rosen) 사이에 체결된 니시-로젠협정에는 "앞으로 오해를 초래할 우려를 피하기 위하여 러일 양 제국정부는 한국이 러시아나 일본에 조언 및 원조를 요구할 때에는 군사교관 또는 재정전문가의 임명에 대해서는 사전에 서로 협상을 하지 않고는 아무런 조치를 취하지 않을 것을 약정한다"(제2항)는 조항이 들어 있었다.[19] 이러한 기묘한 타이밍이 독립협회로 하여금 자신들의 영향력을 과대평가하게 만들었다. 이승만 자신도 뒷날 옥중에서 집필한 『독립정신』에서 이때의 일에 대하여 "우리 백성들이 정부를 도와 관민이 일심으로 국권을 보호하는 처음 일이었다"[20]라고 그 성과를 높이 평가했다. 독립협회는 승리감에 넘쳤다.[21]

정부는 독립협회의 격렬해지는 자주민권운동에 대한 견제를 시도했다. 종로에서 첫 만민공동회가 열리고 나서 며칠 지나지 않은 3월15일에

16) 위의 책, pp.106~112.
17) 「露士官顧問官의 撤收 및 韓國大使特派를 拒絕하는 照覆」 1898년3월17일, 『舊韓國外交文書(十七) 俄案(1)』, pp.526~527; 『尹致昊日記(五)』 1898년3월18일조.
18) ベ・ア・ロマーノフ著, 山下義雄 譯, 『滿洲に於ける露國の利權外交史』, 1934, 原書房影印版, 1973, pp.243~291 참조.
19) 日本外務省 編, 『日本外交年表竝主要文書 1840~1945(上)』, 原書房, 1965, p.186.
20) 리승만, 『독립정신』, 『雩南李承晩文書 東文篇(一) 李承晩著作 1』, p.195.
21) 독립협회의 러시아에 대한 인식과 대응에 대해서는 金淑子, 「獨立協會의 斥俄思想: 民族自主意識의 視覺」, 《人文科學硏究》 제1집, 誠信女子大學校人文科學硏究所, 1981, pp.101~120 참조.

고종의 특명으로 독립협회 회원 이원긍(李源兢), 여규형(呂圭亨), 지석영(池錫永), 안기중(安沂中) 네 사람을 갑자기 구속했다. 정교도 절영도 문제와 관련하여 체포하려 했으나 그것을 미리 안 정교는 피신했다. 독립협회는 3월20일에 이건호(李建鎬)를 총대위원으로 선출하여 경무사 김재풍(金在豊)에게 항의편지를 보냈다. 편지의 내용은 (1) 작년11월2일에 반포한 법률 제2호의 제11조 규정에는 사람을 체포할 때에는 어떤 혐의로 누구의 명령에 의한 것임을 밝히고, 체포된 뒤 24시간 안에 재판소로 이송하도록 되어 있는데도 불구하고, 근일에 경무청이 사람을 체포하여 여러 날 구금하고도 재판소로 이송하지 않은 것은 칙령과 법률 위반이며, (2) 독립협회 회원 몇 사람이 체포되었는데, 그 이유가 무엇인지 묻는 것이었다.[22] 그러나 고종은 이날로 이원긍 등이 "마음가짐이 음험하고 멋대로 유언비어를 퍼뜨려 인심을 선동하고 현혹시킨다"는 애매한 유언비어 유포 죄목으로 10년 유배에 처한다는 조칙을 내렸다.[23] 독립협회는 특별회와 토론회를 잇달아 열어 정부의 횡포를 격렬하게 규탄하고 항의편지를 보내는 등의 투쟁을 벌여, 결국 6월28일에 이들을 석방시켰다.[24] 그러나 어핍지존[語逼至尊: 말로써 임금을 핍박함]의 불경죄로 8월에 체포된 과격파 최정식(崔廷植)은 끝내 석방되지 않았다.

2

3월10일의 만민공동회 이후로 독립협회의 소장파 활동가로 두각을 나타내게 된 이승만은《매일신문》을 펴내는 데 열중하는 한편으로 독립협회의 대중운동의 향도 역할을 하게 되었다. 4월30일에 숭례문(崇禮門) 안에서 열린 서재필의 재류를 요청하는 만민공동회는 독립협회 회장 대

---

22) 鄭喬, 앞의 책, p.184.
23) 『高宗實錄』 光武2년3월20일조.
24) 『日省錄』 光武2년5월10일(양력6월28일)조.

리 일을 맡고 있던 윤치호의 동의도 받지 않고 열린 것이었는데, 이승만은 이 집회에서도 수동적 역할을 했다.

독립협회가 대중적 기반을 확대하면서 자주독립을 강조하고 열강의 이권침탈을 규탄하는 동시에 고급관료들의 무능과 부패를 고발하는 운동을 강력히 전개하자, 친러 수구파 정부와 러시아, 일본 등 열강은 서재필을 해고하여 추방함으로써 독립협회의 활동을 저지시키고자 했다. 러시아공사 스페예르는 한국정부와 미국공사 알렌(Horace N. Allen, 安連)에게 계속해서 서재필의 추방을 요구했다. 서재필은 뒷날 이때의 자신의 소환은 워싱턴의 주미 러시아공사 케시니 백작이 루스벨트(Theodore Roosevelt) 대통령에게 소환을 요구했기 때문이었다고 기술했다.[25] 러시아쪽에서 서재필의 소환을 미국 당국에 요구한 것은 서재필이 법률상 미국시민이었기 때문이다. 일본공사 고무라 주타로(小村壽太郞)는 서재필이 귀국하자마자 은근히 그를 협박하기도 했고, 일본정부는 미국인 고문 윌리엄스(Williams)를 통하여 미국정부에 계속해서 서재필의 소환을 요청했다고 한다.[26] 고종과 수구파 정부도 서재필이 독립협회를 부추겨 정부를 비판한다고 보고, 미국공사에게 서재필의 추방을 교섭했다.

서재필과 수구파 정부의 갈등도 심각해졌다. 고종이 1897년2월20일에 러시아공사관으로부터 환궁한 직후까지만 해도 서재필과 정부의 관계는 우호적이었다. 그리하여 3월16일의 조칙에 따라 3월23일에 교전소(校典所)가 발족하자,[27] 서재필은 이에 열성적으로 참여했다. 교전소는 의정(議政) 김병시(金炳始)의 건의에 따라 신구법의 절충과 그에 따른 법전을 편찬하기 위하여 중추원 안에 설치된 기관이었다. 총재대원(總裁大員), 부총재대원 등에는 보수적 인물들이 임명되었으나 위원과 지사원(知事員) 등 실무직은 한국정부의 고문으로 와 있는 외국인들과 서재필

---

25) 金道泰, 『徐載弼博士自敍傳』, p.219.
26) 위와 같음.
27) 宋炳基 外 編著, 『韓末近代法令資料集 II』, p.224.

436 제1부 양반도 깨어라 상놈도 깨어라(I)

자신을 포함하여 그가 추천한 개화파 인물들이 맡았다.

　서재필은 교전소를 통하여 제도와 법률을 대폭 개혁하고 군주권에 제한을 가하여 민권을 신장시키고자 했다. 《독립신문》이 교전소 관계 뉴스를 계속해서 크게 보도했던 것은 교전소 활동에 대한 서재필의 큰 의욕을 반영한 것이었다.[28] 그는 교전소가 독립협회의 이념을 구현해 줄 수 있을 것으로 기대했다. 그러나 보수적 원로대신들의 외면과 러시아 군사교관 고빙을 둘러싼 미국인 법부고문 그레이트하우스(Clarence R. Greathouse, 具禮)와의 의견 대립 등으로 말미암아 교전소는 아무런 결실도 보지 못한 채 이내 흐지부지되고 말았고,[29] 그러자 서재필은 정부와의 협력을 단념한 채 《독립신문》 발행과 독립협회 운동에 전념했다. 러시아 재정고문과 고련교관이 해고되어 출국하게 되자, 정부는 외국인 고문 해고를 빙자하여 1897년 12월 13일에 서재필을 중추원 고문관에서 해임하고, 그 사실을 알렌 공사에게 통보하면서 출국을 요청했다.[30]

　독립협회는 4월 25일에 그러한 조치는 부당한 일이라고 극력 반대하면서 서재필의 재고빙을 요청하는 편지를 정부에 보냈다. 그러나 정부는 사흘 뒤에 "서재필은 이미 해고되었으므로 재류여부는 본인의 의사에 달린 것"이라고 사실상 거부하는 답장을 보내왔다. 정부와 계약한 서재필의 임기는 7년 10개월이나 남아 있었으나, 정부는 미국공사 알렌과의 교섭 끝에 서재필이 출국조건으로 요구한 남은 임기분의 급여 2만 8,800원에서 《독립신문》을 창간할 때에 빌려 준 3,000원과 가옥 구입 대금으로 선불한 1,400원을 공제하고, 2만 4,400원을 지급했다.[31] 숭례문 안 만민공동회는 이러한 상황에서 열린 것이었다.

　이날의 만민공동회는 정부에 서재필의 재고빙을 요청하는 편지를 다시

28) 《독립신문》 1897년 3월 30일자, 4월 24일자, 5월 1일자.
29) 韓哲昊, 『親美開化派研究』, pp.211~220 참조.
30) 「中樞院顧問徐載弼의 件」, 「同上回答」, 『舊韓國外交文書(十一) 美案(2)』, 1967, pp.291~293.
31) 愼鏞廈, 앞의 책, p.310, 주 133).

보냄과 동시에 서재필에게도 재류를 요청하는 편지를 보내기로 결의하고, 이승만, 최정식, 정항모(鄭恒謨) 세 사람을 총대위원으로 선출했다. 이들이 서재필에게 보낸 장문의 편지는 다음과 같이 협박에 가까운 말로 끝맺고 있다.

지금 각하의 가고 머묾은 각하의 자유권에 달린 바이오며, 각하가 이 부모 나라를 버리고 어디 가서 천고에 썩지 않을 이름을 세우고자 하느뇨. 이리하나 저리하나 간에 각하의 총명과 덕으로 반드시 깊이 헤아림이 있을 터이라. 만일에 각하가 고집하야 돌이키지 못할 지경이면 우리 2천만 동포 중에 반드시 강개격앙(慷慨激昻)할 자가 있어서, 각하가 다만 일신만 위하여 꾀하며 뭇 사람의 의논을 돌아보지 않는다 할지라. 하물며 오늘날 우리의 공동회가 특별히 각하의 수레를 멈추고자 함이니, 오직 각하는 세번 생각하시오.[32]

서재필은 이 민중집회에 감격했으나, 정부가 재고빙을 하기 전에는 재류할 수 없음을 시사하는 답장을 5월2일자로 이승만 등 총대위원 앞으로 보냈다.

서재필의 출국이 기정사실이 되면서 《독립신문》의 인수문제가 대두되었다. 서재필은 신문사의 모든 시설을 현금 5,000원에 내놓고 윤치호가 인수해 주기를 바랐다.[33] 러시아쪽에서는 서재필이 내놓은 값의 두배인 1만원에 인수하겠다고 했으나 합의가 이루어지지 않았다. 서재필은 윤치호에게 "러시아인에게 파는 것보다는 굶는 편이 낫다"고 말했다고 한다.[34] 그러면서도 서재필이 독립협회와 《독립신문》을 못마땅하게 생각하고 궁극적으로는 없앨 방안을 모색하던 일본공사 가토 마스오(加藤増

---

32) 《매일신문》 1898년5월3일자, 「서씨에게 한 편지」; 《독립신문》 1898년5월5일자, 「서재필씨에게 한 편지」; 鄭喬, 앞의 책, pp.188~189.
33) 『尹致昊日記(五)』 1898년3월27일조.
34) 『尹致昊日記(五)』 1898년5월6일조.

雄)와 4,000원에 매도하기로 합의한 것은 의아스러운 일이다. 그것은 서재필을 비롯한 독립협회 간부들의 러시아와 일본에 대한 인식의 편향을 보여주는 것이었다. 그러나 그 약속은 한국정부로 하여금《독립신문》을 매입하여 폐간하게 하려고 한 일본정부의 간계에 따라 실현되지 않았다.[35)

한국정부에서도 《독립신문》의 매입문제가 논의되었으나, 서재필이 추방되면《독립신문》은 자연히 폐간될 것으로

서재필에게서 《독립신문》을 인계받고 그의 뒤를 이어 독립협회를 이끈 윤치호.

예상한 정부는 매입에 나서지 않았고, 서재필도 정부에 넘기는 것은 폐간을 뜻하는 것이라고 보고 교섭하지 않았다.[36)

결국 서재필은《독립신문》을 자기 소유로 남겨 둔 채 윤치호에게 경영을 맡기고 떠날 수밖에 없었다. 윤치호는 국문판의「논설」과 영문판의 "Molayo's Reports"라는 칼럼을 직접 쓰고 주 3회 발행하던《독립신문》을 7월1일부터 일간으로 발행하면서 크게 발전시켰다.

3

서재필은 5월14일에 다시 고국을 떠났다. 그가 떠나던 날 용산 강변

35) 愼鏞廈, 앞의 책, pp.61~62.
36) Philip Jaisohn, "Aparting Word", *The Independent*, May 17, 1898.

정자에는 독립협회 회원들, 협성회 회원들, 정부관리들, 남녀 외국인 등 많은 사람들이 배웅하러 나왔고, 서재필과 여러 전송객이 "눈물들이 흘러 강물을 보태는 듯"[37] 할 정도로 감동적인 작별연설을 했다. 그러나 수구파 정부가 기대했던 것과는 반대로, 서재필이 출국한 뒤에도 독립협회의 자주민권운동은 오히려 더욱 격렬하게 전개되었다. 5월16일에 이승만이 주재하던《매일신문》과 일본인 신문인《한성신보(漢城新報)》가 러시아와 프랑스가 한국정부에 이권을 요구한 외교문서를 폭로하자, 독립협회는 진상을 밝힐 것을 요구하는 편지를 외부대신에게 보내기로 하고, 그 기초위원 겸 총대위원으로 이승만, 정항모, 박치훈(朴治勳) 세 사람을 선정했다.[38] 그 편지의 다음과 같은 사뭇 명령조의 문투는 이제 독립협회가 정부로서도 그 요구를 거부할 수 없을 만큼 영향력 있는 정치단체가 되어 있었음을 보여 준다.

대저 본국의 땅은 선왕(先王)의 강토요 인민의 생업하는 땅이라. 귀 대신의 고명하신 식견으로 마땅히 참작하야 판단하실 터이오나, 본회에서도 이 일에 대하야 부득불 참예하야 들을 의(義)가 있삽기로 이에 앙포하오니, 조량하옵서 즉시 자세히 회시하심을 바랍니다.[39]

이때의 러시아의 요구는 앞에서 보았듯이 목포와 진남포 조차지에 인접한 사방 10리 안의 땅을 섬들까지 빼지 않고 사겠다는 것이었고, 프랑스의 요구는 평양 근교의 석탄광산 채굴권이었는데, 독립협회의 강력한 압력에 따라 정부는 결국 그 요구를 거절했고, 러시아와 프랑스도 요구를 철회했다. 독립협회는 이보다 앞서 2월28일에는 러시아의 부산 절영도 조차요구를 반대하는 편지를 외부에 보내어 정부에 큰 충격을 주었

37) 《독립신문》 1898년5월19일자, 「잡보」.
38) 《독립신문》 1898년5월19일자, 「잡보」.
39) 《매일신문》 1898년5월17일자; 《독립신문》 1898년5월19일자, 「잡보」.

종로에서 열린 독립협회의 만민공동회에서 연설하는 이상재. 이상재는 이승만의 평생의 후견인이 되었다.

고, 러시아로 하여금 그 요구를 철회하게 했었다. 또한 일본도 6월29일
에 1895년과 1896년 두해 동안 한국에서 의병에게 살상당한 일본인의 손
해배상으로 9만7,146원의 배상금을 지불할 것을 한국정부에 요구했는
데,[40] 독립협회는 7월16일에 종로에서 만민공동회를 열어 일본에 대한 경
부철도 부설권 양여에 항의하고, 일본인 피해자 배상금 요구를 규탄하면
서 이를 어떻게 조치할 것인지 묻는 편지를 외부에 보냈다. 외부대신 서리
유기환(兪箕煥)은 이러한 중대한 문제는 외부에서 독단하지 않을 것이며
정부에서 협의해서 조치하겠다고 회답하고, 배상금 지불을 거절하는 답
장을 일본공사에게 보냈다.

정국이 이처럼 급박하게 돌아가는 속에서 독립협회 초대 회장이던 안
경수의 황제양위음모사건이 불거졌다. 춘생문사건으로 3년형을 선고받
았던 안경수는 고종의 아관파천 뒤에 특사로 풀려나서 경무사와 중추원

---

40) 「暴徒義兵으로 因한 日人殺害賠償請求」 1898년6월29일, 『舊韓國外交文書(四) 日案(4)』, 1968,
p.69.

1등의관 등을 역임했다. 그는 춘생문사건을 주동했던 이충구(李忠求)와 김재풍(金在豊) 등과 함께 친위대 병력을 동원하여 고종을 폐위시키고 황태자를 옹립하려고 모의하다가 7월9일에 적발된 것이었다.

이승만의 배재학당 시절의 지기이던 이충구는 유배지에서 풀려난 뒤에 법부 민사국장 겸 고등재판소 판사 등을 역임하고, 1897년12월에는 경무사에 임명되었다가 1898년2월27일에 해임되었고,[41] 이충구의 후임으로 경무사에 임명된 중추원 의관 김재풍도 3월22일에 해임되었다.[42]

이 황제양위음모사건으로 내부대신 박정양(朴定陽)과 궁내부 특진관 민영준(閔泳駿)이 체포되고, 안경수는 일본으로 망명했다. 이 음모는 황태자를 잠시 왕위에 앉혀 두었다가 일본에 있는 고종의 다섯째 아들 의화군[義和君: 뒤에 의친왕(義親王)에 진봉된 이강(李堈)]을 국왕으로 옹립한다는 것이었는데, 이 음모의 뒤에는 일본에 망명해 있는 박영효(朴泳孝)의 사주가 있었다.[43]

철종(哲宗)의 부마[駙馬: 임금의 사위를 뜻하는 부마도위(駙馬都尉)의 준말]로서 김옥균(金玉均), 서광범(徐光範) 등과 함께 갑신정변을 일으켰다가 실패하고 일본으로 망명했던 박영효는 10년 만인 1894년8월에 귀국하여 내부대신에 서임된 다음, 근대적 내각제도와 새로운 경찰 및 군사제도의 확립 등 제2차 갑오개혁을 의욕적으로 추진했다.[44] 그러나 1895년7월6일에 민비 폐비음모를 기도했다는 혐의로 체포령이 내려지자 이튿날로 황철(黃鐵), 이규완(李圭完) 등 심복들과 함께 다시 일본으로 망명했다.

이 무렵 일본에는 아관파천 직후에 망명한 유길준(兪吉濬), 조희연

---

41) 安龍植 編, 『大韓帝國官僚史硏究(I) 1896.8.~1901.7.』, p.630.
42) 『世宗實錄』 光武2년2월27일조, 3월22일조.
43) 黃玹, 『梅泉野錄』, p.225; 「讓位事件ニ關スル疑獄結了ノ件」 1898년9월19일, 『日本外交文書 31-2』, 1954, pp.389~392.
44) 柳永益, 「甲午乙未年間(1894~1895) 朴泳孝의 改革活動」, 《國史館論叢》 제36집, 國史編纂委員會, 1992, pp.1~30 참조.

442 제1부 양반도 깨어라 상놈도 깨어라(I)

(趙義淵), 장박(張博) 등 갑오경장 때에 대신을 지낸 인물들과 왕실의 의화군과 이준용(李埈鎔) 및 그 추종자 등 수십명이 머물고 있었다.

러시아공사관에 머물던 고종이 1897년2월20일에 환궁하자 박영효는 국내 정국의 추이를 예의 주시하면서 귀국 방안을 탐색하고 있었고, 국내에서도 그의 귀국이 큰 관심사가 되고 있었다. 6월20일자 《매일신문》이 "근일 풍설을 들은 즉 박대신 영효씨가 환국하였단 말이 낭자하니, 우리는 참 믿을 수 없는 말로 여기노라"라고 보도한 것은 저간의 사정을 짐작하게 한다.[45]

이 사건을 빌미로 그동안 실정(失政)과 탐학으로 지탄의 대상이 되었던 의정부 참정(參政) 조병식(趙秉式)은 독립협회 회원들을 안경수의 도당으로 몰아서 협회 지도자들을 살해하고 독립협회를 해산시켜 황제의 신임을 얻으려 획책했고,[46] 격분한 독립협회는 7월17일에 조병식에게 사직을 권고하는 편지를 보내는 것을 시작으로 그의 파면운동을 맹렬히 전개했다. 그리하여 마침내 황제는 7월21일에 조병식을 면직시켰다.[47]

---

45) 《매일신문》 1898년6월20일자, 「잡보」.
46) 鄭喬, 앞의 책, pp.207~208.
47) 『日省錄』 光武2년6월3일(양력7월21일)조; 《독립신문》 1898년7월22일자, 「별보」.

2. 외국인 용병부대 설치와 독다사건(毒茶事件)

1

9월 들어 느닷없는 일이 벌어졌다. 고종이 황실을 호위할 외국인 용병부대를 설치하기 위하여 비밀리에 상해(上海)에서 외국인 30명을 데려온 것이다. 고종이 법부 고문 그레이트하우스와 황실을 호위할 외국인 용병부대의 설치를 계획한 것은 독립협회를 중심으로 한 개혁세력이 친위대의 지지까지 받아 불안을 느끼게 되었기 때문이었다. 민비시해 이후로 고종이 황실을 호위하는 한국인 순검 등을 신임하지 않고 항상 불안해하는 것을 기화로 장봉환(張鳳煥), 주석면(朱錫冕) 등이 그레이트하우스의 건의라면서 궁내부대신 서재순(徐載純), 군부대신 심상훈(沈相薰), 탁지부대신 민영기(閔泳綺) 등의 동의를 얻어서 고종에게 외국인 용병부대의 설치를 상주한 것이었다. 고종은 이를 받아들여서 그레이트하우스, 장봉환, 주석면 세 사람을 상해에 밀파했고, 이들은 퇴역군인 등의 외국인 30명(영국인 9명, 미국인 9명, 독일인 5명, 프랑스인 5명, 러시아인 2명)을 모집하여 인천을 거쳐서 9월15일에 서울에 도착했다.[48]

독립협회는 9월17일에 급히 특별회를 열고, 외국인을 고용하여 황실을 보호하는 것은 나라의 수치라면서 각부에 총대위원을 보내어 항의질문을 하기로 결의했다. 이승만은 궁내부(宮內府)에 보내는 총대위원으로 선발되었다. 이 무렵 이승만은 이종일(李鍾一), 유영석(柳永錫)과 함께 8월에 창간한 《제국신문》의 주필로서 신문제작에 열중하고 있었는데, 9월19일자 《제국신문》의 장문의 「논설」로 외국인 용병부대 설치를 비판했다. 이 논설의 다음과 같은 냉소적인 문장은 이승만이 고종을 얼마나 경멸하고 있었는가를 보여 준다. 그는 이 일을 "상하가 함께 부끄러운 큰

---

48) *The Independent*, Sept.17, 1898, "Our View of It"; 鄭喬, 앞의 책, pp.236~238.

괴변"이라고 썼다.

　　슬프도다, 우리의 처세함이여. 동양 경계(經界)로 말하여도 삼강
오륜(三綱五倫)에 벗어난 사람들이요 서양 경계로 말하여도 의리에
틀린 사람들이라. 아프리카 인종 같은 야만이나 되었으면 오히려 용
서나 하련마는 우리 입으로 동방예의지국이라 하는 나라에 나서 성인
의 경서도 읽고 인의예지(仁義禮智)와 효제충신(孝悌忠信)을 안다는
사람들이 되어, 이때 서양의 문명개화도 짐작들 하는 시대에 목하의
당장 당하고 앉은 정형을 볼진대 어디다 비할 데 없는 사람들이 되고
있으니, 어찌 세상에 용납하기를 도모하리오.…

　　임금이 그 백성을 믿지 못하여 외국사람을 청하여다가 대궐을 보
호하는 일이 세계에 나라되고서야 어디 있으리오. 이는 신하도 없고
군사도 없고 백성도 없음이니, 상하가 함께 부끄러운 큰 괴변이라. 이
런 일은 마땅히 신민이 일심으로 주선하여 결단코 시행이 못 되도록
하는 것이 도리에 합당한 일이라.…

　　연전에 외국 고문관을 해고시킬 적에 당당히 말하기를 지금은 우리
나라 사람이 외국의 교훈을 받지 않아도 능히 지낼 만하다고 하였더니,
그동안에 한 사업들이 무엇이오.… 아무리 생각하여도 이 사람들의 힘으
로는 따로 설 수가 없는 모양이라. 우리가 생각건대… 새로이 대소관인
들과 지방관들이며 병정 순검까지도 모두 외국의 학문 있고 개명한 사
람들을 청하여 사무를 맡겨 나라이나 개명하게 만들고 백성 교육이나
시켜 탐학이나 면하게 할 도리가 있으면 오히려 나을 듯하도다. 이것은
세상에 사람이 할 일이 아닌즉, 그 후에는 세계에서 야만으로 대접할 터
이니, 야만이야 누가 책망인들 하며 삼강오륜이 있고 없는 것을 누가 부
끄러이 여기리오. 참아 절통하여 하는 말이니 짐작들 하여 보시오.[49]

---

49) 《제국신문》 1898년 9월 19일자, 「논설」.

정부 대신들은 항의 방문한 독립협회 총대위원들에게 외국인 용병 반내를 주청하겠다고 약속했다. 그러나 이튿날 오후가 되도록 정부로부터 구체적 통보가 없자 독립협회는 외부의 문 앞에서 항의집회를 열고 외국인 용병을 즉각 추방할 것을 요구했다. 집회는 이튿날에도 열렸다. 이에 정부 대신들도 이 계획을 철회할 것을 고종에게 주청했고, 고종도 독립협회의 압력에 굴복하여 9월20일에 외국인 용병부대 설치계획을 포기했다. 외국인들은 1년치 급료 840원씩을 받고 9월27일에 상해로 돌아갔다.[50]

외국인 용병부대 설치문제와 때를 같이하여 발생한 김홍륙(金鴻陸) 독다사건(毒茶事件)은 다시 한번 정국을 뒤흔들었다. 김홍륙은 러시아 공사관 통역으로서 고종이 러시아공사관에 머물 때에 러시아 세력을 업고 온갖 전횡을 자행했고, 환궁한 뒤에도 고종의 측근에서 인사권을 비롯한 온갖 농간을 부린 인물로서, 3월11일에는 한성부 판윤(漢城府判尹)에 임명되었다가[51] 3월27일에 사직하는 등 물의를 일으켰다. 독립협회의 국정감시가 강화되자 김홍륙은 정사에 관여하지 못하게 되었고, 고종도 8월25일부로 그를 해임하여 지도군(知島郡) 흑산도(黑山島)로 종신유배를 보내게 되었다.[52] 이에 앙심을 품은 김홍륙은 그의 심복 공홍식(孔洪植)에게 아편 한냥쭝을 주어 고종이 마시는 차에 타게 했고, 공홍식은 하수인을 시켜 9월11일에 고종과 황태자에게 아편을 탄 커피를 올렸다. 고종은 구토를 하고 황태자는 인사불성이 되는 큰 위난을 당했다.[53]

그런데 이 사건을 조사하면서 경무사 민영기(閔泳綺)는 죄인을 잔악하게 고문했고, 9월24일에 열린 중추원은 의관 34명의 이름으로 신법을 개정하여 이미 폐지된 나륙법(拏戮法)과 연좌법을 부활시킬 것을 정부에 요구하는가 하면, 법부대신 겸 중추원 의장 신기선(申箕善) 등은 이를 주

---

50) *The Independent*, Sept. 29, 1898, "How to Prevent Conspiracies".
51) 《高宗實錄》 光武 2년3월11일조.
52) 《高宗實錄》 光武 2년8월25일조.
53) 《高宗實錄》 光武 2년9월12일조; *The Independent*, Sept.20, 1898, "Away with Whispers!".

청하는 상소를 올렸다. 나륙법이란 대역죄인은 참형하여 시체를 나누어서 각 지방에 보내어 백성들에게 경각심을 주고 죄인의 가족을 노비로 만드는 형법을 말한다.

독립협회는 9월25일의 통상회에서 반역사건을 규탄하고 사건의 철저한 조사를 촉구하면서도, 한편으로 죄인을 악형으로 고문한 사실과 중추원의 나륙법과 연좌법 부활 기도는 국민의 생명과 재산의 자유를 침해하는 것이며 신법을 개악하는 처사라고 결의하고, 이에 대한 반대운동을 벌이기로 했다. 그것은 독립협회가 그만큼 정치적으로 성숙해 있었음을 말해 준다.

독립협회는 10월1일에 중추원 문 앞에서, 이튿날에는 고등재판소 문 앞에서, 10월6일에는 다시 고등재판소 문 앞에서, 그리고 10월7일에는 고종이 거처하는 경운궁(慶運宮)의 인화문(仁化門) 앞에 나아가 상소를 올리고 악법의 부활 기도를 강력히 반대하는 농성을 벌였다.

그러나 고종과 수구파 각료들은 독립협회의 요구를 받아들이려 하지 않았다. 그러자 독립협회는 인화문 앞에서 집회를 해산하지 않은 채 시대착오적 악법의 부활 기도에 찬성하는 수구파 7대신[신기선, 이인우(李寅祐), 심순택(沈舜澤), 윤용선(尹容善), 이재순(李載純), 심상훈, 민영기]의 규탄과 전면적 개각요구로 투쟁을 확대했다. 독립협회는 10월8일에 인화문 앞에서 연좌농성을 하면서 7대신의 탐학을 낱낱이 들어 규탄하고, 그들의 파면을 요구하는 두번째 상소를 올렸다. 이 철야투쟁은 이내 광범위한 민중의 호응을 얻어서, 서울 시내와 전국 각 지방에서 보내 온 의연금이 600여원에 이르렀다.[54] 독립협회는 밤에는 50명의 대표를 남겨 인화문을 떠나지 않게 하고 낮에는 다시 모여 민중대회를 열면서 자신들의 요구를 승낙하는 고종의 비답(批答)을 기다렸다. 고종이 7대신에게 경고는 하되 교체는 않겠다고 하자, 독립협회는 집회를 더욱 확대하면서 10

---

54) 鄭喬, 앞의 책, p.248.

잠시 '평화적 혁명'을 성취한 만민공동회의 철야시위가 벌어졌던 경운궁(덕수궁)의 인화문. 지금은 없어졌다.

월10일에 다시 7대신 파면과 전면개각을 강력히 요구하는 세번째 상소를 올렸다.[55] 이날 독다사건 관련자들에 대한 처형이 있었다. 김홍륙 등세 사람은 교수형에 처해졌다.[56]

한편 외국 공사들도 신임 러시아공사 마튜닌(N. Matunine)의 주동으로 독다사건의 처리에 공동으로 항의하기로 하고 각 공사관별로 항의공문을 외부에 보내왔다.[57] 그것은 국제적으로도 여간 수치스러운 일이 아니었다.

인화문 앞 농성집회에는 각 학교 학생들과 철시를 한 시전 상인들도 참석하여 날이 갈수록 규모가 더욱 커졌다. 경무청에서는 강제로 시전을

55) 《皇城新聞》1898년10월11일자, 「別報: 獨立協會三疏」.
56) 『日省錄』光武2년8월25일(양력10월10일)조; 《독립신문》1898년10월12일자, 「잡보」.
57) 「置毒關聯囚人酷刑施行에 대한 抗議」1898년9월30일, 『舊韓國外交文書(十一) 美案(2)』, pp.422~423; 「毒茶事件犯의 酷刑取招에 대한 忠告」1898년10월1일, 『舊韓國外交文書(十四) 英案(2)』, 1968, pp.16~17; 「金鴻陸等處刑狀況에 대한 反省促求」1898년10월19일, 『舊韓國外交文書(四) 日案(4)』, pp.161~162.

열게 하려 했으나 상인들은 "우리도 자유권리로 하는 일이니 다시는 이 따위 수작을 말라"면서 이를 거부했다.[58]

독립협회와 시민들의 강경한 개각요구와 집회의 대규모화 추세를 도저히 막을 수 없음을 감지한 고종은 마침내 10월10일과 12일에 걸쳐 7대신을 모두 면직시키고, 독립협회가 신임하는 박정양을 서리의정사무(署理議政事務), 민영환(閔泳煥)을 군부대신 등으로 하는 새 각료를 임명했다. 그것은 10월1일부터 열이틀 동안 궁궐을 에워싸고 철야시위를 벌인 끝에 쟁취한 독립협회의 승리였다. 그리고 그것은 민중의 힘으로 개혁파 내각을 탄생시킨 획기적인 일이었다. 독립협회 회원들과 시민들은 10월12일 저녁에 만세를 부르면서 해산했다.[59] 각국의 외교관들도 이러한 사태에 경탄했다. 미국공사 알렌이 '평화적 혁명(a peaceful revolution)'[60] 이 이루어졌다고 본국정부에 보고한 것은 그 대표적 보기였다.

2

그러나 고종과 수구파의 반격도 만만치 않았다. 닷새 뒤인 10월17일에 고종은 독립협회의 규탄을 받고 물러난 조병식을 의정부 찬정(贊政)으로, 10월21일에 역시 독립협회의 비판을 받고 물러난 전 의정부 참정 윤용선을 내각수반인 의정부 의정(議政)으로 다시 기용하여 개혁파와 일부 수구파의 절충내각을 구성했다. 그리고 10월20일에는 독립협회의 토론은 정치문제 이외의 것에만 한정하며 그 집회는 독립관에서만 허용하고 이차집회[離次集會: 원래 정한 장소를 떠나서 집회를 여는 것는 금지한다는 조칙을 내렸다. 독립협회는 이미 7월 초순부터 집회장소를 서대문 밖의 독립관에서 도심의 명동 장악원(掌樂院)으로 옮겼고, 8월3일

---

58) 《독립신문》 1898년10월13일자, 「잡보: 전인충분」.
59) 《독립신문》 1898년10월13일자, 「잡보: 천은망극」.
60) 慎鏞廈, 앞의 책, p.352.

의 연설을 문제 삼아 장악원 집회소의 사용을 금지하자 대광교(大廣橋)
북쪽의 지전도가로 사무소를 옮겨 집회를 열고 있었다. 그러므로 고종의
이러한 조칙은 독립협회와 시민들의 인화문 앞 상소시위의 결과를 부인
하려는 의도에서 나온 것이었다.

이에 독립협회는 10월22일부터 경무청 문 앞에 나아가 대죄(待罪)형
식의 항의농성을 시작했다. 이미 정한 장소가 아닌 곳에서 집회를 열어
서 칙명을 위반했으므로 처벌을 받겠다는 것이었다. 그러면서 독립협회
는 언론과 집회의 자유를 강력히 요구하는 상소를 올렸다. 그들은 "독
립협회는… 직언으로 죄를 지었으나 한명이 죽으면 열명이 그 뒤를 잇
고, 열명이 죽으면 백명, 천명이 그 뒤를 이을 것"이라고 단호한 결의를
보였다. 이에 대해 고종은 "언로(言路)를 열고 어려움을 책(責)하여 진보
할 것은 이미 정산(定算)이 있으니" 물러 가서 기다리라는 비지(批旨)를
내렸다.[61]

이러한 와중에서 독립협회는 황국중앙총상회(皇國中央總商會)의
요청으로 두 단체가 총대위원 3명씩을 각각 선정하여 외부에 외국 상인
들의 조약위반행위를 금지하고 한국상인들의 권익을 보호하는 조치를
취할 것을 촉구하는 편지를 보내기로 했는데, 이승만은 독립협회의 총
대위원으로 선정되었다. 이승만이 총대위원으로 선정된 것은 그가 외교
문제에 통달한 인물로 평가되고 있기 때문이었을 것이다. 중앙총상회는
외국 상인들의 상권침략에 대응하여 시전상인들이 1898년 여름에 서울
에서 창립한 단체였다. 중앙총상회는 그동안 만민공동회가 열릴 때에는
철시를 하는 등으로 독립협회의 자주민권운동에 적극적으로 동조하고
있었다.

이승만 등 총대위원들은 외부에 가서 통상조약과 각군에 산재한 외
국 상인들의 실태를 알아본 다음 10월18일에 다음과 같은 편지를 외부대

---

61) 『日省錄』 光武2년9월9일(양력10월23일)조.

신 박제순(朴齊純)에게 보냈다. 8월22일에 외부협판에 임명된 박제순은 10월9일에 외부대신으로 승진해 있었다.

동서양 모든 나라의 개명한 인민은 통상교섭에 서로 거리낌이 없으나 만일에 개명하지 못한 인민으로서 제한을 두지 않으면 무성한 수풀 가운데서 가는 풀이 자라지 못함과 같이, 토종 인민은 쇠잔하여 모두 없어질 것이니, 이는 세계상의 자연스러운 이치와 형세입니다.

이렇게 전제한 다음 편지는 통상조약 체결 이후의 실상을 다음과 같이 설명했다.

우리나라에서 애당초 외국 사람과 통상조약을 정할 때에 각 항구 연안의 조계(租界)를 명확히 정하여 어느 나라 상인이든지 조계 10리 밖으로는 넘어갈 수 없도록 했습니다.… 그러나 최근 몇년 이래로 정해진 조약 규정 등은 모두 버려 두어 부(府), 군(郡), 각 지방의 정해진 경계 밖에서 외국 사람들이 토지를 사 모으고 집을 빌려서 점포를 만드니, 상인들의 권리와 농가의 산업은 나날이 없어지고 다달이 손상되고 있습니다. 땅을 외국인들이 소유해 버리고 집을 외국인들이 점유해 버리면, 비록 나라의 이름은 있더라도 국가 경영은 진실로 공허하게 될 것입니다.…

본 협회에서 분수에 지나친 근심으로, 불에 타고 물에 빠진 듯한 상황을 차마 좌시할 수 없어서 이에 우러러 아룁니다.

귀 대신께서 조약을 살피시어 각 부, 군의 조계 밖에 거류하는 외국 상인들을 낱낱이 통상 항구 연안으로 옮겨 보내고 외국인들이 토지를 사 모으는 폐단을 막고 금함으로써 우리나라 백성으로 하여금 농업과 상업을 보존하게 하소서.

또 한성으로 말할지라도 서울과 양화진(楊花津)이 비록 조약 규정 제4관의 통상하는 장소에 들어 있으나, 외국인들이 땅을 사고 집을 사서 앉은징사로 가게를 여는 일이 날로 더욱 늘어나고 있으니, 만약 여기서 그치지 않으면 연곡[輦轂: 임금이 타는 수레. 大駕] 아래의 약간의 땅이나마 우리 백성이 부지할 가망은 없어지게 될 것입니다.

조약 규정 제11관 가운데 응당 고쳐야 할 곳이 있으면 참작하여 더하든지 덜하든지 한다는 구절이 있습니다. 그런즉 마땅히 고칠 곳을 고치는 것도 또한 조약입니다. 일년 전에 앞서 미리 성명을 내어 서울 인민의 급급한 정황을 특별히 바로잡아 구제하여 주시기를 삼가 바라나이다.[62]

이러한 상황의 심각성은 정부도 인식하고 있었다. 외부는 이튿날로 각도 관찰사와 각 항구 감리(監理)에게 훈령을 내려 각국과의 통상조약의 규정을 위반하여 상설점포를 개설하거나 토지와 가옥을 매입하고 있는 외국인을 통상 항구의 조계로 철수시킬 것을 명령했다. 이 훈령은 당시 정부 조치로서는 민족적 요청을 받아들인 매우 중요한 것이었다.[63] 외부대신 박제순은 그날로 독립협회와 중앙총상회에 답장을 보내어 훈령을 내린 사실을 알렸다.[64] 이 훈령은 각도의 관찰사로부터 바로 각군으로 시달되었으나 잘 시행되지는 않았다. 그러한 사정은 1899년 1월 10일자로 재훈령을 내려 시행을 거듭 촉구한 것으로도 짐작할 수 있다.[65]

10월 24일에 속개된 집회에서 군중은 상소문과 고종의 비지를 읽었다. 비지를 들은 군중은 승리감에 차서 해산하려고 했다. 그러자 한 청년이 군중 앞으로 나아가 해산을 막으면서 대죄투쟁을 계속해야 한다고 강력히 주장했다. 이승만이었다.

---

62) 鄭喬, 앞의 책, pp.264~265;《독립신문》1898년 10월 19일자, 「양회 편지」.
63) 愼鏞廈, 앞의 책, p.567.
64) 鄭喬, 앞의 책, p.265;《독립신문》1898년 10월 22일자, 「잡보: 외부 답장」.
65) 愼鏞廈, 앞의 책, p.568.

"지금까지 황제의 조칙이 한두번으로 그친 것이 아닌데, 그 봉행하는 것을 보지 않고 물러나는 것이 어찌 죄가 없다 할 수 있겠소이까. 그러므로 계속 대죄하여 본 회의 언로에 대한 인허를 받은 뒤에 물러나는 것이 가하오이다."[66]

이승만의 이러한 선동은 결정적인 영향을 끼쳤다. 그의 제의에 따라 독립협회는 철야 대죄농성을 계속하기로 하고, 이튿날 더욱 공격적인 내용의 상소를 다시 올렸다. 드디어 고종은 집회에 대해서는 언급하지 않은 채 언론의 자유를 허락한다는 비지를 내렸고, 독립협회 회원들은 10월25일 오후에 만세를 부르면서 나흘 동안의 대죄농성을 풀고 사무소로 돌아갔다. 고종이 언로를 열 정산이 있다고 한 것은 중추원(中樞院)을 새로 개설할 것을 시사하는 말이었다. 이때는 한편으로 개혁파 관료들과 독립협회 간부들 사이에서 중추원을 개편하여 의회를 개설하는 문제를 두고 벌여 온 협상이 타결된 시점이었다.

---

66) 鄭喬, 앞의 책, p.272.

3. 의회 설립 직전에 좌절되다

1

독립협회가 추진한 자주민권운동의 주된 목표는 의회를 설립하고 전제군주제를 입헌군주제로 개혁하는 일이었다.[67] 그러므로 1898년에 들어와서 본격적인 정치투쟁을 벌이게 되면서 의회설립운동도 구체적으로 전개되었다. 4월3일에 열린 독립협회의 제25회 토론회는 "의회원을 설립하는 것이 정치상에 제일 긴요함"을 주제로 삼아 회원들과 국민들에게 의회설립의 필요성을 계몽했다. 4월30일자 《독립신문》의 장문의 「논설」은 의회를 설립하는 것이 황제와 내각과 인민에게 얼마나 유익한 것인가를 자세히 설명했다. 「논설」은 의회와 행정부의 관계를 인체의 두뇌와 수족의 관계에 비유하여 설명했다.

이것(인체의 기능)을 본받아서 세계 개화 각국이 정부를 조직하였는데, 각색 일을 생각하야 의사와 경영과 방책을 생각하여 내는 관원들이 있고, 그 생각을 시행하야 세상에 드러나게 하는 관원들이 있는지라. 생각하고 방책내는 마을['정부기관'이라는 뜻의 옛말]은 외국서는 말하되 의회원이라 하며, 의회원에서 작정한 방책과 의사를 시행하는 마을을 내각이라 하는 것이라.… 일국 사무를 행정관이 의정관의 직무를 하며 의정관이 행정관의 직무를 하려고 하여서는 의정도 아니 되고 행정도 아니 될 터이라. 그런 고로 대한도 차차 일정 규모를 정부에 세워 이 혼잡하고 규칙 없는 일을 없애려면, 불가불 의정원이 따로 있어서 국중의 가장 학문 있고 지혜 있고 좋은 생각 있는 사람들을 뽑아 그 사람들에게 행정하는 권리를 주지 말고 의논하

---

67) 愼鏞廈, 앞의 책, p.361.

야 작정하는 권리만 주어 좋은 생각과 좋은 의논을 날마다 공평하게 토론하야 이해 손익을 공변되게 토론하야 작정하야, 대황제 폐하께 이 여러 사람의 토론하야 작정한 뜻을 품하야 재가를 물은 후에는 그 일을 내각으로 넘겨, 내각서 그 작정한 의사를 가지고 규칙대로 시행만 할 것 같으면 두가지 일이 전수히 되고 내각 안에 복잡한 일이 없을 터이라.…[68]

「논설」의 주장은 형식은 입헌군주제를 표방한 것이었으나, 실제 운영에서는 행정부의 법안 제출권마저도 인정하지 않는 의회 우위의 엄격한 권력분립을 실시하는 미국식 의회제도의 도입을 주장한 것이었다.

이러한 《독립신문》의 주장에 이어 독립협회는 7월3일에 윤치호 등의 이름으로 의회설립을 정식으로 제의하는 상소를 올렸다. 이 상소문은 한문전용의 관습을 깨뜨리고 역사상 처음으로 국한문 혼용으로 작성한 것이었다. 그러나 이 상소에 대하여 고종은 "진술한 바가 비록 나라를 걱정하고 백성을 사랑하는 마음에서 나온 것 같으나, 조정의 일에 대해 직분을 넘어 망령되게 논해서는 안 될 것이다"라고 비답했다.[69] 그러나 독립협회는 이러한 고종의 비답을 무시하고, 7월12일에 다시 상소를 올려,「홍범14조」를 실행하고 현신(賢臣)을 새로이 뽑으며 민의를 널리 채용하라고 거듭 주장했다.

독립협회의 의회설립 구상은 갑오개혁 때에 내각의 자문기관으로 설치되었다가 유명무실해진 중추원을 개편하여 의회를 설립하자는 것이었다. 그리고 그것은 처음부터 하원(下院)을 설립하는 것이 아니라 먼저 독립협회 회원들을 중심으로 하여 상원(上院)을 개설한 다음에 점차로 하원까지 개설하는 것이었다.[70] 상원을 먼저 설립해야 한다는 독립협회의

68) 《독립신문》 1898년4월30일자,「논설」.
69) 『日省錄』 光武2년5월21일(양력7월9일)조;『尹致昊日記(五)』 1898년7월3일조.
70) 『尹致昊日記(五)』 1898년8월2일조.

주장의 근거는《독립신문》의 다음과 같은「논설」에 잘 표명되어 있다.

하의원이라는 것은 백성에게 정권을 주는 것이라. 정권을 가지는 사람은 한 사람이든지 몇만명이든지 지식과 학문이 있어서 다만 내 권리만 알 뿐 아니라 남의 권리를 손상치 아니하며 사사를 잊어버리고 공무를 먼저 하며 작은 혐의를 보지 않고 큰 의리를 숭상하여야 만국에 유익한 정치를 시행할지니, 무식하면 한 사람이 다스리나 여러 사람이 다스리나 국정이 그르기는 마찬가지요, 무식한 세계에는 군주국이 도리어 민주국보다 견고함은 고금 사기와 구미 각국 정형을 보아도 알지라.…

일본사람은 서양 개화를 모본하기 전에도 우리보다 백배나 문명한 사람들이요, 서양 정치와 풍속을 배우고 시작한 후에 주야로 힘써서 30년 동안에 세계가 놀라게 진보하였으되 명치(明治)원년에 상하의원을 배설하지 않고 겨우 명치23년에서야 국회를 시작하고, 또 상하의원을 설시하기 전에 오히려 미흡한 일이 있을까 하여 극히 총명한 위원들을 구미 각국에 파송하야 상하의원의 제도와 장정(章程)과 사정을 자세히 관찰하야 채용하였으니, 일본으로도 이같이 삼가서 하의원을 배설하였거늘 우리는 외국사람과 통상 교제한 후에 몇해 동안에 배운 것이 지권연(紙卷煙) 먹는 것 한가지밖에는 없으니 무슨 염치로 하의원을 어느새 꿈이나 꾸리오.…

안으로 학교를 도처에 설시하야 젊은 사람들을 교육하며 또 밖으로는 학도를 구미 각국에 파송하야 유익한 학문을 배워다가 인민의 지식이 쾌히 열려 40~50년 진보한 후에야 하의원을 생각하는 것이 온당하겠도다.[71]

71) 《독립신문》 1898년7월27일자, 「하의원은 급지 안타」.

이러한 주장은 독립협회의 엘리트 의식과 함께 일본을 근대화의 본으로 생각한 그들의 정치의식을 잘 드러내 보이는 것이었다. 그리고 그것은 인민주권에 대해서는 부정적인 논리였다.[72]

독립협회의 의회설립운동은 10월 들어 인화문 앞의 철야상소 시위로 7대신이 해임되고 박정양 내각이 성립되면서 급진전되었다. 독립협회는 10월 13일에 박정양에게 편지를 보내어 의회 개설에 대한 정부와의 연석회의를 제의했고, 정부는 이 제의를 받아들여 이틀 뒤에 연석회의가 열렸다. 그러나 협의는 시작되자마자 곧 중단되었다. 10월 16일에 황국협회(皇國協會) 회원들이 박정양의 집으로 몰려가서 황국협회도 민회(民會)인데 왜 정부는 독립협회만 상대하여 협의하느냐고 항의하면서 그의 사임을 요구했기 때문이다.[73]

황국협회란 독립협회에 대항하기 위하여 수구파가 주동이 되어 보부상(褓負商)들을 회원으로 하여 6월 30일에 조직한 단체였다. 회장은 법부 민사국장 이기동(李基東)이 맡았고, 황실은 황국협회의 경비조로 1,000원을 하사했다.[74] 황국협회가 갑자기 하의원(下議院) 개설을 주장하고 나온 경위는 자세히 알 수 없다. 황국협회가 「민선의원(民選議院) 개설 건백서」를 제출했고, 정부로부터 아직 민도가 유치하여 불가하다는 회답을 받았다는 일본쪽 기록이 보인다.[75] 그러나 『승정원일기』나 『일성록』 등 한국정부의 공식문서에는 그러한 사실을 확인할 만한 기록이 보이지 않는다. 다만 10월 16일에 황국협회 회원들이 박정양의 집으로 몰려가서 항의하는 가운데 "본회에서 하의원을 설치할 것을 청하였는데, 무슨 구애되는 일이 있어서 허락하지 아니하시오" 하고 따졌고, 이에 대해 박정양은 "정부와 중추원이 있은즉 인민 사이의 불편한 일이나 국계(國計)상

---

72) 朱鎭五, 「19세기 후반 開化改革論의 構造의 展開: 獨立協會를 중심으로」, 延世大學校 박사학위 논문, 1995, p.184.
73) 《독립신문》 1898년 10월 18일자, 「잡보」.
74) 조재곤, 『한국 근대사회와 보부상』, 혜안, 2001, pp.176~179.
75) 「韓國ニ於ケル紛擾事件槪要差進ノ件」, 『日本外交文書 31-2』, p.441.

의 유익한 일은 마땅히 의논하여 행하는 것이고, 또 관제에 없는 하의원
을 허락하는 것은 불가하다"라고 내답했다는 말이 있다.[76]

황국협회의 하의원 개설 주장은 황국협회의 결성 자체가 급작스러웠
던 것처럼, 독립협회의 상원 성격의 의회설립운동에 대항하기 위한 의도
에서 급작스럽게 나온 주장이었고, 따라서 인민주권 개념과는 상관없이
정략적인 고려에서 나왔을 것이다. 실제로 이 시기에 전국 규모의 보통선
거를 통하여 하원을 구성한다는 것은 불가능한 일이었다. 황국협회는 이
때 이후로는 하의원 개설문제를 거론하지 않았다. 고종이 독립협회에 활
동제한 조칙을 내린 것은 이러한 상황에서였다.

2

경무청 앞 철야 대죄농성이 진행되는 동안 고종은 다시 마음을 바꾸
어 10월23일에 의정부 찬정 박정양을 참정으로 승진시키고 중추원 의장
에 한규설(韓圭卨), 부의장에 윤치호를 임명하여 이들로 하여금 중추원
관제를 개정하게 했다. 독립협회는 10월24일에 새로운 중추원 관제 개정
안을 정부에 제출했는데, 개정안에는 의관(議官)은 50명으로 하되 관선
(官選)과 민선(民選)을 25명씩으로 하고, 민선 25명은 독립협회가 회원
중에서 투표로 선출한다는 항목이 들어 있었다. 이에 대하여 정부는 고
종의 조칙으로 황국협회도 동등하게 처우해야 한다면서 민선의관 25명
가운데서 17명을 독립협회에 허락한다고 통보했다. 그러나 독립협회는
이에 반발하여 그러려면 민선의원 전원을 황국협회에서 선출하게 하라
고 정부에 통보했고, 황국협회는 단독으로 중추원을 운영할 자신이 없었
으므로 "불능(不能)"이라는 회답을 보냈다.[77] 그리하여 정부는 독립협회

---

76) 《皇城新聞》 1898년10월18일자, 「雜報: 長橋消息」; 鄭喬, 앞의 책, p.263.
77) 鄭喬, 앞의 책, p.276.

에 민선의원 전원의 추천을 의뢰할 수밖에 없게 되었다.

독립협회는 역사적인 의회원 개설을 앞두고 관(官)과 민(民)이 공동으로 국정개혁의 대강을 결의하는 대규모의 대중집회를 열기로 했다. 그렇게 함으로써 의회 개설에 의한 입헌정치(立憲政治)의 대중적 기반을 확고히 할 수 있을 것으로 생각했던 것이다.[78] 독립협회는 10월27일에 광교사무소에서 회의를 열었다. 회의에서는 이튿날 종로에서 관민공동회(官民共同會)를 개최할 것을 결의하고 현직 및 전직 고위관료들을 비롯한 각계각층의 사람들에게 초청장을 보냈다. 그러나 그러한 중대한 결정을 하면서 정부와 사전에 아무런 협의도 하지 않은 것은 독립협회의 오만이었다.

이튿날 종로에서 열린 대회장에는 3,000~4,000명가량의 군중이 모였다.[79] 하오 1시가 되자 독립협회 간부들이 도착하여 대회가 시작되었다. 이승만도 이 대회에 참석했다. 대회장으로 선출된 윤치호는 우리나라는 단군 이래로 전제정치하는 나라임을 강조하면서 참석자들이 다른 나라에서 시행하는 민주정치나 공화정치에 대해서 언급하거나 관료들과 외국인을 비방하는 연설은 못하게 하는 등 고종과 정부뿐만 아니라 외국인들에게도 의구심을 사지 않도록 세심한 주의를 기울였다. 참석자들은 길고 열광적인 환호성으로 윤치호의 제의를 받아들였다.[80] 그러나 정부관료들은 대회에 참석하지 않은 채 원래 정해진 장소에서 개회하면 참석하겠다고 통보했다. 독립협회는 이 회의는 민생문제를 상의하자는 취지에서 소집된 회의이므로 장소를 옮겨서 열린 독립협회의 회의가 아니라고 주장했다. 장소문제를 구실로 밤중까지 몇차례 연락이 오가다가 새벽녘에 이르러 의정부 참정 박정양과 찬정 이종건(李鍾健)이 와서, 대회의

---

78) 尹致昊, 「獨立協會의 活動」,《東光》1931년10월호 참조.
79)《제국신문》1989년10월29일자, 「잡보」;「獨立協會大臣排斥ニ關スル詳報ノ件」1898년11월8일,『駐韓日本公使館記錄(12)』, 1995, p.511.
80)《독립신문》1898년10월29일자, 「별보: 대공동회」.

목적을 듣고 귀가시키라는 황제의 특명이 있었다고 말하면서 해산할 것을 종용했다. 그러나 군중은 정부 관인의 참석을 요구하며 밤을 새웠다.

이튿날 독립협회는 정부에 다시 대관들의 참석을 요망하는 편지를 보냈다. 정부쪽에서도 독립협회의 주장을 받아들여 하오 2시에 이윽고 역사상 처음으로 관민공동회가 열렸다. 정부가 태도를 바꾼 것은 윤치호가 입궐하여 고종을 설득했기 때문이다. 두세명을 제외한 모든 대신을 비롯한 관리들과 황국협회, 순성회[順成會: 북촌에 거주하는 부인들 모임], 황국중앙총상회 등 각종 사회단체, 각 학교 학생, 시전상인, 승려, 맹인, 재설군[宰設軍: 백정] 등 다양한 계층의 사람들이 초청을 받고 참석했다.

대회는 오후 3시쯤에 개회했다. 먼저 대회장 윤치호가 경과보고를 했다. 이어 정부대표 박정양이 등단했다.

"어젯밤 이곳에 와서 칙어(勅語)를 전하고 돌아가서 상주하자, 성상께서 인민이 노천에서 날을 보내니 오늘이라도 정부 대신들이 일찍 나아가서 참석하여 그 이국편민(利國便民)의 방책을 들으라 하셨소. 그러니 협의 후 모두 해산하면 곧 입궐하여 협의내용을 상주하겠소."

만세와 박수소리가 잇따랐다.

군중 가운데서 누구든지 나와서 연설을 할 수 있었다. 모두들 머뭇거리고 있는데, 박성춘(朴成春)이라는 백정이 나와서 연설을 했다. 대신들 앞에서 백정이 연설한다는 것은 일찍이 상상도 할 수 없는 일이었다.

"나는 대한의 가장 천한 사람이고 무지 몰각합니다. 그러나 충군애국의 뜻은 대강 알고 있습니다. 이에 이국편민의 길인즉 관민의 합심한 연후에야 가하다고 생각합니다."

이렇게 말머리를 꺼낸 그는 둘러쳐져 있는 차일을 가리키며 말을 이었다.

"저 차일에 비유하건대 한대의 장대로 받친즉 역부족이나 많은 장대로 합한즉 그 힘이 매우 공고합니다. 원컨대 관민합심하여 우리 대황제 폐하의 성덕에 보답하고 국조[國祚: 국운]로 하여금 만만대를 누리게 합시다."[81]

백정은 갑오개혁 때에 천민신분에서 해방되었다. 군중은 이 백정의 연설에 박수갈채를 보냈다. 그의 연설에 대한 평판은 박성춘을 새로운 시민으로 등장시켰다. 그가 공중 앞에 나서서 연설을 한 것이나 그것에 대한 신문보도는 신분이 미천한 백정도 국가를 위한 운동에 참여할 수 있다는 것을 말해 주는 숨은 메시지였다.[82]

박성춘에 이어 몇 사람이 의견을 개진한 다음 11개조의 의안이 상정되었고, 먼저 6개조를 만장일치로 의결했다. 그것이 유명한 「헌의6조(獻議六條)」였다. 그 내용은 (1) 전제황권(專制皇權)의 공고화, (2) 외국에 대한 이권양여나 조약체결 등에는 각부 대신과 중추원 의장이 합동으로 날인, (3) 전국의 재정과 조세는 탁지부(度支部)에서 관장하고 예산 결산은 인민에게 공개, (4) 모든 중범죄도 공판을 하되 피고의 자백이 있어야 형을 집행, (5) 칙임관(勅任官)은 황제가 정부의 과반수 동의를 얻어서 임명, (6) 장정[章程: 법률 또는 규정]의 실천이었다. 제6항의 장정 실천의 촉구는 갑오개혁 이후로 새로 제정한 법률과 각부의 장정을 정부가 제대로 실천하지 않고 있기 때문에 문제가 된 것이었다.

참석한 대신들도 모두 이 「헌의6조」에 "가(可)"자를 적어 서명했다. 이어서 중추원 의장 한규설과 박정양이 대회를 치하하는 연설을 했다. 대신들은 「헌의6조」를 "황제에게 상주하여 내일 하오 1시까지 군중에게 반포하겠다"고 약속하고 돌아갔다. 군중은 기쁨에 넘쳐서 만세를 부르며 해산했고, 50여명만 남아서 밤을 새웠다.[83]

이튿날은 일요일이었다. 독립협회는 사무소에서 통상회를 열고 회장 윤치호로부터 중추원 민선의관 25명을 독립협회에서 내게 된 경과보고를 들은 다음, 중추원 관제의 개정이 공포되는 대로 25명 의관의 선거를

---

81) 鄭喬, 앞의 책, p.282.
82) Andre Schmid, *Korea Between Empires 1895~1919*, p.39.
83) 鄭喬, 앞의 책, pp.282~283.

실시하기로 했다.

「헌의6조」의 공포 여부를 알려 줄 시한인 하오 1시가 지나도 기별이 없자 독립협회는 총대위원을 정부에 보냈다. 그리고 오후 8시에 관민공동회를 종로에서 속개하고 「헌의6조」의 재가를 기다렸다. 정부는 「헌의6조」는 모두 마땅히 실시할 것이며, 그 밖에 몇조항을 첨가하여 조칙으로 공포하고 관보에 올릴 터이니, 추운 날씨에 밖에 있지 말고 해산하여 기다리라는 뜻을 전해 왔다. 군중은 돌아가서 기다리기로 하고 50명만 남아서 밤을 새웠다.

고종은 10월31일 새벽에 30일자로 「헌의6조」의 공포와 함께 「조칙5조(詔勅五條)」를 내렸는데, 조칙은 첫 조항에 "(갑오개혁으로) 간관[諫官: 사간원(司諫院)과 사헌부(司憲府)의 관리]를 폐지한 뒤로 언로가 막히어 상하가 권면경려(勸勉警勵)의 뜻이 없기로 중추원 장정을 정하여 실시하겠다"고 천명했다. 그것은 중추원 개편을 실질적인 의회개설로 생각하고 있던 독립협회의 기대와는 상당한 거리가 있는 내용이었다. 농상공부대신 김명규(金明圭)가 나와서 「헌의6조」가 재가되고 그것에 더하여 「조칙5조」까지 내린 것을 알리자 군중은 이를 환영하고 만세를 불렀다.

이때에 이승만이 군중 앞에 나와 군중을 제지하면서 다음과 같이 외쳤다.

"무릇 국사에 매번 조칙이 있어서 정부가 조치하도록 하여도 그 실시를 본 적이 없소이다. 이는 우리가 강력히 간(諫)하지 않았기 때문이오. 그러므로 본 회는 경솔히 해산할 것이 아니라 대신들이 만일에 이를 실시하지 않으면 쟁론(爭論)하여 그 실시를 보는 것이 옳을 줄 아오."[84]

군중은 이승만의 선동에 동조했다. 그리하여 그들은 해산하지 않고 관민공동회를 더 계속하기로 했다. 이처럼 이승만은 이제 대중집회의 선동가로 전면에 나서고 있었다. 관민공동회는 이튿날에도 속개하여 「헌의

---

84) 鄭喬, 위의 책, p.285.

6조」의 실시를 위한 정부의 조치를 기다렸다. 공동회는 11월2일에 총대위원 3명을 선정하여 정부에 「헌의6조」를 조속히 실행할 것을 촉구하는 편지를 보냈고, 정부도 고무적인 회답을 보내왔다. 그리하여 관민공동회는 엿새 동안의 집회를 마치고 오후 4시에 해산했다.

3

드디어 11월4일에 11월2일자로 된 중추원 신관제가 공포되었다. 신관제에 따르면, 중추원은 "법률과 칙령의 제정과 폐지 또는 개정에 관한 사항"과 "의정부에서 상주하는 일체사항" 등을 "심사의정(審査議定)하는"(제1조) 기관이었다. 그것은 이 나라에서 처음으로 국민대표가 참가하는 근대적 입법기관의 출범을 뜻하는 것이었다. 이날 정부는 독립협회에서 25명의 의관을 선거하여 그 명단을 보내 달라는 편지를 보내왔고, 독립협회는 이튿날(11월5일) 독립관에서 중추원 의관 선거를 실시한다고 공고했다.[85]

그러나 이 역사적인 의회개설의 기회는 자신들의 입지에 위협을 느낀 수구파들의 모함으로 말미암아 어이없이 무산되고 말았다. 중추원 신관제가 공포된 바로 그날 밤에 궁중에 머물던 의정부 찬정 조병식은 군부대신 서리 유기환, 법부협판이자 황국협회 회장인 이기동 등과 밀모하고 잡배들을 시켜 광화문 밖과 성내 몇몇 요소에 독립협회쪽에서 작성한 듯이 만든 익명서를 몰래 내다 붙이게 했다.[86] 익명서의 내용은, 조선왕조는 이미 쇠퇴했으므로 만민 공동하여 윤치호를 대통령으로 선출하면 정부와 시민이 모두 승복하고 국민이 각성하여 개명진보를 이룰 것이라는 것

---

85) 『日省錄』 光武2년9월19일(양력11월2일)조; 《독립신문》 1898년11월5일자, 「잡보: 정부공찰」, 「잡보: 투표특별회」.
86) 鄭喬, 앞의 책, p.289.

조병식 등이 독립협회를 모함한 익명서와 신문선전지.

이었다.[87] 이 익명서는 당연히 경무청에 발각되어 황제에게 보고되었고, 조병식 등은 고종에게 독립협회가 날이 밝으면 독립관에서 대회를 열어 박정양을 대통령, 윤치호를 부통령, 그 밖의 독립협회 간부들을 각부 대신과 협판으로 선출하고 국체를 공화정으로 바꾸려 한다고 무고했다.[88]

고종은 이렇게 상식으로는 도무지 생각할 수 없는 중대한 일을 확인해 보려고 하지도 않고, 격노하여 즉각 독립협회 간부 20명에 대해 체포령을 내렸다. 그것은 의회개설에 의한 황권의 제약을 우려하던 고종의 배신적 기습이었다. 11월4일 밤부터 5일에 걸쳐서 부회장 이상재(李商在)를 비롯한 간부 17명이 체포되었다. 20명 가운데서 체포되지 않은 세 사

87) 尹致昊, 「獨立協會의 始終」, 《新民》 1926년6월호, p.59.
88) 鄭喬, 앞의 책, p.289.

람은 회장 윤치호와 최정덕(崔廷德)과 안영수(安寧洙)뿐이었다.

　윤치호는 11월5일 새벽 5시쯤에 일어나서 독립협회에 배정된 중추원 의관 선거의 준비를 하다가 순검들이 자기 집을 포위하고 있는 것을 보고 몰래 만들어 둔 뒷문으로 탈출하여 아펜젤러 집으로 피신했다. 관민공동회에 참석하여 "가"자로 서명한 박정양 등 대신들은 이날로 파면되고, 조병식이 의정부 참정에 임명되었다. 그리고 이날 독립협회를 비롯한 모든 민간단체의 해산을 명하는 조칙이 내렸다. 조병식 등 수구파들은 독립협회 지도자 20명을 일거에 체포하여 구명운동을 할 겨를을 주지 않고 사형에 처해 버릴 계획이었으나, 가장 중요한 인물인 윤치호를 체포하지 못하여 계획에 차질이 생기고 말았다. 고종의 독립협회에 대한 이러한 탄압 뒤에는 러시아와 일본의 지원도 있었다.[89] 이때의 배신감을 윤치호는 그의 일기에 다음과 같이 적었다.

　　오늘의 관보는 독립협회의 해산과 「헌의6조」에 서명한 대신들을 면관시킨 칙령을 공포했다. 이것이 국왕이라니! 거짓말을 능사로 하는 배신적인 어떤 비겁자라도 대한의 대황제보다 더 천박한 일을 하지 못할 것이다. 이제 정부는 친일노예 유기환과 친러노비 조병식의 수중에 있다. 러시아인들과 일본인들이 이 사건에 개입해서 의심할 여지없이 모종의 알짜 이권을 위하여 그들의 노예들을 지원하고 있다. …[90]

　이승만은 11월4일 오후에 윤치호를 만났던 것 같다. 이날 이승만이 배재학당의 수업을 마치고 독립신문사에 들렀을 때에 윤치호는 입궐하라는 통지를 받고 불안해하고 있었다고 한다.[91] 또한 윤치호의 이 날짜 일

89) 「獨立協會示威運動ニ關スル件」1898년11월16일조, 『駐韓日本公使館記錄(12)』, pp.443~446; 『尹致昊日記(五)』1898년11월5일조.
90) 『尹致昊日記(五)』1898년11월5일조.
91) 徐廷柱, 『李承晩博士傳』, p.161.

기에 따르면, 그는 밤 9시경에 입궐했는데, 고종은 독립협회의 중추원 의관 선거방법 등을 묻고 나서 윤치호가 독립협회 사무실에서 잠을 자는지 물었다.[92] 한편 윤치호의 공식 전기는 이날 밤 고종은 윤치호에게 "너 요사이 어디서 자느냐?"라고 묻고, "나가다가 조병식을 보고 가거라"라고 말했다고 기술했다.[93]

---

92) 『尹致昊日記(五)』 1898년11월4일조.
93) 金永羲 編, 『佐翁尹致昊先生略傳』, 基督敎朝鮮監理會總理院, 1934, p.123.

4. 보부상패의 만민공동회 습격

1

청천벽력과 같은 소식에 독립협회 회원들과 서울시민들은 술렁이기 시작했다. 이승만은 양흥묵(梁弘黙)과 함께 급히 아펜젤러의 집으로 윤치호를 찾아갔다. 세 사람은 서둘러 군중을 동원하기로 합의했다.[94] 양흥묵과 이승만은 학도 40~50명을 이끌고 독립협회 간부 17명이 구금되어 있는 경무청 앞으로 갔다. 뒤이어 배재학당을 비롯한 여러 학교의 학생과 중앙총상회 상인, 찬양회[贊襄會: 부인회] 회원 등 많은 시민들이 몰려왔다. 군중은 집회를 열고 구속인사 17명의 석방을 강력히 요구했다. 그들은 17명을 석방하든지 그렇지 않으면 자신들도 함께 체포하라고 대들었다. 군중은 경찰의 제지를 무시하고 강경한 연설을 번갈아 가며 했다. 밤이 되어도 군중은 해산하지 않고 철야농성을 시작했다. 화톳불의 불빛이 대낮같이 비추고, 장국밥 300그릇을 보내는 사람 등 많은 시민들이 음식과 금품 등을 보내와서 군중의 사기는 드높았다.

이때부터 이승만의 급진과격파의 진면목이 남김 없이 드러났다. 그는 이때의 일을 자서전 초록에 다음과 같이 적었다.

만민공동회가 밤낮으로 계속되었다. 나의 선친이 오셔서 나더러 "너는 6대 독자다"라고 강조하셨다. 때때로 아펜젤러 교장은 구석에 서서 만민공동회의 상황을 구경하곤 했는데, 그는 배재의 학생들이 운동의 지도적 역할을 하고 있는 것을 매우 자랑스럽게 여기는 듯했다. 그때에 별의별 풍문이 나돌았다. 정부는 병정들을 보내어 우리에게 총격을 가하여 공동회를 해산시킬 것이라느니, 또는 정부는 나에게 높은

---

94) 『尹致昊日記(五)』 1898년11월5일조.

관직을 주어 회유할 것이라느니 등등 걷잡을 수 없는 말이 돌았다. 실제로 고영근(高永根)과 김종한(金宗漢)이 밤중에 은밀히 나를 만나러 배재학당에 나타났다. 화톳불이 밤새도록 타오르고 있었고, 나는 계속해서 연설을 해야 했다. 제일 힘들 때는 동트는 새벽이었다. 그때는 사람들이 얼마되지 않았고, 모두들 지쳐 있었으며, 춥고 졸렸다.[95]

예기치 않은 민중의 기세에 고종과 수구파들은 당황했고, 정부 안에서는 수구파와 개혁파 사이에서 치열한 공방이 은밀히 전개되었다. 신문들은 만민공동회의 일을 연일 자세히 보도했다. 조병식 등 수구파 각료들은 《독립신문》, 《황성신문》, 《제국신문》, 《매일신문》이 모두 독립협회와 관계가 있다고 해서 폐간을 검토했다. 그러나 쉽사리 결론을 내지 못했다. 법부에서는 모여 있는 사람 전원을 체포하라고 경무청에 지시했으나, 그것은 불가능한 일이었다.

11월7일 아침에 구금된 17명이 고등재판소로 이송되자 군중도 공동회장을 재판소 앞으로 옮겼다. 경찰의 힘으로 군중을 해산시키기가 어렵게 되자 조병식 등 수구파들은 군대를 동원할 것을 검토했다. 외부대신 민종묵은 각국 공사관을 순방하면서 군대동원에 대한 양해를 구했다. 그러나 영국공사와 미국공사의 강력한 반대에 부딪혀 군대동원 계획은 어렵게 되었다.[96]

농성 나흘째인 11월8일부터 차가운 겨울비가 내렸다. 그러나 군중은 흩어지지 않고 철야농성을 계속했다. 이날 밤 공동회는 익명서 사건은 모함이며 군중은 체포된 17명과 생사를 같이하겠다는 상소를 올렸다. 찬비에 옷이 흠뻑 젖으면서도 해산하지 않는 군중과 이에 호응하는 시민들을 보고 구경하러 나왔던 외국인들도 감탄했다. 어떤 일본사람은 술

---

95) "Autobiography of Dr. Syngman Rhee", p.6; 「청년이승만자서전」, 이정식 지음, 권기봉 옮김, 『초대대통령 이승만의 청년시절』, p.257.
96) 鄭喬, 앞의 책, p.302.

을, 어떤 청국사람은 떡을 공동회장으로 보내오기도 했다.[97] 외국공사들은 외부를 방문하여 만민공동회에 대한 지지와 동정을 표시했다.[98]

그러나 군부 서리대신 유기환은 군대동원의 미련을 버리지 못했다. 그는 11월9일 오전 9시에 친위대 제3대대의 병정 2개 중대를 공동회장에 보내어 군대에 의한 농성군중 해산 가능성을 시험해 보았다. 병정들은 군영으로부터 고등재판소 앞으로 행군하여 지나치는 척하다가 다시 옆 걸음으로 공동회장 한가운데를 뚫고 들어갔다. 이것은 군중이 흥분하여 병정들과 충돌하면 이를 구실로 군대를 동원하려는 계책이었다.[99] 이때의 일을 이승만은 자서전 초록에 다음과 같이 적었다.

이른 아침에 칼을 빼어 든 한 무리의 병정들이 나팔수와 북 치는 병정들을 앞세우고 우리가 있는 쪽으로 행진해 왔다. 우리쪽 사람 가운데는 비실비실 피하여 도망치려는 사람들이 생기기 시작했다. 나는 사람들이 질서를 지키도록 계속 연설을 했다. 병정들은 우리 있는 곳까지 와서 군중 속을 뚫고 행진하려고 했다. 나는 그들에게 달려가서 북 치는 병정들에게 대들어 힘껏 걷어찼다. 그러자 그들은 우리를 괴롭히지 않고 조용히 방향을 돌려 천천히 돌아서 행진했다. 신문이 이 광경을 그대로 보도해서 사람들은 나를 물불 안 가리는 사람(fire-eater)이라고 불렀다.[100]

고종은 다시 태도를 바꾸었다. 11월10일 오후 5시쯤에 "민원이 무엇인지 자세히 알아서 주달하라"면서 한성부 판윤 정익용(鄭益鎔)을 공동회장에 보냈다. 군중은 첫째 모함을 일삼는 대신들의 충역(忠逆)을 밝힐 것, 둘째 「헌의6조」와 「조칙5조」를 즉각 실시할 것, 셋째 독립협회를 부활시킬 것을 요구했다.[101] 하오 7시에 고종은 법부대신 겸 고등재판소장 한규설을 불러서 17명의 재판을 끝낼 것을 지시했고, 이어 열린 재판에서는 17명에게 각각 '태(笞)40'이 선고되었다. 극형을 각오했던 피고인들에게 그것은 뜻밖의 가벼운 형벌이었지만, 이상재를 비롯한 피고인들은 큰소리로 불복을 외쳤다. 한규설은 입궐하여 판결 결과를 보고하고 "형을 면한다"는 특명을 받았다. 석방된 17명이 만민공동회 군중 앞에 모습을 나타내자 군중은 서로 붙들고 울면서 만세를 불렀다.[102] 조병식과 민종묵은 해임되고, 유기환은 주일공사로, 이기동은 수원지방 참경(慘景)으로 전임되었다. 그것은 이 나라에서 근대적 군중시위를 통하여 정치적 목적을 달성한 최초의 사례였다. 시위를 주동한 이승만은 자서전 초록에서 이때의 일을 다음과 같이 자부했다.

　　17명이 드디어 석방되었다. 그날 밤이야말로 나는 득의충천하였다. 민주주의의 대의를 위한 위대한 승리가 달성된 것이었다.[103]

의기양양해진 군중은 17명이 석방된 뒤에도 해산하지 않고 공동회장을 재판소 앞에서 종로로 옮겨 철야농성을 계속했다. 공동회는 11월 12일에 다시 상소를 올려, (1) 독립협회를 모함한 대관 5명[조병식, 민종묵, 유기환, 이기동, 김정근(金定根)]을 재판에 회부할 것. (2) 「헌의6조」를 즉각 실시할 것, (3) 독립협회를 부활시킬 것, (4) 정부대관을 임명할 때에는 백성들이 가하다는 사람만을 쓸 것, (5) 조병식과 민종묵이 집권한 이후의 대외관계문서를 공개하여 인민의 의혹을 풀 것을 요구했

---

101)《皇城新聞》1898년11월11일자, 「別報: 萬民共同會錄續」; 鄭喬, 앞의 책, p.313.
102)《독립신문》1898년11월12일자, 「선고 방청」; 鄭喬, 앞의 책, pp.315~316.
103) "Autobiography of Dr. Syngman Rhee", pp.7~8; 「청년이승만자서전」, 이정식 지음, 권기붕 옮김, 앞의 책, p.258.

다.[104]

외교문서의 공개요구는 공동회를 이끌었던 양홍묵과 이승만이 윤치호의 의견에 따라 강력히 주장한 것이었다. 윤치호는 수구파들이 만민공동회를 탄압하는 데 지원을 얻기 위해 비밀히 외국에 이권을 양여하지 않았나 의심했던 것이다.[105] 한편 정부는 이날 시행도 해보지 않은 중추원 신관제를 다시 개정하여 공포했는데, 그 주요 내용은 의관(議官) 반수를 민선으로 한다는 규정을 고쳐 전원을 관선으로 하고, 민선의관은 당분간 독립협회에서 선출한다는 규정을 삭제한 것이었다.[106]

공동회 열흘째인 11월14일부터 형세가 갑자기 달라졌다. 그동안 수구파들은 보부상패를 동원하여 만민공동회를 분쇄할 준비를 은밀히 추진했는데, 이날 이기동의 통문을 받은 보부상패가 동대문 밖에 집결하기 시작한 것이었다. 보부상패는 목화송이를 꽂은 패랭이를 쓰고 몽둥이를 들고 집결했다. 집결의 표면상의 이유는 민간단체 해산령으로 독립협회와 함께 해산된 황국협회의 부활과 「상무규칙(商務規則)」의 인가를 요구하는 것이었으나, 실제로는 독립협회가 주도하는 만민공동회를 폭력으로 쳐부수기 위한 것이었다. 이들에게는 고종의 비밀지시로 탁지부에서 경비가 지급되었다.

독립협회는 보부상의 내부사정을 잘 아는 고영근을 만민공동회 회장으로 추대하여 급박한 사태에 대비했다. 고영근은 원래 황국협회의 부회장이었으나 황국협회가 수구파의 폭력단체가 되는 것을 보고 이를 탈퇴하고 만민공동회에 참여했다. 이승만이 자서전 초록에서 고영근과 김종한이 밤중에 배재학당으로 자기를 찾아왔다고 한 것은 고영근이 황국협회에 관여하고 있을 때의 일이었다.

---

104) 『高宗實錄』 光武2년11월12일조; 《독립신문》 1898년11월9일자 「잡보: 만민강론」, 11월14일자 「만민재소」, 11월15일자 「만민재소(전호련속)」.
105) 『尹致昊日記(五)』 1898년11월11일조.
106) 『日省錄』 光武2년9월29일(양력11월12일)조; 『高宗實錄』 1898년11월12일조.

만민공동회는 11월15일에는 대회장소를 종로에서 경운궁의 인화문 밖 시종원(侍從院) 앞으로 옮겼는데, 그것은 보부상패를 의식했기 때문이었을 것이다. 드디어 11월16일에 만민공동회가 처벌을 요구하는 조병식 등 5명에 대한 체포령이 내렸다. 그러나 그것도 역시 실제로는 형식적 조치였다. 조병식과 민종묵은 각각 러시아인 집과 프랑스인 집으로 피신했고, 이기동은 잠시 피신했다가 보부상들이 행동을 개시한 11월19일에 스스로 나타나서 체포된 다음 옥중에 앉아서 보부상패를 조종하는 형국이었다. 이 수구파들은 앞에서 본 익명서와 같은 수법으로 각국 공사관에 만민공동회 총대위원 윤치호 등의 명의로 공동회가 어떤 거사를 할 터인데 간섭하지 말아 줄 것을 요청하는 것처럼 꾸민 거짓 편지를 보내는 한편,[107] 고종에게는 만민공동회가 대궐을 둘러싸고 반드시 프랑스혁명[당시 표현은 '법국민변(法國民變)']과 같은 난을 일으킬 것이라고 모함하는 상소를 밤낮으로 올렸다.[108]

농성 13일째인 11월17일에 공동회 군중은 각부 대신과 협판 등이 공동회에 나와서 함께 국사를 논의할 것을 제의했다. 그러나 정부는 모든 관원에게 공동회에 가는 것을 엄금했다. 그러면서 공동회에 편지를 보내어 중추원 의관 50명 전원을 관선으로 하기로는 되었으나 공동회에서 30명을 선정해 보내면 그 가운데서 25명을 임명하겠다고 말했다. 분격한 공동회는 총대위원을 보내어 "우리 회는 1인 아닌 반신(半身)도 선정하여 보낼 수 없다"고 통보했다.[109]

각도에서 서울로 모여든 보부상패는 11월19일부터 농상공부 앞에서 집회를 열고, 과천군수 길영수(吉永洙)를 13도부상도반수(十三道負商都班首)로 추대하고 김옥균 암살자 홍종우(洪鍾宇) 등을 두목으로 삼

107) 《독립신문》 1898년11월16일자 「별보: 모해충량」, 11월18일자 「잡보: 김씨설명」, 11월19일자 「잡보: 三씨 설명」.
108) 鄭喬, 앞의 책, p.330.
109) 《皇城新聞》 1898년11월18일자, 「雜報: 實踐章程」; 鄭喬, 위의 책, p.331.

아 조직을 정비했다. 이들은「상무규칙」인가장의 발급을 강력히 요구하면서 연좌시위를 벌였다. 이윽고 고종의 특명으로 인가장이 발급되었는데, 그것은 사실상 황국협회가 부활되고 보부상들에게 폐지된 특권을 허용한 것을 뜻하는 것이었다. 보부상들의 사기가 충천하게 된 것은 말할 나위도 없다.[110] 이튿날 보부상들은 도반수 길영수를 옹위하고 노래를 부르면서 집결장소를 동대문 밖에서 종로로 옮겼다. 그들의 위협에 눌려 재판소에서는 판사와 검사들이 모두 사의를 표명하여 법정이 텅 비는 한심한 사태가 벌어졌다.[111]

2

11월21일. 만민공동회의 철야시위가 17일째 되는 날이었다. 한성부(漢城府)는 민심을 안정시키기 위한 고시(告示)를 했다. 마침내 보부상들의 습격이 시작되었다. 이날은 이승만의 생애에서 가장 극적인 하루였다. 이날 새벽 2시에 만민공동회의 요청에 따라 공동회장에 나온 의정 서리 김규홍(金奎弘) 등 정부 대신들은 보부상의 혁파와 만민공동회의 피격 방지를 거듭 약속하고 돌아갔다. 그러나 종로의 보부상패는 아침 일찍 홍종우의 격렬한 선동연설을 들은 다음, 2,000여명이 길영수와 홍종우의 지휘 아래 두패로 나뉘어 고함을 지르면서 새문고개를 넘어 인화문 밖의 만민공동회를 습격했다. 이승만은 군중이 동요하지 않도록 연단에 올라가서 연설을 계속했다.

"우리가 여기 진복(進伏)하여 풍찬노숙하는 것이 옷을 탐하는 것이오이까, 밥을 탐하는 것이오이까! 다만 하는 일이 모두 나라를 위하고 동포를 사랑함이외다. 지금 들은즉 못된 간세배가 부상패를 불러 우리 만

110) *The Independent*, Nov. 22, 1898, "Molayo's Reports".
111) 鄭喬, 앞의 책, p.337.

민을 치라고 해서 부상패들이 지금 목전에 당도하였소. 우리가 죽더라도 충애[忠愛: 충군애국]하는 의리는 가지고 죽을 터이니, 신민의 직분에 죽어도 또한 천추에 큰 영광이외다!"

이때에 큰 몽둥이를 든 길영수의 지휘에 따라 보부상패가 공동회장을 둘러쌌다. 경운궁 주변을 지키던 병정과 순검들은 처음에는 보부상패를 제지하는 체했으나, 짐짓 밀리고 말았다. 아무 방비도 없는 공동회 군중은 보부상패의 몽둥이에 맞아 이내 세 사람이 즉사하고 부상자가 속출했다. 어떤 사람들은 바로 옆 프랑스공사관의 담을 넘어 피신하기도 했다. 격분한 이승만은 길영수를 보자 그를 붙잡고 큰 소리로 외쳤다.

"너도 명색이 국록을 먹는 신하요 소위 대한의 백성이 아니냐! 네 어찌 간세배와 부동하여 보부상패를 모집하여 충애하는 우리 만민을 친단 말이냐!"

그러면서 그는 머리로 길영수의 가슴을 들이받으며 "나부터 죽여라!" 하고 소리쳤다. 그러나 길영수는 히죽이 웃고는 몸을 빼어 좌충우돌했다. 누군가가 이승만을 꽉 껴안으면서 말했다.

"이승만씨, 진정하고 빨리 달아나시오."

주위를 살펴보자 이승만은 보부상들 속에 혼자 남아 있었다. 그는 가졌던 작은 지팡이를 휘두르며 보부상들이 계속 밀려오는 쪽으로 나아가 그들이 길을 막아 놓은 것을 발로 걷어차고 배재학당쪽으로 걸어갔다. 배재학당 앞길로 나서자 이승만은 땅을 치며 울부짖었다.

이때에 이경선이 나타나서 아들을 붙들고 같이 통곡했다. 어떤 사람이 이경선에게 물었다.

"어찌하여 아들을 그런 위태한 데 다니게 하오?"

이경선은 이렇게 대답했다.

"내 자식이 만일에 도리에 어긋나는 일을 한다면 아비로서 마땅히 엄금하겠으나, 당당한 충애의 의리로 나라를 위하고 동포를 사랑하여 다니는 것을 어찌 금할 수 있소."

《독립신문》은 위와 같은 광경을 자세히 보도하면서 "이승만씨의 충애에 열심하는 것은 고사하고 그 부친의 당당한 의리는 세계에 더욱 드문 줄로 공론이 있다더라"라고 덧붙였다.[112]

고종과 수구파는 이것으로 만민공동회가 해산되었다고 생각했다. 그러나 만민공동회의 기습에 성공한 보부상패가 궁에서 보내온 백반과 고깃국으로 아침을 먹고 의기양양해 있을 때에 소문을 듣고 정동 골목길에 모인 군중이 돌팔매로 반격을 시작했다. 돌팔매에 쫓긴 보부상패가 영국공사관으로 피해 들어가자 영국공사는 이들을 내쫓았다. 보부상패는 서대문쪽으로 밀렸다. 서대문을 지키던 파수병들은 보부상패만 통과시키고 뒤따르는 군중은 막아서서 뒤쫓지 못하게 했다.

이승만은 배재학당으로 들어가자 쓰러지고 말았다.[113] 보부상패에 쫓겼던 사람들이 배재학당으로 몰려왔다. 이승만의 배재학당 학우 김원근(金瑗根)이 눈물을 흘리면서 뛰어 들어오더니 "이승만이가 길영수에게 맞아죽었다" 하고 외치며 통곡했다. 이승만도 자서전 초록에서 "그날 오후 신문도 내가 길영수에게 덤벼들었다가 그들에게 맞아죽었다고 보도했다"고 적어 놓았으나,[114] 현존하는 당시의 신문으로는 확인되지 않는다.

몸을 추스른 이승만은 배재학당에 모인 군중들과 함께 종로쪽으로 걸어갔다. 종로에서 다시 만민공동회가 열렸다. 이때에 모인 군중의 수는 인화문 앞 집회의 갑절이나 되었다. 이승만과 양홍묵 등이 등단하여 정부가 보부상패를 동원하여 군중을 습격했다고 규탄하는 연설을 했다. 이승만이 연설하는 것을 보자 사람들은 그가 죽지 않은 것을 알고 놀랐다. 어떤 사람은 그가 얼마나 상했는가 확인하려고 그에게 다가와서 만져

---

112) 《독립신문》 1898년11월28일자, 「잡보: 부자충애」.
113) 鄭喬, 앞의 책, p.338.
114) "Autobiography of Dr. Syngman Rhee", p.9; 「청년이승만자서전」, 이정식 지음, 권기붕 옮김, 앞의 책, p.260.

보기도 했다. 흥분한 궁중의 일부는 보부상패가 몰려 있는 서대문 밖으로 밀려갔다. 그러나 병정들은 총포로 위협하면서 통과시키지 않았다.

고종과 수구파는 낭패했다. 고종은 경무사 민병한(閔丙漢)과 한성부 판윤 이근용(李根鎔)을 만민공동회에 보내어 군중을 회유하며 해산을 종용했다. 그러나 격앙된 시민들이 돌팔매로 응수하는 바람에 민병한은 황급히 민가로 피해 숨어야 했다. 이때에 나무를 팔고 돌아가던 나무장수들이 만민공동회가 습격당했다는 말을 듣고 격분하여 이기동의 집을 쳐부수어 버렸고, 흥분을 이기지 못한 군중도 다투어 달려가서 보부상패를 조종하는 조병식, 민종묵, 유기환, 민영기, 홍종우 등 대관들의 집을 때려 부수었다. 각 학교는 문을 닫았고, 학도들은 모두 공동회로 몰려왔다. 공동회에 참가하지 않은 시민들도 의연금과 음식 등을 보내어 공동회를 격려했다. 군부는 병력을 풀어 고종이 기거하는 경운궁 앞을 엄중히 경비했고, 정동 큰길은 통행이 통제되었다.

격정의 긴 하루가 지나고 날이 밝자 이른 아침부터 더 많은 시민들이 종로로 모여들었다. 서대문이 열릴 시간이 되자 군중은 보부상패를 반격하러 서대문 밖으로 몰려갔다. 보부상패는 마포로 물러나 있었다. 그러나 거의 빈손인 군중으로서는 몽둥이로 무장한 보부상패를 당할 수 없었다. 신기료장수 김덕구(金德九)가 사망하고 부상자 10여명이 생기고 시민들은 패퇴했다. 그러나 서울시내는 병정들과 순검들마저 독립협회와 만민공동회를 지지하여 제복을 벗는 등 혁명전야와 같은 분위기였다.[115]

고종은 각국 공사들을 입궐시켜 궐내에 머물게 하면서 민회에 대한 각국의 대책사례를 묻고 무력진압에 대해 조언을 구했다. 각국 공사들의 의견은 일치하지 않았다. 고종은 윤치호를 불러들여 공동회를 해산시킬 것을 종용했으나, 이승만 등 흥분된 과격파들이 이끄는 만민공동회를 해산시키는 것은 이미 윤치호의 능력 밖의 일이 되었다. 고종은 마침내 독

---

115) *The Independent*, Nov. 24, 1898, "Molayo's Reports".

립협회를 부활시키고 보부상 단체인 상무사를 합법화한 「상무규칙」을 철회하는 칙령을 내렸다. 만민공동회는 독립협회가 해산당한 뒤 18일 동안의 격렬한 철야농성 끝에 마침내 승리했다.

그러나 그것도 일시적 미봉책에 지나지 않았다. 이날 정부는 외국에 의뢰하여 국체를 훼손하는 자를 처벌하는 「의뢰외국치손국체자처단례(依賴外國致損國體者處斷例)」라는 법령을 서둘러 공포했다.[116] 대궐에서 하룻밤을 보낸 각국 공사들은 11월23일 아침에 대궐에서 나오는 길로 회의를 열었다. 그러나 여전히 통일된 견해는 나오지 않았다. 일본 대리공사 히오키 에키(日置益)는 각국 공사들이 고종에게 군대동원을 권고하도록 하려고 획책했으나 뜻을 이루지 못했다.[117] 정부는 한성부 판윤 이계필(李啓弼) 등을 보부상패에 보내어 보부상은 철폐되었으므로 퇴거하라는 칙유를 전했다. 그러나 보부상패는 종로의 만민공동회가 퇴거하지 않았다면서 듣지 않았다. 만민공동회는 잠시 먼저 해산하는 것이 현명하다고 판단하고 11월23일 오후 8시를 기하여 이틀 동안 해산하기로 했다. 이날 고종은 윤치호를 한성부 판윤에 임명하고, 11월24일에 박정양, 민영환 등 만민공동회의 지지를 받는 인물들을 주축으로 내각을 개편했다.[118] 한편 만민공동회는 같은 날 사대문과 종로에 다른 사람의 집을 쳐부수는 등의 파괴행동을 다시 하면 법사(法司)에 고발할 것이라는 방을 내다 붙였다.[119]

그러나 보부상패는 여전히 해산하지 않고 마포에 집결해 있었고, 길영수는 가마를 타고 몰래 입궐하기까지 했다.

정부가 약속을 이행할 기미가 보이지 않자 11월26일 아침부터 군중이

116) 『日省錄』 光武2년10월9일(양력11월22일)조; 『高宗實錄』 光武2년11월22일조.
117) 「使臣會議ニ於テ本官質問一件ニ關スル件」 1898년12월13일, 『駐韓日本公使館記錄(12)』, pp.455~456.
118) 『日省錄』 光武2년10월10일(양력11월23일)조, 10월11일(양력 11월24일)조; 『高宗實錄』 光武2년 11월23일조, 11월24일조.
119) 《皇城新聞》 1898년11월25일자, 「雜報: 民會告榜」; 鄭喬, 앞의 책, p.348.

다시 종로로 모여들었다. 사태가 다시 심각해지자 고종은 자기가 직접 나서서 사태를 수습해 보기로 했다. 고종은 하오 1시에 경운궁의 돈례문 (敦禮門) 군막(軍幕)에 나아갔다. 이 자리에는 각국의 외교관들과 그들의 부인들도 초대되었다. 고종은 먼저 공동회 대표 200여명에게 독립협회의 부활 등 공동회의 요구조건을 대체로 허락하면서 해산을 권유했다. 그러나 "독립협회는 앞으로 국내의 문명진보에 관한 일만을 토론할 것이며, 정부의 조치에 대한 말참견을 불허한다"고 못박았다. 공동회 대표들은 만세를 부르고 나와서 해산했다. 고종은 오후 4시에는 또 보부상 대표 200명을 불러 모호한 약속을 하면서 역시 해산을 종용했다. 보부상들도 만세를 부르고 나와서 해산했다.

11월27일은 독립협회가 부활되고 나서 처음 맞는 일요일이었다. 감격에 넘치는 통상회가 열렸다. 이날의 회의에서는 마포에서 보부상패와 싸우다가 희생된 신기료장수 김덕구의 장례식을 대대적으로 거행하는 문제 등과 함께 협회의 토론회를 정상화시키기로 결의했다. 그리하여 다음 토론회 주제를 "신(信)과 의(義)를 튼튼히 지키는 것은 본국을 다스리는 데와 외국들을 사귀는 데 제일 요긴함"으로 정하고, 좌의에 이상재와 방한덕(方漢德), 우의에 이승만과 장태환을 선정했다.[120] 부활된 독립협회의 첫 토론회에서 이승만이 부회장 이상재와 동격의 토론자로 선정되었다는 사실은 신진 소장파 이승만이 이제 독립협회 안에서도 중추적 위치로 급부상했음을 말해 주는 것이었다.

---

120) 《독립신문》 1898년11월29일자, 「잡보: 토론문제」.

5. 한달 만에 파면된 중추원 의관

1

고종과 정부는 11월29일에 기정 방침대로 의관 전원을 관선으로 하여 중추원을 새로 구성했다. 선임된 의관 50명은 독립협회 및 만민공동회 계열이 17명, 황국협회 계열이 32명, 도약소(都約所)가 1명으로서 수구파가 3분의 2가 되도록 배정한 것이었다.[121] 그리고 이 의관들에게는 연봉 360원을 지급하기로 했다.[122] 이승만도 종9품의 의관으로 선임되었는데,[123] 독립협회 계열의 의관 가운데서는 일본에 유학했던 스물두살의 한성의숙(漢城義塾) 교사 변하진(卞河進) 다음으로 가장 젊었다.[124]

그러나 정부의 이러한 일방적인 중추원 의관 선임은 시국을 수습하는 데 아무런 효력이 없었다. 17명의 독립협회원 가운데 만민공동회 의장 고영근과 윤하영, 현제창(玄濟昶) 세 사람은 아예 의관직 받기를 거부했다. 이들 말고도 이남규(李南珪) 등 전직 관료 네 사람도 의관직을 수락하지 않았다. 일반 국민들의 관심도 끌지 못했다. 신문들도 「관보」나 「잡보」란에 간단히 보도했고, 《황성신문》은 중추원이 "옛 언관(言官)"이라고 해설했다.[125] 독립협회는 정부의 일방적인 중추원 의관 선정 발표에 대해 특별히 이의를 제기하지 않았는데, 그것은 이렇게 설치되는 중추원이 독립협회가 당초에 주장한 의회와는 너무나 거리가 먼 것이어서 별로 기대를 하지 않았기 때문이다. 그보다 「헌의6조」 등 정부가 약속한 사항을 빨리 실시하게 하는 것이 주된 운동목표가 되었다.

12월1일에 거행된 신기료장수 김덕구의 장례식은 그러한 독립협회의

---

121) 鄭喬, 앞의 책, pp.361~362.
122) 《독립신문》 1898년12월12일자, 「관보: 중추원 관리 봉급에 관한 건」.
123) 『日省錄』 光武2년10월16일(양력11월29일)조;《皇城新聞》 1898년12월2일자, 「官報抄錄」.
124) 朱鎭五, 앞의 논문, 「부표3」 참조.
125) 《皇城新聞》 1898년12월5일자, 「論說」.

의지를 나타낸 것이었다. 그것은 장례식의 형식을 빌린 대규모의 민중시위였다. 빈소로는 이승만이 다른 두 사람과 함께 총대로서 경무청에 교섭하여 마련한 애오개 너머 쌍용정 근방 땅을 사용했다.[126]《독립신문》의 다음과 같은 기사는 독립협회가 이 장례식을 얼마나 대대적으로 준비했는지를 말해 준다.

명정에다 "대한제국 의사 광산 김공 덕구지구(大韓帝國義士光山金公德九之柩)"라 써서 상여 앞에 높이 들고… 각 학교 기호(旗號)와 각 동리 기호는 의기 있게 특별히 들었는데, 동서양 각국의 점잖은 손님들도 김씨가 충의(忠義)에 죽은 것을 모두 흠애하여 다시 와서 보며… 칙주판임관(勅奏判任官)들이며 각 학교 학도들이며 각처 사농공상(士農工商)하는 이들이 서로 다투어 몸소 상여를 메고 전후좌우로 벌여 서고, 또 두분은 상여 위에 앞뒤로 올라서서 요령을 흔들며 충의 두 글자로 노래를 지어 애국가 일체로 소리를 높이 질러 서로 화답하고 나아가는데, 동양 각국 만고 사기에 처음 있는 일이다. 그 충의로운 기운과 영화로운 광채는 이루 다 형언할 수 없더라.…[127]
대소인민이 모두 그 상여를 어깨에다 메고 소리를 지르며 서로 화답하는 노래에 가로되,
어화 우리 동포들아 충군애국을 잊지 마라.
대한의사 김덕구씨는 나라를 위하여 동포를 사랑하다가
옳은 의리에 죽었으니 그런 의리가 또 어디 있느냐.
어화 우리 회원들아 의리 두자 잊지 마라.
의리로만 죽게 되면 만인 일심 흠모하야
김덕구같이 장사하겠노라.

---

126)《매일신문》1898년12월3일자,「잡보」.
127)《독립신문》1898년12월2일자,「별보: 의사장례」.

어화 우리 만민들은 제 몸 하나는 잊어버리고

나라 일만 열심하여라.

김덕구의 일신은 살아서는 무명타가 죽으니까 의사로다.

사는 것을 좋아 말게, 죽어지니 영화로다.

김덕구의 의사 이름 천추만세에 유전이라.

이러한 장례 행렬을 구경하던 보부상패들 가운데는 크게 감격하면서 자신들을 동원하여 만민공동회를 치게 한 수구파들을 비판하는 사람도 있었다.[128]

시위운동의 희생자를 '의사(義士)'라고 호칭한 것은 이때가 처음이었을 것이다. 사람들은 김덕구의 장례가 영의정의 장례보다 더 영광스럽다고들 말했다.[129]

김덕구 장례식의 효과는 컸다. 황국협회에서는 임시회장 길영수와 회원들 사이에 분규가 일어나고, 그 때문에 황국협회 출신의 중추원 의관들이 일제히 사직하려는 움직임도 보였다.[130]

그러나 정부는 약속한 사항을 시행할 기색이 보이지 않았다. 보부상패가 성내 각처에서 집회를 열고 독립협회 간부들을 암살할 것이라는 풍문이 나돌기조차 했다. 그리하여 윤치호 등 독립협회 간부들은 호신용으로 권총이나 단도를 휴대했다.[131] 이에 독립협회와 시민들은 독립협회 회장 윤치호의 반대에도 불구하고 12월 6일 오후부터 종로에 모여 다시 만민공동회를 열고 철야 상소시위를 재개했다. 이날의 상소는 「헌의6조」와 「조칙5조」의 실시에 위배되는 인사의 철회, 5흉 재판의 즉각 실시, 보부상패의 해산을 요구한 것이었다.[132] 한편 만민공동회는 상소시위의 재개가

---

128) 《독립신문》 1898년 12월 6일자, 「잡보: 의리 있는 부상」.
129) *The Independent*, Dec. 3, 1898, "A Remarkable Funeral".
130) 《독립신문》 1898년 12월 6일자, 「잡보: 의관 사직」.
131) 鄭喬, 앞의 책, p.365.
132) 『日省錄』 光武2년 10월 23일(양력 12월 6일)조; 『高宗實錄』 光武2년 12월 6일조.

외국인들의 오해를 살 것을 염려하여, 시위재개의 목적이 외교관들도 입회한 자리에서 황제가 약속한 것을 실행하도록 촉구하는 것임을 해명하는 편지를 각국 공사관에 보냈다. 이 편지는 총대위원 양홍묵과 이승만의 명의로 된 것이었다.[133] 12월9일과 10일에는 기독교들도 만민공동회에 참가하여 합세했으나, 고종은 알렌 공사와 아펜젤러에게 압력을 넣어 기독교도들을 철수시켰다.[134]

만민공동회의 철야농성이 재개되자 조병식과 민영기 등 수구파들은 고종에게 독립협회가 기어이 공화정치를 실현하려 한다고 모함했고, 고종은 길영수와 홍종우 등에게 비밀히 명하여 보부상들을 다시 소집하게 하는 한편 시위대로 하여금 경운궁 호위를 더욱 강화하도록 했다.[135] 공동회는 보부상패의 습격에 대비하여 용반촌[庸泮村: 성균관 부근의 마을], 왕십리, 안암동 등지의 빈민 1,200여명을 고용하여 군기사 참정을 지낸 전규환(田圭煥)의 지휘 아래 몽둥이를 들고 경비하게 했다. 이러한 경호인들의 비용과 군중의 식비 등을 충당하기 위해서는 의연금만으로는 부족하여 공동회는 빚을 지기 시작했다. 서울의 대상인들에게 반강제적으로 빌린 돈을 비롯하여 12월25일에 강제해산되기까지 17일 동안에 무려 6,000원의 빚을 졌다.[136]

공동회는 칙교(勅教)가 여러번 있어도 정부에서 그것을 이행하지 않으므로 각부 대신과 고관들을 공동회에 참여시키자면서, 12월12일부터 대회장소를 종로에서 광화문의 육조(六曹) 앞으로 옮겼다. 그리고 이튿날부터는 각부의 문 앞을 막고 관리들의 등청을 제지하면서 공동회에 참여하라고 강요하고,[137] 전직 관리들을 보부상이라고 지목하여 붙잡아다

---

133) 《皇城新聞》 1898년12월7일자, 「雜報: 輪札各館」.
134) 「負商投書에 따른 基督敎人의 抗議에 관한 解明」 1898년12월12일, 『舊韓國外交文書(十一) 美案(2)』, pp.468~469.
135) 鄭喬, 앞의 책, p.368.
136) 『尹致昊日記(五)』 1898년12월27일조.
137) 鄭喬, 앞의 책, p.378.

가 취조하면서 고문을 하기도 했다.

만민공동회가 갈수록 과격해지는 것을 우려한 고종은 12월15일 밤에 윤치호를 다시 한성부 판윤으로, 그리고 자신의 측근인 장연군수 김영준(金永準)을 경무사로 임명했다. 11월23일에 한성부 판윤에 임명되었던 윤치호는 일주일 뒤인 12월1일에 시종원경(侍從院卿) 이채연(李采淵)으로 경질되어 있었다. 이 무렵 고종은 급변하는 정황에 따라 사흘이 멀다 하고 대신들을 경질했다.

김영준은 12월17일에 공동회 사무소로 자신과 면담할 대표를 보내 줄 것을 요청해 왔다. 이승만이 대표로 선정되었다. 그가 대표로 선정된 것은, 중추원 의관에 선임된 것과는 관계없이 재개된 공동회에서도 여전히 주동적인 역할을 하고 있었기 때문이다. 김영준은 이승만에게 보부상패는 반드시 잡아들여서 걱정하지 않아도 되게 할 것이고, 그 대신에 만민공동회가 사흘 안으로 육조 앞에서 개회하지 않으면 일이 모두 잘 될 것이지만 그렇지 못하면 모든 일이 낭패할 것이라고 경고했다. 그리고 상소를 하는 경우에도 몇 사람만 모여 올리라고 했다. 그러나 공동회는 김영준이 만민공동회를 해산시킨 뒤에 탄압하려는 것이라고 판단했다. 그리하여 군중은 경무청 앞으로 몰려가서 집회를 열고 김영준의 사임을 촉구했다.[138] 이튿날 이승만은 이건호(李建鎬) 등과 함께 다시 김영준을 찾아가서 그의 사직을 권고하는 등으로 사태를 극한상황으로 몰고 갔다.[139] 이건호는 일본에 망명해 있는 박영효의 심복이었다.

2

독립협회와 만민공동회에 대한 탄압의 결정적인 빌미가 된 것은 12월

---

138)《皇城新聞》1898년12월17일,「雜報: 警使傳言」; 鄭喬, 앞의 책, pp.380~381.
139) 鄭喬, 위의 책, p.387.

18일에 있었던 중추원의 대신 임용적임자 추천 결의였다. 고종은 만민공동회를 해산시키기 위한 방안으로 중추원을 개원하여 만민공동회의 요구사항을 논의하게 했는데, 중추원은 개원되자마자 엉뚱한 결의를 해버린 것이었다. 12월15일에 개원된 중추원은 고종의 요청에 따라 윤치호를 부의장으로 선출했다. 이튿날 속개된 중추원이 「헌의6조」와 「조직5조」를 빨리 실시할 것을 촉구한 것은 당연한 일이었다. 그러나 이날 중추원이 정부고관에 임용할 인망 있는 인재 11명을 정부에 천거하기로 의결하고 추천자 인선투표까지 한 것은 경솔한 처사가 아닐 수 없었다. 투표결과 민영준(閔泳駿), 민영환, 이중하(李重夏), 박정양, 한규설, 윤치호, 김종한, 박영효, 서재필, 최익현(崔益鉉), 윤용구(尹用求)가 선정되었다.[140] 11이라는 숫자는 당시의 대신급 직위의 숫자였으므로, 사실상 이들로써 내각을 구성할 것을 요구한 것이었다. 이들 11명은 보수파와 개혁파를 망라한 가장 인망 있는 인물들인 것은 사실이었으나, 이승만 등 결의 주동자들은 권력투쟁에서 자신들의 힘의 한계를 감안할 줄 몰랐던 것이다. 11명 가운데 박영효와 서재필을 선정한 것은 무모했다. 특히 대역죄인으로 일본에 망명해 있는 박영효를 포함시킨 것은 자신들의 묘혈을 판 행동이었다. 이러한 결의를 제안한 사람은 독립협회 소속의 최정덕(崔廷德)이었는데, 이승만은 이에 적극적으로 동조했던 것이다.

이 무렵 박영효와 그의 추종자들은 시모노세키(下關)에 집결하여 국내 정세를 예의 주시하면서 독립협회와의 제휴를 도모했다. 그리하여 《독립신문》에는 다음과 같은 뉴스가 보도되기도 했다.

고베(神戶) 영자신문을 본즉, 박영효씨와 리규완씨와 그 외 대한 사람 일곱이 본월 초십일쯤에 일본을 떠나서 대한으로 나가랴고 작

---

140) 《皇城新聞》 1898년12월22일자, 「別報」; The Independent, Dec. 20, 1898, "Molayo's Reports".

정하였다고 하였더라.[141]

박영효와 그의 심복인 이규완 등 일곱 사람이 9월10일쯤에 귀국할 예정이라는 것이었다. 실제로 이규완과 황철은 거액의 자금을 가지고 10월에 귀국하여 일본인 거류지에 머물면서 독립협회의 젊은 열성회원들을 상대로 포섭공작을 벌이고 있었다. 이승만도 최정덕, 어용선(魚瑢善) 등과 함께 박영효의 심복인 이건호와 이규완에게 포섭되어 은밀히 추진되던 박영효의 귀국운동에 동참했다.[142] 뒷날 이승만은 이때의 일을 다음과 같이 술회했다.

여러 망명객들이 일본에서 돌아와서 서울의 일본인 거주지역에 살면서 돈을 물 쓰듯 썼다. 나는 당시에 너무 어리고 천진난만하여 그들의 돈이 어디서 나왔는가 하는 생각을 못했었는데, 뒤에 그들이 미국 영향 아래 있는 한국의 지도자들을 자기네 쪽으로 끌어들이려고 애쓰고 있다는 사실을 깨달았다. 나는 대동합방론(大東合邦論)을 주창하는 사람들과 여러번 비밀회동을 한 일이 있다.[143]

이승만이 쓴 모든 글에는 기회 있는 대목마다 자기과시적 내용이 많은데, 위의 문장과 같은 자괴는 극히 예외이다. 대동합방론이란 일본의 아시아 침략에 앞장섰던 이른바 대륙낭인(大陸浪人)의 선구자인 다루이 도오키치(尊井藤吉)가 지은 책 이름으로서, 그 논지는 먼저 일본과 한국이 대등한 입장에서 합방하여 '대동국(大東國)'을 형성하고, 이어 청국과 연합하여 서유럽 제국주의에 대항하자는 것이었다. 이 책은 일본의 한

---

141) 《독립신문》 1898년9월13일자, 「잡보: 박영효씨」.
142) 「李圭宗黃鐵再ビ日本亡命ノ件」 1899년2월7일, 『駐韓日本公使館記錄(13)』, pp.227~228; 『尹致昊日記(五)』 1898년12월27일조.
143) "Autobiography of Dr. Syngman Rhee", p.10; 「청년이승만자서전」, 이정식 지음, 권기붕 옮김, 앞의 책, pp.260~261.

일본에 망명해 있으면서 국내의 정변을 모색하고 있던 박영효.

국합병을 추진한 사람들뿐만 아니라 양계초(梁啓超) 등 중국 지식인들에게도 큰 영향을 끼쳤다.[144] 이승만이 《한성신보》와 논쟁을 벌이면서도 한·일·청 3국의 협력의 중요성을 강조하고 일본 외교관들에게 자국민들을 단속하여 양국 백성들이 "한나라 사람같이 친밀히 지내게" 하라고 강조한 것도, 이 무렵 그가 대동합방론자들의 주장에 적지 않은 영향을 받고 있었음을 말해준다. 이승만이 급진과격파로서 저돌적 행동을 서슴지 않은 것은 이처럼 박영효 일파의 정변 음모[145]에 깊이 관여하고 있었기 때문이다.

중추원의 11명 천거 결의가 있기 나흘 전인 12월12일에 윤치호는 쓰네야 모리후쿠(恒屋盛服)를 만났다. 쓰네야는 1895년에 일본인 최초로 한국정부의 내각보좌관이라는 직책에 임명된 대륙낭인으로서 박영효와 함께 민비폐비음모를 꾸몄던 인물이었다.[146] 그는 윤치호에게 만민공동회가 박영효의 소환을 제의해 줄 것을 요청했다. 그러나 윤치호는 그의 요청을 거절했다. 최정덕과 이승만이 중추원에서 박영효를 비롯한 11명의 추천 결의를 제의한 것은 이러한 박영효 일파의 공작에 따른 것이었다.[147]

무모했던 것은 중추원 의관들만이 아니었다. 중추원 결의의 사후인준을 요청받은 만민공동회는 박영효를 소환하여 재판에 회부한 다음, 죄

144) 韓相一, 『日本帝國主義의 한 研究: 大陸浪人과 大陸膨脹』, 까치, 1980, pp.26~33.
145) 尹炳喜, 「第2次日本亡命時節 朴永孝의 쿠데타陰謀事件」, 『李基白先生古稀紀念韓國史學論叢(下)』, 一潮閣, 1994, pp.1678~1770 참조.
146) 東亞同文會 編, 『對支回顧錄(下卷)』, 原書房, 1968, pp.519~521.
147) 『尹致昊日記(五)』 1898년12월27일조.

가 있으면 다스리고 없으면 징계를 사면해서 서용(敍用)하게 하자고 주장하면서 박병응(朴炳應), 이기선(李基善), 윤하영(尹夏榮) 세 사람을 고발위원으로 선정했다.[148] 이 무렵 항간에는 박영효가 황제를 폐위시키고 스스로 대통령이 되려 한다는 풍문이 나돌기도 했다.[149] 그러나 박병응이 고발위원을 사퇴한 것으로도 알 수 있듯이, 박영효의 귀국에 대해서는 만민공동회 안에서조차 의견이 일치하지 않았다. 실제로 박영효의 귀국을 언급한 이후로 공동회에 참가하는 사람들의 수가 크게 줄었다.[150]

그러자 공동회는 더욱 과격해졌고, 그런 공동회를 이끄는 이승만도 더욱 과격해졌다. 12월20일에 종로에서 열린 공동회에서 이승만은 보부상패의 모주는 민영기(閔泳綺)라면서 그를 잡는 데 현상금 1,000원을 걸자고 제의했다. 그는 "정부는 매양 인민을 속이지만 우리는 결코 식언할리가 없다"하고 소리쳤다. 이승만의 제의는 그대로 채택되었다. 그러나 그것은 법의 권위를 완전히 무시한 행동이었다. 사흘 전에 전라남도 관찰사로 임명된 민영기는 이 소문을 듣고 궁궐로 도망쳐서 밖으로 나오지 못했다.[151]

같은 날 전 내부주사 이석렬(李錫烈) 등 33명이 연명으로 상소하여 박영효를 소환하여 서용할 것을 주장했다.[152] 그러나 고종은 12월21일에 이석렬 등에 대하여 체포령을 내리는 동시에 국외 도피자는 죄의 경중을 불문하고 영원히 사면하지 않는다는 조칙을 내렸다.[153]

드디어 고종은 12월23일에 군대를 동원하여 만민공동회를 강제로 해산시켰다. 이때의 군대동원에는 외국 공사들도 반대하지 않았다. 특히 일본공사 가토 마스오는 자국의 명치유신(明治維新) 초기의 일을 보기로

148)《皇城新聞》1898년12월20일자,「雜報: 請願裁判」.
149)『尹致昊日記(五)』1898년12월27일조; 菊池謙讓,『近代朝鮮史(下)』, 鷄鳴社, 1939, p.528.
150)『尹致昊日記(五)』1898년12월27일조.
151)《皇城新聞》1898년12월21일자,「雜報: 民會懸金」;《독립신문》1898년12월21일자,「잡보: 상금천원」; 鄭喬, 앞의 책, pp.396~397.
152)《皇城新聞》1898년12월21일자,「別報」;《독립신문》1898년12월22일자,「리씨소초」.
153)『日省錄』光武2년11월9일(양력12월21일)조;『高宗實錄』光武2년12월21일조.

들면서 고종에게 군대동원을 강력히 권고했다. 게다가 박영효 소환을 만민공동회가 동의한 사실이 알려지면서 시민들의 호응이 크게 약화된 것도 고종으로 하여금 군대를 동원하는 데 자신감을 갖게 했을 것이다. 고종은 마침내 이틀 뒤인 12월25일에 만민공동회의 열한가지 죄목을 들어 불법화시키는 조칙을 내렸다. 독립협회를 이미 허락했는데 만민공동회라는 이름으로 집회를 연 것도 죄목의 하나였다.[154] 따라서 이때까지도 독립협회를 해산시킨 것은 아니었다. 그러나 독립협회 자체도 사실상 해산되어 12월31일로 예정되었던 통상회도 유회되었다. 이어 지방의 지회들도 해산되었다. 독립협회와 협력하여 상권수호운동과 자주민권운동을 벌였던 황국중앙총상회도 해산되었다.

신문들도 만민공동회의 자제를 촉구하고 나섰다. 그동안 만민공동회를 적극적으로 지지해 왔던 《독립신문》은 「문답」 형식을 빌려 다음과 같이 적었다.

[문] 공동회를 파한 후에 시비가 분분하야 혹은 공동회에서 실수를 많이 하였다 하고 혹은 정부에서 잘못하였다 하니 누구의 말이 옳은지.
[답] 대한 사람들은 몇백년 압제에 눌려서 무엇이든지 정부가 하는 일은 감히 평론 못하는 것을 이치로 아는 고로 정부에서 옳다면 옳은 줄 알고 그르다면 그른 줄 알거니와, 실상으로 말하면 당초부터 정부에서 그 직분을 잘하였으면 공동회가 생겼을 이치도 없고, 공동회 시작한 후라도 정부에서 잘못한 것을 깨닫고 민론을 좇아서 황상 폐하의 성칙을 받들어 시행하였더라면 공동회가 근 20일이나 끌었을 리가 없고, 또 만민 모인 데서 언어 동작에 실수한 일이 있더라도 몇해 몇달을 두고 총명을 옹폐하며 인민을 괴롭게 한 정부의 허물에 비하

154) 『日省錄』 光武2년11월13일(양력12월25일)조; 『高宗實錄』 光武2년12월25일조.

면 공동회에서 정부보다는 잘못한 일이 없는 것은 삼척동자기로 어찌 모르리요.…

[문] 그러하면 공동회를 다시 시작하는 것이 어떠하뇨.

[답] 서양말에 좋은 일도 너무 하면 멀미난다 하였으니, 지금 공동회를 다시 하면 민심이 지루히 여겨서 도리어 괴롭게 알기가 쉬우니, 민심만 믿고 하는 회를 어찌 민심을 어기어 하리요. 하물며 황상폐하의 조칙이 내리사 공동회의 충의 목적은 통촉하시고 물러가라 하셨으니, 어찌 또 주저하야 성칙을 받들지 아니하리요.

[문] 그러하면 정부에서 무슨 일을 하야 성칙을 받들지 아니하야 인민을 괴롭게 하여도 다시는 만민이 말도 못하랴.

[답] 어느 때든지 정부에서 다시 그른 일로 위로 황실을 위태히 하고 아래로 백성을 괴롭게 하야 민심이 비등하야 시민이 철전[撤廛: 철시]하고 학도가 책을 덮고 만구 일성으로 공론을 일으켜 정부에서 잘못하는 죄를 황상부모께 명원하게 될 지경이면 자연히 만민회가 되는 것이니, 그렇지 못하고 다만 구경꾼이나 모여서 시간이나 허비할 것 같으면 다시 회하여 무엇하리오.…155)

윤치호도《독립신문》영문판에서 만민공동회가 마지막 기간 동안 많은 실수가 있었음을 인정하고, 민중은 지쳤으며 이 집회는 민중이 스스로 어떤 결과를 가져올 수 있는 능력이 없었음을 보여 주었다면서, 당분간 조용히 있을 것을 촉구했다.156)《황성신문》도 만민공동회의 민중이 각자 집으로 돌아가서 한두달만 자숙하면 반드시 정부에서도 각성하여 민중의 요구를 받아들일 것이라면서 관민의 회합을 촉구했다.157)《제국신문》은 만민공동회 해산의 직접적인 계기가 되었던 박영효 소환 요

---

155)《독립신문》1898년12월28일자,「공동회에 대한 문답」.
156) The Independent, Dec. 27, 1898, "Molayo's Reports".
157)《皇城新聞》1898년12월26일자,「論說」.

구를 비난하면서 그 주동자들은 "정부에서 죄인이오 인민에 죄인"이라고 규탄했다. 그러면서도 정부의 책임을 논히면서 관민의 협조를 강조했다.[158] 만민공동회를 거듭 신랄하게 비판한 것은 《매일신문》이었다. 《매일신문》은 「논설」란에서 「기서」 형식의 글을 통하여 중추원에서 대신 후보자를 추천한 것은 국민 자유권의 범주를 벗어난 행위라고 말하고, 일본이나 영국이나 미국에서도 의회에서 대신을 선출하는 권한은 없다고 주장했다.[159]

해가 바뀌어 1899년1월 초에 윤치호는 부친 윤웅렬(尹雄烈)의 주선으로 덕원부사(德源府使) 겸 원산감리(元山監理)가 되어 서울을 떠났고, 남은 간부들은 체포되거나 피신했다. 뒷날 윤치호는 이때의 일에 대해 "피신하였던 나로서 원산감리로 내려가게 된 것은 당시 내부협판인가의 중직을 띠고 있던 선친의 비호도 있었겠지만 거의 명령적 회유책으로 볼 수도 있는 것이었다"라고 술회했다.[160]

이승만은 1월3일에 홍재기(洪在箕), 어용선, 변하진, 신해영(申海永) 네 사람의 다른 젊은 의관들과 함께 중추원 의관에서 파면되었다.[161] 그는 만민공동회 회장이었던 중추원 대판의장(代辦議長) 윤시병(尹始炳) 등과 함께 남대문 안 상동(尙洞)의 미국인 주택지로 피신했다.[162] 이승만은 에비슨의 집으로 피신했다.[163]

1896년7월에 결성된 독립협회가 2년 반 동안 전개한 일련의 개화운동과 자주민권운동은 열강의 이권침탈을 저지하고 근대적 민주주의 사상에 입각한 시민적 대중운동의 원형이 되었다는 점에서 획기적인 것이었다. 그러나 그것은 결국 역점을 두고 추진했던 의회설립운동도 실현되기

---

158) 《제국신문》 1898년12월28일자, 「논설」.
159) 《매일신문》 1898년12월23~24일, 「논설: 사립 흥화학교 교사 림병구씨 기서」.
160) 尹致昊, 앞의 글, pp.61~62.
161) 『日省錄』 光武2년11월22일(양력1899년1월3일)조; 『高宗實錄』 1899년1월3일조.
162) 鄭喬, 『大韓季年史(下)』, 1957, p.3.
163) 이광린, 『올리버 알 에비슨의 생애』, 연세대학교출판부, 1992, p.131.

직전에 좌절되고 운동의 중심체인 독립협회 자체마저 존속될 수 없을 만큼 현실적으로는 실패하고 말았다.[164] 그리고 그 실패는 다른 많은 요인과 함께 이승만으로 대표되는 젊은 급진과격파들의 모험주의적 행동에 기인한 점이 많았다. 그 자신이 「고목가」에서 노래한 것과 같이 위태로운 처지에 놓여 있는 대한제국의 자주독립을 지키면서 근대적 국민국가로 만들어 나가는 운동을 이끄는 데 필요한 사려 깊은 판단력과 신중한 행동은 20대 초반의 청년 이승만에게는 너무나 벅찬 일이었을 것이다. 그러나 독립협회가 사상적인 면에서나 인맥의 면에서 뒤이은 계몽운동과 독립운동의 원류가 된 것과 마찬가지로, 만민공동회의 정치투쟁 때에 이승만이 보여 준 대중조작 능력은 그에 대한 설화적인 명성의 원천이 되었다.

---

164) 李玟源, 「大韓帝國의 改革과 그 實態: 政府와 獨立協會의 皇權認識과 관련하여」, 《한국민족운동사연구》 9, 한국민족운동사연구회, 1994년 6월, pp.3~23; 주진오, 「1898년 독립협회운동의 주도세력과 지지기반」, 《역사와 현실》 제15호, 역사비평사, 1995, pp.173~208 참조.

10장

위정척사파에서 개화파로
— 김구의 첫번째 감옥생활

1. 고종의 칙명으로 사형집행 정지

1

세차례의 신문이 끝난 뒤에도 김창수에 대한 최종 판결은 빨리 내려
지지 않았다. 판결을 재촉한 것은 일본쪽이었다. 3차 신문이 끝나고 이틀
뒤인 1896년9월12일에 인천 일본영사대리 하기와라 슈이치(萩原守一)는
감리 이재정(李在正)의 문의에 대해 김창수를 "귀국 법률 대명률(大明律)
의 인명모살인조(人命謨殺人條)에 따라 참(斬)으로 처단하는 것이 가하
다는 의견을 법부에 올릴 것"을 요청했다.[1] 이튿날 이재정은 법부에 김창
수는 조율재처(照律裁處)하고 치하포의 여관주인 이화보(李化甫)는 석
방할 것을 건의하는 보고서를 올렸다.[2] 이에 앞서 김창수는 감리에게 이
화보는 무관하므로 즉시 석방하라고 강력히 요망했었다.

법부의 답변이 지연되자 이재정은 10월2일 오전에 다시 김창수 사건
의 조속한 처리와 이화보의 즉시 석방을 요청하는 전보를 법부에 보냈
다. 법부는 당일로 답전을 보내어 이화보의 석방은 허락했으나, 김창수에
대해서는 아무런 지침도 내리지 않았다.[3] 이화보는 이튿날로 석방되었다.
그는 김창수를 찾아와 옥문 밖에서 "말씀을 잘 해주셔서 무사히 석방되
었습니다" 하고 인사를 하고 갔다.

이 무렵 인천감옥은 인천 내리[內里: 지금의 중구 내동]에 있었다. 감옥 바
로 뒤쪽으로는 내리교회가 있고 내리 마루에 감리서, 왼쪽에 경무청, 오른
쪽에 순검청이 있었다. 감옥은 순검청 앞에 있었다. 앞에는 노상을 통제하
는 2층 문루가 있고 감옥 주위에는 높은 담장이 둘러쳐져 있었다. 감옥은

---

1) 「仁府 제150호: 領事代理 萩原守一이 仁川港監理 李在正에게」 1896년9월12일, 『白凡金九全集(3)』,
   p.268.
2) 「報告 제1호: 仁川港裁判所判事 李在正이 法部大臣 韓圭卨계」 1896년9월13일, 위의 책, pp.273~275.
3) 「仁監 電報」와 「法部의 答電」 1896년10월2일, 같은 책, p.276.

평옥 몇칸으로 되어 있었는데, 방들을 반으로 나누어서 한쪽은 미결수와 강도, 절도, 살인 등의 죄수를 수용하고 다른 한쪽은 민사소송법과 경범죄법 위반범 등의 잡범들을 수용했다. 형사 피고의 기결수에게는 푸른 옷을 입히고 윗옷 등에 "강도", "살인", "절도" 등의 죄명을 먹으로 써 놓았다. 죄수들이 감옥 밖으로 일을 하러 나갈 때에는 좌우 어깨와 팔꿈치를 한 쇠사슬로 묶고 2인 1조씩 등 뒤로 자물쇠를 채워 간수가 인솔하고 다녔다.[4]

갑오개혁 이후로 근대적 감옥제도가 도입되면서 감옥규칙이 많이 개혁되었으나 실제 운영 면에서는 크게 달라진 것이 없었다. 죄수를 신문할 때에는 여전히 고문이 증거 확보의 합법적 수단으로 허용되었고, 기결수와 미결수의 차별 없이 같은 대우를 받았다.《독립신문》이 한성재판소를 가리켜 "백성의 시비를 법률을 가지고 재판을 아니하고 백성의 가죽을 벗기는 데"[5]라고 신랄하게 비판한 것은 그러한 사정을 짐작하게 한다. 또한 범죄를 확증할 만한 증거나 증인도 없이 피의자를 잡아 와서는 미결수로 가두어 두고 고문으로 자백을 강요하기가 예사였으므로 미결수가 늘어날 수밖에 없었다. 1개월 징역에 해당하는 사건의 범죄자를 미결상태로 몇개월씩 가두어 두는가 하면 100냥 가격의 소송으로 1,000냥의 식비를 소비하게 하는 등으로 민원이 자자했다.[6] 1898년8월에 법부에서 감옥서의 죄수들을 조사했을 때에 죄명도 모르고 증거도 없는데 재판도 받지 못한 채 갇힌 지 1년이 넘는 수감자가 10여명이나 되었다는 사실[7]은 이 무렵의 행형제도의 실상이 어떠했는지를 짐작하게 한다. 이러한 형편은 인천감옥의 경우도 다르지 않았을 것이다.

판결도 없이 옥중생활을 계속하고 있던 어느 날 김창수는 옥중에서 자신의 사형소식을 보도한 신문기사를 읽었다.『백범일지』는 "하루는 아

---

4) 『백범일지』, p.104.
5) 《독립신문》 1897년4월27일자, 「논설」.
6) 都冕會, 「1894~1905年間 刑事裁判制度研究」, 서울大學校 박사학위논문, 1998, p.158.
7) 《제국신문》 1898년8월11일자, 「잡보」.

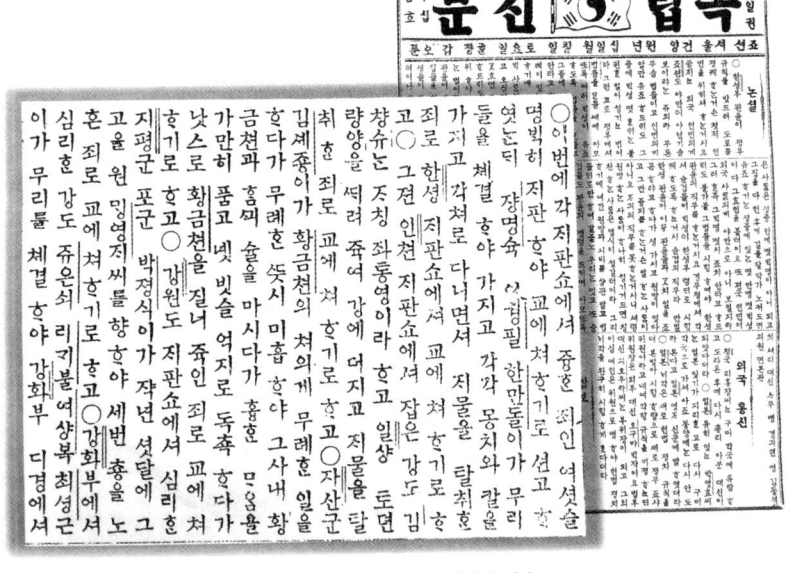

김창수 등 중범 6명에 대한 사형집행을 보도한 1896년11월7일자 《독립신문》 기사.

침에 《황성신문(皇城新聞)》을 열람한즉 경성, 대구, 평양, 인천에서 아무 날(지금까지 기억되기는 7월27일로 생각한다) 강도 누구누구, 살인 누구 누구, 인천에서는 살인강도 김창수를 교수형에 처한다는 기사가 나 있었 다"라고 비교적 소상히 적어 놓았다.[8] 그러나 그것은 《황성신문》이 아니 라 《독립신문》 1896년11월7일(음력10월3일)자의 다음과 같은 기사를 말 하는 것이었다. 《황성신문》은 그보다 2년이나 뒤인 1898년9월5일에야 창간되었다.

이번에 각 재판소에서 중한 죄인 여섯을 명백히 재판하야 교(絞)에 처하기로 선고하였는데, 장명숙, 엄경필, 한만돌이가 무리들을 체결하 야 가지고 각각 몽치와 칼을 가지고 각처로 다니면서 재물을 탈취한 죄

---

8) 『백범일지』, p.118.

로 한성재판소에서 교에 처하기로 하고, 그전 인천재판소에서 잡은 강도 김창수는 자칭 좌통령이라고 하고 일상(日商) 토전량양(土田讓亮)을 때려 죽여 강에 던지고 재물을 탈취한 죄로 교에 처하기로 하고….⁹⁾

그런데 김창수는 자신에 대한 사형판결 기사를 보고도 전혀 마음의 동요를 느끼지 않았다고 한다. 김구는 이때에 자신이 그처럼 태연할 수 있었던 것은 청계동에서 고능선(高能善)에게 들은 박태보(朴泰輔)와 삼학사(三學士)에 관한 이야기의 영향 때문이었을 것이라고 술회했다.¹⁰⁾ 그의 이러한 태도는 뒤에서 보듯이 재판도 받기 전에 아버지 이경선(李敬善)에게 세번씩이나 유서를 쓰면서 불안해했던 이승만의 경우와는 퍽 대조적이다.

2

김창수의 사형집행 기사가 알려지자 감리서는 술렁거리기 시작했다. 이어 인천항 사람들이 김창수에게 '산 조문'을 하러 감옥으로 몰려왔다. 오는 사람마다 김창수를 보고 "마지막으로 보러 왔소"라든가, "우리는 김 석사(金碩士)가 살아 나와서 상면할 줄 알았는데, 이것이 웬일이오"라면서 눈물을 흘렸다. 김창수는 찾아온 사람들을 오히려 위로하여 보내고 『대학(大學)』을 읽으면서 자신의 마음을 가다듬었다. 아들에게 사식을 손수 들여 넣어 주는 곽씨 부인의 태도도 평상시와 조금도 다름이 없었다. 그것은 주위 사람들이 김창수의 사형집행 소식을 곽씨 부인에게 알려주지 않았기 때문이다.

이 무렵 인천감옥의 사형집행은 오후에 죄수를 끌고 나가서 쇠뿔고개[牛角峴]에서 교살하는 것이었다. 김창수는 아침밥과 점심밥도 잘 먹고

---

9) 《독립신문》 1896년11월7일자, 「잡보」.
10) 『백범일지』, pp.118~119.

사형집행을 기다렸다. 동료 죄수들의 마음 아파하는 모습은 차마 볼 수 없었다. 김구는 그들이 "과연 제 부모 죽을 때에도 그렇게 애통해할지 의문이었다"라고 회고했다. 그리고 자신은 "성현의 말씀에 마음을 가라앉혔다가 성현과 동행할 생각으로 『대학』만 읽고 앉아 있었다"는 것이다.[11]

이윽고 교수대로 끌려 나갈 시간이 되었다. 그러나 예정된 시간이 지나도록 아무 소식이 없었다. 그는 또 한 끼 저녁밥을 먹었다. 옆 사람들이 김창수는 특수 죄인이기 때문에 아마 야간집행을 하려는가 보다고들 했다. 저녁이 되자 사람들의 발소리와 떠드는 소리가 나더니 옥문 열리는 소리가 들렸다.

김창수는 드디어 마지막 순간이 왔다고 생각했다. 그의 얼굴을 바라보는 동료 죄수들은 마치 자기가 죽으러 가거나 하는 것처럼 벌벌 떨었다. 안쪽 문이 열리기도 전에 감옥 끝에서, "김창수 어느 방에 있소?" 하는 소리가 들렸다. 이어서 천만 뜻밖의 소식이 전해졌다.

"아이구, 이제 김창수는 살았소! 아이구, 우리 감리영감과 감리서 전 직원과 각 청사 직원이 아침부터 지금까지 밥 한술 먹지 못하고 김창수를 어찌 차마 우리 손으로 죽인단 말이냐 하고 서로 말 없이 얼굴만 물끄러미 바라보며 한탄하였소. 그랬더니 지금 대군주(大君主) 폐하께옵서 집무실에서 전화로 감리영감을 불러 계시옵고, 감리영감은 김창수의 사형을 정지하라는 친칙(親勅)을 받잡고 밤중에라도 감옥에 내려가 김창수에게 알려 주라는 분부를 내리셨소. 오늘 하루 얼마나 상심하셨소."

김구는 자신이 목숨을 건지게 된 데에는 기적 같은 우연이 작용했다고 썼다. 사형은 형식적으로라도 왕의 재가를 받아서 집행하는 것이므로 법부대신이 사형수 한 사람 한 사람의 신문서를 가지고 조회에 들어가서 왕의 친감(親監)을 거쳐야 했다. 그런데 이때에 입시했던 승지 한 사람이 각 죄수의 신문서를 뒤적여 보다가 김창수의 신문서에서 "국모보수

---

11) 『백범일지』, p.119.

(國母報讐)"넉 자가 눈에 띄어 이상하게 여기고 이미 재가 절차를 끝낸 안건을 다시 꺼내어 고종에게 보였다. 내용을 본 고종은 즉시 이전회의를 열고 논의한 결과, 이 사건은 외국과 관련된 일이기는 하나 일단 생명이나 살리고 보자 하여 고종이 직접 전화로 사형집행 정지를 지시했다는 것이다. 그러면서 『백범일지』는 "여하튼 대군주[이태황]가 친전한 것만은 사실이었다"라고 명기했다.[12]

그러나 『백범일지』의 위와 같은 서술에는 사실과 다른 점이 있다. 우선 통신수단의 문제이다. 김구는 자신의 사형집행 정지령이 내린 날을 서울에서 인천까지의 전화 가설 공사가 완공된 지 사흘째 되는 병신년[丙申年: 1897년] 8월26일이었다고 써 놓았다. 그것이 음력을 뜻하는 것이었다면 양력으로는 10월2일이 된다. 그러나 궁내부에 처음으로 전화시설이 가설되어 외아문(外衙門) 등 중앙의 각 아문과 함께 인천과 전화가 개통된 것은 1898년1월18일이었다. 그리고 서울과 인천 사이에 오간 통화내용 가운데 공식기록으로 확인되는 것은 1898년1월28일 하오 3시에 영국 범선 세척이 입항할 것이라고 인천감리가 외아문에 보고한 것이 처음이었다.[13]

앞에서 본 대로 3차 신문이 있던 날이 1896년9월10일이었고 법부에서 김창수를 포함한 한성부 강도죄인 장명숙(張明叔) 등 11명에 대한 교수형을 고종에게 건의하는 보고서를 상주한 날짜는 10월23일(음력9월17일)이었다.[14] 이 보고서는 시행일을 10월28일로 예정했다. 그리고 이 사실이 다시 《독립신문》에 보도된 것은 11월7일(음력10월3일)자였다. 따라서 김창수가 자신의 사형집행 사실을 신문기사를 보고 알았다면 그것은 《독립신문》에 보도된 11월7일 직후의 어느 날이었을 것이다. 그러므로

12) 『백범일지』, p.121.
13) 「外記」光武2년1월28일, 電氣通信史編纂委員會, 『韓國電氣通信100年史(上)』, 遞信部, 1985, p.210.
14) 「上奏案件案 제7호: 法部大臣 韓圭卨이 王께」 1896년10월23일, 『白凡金九全集(3)』, pp. 279~284.

고종이 사형집행 정지를 명령한 날짜가 음력8월26일이었다고 하더라도 시간적으로 동이 뜬다. 따라서 고종이 전화로 인천감리에게 김창수의 사형집행 정지를 지시했을 개연성은 없다. 그런데도 김구가 어떻게 위와 같이 기억하게 되었는지는 적이 궁금한 일이다. 고종은 김창수의 사형집행 정지를 전화가 아니라 전보로 명령했을 수는 있다.

김창수의 사형집행이 고종의 칙명에 따라서 정지된 것은 아마 사실이었을 것이다. 그것은 아관파천 이후로 고종이 빈번히 시행했던 정치사면령의 하나였을 것이다. 이 무렵 국왕은 중요범죄에 대한 최종 판결권을 가지고 있었다. 1896년4월에 반포된 형률명례(刑律明禮)에 따르면 (1) 국사범을 유형(流刑)에 처할 때, (2) 특별법원의 범죄자로서 역형(役刑) 이상을 선고했을 때, (3) 사형을 선고했을 때에는 반드시 국왕에게 상주한 뒤에 국왕의 재가를 받아서 집행하도록 되어 있었다. 갑오개혁 이전에는 사형수를 처결할 때에 국왕에게 세번 보고하는 제도가 있었으나 이때에는 한번만 하게 되어 있었다. 이러한 국왕의 판결권은 갑오개혁 뒤로 한동안 폐지되었다가 아관파천 이후의 군주권 강화를 위한 일련의 구제도 부활의 일환으로 부활되었는데, 고종은 강화된 군주권을 바탕으로 잦은 감형과 사면령을 실시했다. 특히 정치적 필요에 따라서 형 집행 중인 죄수를 사면하는 경우가 많았다.[15]

감리서에서 내려온 주사는 김창수에게 이런 말을 들려주었다.

"우리 관리들뿐 아니라 오늘 전 항구의 객주 서른두명이 긴급회의를 하고 통문을 돌리는 것을 보았는데, 항구 안에 있는 집집마다 몇 사람씩이든 되는 대로 쇠뿔고개로 김창수의 교수형을 구경 가되 각 사람이 엽전 한냥씩 준비하여 가지고 오라 하였소. 사람들이 돈을 가지고 오면 거기서 모인 돈으로 김창수의 몸값을 쳐주고 부족한 액수는 서른두 객주가 담당하고 김창수를 살리자고까지 하였소. 그러나 지금은 천행으로 살았고, 아마 며

15) 都冕會, 앞의 논문, p.164, pp.182~185.

칠이 못되어 궐내에서 은명(恩命)이 계실 터이니 아무 염려 마시고 계시오."

밤에 옥문 열리는 소리를 듣고 벌벌 떨던 죄수들은 이러한 소식을 듣고는 좋아서 어쩔 줄을 몰랐다. 신골방망이[짚신 삼을 때에 쓰는 방망이]로 자신들의 발목에 채워진 차꼬를 두들기며 온갖 노래를 다 부르고, 푸른 바지저고리 바람으로 춤도 추고, 우스꽝스러운 몸짓도 하면서 밤을 지새웠다. 그것은 마치 푸른 옷 입은 배우들의 연극무대와 같았다.[16] 김창수는 그만큼 죄수들의 존경을 받고 있었다.

죄수들은 김창수가 정말로 이인(異人)이라면서 경탄했다. 사형을 당할 날인데도 평소와 다름없이 태연하게 행동했던 것은 틀림없이 그가 선견지명이 있어서 자기가 죽지 않을 것을 미리 알았기 때문일 것이라고들 했다. 관리들 가운데도 그렇게 여기는 사람들이 많았다. 곽씨 부인은 밤중에야 감리가 알려 주어서 이러한 사실을 알게 되었는데, 그녀조차도 아들을 이인으로 생각하게 되었다. 곽씨 부인은 김창수가 해주감영에서 인천으로 이송될 때에 단호히 말했던 일을 기억하고, 아들은 자기가 죽지 않는다는 것을 알고 있었다고 확신하는 것 같았다. 김순영(金淳泳) 역시 비슷한 생각을 갖게 되었다.

상감의 칙명으로 김창수의 사형이 정지되었다는 소문이 퍼지자 전날 영결을 고하러 면회 왔던 사람들이 이제는 축하면회를 오느라고 줄을 이었다. 그리하여 김창수는 아예 옥문 안에 자리를 잡고 앉아서 며칠 동안이나 손님을 응접했다. 사형 정지 전에는 김창수의 젊은 의기를 애석히 여기는 사람들이 찾아왔으나, 이때에 찾아온 사람들 가운데는 장차 김창수가 영달하게 될 줄 알고 미리 인사를 해두러 오는 사람들도 있었다. 관리 가운데도 그런 사람이 있었고, 인천항 내의 인사들 사이에도 그런 빛이 보였다.[17]

---

16) 『백범일지』, p.121.
17) 『백범일지』, pp.121~122.

2. 『태서신사(泰西新史)』읽고 개화파로

1

김창수는 법부의 후속조치를 기다리면서 다른 죄수들을 보살피고 또 그들과 같이 어울렸다. 당시 인천감옥에 수감된 죄수들은 100명 가까이 되었다. 이들 가운데 수시로 드나드는 민사소송사건 피의자 말고는 거의가 절도, 강도, 사전꾼[私錢꾼: 화폐 위조범], 사기, 살인 등의 범죄를 저지른 징역수들이었는데, 이들은 열에 아홉이 문맹이었다. 김창수는 그들에게 글을 가르쳐 주겠다고 자청했다. 그러나 정작 그 제의를 받아들인 죄수들의 마음은 다른 곳에 있었다. 배운 것을 뒷날 요긴하게 활용할 생각보다는 김창수에게 날마다 진수성찬으로 들어오는 사식을 얻어먹는 데 대한 감사의 표시로 배우는 시늉만 하는 죄수들이 많았다.

화개동(花開洞)의 기생서방으로 조덕근(曺德根)이라는 죄수가 있었다. 그는 창기(娼妓)를 중국에다 팔아넘긴 죄로 10년 징역형을 받고 복역하고 있었다. 조덕근은 『대학』을 배우다가 "사람이 나서 8세가 되면 누구나 소학(小學)에 입문한다"라는 뜻의 "인생팔세 개입소학(人生八歲 皆入小學)"이라는 구절을 소리 높여 크게 읽다가 개입(皆入)이라는 말을 잊어버려 "개 아가리 소학"이라고 하는 바람에 한바탕 웃음판이 벌어지기도 했다.[18] 이 구절은 정확하게는 "사람이 나서 8세가 되면 바로 왕공에서 서민의 자식에 이르기까지 다 소학에 들어가(人生八歲 則自王公以下至於庶人之子弟 皆入小學)…"라는 것인데, 글을 처음 배우는 죄수들에게 『대학』을 교재로 삼아 가르쳤다는 것은 아무리 다른 교재가 없었다고 하더라도 무리한 일이 아닐 수 없다.

『대학』은 김순영이 차입해 준 것인데, 이때에 김창수의 수중에 『대학』

---

18) 『백범일지』, p.106.

김창수가 죄수들을 가르치는 것을 보도한 1898년 2월 15일자 《독립신문》 기사.

말고는 교재로 삼을 만한 마땅한 책이 없었을 것이다. 사서(四書)의 하나인 『대학』은 공자(孔子)의 손자 자사(子思)가 지은 것으로 전해지는 책으로서, 『논어(論語)』와 함께 조선의 유생들에게 가장 널리 읽혔던 유학 경전이다. 김창수가 별 생각 없이 『대학』을 교재로 하여 죄수들을 가르칠 마음을 먹은 것은 아마 어려서 서당에서 글공부할 때에도 한문 문장을 외우는 것으로 시작했기 때문이었을 것이다.

뒤에서 보듯이, 이승만도 옥중에서 어린 죄수들과 정치범들을 가르치는 일에 열성을 쏟는다. 두 사람의 이러한 행동은 우리나라에서뿐만 아니라 이 무렵까지 선진 외국에서도 찾아볼 수 없었던 특이한 사실로서 주목할 만한 가치가 있다. 다만 이승만은 김구와 달리 "가갸거겨…"를 써놓고 한글부터 가르친 것이 흥미 있는 대조를 이룬다.

처음에는 어설프게 시작한 김창수의 죄수 교육은 그러나 지속적으로 진행되었고, 시간이 지나면서 김창수 자신의 인격의 성숙과 학식 및 사상의 진전에 따라 내용도 더욱 충실해져 갔다. 그것은 다음과 같은《독립신문》의 기사로도 짐작할 수 있다.

인천항 감옥서 죄수 중에 해주 김창수는 나이 20세라. 일본 사람과 상관된 일이 있어서 갇힌 지가 지금 3년인데, 옥 속에서 주야로 학문을 독실히 하며 또한 다른 죄인들을 권면하야 공부들을 시키는데, 그중에 양봉구(梁鳳九)는 공부가 거의 성가[成家: 학문이나 기술이 한 경지를 이룸]가 되고 그 외 여러 죄인들도 김창수와 양봉구를 본받아 학문 공부를 근실히 하니, 감옥 순검의 말이 인천감옥서는 옥이 아니요 인천감리서 학교라고들 한다니, 인천항 경무관과 총순은 죄수들을 우례(優禮)로 대지하야 학문을 힘쓰게 하는 그 개명한 마음을 우리는 깊이 치사하노라.[19]

양봉구가 어떤 인물이었는지는 알 수 없으나, 김창수는 글공부를 열심히 하는 그와 친숙해져서 탈옥을 같이 하게 된다. 김구는 위와 같은 기사를《황성신문》에서 보았다고 기억했으나 이는 착오이다. 앞에서 보았듯이《황성신문》은 이때에는 아직 발행되지 않았다.

문맹자들에게 글을 가르치는 것 말고도 김창수는 억울하게 갇힌 사람들의 송사를 대서해 주기도 했다. 그는 죄수들의 사연을 듣고 무료로 소장(訴狀)을 써 주었다. 갑오개혁 이후 새로 도입된 소장제도 때문에 법률에 무지한 일반 백성들의 피해는 오히려 더 심해졌다. 갑오개혁 이전에는 특별한 규정이 없이 흰 종이에 내용을 적어서 제출하기만 하면 되었으나, 갑오개혁 이후에는 재판소 이름이 적힌 인찰지(印札紙)를 사용하지

---

19)《독립신문》1898년2월15일,「외방통신」.

않은 소장이나 군수 또는 지방재판소의 판결을 거치지 않고 고등재판소에 곧바로 올라온 소장은 해당 재판소에서 모두 퇴각시켰다. 그리하여 예전같이 흰 종이에 소장을 써 온 무지한 백성들의 피해가 많았다. 이렇게 되자 소장을 직접 쓰지 못하는 일반 백성들을 대상으로 돈을 받고 영업을 하는 대서소가 생겨났고, 글과 법을 모르는 일반 백성들은 이런 대서소에 의지할 수밖에 없었다. 그러나 이러한 사정을 악용한 대서소가 소장을 써 주는 대가를 과다하게 받는 등 횡포가 심했다. 《독립신문》은 이러한 대서소의 폐단을 다음과 같이 비판했다.

> 경향간 사는 인민들이 명원할 일이 있어 소지를 제출하려면 각기 소회를 새 격식대로만 스스로 써서 정하면 좋을 터인데, 어찌하여서 서울서는 소장 쓰는 대서소라고 법부 관허를 맡아 가지고 고등재판소와 한성재판소에 소장을 제출하려고 하는 인민들에게 소장들을 써 주고 소장 써준 서가(書價)라 칭하고 돈을 많이 토색질들을 하는지, 고등재판소에서 소지 대서소의 큰 폐단되는 줄을 알고 대서소들을 일병 혁파할 줄로 말들을 한다더라.[20]

서울의 대서소가 이런 형편이었으므로 인천과 같은 개항장의 대서소는 횡포가 더욱 심했을 것이다. 결국 억울한 일로 감옥에 들어온 일반 백성들은 법률의 횡포에 다시 한번 눈물을 흘려야 했다.

이러한 상황에서 김창수가 무료로 대서를 해주자 감옥 죄수들은 여간 기뻐하지 않았다. 김창수가 써 준 소장 덕에 더러 소송에서 이기는 경우도 있었다. 죄수들 가운데는 감옥 바깥에 연락하여 대서 비용을 써 가면서도 효과가 없는 경우가 허다했는데, 김창수와는 서로 상의해서 써 가지고 인지만 사다 붙여 제출하면 되었으므로 우선 편리했다. 또한 김

---

20) 《독립신문》 1897년 8월 28일, 「잡보」.

창수는 돈 한푼 받지 않고 성심껏 소장을 써 주었기 때문에 그가 소장을 써 주면 거의 다 승소한다고 과장되게 전해져서 옥 안에서는 말할 나위도 없고 심지어 관리의 대서까지 해주기도 했다. 대서뿐만 아니라 김창수는 관리가 백성을 어려움에 빠뜨리고 돈을 강탈하는 사건이 있으면 상급 관리에게 고발하여 관련자를 파면시키기도 했다. 이 때문에 간수들은 김창수가 두려워서 죄수들을 함부로 학대하지 못했다.[21]

김창수의 감옥생활 가운데 흥미로운 것은 다른 죄수들과 어울려 소리를 배운 것이었다. 그는 시골에서 나고 자랐지만 농군들이 일을 하면서 부르는 「김매는 소리」나 「목동 갈까 보다 소리」 같은 노동요 한마디 불러 본 적이 없었고, 기껏 시나 풍월을 읊조린 것이 고작이었다. 이 무렵 인천감옥에는 특이한 규칙이 있었다. 밤에 잠을 재우면 다른 죄수들이 잠든 틈을 타서 도주하는 죄수가 있었기 때문에 낮잠을 허락하는 대신에 밤에 잠을 재우지 않았다. 김창수에게는 이러한 규칙이 적용되지 않았으나, 다른 죄수들을 다 그렇게 다루었으므로 김창수도 자연히 밤에 오래 놀다가 잠자리에 들게 마련이었다. 덕분에 시조나 타령 같은 것을 자주 듣게 되어 소리의 운치를 알게 되었다. 특히 조덕근에게서 여러 종류의 시조와 여창지름, 남창지름, 그리고 「적벽가(赤壁歌)」, 「가세타령」, 「개구리타령」 같은 소리를 배웠다.[22]

김구가 시골에서 태어나서 농군들과 같이 생활하며 성장했으면서도 김매는 소리 하나 익힌 것이 없다는 것은, 서울의 양반 서당에 다니면서 서당 청지기를 졸라서 혼자 몰래 소리를 배운 이승만의 경우와는 흥미 있는 대조를 이룬다. 그리고 언제 사형집행이 있을지도 모르고 기약도 없는 감옥생활을 하면서 문맹의 죄수들에게 글을 가르치고, 그들을 위해 대서를 해주고, 그들과 어울려 소리를 배우고 하는 태도는 김구가 젊어

---

21) 『백범일지』, p.117.
22) 『백범일지』, pp.117~118.

서부터 '대중표출자형' 지도자[23]의 성품을 지녔던 것으로 볼 수 있을 것이다.

2

김창수의 첫번째 감옥생활에서 무엇보다도 중요한 것은 신서적을 읽고 서양문물에 눈을 뜬 사실이다. 김창수가 신서적을 본격적으로 읽기 시작한 시점은 정확히 알 수 없다. 사형집행 소식을 듣고 마음을 가다듬기 위하여 『대학』을 열심히 읽었다는 것으로 미루어 김창수가 신서적을 알게 된 것은 사형집행정지령이 내린 1896년11월 중순 이후였다.

인천은 서양문물과 신사상을 수용하기 좋은 조건을 갖추고 있었다. 개항 이후부터 상해와 일본 등지로 운항하는 서양 상선이 거의 모두 인천에 기항했기 때문에 일찍부터 외국인들이 인천에 진출했다. 1883년에 「인천제물포 각국조계장정(仁川濟物浦各國租界章程)」이 체결됨에 따라 각국 조계가 생기고, 이에 따라 외국상인들이 인천에 거주하면서 합법적인 무역활동을 하고 있었다.[24] 그리하여 구미 각국에서 들어온 외국인 거주자나 여행자들과 서양 선교사들을 통하여 새로운 문명과 서적들이 소개되었다. 또한 조선상인 가운데도 외국으로 장사하러 나갔다가 신간서적을 들여오기도 했다.

날마다 『대학』을 붙들고 있는 김창수에게 어느 날 감리서 직원 한 사람이 신서적을 읽어 보라고 권했다.

"문을 굳게 닫아 걸고 자기 것만 지키려는 구지식, 구사상만으로는 나라를 구할 수 없소. 세계 각국의 정치, 문화, 경제, 도덕, 교육, 산업이 어

---

23) Martin Conway, *The Crowd in Peace and War*, 1915, pp.101~113. 콘웨이는 "대중표출자는 대중의 막연한 감정이나 충동을 의식하여, 그들의 희망을 구체화하고 그들을 행동하게 함으로써 그들을 지도한다"고 정의했다.
24) 仁川市史編纂委員會 編, 『仁川市史(上)』, 仁川直轄市, 1993, pp.214~280.

떠한지를 연구해 보고, 내 것이 남의 것만 못하면 좋은 것을 수입하여 우리 것으로 만들어서, 이 나라와 백성의 살림살이를 유익되게 하는 것이 시무(時務)를 아는 영웅의 할 일이오. 한갓 배외사상(排外思想)만으로는 이 나라가 멸망하는 것을 구하지 못하오. 그러니 창수와 같이 의기 있는 남자는 마땅히 신지식을 구하여 장래 국가에 큰일을 하여야 하오."

이런 말을 하고 나서 그는 김창수에게 『세계역사(世界歷史)』, 『지지(地誌)』 등 중국에서 발간된 책들과 국한문으로 번역된 책들을 가져다 주었다.[25]

신서적은 여러 가지 경로를 통해서 개화파 지식인들에게 보급되었다. 초기에는 외국을 방문한 정부관료나 상인들이 외국 여행길에 들여왔다. 이러한 경우에는 이들과 평소에 친분이 있거나 서로 뜻이 통하는 소수의 사람들에게만 제한되어 유통될 뿐이었다. 이들 말고도 서양 선교사들을 통하여 많은 신서적이 보급되었다. 중국에 거주하는 선교사들은 상해에 중국성교서회(中國聖敎書會), 대영성서공회(大英聖書公會), 미화서관(美華書館), 광학회(廣學會) 등의 출판사를 설립하고 기독교 관계 서적뿐만 아니라 서양에서 간행된 신간들을 한문으로 번역하여 소개했다. 특히 1887년에 영국 선교사 윌리엄슨(Alexander Williamson)이 설립한 광학회는 티머시 리처드(Timothy Richard, 李提摩太)가 주간으로 취임한 뒤에 많은 기독교 관계 서적과 서양의 신간서적들을 번역하여 소개했다. 그리하여 광학회에서 발행한 책을 흔히 "광학회본"이라고 불렀다.[26]

신서적의 광범위하고 대중적인 보급은 신문사를 통하여 이루어졌다. 이 무렵의 신문들은 역사에 대한 높은 관심을 보였고, 또 역사와 관련된 출판사업도 벌였다. 《황성신문》은 역사, 지리와 제도 및 실학에 많은 관심을 보였다. 한역(漢譯)된 서양 서적이나 일본 서적의 번역 간행에도 힘

---

25) 『백범일지』, pp.114~115.
26) 李光麟, 「舊韓末 獄中에서의 基督敎信仰」, 『韓國開化史의 諸問題』, 一潮閣, 1986, p.233.

써서, 1899년에는 현채(玄采)가 번역한『중동전기(中東戰記)』와『미국독립사(美國獨立史)』를 출간했고, 이듬해에는『법국혁신전사(法國革新戰史)』와『청국무술정변기(淸國戊戌政變記)』를 출간했다. 이 외국 역사서는 혁명과 전쟁을 주로 다룬 것이었는데, 이러한 서적의 번역출간은 외국의 개혁사례를 통하여 한국의 부국강병과 개화의 필요성을 강조하고자한 것이었다. 현채가『중동전기』의 발문에서 스스로 힘을 길러야 할 것을 역설한 '자수자강(自修自强)'의 주장은 그 대표적 보기였다.[27]

개항장의 감리서는 신서적의 보급에도 큰 역할을 했다.《황성신문》은 "서적의 간행을 각 신문사에 광고하여 모든 백성들이 알 수 있게 하고, 몇백질은 신문사에 보내어 판매케 하고, 또 몇백질은 각 항구 감리서에 보내어 판매케 하여 모든 사람들이 편리하게 이용할 수 있도록 함이 좋을 것이다"[28]라고 신서적의 보급을 위한 구체적 방법을 제시하기도 했다. 김창수가 감옥 안에서 신사상과 신문화를 소개하는 여러 가지 서적들을 쉽게 접할 수 있었던 것은 이러한 환경 때문이었다. 김구는 감리서 직원들이 이따금 와서 자기가 신서적을 탐독하는 것을 보고는 매우 좋아하는 기색이었다고 했는데,[29] 이는 감리서 직원들이 그에게 개화사상을 주입시키기 위해 노력하고 있었음을 말해 준다.

김구는 이때에 자기는 "아침에 도를 깨우치면 저녁에 죽어도 좋다"는 공자의 말대로 신서적을 열심히 읽었다고 적었다. "죽을 날을 당하는 때까지 글이나 실컷 보리라"라는 심정으로 손에서 책을 놓을 사이 없이 열심히 글을 읽었다는 것이다. 신서적을 읽고 깨달은 것을 김구는 다음과 같이 술회했다.

---

27) 崔起榮, 「《皇城新聞》의 역사관련 기사에 대한 검토」, 『韓國近代啓蒙運動研究』, 一潮閣, 1997, p.8.
28) 《皇城新聞》 1899년 1월 14일자, 「논설」.
29) 『백범일지』, p.115.

신서적을 보고 새로 깨달은 것은 고 선생이 전에 조상께 제사지내면서 "유세차(維歲次) 영력(永歷) 이백 몇년…"이라고 쓴 축문을 읽던 것이나 안태훈(安泰勳) 진사가 양학(洋學)을 한다고 하여 그와 절교한 일이 그다지 잘한 일로 보이지 않는다는 점이었다. 의리는 유학자들에게 배우고 문화와 제도 일체는 세계 각국에서 채택하여 적용하는 것이 국가의 복리가 되겠다는 생각이 들었다.[30]

근대적 교육을 전혀 받지 못한 김창수가 감옥에서 읽은 몇권의 책으로 모든 사고와 가치관까지 송두리째 변화되었다고 보기는 물론 어렵다. 그것은 "의리는 유학자들에게서 배우고…"라는 말에서도 느낄 수 있다. 그러나 그는 서양의 선진문물을 적극적으로 수용하는 것이 나라를 부강하게 하는 수단이라고 확신하게 되었다. 그러한 점에서 그의 사상적 전환은 이승만이 근대적 학교 교육과 기독교를 통하여 새로운 사상과 서양적 가치관, 특히 미국식 민주주의에 대한 이해와 신념을 뚜렷이 갖게 된 것과는 다른 측면이 있다. 김구는 이때의 자신의 내면적 변화 과정을 다음과 같이 실감나게 써 놓았다.

전에 청계동에서 오로지 고 선생만을 하나님처럼 숭배하던 때는 나 역시 척왜척양(斥倭斥洋)이 우리의 당연한 천직이라 생각하였다. 이에 반대하는 사람은 사람이 아니고 금수(禽獸)라고 여겼던 것이다.… 고 선생은 오직 우리나라에만 한가닥 밝은 맥이 남아 있고, 세계 각국이 대부분 피발좌임(被髮左衽)한 오랑캐들이라고 말씀하셨던 것이다. 그런데 『태서신사(泰西新史)』한 책만 보아도 그 눈이 움푹 들어가고 코가 우뚝 선 원숭이에서 멀지 않은 오랑캐들은 도리어 나라를 세우고 백성을 다스리는 좋은 법규가 사람답다는 느낌이 들었

---

30) 위와 같음.

다. 그러나 높은 갓을 쓰고 넓은 요대를 두른 선풍도골[仙風道骨: 신
선의 풍재와 도인의 골격]의 우리 딤관오리들은 오히려 그와 같은 오랑
캐의 칭호조차 받을 수 없다는 사실을 깨닫게 되었다.[31]

신서적을 탐독하는 것이 이처럼 그의 인생관과 세계관의 코페르니쿠
스적 전환을 가져오는 계기가 된 것이다. 김창수에게 서양문화에 대한 첫
접촉은 그만큼 충격이었다.

김창수가 감옥 안에서 『태서신사』와 함께 다른 어떤 신서적들을 읽었
는지는 알 수 없다. 『백범일지』는 『태서신사』에 대해서만 언급했다. 『태서
신사』는 이 무렵의 신지식인들에게 가장 큰 영향을 끼친 책이다. 이 책의
인기는 이승만이 감옥생활을 할 때에 작성된 한성감옥서의 『옥중도서대
출명부(獄中圖書貸出名簿)』를 통해서도 확인할 수 있다. 『옥중도서대출
명부』는 구한말 신지식인들과 정치범들이 한성감옥서 안에서 빌려 읽은
책 목록을 적어 놓은 것인데, 1903년1월부터 1904년8월까지 20개월 동
안 장부에 기록된 한문 서적 가운데 『태서신사』(35회)는 『동몽선습(童蒙
先習)』(36회) 다음으로 가장 많이 대출된 책이었다.[32]

3

『태서신사』는 영국인 로버트 매켄지(Robert MacKenzie, 馬懇西)
가 1880년에 런던에서 출판한 『19세기: 한 역사(*The 19th Century: A
History*)』[33]를 영국인 선교사 리처드가 『태서근백년래대사기(泰西近百
年來大事記)』라는 제목으로 한역하여 1894년에 중국의 《만국공보(萬

---

31) 『백범일지』, pp.115~116.
32) 『獄中圖書貸出名簿』 참조.
33) Leslie Stephen and Sidney Lee ed., *Dictionary of National Biography*, vol.Ⅻ., Oxford
   University Press, 1973.

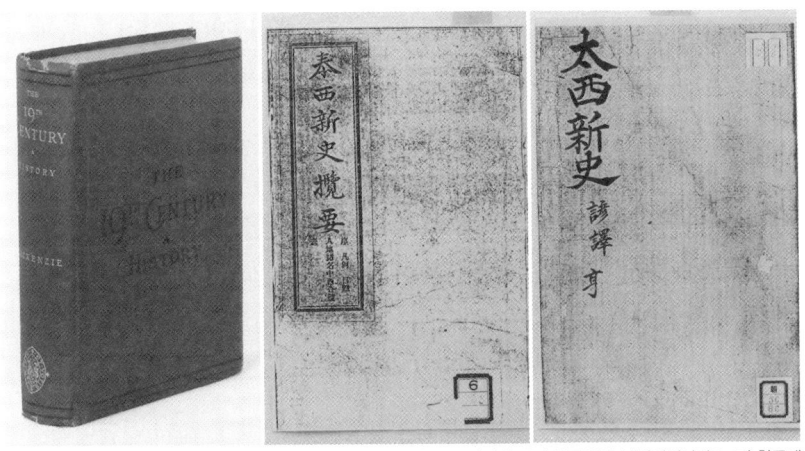

김창수에게 개화사상을 일깨워 준 매켄지의 『19세기: 한 역사』와, 중국에서 출판된 한문번역본 『태서신사람요』 및 한국에서 출판된 한글번역본 『태서신사』.

國公報)》에 연재했다가 이듬해 5월에 『태서신사람요(泰西新史攬要)』라는 제명으로 광학회에서 출판한 책이었다. 우리나라에서는 1897년5월에 『태서신사람요』를 학부편집국에서 중간했고, 거의 동시에 『태서신사(泰西新史)』라는 이름으로 국문번역본이 출판되었다.[34]

『태서신사』는 나폴레옹전쟁에서 시작하여 프러시아-프랑스전쟁(1870~1871)까지 100년 동안의 19세기 유럽사를 다룬 방대한 분량의 개설서이다. 원본은 8권(요약본은 한권)으로 되어 있는데, 이를 한문본으로 번역했을 때에는 각장을 독립된 체제로 분리하여 24권(8책)으로 출판했다. 이 책이 어떤 목적으로 번역되었는지는 역자의 「서문」에 잘 드러나 있다.

　　이 글은 어두운 집의 등불이요 희미한 나루에 주즙[舟楫: 배와 노. 천자를 보좌하는 신하]이니, 질정하여 말하면 또 백성을 구하는 좋은 약이요, 나라를 보전하는 굳은 성이며, 가난함을 부자되게 하는 보배

―――――――
34) 金秉喆, 『韓國近代飜譯文學史硏究』, 乙酉文化社, 1975, pp.187~188.

요, 청국을 개화하여 새 세계를 만드는 기계니, 정병(精兵) 10만과 전선(戰船) 1,000척으로 가히 비할 바가 아니라.[35]

그러면서 이 「서문」은 청국의 당면한 개혁과제를 다음과 같이 제시했다.

또 극히 한 요긴한 일이 있으니, 중국이 금일에 곧 학교의 제도를 고치지 아니하고 다만 중국의 고서만 읽고 자칭 대국이라 하야 거만하게 타국을 업신여기면 타국의 좋은 법을 배우지 못할 뿐 아니라 마침내 중국의 본래 있는 좋은 일도 잃어버릴 것이요. 대저 일언이폐지하고 만가지 병과 만가지 악이 다 타국사정 모르는 데서 생김이니, 만일 타인과 같이 신법을 행하야 모르는 것을 변하야 아는 데로 나아가면 중국을 구하는 기틀이 전혀 이에 있을지라. 오호라, 어찌 살피지 아니하리요.…[36]

이 「서문」에서도 보듯이, 『태서신사』는 교육의 중요성을 특별히 강조했다. 유럽이 부강한 원동력이 '교육'이고 부국강병책의 핵심이 '교육입국'이라는 것이었다. 이러한 『태서신사』의 내용은 한국정부와 개화파 지식인 층에도 큰 영향을 끼쳤다. 신문에서도 국가의 부국강병을 위한 기초로서 교육의 중요성을 주장할 때에 『태서신사』를 인용하는 경우가 많았다. 정부도 『태서신사』의 보급에 힘을 기울였다. 그리하여 『태서신사』는 『공법회통(公法會通)』, 『서유견문(西遊見聞)』, 『중일약사(中日略史)』, 『아국약사(俄國略史)』, 『심상소학(尋常小學)』, 『대한도(大韓圖)』, 『소지구도(小地球圖)』와 함께 학부에서 공립학교 교재로 사용할 것을 권장한 책에 포함되었다.[37]

---

35) 「서문」, 『泰西新史 諺譯(元)』, 학부편집국, 1897, p.1.
36) 위의 책, p.3.
37) 《皇城新聞》 1898년 10월 29일자, 「雜報: 勸獎學徒」.

신문들은 『태서신사』의 중요성과 의의를 적극적으로 홍보했다. 1898년11월5일자 《황성신문》은 아래와 같은 11개의 세계정세에 관한 설문을 내고 "이상의 문제는 『태서신사』를 먼저 읽은 뒤에 하나하나 대답함이 가하다"라는 주석을 덧붙였다.

(1) 프랑스가 무슨 까닭으로 크게 혼란하며 나폴레옹 1세는 어떤 영웅인가?

(2) 영국은 어찌하여 흥성하여 세계 일등국이 되었으며, 정치의 옳고 그름이 우리나라에 비하면 어떠한가? 숨기지 말고 사실을 있는 그대로 서술함이 가함.

(3) 인도국은 어찌하여 영국의 속국이 되어 지금까지 자주하지 못하는가?

(4) 프러시아–프랑스전쟁에서 프러시아는 어찌하여 승리하였으며 프랑스는 어찌하여 패배하였는가?

(5) 오스트리아 황제 페르디난드는 무슨 까닭으로 손위(遜位)하였으며 지금은 그 나라 정세가 어떠한가?

(6) 이탈리아국 사기(史記)에 나폴리왕 페르디난드 2세가 그 백성을 포학하다가 각국으로부터 업신여김을 당하였으니, 그 정형과 옳고 그름이 어떠한가?

(7) 러시아가 정치와 땅을 개척할 때에 어떻게 하여 속지(屬地) 국민을 얻을 수 있었으며, 그 나라와 깊이 교제하는 것이 어떠하겠는가? 이것은 러시아 약사를 잘 읽고 조목조목 대답함이 가함.

(8) 돌궐국(突厥國: 터키)은 어떤 나라인가? 그 정치의 옳고 그름을 말함이 가함.

(9) 미국은 세계 중에 교화(敎化)와 여러 정형이 어떠하다고 할 것인가?

(10) 신정(新政)이 흥한 뒤에 세계가 이전과 비교하면 어떠한가?

(11) 우리 대한은 어떤 정치를 써야 세계 일등국이 되며, 또 구습을 고치지 아니하면 장차 어떤 지경에 이를 것인지 자세히 저론(著論)함이 가함.38)

이러한 설문으로도 『태서신사』가 얼마나 광범위한 내용을 담고 있는가를 짐작할 수 있다.《황성신문》의 이 설문은 국제관계 속에서 한국의 현실을 이해하기 위해서는 반드시 『태서신사』를 읽어야 한다는 것을 강조한 독서 캠페인이었다.《황성신문》의 『태서신사』 읽기 캠페인은 이듬해까지도 계속되었다. 1899년7월29일자《황성신문》의 「논설」은 서양의 선진문물을 배우고 시무(時務)를 이해하기 위해서는 반드시 『태서신사람요』를 읽어야 한다고 강조했다.39)

어려서 궁핍한 가정환경 속에서도 남달리 향학열에 불탔고 지방을 여행하면서도 무엇보다도 그 고장의 교육상황을 관심 있게 관찰했던 김창수는 『태서신사』의 내용 가운데 특히 교육의 중요성을 강조한 점에 큰 감명을 받았던 것 같다. 감옥 안에서도 죄수들에게 글을 가르쳤던 그가 출옥한 뒤에 신교육운동에 열성적으로 헌신하는 것은 뒤에서 보는 바와 같다. 그리고 『태서신사』를 읽고 깨우친 신지식은 그가 죄수들을 가르치는 데에도 반영되었을 것은 말할 나위도 없다.

『태서신사』는 풍부한 내용 면에서나 대중성 면에서 신지식을 갈구하던 개화파 지식인들 사이에 널리 읽힐 만한 책이기는 했으나, 그렇다고 한국인의 입장에서 특별히 교본으로 삼을 만한 내용을 담은 책은 아니었다. 실제로 이 책의 내용은 국제정치에서의 제국주의적 입장과 기독교적 가치관을 반영하고 있다. 영국의 정치, 경제, 사회, 교육의 개혁과 발전상을 상세히 서술하고, 영국의 인도 침략이 인도의 계몽과

---

38)《皇城新聞》1898년11월5일자, 「別報: 學部訓令續」.
39)《皇城新聞》1899년7월29일자, 「論說」.

발전에 끼친 긍정적 요인들을 강조한 것이 그 대표적인 보기이다. 또한 프랑스 역사 서술에서는 가령 프랑스혁명의 내용과 의미보다는 나폴레옹이 끼친 기독교의 영향을 강조하고 중국을 비롯한 동양의 여러 나라들이 부국강병하기 위해서는 기독교를 적극적으로 수용해야 한다고 주장했다.

김창수는 『태서신사』 말고도 당시 개화파 지식인들 사이에 널리 읽혔던 만국공법(萬國公法)에 관한 책도 아마 읽었을 것이다. 앞에서 보았듯이, 그는 1차 신문 때에 "만국공법의 조항 어디에…" 운운하면서 입회한 일본순사를 꾸짖었다. 그러나 그때까지는 김창수가 만국공법에 관한 서적을 읽었을 개연성은 없다.

공법 개념과 관련한 위정척사파의 주장은 1896년2월25일에 유학자 최익현(崔益鉉)이 일본의 민비[閔妃: 1897년에 明成皇后로 추책]시해를 비판하면서 올린 유명한 상소문에 잘 나타나 있다. 이 상소문은 당시 위정척사파 유생들에게 널리 회자되었는데, 상소문의 다음과 같은 구절은 김창수가 일본순사를 꾸짖으며 한 말과 비슷한 느낌을 준다.

신(臣)이 듣자옵건대 각국이 통화(通和)하는 데에는 이른바 공법(公法)이라는 것이 있고 또 조약(條約)이라는 것이 있다고 하는데, 그 같은 공법과 조약 속에 과연 이웃나라의 역도들을 도와 남의 나라 군주를 위협하고, 남의 나라 국모를 시해할 수 있다는 문구가 있는지 신은 알지 못하겠습니다.… 만약 그 같은 것이 없(있)다면 이른바 공법이나 조약들은 어떤 곳에 써야만 마땅하겠나이까.[40]

김창수가 신문을 받을 때까지 만국공법에 관한 서적을 읽지 못했더라도 최익현의 이러한 상소문을 읽었거나 전해 들었을 개연성은 있다. 당

---

40) 崔益鉉, 「宣諭大員命下後陳待罪疏」, 崔昌圭 編, 『韓末憂國名上疏文集』, 瑞文堂, 1977, pp.109~110.

시 만국공법 이론은 신지식인들의 큰 관심의 대상이었다. 이 무렵에 소
개된 만국공법 서적은 『만국공법(萬國公法)』, 『공법회통(公法會通)』,
『공법편람(公法便覽)』 세가지였는데, 모두 중국에서 활동하던 미국 선
교사 윌리엄 마틴(William Martin)이 번역한 것이었다. 미국 법학자 헨
리 휘튼(Henry Wheaton)의 『만국공법』은 1864년에, 미국 법학자 울시
(Theodor D. Woolsey)의 『공법편람』은 1877년에, 독일 법학자 블룬칠
리(Johann K. Bluntschli)의 『공법회통』은 1880년에 한문으로 번역되었
다. 이 세 책 가운데 1890년대 이후 한국의 지식인들에게 실질적으로 영
향을 미친 것은 블룬칠리의 『공법회통』이었다. 그것은 대한제국을 선포
한 뒤에 고종이 황제를 칭할 수 있는 법적 근거로 인용되었고, 을사조약
이 강제되었을 때에는 조약의 무효를 주장하는 법적 근거로 이용되기도
했다.⁴¹⁾ 또한 그것은 1899년8월에 선포한 대한제국 헌법전인 「대한국국
제(大韓國國制)」를 만들 때에 그 용어나 체제에 많은 영향을 끼쳤다.⁴²⁾ 이
런 점에서 김구도 옥중에서 블룬칠리의 『공법회통』을 읽었을 개연성이 없
지 않다. 뒤에서 보듯이, 이승만은 옥중에서 엄청난 양의 독서를 했는데,
이승만이 읽은 책 가운데도 『태서신사람요』와 『공법회통』이 포함되어 있
다.

　　만국공법 이론은 한국의 지식인들이 화이적(華夷的) 세계관을 극복
하고 새로운 세계질서의 원리를 이해하거나 일본의 침략행위를 비판하
는 데 중요한 이론적 근거가 되었다. 우리나라 최초의 신문인《한성순보
(漢城旬報)》는 창간호 서문에서 새로운 시대에는 만국공법을 아는 것
이 시무자의 급선무임을 강조했고,⁴³⁾ 을미사변 이후에는 위정척사파들
도, 최익현의 상소문에서 보듯이, 만국공법 이론을 원용하여 일본을 비판

---

41) 김용구, 『세계관 충돌의 국제정치학』, 나남출판, 1997, pp.269~279.
42) 田鳳德, 「大韓國國制의 制定과 基本思想」, 《法史學研究》 제1호, 韓國法史學會, 1974, pp.5~24
　　참조.
43) 《漢城旬報》 1883년10월31일자, 「旬報序」.

했다.[44] 이러한 만국공법 이론은 유생들보다 의병 지도자들에 의해 논리적으로 주장되었다.[45] 뒷날 이토 히로부미(伊藤博文)를 저격한 안중근이 법정 최후진술에서 "나는 전쟁에 나갔다가 포로가 되어 잡혀 온 것이라고 확신하므로, 나를 국제공법에 의하여 처우해 주기 바란다"[46] 라고 국제법에 따른 처우를 요구한 것도 눈여겨볼 만하다.

그러나 19세기의 유럽공법은 본질적으로 세계로 팽창하는 유럽제국이 상호간의 질서를 규정한 법적 도구였다.[47] 그러한 만국공법 이론에서 조선의 지식인들이 큰 영향을 받고 또 만국공법에 따른 열강의 협조에 희망적 기대를 걸고 있었던 것은 시대적인 한계가 아닐 수 없다.

---

44) 김용구, 앞의 책, pp.269~275.
45) 嚴燦鎬, 「高宗의 對外政策研究」, 江原大學校 博士學位論文, 2000, p.92.
46) 「안중근 공판 기록」, 신용하 엮음, 『안중근 유고집』, p.291.
47) 김용구, 앞의 책, p.67.

3. 김주경의 석방운동과 탈옥

1

사형집행이 중지된 김창수의 막연한 감옥생활이 계속되는 동안 그에 대한 석방운동이 시작되었다. 김구가 일생을 두고 그의 호의를 잊지 못한 극적 인물 김주경(金周卿)이 나타난 것이었다.

하루는 감리서 주사가 옷 한벌을 가지고 와서 김창수에게 주면서 말했다.

"강화에서 온 김주경이라는 사람이 이 옷을 지어다가 감리 사또에게 드리면서 김창수에게 분부하여 입게 하여 달라는 청원을 했으니, 이 옷으로 갈아입고 있다가 김주경이라는 친구가 면회 오거든 보시오."

주사가 돌아가고 나서 얼마쯤 있다가 과연 김주경이라는 사람이 나타났다. 나이는 마흔살쯤 되어 보이고 얼굴이 단단하게 생긴 사람이었다. 그는 김창수를 보자 별 말을 하지 않고, 다만 "고생이나 잘 하시오. 나는 김주경이오" 하고는 돌아갔다. 저녁 사식을 가지고 온 곽씨 부인도 김주경이 찾아왔더라는 말을 했다.

"아까 강화 계신 김우후(金虞候)라는 양반이 네 아버지와 나를 찾아오셨더라. 우리를 보시고 네 옷만 자기 집에서 지어 왔다면서 우리 양주 옷하라고 옷감을 끊어 주시고, 돈 200냥을 주시면서 필요한 데 쓰라고 하셨다. 그리고는 금방 가시면서 열흘 뒤에 다시 찾겠다고 하고 가시누나. 네가 보니 어떻더냐? 밖에서 듣기에는 아주 훌륭한 사람이라고 하더라."

김주경이 김창수를 면회 온 것은 간수 가운데 우두머리 격인 최덕만(崔德萬)이 김주경을 찾아가서 김창수의 이야기를 자세히 했기 때문이었다. 최덕만은 김주경의 집에 계집종으로 있던 여자의 남편이었다.

김창수는 최덕만에게 김주경의 내력과 인격을 자세히 물어보았다. 김주경의 자는 경득(卿得)으로서 본래 강화관아의 이속(吏屬)이었는데, 뒤에 우후[虞侯: 각도의 병마절도사를 보좌하는 외관직. 병마우후. 5水營에는 수군우후가 있었음]의 버슬을 지낸 유명한 인물이었다. 김주경은 성품이 호방하여 초립동이 시절에도 글읽기를 싫어하고 투전을 일삼았다. 한번은 그의 부모가 투전 버릇을 벌하기 위하여 그를 며칠 동안 곳간에 감금했는데, 그는 들어갈 때에 투전목 하나를 감추어 가지고 들어가서 갇혀 있는 동안에 투전에 대한 여러 가지 묘수를 연구했다. 곳간에서 나온 김주경은 서울로 올라가서 자기만이 알 수 있는 표시를 한 투전목을 몇만개나 만들어 가지고 강화로 돌아왔다. 그는 그 투전목을 친구들에게 나누어 주어 고깃배마다 들어가서 팔게 했다. 그리고 자기는 그 고깃배들로 돌아다니면서 투전을 하여 수십만냥의 떼돈을 땄다.

김주경은 이렇게 딴 돈으로 강화와 인천 각 관청의 하급 관속들을 매수하여 자신의 뜻에 따르게 하고, 또 원근에서 용기와 지략이 있다는 자들을 자기 수하로 만들어 놓고는 어떠한 세도 있는 양반이라도 비리만 저지르면 직접 간접으로 혼을 내주었다. 경내에 도적이 생겨서 포교가 범인을 잡으러 나왔다가도 먼저 김주경에게 물어보아서 그가 잡아가라면 잡아가고 자기에게 맡기고 가라면 그냥 돌아갔다.

이 무렵 강화에는 세인들의 입에 오르내리는 큰 인물 둘이 있는데, 양반으로는 이건창(李建昌)이요 상놈으로는 김주경이라고 했다. 이 두 사람은 강화유수도 함부로 건드리지 못한다는 것이었다. 병인양요(丙寅洋擾) 뒤에 대원군은 서양열강의 침략에 대비하여 강화에 3,000명의 별무사(別武士)를 양성하고 섬 주위에 포루를 쌓아 진무영(鎭撫營)을 설치했는데, 그때에 대원군이 김주경의 인품을 알아보고 그에게 포량감(包糧監)의 중임을 맡겼다고 했다.

김주경은 김창수를 면회한 다음 최덕만의 집에 들러 음식을 먹으면서 말했다.

"김창수를 살려내어야 할 텐데, 지금 정부대관들은 모두 눈에 구리녹 김순영이 아들의 석방을 탄원한 청원서.

이 슬어서 돈밖에 보이는 것이 없으니, 불가불 금력을 사용하지 않으면 쉽게 방면치 못할 것 같다. 내가 집에 가서 가산 전부를 팔아 가지고 와서 김창수의 부모님을 모시고 서울에 가서, 어느 때까지든 김창수를 석방시키도록 주선을 하겠다."

김주경은 김창수의 석방운동을 위하여 자기의 재산을 다 들일 각오를 할 만큼 의협심이 강했다.

열흘 남짓 지나서 약속대로 김주경이 다시 나타났다. 그는 김순영 내외 가운데 한 사람만 동행하자고 하여 곽씨 부인과 함께 서울로 갔다. 서울에 도착한 김주경은 법부대신 한규설(韓圭卨)을 찾아가서 김창수를 석방시켜 줄 것을 간청했다.

"대감께서 책임 있게 김창수의 충의를 표창하시고, 조속히 방면토록 해야 옳지 않겠나이까. 폐하께 비밀히 주청이라도 하셔서 장래에 허다한 충의지사가 생기도록 하심이 대감의 직책이 아니오이까!"

『백범일지』는 이때에 한규설은 속으로 김주경의 말에 감복했으나 일본공사 하야시 곤스케(林權助)가 김창수사건이 국제문제가 될까 염려하여 대신들 가운데 이 사건을 고종에게 진언하는 사람이 있으면 수단을 곽씨 부인이 아들의 석방을 탄원한 청원서.

가리지 않고 위험에 빠뜨릴 흉계를 꾸미고 있었으므로, 김주경의 주장이 옳은 줄 알면서도 어떻게 할 방도가 없다고 말했다고 술회했다. 그러나 그러한 이야기를 확인할 만한 다른 기록은 없다. 김주경은 욕을 퍼붓고 한규설의 집을 나왔다고 한다. 그는 공식적으로 소장(訴狀)이나 들이자고 하여 제1차로 법부에 소장을 올렸다. 그러자 "국모의 원수를 갚는다고 한 말의 뜻은 가상하나, 사건이 중대하여 이곳에서 마음대로 할 수 없다"는 제지(題旨)가 내려왔다. 김주경은 두번, 세번 계속해서 각 관청을 돌면서 소장을 올렸으나, 모두 이리 미루고 저리 미루고 하여 결말이 나지 않았다.[48]

　김주경은 일여덟달 동안이나 김창수의 석방운동에 온 힘을 기울였다. 그러는 동안 김순영 내외는 벌갈아 가면서 인천과 서울을 오르내렸다. 김순영 내외가 1898년2월에 법부에 올린 두가지 청원서가 규장각 문서에 보존되어 있다. 하나는 김순영이 올린 것이고 또 하나는 곽씨 부인이 올린 것인데, 김순영의 청원서는 '김하진(金夏鎭)' 명의로, 그리고 곽씨 부

---

48) 『백범일지』, p.125.

인의 청원서는 '김소사(金召史)' 명의로 되어 있다.[49]

두 사람은 청원서에서 자기네 아들이 국모보수의 의리로 변복한 일본인을 죽였는데도 강도로 다루는 것은 억울하다면서 공정하게 판결하여 석방해 달라고 호소했다. 그러나 법부의 답변은 간단했다. 김순영의 청원서에 대해서는 "마땅히 참작할 것이니 물러가 기다리라"라고 답변했다. 김순영의 청원서에 대한 법부의 제지에는 날짜가 "1일"로만 적혀 있는데, 그것은 3월1일이었을 것이다. 곽씨 부인의 청원서에 대해서는 18일자 제지로 "사정이 비록 딱하나 죄가 왕의 결정사항에 관한 것이므로 용납할 수 없다"라고 답변했다.

김순영 내외는 이보다 앞서 곽씨 부인 명의로 인천감리에게 청원서를 올렸었다. 이때에 인천감리는 "그 의(義)가 가상하고 민망하기 그지없으나 법부의 결정사항이라 본관이 임의로 다룰 수 없다"라고 답변했었다. 이렇게 하여 김창수에 대한 석방운동은 아무런 성과 없이 끝나고, 김주경의 재산만 바닥나고 말았다. 마침내 김주경은 석방운동을 단념하고 김창수에게 편지 한통을 보냈다. 내용은 보통 위문편지였으나, 단율(單律) 한 수가 적혀 있었다.

脫籠眞好鳥   조롱을 벗어나야 진정 좋은 새요
拔扈豈常麟.   통발을 뛰어넘어야 예사 물고기가 아니리.
求忠必於孝   충은 반드시 효에서 구할지니
請看依閭人.   청컨대 아들 기다리시는 모친을 생각하시오.

그것은 탈옥을 권유하는 내용이었다. 김창수는 곧 답장을 썼다. 그동안 자신의 석방을 위하여 온 힘을 다해 준 정성에는 지극히 감사하나, 한때 구차스럽게 살기 위하여 생명보다 중한 광명(光明)을 버릴 수 없으니

---

49) 「請願書: 金夏鎭이 法部大臣 韓圭卨께」1898년2월, 「請願書: 金召史가 法部大臣 韓圭卨께」 1898년2월, 『白凡金九全集(3)』, pp.286~289, pp.290~292.

김구는 1946년11월19일에 김주경의 집을 찾아 강화도를 방문했다.

과히 염려하지 말라고 했다.

　김창수의 석방운동에 실패한 김주경은 집으로 돌아가서 자기의 재산이 동이 난 것을 보고 새로 동지들을 규합했다. 그 무렵 강화에 관용선이 세척이 있었는데, 김주경은 그 가운데 한척을 탈취하여 해적 활동을 하려고 모의했다. 그러나 그 모의가 강화군수에게 발각되어 김주경은 도망치고 말았다. 그는 분풀이로 자신의 일을 방해한 군수가 상경하는 도중에 습격하여 실컷 두들겨 패주고는 블라디보스토크 방면으로 잠적했다.[50)]

　그 뒤에 김순영은 서울에서의 소송자료 전부를 강화로 가지고 가서 이건창에게 보여 주고 방책을 상의했다. 그러나 이건창 역시 탄식만 할 뿐이었다. 김창수의 석방운동은 이렇게 끝나고 말았다.

2

　김주경의 탈옥권유를 거절했던 김창수가 탈옥을 하려고 마음먹게 된

---

50) 『백범일지』, pp.126~137.

것은 같이 있는 죄수들의 간청 때문이었다고 『백범일지』는 기술했다. 그러나 김창수의 탈옥이 김주경의 석방운동이 무위로 끝나고 나서 한달도 채 안된 때였음을 감안하면 반드시 그렇지만은 않았던 것 같다. 김창수 스스로도 '국모보수'의 대의를 무시당한 채 기약 없는 사형수 생활을 언제까지나 감내하고 있을 수만은 없었을 것이다.

감옥에는 앞에서 본 대로 김창수가 소리를 배운 기생서방 조덕근과 절도재범으로 10년형을 받고 몇달이 되지 않은 열예닐곱살의 강백석(姜伯石)과 3년형의 양봉구 등이 있었다.[51] 그 밖에 절도죄로 3년형을 받았다가 만기를 거의 채우고 출옥일이 보름밖에 남지 않은 강화 출신의 황순용(黃順用)이란 자도 있었다. 그는 감옥 안에서 죄수를 감시하고 있었다. 이들은 김창수가 마음만 먹으면 언제든지 자기들을 한손에 몇 명씩 움켜쥐고 공중으로 날아서라도 능히 구해 줄 힘이 있는 것처럼 믿는 듯했다. 이들은 이따금 김창수에게 다가와서 자기들을 탈옥시켜 줄 것을 간청하거나 간혹 은근히 그런 뜻을 비쳤다. 어느 날 조덕근이 김창수를 보고 눈물을 흘리면서 호소했다.

"김 서방님이야 언제든지 상감께서 특전을 내리시기만 하면 나가서 귀하게 되시겠지요. 저는 김 서방님을 모시고 근 2년이나 고생을 했습지요. 그렇지만 김 서방님만 특전을 입어 나가시는 날이면 간수의 포학이 비할 데 없이 심해질 것입니다. 그렇게 되면 우리가 어찌 10년 기한을 다 채우고 살아 나갈 수 있겠습니까? 우리들이 불쌍치도 않으십니까? 그동안 가르침을 받아 국문 한자 모르던 것이 이제는 국한문 편지를 쓰게 되었습니다. 만일 살아 세상에 나간다면 죽을 때까지 일생의 보배가 되겠지만 여기서 죽는다면 공부한 것을 무엇에 쓰겠습니까."

"개입소학(皆入小學)"을 "개 아가리 소학" 하며 건성으로 글을 배우

---

51) 김구는 이때의 죄수들의 이름을 '金白石'과 '梁鳳求'로 기억했으나, 인천항재판소 판사가 법부에 올린 보고서에 따르면 金白石은 '姜伯石'이고 梁鳳求는 '梁鳳九'였다(「보고서 제3호: 仁川港裁判所 判事 徐相喬가 議政府贊政 法部大臣 李裕寅께」1898년3월21일, 『白凡金九全集(3)』, p.293).

기 시작했던 까막눈 조덕근이 국한문 편지를 쓸 수 있게 된 것은 김창수의 죄수교육이 꽤 성과를 거두고 있었음을 짐작하게 한다. 김창수는 근엄한 태도로 조덕근에게 말했다.

"나는 죄수가 아니냐? 피차에 어느 날이고 동시 출옥이 안되면 그 섭섭한 마음이야 어찌 말로 표현할 수 있겠나."

"김 서방님이 아직은 우리 더러운 놈들과 함께 계시지만 내일이라고 영광스럽게 감옥을 나가실 분이 아니십니까? 저를 살려 주시면 결초보은[結草報恩: 죽은 혼령이 되어서라도 은혜를 잊지 않고 갚는다는 뜻]하겠습니다."

조덕근은 말뜻을 분명하게 하지 않았다. 어떻게 들으면 국왕의 특별한 은혜를 입어서 나간 뒤에 권력으로 자기를 구해 달라는 것도 같고, 또 어떻게 들으면 김창수가 출옥하기 전에 힘으로 자기를 구해 달라는 말로도 들렸다. 김창수는 아무 말도 하지 않았다. 그러나 이때부터 자기도 모르게 그의 마음도 흔들리기 시작했다. 탈옥을 결심하게 되는 과정을『백범일지』는 다음과 같이 적었다.

나를 무한정 놓아 주지 않는 데도 옥에서 죽는 것이 옳은가 그른가. 당초에 내가 왜놈을 죽인 것이 우리 국법에 따른 범죄행위로 인정한 것이 아니다. 왜놈을 죽이고 내가 죽어도 한이 없다고 생각한 것은 내 힘이 부족하여 왜놈에게 죽든지 충의를 몰라 주는 조선 관리들이 죄인으로 몰아 죽이더라도 한이 없다고 결심한 것이다. 지금 대군주가 나를 죽일 놈이 아니라고 아는 것은 윤8월26일에 전칙(電勅)한 사형정지 한가지 일로 족히 증명할 수 있고, 이때 이후로 감리서로부터 경성 각 관아에 올린 제지(題旨)를 보아도 나를 죄인이라고 적시한 곳은 없다. 또한 김경득이 그같이 자기 전 재산을 탕진해 가며 내 한 목숨 살리려 하던 것도 그렇고, 인천항 내 인사들이 한 사람도 내가 옥중에서 죽는 것을 원하는 사람이 없을 것임은 분명히 아는 것이다. 나를 죽이려 애쓰는 놈은 왜구(倭仇)인즉, 왜놈들을 즐겁게 하기 위해

내가 옥에서 죽는 것은 아무 의미가 없는 일이 아닌가.[52]

김창수는 깊이 생각한 끝에 마침내 탈옥하기로 결심했다. 그는 조덕 근을 보고 은밀히 말했다.

"조 서방이 내가 하라는 대로만 한다면 살려 줄 도리를 연구하여 보 겠네."

조덕근은 마음 깊이 감동하여 무엇이든지 하라는 대로 복종하겠다고 말했다. 그러나 다른 죄수 네 사람을 데리고 탈옥한다는 것은 그다지 쉬 운 일일 수 없었다. 김창수는 우선 조덕근으로 하여금 집에서 돈 200냥 을 가져다가 은밀히 몸에 감추어 두게 했다. 그날로 조덕근의 집에서 백 동전(白銅錢) 200냥을 감옥으로 가져왔다. 다음은 탈옥을 쉽게 할 수 있 는 환경을 만드는 일이었다. 김창수는 우선 감옥 안에서 영향력이 있는 황순용을 이용하는 방법을 생각했다. 김창수는 황순용이 강백석을 남색 으로 지극히 사랑한다는 사실을 알고 있었다. 그리하여 조덕근에게 먼저 강백석으로 하여금 황순용을 조르게 했다. 이 계책은 적중했다. 황순용 이 김창수에게 강백석을 탈옥시켜 달라고 간청했다. 그러나 김창수는 황 순용이 조바심을 내게 하기 위하여 짐짓 그를 엄중히 꾸짖었다.

"네가 출옥할 기한도 멀지 않았으니 사회에 나가서 좋은 사람이 될 줄 알았는데, 출옥도 하기 전에 범죄할 생각을 하느냐? 백석이는 어린 것 이 중형을 받아서 나도 불쌍히 여기지 않음이 아니나, 피차 죄수의 처지 로 무슨 도리가 있겠느냐?"

황순용은 옹송그리며 물러갔다. 그러고 나서 김창수는 황순용이 거 듭 자기에게 부탁하게 하라고 조덕근을 부추겼다. 황순용은 눈물을 흘 리면서 호소했다.

"제가 백석이의 징역을 대신이라도 지겠습니다. 백석이를 살려만 주신

---

52) 『金九自敍傳 白凡逸志』(親筆影印本), p.74; 『백범일지』, p.128.

다면 죽을 데라도 사양치 않겠습니다."

김창수는 만일의 경우에 대비하여 황순용의 다짐을 단단히 받아 놓아야 한다고 생각했다. 황순용이 밀고라도 하는 날이면 큰 낭패를 겪게 될 것이기 때문이었다.

"너는 단지 더러운 정으로 백석이를 살렸으면 하는 생각이 있나 보구나. 그러나 그 마음이 내가 백석이에 대하여 가지는 마음과 같을지 의문이다. 나는 그 어린 것이 필경 옥중혼이 될 것을 불쌍히 생각하고 있거니와, 설사 내가 백석이를 살려 주마고 허락하고 살려 줄 수속을 한다 하여도 네가 그것을 순검청에 고발하여 나를 망신시키지나 않을까 걱정이다. … 만일 내가 백석이를 살리려다가 실패하여 점잖지 못한 모습만 드러나게 되면, 오늘까지 관리들의 경애를 받아 왔던 것이 다 헛일이 되지 않겠느냐. 백석이를 살리려다가 도리어 백석이를 죽이는 결과만 낳을 터이니, 살고자 하는 백석이보다 살리려는 네 마음을 믿을 수 없다."

그러자 황순용은 별의별 맹세를 다했다. 마침내 김창수는 절대복종하겠다는 황순용의 서약을 받고 그들을 출옥시켜 주겠다고 약속했다. 그들은 김창수가 그 자신은 결코 도주하지 않고 자기들만 내보내 줄 것으로 믿는 모양이었다.

김창수는 아버지를 면회 오게 하여 대장간에 가서 한자쯤 되는 삼릉창[三稜槍: 모서리가 셋인 창]을 하나 만들어 달라고 부탁했다. 김순영도 아들이 무슨 일을 벌이는 줄 짐작하고 그날 저녁으로 새 옷 속에 쇠창을 싸서 들여보내 주었다. 김순영은 김주경과 함께 서울에 올라가서 백방으로 아들의 석방운동을 해보았으나 허사였던 것을 생각할 때에 아들의 마지막 결단은 오히려 당연한 것으로 여겨졌을 것이다. 그날 저녁에 곽씨 부인이 사식을 넣어 줄 때에 김창수는 침착한 어조로 말했다.

"오늘 밤 감옥에서 나갑니다. 아무 때나 자식이 찾을 때를 기다리시고 부모님은 오늘 저녁으로 배를 타시고 고향으로 가십시오."

"네가 나오겠니? 그럼 우리 둘이는 떠나마."

이렇게 하여 김순영 내외는 그날로 인천을 떠났다.[53]

그날 오후에 김창수는 딩번 간수를 불러 돈 150냥을 주면서 자기가 오늘 저녁에 한턱 낼 테니까 쌀과 고기와 모주 한통을 사다 달라고 부탁했다. 전에도 이따금 그렇게 한 적이 있었으므로 간수는 별 의심 없이 받아들였다. 김창수는 그에게도 유혹하는 말을 빠트리지 않았다.

"그대가 오늘 밤 당번이니까 50전어치 아편을 사 가지고 밤에 실컷 먹소."

매일 밤 간수 한 사람씩 감옥에서 밤을 보내는 규칙이 있었는데, 그날의 당번간수는 아편쟁이였다. 그는 성품과 행동이 고약하여 죄수들에게 특별히 미움을 받는 인물이었다. 김창수가 계획적으로 그가 당번인 날을 택했을 것은 말할 나위도 없다.

그날 밤 감옥 안은 때아닌 잔치가 벌어졌다. 50여명의 징역수와 30여명의 잡범들은 그동안 주렸던 창자에 고깃국과 모주를 실컷 먹고 마셨다. 흥이 오를 즈음에 김창수는 간수더러 도적죄수칸에 가서 소리나 시켜 듣자고 말했다. 간수는 생색이나 내듯이 외쳤다.

"김 서방님 듣게 너희들 장기대로 노래를 불러라!"

명령이 떨어지자 죄수들은 노래를 하느라고 야단들이었다. 간수는 자기 방에서 아편을 실컷 피우고는 정신이 몽롱한 상태로 가무러쳤다.

김창수는 이방 저방으로 왔다 갔다 하면서 노래를 듣는 척하다가 슬쩍 마루 밑으로 들어갔다. 그가 깔아놓은 벽돌을 창끝으로 들추고 땅을 파서 마침내 감옥 밖으로 나왔다. 감옥 밖으로 나온 그는 담 밑으로 가서 담장을 넘을 줄사다리를 매었다. 줄사다리를 매어 놓고 나자 문득 마음속에서 갈등이 생겼다.

'조덕근과 같은 도둑들을 데리고 가려다가 무슨 일이 날지 모르니 이 길로 곧 가버리는 것이 좋지 않을까. 그자들은 결코 나의 동지가 아니다.

---

53) 『백범일지』, pp.128~130.

군이 구해내어 무엇하겠는가.'

그러나 다른 한편으로는 이런 생각도 들었다.

'그렇지 않다. 사람이 현인 군자에게 죄인이 되어도 하늘을 이고 땅을 밟고 부끄러운 마음을 견디기 어렵거든 하물며 저와 같이 더러운 죄인의 죄인이 되고서야 죽을 때까지 그 부끄러움을 어찌 견디랴!'

결국 그는 나온 구멍으로 다시 들어가서 천연스럽게 자기 자리에 앉아 조덕근 등 네명을 눈짓으로 내보내고 마지막으로 자기가 나왔다.

감옥 밖에 나오자 뜻밖의 상황이 벌어져 있었다. 앞서 나온 네명이 담을 넘지 못하고 담 밑에 앉아서 벌벌 떨고 있었던 것이다. 김창수가 한 사람씩 담 밖으로 넘겨 보내고 마지막으로 담을 넘으려고 할 때였다. 별안간 담 밖에서 요란스러운 소리와 함께 경무청과 순검청쪽에서 비상을 알리는 호각소리가 울렸다. 옥담 밖에는 용동마루쪽으로 판자 울타리가 쳐져 있었는데, 먼저 나간 네명이 이 판자 울타리를 넘다가 그만 소리를 내고 만 것이었다.

옥문 밖에서 순검들의 발자국 소리가 들렸다. 김창수는 아직 담 밑에 서 있었다. 다른 죄수들을 넘겨주기는 쉬웠으나 혼자서 한길 반이 넘는 담을 넘기는 쉬운 일이 아니었다. 줄사다리를 타고 넘는 것이 제일 수월한 방법이었으나, 그러기에는 이미 너무 늦었다. 문 밖에서도 옥문 여는 소리가 나고 감방에 있던 죄수들도 소란을 피우기 시작했다. 황급히 주위를 둘러보았다. 마침 죄수들이 물통을 메는 데 쓰는 한길쯤 되는 몽둥이가 눈에 띄었다. 김창수는 그 몽둥이를 이용하여 몸을 솟구쳐 담 꼭대기를 손으로 잡고 뛰어내렸다. 담장을 넘은 그는 누구든지 앞길을 막는 자가 있으면 처치해 버릴 생각으로 쇠창을 손에 쥐고 곧바로 정문인 삼문(三門)으로 나갔다. 삼문을 지키던 파수 순검도 비상소집에 들어간 때문인지 인적이 없었다.[54] 이렇게 하여 1896년5월11일에 체포된 이래로 약

---

54) 『백범일지』, pp.131~132.

2년 동안 계속된 김창수의 첫번째 감옥생활은 끝났다.

오랜만에 맛보는 신선한 새벽공기였다. 3월의 싱그러운 봄기운이 자유의 몸이 된 김창수의 허파 속으로 스며들었다. 『백범일지』에는 탈옥한 날이 3월9일(음력)이라고 적혀 있으나 당시의 공식기록에 따르면 이날은 1898년3월21일(음력2월29일) 새벽 1시쯤이었다.[55]

김순영 내외는 인천을 떠나서 해주집에 도착하자마자 뒤쫓아온 인천 순검에게 체포되었다. 곽씨 부인은 곧 석방되었으나 김순영은 1년 동안이나 아들 대신에 옥살이를 해야 했다. 그리하여 곽씨 부인은 1898년12월과 이듬해 3월에 남편의 석방을 탄원하는 청원서를 법부에 제출했다. 청원서에서 곽씨 부인은 아들의 행동이 충의열사(忠義烈士)라고 칭하면서도 석방하지 아니하여 아들이 부득이 탈옥한 것인데, 남편을 대신 구속하여 1년이 되도록 재판도 하지 않고 가두어 두는 것은 억울하다고 호소했다.[56] 법부 형사국은 이 문제를 논의한 끝에 1899년3월 하순에 김순영을 석방했다.[57] 김창수는 탈옥한 뒤 도피생활을 하다가 1년이 지나서야 이러한 사실을 알았다.

---

55) 「報告書 제3호: 仁川港裁判所 判事 徐相喬가 議政府贊政 法部大臣 李裕寅께」 1898년3월21일, 『白凡金九全集(3)』, p.293.

56) 「訴狀: 金召史가 法部大臣 韓圭卨께」 1898년12월, 「訴狀: 金召史가 法部大臣 韓圭卨께」 1899년3월, 위의 책, pp.299~302.

57) 《매일신문》 1899년3월18일자, 「잡보」.

532 제1부 양반도 깨어라 상놈도 깨어라(I)

11장

방랑 끝에 찾아간 마곡사

1. 삼남에서 실감한 반상의 모순

1

탈옥한 김창수는 어느쪽으로 가야 할지 몰랐다. 늦은 봄 안개가 자욱한데다가 인천은 연전에 서울 구경을 왔을 때에 한번 지나쳤을 뿐이어서 길이 생소했다. 지척을 분간할 수 없는 캄캄한 밤에 밤새도록 바닷가 모래톱을 헤매고 나서 동이 틀 때에 보니까 기껏 달아났다는 것이 감리서 뒤쪽 용동(龍洞) 마루터기였다. 잠시 숨을 돌리고 주위를 살펴보았다. 수십보 저쪽에서 순검 한 사람이 칼소리를 제그럭거리며 그가 있는 곳으로 달려왔다. 김창수는 또 죽었구나 하고 숨을 곳을 찾다가 길가의 어떤 가겟집 아궁이를 가려 놓은 긴 판자 밑에 급히 몸을 숨겼다. 순검의 흔들리는 칼집이 그의 코끝을 스칠 듯이 지나갔다.

아궁이에서 나오자 날이 훤하게 밝아 오고 천주교당의 뾰족탑이 보였다. 이때에 김창수가 본 천주교당은 답동성당(畓洞聖堂)이었다. 1897년에 건축된 답동성당은 한국 성당 가운데 가장 오래된 서양식 건물의 하나이다. 김창수는 그곳이 동쪽일 것으로 짐작하고 그 방향으로 걸었다. 한참 걸어가다가 무턱대고 어떤 집으로 들어가서 도움을 청했다. 주인에게 자신의 이름을 밝히고, 감리가 비밀리에 석방해 주었으나 이런 몰골로는 대낮에 길을 갈 수 없으므로 날이 저물 때까지 그곳에 있게 해달라고 부탁했다. 그러나 주인은 매정하게 거절했다.

다시 화개동(花開洞) 방향으로 가다가 맨상투 바람에 두루마기만 걸치고 아직 잠에서 덜 깬 목소리로 노래를 흥얼거리며 지나가는 모주꾼 한 사람을 만났다. 모주꾼은 식전 막걸리집으로 가는 모양이었다. 김창수가 붙잡자 그는 깜짝 놀라며 "누구시오?"했다. 김창수는 모주꾼에게 자신의 이름과 석방된 사연을 어벌쩡하게 둘러대고 길을 가르쳐 달라고 했다. 모주꾼은 기꺼이 승낙하고 이 골목 저 골목 후미진 길로만 들어서 화개동 마루터기까지 동행해 주었다. 그는 동쪽을 가리키면서 말했다.

"저리로 가면 수원(水原) 가는 길이고 저리로 가면 시흥(始興)으로 올라가는 골목이니까 마음대로 갈 길을 정하시오."

거기에서 모주꾼과 작별했다. 김구는 너무 급한 나머지 미처 그의 이름도 묻지 못했다고 『백범일지』에 적어 놓았다.[1] 이때에 김창수가 전혀 알지 못하는 집주인에게나 길 가는 모주꾼에게까지 이름을 밝히면서 도움을 청한 것은 재판과정을 통하여 인천사람들에게 자기의 이름이 웬만큼 알려져 있을 것으로 믿었기 때문이었다.

김창수는 시흥으로 가는 길을 택했다. 서울로 가기로 한 것이다. 그의 행색은 누가 보든지 도둑으로 알기 십상이었다. 머리는 감옥에서 장티푸스를 앓아서 머리털이 전부 빠지고 새로 난 머리카락은 꼭대기만 노끈으로 졸라매어 솔잎상투를 틀고 수건으로 동인 채였고, 옷차림은 두루마기도 없이 바지저고리 바람이었다. 옷으로만 본다면 가난한 사람의 옷은 아니었으나, 새 옷에 흉하게 흙이 묻어 있어서 자기가 보기에도 몰골이 말이 아니었다.

인천항 5리 밖에 이르자 해가 떴다. 바람결에 들리는 것은 온통 호각소리였다. 산에도 사람이 희끗희끗 보였다. 김창수는 이런 행색으로 계속 길을 가는 것은 위험하다고 생각했다. 산속에 숨더라도 반드시 수색을 당할 것이므로 그것도 위험했다. 생각 끝에 그는 "허즉실 실즉허[虛則實 實則虛: 허술한 것이 오히려 실속 있고, 실속 있게 한 것이 오히려 허술함]" 격으로 차라리 큰길가에 숨기로 작정하고, 길가에 드문드문 심어 놓은 팡파짐한 방석솔 밑으로 두 다리를 디밀고 들어가서 반듯이 눕자 얼굴만 드러났다. 솔가지를 꺾어서 얼굴을 가렸다. 순검과 간수들이 떼를 지어 그가 숨어 있는 솔포기 앞을 지나갔다. 그들의 주고받는 말을 통하여 조덕근(曺德根)은 서울로, 양봉구(梁鳳求)는 배들이 정박해 있는 쪽으로

---

1) 『백범일지』, pp.133~134.

달아난 것을 알았다.

"김창수는 어디로 갔을까? 김창수는 잡기가 어려울걸. 과연 장사야. 김창수는 잘했지. 갇혀 있기만 하면 무엇하나."

마치 방석솔 밑에 숨어 있는 자신을 보고 들으라고 하는 말 같았다.

순검들은 부근 산기슭을 모두 수색한 모양이었다. 해거름이 되어 아침에 지나갔던 순검들과 간수 김장석(金長石) 등이 발부리 앞을 지나서 인천으로 돌아가는 것을 보고서야 김창수는 솔포기 밑에서 나왔다. 전날 이른 저녁밥을 먹고 난 뒤로 하루 종일 물 한모금 마시지 못한 터라 하늘이 빙빙 돌고 정신을 차릴 수 없었다.

김창수는 근처 동네의 어떤 집에 들어갔다. 자기는 서울 청파(靑坡)사람인데 황해도 연안(延安)에 가서 곡식을 옮겨 오다가 북성포(北城浦) 앞에서 파선당했다고 말하고, 밥을 좀 먹여 달라고 청했다. 주인은 죽 한 그릇을 주었다. 김창수는 어떤 사람이 정표로 준 화류거울을 호주머니 속에 지니고 있었는데, 그것을 꺼내어 그 집 아이에게 주었다. 그러면서 하룻밤 묵어 갈 수 있게 해 달라고 부탁했다. 그러나 주인은 거절했다. 주인은 김창수의 몰골을 보고서 수상히 여겼던지 집에 들이기를 꺼려했다. 그 화류거울은 시가가 백동전 한냥이었는데, 그것은 쌀 한말 값도 더 되는 돈이었다. 결국 죽 한그릇을 쌀 한말을 주고 사먹은 셈이 되고 말았다.

"저기 저 집 사랑에는 나그네들이 더러 자고 다니니, 그 사랑에나 가서 물어보시오."

그러면서 주인은 나가 달라고 말했다. 김창수는 할 수 없이 그 집으로 가서 하룻밤 자고 가게 해 달라고 부탁했으나 역시 거절당했다. 가만히 동네를 둘러보았다. 마을 한가운데 디딜방앗간이 있고 그 옆에 볏짚단이 있었다. 그는 볏짚단을 안아다가 방앗간에 펴고 하룻밤을 보낼 잠자리를 마련했다. 방앗간에 볏짚단을 베고 누워『손무자(孫武子)』와『삼략(三略)』을 소리내어 외우자 동네사람들이 수군거렸다.

"거지도 글을 읽는다."

"그 사람 거지가 아닌가 보던데. 아까 큰사랑에 와서 하룻밤 자고 가자고 청하던 사람이다."

김창수는 흥겨운 생각이 들었으나, 장량(張良)이 흙다리 위를 조용히 걸었던 고사에 비하면 자신의 오늘의 처지는 보잘것없다고 여겨져서, 미친 사람 모양으로 욕설을 함부로 하다가 잠이 들었다. 장량의 고사란 한(漢)나라 고조(高祖)의 참모였던 장량이 일찍이 하비(下邳)에 숨어 살 때에 흙다리에서 황석공(黃石公)이 떨어뜨린 신을 주워 주고 그에게서 병서를 얻었다는 이야기인데, 여기서는 자신의 거지 흉내가 장량이 신분을 감추는 것에 비하면 어림없다고 생각하여 미친 시늉을 했다는 뜻이다.

김창수는 새벽 일찍 일어나서 좁은 길을 골라 걸으면서 서울로 향했다. 벼리고개를 향해 걸어가다가 어떤 집 문 앞에서 아침밥을 구걸했다. 김창수는 활인서[活人署: 조선시대에 병인을 구호하는 임무를 관장하던 관서]의 걸인배들이 집집마다 여남은명씩 몰려다니면서 크고 힘찬 소리로 고함 지르듯이 구걸한다는 말을 들었던 생각이 났다. 그러나 그는 그렇게는 못하고, 기껏 "밥 좀 주시오" 하고 소리를 질렀으나 아무런 기척이 없었고, 그 집 개가 어지러이 짖어대는 바람에 주인이 머리를 내밀었다.

"걸식을 하려면 미리 시켜야지, 그렇지 않았으니 무슨 밥이 있겠느냐."

"여보, 밥 숭늉이라도 좀 주시오."

김창수는 하인이 가져다 주는 숭늉 한그릇을 마시고 일어섰다.

김창수는 큰길을 피해서 시골 마을로만 걸었다. 이 동네에서 저 동네로 마을 가는 사람 모양으로 인천과 부평 등지의 여러 군을 지나갔다. 2~3년 동안 좁은 감옥 안에서만 웅크리고 생활하다가 넓은 세상에 나와서 가고 싶은 곳을 마음껏 활개치며 걸으니까 심신이 상쾌했다. 그는 감옥에서 배운 시조와 타령을 흥얼거리면서 걸었다.

그날로 서울 양화진(楊花津) 나루에 당도했다. 날은 저물고 배는 고팠으나 주머니에는 뱃삯 한푼 없었다. 동네 서당을 찾아가서 선생과 만나기를 청했다. 서당 선생은 김창수가 나이도 젊고 의관도 제대로 갖추지 못한 것을 보고 초면에 하대를 했다. 김창수는 정색을 하고 서당 선생을 나무랐다.

"당신이 남의 사표가 되어 가지고 마음이 이처럼 교만한데 어찌 아이들을 잘 가르칠 수 있겠소. 내가 일시 운수불길하여 길에서 도적을 만나서 이 모양으로 선생을 대하게는 되었으나 결코 선생에게 하대받을 사람은 아니오."

그러자 서당 선생은 김창수에게 사과하고 내력을 물었다. 김창수는 능청스럽게 둘러댔다.

"나는 서울 사는 아무개인데, 인천에 볼일이 있어서 갔다가 돌아오는 길에 벼리고개에서 도적을 만나 의관과 행장을 다 빼앗겼소. 집으로 가는 길에 날도 저물고 주리기도 하여 예절을 아실 만한 선생을 찾아왔소."

서당 선생은 함께 있을 것을 승낙하고, 토론을 하면서 하룻밤을 지냈다. 이튿날 아침밥을 먹은 뒤에 서당 선생이 편지를 써서 학동을 시켜 나루 주인에게 전했다. 그 덕에 김창수는 뱃삯 없이 양화나루를 건널 수 있었다. 탈옥수 김창수의 능란한 임기응변이었다.

김창수가 서울로 가는 목적은 특별한 것이 아니었다. 그는 인천감옥에 있으면서 여러 곳의 사람들을 만났는데, 그들을 찾아가서 도움을 청하고 또 같이 탈옥한 조덕근도 만나 볼 생각이었다. 김창수는 감옥에서 사귀었던 남영희궁(南營義宮) 청지기를 찾아갔다. 청지기는 배오개 유기장 등 대여섯 사람을 모아서 인천 앞바다에 배를 띄우고 백동전 사주(私鑄)를 하다가 모두 체포되어 1년 남짓 동안 김창수와 함께 감옥살이를 했다. 그들은 출옥할 때에 김창수에게 평생 잊지 못할 은혜를 입었다면서 출옥하거든 꼭 연락해 달라고 신신당부했었다.

김창수가 남대문을 들어서서 남영희궁을 찾았을 때는 이미 초저녁이었다. 김창수는 청지기 방문 앞에 서서 소리쳤다.

"이리 오너라."

그러자 청지기 방에서 누군가가 미닫이를 반쯤 열고서 말했다.

"어디서 편지를 가져왔으면 두고 가거라."

그 목소리는 바로 김창수가 찾아온 진(陳)오위장(五衛將)의 목소리였다.

"예, 편지를 친히 받아 주세요."

이렇게 말하고 김창수는 뜰 안으로 들어섰다. 마루로 나와서 김창수를 자세히 바라보던 진씨는 소스라치게 놀랐다.

"아이구머니, 이게 누구요!"

그는 버선발로 마당에 뛰어 내려와서 김창수에게 매달렸다. 자기 방에 들어가자 진 오위장은 곡절을 물었다. 김창수는 사실대로 말해 주었다. 진 오위장은 자기 식구들을 불러 김창수에게 인사를 시킨 다음, 같이 감옥살이를 했던 공범들을 불러 모았다. 그들은 김창수의 행색이 초라한 것을 보고 제각기 갓과 두루마기와 망건을 하나씩 새로 사다 주었다. 서너해 만에 망건을 쓰자 김창수는 자신도 모르게 저절로 눈물이 흘러내렸다.

김창수는 며칠 동안 그들과 어울려서 잘 놀다가 청파동의 조덕근 집을 찾아갔다. 문 밖에서 "이리 오너라" 하고 불렀다. 조덕근의 큰마누라는 김창수를 꺼리는 빛이 역력했다.

"우리 집 선달님이 옥에서 나왔다고 인천집에서 기별은 있었으나, 이모댁에나 와서 계신지 오늘 내가 가보고 내일 오시면 말씀드리겠습니다."

김창수는 그러려니 여기고 돌아왔다가 이튿날 다시 갔다. 역시 모른다고 했다. 조덕근이 김창수를 피하는 것이 분명했다. 조덕근은 김창수가 자기보다 중죄이므로 이미 출옥한 바에는 다시 만나서 덕될 것이 없다고 생각하고 잡아떼는 수작이었다. 그제야 김창수는 자신이 퍽도 어리석다는 생각이 들었다. 먼저 파옥하고 나와서 혼자서 쉽게 달아날 수 있었는데도 조덕근의 애걸하던 모습이 눈에 아른거려 위험을 무릅쓰고 다시 들어가서 구해 주지 않았던가. 김창수는 자신을 피하는 조덕근의 행실을 깊이 꾸짖을 것도 없다고 자책했다.

조덕근은 김창수가 서울을 떠난 직후인 1898년4월 초에 붙잡혀서 인천감옥에 재수감되었다.[2] 같이 탈옥한 다섯 사람 가운데서 유일하게 잡힌 것이었다. 다시 투옥된 조덕근은 이듬해 1월에 탈옥하려던 동료 죄수들의 계획을 간수에게 고발하기도 했다.[3]

김창수는 며칠 동안 이 사람 저 사람에게서 성찬을 대접받으면서 쉬었다. 김창수가 그들에게 팔도강산 유람이나 하겠다면서 작별하려 하자 그들은 노자를 추렴하여 한짐 지워 주었다.[4] 그런데 그가 서울에 잠시 머물렀던 1898년3월 하순은 이 나라 역사에서 매우 획기적인 때였다. 1896년4월에 결성된 독립협회(獨立協會)의 자주민권운동은 이 무렵에 이르러 근대적 대중집회인 만민공동회(萬民共同會)로 발전하고 있었다. 3월10일에 열린 최초의 만민공동회에서 이승만이 극적으로 등장한 것은 앞에서 본 바와 같다. 이러한 사실은《독립신문》,《제국신문》등 당시의 신문에 자세히 보도되고 있었는데, 김창수는 그러한 사실을 몰랐던 것 같다.

2

여비를 마련한 김창수는 그날로 동적강[銅赤江: 동작나루]을 건너서 삼남지방으로 향했다. 탈옥수의 방랑길이 시작된 것이다. 마음이 매우 울적해진 그는 승방(僧房) 뜰에서부터 폭음을 시작하여 밤낮을 계속해서 마셨다. 그리하여 과천(果川)을 지나서 겨우 오산(烏山)장터에 이르렀을 때는 한짐이나 되던 노자가 동이 나고 말았다.

김창수는 오산장터 서쪽 동네에 사는 김삼척(金三陟)의 맏아들을 찾

─────────

2) 「報告書 第5號: 仁川港裁判所 判事 徐相喬가 議政府贊政 法部大臣 李裕寅에게 보낸 1898년4월3일자 보고서」, 『白凡金九全集(3)』, p.295.
3) 《매일신문》 1899년2월1일자, 「잡보」.
4) 『백범일지』, pp.137~139.

이순신의 산소 앞에 있던 '이충무공신도비'.

아갔다. 김삼척은 전에 삼척영장(三陟領將)을 지낸 사람인데, 그 큰아들이 인천항에서 장사를 하다가 실패하고 그 일 때문에 인천감옥에서 김창수와 한달 동안 같이 고생한 적이 있었다. 그는 김창수를 몹시 존경하여 출옥하면서 뒷날 다시 만날 것을 약속해 두었다. 김창수는 김삼척의 여섯 아들과 어울려서 술 마시고 노래 부르면서 며칠을 보냈다.

며칠 뒤에 김창수는 약간의 노자를 얻어 가지고 다시 길을 떠났다. 아산(牙山)을 지나다가 배암밭 동네[현재 현충사가 있는 아산시 염치읍 백암리(白巖里)]에 들어가서 충무공 이순신(李舜臣)의 기념비를 구경했다. 김창수가 배암밭 동네까지 들어간 것은 이순신에 대한 관심 때문이었을 것 같기도 하나, 『백범일지』에는 특별한 언급이 없다.

아산에서 공주(公州)를 지나 은진(恩津)의 강경포(江景浦)에 있는 공종열(孔鍾烈)을 찾아갔다. 공주에서는 임진왜란 때에 맨 먼저 승병(僧兵)을 일으킨 고승 영규(靈奎)의 비를 보고 김창수는 "많은 느낌을 받았다"고 했다.[5] 공종열은 마침 부친 공중군(孔中軍)의 상중이었다. 공종열은 사람됨이 영리하고 학문도 웬만큼 있어서 일찍이 운현궁 청지기를 지냈고, 조병식(趙秉式)의 마름으로서 강경포에서 물상객주를 경영하다가 금전관계로 살인소송에 걸려들어 여러 달 동안 인천감옥에 갇힌 적이 있

5) 『백범일지』, p.150.

김구가 탈옥한 뒤에 삼남지방을 여행한 코스.

었는데, 감옥에 있는 동안 김창수와 절친하게 지냈다.

공종열의 집은 매우 크고 넓었다. 공종열은 김창수를 보자 그를 일곱째 대문으로 들어가서 자기 부인 방에서 묵도록 했다. 공종열의 어머니도 인천에서 만나 알게 되었으므로 반갑게 절을 하고 인사를 나누었다. 공종열이 김창수를 특별히 대우한 것은 옥중 동료에 대한 친절이기도 했으나, 강경포가 인천에서 아침저녁으로 오갈 수 있는 가까운 거리였기 때문이기도 했다. 강경포는 대구와 평양과 함께 조선의 3대 시장으로 불릴 만큼 조선후기에 번성했던 포구였다. 사랑방마다 동서남북 각지 사람들이 드나들고 있었으므로 김창수의 비밀이 드러날까 걱정했던 것이다.

며칠 쉬고 있던 어느 날 밤이었다. 사방이 훤히 보일 정도로 유난히 달이 밝았다. 공종열의 어머니가 방문을 여닫는 소리가 들렸다. 김창수는 가만히 일어나 앉아서 창문 유리로 마당을 내다보았다. 갑자기 칼빛이 번쩍했다. 자세히 살펴보니까 공종열은 칼을 들고 그 어머니는 창을 끌며 장정들을 동원했다. 김창수는 뜻밖의 사태가 발생할지 모른다는 생각에서 옷을 챙겨 입고 앉았다. 얼마 있다가 공종열이 어떤 청년의 상투를 끌고 들어왔다. 그는 하인을 불러 모아 두레집을 짓고 거기에 그 청년을 거꾸로 매어 달았다. 그러고는 열살 안팎의 사내아이 둘을 불러서 방망이 하나씩을 쥐어 주면서 말했다.

"너희들의 원수다. 너희들 손으로 때려죽여라."

그러다가 공종열은 김창수가 있는 방으로 들어와서 말했다.

"형이 매우 놀랐을 터이니 미안하오. 그러나 형과 나 사이에 무슨 숨기고 꺼릴 일이 있겠소. 내 누님 한 분이 두 아들을 데리고 과부로 혼자 살면서 수절하다가 내 집 상노놈과 간통하여 얼마 전에 해산하고 죽고 말았소. 저놈을 불러 '네 자식을 데리고 먼 곳으로 가서 기르고 내 앞에 보이지 말라'고 하였소. 그런데 저놈이 천주학을 하여 신부의 세력을 믿고 내 집 곁에 유모를 두어 내 집안에 수치를 끼치는 것 아니겠소. 형이 나가서 호령하여 저놈이 멀리 달아나게 해 주오."

공종열이 방망이를 쥐어 준 아이들은 죽은 과부의 두 아들이었다. 김창수는 어느 모로 보나 공종열의 청을 들어 주지 않을 수 없었다. 그는 마당으로 나가서 달아맨 것을 풀어 주고 그자의 죄를 하나하나 열거하며 호통쳤다.

"네가 이 댁에서 길러 준 은혜를 생각한들 주인의 면목을 그다지도 무시할 수 있느냐?"

그러자 천주학장이는 김창수를 슬쩍 보고는 겁에 질린 낯빛으로 말했다.

"나리 분부대로 하겠습니다. 살려 주십시오."

공종열이 다시 다그쳤다.

"네가 오늘 밤으로 네 자식을 내다버리고 이 지방을 떠날 터이냐?"

그는 그러겠다고 대답하고 물러갔다.

김창수는 공종열에게 물었다.

"그자가 자식을 데리고 갈 곳이 있는가?"

"개울 건너 임피[臨陂: 지금의 전북 옥구군 임피면] 땅에 제 형이 사니까 그리로 가면 자식도 기를 수 있을 거요."

집안이 이렇게 소란스러워지자 김창수는 자신의 신분이 탄로날 것이 염려되어 날이 밝는 대로 떠나겠다고 말했다. 공종열은 자기 매부 진선전 (陳宣傳)이 무주(茂朱)읍에 살고 있는데, 그 집이 부자일 뿐만 아니라 그곳이 한적한 곳이니까 그리로 가서 세월을 기다리는 것이 좋겠다면서 소개편지를 써 주었다.[6]

이튿날 아침에 공종열의 집을 출발한 김창수는 강경포를 채 벗어나기 전에 거리에서 사람들이 웅성거리는 것을 보았다. 모여든 사람들은 새벽에 갯가에서 어린아이 우는 소리를 들었는데 지금은 그 소리가 끊긴 것으로 미루어 보아 아마 아이는 죽은 모양이라고들 말했다. 그 말을 듣자 김창수는 천지가 아득했다.

"오늘 살인을 하고 가는 길이로구나. 그자가 밤에 내 얼굴을 대하면서 몹시 무서워하더니, 공종열의 말을 곧 내 명령으로 생각하고 제 자식을 안아다가 강가에 버리고 도주한 것 아닌가."

가뜩이나 울적한 참이던 김창수는 아무 죄 없는 어린아이를 자기의 말 한마디로 죽게 했다는 자책감에 무척 서글픈 심정이 되었다. 이때부터 김창수는 삼남지방을 방랑하면서 심한 반상(班常)의 신분차별을 체험했다. 이때에 김창수가 체험한 것은 일찍이 청국(淸國)에 가면서 함경도지

---

6) 『백범일지』, pp.138~142.

방을 여행한 것과 함께 그가 우리나라의 실정을 직접 견문하는 값진 기회가 되었다.

김창수는 공종열이 시키는 대로 무주로 갔다. 가는 길에 금산(錦山)에서는 임진왜란 때에 의병 700명과 함께 전사한 의병장 조헌(趙憲)의 패적유지[敗績遺址: 칠백의총]를 둘러보았다. 무주읍에 사는 진선전의 집을 찾아가기는 했으나 구구하게 한곳에 오래 머물러 있는 것은 마음을 더욱 우울하게 할 뿐이었다.

김창수는 마침내 무전여행을 떠나기로 결심했다. 이왕 삼남지방을 돌아다닐 바에는 남원(南原)의 김형진(金亨鎭)을 찾아보아야겠다는 생각이 들었다. 김형진의 매부 최군선(崔君善)이 전주(全州) 남문 안에서 한약국을 하고 있다는 것을 알고 있었으나, 먼저 남원 이동(耳洞)[7]의 김형진의 고향을 찾아갔다. 동네에 들어서면서 그는 김형진이 사는 곳을 물었다. 그러자 동네사람들은 놀라고 의아해하면서 김형진을 찾는 까닭을 물었다. 김창수는 서울에서 알게 되어 지나는 길에 들렀다고 말했다. 사람들은 김형진이 이 동네에서 대를 이어 살기는 했지만 연전에 동학에 가담했다가 집안이 몰락하여 식솔들을 이끌고 도망간 뒤로는 소식이 끊겼다고 했다.

김형진이 동학에 가담했었다는 말은 전혀 뜻밖이었다. 같이 청국을 다녀오고 온갖 위험을 함께 겪으면서 김창수는 김형진에게 자기의 일생에 대해서 빠짐없이 다 털어놓았었다. 그런데도 김형진은 자기의 내력을 숨기고 비밀로 했다는 것이 이해가 되지 않았다. 김창수는 김형진이 여간 야속하지 않았다. 그러나 김형진이 최시형(崔時亨)에게 금구접주(金溝接主)로 임명된 것은 김창수와 헤어진 뒤인 1897년이었으므로,[8] 동학농민

---

7) 김형진의 손자 김남식(金南植)의 증언에 따르면, 김형진의 본향은 남원군 산동방 이사동(耳寺洞)이다. 현행 행정구역으로는 전라남도 구례군 산동면 둔사리이다(『民族의 큰 스승 白凡金九(56)』, 金永模, 「항일행적과 통일운동 자취: 삼남행 ①」, 《문화일보》 1996년 3월 12일자).
8) 『백범일지』, p.143 주27).

봉기 때에는 동학교도가 아니었을 것이다. 그가 동학에 입도한 것은 오히려 김창수와 행동을 같이했던 것이 계기가 되었는지 모른다. 김창수는 전주로 가서 김형진의 그 뒷일을 알아보기로 했다.

남원을 출발한 김창수는 임실(任實)을 지나서 전주로 향했다. 임실에서 전주로 가는 길에 방고개[芳峴(당현)][9]라는 고개를 넘을 때였다. 김창수는 풍채가 부잣집 주인 같아 보이는 마흔 남짓한 중늙은이 한 사람을 만났다. 그는 혼자서 나귀를 타고 가다가 고개 밑에서부터 나귀에서 내려서 걷기 시작했다. 그리하여 두 사람은 자연스럽게 길동무가 되어 서로 인사를 나누었다. 그는 임실 읍내에 사는 문지래(文之來)라고 했다. 서로 이야기를 하는 사이에 고갯마루에 닿았다. 고갯마루에는 주막이 서너채 있었고 주막 근처에는 보부상 수십명이 쉬고 있었다. 문지래가 고개 위에 도착하자 한 주막 주인이 나와서 오위장 영감 오시느냐고 반가이 맞으면서 들어가 술이나 한잔 자시라고 권했다. 문지래는 사양하다가 김창수에게 같이 쉬어 가자고 말했다. 김창수는 문지래가 주막 주인의 특별한 환대를 받는 처지인 것 같아서, 그의 권유를 사양하고 혼자 고개를 넘었다. 서산마루에 해가 뉘엿뉘엿 넘어가고 있었다.

김창수는 걸음을 재촉하여 완주군 상관(上關)의 한 주막에 들어갔다. 저녁밥을 먹고 앉아 담배를 피울 때쯤 해서 급보가 전해졌다. 해지기 직전에 고갯마루에 30여명의 강도가 나타나서 행상들의 재물을 약탈했는데, 문지래가 취중에 그 강도들을 보고 호령하다가 강도들의 도끼에 찍혀 죽었다는 것이었다. 김창수는 가슴이 섬뜩했다. 만일에 문지래의 권유대로 술자리를 같이 했더라면 그의 목숨도 온전하지 못했을 것이기 때문이었다. 사람들의 이야기로는, 문지래는 임실의 서리배로서 그의 동생이 민영준(閔泳駿)의 신임을 받는 청지기임을 빌미로 위세를 부리다가 인근

---

9) 『백범일지』에는 이 고개의 이름을 '당현(堂峴)'이라고 했으나, 그것은 임실군과 완주군의 경계에 있는 임실군 관촌면의 '방고개'이다(『民族의 큰 스승 白凡金九(57)』, 金永模, 「항일행적과 통일운동 자취: 삼남행 ②」, 《문화일보》 1996년3월19일자).

사람들의 인심을 잃은 탓에 이번에 화를 만난 것이었다.[10]

3

전주에 도착한 김창수는 최군선의 한약국을 찾아갔다. 자신이 김형진의 친구임을 밝히고 김형진이 사는 곳을 물었다. 그러자 최군선은 냉담한 어투로 말했다.

"김형진 말씀이오? 김형진이 내 처남인 것은 사실이나 내게는 지기 어려운 무거운 짐을 지우고 자기는 벌써 황천의 객이 되었소."

어렵사리 최군선을 찾아간 김창수는 여간 실망스럽지 않았다. 최군선의 태도가 너무 불친절하여 더 이상 물어볼 생각도 나지 않았다. 김형진이 동학에 가담했었다는 사실은 그로 하여금 김형진에 대해 더욱 깊은 동지적인 우정을 느끼게 했을 것이다.

그런데 일찍이 동학농민군의 선봉장으로서 해주성(海州城) 공략에 앞장섰던 그가 동학농민군의 승전지였던 전주에 와서 어떤 감회를 느꼈는지는 『백범일지』에 아무런 언급이 없다. 삼남지방을 여행하면서 이순신과 임진왜란 때의 의병장들의 유적지에 대해서는 특별한 감회를 느꼈다고 적었으면서, 정작 동학농민봉기의 현장들을 방문하면서도 아무런 언급이 없는 것은 의아스러운 일이다. 그것은 이미 개화파가 되어 있는 김창수의 동학과 동학농민봉기에 대한 인식이 그만큼 달라졌음을 말해 주는 것이다.

그날은 마침 전주 장날이었다. 최군선과 작별한 김창수는 장터로 가서 장구경을 했다. 그는 이리저리 다니다가 백목전에 가서 포목 환매[換買: 돈 대신 물품을 주고 다른 물품을 사는 것]하는 것을 구경했다. 시골 농사꾼으로 보이는 어떤 젊은이가 포목을 환매하는 것을 우연히 보았다.

---

10) 『백범일지』, pp.150~151.

김창수가 김형진의 동생을 우연히 만났을 때와 같은 전주의 장날 풍경.

그는 용모가 김형진과 너무나 흡사했다. 김형진보다는 젊어 보였으나 말하는 것과 행동거지가 꼭 김형진 같았다. 다만 김형진에게는 문사의 자태가 보였으나 그 젊은이는 농사꾼 같아 보이는 것이 다를 뿐이었다. 김창수는 그 사람이 일을 다 보고 돌아가려 할 즈음에 물었다.

"당신 김 서방 아니시오?"

"예, 그렇지라오마는 당신은 뉘시오니까?"

"노형이 김형진씨 계씨가 아니오?"

젊은이는 머뭇거리며 대답을 못했다. 김창수는 계속해서 물었다.

"나는 당신 면모를 보고 김형진씨 계씨임을 짐작했소. 나는 황해도 해주에 사는 김창수요. 노형 백씨 생전에 혹시 내 이야기를 들은 적이 있소?"

그러자 그 젊은이가 갑자기 두 눈에 눈물이 가득 고여 말을 못하고 흐느껴 울었다.

"과연 그랬습니까? 내 형 생전에 당신께 관한 말씀을 들었을 뿐 아니라 별세하실 때에도 창수를 생전에 다시 못 보고 죽는 것이 유한이라고 했지라오. 제 집으로 가십시다."

김창수는 그를 따라 금구 원평(院坪)으로 가서 조그마한 집으로 들어갔다. 젊은이가 자기 어머니와 형수에게 김창수가 찾아온 것을 말하자 집안에 곡성이 진동했다. 이날은 김형진이 죽은 지 열아흐레째 되는 날이라고 했다. 김창수는 영연(靈筵)에 들어가서 절을 하고 예순 노모와 서른 과부에게 인사를 했다. 열아홉살쯤 나 보이는 아들 맹문(孟文)은 아직 철을 몰랐다. 장에서 만났던 젊은이는 김형진의 둘째아우였는데, 그에게도 아들이 하나 있었다.

김창수는 김형진의 집에서 이미 이 세상 사람이 아닌 옛 벗을 생각하며 며칠을 묵고 다시 목포(木浦)를 향해 떠났다. 김구는 이때에 전주에서 목격했던 일이라면서 다음과 같은 이야기를『백범일지』에 적어 놓았다.

전주에서는 영리(營吏)와 사령(使令)이 신분이 다른 것 때문에 서로 원수처럼 생각하여 진위대(鎭衛隊) 병정을 모집할 때에도 혹시 사령이 입영될까 염려하여 영리들이 자기네 자식들과 조카들을 전부 병정으로 몰아넣었다고 했다. 이들은 머리에는 상투를 그대로 두고 그 위에 모자를 높직하게 만들어 썼다는 것이었다.[11] 이러한 사실은 삼남지방의 반상 사이의 심한 반목과 함께 갑오경장 이후에도 지방관리들의 기강이나 군기가 얼마나 흐트러져 있었는가를 말해 준다.

그러나 김구는 "삼남지방의 양반의 위엄이나 속박이 심하기는 하나 그런 가운데도 약간의 미풍양속이 없지 않다"[12] 면서 그 보기로 김제(金提) 만경(萬頃)평야를 지나면서 본 모내기 광경을 소개했다. 농사꾼들은 아침에 일을 시작할 때에 '농자천하지대본(農者天下之大本)'이라고 쓴 큰 농기(農旗) 들고 장구를 치며 들에 나가서 기를 세웠다. 모를 심을 때에 선소리꾼이 북을 치고 농가(農歌)를 인도하면 남녀 농사꾼들은 손발을 흔들고 춤을 추며 일을 했다. 논 주인은 막걸리를 논두렁 여기저기에 동이째 내

---

11) 『백범일지』, p.151.
12) 『백범일지』, p.149.

함평 이 진사 집의 육모정 자리와 본채. 육모정은 1985년에 용인 민속촌으로 옮겨졌다.

다놓고 마음대로 마시게 하고, 행인이 지나가면 다투어 술을 권했다. 농사꾼들이 음식을 먹을 때에는 현직 감사나 수령이라도 말에서 내려 인사말을 건넨다고 했다. 또한 대개의 농업 노동자들에게는 조직이 있어서 논 주인이 일꾼을 살 때에는 그 지방 조직의 유사[有司: 우두머리]와 교섭을 하는데, 그때에 미리 의복, 품삯, 휴식, 질병 등에 대한 조건을 정하고 실제 감독은 유사가 맡아서 하며 일꾼이 게으름을 부려도 논 주인이 마음대로 다루지 못하고 유사에게 말해서 징계하게 한다는 것이었다.

김구는 광주(光州) 역말이라는 동네를 지나면서 들은 이야기도 소개했다. 그 동네에 가구수가 몇백호인지 알 수 없으나 동네에 동장이 무려 일곱 사람이나 일을 본다고 하더라는 것이었다. 이는 서북지방에서는 보지 못한 특이한 풍습이어서 인상 깊었다고 했다.

김창수는 광주에서 목포로 향하던 길에 함평(咸平) 이 진사의 육모정[六角亭]에서 보름가량 머물렀다. 이때의 일을 김구는 뒷날 국사원본 『백범일지』를 펴낼 때에 다음과 같이 써 보태었다.

　　나는 함평의 이름난 육모정 이 진사 집에 과객으로 하룻밤을 잤다. 이 진사는 부유한 사람은 아니었으나 육모정에는 언제나 빈객이 많았고, 손님들에게 조석을 대접할 때에는 이 진사도 손님들과 함께

상을 받았다. 식사는 주인이나 손님이나 일체 평등이요 조금도 차별이 없었고, 하인들이 손님들에게 대하는 태도는 그 주인에게 대하는 것과 꼭 같이 하였다. 이것이 주인 이 진사의 인격의 표현이어서 참으로 놀라운 규모요 가풍이었다.[13]

육모정은 만경군수를 지낸 이동범(李東範) 진사의 정자였다. 주위로 원형의 못이 있는데, 그 못 안에 연꽃이 많아서 '연정(蓮亭)'이라고도 불렀다. 육모정에는 침실, 식당, 응접실, 독서실, 휴게실 등이 있었다고 한다.[14]

김창수는 이 진사 집에서 하룻밤만 쉬고 떠나려고 했으나 더 묵어 가라고 붙드는 이 진사의 정성에 감동되어 보름이나 묵었던 것이다. 이 진사의 사랑에는 함께 지내는 과객이 대여섯 사람이나 있었다. 그 가운데는 이 진사 집에서 손님 노릇을 한 지가 열아홉해나 된다는 사람도 있었다. 손님이 일하면 주인이 가난해진다는 미신이 있어서 손님들은 손가락 하나 움직이지 않고 주인과 같은 대우를 받고 있었다.

이곳 풍습으로는 양반이 아니고는 아무리 큰 부자라도 사랑문이 밖으로 열리게 달지 못했다. 또한 과객이 주인을 찾아 숙박을 청하면 첫대면에서 묻는 말이 "간밤에는 어디서 유숙하였소?"라는 말이었다. 만일에 유숙한 집이 양반의 집이면 두말하지 않으나 중인(中人)의 집에서 잔 것 같으면 그 과객의 부주의를 타일렀다. 또한 만일에 상인(常人)이 과객을 맞아 재워 주게 되면 양반이 사사로이 잡아다가 형벌을 주는 등 괴악한 습속이 많았다. 김창수는 이 지방에서 과객으로 유명한 '홍초립(洪草笠)'과 '박도포(朴道袍)'라는 사람의 이야기를 들었다. 홍초립은 초립동이 시절부터 과객으로 살다가 죽었고, 박도포는 늘 도포만 입고 과객 행세를 했다는 것이었다. 두 사람은 어느 집에 들어가든지 주인이 응대를 조금이

---

13) 『金九自敍傳 白凡逸志』, 1947, p.139.
14) 박치정, 「白凡 金九가 은거했던 마을」, 《月刊 藝鄕》 1986년3월호, p.227.

김창수가 방문하기 1년 전인 1897년에 개항한 목포항. 해초작업이 한창이다.

라도 잘못하면 발악을 했다고 했다.

　이 진사의 육모정에서 보름을 묵은 김창수는 다시 길 떠날 차비를 했다. 이때에 김창수를 자기 집으로 초대하는 사람이 있었다. 그는 김창수보다 나이가 많은 장년의 선비로서, 육모정에 놀러 와서 날마다 김창수와 이야기를 나누던 사람이었다. 김창수는 그 선비의 뜻을 물리칠 수 없어서 저녁밥을 먹으러 그의 집으로 갔다. 그 선비의 집은 초라한 단칸방이었다. 부인이 개다리소반에 주인과 겸상으로 저녁상을 들여왔다. 주발뚜껑을 열자 밥 같지는 않은 무엇인가가 담겨 있었다. 한숟가락 떠서 입에 넣자 맛이 쓰기가 곰의 쓸개와 같았다. 그것은 쌀겨와 팥으로 만든 겨범벅이었다. 그 가난한 선비는 김창수가 이 진사 집에서 날마다 흰 밥에 좋은 반찬을 먹는 것을 보았는데도 안되었다는 말도 없고 미안하다는 빛도 없이 흔연히 먹으면서 김창수에게도 권했다. 그 선비의 높은 뜻과 깊은 정에 감격한 김창수는 겨범벅을 조금도 남기지 않고 다 먹었다.[15]

15) 『金九自敍傳 白凡逸志』, 1947, p.140.

김창수가 목포를 찾아간 것은 같이 탈옥한 양봉구를 만나기 위해서였다. 목포는 개항한 지 얼마 되지 않아서 관청 건물도 완성되지 않았고, 모든 것이 엉성해 보였다. 김창수는 지게를 지고 노동자 행세를 하면서 양봉구를 찾아냈다. 양봉구에게 인천 소식을 물었다. 조덕근은 다시 잡혔는데, 눈 한개가 빠졌고 다리가 부러졌다고 했다. 탈옥할 때에 당직이었던 간수는 아편중독으로 감옥 안에서 죽었고, 김창수 자신에 대한 소문은 듣지 못했다고 했다. 양봉구는 인천과 목포 사이에는 순검들이 내왕하기 때문에 오래 머무를 곳이 못 된다고 말하고, 김창수에게 약간의 노자를 건네주면서 목포를 떠나라고 했다.[16]

4

목포를 방문할 때까지만 해도 김창수는 감옥생활을 같이한 사람들과 그들이 소개해 주는 사람들을 찾아서 이동했다. 그러나 목포를 떠나면서부터는 낯설고 물선 고장을 정처없이 떠돌아다니게 되었다.

목포를 떠나서 해남(海南)으로 간 김창수는 윤씨 집안 사랑에 유숙했다. 해남에서 세력이 가장 큰 양반은 윤씨와 이씨 두 성씨였다. 윤씨들은 유명한 「오우가(五友歌)」의 시인 윤선도(尹善道)와 선비화가 윤두서(尹斗緒)의 후손들이다.

밤이 저물었는데, 사랑문 앞 말뚝에 어떤 사람을 묶어 놓고 심한 매질을 하고 있었다. 주인이 추상같은 호통을 쳤다.

"네 이놈, 죽일 놈. 양반이 작정하여 준 품삯대로 받는 것이 아니라 네 마음대로 올려받다니!"

벌을 받는 사람은 극구 사죄했다. 김창수는 주인에게 물었다.

"양반이 작정한 품삯은 얼마이고 상놈이 제 마음대로 올려받으려 한

---

16) 『백범일지』, pp.143~144, p.418.

것은 얼마나 되오?"

"내가 금년에는 동네 품삯을 계집년은 두푼, 사내놈은 서푼씩 정했는데, 저놈이 어느 댁 일을 하고 한푼 더 받았기 때문에 징계하여 다스리는 것이오."

김창수는 다시 주인에게 물었다.

"길 가는 행인들이 주막에서 먹는 음식값도 한끼에 최하가 대여섯푼이오. 하루 품삯이 밥 한상값의 반도 못 되면 혼자 살림도 유지해 나가기 어려운데 식구들을 데리고 어찌 살 수 있겠소?"

주인은 주저 없이 말했다.

"가령 한집에 장정이 연놈 합하여 두명이라 하면 매일 한 사람씩이라도 양반집 일을 안 할 때가 없고, 일하는 날은 그놈의 집 식구가 다같이 와서 밥을 먹소. 품삯을 많이 지불하여 상놈집에 의식주가 풍족하게 되면 자연히 양반에게 공손하지 못하게 될 것 아니오? 그래서 그같이 품삯을 작정해 주는 것이오."

김창수는 이 말을 듣고 깜짝 놀랐다. 자신이 해주에서 겪은 상놈천대는 아무것도 아니었다. 이때의 소감을 김구는 다음과 같이 적었다.

내가 상놈으로 해주 서촌(西村)에 태어난 것을 늘 한탄했으나, 이곳에 와서 보니 양반의 낙원은 삼남(三南)이요 상놈의 낙원은 서북이로다. 내가 해서(海西) 상놈이 된 것이 큰 행복이다. 만일에 삼남 상놈이 되었다면 얼마나 불행하였을까?[17]

삼남에서는 특히 백정에 대한 차별이 심했다. 김구는 "경상도지방의 반상 간에는 다른 지방에 없는 특수한 풍습이 있다"면서 그곳의 백정 차별풍습을 소개하기도 했다. 그곳에서는 도우한[屠牛漢: 소 잡는 백정]은

---

17) 『백범일지』, p.148.

김창수가 40여일 동안 머물렀던 보성군 득량면 심송부락.

망건을 쓰지 못하는 것이 통례였다. 그들은 맨머리에 패랭이를 쓰고 다녀야 했다. 패랭이 밑에 대나무 테를 둘러 대고 거기에 끈을 매어 썼다. 그러한 행색으로 길을 가다가 길에서 남녀노소를 막론하고 사람을 만나면 반드시 길 아래로 내려서서 "소인 문안 드리오" 하고 인사를 해야 하고, 행인이 지나가고 나서야 제 갈 길을 간다고 했다.

반상의 구별이 그처럼 엄격했으나 예외적인 경우도 있다고 했다. 정월 초승과 팔월 한가위에는 마을과 마을 중간에 나무기둥이나 돌기둥을 세우고 그 기둥에 동아줄을 매고 기둥이 각기 자기 마을쪽으로 넘어지도록 경쟁하는 놀이를 했다. 이때에는 남녀노소와 반상의 구별 없이 흥겹게 서로 어울려 논다는 것이었다.

해남을 떠난 김창수는 강진(康津)의 고금도(古今島)로 갔다. 고금도는 고금진(古今鎭)이 있던 곳으로서, 옛것을 숭상하는 도덕군자가 많은 곳이라고 해서 그런 지명이 생긴 것으로 전해진다. 이곳에서 김창수는 이순신 장군의 전적을 둘러보고 특별한 감회에 젖기도 했다. 김창수가 삼남지방을 방랑하면서 이순신의 연고지나 의병들의 유적지를 특별히 찾은 것은 눈여겨볼 만한 일이다.

김창수는 완도(莞島)를 돌아보고 장흥(長興)을 거쳐서 보성(寶城)으로 갔다. 보성의 송곡[松谷: 현재는 득량면(得粮面) 삼정리(三亭里) 심송(深松)부락]을 방문했을 때에는 보리가 누렇게 익어 가는 5월 하순이었다. 안동 김씨의 집성촌인 이 마을은 큰길에서 보면 산으로 둘러싸여 밖에서는 보이지 않으나 마을에 들어서면 넓고 따뜻하여 예부터 좋은 은둔지나 피란지로 전해진다. 김창수는 훈장인 김광언(金廣彦)을 찾아가서 자신은 송도(松都)에 사는 종친 김두호(金斗昊)라고 말하고 정처 없는 사람이니까 아무 일이나 하며 머물 수 있도록 해 달라고 부탁했다. 김광언은 양반 차림의 김창수가 이야기를 잘하고 글도 잘해서 깍듯하게 대접했다고 한다.[18] 김창수는 김광언의 집에서 40여일 동안이나 머물렀다. 삼남지방을 방랑하는 동안에 한곳에서 가장 오래 머문 것이다. 아마도 마을사람들이 그를 종친으로 친절하게 대해 주어 다른 어느 곳에서보다도 편안한 마음으로 지낼 수 있었기 때문이었을 것이다. 그는 특히 자신과 동갑인 선계근(宣桂根) 내외와는 격의 없이 지냈다.[19]

김창수가 떠나려고 하자 선씨는 이별을 아쉬워하면서 부인 안씨가 손수 만든 붓주머니를 정표로 선물했다. 김창수는 김광언에 대한 답례로 가지고 다니면서 애독하던 『동국사략(東國史略)』을 선물했다.[20] 그런데 탈옥하여 정처 없이 방랑하는 김창수가 『동국사략』을 가지고 다니며 애독했다는 사실은 매우 흥미롭다. 『동국사략』이란 하륜(河崙), 권근(權近) 등이 태종(太宗)의 명으로 성리학적 명분론의 입장에서 한국고대사

18) 박치정, 앞의 글, pp.228~229.
19) 『백범일지』, p.416; 박치정, 위의 글, p.229.
20) 『백범일지』, p.144, p.416.

를 편찬한 책인데, 16세기에 이르러 이우(李堣), 박상(朴祥) 등 여러 사람이 각각 같은 제목의 책을 서술했다. 또한 1906년에는 역사학자 현채(玄采)도 근대적 역사 서술방법으로 같은 제목의 한국 역사서를 출간하기도 했다.[21]

김창수는 이 책 속표지에 이별을 아쉬워하는 한시 한수를 남겼다.

離別難 離別難	이별이란 이별이란 참으로 어렵구나
離別莊處花樹開.	이별하는 곳에 꽃이 핀다.
花樹一枝分絶半	꽃나무 한가지를 반씩 나누어
半留宗家半行帶.	반절은 종가에 두고 반절은 들고 간다.
生今天地逢何時	넓은 천지에 언제나 살아서 만날지
捨此江山去亦難.	이 강산을 버리고 떠나기 또한 어렵구나.
四員同遊至餘月	달포가 넘게 한가히 놀고 지내다가
齟齬惜別而去也.	석별을 아쉬워하며 덧없이 떠난다.
日後見此或可思	먼 훗날 이것을 보면 혹 생각날까 하여
餘否耶遺此表情.	이 글을 정표로 남겨 두고
悠悠而去也.	멀리 멀리 떠난다.

宗人 金斗昊[22]	종문 사람 김두호

김구는 이때의 정을 못내 잊지 못하여 해방되고 귀국한 뒤에 지방순회를 할 때에 송곡리를 찾았다. 마을사람들도 이때의 김구와의 인연을 소중하게 생각하여 마을 입구에 '김구 선생 은거비(金九先生隱居碑)'를 세워서 오늘날까지 기념하고 있다.[23]

---

21) 鄭求福,「東國史略에 대한 史學史的 考察」,《歷史學報》제68집, 歷史學會, 1975, p.12.
22) 박치정, 앞의 글, p.229.
23) 《朝鮮日報》 2000년 7월 19일자,「보성: 김구 선생 은거지 '쇠실마을」.

보성을 출발한 김창수는 화순(和順), 동복(同福), 순창(淳昌), 담양 (潭陽)[24]을 지나서 하동(河東)의 쌍계사(雙溪寺)에 이르렀다. 장흥과 보성 등지를 여행하면서는 콩잎을 따서 여러 가지 용도로 사용하는 것을 알았다. 여름철에는 따서 바로 국도 끓여 먹고, 또 뜯어 말려서 삼동에 먹기도 하며, 소나 말에 실어서 장에 내다팔기도 한다고 했다. 또한 화순, 순창, 담양 일대를 지날 때에는 난생처음으로 무성한 대밭을 보았다. 김창수는 여남은살 될 때까지도 대나무가 1년에 한마디씩 자라는 줄 알고 있었다고 한다.

쌍계사에서는 유명한 칠불아자방(七佛亞字房)을 구경했다. 쌍계사 칠불암[현재는 칠불사]은 김수로왕(金首露王)의 아들 일곱 형제가 성불 (成佛)한 곳이라고 전해지는데, 여기에는 '아(亞)'자 모양의 특이한 온돌방이 있다. 그것이 칠불아자방이다.

---

24) 『백범일지』에는 '대명(大明)'이라고 적혀 있으나 이는 '담양(潭陽)'일 것이다. 『백범일지』 p.145 주33) 참조.

2. 마곡사에서 중이 되어 영천암으로

1

김창수가 삼남지방을 돌아서 계룡산(鷄龍山)의 갑사(甲寺)에 도착한 것은 가을이 깊어갈 무렵이었다. 절 근방에는 감나무가 숲을 이루고 있었고, 탐스럽게 익은 붉은 홍시가 저절로 땅에 떨어지곤 했다. 갑사에서 점심을 먹던 김창수는 동학사(東鶴寺)로부터 와서 점심을 먹고 있는 마흔살쯤 되어 보이는 한 사람을 만났다. 김창수가 인사를 건네자 그는 공주에 사는 이 서방이라고 했다. 이 서방은 김창수에게 유산시(遊山詩)를 들려주기도 했는데, 읊는 시나 말하는 것으로 보아서 무척 비관적인 사람인 듯했다. 초면에도 말이 잘 통했다. 김창수는 자기는 개성에서 성장하여 장사에 실패하고 홧김에 강산 구경이나 하자고 떠나서 근 1년 동안 남도를 돌아다니다가 이제 고향으로 돌아가는 길이라고 둘러댔다. 그러자 이 서방은 다정하게 마곡사(麻谷寺)가 40리밖에 안 되니까 구경이나 하고 가자고 말했다.

김창수의 귀에는 마곡사라는 말이 매우 의미심장하게 들렸다. 어릴 때에 그의 집에 『동국명현록(東國明賢錄)』이라는 책이 있었던 것은 앞에서 본 바와 같다. 그런데 그 책에 있는 내용이라면서 김순영(金淳永)이 소설처럼 들려주던 이야기 가운데 화담(花潭) 서경덕(徐敬德)에 관한 이야기가 생각났기 때문이다.

대궐의 동지하례(冬至賀禮)에 참례한 서경덕이 혼자서 크게 웃었다. 이를 본 임금이 서경덕에게 물었다.

"경은 무슨 일로 무리 가운데서 혼자 웃는고?"

서경덕이 대답했다.

"오늘 밤 마곡사 상좌승이 밤중에 죽을 쑤려고 불을 때다가 졸음을 이기지 못해 죽솥에 빠져 죽었사온데, 다른 중들은 전혀 알지 못하고 죽

김구가 1898년 가을부터 이듬해 봄까지 승려생활을 한 충청남도 공주의 마곡사.

을 퍼 먹으며 희희낙락하는 것을 생각하니 우습사옵니다.”

임금은 곧 발마(撥馬)를 놓아 하루 밤낮 쉬지 않고 300여리를 달려 마곡사로 가서 사실여부를 알아보게 했는데, 과연 사실이더라는 것이다.[25] 그런데 현존하는『동국명현록』에는 위와 같은 서화담의 일화는 없다.『동국명현록』은 사육신(死六臣), 생육신(生六臣), 삼학사(三學士), 5현(賢) 등 역대 현인들의 인명과 종묘배향 인물, 조선 역대공신, 8도 서원, 8도 산성의 명칭을 간단히 기록하고, 끝에 송시열(宋時烈)과 관련된 축문을 적은 작자미상의 인명록으로서, 출간연대는 영조(英祖)대 이후로 추정되는 책이다. 또한 서화담 문집에도 그러한 일화는 없다. 서화담은 벼슬을 단념하고 오랫동안 수도생활을 하면서 여러 가지 특이한 일화를 많이 남긴 것은 두루 알려진 일이다. 위의 일화는 아마 김구가 어릴 때에 다른 책에서 읽었거나 아버지에게서 들은 이야기일 것이다.

---

25) 『백범일지』, p.146.

김창수는 이 서방과 같이 마곡사를 향했다. 이 서방은 홀아비로 몇년 동안 사숙의 훈장을 지냈고, 지금은 마곡사로 가서 중이나 되어 일생을 편안하게 지내려 한다면서 김창수에게도 함께 중이 되기를 권했다. 김창수도 얼마쯤 그럴 생각이 없는 것은 아니었지만 갑작스러운 일이어서 쉽게 결심하지 못하고 하루 종일 이야기만 하며 걸었다.

충청남도 공주시 사곡면 운암리 태화산(泰華山)의 남쪽 기슭에 위치한 마곡사는 643년에 자장율사(慈藏律師)가 창건한 절이다. 지금은 대한불교 조계종 제6교구 본사로서 인근 지역의 여러 절과 암자를 관할하는 충청남도 일대에서 가장 큰 절이다. 태화산의 지맥에 둘러싸인 마곡사의 산수 형세는 태극형이라고 하여 『택리지(擇里志)』나 『정감록(鄭鑑錄)』 등에는 전란을 피할 수 있는 십승지지(十勝之地)의 하나로 적혀 있다. 1902년에 궁내부 소속으로 사사관리서(寺社管理署)가 설치되고, 「대한사찰령(大韓寺刹令)」을 반포할 때에 충청남도에서는 유일하게 전국 16개 중법산(中法山) 사찰의 하나로 지정되었다.[26]

하루 종일 걸어서 마곡사 앞 고개에 올라서자 황혼이었다. 온 산 가득히 단풍으로 붉은빛이 도는 늦가을의 정취는 갈 곳 없는 나그네의 마음을 더욱 스산하게 했다. 멀리서 저녁 예불을 알리는 인경 소리가 마치 일체 번뇌를 버리라는 소리같이 들렸다. 이때의 처연했던 심정을 김구는 다음과 같이 적었다.

저녁 안개가 산 밑에 있는 마곡사를 마치 자물쇠로 채운 듯이 둘러싸고 있는 풍경을 보니, 나같이 온갖 풍진 속에서 오락가락하는 자의 더러운 발은 싫다고 거절하는 듯했다. 그러나 또 한편으로는 저녁 종소리가 안개를 헤치고 나와 내 귀에 와서 모든 번뇌를 해탈하고 입

---

26) 寺刹文化研究院 編, 『전통사찰총서(12) 대전·충남의 전통사찰(I)』, 寺刹文化研究院, 1999, pp.87~88.

문하라는 권고를 들려주는 듯했다.[27]

머뭇거리는 김창수에게 이 서방이 다시 한번 다그쳐 물었다.

"노형, 어찌 하시려오? 세상사를 다 잊고 나와 중이 됩시다."

"이 자리에서 노형과 결정하면 무엇하겠소. 일단 절에 들어가 봐서 중이 되려는 사람과 중을 만들려는 사람 사이에 의견이 맞아야 하지 않소."

"그건 그렇겠소."

이윽고 두 사람은 몸을 일으켜 마곡사를 향해 걸어갔다. 계곡에는 안개가 자욱했다. 김구는 이때의 자신의 심경을 다음과 같이 묘사했다.

> 걸음 걸음 들어간다. 한 발걸음씩.
> 오탁(汚濁)의 세계에서 청정계(淸淨界)로,
> 지옥에서 극락으로,
> 세간[世間: 속세]에서 걸음을 옮겨 출세간[出世間: 속세를 벗어남]
> 의 걸음을 걸어간다.[28]

두 사람이 처음 도착한 곳은 해탈문(解脫門)을 들어서서 왼쪽에 위치한 매화당(梅花堂)이었다. 매화당을 지나서 다시 조그마한 다리 하나를 건넜다. 김구는 이때에 "크게 소리쳐 흐르는 내 위에 걸린 긴 다리를 건넜다"라고 했는데, 그 다리는 국사봉(國師峰)으로부터 남쪽으로 흘러 내려온 마곡천이 절 옆을 돌아 흘러가는 지점에 놓인 극락교(極樂橋)였다. 두 사람은 극락교를 건너서 절의 종무소로 사용되는 심검당(尋劍堂)으로 들어갔다. 대머리 노승 하나가 그림폭을 펼쳐 놓고 보고 있다가 두 사람을 보자 인사를 했다. 이 서방은 노승과 구면이었다. 그 승려는 포봉

---

27) 『백범일지』, p.151.
28) 『金九自敍傳 白凡逸志』(親筆影印本), 1994, p.92.

당(抱鳳堂)이라고 했다. 이 서방은 김창수를 심검당에 두고 다른 방으로 갔다.

얼마 있다가 김창수에게도 밥상이 나왔다. 저녁밥을 다 먹고 앉아 있노라니까 머리가 하얗게 센 노승이 들어와서 김창수에게 공손히 인사를 했다. 김창수는 자기는 개성에서 출생했는데 일찍이 부모를 여의고 도와줄 만한 가까운 친척 하나 없는 혈혈단신으로서 강산 구경이나 하려고 집을 나와서 떠돌아다닌다고 말했다. 이처럼 김창수는 노승 앞에서도 능청스럽게 거짓말을 했다. 그러자 노승은 자신의 속세의 성씨는 소(蘇)씨요 익산 사람으로서 머리를 깎은 지 40~50년 되었다면서, 김창수에게 자기의 상좌가 되라고 했다. 그러나 김창수는 겸손한 태도로 사양했다.

"저는 본래 학식이 모자라고 재질이 둔한 자입니다. 노대사께 누가 될 것 같아 망설여집니다."

그러자 노승은 더 간곡하게 권했다.

"당신이 내 상좌만 되면 고명한 대사에게서 불학(佛學)을 배우고 익힐 수 있을 거요. 장래 큰 강사(講師)가 될지도 모르니 부디 결심하고 삭발하시오."

김창수는 그날 밤 마곡사에서 잤다. 이튿날 보니까 이 서방은 이미 삭발을 했다. 그는 달걀처럼 반질반질한 머리를 하고 김창수를 찾아와서 말했다.

"노형도 주저 마시고 삭발하시오. 어제 찾아왔던 하은당(荷隱堂)은 이 절에서 재산이 갑부인 보경대사(寶鏡大師)의 상좌요. 그러니 후일 노형이 공부하려 하더라도 학자금 염려는 없을 것이오. 내 노형의 이야기를 했더니 자기가 나와 보고서 매우 마음에 든다고 나더러 속히 결정하라고 권하라고 합디다."

김창수는 하룻밤 사이에 청정법계(淸淨法界)로 들어서서 만가지 생각이 다 재로 돌아가 버린 기분이었다. 그는 중이 되기로 결심했다. 얼마 뒤에 사제(師弟) 호덕삼(扈德三)이 면도칼을 가지고 와서 같이 냇가로 나갔다. 호덕삼이 삭발진언(削髮嗔言)을 쏭알거리더니 김창수의 상투가 모래 위에 툭 떨어졌다. 그러나 "이미 결심은 했지만 머리털과 같이 눈물이 뚝뚝 떨어졌다"[29]고 술회한 데서 보듯이, 김창수의 심정은 착잡했다. 이처럼 이때의 김창수의 삭발은 탈옥수의 절망감과 불안감에서 충동적으로 결행된 것이었다.

법당에서 종이 울리고, 향적실(香積室)에서는 공양주(供養主)가 불공밥을 짓고, 각 암자로부터 가사를 입은 승려들이 모여들었다. 김창수 등 입문자를 위한 법례가 열린 것이다. 김창수는 검은 장삼에 붉은 가사 차림으로 대웅보전으로 인도되었다. 곁에서 호덕삼이 부처님에게 절하는 법을 가르쳐 주었다. 은사 하은당은 김창수의 법명을 원종(圓宗)이라고 명명하고 불전에 고했다. 수계사(受戒師)는 용담(龍潭)이라는 점잖은 승려였는데, 그는 경문을 낭독하고 오계(五戒)를 일러 주었다. 예불절차가 끝난 뒤에 원종은 보경대사를 비롯하여 절 안에 있는 나이 많은 대사들에게 차례로 절을 올렸다. 그러고는 승배(僧拜)를 연습하고 「진언집(眞言集)」과 「초발심자경문(初發心自警文)」 등 불가의 간단한 규칙을 배웠다.

중이 되기 위해서는 무엇보다 먼저 자기 마음을 낮추어야 한다고 했다. 사람에게는 말할 나위도 없고, 심지어 짐승이나 벌레에 대해서까지 자기 마음을 낮추지 않으면 지옥의 고통을 받는다고 했다. 전날 밤에 김창수를 찾아와서 자기 상좌가 되어 주기를 청할 때에는 그렇게도 공손하던 하은당의 태도부터 완전히 바뀌었다. "얘, 원종아"라고 스스럼없이 부르고, "생긴 것이 미련스러워서 고명한 중은 될 성싶지 않다. 얼굴이 어쩌면 저다지도 밉게 생겼을꼬. 어서 나가서 물도 긷고 장작도 패거라!" 하고 명령하는 것이었다. 일찍이 다른 사람에게서 받아 보지 못했던 충격적인 수모였다. 이때의 심정을 김구는 다음과 같이 썼다.

---

29) 『백범일지』, p.154.

나는 깜짝 놀랐다. 망명객이 되어 사방을 떠돌아다니던 때에도 내게는 영웅심과 공명심이 있었다. 평생의 한이던 상놈의 껍질을 벗고, 평등하기보다는 월등한 양반이 되어 평범한 양반에게 당해 온 오랜 원한을 갚고자 하는 생각도 가슴속에 품고 있었다. 그러나 중놈이 되고 보니, 이상과 같은 생각은 허영과 야욕에 불과한 것이었다. 그런 생각이야말로 불(佛)씨 문중에서는 추호도 용납할 수 없는 악마와 같은 생각이었다. 만일 이런 따위의 악한 생각이 계속해서 마음속에 싹트고 자랄 때에는 곧 호법선신[護法善神: 금강역사(金剛力士), 사천왕(四天王) 등 불법을 수호하는 선신]께 의뢰하여 물리치지 않으면 안 되었다.[30]

김창수는 이때에 자신의 신분상승의 욕망이 얼마나 부질없고 허영에 찬 것이었는지를 깨달은 것이다. 그러나 그것은 깊은 해탈(解脫)을 통하여 불가(佛家)에 귀의하겠다고 결심했기 때문이 아니었다. 그보다는 도피생활 끝에 느낀 일종의 허무주의적인 심리상태의 발로였다. 그러한 자신을 돌아보며 김창수는 "하도 많이 돌아다녔더니 나중에는 별세계 생활을 다 하겠다"는 생각이 들어 혼자서 웃다가 탄식하기도 했다.[31] 그만큼 그는 정신적으로 방황하고 있었다. 그러나 당장은 순종하는 수밖에 다른 도리가 없었다.

불가의 생활이 시작되었다. 원종은 장작도 패고 물도 길었다. 하루는 앞내에 가서 물을 길어 오다가 물통 하나를 깨뜨렸다. 하은당이 어찌나 야단을 쳤던지 보다 못한 노사주(老師主) 보경당이 탄식을 했다.

"전에도 다른 사람들은 다 괜찮다 하여 상좌로 데려다 주면 못 견디게 굴어서 다 내쫓았는데, 금번 원종이도 잘 가르치고 바로 이끌어만 주

---

30) 『백범일지』, p.155.
31) 위와 같음.

면 장래에 제 앞가림은 하겠는걸 또 저 모양으로 하니 며칠이나 붙어 있을꼬."

이 말을 듣자 원종은 조금은 위로가 되었다. 원종은 낮에는 일을 하고 밤에는 승려들의 평소 생활대로 예불을 올리고 『천수경(千手經)』 등을 외웠다. 용담스님은 불가의 학식뿐만 아니라 유가(儒家)의 학문에까지 두루 통달해 있었다. 그는 세상 돌아가는 이치에 밝아서 여러 사람들로부터 존경받는 덕망 있는 스님이었다. 용담스님은 원종에게 『보각서장(普覺書狀)』을 가르쳐 주었다. 『보각서장』이란 간화선[看話禪: 공안선(公案禪)]의 독창적인 전개로 사상계에 큰 영향을 끼친 중국 송(宋)나라 때의 유명한 승려 보각선사[普覺禪師: 호는 大惠禪師]가 사람들에게 써 보낸 글을 그의 제자인 혜연(慧然)과 정지(淨智)가 모아서 편찬한 책인데, 불교의 진수가 담겨 있어서 교리학습의 교본이 되어 있다.

용담스님의 상좌로 혜명(慧明)이라는 청년 불자가 있었다. 그는 원종에게 동정심을 가지고 있었다. 용담도 하은당의 성품이 괴팍스러운 것을 알고서 글을 가르치다가 이따금 원종에게 위로하는 말을 해주었다. 용담은 '견월망지(見月忘指)'의 오묘한 이치와 '인(忍)'자의 뜻을 가르쳐 주기도 했다. 견월망지란 "달을 보되 그 달을 가리키는 손가락은 잊으라"는 뜻이며, 인은 "칼날 같은 마음으로 성나는 마음을 끊으라"는 뜻이라고 했다.

2

정신없이 지내는 동안에 어느덧 승려생활도 반년 가까이 지나고 기해년[己亥年: 1899년]의 새해가 되었다. 스물네살이 되는 새해를 김창수는 이처럼 산사의 중으로서 맞았다. 절에 있는 100여명 승려들 가운데는 원종을 매우 행복한 사람으로 부러워하는 사람들도 있었다.

"원종대사가 지금은 고생을 하지만 노사와 은사가 다 70~80세 노인들이니까 그분들만 작고하시고 나면 엄청난 재산이 다 원종대사의 차지가 될 거요."

그것은 사실이었다. 원종이 그해 추수 상황을 정리한 추수책을 들여다보았더니, 전답을 부치는 소작인들이 해마다 갖다 바치는 백미만 200여 석이었고, 돈이나 다른 물품만도 수십만냥의 재산이었다.[32]

원래 승려들이 사사로이 전답을 소유하는 일은 불전(佛典)에서 금지되어 있었다. 그러나 17세기 이후부터는 그 금지 규정이 무시되고 승려들의 사유전답이 합법적으로 조성되기 시작했다. 승려들은 한광지(閑曠地)를 개간하고 상업활동으로 얻은 자본으로 전답을 사들이고, 부모 또는 법사(法師)로부터 전답을 상속받기도 하고, 출가 전에 가지고 있던 전답 등을 통하여 사유재산을 늘려 갔다. 이처럼 승려들의 사유재산이 크게 확대되자 조정은 불교세력의 성장을 억제하기 위해 승려들의 사유전답이 사찰로 귀속되는 것을 금지하는 법률을 제정했다. 이 규정에 따라 승려들의 재산은 1657년(효종8년)부터 상좌나 사찰에 상속되는 것이 금지되고 친족에게만 상속되었다. 그러나 이러한 조치에도 불구하고 불교 교단이 더욱 번창하고 승려들의 사유재산이 확대되자 조정은 1674년(현종15년)에 새로운 분재(分財) 기준을 마련했다. 이에 따르면 승려 친족들의 사유전답은 사촌 이내의 친족이 있을 때에는 상좌와 친족에게 절반씩 나누어 주고, 상좌도 없고 사촌 이내의 친족도 없을 때에는 관부에 귀속하도록 했다.[33] 그러므로 보경스님과 하은당이 사망하면 그 상좌인 원종이 그들의 재산을 대부분 상속받을 수 있었다.

그러나 원종은 그러한 재산을 염두에 두고 승려생활을 계속할 생각은 없었다. 김구는 이때의 자신의 심정을 "망명객의 임시 은신책으로서든 어떻든 간에 청정적멸(淸淨寂滅)의 도법(道法)에만 일생을 희생할 마음

---

32) 『백범일지』, p.156.
33) 金甲周, 「朝鮮後期 僧侶의 私有田畓」, 《東國史學》 15·16합집, 東國大學校史學會, 1981, pp.7~24 참조.

은 생기지 않았다"[34]고 술회했다. 그만큼 그는 비록 이름은 원종으로 바꾸었으나 세속의 욕망을 버린 것이 아니었다.

원종은 그리운 사람들의 얼굴을 하나씩 떠올렸다. 작년에 인천감옥을 탈출하면서 작별한 뒤로 생사마저 알 수 없는 부모님의 얼굴이 떠올랐다. 그리고 자기를 구출하기 위해 가산을 다 기울이고 끝내는 몸까지 망치고만 김주경(金周卿)의 소식도 궁금했다. 해주 비동의 고능선(高能善)도 보고 싶고, 청계동의 안태훈(安泰勳)도 다시 만나고 싶었다. 특히 안태훈이 천주교를 믿으려는 것을 대의에 반역하는 행동으로 생각하고 불만을 품은 채 청계동을 떠났는데, 안태훈을 다시 만나면 사과해야겠다는 생각이 문득문득 가슴속을 채웠다.

마침내 원종은 어느 날 보경당에게 말했다.

"소승이 이왕 중이 된 이상 중이 응당 해야 할 공부를 해야 되지 않겠습니까? 금강산으로 가서 경전의 뜻을 연구하고, 일생 충실한 불자가 되겠습니다."

보경당은 이미 원종의 속마음을 꿰뚫고 있었다.

"내가 벌써 추측은 하고 있었다. 어쩔 수 있느냐, 네 원이 그런데야."

보경당은 원종을 붙잡는 것이 부질없는 일임을 알고 있었다. 곧바로 하은당을 불러들였다. 두 사람이 한참 동안 다투다가 마침내 세간을 내어 주었다. 백미 열말과 함께 가사와 바리때를 챙겨 주었다. 그날로 원종은 자유의 몸이 되었다.[35]

이때에 떠난 마곡사의 뒷소식을 김구는 뒷날 안악(安岳)에서 신교육운동에 종사할 때에 하기 사범강습회에서 우연히 마곡사에 같이 있던 혜명을 만나서 듣게 된다. 원종이 마곡사를 떠난 뒤에 보경당과 하은당은 석유 한통을 사서 질이 어떤지를 실험한다면서 불붙은 막대기 끝을 석유

---

34) 『백범일지』, p.156.
35) 『백범일지』, pp.156~157.

통에 넣었다가 그만 석유통이 폭발하는 바람에 집안에 있던 포봉(抱鳳)
스님까지 세 사람이 한꺼번에 사망했다.

1884년 하반기부터 일본상인들에 의해 수입되기 시작한 석유는 재래
식 식물기름을 몰아내면서 조명용으로 크게 각광을 받았다. 특히 미국
스탠더드 석유회사(Standard Oil) 제품인 '송인(松印)' 석유는 매연이 없
는데다가 견고하고 운반이 편리한 양철제 석유용기에 들어 있어서 다른
제품이 추종할 수 없을 만큼 인기가 높았다. 이처럼 미국산 석유의 인기
가 높아지자 일본상인들은 그보다 품질이 떨어지는 일본산과 러시아산
에 미국 상표를 도용하여 판매하기도 했다.[36] 이 때문에 석유의 품질을
판별하는 일이 큰 문제였다. 마곡사의 승려들도 석유의 품질을 실험하려
다가 끔찍한 참변을 당한 것이었다.

절에서는 총회를 열어 재산을 관리하고 마곡사의 명성을 이어받을 사
람은 오직 원종뿐이라고 결정하고, 덕삼을 금강산까지 보내어 원종의 행
적을 탐문했다. 그러나 끝내 원종을 찾지 못하자 재산은 모두 절의 공유
가 되고 말았다는 것이었다.[37] 이는 김창수가 마곡사에 머문 것이 반년도
채 못 되는 기간이었지만, 그의 성실성이 마곡사의 승려들 사이에서 높이
평가되었음을 말해 준다.

원종은 백미 열말을 팔아서 노자를 만들어 가지고 서울로 향했다. 며
칠을 걸어서 서울에 도착했다. 승려들의 성 안 출입이 금지되던 때였으
므로 원종은 4대문 밖으로 이 절 저 절 돌아다녔다. 서대문 밖의 새절[지
금의 서대문구 봉원사(奉元寺)]에 가서 하루를 묵다가 거기에서 마침 장단
(長湍)의 화장사(華藏寺)로 은사를 찾아가는 마곡사의 사형(師兄) 혜명
을 만났다. 원종은 자기는 금강산에 공부하러 가는 길이라고 말하고 헤
어졌다.

---

36) 河智硏, 「타운센드상회(Townsend & Co.)연구」, 《한국근대사연구》 제4집, 한울, 1996,
pp.35~43 참조.
37) 『백범일지』, p.200.

혜명과 작별한 뒤에 경상도 풍기(豐基)에서 온 혜정(慧定)이라는 중을 만났다. 그는 평양의 강산이 좋다기에 구경가는 길이라고 했다. 원종은 그와 동행하기로 하고, 혜정에게 먼저 송도와 해주 감영부터 구경하고 평양으로 가자고 했다. 부모님 소식을 알아보기 위해서였다. 해주 수양산(首陽山)에 있는 신광사(神光寺) 가까이의 북암(北菴)에 이르러서야 원종은 혜정에게 자신의 사정을 대강 말하고 도움을 청했다.

"텃골 우리 집에 가서 내 부모님을 비밀리에 방문하여 주오. 안부만 물어보고 내 몸이 건재함을 말씀드리되 내가 지금 어느 곳에 있는 것까지 말하지 마시오."

혜정을 고향집으로 떠나보내고 나서 궁금하게 소식만 기다리고 있는데, 4월29일 저녁 무렵에 혜정의 뒤를 따라 김순영 내외가 북암으로 찾아왔다. 혜정으로부터 아들이 잘 있다는 말을 들은 김순영 내외는 "네가 내 아들이 있는 곳을 알 터이니 너만 따라가면 내 아들을 볼 수 있을 것이다" 하고 그 자리에서 혜정의 뒤를 따라나선 것이었다. 그런데 와서 보니까 뜻밖에도 아들은 돌중이 되어 있지 않은가. 세 식구는 다시 만나자 기쁘기도 하고 슬프기도 하여 서로 붙들고 눈물을 흘렸다.

북암에서 닷새 동안 쉬었다가 원종은 다시 중 행색을 하고 김순영 내외와 혜정과 함께 평양으로 떠났다. 가는 길에 김순영 내외는 그동안에 겪었던 일들을 아들에게 들려주었다. 자신이 탈옥한 뒤에 김순영 내외가 한때 구속되었던 이야기를 김창수는 이때에 처음 들었다.

일행이 평양에 도착한 것은 단오 전날이었다. 그날은 여관에서 지내고 이튿날에는 모란봉에 가서 사람들이 그네 뛰는 광경을 구경했다. 돌아오는 길에 관동(貫洞) 골목을 지날 때였다. 원종이 우연히 어떤 집을 들여다보았더니 치포관[緇布冠: 유생들이 평소에 쓰는 검은 베로 만든 관]을 쓰고 심수의[深袖衣: 소매가 넓은 옷]를 입은 선비 한 사람이 두 무릎을 개고 꼿꼿이 앉아 있었다. 원종은 말이나 한번 붙여 보리라 하고 "소승 문안드리오" 하고 인사를 했다. 그 학자는 원종을 물끄러미 바라보다가 들어와 앉으로라고 했다. 그는 간재(艮齋) 전우(田愚)의 제자인 극암(克菴) 최재학(崔在學)이었다.

고산(鼓山) 임헌회(任憲晦)의 제자인 전우는 기호학파(畿湖學派)의 정통을 이은 조선후기의 대표적 유학자의 한 사람이다. 그는 성재(省齋) 유중교(柳重教)를 비롯한 화서학파(華西學派)와 자주 교유하며 철저하게 수구적 자세를 견지했으나, 처신의 방법에서는 화서학파와 현격한 대조를 보였다. 전우는 화서학파와 같이 의병활동에 직접 참여하지 않았다. 이런 그를 두고 화서학파에서는 "죽음이 두려워 거의(擧義)하지 못했고 화(禍)가 무서워 척화(斥和)하지 못했다"[38] 라고 비난했다. 그러나 전우는 이에 개의하지 않고, 도학의 중흥을 최대의 과제로 삼고 현실문제에 개입하지 않았다.[39]

화서학파인 고능선에게서 배운 김창수는 전우의 명성을 알고 있었다. 그리하여 그는 마곡사에서 하산하여 상경하던 길에 간재 전우를 찾아가기까지 했었다.

"소승은 마곡사의 보잘것없는 한승(寒僧)으로 이번에 서쪽으로 가던 길에 천안(天安) 금곡(金谷)에 가서 간재 선생을 만나 뵙고자 하였습니다. 마침 그때에 전 선생이 부재중이셔서 만나뵙지 못하고 단지 봉(鳳)자를 썼는데, 오늘 선생을 뵙게 되니 매우 반갑습니다."

"봉자를 썼다"는 말은 존경하는 사람을 찾아갔다가 만나지 못하면 못난 사람이 다녀갔다는 뜻으로 '봉'자를 쓰던 것을 뜻한다.

이어 두 사람이 어떤 대화를 했는지는 알 수 없으나 "도리(道理) 연구에 대한 문답을 몇 마디 나누었다"는 것으로 보아서 학문에 관한 토론을 잠시 했던 것 같다.

그런데 뒷날 을사조약 반대 상소투쟁 때에 김구와 최재학이 함께 참

38) 李正奎 ,『恒齋集』, 卷九, 雜著, 「田說辨」, 朴敏泳, 「毅菴 柳麟錫의 衛正斥邪運動」, 한국민족운동사연구회 편, 『義兵戰爭硏究(上)』, 지식산업사, 1990, p.321에서 재인용.
39) 朴敏泳, 위의 글, pp.320~322.

여하는 것을 보면, 이때의 만남은 매우 중요한 것이었다. 최재학은 스승의 현실불참론과 달리 대표적 계몽운동단체인 서북학회(西北學會)에도 참여하는 등 현실문제에 적극적으로 참여했다. 서북 출신인 최재학이 어떤 경위로 기호학파의 정통을 이은 전우의 제자가 되었고, 그랬다가 어떻게 뒷날 다시 개화파로 전환하게 되었는지에 대해서는 알려진 것이 없다. 다만 성리학적 전통이 상대적으로 약했던 서북지방 출신의 유학자들이 위정척사의 문제점을 반성하고 개화파로 전환하는 경우가 많았던 점을 감안하면,[40] 그의 사상적 전환을 이해할 수 있다.

최재학 옆에 길고 아름다운 수염에 위풍이 당당해 보이는 노인 한 사람이 앉아 있었다. 최재학은 그 노인에게 원종을 소개하면서 원종더러도 그 노인을 뵈라고 했다. 원종은 노인에게 합장배례를 했다. 노인은 평양 진위대(進衛隊) 영관(領官) 전효순(全孝舜)이었다. 그는 1902년5월22일에 개천군수에 임명되었고, 1904년4월13일에 면직되었다가 이듬해 2월3일에 징계가 풀렸다.[41]

최재학이 전효순에게 말했다.

"오늘 이 대사는 도리가 고상한 중이니 영천암(靈泉菴) 방주 자리를 내어 주시면 자제들과 외손자들의 공부에 매우 유익하겠습니다. 영감의 의향은 어떠십니까?"

이처럼 최재학이 초면인 원종에게 영천암 방주의 자리를 추천했다는 것은 그만큼 원종의 학문과 인품을 인정했기 때문이었을 것이다.

전효순은 쾌락했다.

"내가 지금 옆에서 듣기에도 대사의 고상함은 흠모할 만하오. 대사, 어찌하려오? 내가 최 선생에게 내 자식들과 외손자놈들을 부탁하여 영천암이라는 절에서 공부를 시키고 있는데, 주지승의 성행이 불량하여 술만

---

40) 李光麟, 「舊韓末關西地方儒學者의 思想的 轉回」, 『開化派와 開化思想研究』, pp.285~301 참조.
41) 安龍植 編, 『大韓帝國官僚史研究(Ⅱ) 1901.8.~1904.2.』, p.821; 『大韓帝國官僚史研究(Ⅲ) 1904.3.~1907.7.』 p.629.

먹고 돌아다녀서 음식제절에 곤란이 막심하니 대사가 최 선생을 보좌하여 내 자손들의 공부를 도와주면 그 은혜가 크겠소."

원종은 겸손하게 사양했다.

"소승의 방탕이 원래 중보다 심할지 어찌 아십니까?"

원종의 사양은 아랑곳하지 않고 최재학은 전효순에게 즉시 평양 서윤[庶尹: 漢城府와 平壤府에 1명씩 두었던 정4품 벼슬] 홍순욱(洪淳旭)에게 교섭하여 영천암 방주의 차첩[差帖: 임명장]을 받아 달라고 부탁했다. 전효순은 그 길로 홍순욱을 방문하여 "승 원종으로 영천암 방주를 차정(差定)한다"는 첩지를 받아 가지고 와서 원종에게 바로 취임하라고 말했다. 영천암은 평양에서 서쪽으로 40리쯤 떨어진 대보산(大寶山)에 있는 조그마한 절인데, 대동강(大同江)이 흐르는 넓은 들과 평양성을 바라보는 경치 좋은 곳에 있었다.

원종은 그만하면 만족스럽다고 생각했다. 부모님을 모시고 다니면서 구걸하기도 황송한 일이었고, 게다가 최재학과 같은 학자와 같이 지내면 학문에 도움도 될 것이었다. 당장 의식주를 걱정하지 않아도 되고, 피신해 다니는 데에도 안성맞춤일 것으로 여겨졌다. 원종은 이를 승낙하고 먼저 혜정과 함께 최재학을 따라 영천암으로 갔다. 원종은 절의 업무를 대충 정돈하고 나서, 방 하나를 정하여 김순영 내외를 거처하게 했다.[42]

학생으로는 전효순의 아들 병헌(炳憲)과 석만(錫萬), 사위 김윤문(金允文)의 아들 형제와 장손과 중손 관호(寬浩), 그리고 그 밖에 몇명이 있었다. 이들 가운데 전병헌은 뒷날 을사조약 반대 상소투쟁을 할 때에 김구와 함께 참여하게 되는 인물이다. 그는 뒷날 왕삼덕(王三德)으로 이름을 바꾸어 상해임시정부의 개조파(改造派)로서 국민대표회의에 참가했고, 상해파 고려공산당에 가입하여 활동했다.

---

42) 『백범일지』, pp.159~160.

뜻밖의 인연으로 영천암 방주가 된 원종은 곧 무절제하고 방탕한 생활에 빠졌다. 이때의 정황을 『백범일지』는 다음과 같이 기술했다.

전효순은 하루 걸러 진수성찬을 절로 보냈다. 산 아래 신흥동(新興洞)에 있는 푸줏간을 영천암의 용달소로 하여, 나는 매일 푸줏간에 가서 고기를 한짐씩 져다가 승복을 입은 채 드러내어 놓고 고기를 먹었고, 염불하는 대신 시를 외웠다. 종종 최재학과 함께 평양성에 나가서 사숭재(四崇齋) 황경환(黃景煥) 등 시객들과 율(律)을 짓고, 밤에는 대동문쪽에 가서 국수를 먹었다. 처음에는 주인이 주는 대로 소면을 먹다가 나중에는 고기꾸미를 얹은 국수를 그대로 먹었다. 불가에서 소위 말하는 "수파저두 구송성경[手把猪頭 口誦聖經: 손에 돼지머리를 들고 입으로 경전을 외운다]"는 구절과 가깝게 되어 갔으니, 평양성에서는 시쳇말로 걸시승(乞詩僧)이라 했다.[43]

이러한 구절도 김구 특유의 처절한 고백의 한 보기라고 할 만하다.

원종의 방탕한 걸시승 생활은 한동안 계속되었다. 하루는 최재학과 학생들이 평양에 나가고 원종 혼자 절을 지키고 있었다. 이때에 대보산 앞 태평시(太平市) 내촌(內村)에 있는 사숙 훈장 김우석(金愚石)이 시인 몇명과 학동 수십명을 데리고 영사시회[靈寺詩會: 절에서 시를 읊는 모임]를 연다면서 술과 안주를 푸짐하게 장만해 가지고 영천암을 찾아왔다.

시회가 시작되자마자 방주승을 찾았다. 원종은 공손히 합장 배례했다. 시객 가운데 한 사람이 거만한 태도로 말했다.

"너 이 중놈, 선비님들이 오시는데 거행이 어찌 이처럼 태만하나?"

---

43) 『백범일지』, pp.160~161.

"예, 소승이 선비님들 오시는 줄을 알지 못하여 산 아래까지 내려가 영접을 못하여 매우 죄송하올시다."

"이놈, 그뿐이냐! 네가 이 절의 방주가 된 지 얼마나 되었느냐!"

"예, 서너달 전에 왔습니다."

"그러면 그 사이에 근처 동네에 계신 양반들을 찾아뵙지 않은 것은 죄가 아니냐?"

"예, 소승이 임무를 맡은 초기라 절의 업무를 정리하느라 인근에 계신 양반들을 미처 찾아뵙지 못했습니다. 그 죄가 막대하나 용서하심을 바라나이다."

이들은 방주승을 혼낼 생각이었으나 원종의 태도가 워낙 공손했으므로, 훈장이 한편으로는 원종을 나무라고 다른 한편으로는 그 시객을 타일러 조용히 넘어갔다. 원종은 혹시 또 무슨 분란이 생길까 염려되어 마음을 졸였다.

그러나 시객들이 술이 반쯤 취하면서 기어이 사달이 나고 말았다. 술이 거나해지자 훈장으로부터 시작하여 시객들은 풍축[風軸: 여러 사람이 함께 시를 적는 두루마리]을 펼치고 시를 짓고 쓰면서 큰 소리로 낭송했다. 원종은 술시중을 들면서 그들이 쓴 시를 눈여겨 살펴보았다. 글씨부터 촌티가 나는 것을 절창(絶唱)이니 득의작(得意作)이니 하고 떠드는 것이 가소로웠다. 원종은 평양에 와서 최재학을 만나서 같이 다닌 뒤로 종종 평양의 일류 명사들과 사귀는 사이에 시나 글씨에도 얼마쯤 조예를 터득하고 있었다. 원종은 훈장에게 청했다.

"소승의 글도 더럽다 않으시고 시축의 끝자리에 끼워 주실 수 있겠습니까?"

훈장은 특별히 허락했다.

"네가 시를 지을 줄 아느냐?"

"예, 소승이 오늘 여러 선비님들에게 불공한 죄를 많이 저질렀으므로 겨우 운자(韻字)나 채워서 사죄코자 하나이다."

이렇게 능글맞게 대답을 하고 난 원종은 시객들이 쓴 풍축의 끝자락에 시를 한수 적어 넣었다. 연구(聯句)에 다음과 같은 구절이 있었다.

儒傳千歲佛千歲　　유가가 천년 이어진다면 불가도 천년이요
我亦一般君一般.　　내가 보통이면 당신들도 보통이다.

원종의 짓궂은 심사가 그대로 드러나는 시구였다. 자기네를 조롱하는 듯한 시를 보고 훈장과 시객들은 서로 얼굴을 마주 보며 중놈이 참으로 당돌하다고 생각하는 듯했다. 저마다 못마땅해하는 얼굴빛이 역력했다. 바로 이때에 최재학 일행의 몇몇 명류(名流)가 도착했다. 그들은 시골 시객들의 풍축을 구경하다가 제일 끝에 있는 "봉연승[奉硯僧: 벼루 심부름하는 중] 원종"이라고 적힌 시에 이르러 "유전천세…"의 구절을 보고는 다 같이 손뼉을 치고 발을 구르며 절간이 들썩거리도록 걸작이니 절창이니 하고 야단들이었다. 그 바람에 당당하던 시골 시객들의 호기가 쑥 들어가 버렸다. 이 이야기는 이내 평양 성내에까지 전해져서 그 시는 기생들의 노래 곡조로 불렸다고 한다. 그리하여 원종은 평양에서 '걸시승 원종'이라는 별명으로 통칭되었다는 것이다.[44] 김구의 이러한 서술로 미루어 보면, 이 무렵에 그는 최재학 등과 함께 평양의 기방 출입도 했던 것으로 짐작된다.

원종은 걸시승 생활을 하다가 시골사람들에게 봉변을 당하기도 했다. 어느 날 원종은 전효순의 편지를 가지고 평양 서촌(西村)에서 60~70리 거리에 있는 갈골[葛谷]을 찾아갔다. 갈골에는 당시 평안도에서 이름 높은 김강재(金强齋)가 살고 있었다. 갈골 못 미처 10여리쯤 되는 곳에 있는 주막 앞을 지날 때였다. 갑자기 주막 안에서 "이놈, 중놈!" 하는 고함소리가 들렸다. 고개를 돌리자 쑥대머리를 한 시골사람 여남은명이 큰

---

44) 『백범일지』, pp.161~163.

술잔에 술을 마시며 한창 흥이 올라 있었다. 원종은 문 앞에 가서 합장 배례했다. 그러지 한 사람이 썩 나서더니 원종을 보고 물었다.

"이 중놈, 너는 어디 사느냐?"

"예, 소승은 충청도 마곡사에 있습니다."

"이놈, 충청도 중놈의 버릇은 그러하냐? 양반님들 앉아 계신 데를 인사도 없이 그저 지나가고. 에이, 고얀 중놈이로군."

"예, 소승이 크게 잘못했습니다. 소승이 갈 길이 바빠서 미처 생각을 못하고 그저 지나쳤습니다. 용서하여 주십시오."

"이놈, 지금 어디를 가는 길이냐?"

"예, 갈골을 찾아갑니다."

"갈골 뉘 집에?"

"김강재 선생 댁으로 갑니다."

"네가 김 선생을 알더냐?"

"예, 아직 직접 뵙지는 못했고 평양 성내 전효순씨 편지를 가지고 갑니다."

이 말을 듣자 방금 말하던 사람이 갑자기 두리번거리기만 하고 말을 못했다. 방 안에 앉아 있던 사람들도 서로 얼굴만 쳐다보았다. 한 사람이 나서서 원종에게 시비 걸던 사람을 꾸짖었다.

"이 사람, 내가 보기에는 저 대사가 잘못한 것이 없네. 길 가는 중이 가게마다 다 들러 인사하려면 길을 어찌 가겠나? 자네 취했네. 대사, 어서 가게."

그들은 전효순이나 김강재의 노여움을 살까 겁이 난 모양이었다.

원종이 물었다.

"저 양반의 택호[宅號: 이름 대신 벼슬 이름이나 고향 등으로 그 사람 집을 부르는 것]가 어찌 되시는지요?"

그 중재자가 말했다.

"저 양반은 이 안마을 이(李) 군노(軍奴) 댁 서방님이라네. 물을 것 없이 어서 가게."

군노는 군아문에 소속된 종을 말한다. 그 취객은 종의 신분이면서 원종 앞에서 양반 행세를 하고 거들먹거린 것이었다. 원종은 하도 어이가 없어서 속으로 웃으면서 그 자리를 물러 나왔다. 그리고는 몇걸음 더 가다가 해거름에 소를 몰고 집으로 돌아가는 농부들을 만났다. 한 사람을 붙들고 이 군노 댁이 어딘지 물어보았다. 농부는 손을 들어 산기슭에 있는 집 한채를 가리켰다. 원종은 또 물었다.

"이 군노 양반이 지금 계신가요?"

"아니, 이 군노는 죽고 지금은 그 손자가 집을 맡아 있다네."

원종은 우습기도 하고 한심하다는 생각도 들었다.

김강재를 찾아간 원종은 하룻밤을 같이 지내면서 이야기를 나누었다. 뒷날 김구는 김강재가 강동(江東)군수로 부임했다는 관보를 보았으나 다시 만나지는 못했다.

영천암까지 같이 와서 지내던 혜정은 원종의 불심이 갈수록 약해지고 속된 마음만 자라나는 것을 보고 고향으로 돌아가려고 했으나, 원종을 떠나기가 애처로워서 날마다 산 입구까지 내려갔다가는 차마 떠나지 못하고 울면서 다시 절로 돌아오기를 한달 남짓 되풀이했다. 그러다가 끝내는 원종이 마련해 준 약간의 노잣돈을 가지고 경상도로 돌아갔다.

김순영은 김순영대로 중노릇하는 아들이 못마땅했다. 그는 큰 기대를 걸고 있는 외아들의 걸시승생활을 결코 용납할 수 없었던 것이다. 원종이 중 행색으로 서도에 내려온 뒤로 김순영은 아들이 다시는 삭발을 못하게 했다. 그리하여 원종은 장발승이 되었다. 그러한 원종의 승려생활이 오래 갈 수 없었음은 당연한 일이었다. 원종은 구시월경에 치마머리로 상투를 틀고 양반의 의관을 차려입고 김순영 내외와 함께 해주 텃골로 돌아오고 말았다.[45] 평양에 온 지 다섯달쯤 된 1899년10월 무렵이었다.

---

45) 『백범일지』, pp.163~165.

이렇게 하여 일년 남짓한 김창수의 승려생활은 끝났다. 이때에 체험한 불교는 김창수에게 정신적으로 큰 영향을 미치지는 못했다. 김창수는 도망자의 은신책으로 불교에 잠시 귀의했을 뿐 세속의 욕망에서 벗어나서 도법에만 정진할 생각은 처음부터 없었다. 그는 경전수업에 충실하기보다는 걸시승과 같은 방탕한 생활로 자신의 울분을 발산하기도 했던 것이다. 그러나 이 기간에 깨우친 불교의 교리와 불경의 지식은 그의 일생을 통하여 귀중한 교양이 되었다.

12장

기독교 입교와 옥중전도
— 이승만의 감옥생활(1)

1. 박영효 쿠데타 음모사건과 탈옥 실패

1

이승만은 1899년1월9일에 체포되었다. 그는 이날 미국인 의료선교사 셔먼(Harry C. Sherman, 薩曼)과 함께 진고개 부근의 낙동(駱洞)에 있는 시의원(施醫院)에 가기 위해 길을 나섰다가 별순검들에게 붙잡혔다. 시의원은 영국인 기독교인이 설립한 병원이었다. 그곳 의사가 잠시 귀국하면서 셔먼에게 대신 일을 보아 줄 것을 부탁했는데, 이승만은 셔먼의 통역으로 함께 다녔다. 이날도 이승만은 자신에게 체포령이 내려진 것을 알면서도 셔먼과 함께 길을 나섰던 것이다.[1]

독립협회가 해산된 뒤에도 이승만은 남대문 안 상동(尙洞)의 미국 선교사들의 감리교 병원단지에 있는 제중원 원장 에비슨(Oliver R. Avison, 魚丕信)의 집에 피신해 있으면서[2] 비밀활동을 하고 있었다. 그는 일본인 거류지에 피신해 있는 전덕기(全德基), 박용만(朴容萬), 정순만(鄭淳萬) 등과 함께 '(상동)청년회' 이름으로 "황제는 춘추가 많으시니 황태자에게 양위하셔야 한다"는 내용의 격문을 만들어 서울 장안에 뿌리기도 했다.[3] 그것은 이규완(李圭完), 황철(黃鐵), 윤세용(尹世鏞) 등 박영효의 추종자들이 도모한 쿠데타 계획의 일환으로 벌인 행동이었다.

박영효의 추종자들은 독립협회와 만민공동회를 통한 박영효의 소환 및 서용(敍用)운동이 좌절되자 고종을 폐위시키고 의화군[義和君: 뒤에 의친왕(義親王)으로 피봉된 고종의 다섯째 아들 이강(李堈)]을 황제로 추대하고, 박영효를 중심으로 새 내각을 구성하려는 쿠데타를 기도했다. 이들

---

1) 《독립신문》 1899년1월13일자, 「별보」; 鄭喬, 『大韓季年史(下)』, p.3.

2) 이광린, 『올리버 알 에비슨의 생애』, p.131.

3) 徐廷柱, 『李承晩博士傳』, p.178; 韓圭茂, 「尙洞靑年會에 대한 硏究 1897~1914」, 《歷史學報》 제126 집, 歷史學會, 1990, p.76.

의 계획은 먼저 강성형(姜盛馨)과 강호선(姜浩善)이 친위대 정위(正尉) 신창희(申昌熙)와 부위(副尉) 이민직(李敏稷)을 끌어들여 그들의 부하 병졸 150명과 자객 30명을 동원하여 고종을 경복궁으로 이어시키고 새 정부를 조직한 다음, 박영효를 귀국시키고 평양으로 천도하여 외국의 간섭에서 벗어나게 한다는 것이었다.[4]

그러나 이 계획은 사전에 발각되었다. 정부는 시위대 제3대대장이던 이근용(李根鎔)을 시켜 쿠데타 관련자들을 일망타진했다. 새로 경무사에 제수된 이근용은 신창희와 이민직 등 옛 부하 장교들로 하여금 사건을 고발하게 하고 1월6일에 주모자 윤세용, 강성형 등을 체포했는데, 이승만이 체포된 것은 강성형을 문초하는 과정에서 그의 이름이 나왔기 때문이다.

경무청으로 연행된 이승만은 강성형과 대질신문을 받았다. 그런데 강성형은 "내가 처음 신문을 받을 때에 민회(民會) 회원과 동모하지 않았느냐고 윽박지르며 물었소. 그런데 나는 늘 이승만이라는 이름을 들어왔기 때문에 위협이 두려워 그의 이름을 댄 것이오"라고 하면서 당초의 진술을 번복했다. 이 진술에 근거하여 경무사 이근용은 이승만이 이규완과 접촉한 사실만을 확인한 채 이틀 뒤인 1월11일에 법부대신 이도재(李道宰)에게 다음과 같은 보고서를 첨부하여 윤세용, 강성형 등과 함께 이승만을 법부로 이송했다.[5]

이승만은 규완을 찾아가서 타국에 의지할 수 있는가를 묻고, 여기서는 오래 머물 수 없다고 말했다. 그러므로 그의 마음 쓰는 바를 헤아리기 어렵다. 성형과 대질신문할 때에는 실제 사실이 없으므로 꾸며

4) 法部 編 『司法稟報』 제23책, 光武4년1월24일조, 質稟書 제7호; 『高宗實錄』 光武4년2월9일조; 尹炳喜, 「第二次日本亡命時節 朴泳孝의 쿠데타陰謀事件」 『李基白先生古稀紀念韓國史學論叢(下)』, pp.1678~1707 참조.
5) 《제국신문》 1899년1월12일자, 「잡보」.

서 만든 것이거니와, 반역자로 거명되는 사람을 일부러 찾아가서 거취를 상의한 것은 매우 어리석고 괴이하다.…[6]

이근용의 보고서는 이때에 이승만이 이규완을 찾아가서 일본으로 망명하는 문제를 상의했음을 말해 주는 것이어서 매우 주목된다. 《독립신문》은 이승만이 강성형의 허위자백으로 체포되었고, "그러나 경무청에서는 이승만씨가 죄 없는 줄은 알았으나 칙령으로 잡은 고로 임의로 놓지 못하고 곧 고등재판소로 넘겼다 하더라"[7]라고 보도했다.

그런데 이승만을 만난 적도 없고 다만 그의 이름을 많이 들어서 알고 있었기 때문에 거짓 진술을 했다고 한 강성형의 말이나, 또 그러한 말만으로 경무청에서 이승만이 무고하다고 단정했다는 것은 모두 적이 의아스럽다. 쿠데타 계획이 실패하자 이규완은 일본으로 도피했는데, 강성형이 이규완의 매부[8]라는 점을 감안하면 그가 비록 이승만을 직접 만나지는 않았더라도 이규완을 통하여 이승만이 쿠데타 모의에 가담하고 있었던 사실은 알고 있었을 것이다. 그리고 경무청은 이승만이 이규완을 만나서 일본으로 망명하는 문제를 상의한 것까지 확인하고서도 그를 더 이상 추궁하지 않고 서둘러 법부로 이송한 것도 석연하지 않다. 그것은 아마 이승만의 체포에 대한 미국인들의 강력한 항의와 석방요구가 있었기 때문이었을 것이다.

이승만이 체포되자 그와 동행했던 셔먼과 이승만에게서 조선어를 배우던 이화학당(梨花學堂)의 여선교사 등은 그가 미국인의 통역으로 동행했음을 내세워 알렌(Horace N. Allen, 安連) 공사에게 그의 조속한 석방을 교섭해 줄 것을 요청했고, 알렌은 1월17일부로 외부대신 박제순(朴

---

6) 法部 編, 『司法稟報(乙)』 제14책, 光武3년1월11일조, 報告書 제2호.
7) 《독립신문》 1899년1월13일자, 「별보: 경청소문」.
8) 法部 編, 『司法稟報』 제23책, 光武4년1월24일조, 質稟書 제7호.

齊純)에게 공문을 보내어 이승만을 즉시 석방할 것을 요구했다.[9] 그러나 박제순은 1월24일부로 알렌 공사에게 재판이 아직 끝나지 않았기 때문에 석방할 수 없다고 회답했다.[10]

여러 차례에 걸친 교섭에도 불구하고 이승만의 석방이 어려워지자 알렌은 경무청 고문관 스트리플링(A. B. Stripling, 薛弼林)에게 편지를 보내어 이승만을 특별히 보살펴 주도록 부탁했다. 일찍이 총세무사 서리로 고빙되었던 영국인 스트리플링은 이때에 경무청 고문관으로 자리를 옮겨 있었다.[11] 그는 옥중의 이승만을 자주 찾아와서 그가 부당한 고문을 당하지는 않는지 감시했고, 그 때문에 이승만은 다른 죄수들보다 편하게 지낼 수 있었다. 이때에 이승만이 조금만 더 참고 기다렸더라면 아마 오래지 않아서 석방되었을 것이다.[12] 아펜젤러(Henry G. Appenzeller, 亞扁薛羅)는 이승만이 "풀려 나올 바로 그 무렵에" 탈옥을 시도하다가 실패했다고 그의 일기에 적어 놓았다.[13]

이승만은 조속한 석방을 기대하면서도 알렌 공사가 스트리플링에게 편지를 보내어 자신을 특별히 돌보아 주도록 부탁한 것을 겸연쩍게 여겼다. 그는 자서전 초록에서 다음과 같이 적었다.

> 미국공사와 경무청의 고문관은 내가 고문을 당하거나 부당한 형벌을 받을까 염려하여 매일 나를 보러 왔다. 이런 일은 독립정신에 위배되는 일이므로 나는 그들의 간섭을 싫어했다. 그러나 미국공사는 황제가 외국 사신들을 증인으로 세우고 우리의 안전을 보장했던 것

9) 「李承晚放送의 要求」, 1899년1월17일, 『舊韓國外交文書(十一) 美案(2)』, pp.482~483; 鄭喬, 앞의 책, pp.12~13.
10) 「李承晚放送의 要求에 對한 回答」, 1899년1월24일, 『舊韓國外交文書(十一) 美案(2)』, p.485; 《매일신문》 1899년1월27일자, 「잡보」.
11) 金賢淑, 「近代西洋人顧問官研究, 1882~1904」, 梨花女子大學校 박사학위논문 부록, 1998, p.287.
12) Robert T. Oliver, Syngman Rhee: The Man Behind the Myth, p.45.
13) 「아펜젤러의 1899년12월28일자 일기」, 이만열 편, 『아펜젤러: 한국에 온 첫 선교사』, 1985, p.415.

이므로 그에게도 책임이 있다고 느끼고 있었다.[14]

알렌이 매일 감옥서를 찾아왔다는 말은 아마 과장일 것이다. 황제가 외국 사신들을 증인으로 세우고 신변의 안전을 보장했다는 말은, 전년 11월26일에 황제가 만민공동회를 친유(親諭)하여 해산시킬 때에 외국사신들을 그 자리에 초청했던 사실을 말하는 것이었다.

이승만이 어떻게 미국공사의 석방요구를 '간섭'이라고 생각했는가는 다음과 같은 당시의 신문기사를 미루어 짐작할 수 있다.

어느 신문에 이승만씨 일로 미국공사가 편지한 일에 대하여 말하기를 이승만씨가 편지 사연을 듣게 되면 부끄럽겠다 하였으나, 감옥서에 갇힌 사람이 주선한 것도 아니오, 편지하는 것 알 수도 없고 막을 수도 없은즉 앙불괴부부작[仰不愧俯不作: 앙불괴어천 부부작어인(仰不愧於天 俯不作於人)의 준말. 하늘을 우러러 부끄러움이 없고 사람 앞에 부끄러움이 없다는 뜻]한 일이요, 미국사람이 통사[통역]로 끌고 가다가 잡힌 고로 유아지탄(由我之歎)이라고 편지가 있는 모양인데, 종종 이런 편지 있는 것이 전국이 다 부끄러운 일로 아노라.[15]

아무리 호의에서라고 하더라도 미결수의 석방을 요구하는 것은 외교관례에 어긋나는 일임은 말할 나위도 없다. 이승만 자신이나 신문이 이에 대해 민감하게 반응한 것은 자주독립의 국권수호가 강조되던 시대상황에서 당연한 일이었을 것이다.

그러나 외국 선교사들은 이러한 반응에 거리끼지 않았다. 아펜젤러가 발행하던 《대한크리스도인회보》는 위와 같은 여론에 대해 다음과 같이

---

14) "Autobiography of Dr. Syngman Rhee", George A. Fitch Papers, p.10; 「청년이승만자서전」, 이정식 지음, 권기붕 옮김, 『초대대통령 이승만의 청년시절』, p.261.
15) 《제국신문》 1899년1월25일자, 「잡보」.

반박했다. 그것은 이승만의 체포에 대한 외국 선교사들의 태도를 짐작하게 하는 것이었다.

대한 법률이 도무지 대중이 없어서 유세(有勢)한 사람은 나라에 해로운 일을 할지라도 충신이라 칭하고 무세한 사람은 충애(忠愛)하는 목적을 가졌어도 역당이라 칭하야 무죄히 죽는 지경에 이르니, 어찌 애통할 곳이 아니리오. 그런즉 이승만씨의 원억[冤抑: 원통한 누명을 써서 억울함]한 것을 타국 사람이 간섭하는 것은 대한 법률이 밝지 못한 까닭인즉, 대한 정부에 부끄러운 일이지 이승만씨에게는 조금도 부끄러울 것이 없을 듯하더라.[16]

이러한 주장은 이 무렵의 조선의 법질서에 대한 외국 선교사들의 인식을 그대로 보여 주는 것이었다.

2

이승만이 수감된 감옥서는 서소문(西小門) 안에 위치하고 있었다. 판결문과 『고종실록』에는 그가 감옥서 안 병원에 수감되어 있었다고 했고,[17] 이승만 자신은 자기가 수감되었던 방이 하나밖에 없는 온돌방으로서 비교적 점잖은 죄수를 수감하는 곳이었다고 회상했다.[18] 이러한 우대는 물론 스트리플링을 비롯한 외국인들을 의식한 조치였을 것이다.

이 감방에는 이승만에 앞서 이미 유죄판결을 받은 전 강원도 간성(杆城)군수 서상대(徐相大)가 수감되어 있었다. 그는 간성군수로 있을 때에

---

16) 《대한크리스도인회보》 1899년2월1일자, 「내보」. 이 무렵의 외국 선교사들의 태도에 대해서는 任善和, 「선교사의 독립협회와 대한제국 인식: 언더우드와 아펜젤러를 중심으로」, 《歷史學硏究》 제14집, 全南史學會, 제14집, 2001.6., pp.67~93 참조.

17) 『官報』 1899년8월1일자, 「司法」; 『高宗實錄』 1899년8월27일조.

18) 徐廷柱, 앞의 책, p.180.

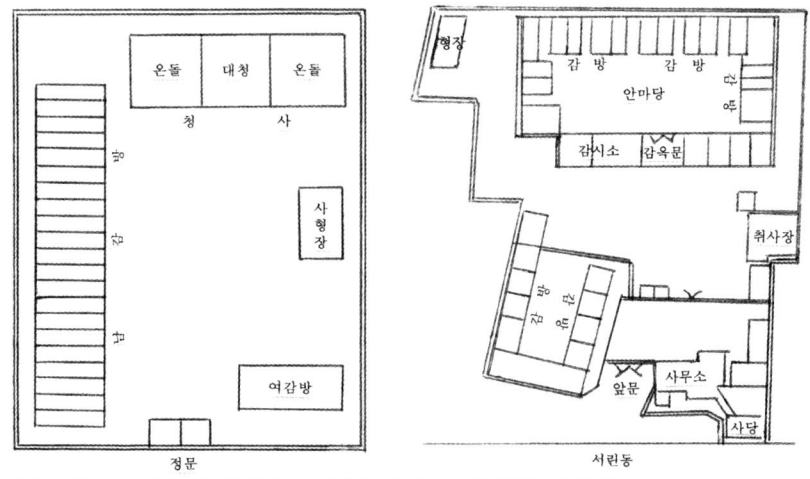

이승만이 처음 수감되었던 서소문감옥서(왼쪽)와 뒤에 옮긴 종로의 한성감옥서의 경내 지도.

건봉사(乾鳳寺)의 승려가 완패한 짓을 하여 잡아 다스린 적이 있었는데, 그 일로 재판이 벌어져서 법부대신 조병식(趙秉式)이 그 승려로부터 뇌물을 받고 재판하는 통에 억울하게 사형을 선고받았다가 15년으로 감형되어 있었다.

이승만은 수감되기 전에는 서상대를 알지 못했다. 이승만은 서상대와 함께 하릴없이 나날을 보내다가 먼저 수감되어 있는 독립협회의 동지 최정식(崔廷植)과 함께 있게 해 달라고 스트리플링에게 부탁하여 세 사람이 한 감방에 있게 되었다. 이승만과 의기투합하여《매일신문》을 만들었던 과격파 최정식은 1898년8월에 이른바 어핍지존(語逼至尊)의 불경죄로 체포되어 다섯달째 수감생활을 하고 있었다. 독립협회는 8월5일에 화폐발행을 관장하는 탁지부(度支部) 전환국(典圜局) 국장 이용익(李容翊)이 악화(惡貨)를 남발하여 물가가 폭등하자 그를 고발할 것을 논의했는데, 이때에 최정식은 이용익의 행위는 고종의 지시에 의한 것인 만큼 그를 고발하자면 고종을 증인으로 삼는 결과가 될 것이라면서 고발을 반대했다. 그러나 그 말 자체가 어핍지존의 불경죄에 해당한다는 것이었다.[19] 독립협회는 고종을 자극하지 않기 위해서 최정식을 제명하고 한성재판소에 한차례 공개재판을 청원했을 뿐 그 이상의 조치는 취하지 않았다.[20] 최정식은 「백구(白鷗)타령」을 잘 불렀다. 울적한 밤이면 "백구야 훨훨 날지를 마라…" 하고 구성지게 목청을 뽑곤 했다.[21]

이 세 사람이 탈옥하게 되는 경위가 매우 이례적으로 판결문에 기록되어 있다. 판결문에 따르면, 탈옥을 주동한 사람은 최정식이었다. 최정식은 이승만에게 다음과 같이 탈옥을 권유했다고 한다.

"당신과 나 두 사람이 민회 중에서 이름이 있는 사람인데, 장차 앉아 죽기를 기다리려 하오?"

"나는 죄범(罪犯)이 없소이다. 어찌 죽기를 기다리리까."

"시국 형편이 전일과 다르니 당신은 깊이 헤아려 살아날 방도를 도모함이 옳을 것이오."

"죄가 있으면 마땅히 감처[勘處: 죄를 심리하여 처단함]할 것이요 죄가 없으면 석방이 될 터이거늘 달리 살기를 도모할 방도가 있단 말이오?"

박영효 쿠데타 음모사건의 주동자인 이규완을 찾아가서 일본으로 도망할 방법이 없는지 묻기까지 했던 이승만이 최정식에게 자기는 죄가 없다고 강변하는 것이 흥미롭다. 최정식은 이승만이 어리석다고 나무랐다.

"어리석으이. 시세를 헤아리지 아니함이 어찌 그리 심한고. 만일 내 말을 듣지 않으면 후회해도 쓸데없으리라. 지금 계책은 옥문을 도망하여 나가는 것만 한 것이 없소."

그리하여 이승만도 탈옥을 결심하게 되었다는 것이다.[22] 『고종실록』역시 최정식과 서상대가 이승만에게 탈옥할 것을 권유도 하고 협박도 하

19) 愼鏞廈, 『獨立協會研究』, p.323.
20) 《독립신문》 1898년8월10일자, 「잡보」.
21) 徐廷柱, 앞의 책, p.181.
22) 『官報』 1899년8월1일자, 「司法」; 金炳華, 『近代韓國裁判史』, 韓國司法行政學會, 1974, pp.576~577.

여 같이 탈옥하게 되었다고 적었다.[23] 그러나 이러한 기록은 사실과 다르다. 이승만이 탈옥을 결심한 것이 최정식의 회유 때문이 아니었던 것은 그 자신이 자서전 초록에 다음과 같이 적어 놓은 것으로도 짐작할 수 있다.

나는 외세의 도움을 받지 않고 뛰쳐나가서 전면적인 민중운동을 다시 시작하려고 했다. 수천명의 사람들은 그들의 지도자가 다시 나서서 그들을 부르기를 원하고 있었는데, 나는 주상호(周相鎬: 周時經)로부터 시국정세를 듣고 있었다. 우리는 민족주의자 군중이 감옥 문 밖에서 나를 맞이하여 종로로 달려가서 군중대회를 다시 열기로 결정했다. 권총이 들어왔다. 어느 날 오후에 최정식과 서상대와 나는 감옥을 뛰쳐나왔다. 두 사람은 감리교 주택지대로 뛰어갔으나, 나는 아무도 나를 기다리고 있지 않는 것을 보고 너무 실망하여 쓰러져 버렸다. 나는 한 발자국도 움직일 수 없었다. 서로 약속한 시간에 대한 착오가 있어서 바깥 사람들이 나를 기다리고 있지 않을 때에 우리가 나갔던 것이다.[24]

그러나 이때는 이미 독립협회가 해산된 지 한달이 지난 뒤였고, 사회 분위기도 박영효 쿠데타설과 관련하여 독립협회에 냉담해져 있어서 만민 공동회가 다시 열릴 가능성은 거의 없었다. 그럼에도 불구하고 이승만이 정말로 그렇게 생각했다면 그것은 잘못된 정보에 따른 판단착오였을 것이다. 혹은 주시경이 군중동원을 기도했다가 여의치 않았는지도 모른다.

이때의 일에 대해서 올리버의 전기는 위와 같은 감옥서 밖의 상황을 이승만이 최정식과 서상대에게 알려 주었다고 했고,[25] 서정주의 전기는

23) 『高宗實錄』 光武3년8월27일조.
24) "Autobiography of Dr. Syngman Rhee", pp.10~11; 『청년이승만자서전』, 이정식 지음, 권기봉 옮김, 앞의 책, pp.261~262.
25) Robert T. Oliver, op. cit., p.46.

이승만이 한층 더 적극적으로 "서상대와 최정식을 달래어" 같이 탈옥해서 다시 만민공동회를 열어 협회를 부흥하기로 굳게 맹세한 다음 주시경에게 부탁하여 권총을 반입했다고 기술했다.[26] 매켄지(F. A. McKenzie)도 "이승만과 그의 동료 한 사람은 정부반대운동을 일으키고자 석방되기 전에 감옥에서 탈출했다. 그러나 그들의 친구들은 잘못 알고 도와줄 자리에 있지 않았기 때문에 그들은 곧 다시 체포되고 말았다"라고 비슷한 서술을 했는데,[27] 매켄지의 이러한 서술도 이승만의 구술을 근거로 한 것이었다.

이러한 서술들을 종합해 보면, 탈옥을 주도한 사람은 오히려 이승만이었다. 그런데 이승만의 탈옥과 관련하여 윤치호(尹致昊)가 "이승만은 지각이 없는 사람이다. 그는 결과를 생각하지 않는다"[28]라고 개탄한 것은, 이승만이 탈옥하기 전에 독립협회 간부들과 상의한 것은 아니었음을 말해 준다. 그의 탈옥과 탈옥한 뒤의 대중집회를 준비했던 것은 주시경과 전덕기 등 상동청년회 사람들이었다.[29]

주시경은 최정식의 집에 묵고 있는 최학주(崔鶴周)를 통하여 권총 두 자루를 비밀리에 들여보냈다.[30] 주시경이 그처럼 쉽사리 권총을 구할 수 있었다는 것은 이 무렵 서울에서 권총의 암거래가 공공연히 이루어지고 있었고, 치안당국이 그것을 제대로 통제하지 못하고 있었음을 뜻한다. 실제로 독립협회의 주요 인사들은 호신용으로 권총을 가지고 있었다.[31]

세 사람은 1월30일에 탈옥했다. 권총은 이승만과 최정식이 나누어 가졌다. 오전 5시쯤에 이들은 감옥문을 벗어나서 서소문쪽으로 뛰었다. 그러나 맨 뒤에 섰던 이승만은 감옥문 앞에서 스트리플링과 실랑이를 벌이

---

26) 徐廷柱, 앞의 책, p.182.
27) F. A. McKenzie, *Korea's Fight for Freedom*, 1920, AMS Press, Inc. rep., 1970, p.74.
28) 『尹致昊日記(五)』 1899년1월30일조, p.206.
29) 尹孝定, 『韓末秘史: 最近六十年의 秘錄』, 鷲山書林, 1946, pp.190~191.
30) 鄭喬, 앞의 책, p.13.
31) 위의 책, p.12.

느라고 뒤처져서 때마침 훈련에서 돌아오던 시위대 제2대대 행렬과 마주쳤다. 이승만은 뒤쫓아 오던 간수들의 고함소리를 들은 병사 최영식(崔永植)에게 붙들리고 말았다.[32]

앞서 달려간 최정식은 간수와 순찰 중이던 병정과 순검들이 함께 추격하자 쫓아오는 간수를 향해 권총을 쏘아 어깨를 맞히고 서상대와 같이 배재학당 담을 넘어 달아났다. 뒤따라간 스트리플링이 배재학당으로 들어가서 두 사람을 내어 달라고 요청했으나 배재학당에서는 미국공사에게 말하라면서 거절했다. 스트리플링이 미국공사에게 연락하기 위해 순검을 부르러 간 사이에 두 사람은 배재학당 인쇄소의 유리창을 넘어 도망쳤다.[33]

경무청에서는 두 탈옥수를 체포하기 위해 미국공사관을 상대로 교섭을 벌였다. 경무청 관원이 한성판윤(漢城判尹)의 공문을 가지고 오면 받겠으나 이 공문은 받을 수 없다고 말하고, 또 서울에 있는 미국인 집을 다 수색하게 할 수는 없으니까 어느 집이든지 지정해 가지고 오면 수색을 허락하겠다고 말했다. 그리하여 2월3일에 경무청 관원들이 외부대신의 공문을 가지고 다시 가서 미국인 순사 한 사람과 같이 배재학당과 아펜젤러의 집을 수색했으나[34] 그때는 이미 두 사람은 양장한 여자로 변장하고 서울을 빠져나간 뒤였다.

---

32) 같은 책, p.13.
33) 《매일신문》 1899년1월31일자, 「잡보」;《皇城新聞》 1899년2월1일자, 「雜報: 獄囚逃走」.
34) 《매일신문》 1899년2월6일자, 「잡보」.

2. 죽음의 공포 속에서 하나님에게 기도

1

이승만은 칼을 뽑아든 병정들에게 둘러싸여 남대문 안의 시위대 병영으로 끌려갔다. 병영에서 대기하는 동안에 한 병정이 이승만에게 물 한 그릇을 떠다 주면서 눈빛으로 위로해 주었다. 그러고는 경무청으로 이송되었고, 경무청에서는 당장 심한 고문이 가해졌다. 심문의 초점은 권총의 출처였다. 이에 대해 이승만은 "최정식이 사람을 시켜 들여왔는데, 도망할 때에 방신지책(防身之策)을 하자고 한 일이다"라고 책임을 도망간 최정식에서 떠넘겼다.[35]

이승만은 자서전 초록에서 이때에 자기를 고문한 사람이 '박들북(Park Dul Puk: 서정주의 전기에는 '박돌팍')'이라는 황국협회(皇國協會) 사람이었다고 적었다. "그는 나와 가장 적대적인 정적의 한 사람이었는데, 황실에 연락하여 황제로부터 전화로 고문하라는 지시를 받고 있었다"는 것이다.[36] 박들북이란 아마 어떤 인물의 별명이었을 것이다. 서정주는 박돌팍이 경무사였다고 했으나,[37] 이때의 경무사 이근용은 황국협회와는 관련이 없는 사람이었다. 이승만은 자신에 대한 '박들북'의 잔인한 고문이 고종의 뜻이었다고 단정적으로 말했는데, 그것은 그가 얼마나 고종을 증오하고 있었는가를 시사해 준다. 고문당하던 때의 일을 이승만은 다음과 같이 회고했다.

그들은 나를 캄캄한 방에 눕혀 놓았는데, 나는 그 다음 날 아침까

---

35) 《제국신문》 1899년2월4일자, 「잡보」.
36) "Autobiography of Dr. Syngman Rhee", p.11; 「청년이승만자서전」, 이정식 지음, 권기붕 옮김, 앞의 책, p.263. 이정식은 '박달북(朴達北)'이라고 번역했다.
37) 徐廷柱, 앞의 책, p.285.

지 무슨 일이 있었는지 알지 못했다. 그리고 나는 다시 감옥으로 끌려 갔다. 그때에 나는 감옥으로 다시 끌려가기 전에 얼마나 죽고 싶었는 지 모른다. 그들은 나에 대한 적의를 마구 뿜어내는 성난 짐승들 같았 다. 족쇄, 수갑, 형틀….[38]

이승만은 2월1일에 한성감옥서로 이감되었다. 이감된 감방은 온돌 방이 아닌 흙바닥의 을씨년스러운 중죄수 감방이었다. 이승만의 목에는 큰 칼이 채워지고 손은 뒤로 묶이고 발에는 차꼬가 채워졌다. 처음 며칠 동안 이승만은 매일 끌려 나가서 고문을 당했다. 고문은 잔인했다. 무 릎과 발목을 묶은 뒤 두다리 사이에 주릿대를 끼워 경리(警吏) 두 사람 이 힘껏 틀었고, 세모난 대나무 토막을 손가락 사이에 단단히 끼워 가지 고 살점이 떨어져 나가도록 비틀기도 했으며, 마루 위에 엎드러뜨려 놓 고 대나무 몽둥이로 살이 헤어지도록 팼다. 이때에 받은 고문의 후유증 으로 이승만은 뒷날 흥분하거나 초조할 때면 손가락을 후후 부는 버릇 이 생겼다.[39]

이승만이 탈옥을 주도했다는 자백을 받아내지 못한 경무청은 심문 을 만민공동회 때의 일로 확대했다. 이승만의 진술에 따라 이튿날 연홍식 (延洪植) 등 '매질꾼' 다섯 사람이 체포되었다. 이들은 전년11월21일에 황 국협회가 만민공동회를 습격했을 때에 만민공동회 회장 고영근(高永根) 으로부터 매일 "일원전 한푼씩"의 일당을 받고 동원된 행동대였다. 이들 은 이승만과 함께 법부로 넘겨졌다가 모두 곤장을 맞고 풀려났다.[40]

법부로 이송되자 이승만은 형사국 마당에서 "어느 날에나 죽이는고" 하고 탄식하고, 또 고등재판소로 내려가다가는 황토마루에서 관아들이

---

38) "Autobiography of Dr. Syngman Rhee", p.11; 「청년이승만자서전」, 이정식 지음, 권기붕 옮김, 앞의 책, p.263.
39) Robert T. Oliver, op. cit., p.49.
40) 《매일신문》 1899년2월3일자, 「잡보」; 鄭喬, 앞의 책, p.14.

있는 쪽을 바라보면서 "십아문(十衙門)을 마지막 보는구나" 하고 처연한 심정을 토로하기도 했다.[41] 그는 자기가 사형당할 것이 틀림없다고 생각했다.

이 무렵의 한성감옥서의 운영실태가 어떤 형편이었는지는《대한크리스도인회보》의 다음과 같은 기사로 짐작할 수 있다.

> 감옥서 안에 죄인이 여러 백명인데, 혹 무슨 죄명인지 알지도 못하고 갇힌 이도 있고, 혹 죄명은 있으나 여러 달을 가두어 두고 한번도 재판도 아니한 이도 있고, 혹 재판하여 무죄한 줄을 아나 어떤 법관의 사사혐의로 갇히어 있는 이도 있어서, 하루 콩나물 소금국과 뉘와 돌 반지기 밥 두 그릇에 주린 창자를 견디지 못하고 동지섣달 설한풍에 냉기가 뼈를 졸이고 오뉴월 장마 속에 악취가 코를 찔러 그중에 병이 나서 죽는 이도 있고 배가 주려 병난 이도 있어서 그 정세가 말이 못되는지라. 우리나라도 차차 개명에 진보하려면 먼저 백성을 사랑할 것이요, 백성을 사랑하려면 먼저 옥정(獄政)을 바르게 하는 것이 제일 급무라고 사람의 공론이 분운(紛紜)하다더라.[42]

이승만은 잔혹한 고문을 당하면서 '나는 이제 이 세상에 있는 것이 아니다. 조금만 있으면 다른 세상에 갈 터인데, 저 외국사람들이 나에게 말해 준 예수를 믿지 않았기 때문에 그 세상의 감옥에 가 있게 될 것이다'라는 생각이 들었다. 그러자 그는 배재학당 예배실에서 어느 선교사가 "당신이 당신의 죄를 회개하면 하나님께서는 지금이라도 용서하실 것이오"라고 하는 말을 들었던 기억이 떠올랐다. 그리고 하나님에게 기도하면 하나님께서 그 기도에 응답해 주신다고 했던 말도 기억났다. 그는 목에 채

---

41) 《매일신문》 1899년2월4일자, 「잡보」.
42) 《대한크리스도인회보》 1899년3월15일자, 「내보」.

워진 칼에 머리를 숙이고 "오 하나님! 저의 영혼을 구해 주시옵소서. 오 하나님! 우리나라를 구해 주시옵소서!" 하고 기도했다.[43)

배재학당에 입학할 당시에 어머니 김씨 부인이 아들을 보고 행여 '천 주학꾼'이 되는 것이 아니냐고 걱정하자 "저는 그들이 하는 말을 믿기에 는 너무도 총명합니다"라고 말하면서 기독교인이 될 가능성을 단호히 부인했던[44) 그가, 이제 죽음이 눈앞에 다가왔다는 절박한 심리상태에서 영혼의 구원을 바라며 예수를 찾은 것이었다. 이승만의 기도에 대한 하나 님의 응답은 황홀했다. 이 순간의 일을 이승만은 다음과 같이 적었다.

금방 감방이 빛으로 가득 채워지는 것 같았고, 나의 마음에 기쁨이 넘치는 평안이 깃들면서 나는 완전히 변한 사람이 되었다. 그러고는 선교사들과 그들의 종교에 대하여 가지고 있던 증오심과 그들에 대 한 불심감이 사라졌다. 나는 그들이 자기네가 매우 값지게 여기는 것 을 우리에게 주려고 왔다는 것을 깨달았다.[45)

이승만이 옥중에서 기독교에 입교한 극적인 순간을 간증하면서, 그때 까지 그가 선교사들과 그들의 종교에 대하여 가지고 있던 증오심과 그 들에 대한 불신감이 사라졌다고 한 말을 꼼꼼히 톺아 볼 필요가 있다. 이 승만은 배재학당에 입학한 이후로 선교사들의 도움으로 영어와 미국식 민주주의를 익히면서도, 그들 선교사들이 궁극적으로는 한국을 병합하 려는 미국정부의 앞잡이들로 여기고 있었다는 것이다. 그는 다음과 같이 적었다.

---

43) "Autobiography of Dr. Syngman Rhee", p.11; 「청년이승만자서전」, 이정식 지음, 권기붕 옮 김, 앞의 책, p.275.
44) 「청년이승만자서전」, 위의 책, p.272.
45) 유영익, 「젊은 날의 이승만: 한성 감옥생활(1899~1904)과 옥중잡기 연구」, pp.60~61, pp.203~204; 올리버 알. 에비슨 저, 황용수 역, 「구한말 40여년의 풍경」, pp.282~283.

미국 선교사들이 한국에 오기 시작한 직후에 우리 한국인들은 오래전에 선교사들이 어떻게 하와이 군도에 가서 그곳 원주민들 다수를 기독교에 입교시켰는지를 알았다. 그리고 선교사들 뒤로 미국 기업인들이 따라가서 원주민들과 장사를 하면서 원주민들에게는 그다지 혜택을 끼치지 않으면서도 자기들만은 치부하고 있었다는 것도 알았다.

그리고 미국 선교사들이 한국에 오기 조금 전에 우리는 미국정부가 이 섬들을 모두 병합하여 자기네 영토의 일부로 만들었고, 이에 따라 하와이인들의 여왕이 폐위되었음을 알았다. 우리 한국인들은 당연히 우리나라에 대해서도 똑같은 운명이 계획된 것으로 생각했다. 미국인들이 일본과 중국과 한국으로 하여금 문호를 개방하고 통상을 하도록 강요한 다음에 선교사들이 왔기 때문에 우리로서는 그렇게 생각하지 않을 수 있었겠는가?

우리는 선교사들이 장래의 병합을 준비하기 위해 미국정부가 파견한 앞잡이들(agents)이라고 간주하지 않을 수 없었다.…[46]

그러나 한국에 미국 선교사들이 들어온 것은 하와이 왕국이 미국에 병합된 1898년보다 훨씬 전이었으므로, 이승만의 이러한 말은 과장된 점이 없지 않다. 그것은 아마 뒷날 미국의 교회 등에서 신앙간증 강연을 하면서 미국인들에게 자신의 입교 경위를 극적으로 설명하기 위한 수사였을 것이다.

이승만은 성경이 읽고 싶어졌다. 그는 에비슨에게 사람을 보내어 영문성경과 영어사전을 차입해 줄 것을 부탁했다. 에비슨은 캐나다 선교사 해로이드(Harroyd)양을 통하여 셔우드 에디(Sherwood Eddy)가 공급하는 영문『신약성서(*New Testament*)』를 들여보내 주었다. 이승만은

---

46) 유영익, 위의 책, pp.61~62, pp.205~206; 올리버 알. 에비슨 저, 황용수 역, 위의 책, p.282.

그 영문 『신약성서』를 열심히 읽었다. 그가 성경을 읽을 때에는 죄수 한 사람이 파수를 서고 또 한 사람은 몸이 부자유스러운 이승만을 위해 책장을 넘겨 주었다.[47] 사전 없이도 영문성경을 읽었다는 것은 비록 내용을 다 이해하지는 못했더라도 이때에 이미 이승만의 영어실력이 상당한 수준에 도달해 있었음을 말해 준다.

배재학당에 다닐 때에는 그에게 성경이 아무런 의미가 없었으나, 이제 큰 관심거리가 되었다. 성경을 읽으면서 이승만은 마침내 "나의 마음속에 드리운 그 안위와 평안과 기쁨은 형용할 수 없었다"[48]고 할 만큼 마음이 안정되었다.

이승만은 자신이 목에 채워진 칼에 머리를 숙이고 기도를 하게 된 시점에 대해서는 두가지로 다르게 적어 놓았다. 두 자서전 초록에는 성경을 읽기 전이었던 것으로,[49] 「투옥경위서」에는 읽은 뒤였던 것으로 기술했는데,[50] 정황으로 보아 전자쪽이 사실이었을 것으로 여겨진다. 성경을 한참 읽다가 배재학당의 선교사가 하던 말이 생각나서 기도를 했다는 말은 부자연스럽다.

이승만이 기독교에 입교하기로 결심한 날짜가 언제였는지는 분명하지 않다. 황토마루에서 관아들이 있는 쪽을 바라보면 "십아문을 마지막 보는구나" 하고 탄식한 일을 보도한 《매일신문》의 발행일자가 1899년2월3일이었던 것으로 미루어 보아 그가 입교를 결심한 것은 1899년2월이나 3월쯤이었을 것이다. 이렇게 보면 이승만은 국내에서는 양반 출신 지식인으로서는 거의 최초로 기독교에 입교한 셈이다.[51] 이렇듯 이승만이 기독교에 입교한 동기는 서양의 문물을 습득하는 방편으로 기독교도가

---

47) "Autobiography of Dr. Syngman Rhee", p.12; 「청년이승만자서전」, 이정식 지음, 권기붕 옮김, 앞의 책, p.275.
48) 위와 같음.
49) 위와 같음.
50) 유영익, 앞의 책, p.60, p.203.
51) 위의 책, p.61.

된 다른 개화파 지식인들의 일반적 경향과는 큰 차이가 있었다.

이승만의 체포와 재판의 추이에 대해서 신문들이 많은 관심을 보이는 것은 당연했다. 그가 다시 수감된 지 보름이 지난 2월17일자《제국신문》의 「잡보」란에 실린 채규상(蔡圭象)이라는 시위대 제1연대 1대대 병정이 기고한 시 형식의 글이 눈길을 끈다.

불쌍하다. 불쌍하다. 이승만씨 불쌍하다.
위국단심 일편으로 만분지 일 보답타가
시운이 불행하여 어망홍리(魚網鴻離)되었구나.
세궁하고 역진하여 배심월옥 도주타가
자취기화(自取其禍) 되었으니 애닯고 가석토다.
십아문아 잘 있거라 다시 볼 날 어느 때냐.
⋯⋯⋯⋯⋯⋯⋯⋯⋯⋯
십목소시(十目所視) 보는 바에 정세가 가긍(可矜)하여
반 모슬총[毛瑟銃: 모제르총] 잠깐 잡고 두어자 기록하나
피눈물이 솟아나서 어불성설 되는구나.
그 몸 대신 속할진대 이내 일신 허하겠소.[52]

황실의 호위를 담당하는 시위대 군인이 탈옥죄로 재수감된 죄수를 동정하는 글을 실명으로 기고했다는 사실은 이 무렵 이미 이승만이 그만큼 광범위한 계층의 지지를 받고 있었음을 시사해 준다. 이승만은 같은 방의 죄수가 심문받으러 나갔다가 검사의 방에서 훔쳐 온 신문에서 이 기사를 보고 눈물을 흘렸다고 한다.[53]

───────

52)《제국신문》1899년2월17일자, 「잡보」.
53) 徐廷柱, 앞의 책, p.190.

이승만의 첫 공판은 3월18일에 열렸다. 그의 회고에 따르면, 그가 재판받으러 가는 것을 보려고 기다리던 복녀는 순검에게 뺨을 맞았고, 복녀의 남편은 이승만을 가마에 태워서 재판소에 데려갔다가 데려왔다.[54]

재판장은 만민공동회가 "오흉(五凶)"의 한 사람으로 규탄했던 법부대신 유기환(兪箕煥)이었다.

이승만의 재판에 대해 《황성신문》은 "풍설을 들은즉 이씨가 일률[一律: 死刑]을 면하기 어렵다 하나, 기왕의 조칙 중에 미결수는 판결할 때에 감일등(減一等)하라 하셨으니 법관들이 조칙대로 시행할 지경이면 이씨의 누명[縷命: 한 가닥 목숨]을 보존할 듯하다더라"라고 보도했다.[55] 기사에서 말하는 '조칙'이란 1898년11월26일에 고종이 만민공동회와 황국협회 대표를 불러 친유할 때에 만민공동회의 진정에 따라 내린 사면령과 1899년3월19일자로 황태자의 탄신일을 경축하여 반포한 사면령을 뜻하는 것이었다.[56] 그러나 모반죄인은 제외했기 때문에 이승만이 박영효 쿠데타 음모에 가담한 사실이 밝혀진다면 감형 대상에 포함되기는 어려웠다.

언제 사형장으로 끌려 나갈지 모르는 암울한 감방생활이 계속되었다. 이승만은 아버지에게 올리는 유서를 써 가지고 있다가 어느 날 감방문이 열리자 사형을 당하게 된 줄 알고 옆에 있는 중죄수에게 그것을 맡겼다. 그러나 끌려 나간 사람은 그 중죄수였다. 그는 이승만의 유서를 지닌 채 형장으로 끌려갔다.[57] 이 무렵 이승만은 감옥에서 아버지에게 보내는 유서를 세번 썼고 이경선(李敬善)은 두번이나 아들의 시체를 거두어 가기 위해

---

54) "Autobiography of Dr. Syngman Rhee", p.12; 「청년이승만자서전」, 이정식 지음, 권기붕 옮김, 앞의 책, p.264.
55) 《皇城新聞》 1899년3월20일자, 「雜報: 罪囚裁判」.
56) 都冕會, 「1894~1905年間 刑事裁判制度硏究」, 서울大學校 박사학위논문, p.184.
57) 徐廷柱, 앞의 책, p.193.

감옥서 문 앞에서 밤을 새웠다.[58] 이승만 자신도 자서전 초록에서 "어떤 늙은 죄수가 비밀히 감옥 속으로 들여온 신문을 눈물을 흘리면서 읽어 주었다. 지난 밤에 이승만이 사형을 당했다는 것이었다. 아버지는 며칠을 두고 내 시체를 찾으려고 감옥서 문 앞에 왔다 가셨다"라고 적었다.[59] 그러나 현재 보존되어 있는 당시의 신문에서는 그러한 기사를 찾아볼 수 없다.

이승만이 사형될 것이라는 소문이 나자 오달지고 당돌한 성품의 박씨 부인이 남편의 구명운동에 나섰다. 박씨 부인은 3월23일에 상소문을 직접 써 가지고 인화문(仁化門) 앞에 나아가 엎드렸다. 《황성신문》에 이승만의 재판기사가 난 지 사흘 뒤의 일이었다. 이 사실을 보도한 당시의 신문은 "부인이 남편을 위하야 상소하는 뜻은 뉘 장하다 아니하리오"[60]라며 칭찬을 아끼지 않았다.

박씨 부인이 이틀 동안을 인화문 앞에 엎드려 통곡하자 궁에서 순검이 나타나서 말했다.

"칙임관(勅任官) 외에는 상소를 못하기로 접때 관보에 장정(章程)이 났고, 상소할 만한 일이 있으면 중추원으로 헌의하면 중추원에서 회의해서 의정부로 통첩하면 의정부에서 상주하는 것이어늘, 여기서 백날을 있을지라도 격식이 틀려 그 상소를 받아들이지 못하겠으니 중추원으로 가시오."[61]

순검이 말한 장정이란 빈번한 상소를 통제하기 위하여 칙임관 이상만 직접 상소할 수 있게 하고 일반인은 중추원에 헌의하거나 재판소에 제소하도록 한 1899년1월4일의 조치를 말하는 것이었다.[62]

상소를 올릴 수 없자 박씨 부인은 법부에 남편을 조속히 재판해 줄 것

58) 文讓穆, 『독립정신』 서문, 『雩南李承晩文書 東文篇(一) 李承晩著作 1』, p.18.
59) "Autobiography of Dr. Syngman Rhee", p.11; 『청년이승만자서전』, 이정식 지음, 권기붕 옮김, 앞의 책, p.263.
60) 《제국신문》 1899년3월25일자, 「잡보」; 《독립신문》 1899년3월25일자, 「잡보: 여인상소」
61) 《제국신문》 1899년3월27일자, 「잡보」; 《조선크리스도인회보》 1899년3월29일자, 「내보」
62) 『日省錄』 光武2년11월23일(양력1899년1월4일)조.

을 청원했다. 그러나 이것마저 여의치 않자 중추원에 다음과 같은 헌의서를 제출했다.

본인의 남편이 본디 가세가 청빈하야 외국인의 집으로 다니며 고용을 하다가 연소 몰각한 탓으로 망령되이 민회에 발을 들여놓았고, 횡리지액[橫罹之厄: 뜻밖에 재액]을 당하야 죄수가 되었더니, 남의 꾀임을 듣고 월옥 도주하려다가 또 망사지죄[罔赦之罪: 용서할 수 없는 큰 죄]를 범하였은즉, 무죄 방송하기는 본인의 헤아리는 바가 아니오나 조속히 판결 방송하야 팔순 시모와 청년 여자의 무의무탁하야 노상으로 유리하여 고생함을 면하게 하여 주소서.[63]

그러나 중추원에 제출한 이 헌의도 거부되었다. 박씨 부인이 헌의서에서 "팔순 시모"라고 한 것은 시부 이경선을 지칭한 것이었다. 시모 김씨 부인은, 앞에서 보았듯이 3년 전인 1896년7월에 사망하고 없었다. 그리고 이경선은 이때에 쉰여덟살이었다.

이승만의 두번째 공판은 4월10일로 예정되어 있었으나 미루어지다가, 함께 탈옥한 최정식이 5월8일에 체포됨에 따라 다시 늦추어져서 7월10일에야 평리원(平理院)에서 열렸다.[64] 서울을 벗어난 최정식은 진남포로 도피하여 일본으로 탈출하려고 기도하다가 묵고 있던 여관집 주인의 밀고로 체포되었다.

5월30일자로 사법제도가 바뀌어 고등재판소가 평리원으로 개편되고,[65] 공교롭게도 황국협회의 만민공동회 습격을 지휘했던 홍종우(洪鍾宇)가 7월7일부로 재판장에 임명되었다.[66] 이때의 재판 상황을 이승만은

63) 《매일신문》 1899년3월30일자, 「잡보」.
64) 《독립신문》 1899년4월11일자, 「잡보: 재판소문」.
65) 《독립신문》 1899년6월6~23일자, 「재판소 개정건」; 金炳華, 앞의 책, p.82.
66) 「日省錄」 光武3년5월30일(양력7월7일)조.

자서전 초록에서 다음과 같이 자세히 적었다.

　　나의 정적이던 홍종우가 평리원의 재판장으로 부임했다. 그는 자
기 앞에서 나의 형틀을 제거하도록 명령했다. 홍종우는 황국협회의
회장으로서 나의 가장 큰 정적의 하나였는데, 재판장이 되어 나의 사
건을 판결하는 자가 된 것이다. 그런데 그는 어떻게 된 일인지 나의
생명을 살리려고 온갖 힘을 써 주었다. 참으로 인생의 야릇한 역전이
었다.… 그(崔廷植)와 내가 재판을 같이 받게 된 날 나는 몸이 몹시
쇠약해 있어서 제대로 가눌 수 없는 처지였다. 그는 활기 있게, 그리
고 웅변조로 나에게 모든 것을 뒤집어씌웠다. 그러나 나는 나 자신을
방어할 기력이 없었다. 그런데 그는 너무 말을 많이 하다가 나에 대
한 진술 가운데 앞뒤가 맞지 않는 이야기를 했다. 따라서 판사는 다
음날 그를 추궁하기 시작했는데, 결국 그가 전날 한 말에 걸려서 빠
져나오지 못하게 되어 버렸다. 증거품으로 나의 권총이 제출되었는
데, 나는 한방도 쏘지 않았던 것이 입증되었다.… 재판장 홍종우가
나의 부친에게 나를 살려 주기로 결정했다는 말을 전해 주었다는 소
식은 퍽 뒤에 들었다.[67)

　이 글로 미루어 보면, 최정식은 이승만이 탈옥을 주도했고 권총을 쏜
것도 이승만이었다고 강력히 주장했던 모양이다. 이튿날의 판결에서 최
정식은 탈옥하다가 제지하는 간수에게 총을 쏜 죄로 교수형이 언도되고,
이승만은 탈옥 종범으로 인정되어 사형을 면하고 태(笞) 일백과 종신형
에 처해졌다. 판결문은 다음과 같았다.

　　(최정식의) 어픕지존한 일은 증빙이 확적(確的)하지 못하고 이승

---

67) "Autobiography of Dr. Syngman Rhee", p.12; 『청년이승만자서전』, 이정식 지음, 권기붕 옮
　　김, 앞의 책, pp.263~264.

만이 강성형(姜盛馨)의 구초(口招)에 난 일은 죄있는 정적(情跡)이 없으나, 두 죄범이 옥을 벗어나 도망하다가 최정식이 방포하야 사람을 상한 모든 사실은 피고 등 진공(陳供)과 여러 증참[證參: 증인으로 현장에 참석함]으로 더불어 명백한지라. 피고 최정식은 대명률(大明律)에 죄를 범하고 도망하다가 잡는 것을 막고 사람을 몰아 상(傷)하는 율(律)에 비추어 교(絞)에 처하고, 피고 이승만은 같은 조에 수종(隨從)이 된 자의 율에 비추어 태 일백, 징역 종신에 처한다.[68]

이처럼 재판은 최정식이 어픕지존한 혐의나 이승만이 박영효 쿠데타 음모에 연루된 사실은 무혐의로 처리했다. 그러나 만일에 이승만이 쿠데타 음모에 가담했던 사실이 그대로 밝혀지고 탈옥도 그가 주도했던 것이 인정되었더라면 그는 사형을 면할 수 없었을 것이다. 그러므로 이때의 이승만에 대한 판결에는 그의 석방교섭을 벌였던 알렌 공사와 외국 선교사들의 활동이 상당한 영향을 미쳤을 것으로 짐작된다.[69]

이승만의 재판과 관련하여 또 한가지 상상할 수 있는 것은 고종과 개화파들로부터 함께 신뢰를 받던 한규설(韓圭卨)의 도움이다. 한규설과 이승만의 친분관계가 언제부터였는지는 알 수 없으나, 이승만은 옥중에 있을 때나 옥에서 나와서 미국으로 떠날 때에도 한규설의 도움을 받았다. 이 시기에 이승만이 한규설로부터 받은 한문 편지가 열통이나 보존되어 있어서 두 사람의 각별했던 친분관계를 짐작하게 한다. 한규설이 이승만이 체포되기 직전인 1898년12월까지는 법부대신과 고등재판소 재판관 등의 중책을 맡고 있었고, 이승만이 수감생활을 하는 동안에는 궁내부(宮內府) 특진관으로 있었다.[70] 이러한 한규설이었으므로 이승만이 사

68) 《官報》 1899년8월1일자, 「司法」; 《독립신문》 1899년8월2일자, 「선고서」.
69) 高珽烋, 「開化期 李承晩의 思想形成과 活動(1875~1904)」, 《歷史學報》 제109집, 歷史學會, 1986, p.44.
70) 安龍植 編, 『大韓帝國官僚史研究(I)~(IV) 1896.8.~1910.8.』, 1994~1996, (I)의 pp.808~809, (II)의 p.969, (III)의 p.744.

형을 면할 수 있도록 재판에 영향을 미쳤을 개연성은 있다.

이승만의 재판이 계류되어 있는 동안 독립협회의 잔존세력이 벌인 폭력투쟁도 이승만의 재판에 일정한 영향을 미쳤을 것이다. 6월 초부터 한달 남짓 동안 서울거리를 온통 공포 분위기에 몰아넣었던 이때의 폭력투쟁은 진고개의 일본인 거류지에 숨었던 고영근, 최정덕(崔廷德), 임병길(林炳吉) 등이 주도했는데, 이들은 모두 독립협회와 만민공동회 때에 이승만과 행동을 함께했던 급진과격파들이었다. 보부상 단체 상무사의 대표인 참정대신 신기선(申箕善), 중추원 의장이 되어 있던 조병식, 독립협회 회원이었으나 변절자로 지탄받던 의주군수 방한덕(方漢德), 그리고 박정양(朴定陽) 등 고관들의 집이 잇단 폭탄테러로 큰 피해를 입었다.[71]

경무청에서는 순검을 늘려 순찰을 강화하고 병정들까지 투입하여 밤 이경[二更: 밤 9시부터 11시 사이]부터 통행금지를 실시하고,[72] 매 10호를 1통으로 묶어서 1통마다 순검 1명씩을 배치하여 순찰하게 했다. 이러한 삼엄한 경계는 6월22일쯤에 임병길 등 주모자들이 체포될 때까지 계속되었다.[73] 이들이 체포되면서 순검과 병정들은 평상시의 임무로 돌아갔으나, 심야 순찰은 각 궁을 중심으로 보부상패들에 의해 계속되었다.

3

사형이 집행되던 날 최정식은 교수대로 끌려 나가면서 이승만을 보고 말했다.

"이승만씨, 잘 있으시오. 당신은 살아서 우리가 같이 시작한 일을 끝맺으시오."[74]

---

71) 《독립신문》 1899년6월10일자, 6월12일자, 6월13일자, 6월14일자, 6월15일자 「잡보」.
72) 《독립신문》 1899년6월15일자, 「잡보: 이경금찰」.
73) 《독립신문》 1899년6월26일자, 「잡보: 공초소문」.
74) 「청년이승만자서전」, 이정식 지음, 권기붕 옮김, 앞의 책, p.264.

이승만의 태형 집행을 맡은 간수는 이승만 일행이 탈옥할 때에 최정식이 쏜 총에 다리를 맞은 김윤길(金允吉)이었다. 이경선은 그에게 돈을 주어 매질을 아프지 않게 해 달라고 부탁했다. 태형 집행준비가 되었을 때에 입회하러 온 판사는 시작하라고 명령을 하고는 문을 닫고 가 버렸고 김윤길은 "하나, 둘, 셋…" 하고 세면서 몽둥이를 들었다 놓았다 할 뿐이었다. 그리하여 행형이 끝났을 때에 이승만의 몸에는 아무 상처도 나 있지 않았다.[75] 그것은 이경선이 쥐어 준 돈 때문이기도 했겠지만, 그보다도 이승만에 대한 정부의 태도가 달라진 것이 더 큰 이유였던 것 같다.

이승만이 투옥되자 당장 문제는 박씨 부인의 호소대로 가족의 생계였다. 이 무렵 이승만의 가족은 남서(南署)의 장동(長洞)에 살고 있었다.[76] 우수현에 살던 그들이 언제 이곳으로 이사했는지는 확실하지 않으나, 이승만의 판결문에 주소가 한성부 남서 장동으로 되어 있다. 이승만이 감옥생활을 하는 동안 박씨 부인은 살림을 줄여 창신동, 신설동, 누하동 등의 변두리를 전전했고, 그러면서도 거의 하루도 빠지지 않고 새벽마다 남편의 사식을 마련해 갔다고 한다.[77]

이러한 이승만의 가족들을 돌보아 준 것도 외국 선교사들이었다. 아펜젤러는 이승만의 가족에게 담요와 쌀과 장작을 보내 주었고, 옥중의 이승만에게는 옷을 차입해 주었다.[78]

이승만에 대한 구명운동은 꾸준히 진행되었다. 의정부 의정(議政) 윤용선(尹容善)은 이승만을 직접 간접으로 도와주었다. 윤용선은 1899년 11월 중순에는 이른바 육범[六犯: 음모, 살인, 강도, 절도, 간음, 사기]을 제외한 모든 죄수는 칙령에 따라서 석방한다고 발표했다. 많은 사람들은 그 조치에 따라 이승만이 곧 석방될 것이라고 믿었다. 그러나 그 계획이 실행

75) "Autobiography of Dr. Syngman Rhee", p.13; 「청년이승만자서전」, 이정식 지음, 권기붕 옮김, 앞의 책, pp.264~265.
76) 《독립신문》 1899년3월25일자, 「잡보: 여인상소」.
77) 李承晩의 처조카 朴貫鉉 증언, 「人間李承晩百年(31)」, 《한국일보》 1975년4월25일자.
78) 「李承晩이 아펜젤러에게 보낸 1899년12월18일자 편지」, 이만열 편, 앞의 책, pp.4~6.

되기 전에 윤용선이 의정에서 물러남으로써 이승만의 석방은 허사가 되고 말았다.[79] 다만 이승만의 형기는 12월13일에 감일등의 특사를 받아 종신징역에서 15년으로, 12월22일에는 다시 10년으로 감형되었다.[80] 이때의 두차례 감형은 장헌세자[莊獻世子: 뒤주에 갇혀 죽은 사도세자]를 장조(莊祖)로 추존하는 데 따른 것이었다.

이승만이 감옥생활을 통하여 인격적 성숙과 학문의 진전을 성취하는 데 큰 계기가 된 것은 1899년10월에 간수장으로 부임한 김영선(金英善)이 이듬해 2월12일에 감옥서장으로 승진 발령된 일이었다.[81] 김영선이 감옥서장이 된 뒤로 감옥서의 급식과 처우를 개선했을 뿐만 아니라 책을 읽고 글을 쓰는 자유를 허락했고, 특히 이승만에게는 학문에 관한 책을 무엇이든지 번역할 수 있도록 허락했다. 그리고 그 번역작업의 사례로 "남의 이목이 두려울 만큼" 많은 돈까지 주어 이승만이 그 돈으로 밖에 있는 가족들을 부양할 수 있게 해주었다.[82]

김영선이 어떤 인물이며, 왜 이승만에게 특별한 호의를 베풀었는지에 대해서는 명확하게 알려진 것이 없다. 이승만도 자서전 초록에 "김영선이 감옥서장으로 임명되었는데, 그는 나에게 특별히 친절했다"라고만 적어 놓았을 뿐이다.[83] 이승만의 처조카 박관현(朴貫鉉)의 말로는, 김영선이 엄비(嚴妃)의 사람이었고, 이승만의 장모 이씨가 엄비의 침모로 입궁해 있었던 관계로 엄비가 이승만을 잘 알았다고 한다.[84] 한편 올리버는 엄비가 이승만이 주관하던 《제국신문》 논설의 애독자였다고 했는데,[85] 그

79) 「李承晚이 아펜젤러에게 보낸 1900년2월6일자 편지」, 위의 책, pp.416~417.
80) 『官報』 1899년12월19일자 및 12월30일자, 「司法」.
81) 《皇城新聞》 1900년2월15일자, 「官報」; 安龍植 編, 『大韓帝國官僚史硏究(I) 1896.8.~1901.7.』, p.116.
82) 「寄本署長書」, 『雩南李承晚文書 東文篇(二) 李承晚著作 2』, p.42; 번역문은 유영익, 앞의 책, p.272.
83) "Autobiography of Dr. Syngman Rhee", p.13; 「청년이승만자서전」, 이정식 지음, 권기붕 옮김, 앞의 책, p.265.
84) 「人間李承晚百年(36)」, 《한국일보》 1975년5월3일자; 李恩秀, 「朴承善의 家系 및 平生」 및 「李恩秀手記」, 정병준, 『우남 이승만 연구: 한국 근대국가의 형성과 우파의 길』, p.76.
85) Robert T. Oliver, op. cit., pp.59~60.

것은 이승만 자신도 엄비가 자기에게 관심을 가졌던 것으로 인식하고 있었음을 시사한다.

또 한가지 생각할 수 있는 것은 한규설이 재판 때와 마찬가지로, 김영선에게 이승만을 잘 보살피도록 당부했을 개연성이다. 한규설이 이승만의 특사문제를 여러 방면으로 알아본 것이 그가 옥중의 이승만에게 보낸 편지에 나타나 있다. 날짜 미상의 한 편지에서 한규설은 "(감옥)서장을 만나서 이야기했소이다.… 그가 혹시 염두에 둘지. 바라건대 안심하시오"라고 썼다.[86] 법부대신을 지냈고 현직 궁내부 특진관인 한규설의 말을 판임관 6급인 한성감옥서장이 소홀히 할 수 없었을 것이다. 새로 부임한 간수장 이중진(李重鎭)도 이승만에게 친절했다.

이승만에 대한 외국 선교사들의 석방운동은 확정판결이 있고 난 뒤에도 계속되었다. 이승만과 친분이 있던 선교사들은 그를 위해 "그들이 할 수 있으면 무엇이든지 다 해주었다."[87] 그 결과 1900년 겨울에는 고종이 언더우드(Horace G. Underwood, 元杜尤) 목사에게 머지않아 기회를 보아 이승만을 사면하여 석방하겠다고 약속했다. 그리하여 선교사들은 이승만이 늦어도 고종 탄신 50주년 경축 특사에는 포함될 것으로 기대했다. 정부는 1901년9월7일에 경축행사를 성대하게 개최하면서 은사령(恩赦令)을 내려 육범 이외의 죄수들을 모두 사면했다. 그러나 어찌된 일인지 이승만은 제외되었다. 그러자 아펜젤러를 비롯하여 에비슨, 벙커(Dalzell. A. Bunker, 房巨), 헐버트(Homer. B. Hulbert, 紇法, 轄甫), 게일(James S. Gale, 奇一) 다섯 사람은 1901년11월9일에 연명으로 내부협판 이봉래(李鳳來) 앞으로 편지를 보냈다. 선교사들이 이봉래 앞으로 편지를 보낸 것은 그가 이 선교사들에게 고종의 이승만 석방약속을 전달했기 때문이었다. 선교사들의 편지는 문면은 정중했으나 고종이 약속을 지키지 않은 데

86) 「韓圭卨이 李承晩에게 보낸 1904년8월 이전의 편지」, 『雩南李承晩文書 東文篇(十八) 簡札 3』, p.288.
87) F. A. McKenzie, op. cit., p.75.

대한 항의였다. 그들은 이승만이 한국인 환자의 치료를 위해 왕진 가던 미국인 의사를 도우러 동행하다가 체포되었음을 다시금 상기시키면서 조속한 석방을 촉구했다.[88] 그러나 정부에서는 아무런 반응이 없었다.

황실과 교분이 있는 미국인 선교사들의 청원마저 묵살되자, 이승만에 대한 선교사들의 석방운동은 무르춤해질 수밖에 없었다. 게다가 해가 바뀌면서 석방운동의 핵심인물이던 아펜젤러가 뜻밖의 사고로 사망함으로써 이승만은 정신적으로 큰 충격을 받았다. 아펜젤러는 1902년6월11일에 목포에서 개최되는 성경번역위원회의 회의에 참석하러 가던 도중에 그가 탔던 배가 다른 배와 충돌하여 침몰하는 바람에 익사하고 말았다.[89] 이승만은 은사의 비보를 듣자 하루 반을 내리 울고 단식했을 정도로 깊은 슬픔에 잠겼다.[90]

이 무렵 이승만은 서소문 옥사에서 서린동에 새로 지은 종로 옥사로 이감되었다. 종로 옥사는 갑오경장 때에 좌우포도청(左右捕盜廳)을 폐지하고 경무청을 설치하면서 종전의 전옥서(典獄署)를 감옥소(監獄署)로 개칭하여 경무청에 소속되게 하고 서소문 안으로 옮김으로써 폐옥이 되었던 것인데, 1901년5월부터 청국에서 들여온 벽돌로 외벽을 쌓는 등 대대적으로 개축하여 1902년4월에 준공한 옥사였다.[91] 그러나 감옥서의 운영실태는 크게 개선된 것이 없었다.

---

88) "Letter to Ye Bong Nai", Nov. 9, 1901, 『雩南李承晩文書 東文篇(二) 李承晩著作 2』, pp.80~81.
89) 이만열 편, 앞의 책, pp.453~454.
90) 《朝鮮日報》 1934년11월27일자, 「朝鮮新敎育側面史: 培材校 50年 座談會」.
91) 韓國內部警務局, 『顧問警察小誌』, 1910, p.240; 中橋政吉, 『朝鮮舊時の刑政』, 治刑協會, 1936, pp.115~116.

3. 감옥서학교와 '옥중개화당'

1

이승만의 감옥생활 가운데 가장 괄목할 만한 것은 옥중에 학교를 만들어서 죄수들을 가르친 일이다. 그는 1901년 초에 감옥서장 김영선에게 형정(刑政)의 개혁을 건의하는 「기본서장서(寄本署長書)」라는 건의서를 제출했다. 한문으로 된 이 장문의 건의서는 이승만의 서양 선진제국의 형정에 관한 지식과 함께 형정개혁에 관한 구체적인 비전을 보여 주는 것이어서 눈여겨볼 만하다.

> 무릇 감옥을 설치한 것은 사실 백성 가운데 불량한 자로 하여금 개과천선(改過遷善)하게 하기 위함입니다. 그러므로 태서[泰西: 서양] 의 옥정을 살펴보건대 인애(仁愛)와 관서(寬恕)의 제 조항 밖에도 지극히 선한 한가지 조항이 더 있습니다. 이는 우리 한국이 마땅히 빨리 본받아 시행해야 할 일입니다.…
> 백성으로서 법률을 위반하는 일은 태반이 직업을 잃고 의지할 데가 없는 자들로부터 나오는데, 이것 역시 교화(敎化)가 미치지 못하기 때문입니다. 백성 위에 있는 사람은 그들에게 사랑을 베풀 것을 생각하지 않고, 다만 그 죄만을 미워하여 죄과에 따라 오직 법으로만 다스리려 합니다.…

이처럼 이승만은 교화의 중요성을 강조했다. 그러면서 그는 몇가지 형정개혁 방안과 자신의 언론활동의 경험을 설명하고 나서, 결론으로 감옥 안에 학교를 개설할 것을 건의했다.

> 바라건대 각하께서는 이러한 정황을 가엾게 여기시고, 겸하여 학

교를 세워서 학문을 권장하는 훌륭한 뜻을 본받으십시오. 특별히 방을 허락하시어 학문에 뜻을 둔 사람들을 골라서 한곳에 모아 수업을 받게 하고, 아울러 등에 불을 켜는 것을 허락해 주십시오. 필요한 화구(火具)는 모두 자력으로 준비하고 주야로 권면하여 연마의 보람을 찾을 수 있을 것이며, 겸하여 심심풀이하는 방편으로 삼고 또한 책을 번역하고 물건을 만들어 비용에 충당하겠습니다.…92)

이러한 이승만의 건의에 따라 1902년8월에 감옥서 안에 학교가 개설되었다. 옥중학교의 설립경위와 운영실태에 대해서는 이승만 자신이 감리교단에서 발행하는 잡지《신학월보》에 기고한「옥중전도」라는 인상적인 신앙고백에 자세히 서술되어 있다.

우선 옥사의 한칸을 치우고 각 칸에 수감되어 있는 소년수 수십명을 모아 "가갸거겨…"를 써서 읽혔다. 더러는 웃기도 하고, 더러는 흥도 보고, 더러는 원망도 했다. 그러나 이승만은 이러한 일에 개의하지 않고 아이들을 열심히 가르쳤다. 반년이 채 지나지 않아서 아이들은 국문을 모두 깨우치고『동국역사(東國歷史)』와『명심보감(明心寶鑑)』을 어려서부터 배운 아이들 못지않게 익혔다. 각자의 희망에 따라 영어와 일어도 가르쳤고, 산술은 가감승제(加減乘除)를 제대로 할 수 있게 되었다.

글을 가르치는 것과 동시에 그는 전도에도 힘을 기울였다. 그리하여 얼마 지나지 않아서 아이들은『신약』을 열심히 읽고, 아침저녁 기도는 저희들 입으로 하며, 찬송가 네댓가지는 "매우 들을 만하게" 부를 수 있게 되었다. 이러한 성과에 대해 이승만은 "어린 마음이 장래에 어떻게 변할는지는 알 수 없으나 지금 믿을 만한 사람은 이 중 몇 아이만 한 사람이 많지 못할지라"라고 자부했다.93)

---

92) 「寄本署長書」, 『雩南李承晚文書 東文篇(二) 李承晚著作 2』, pp.42~46. 번역문은 유영익, 앞의 책, pp.272~277.
93) 리승만, 「옥중전도」, 《신학월보》 1903년5월호, p.185.

이 시대까지도 한국에서는 물론 세계적으로 미성년범죄자를 별도로 다루는 제도가 거의 없었다. 한국에서는 오히려 부모나 가까운 친척 대신에 징역을 사는 어린 대수(代囚)들마저 있었다. 시카고에 세계 최초로 소년재판소가 설치된 것은 1899년의 일이며, 한국에서는 1923년에 처음으로 소년교도소가 설치되었다.[94]

영어를 큰 소리로 따라 읽고 찬송가를 합창하고 아침저녁으로 기도하는 아이들과 이들을 지도하는 이승만의 열성적인 모습은 절망적인 감옥 안의 분위기를 크게 바꾸어 놓았다. 소년 죄수들이 공부하는 것을 보고 성인 죄수 가운데서도 배우기를 원하는 사람들이 나타났다. 이승만은 감옥서의 협조를 얻어서 다시 성인반을 개설하여 성경, 영어, 지리, 문법 등을 가르쳤다. 어른 죄수들은 거의가 한문은 말할 나위도 없고 다른 외국어를 배운 경험이 있는 정치범들이었으므로 학업의 성취도 빨랐다. 이 무렵 한성감옥서에 수감된 죄수들은 350명쯤 되었는데,[95] 이들 가운데 40명가량이 정치범이었다.[96]

감옥서장 김영선도 매우 협조적이었다. 그는 토요일마다 대청에서 도강(都講)을 받아 우수한 사람에게는 종이로 상급을 주고, 못하는 사람에게는 벌로 절을 시켰다.

감옥학교에 이승만과 함께 다른 교사 두 사람이 증원되었다. 한 사람은 이승만과 같이 배재학당에서 공부했던 신흥우(申興雨)였고, 다른 한 사람은 독립협회 간부로 활동했던 양기탁(梁起鐸)이었다. 신흥우는 1901년11월23일에 수감되어 3년형을 언도받고 복역했고, 양기탁은 1901년 무렵에 수감되어 종신형을 받았다가 1903년 무렵에 석방되었다.[97] 신

---

94) 金炳華, 『續近代韓國裁判史』, 韓國司法行政學會, 1976, pp.90~100.

95) 《皇城新聞》 光武6년(1902년)12월3일자, 「雜報: 囚懲査案」에 따르면 미결수 140여명, 기결수 205명이었다.

96) 서정민, 「구한말 이승만의 활동과 기독교(1875~1904)」, 연세대학교 석사학위논문, 1987, pp.47~50.

97) 申興雨, 「李承晩を語る」, 《思想彙報》 제16호, 高等法院檢事局思想部, 1938.9., p.285; 鄭晉錫, 「해제」, 『雪嶠梁起鐸全集(3) 公判記錄 I』, 동방미디어, 2002, pp.9~22.

홍우는 어른반을 맡아 가르쳤고, 양기탁은 아이들반을 맡아 가르쳤으며, 이승만은 두 군데를 오가며 가르쳤다. 이승만은 가끔 여러 주제에 대해 강의했는데, 그 내용은 주로 미국의 정기 간행물에서 읽은 민주주의에 관한 것들이었다.[98]

김구와 마찬가지로 이승만 역시 같이 수감되어 있던 죄수들을 가르칠 생각을 했다는 것은 특기할 만한 사실이다. 그것은 기본적으로 조선조의 전통적 교육열에 기인하는 것이었겠지만, 이때까지만 해도 세계의 형정사(刑政史)에서 유례가 없는 일이었다. 이승만의 이러한 열성은 그를 성원하는 외국 선교사들을 크게 감동시켰다. 그러한 사정은 신흥우의 아버지 신면휴(申冕休)가 쓴 「옥중개학전말(獄中開學顚末)」이라는 글에 잘 나타나 있다.

며칠 전에는 외국사람들이 옥중에 학교가 설립되었다는 소문을 듣고 기뻐하면서, 서양의 개명한 나라에도 그러한 일이 없다고 하면서, 서적과 식품을 많이 가지고 들어가서 여러 학생을 모아 놓고 일장 연설을 하고 극구 찬양도 하고 갔으니….[99]

신면휴는 이승만이 어려서 자기에게 배울 때에도 총기가 있었다고 강조했다. 그런데 이승만이 어릴 때였다면 배재학당에 입학하기 전의 일이었을 것인데, 이승만 자신의 회고록류에나 올리버와 서정주의 전기에도 이승만이 어려서 신면휴에게서 배웠다는 기록은 없다.

당시 신문은 옥중학교의 개설에 대해 다음과 같이 보도했다.

감옥서장 김영선씨가 인민의 교육이 무하야 근일에 범과처역(犯

---

98) Robert T. Oliver, *op. cit.*, p.64.
99) 전택부, 『人間 申興雨』, 基督敎書會, 1971, p.401.

科處役)한 자가 매우 많음을 개탄하야 월전부터 감옥서 내에 학교를 설립하고 죄수를 교육하는데, 교사는 이승만, 양의종[梁義宗: 양기탁의 초명. 宜鍾이라고도 썼다]씨요 교과서는 개과천선할 책자요, 영어 산술 지지(地誌) 등서로 열심 교도하는 고로 영인 벙커씨가 매 일[일요일] 일차씩 와서 교과를 찬무(贊務)하고 서책을 다수 공급하므로…'.[100]

감옥서 안의 학교 소식은 밖에서도 큰 관심거리가 되어 많은 내외국 사람들이 연조를 보내왔다. 제물포에 사는 어떤 사람은 익명으로 《제국신문》에 지폐 2원을 보내면서 감옥서학교의 학비에 보태라고 했다. 이승만은 이 일과 관련하여 "이원으로 보태어 아이들에게 의복을 고쳐 입히니 참 감동할 만한 일이라"라고 적었다.[101]

영국인 벙커가 서책을 다수 공급했다는 말은 이 기사가 나기 3주일 전에 벙커 목사가 한성감옥서에 크리스마스 선물로 종교서적을 넣어 준 일을 말하는 것이었다. 1902년12월25일에 감옥서 안에서 처음으로 크리스마스 축하행사가 열렸는데, 특히 흥미로운 것은 이날의 행사비용을 감옥서 간수들과 죄수들이 함께 추렴했다는 사실이다. 다과를 준비하고, 관민 40여명이 모여 설레는 분위기 속에서 크리스마스 축하 예배를 올렸다. 이날 감옥서를 찾아온 벙커 목사는 모인 아이들을 보고 대단히 기뻐하면서 자기도 일요일마다 와서 아이들을 가르치겠다고 약속했다. 이때부터 그는 약속대로 일요일마다 감옥서에 와서 아이들이 공부한 것을 문답도 하고 성경도 가르쳤다.

이날 벙커 목사는 크리스마스 선물로 종교서적 150여권을 가지고 왔다.[102] 그런데 이 책들이 기본이 되어 감옥서 안에 서적실이 마련되었다. 서

---

100) 《皇城新聞》 1903년1월19일자, 「雜報: 獄囚敎育」.
101) 리승만, 「옥중전도」, 《신학월보》 1903년5월호, p.186.
102) Robert T. Oliver, op. cit., p.64.

이승만의 글 「옥중전도」가 실린 《신학월보》의 표지.

적실을 만들기 위해서는 우선 책장이 있어야 했다. 이승만은 "사백냥 돈을 들여 책장을 만들고…"라고 적었는데,[103] 그것은 자신이 직접 책장을 만들었다는 뜻이다.[104] 이승만은 손재주가 좋아서 옥중에 있으면서 반닫이 같은 간단한 가구를 만들어 박씨 부인에게 내보내기도 했다.[105]

책장이 마련되자 이승만은 여기저기에 부탁하여 책들을 수집했다. 이승만이 "성서공회에서 기꺼이 찬조하여 50원을 위한(爲限)하고 보조하기를 허락하여 각처에 청구하야 서책을 수합함에, 심지어 일본과 상해의 외국 선교사들이 듣고 서책을 연조한 자가 무수한지라"[106]라고 썼듯이, 서적실을 가장 적극적으로 도와준 것은 외국인 선교사들이었다.

처음 서적실을 개설할 때에는 장서 수가 250여권 정도였으나 개설한 지 2년이 못 되어 두배 이상으로 늘어났다. 이때의 『옥중도서대출명부』가 보존되어 있어서 서적실에 어떤 책들이 비치되어 있었는지 알 수 있다. 이 『옥중도서대출명부』는 마치 금전출납부와 같은 대장에 1903년1월17일부터 1904년8월31일까지 20개월 동안 죄수들과 간수들이 언제 누가 무

103) 리승만, 「옥중전도」, 《신학월보》 1903년5월호, p.188.
104) 李商在의 손자 李鴻植의 말을 토대로 한 曺惠子 증언.
105) 李承晩의 조카 沈鍾喆 부인의 말을 토대로 한 曺惠子 증언.
106) 리승만, 「옥중전도」, 《신학월보》 1903년5월호, p.188.

슨 책을 대출해 가고 또 언제 반납했는지를 적어 놓았고, 끝에 「감옥서 서적목록」이라고 하여 서적실에 비치되어 있는 책 523권[한문책 223종 338권, 국문책 52종 165권, 영문책 20종 20권]의 목록이 실려 있다. 성서를 비롯한 기독교 관계 서적이 많으나, 4분의 1가량은 정치, 경제, 법률, 역사, 과학에 관한 책과 개인 전기 등이었다.[107]

이승만은 서적실이 마련되는 1903년1월 중순부터 유길준(兪吉濬)의 아우 유성

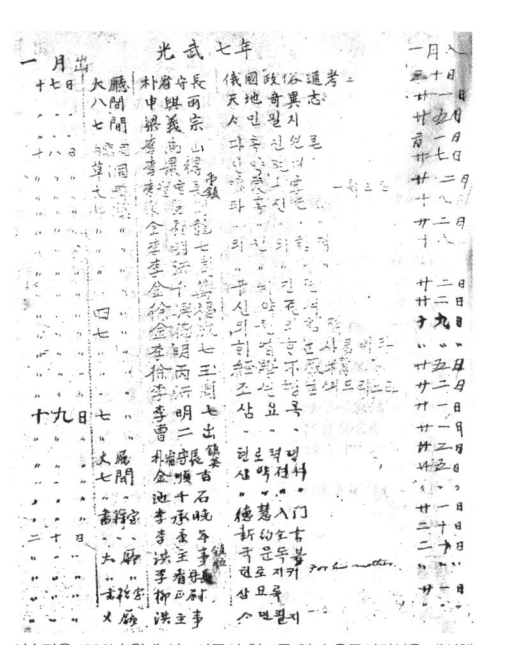

이승만은 1903년1월에 선교사들의 협조를 얻어 옥중서적실을 개설했다. 『옥중도서대출명부』 첫장.

준(兪星濬)과 함께 서적실에서 자면서 서적실 운영을 담당했다. 한성감옥서의 감방 수는 모두 20칸이었고, 일련번호가 붙여져 있었다. 그 가운데는 '대청직방(大廳直房)', '학당', '서적실'과 같은 기능별 방을 비롯하여 '동(東) 1칸', '외동(外東) 2칸' 등의 별채도 있었다. 물론 '여칸[女間]'은 따로 있었다. 이승만은 5월 중순에 '서적실'에서 7칸으로 옮겼다가 11월 말부터 이듬해 여름에 출옥할 때까지 '학당'에서 지냈다.[108]

서적실이 얼마나 인기 있었는가는 개설되고 처음 15일 동안에 책을 본 사람이 무려 268명이고, 이어 2월 한달 동안에 249명이 되었다는 사실만 보더라도 짐작할 수 있다.[109]

---

107) 李光麟, 「舊韓末 獄中에서의 基督敎信仰」, 『韓國開化史의 諸問題』, pp.217~238.
108) 『獄中圖書貸出名簿』 참조.
109) 리승만, 「옥중전도」, 《신학월보》 1903년5월호, p.188.

이승만의 「옥중전도」에서 가장 인상적인 대목은 다음의 구절이다.

혈육의 연한 몸이 5~6년 역고에 큰 질병이 없이 무고히 지내며, 내외국 사랑하는 교중 형제자매들의 도우심으로 하도 보호를 많이 받았거니와, 성신이 나와 함께 계신 줄을 믿고 마음을 점점 굳게 하여 영혼의 길을 확실히 찾았으며, 작년 가을에 괴질이 옥중에 먼저 들어와 4~5일 동안에 60여명을 목전에서 쓸어내일 새, 심할 때는 하루 열일곱 목숨이 앞에서 쓰러질 때에 죽는 자와 호흡을 상통하며 그 수족과 몸을 만져 곧 시신과 함께 섞여 지내었으되 홀로 무사히 넘기고, 이런 기회를 당하야 복음 말씀을 가르치게 됨에 기쁨을 이기지 못할지라.… 이 험한 중에서 이 험한 괴질을 겪으며 무사히 부지하야 있는 것이 하나님의 특별히 보호하신 은혜가 아니면 인력으로 못하였을 바이요….[110]

이것은 1902년9월에 옥중에 콜레라가 번졌을 때의 이야기이다. 감옥 서학교가 개설되고 달포쯤 지난 때였다. 8월에 시베리아의 연해주(沿海州) 일대에서 발생한 콜레라는 함경도 일대를 거쳐서 서울까지 침범하여 엄청난 희생자를 내었다. 매일 200~300명의 시체가 수구문[水口門: 光熙門]과 서소문으로 나가는 참상이 벌어졌다.[111] 도성 안이 이러한 형편이었으므로 위생상태가 열악한 감옥서 안에서 희생자가 더 많이 났을 것은 말할 나위도 없다.

이승만은 초인적 노력으로 환자들을 보살피고 시신을 거두었다. 그

---

110) 리승만, 「옥중전도」, 《신학월보》 1903년5월호, pp.187~189.
111) 《제국신문》 1902년9월20일자 「雜報」, 9월25일자 「雜報」, 9월26일자 「論說: 괴질의 유행이라」.

는 에비슨 의사에게 도움을 요청했고, 에비슨은 감옥서를 방문하여 환자들을 치료하려고 당국에 허가를 신청했으나 왠지 허락을 받지 못했다. 이승만은 에비슨한테서 약을 구해 가지고 그의 지시대로 환자들에게 먹였다.[112]

이 무렵에 한성감옥서에 수감되었던 무관학교 교관 김형섭(金亨燮)은 이때의 처절한 상황을 자세히 적어 놓았다. 감옥서 당국은 콜레라 환자들에 대해 아무런 조치도 취할 수 없었다. 고열 때문에 목이 마른 환자들에게 물도 주지 않았다. 간수들이 하는 일이라고는 가망 없어 보이는 환자들을 밖으로 내다놓는 것뿐이었다. 간수들은 환자들이 죽었는지 살았는지를 확인하기 위해 환자들의 발을 가끔씩 차보곤 했다. 움직이지 않는 환자가 있으면 죽은 것으로 보고 인부를 시켜 감옥서 문 앞으로 옮겼고, 쌓인 시체는 밖으로 실려 나갔다.[113]

이승만이 콜레라 환자들을 헌신적으로 돌보았던 것은 죽어 가는 사람들의 영혼을 구한다는 깊은 신앙심 때문이었다. 그리고 자신이 무사했던 것은 물론 그의 타고난 건강 때문이었겠지만, 그는 그것을 "하나님의 특별히 보호하신 은혜"라고 믿었다.

이승만은 콜레라 환자들을 치다꺼리한 일을 한규설에게 자세히 알렸다. 그것은 아마 감옥서의 형편에 대한 한규설의 관심을 환기시키는 동시에 그가 관계 요로에 자기의 특사문제를 교섭하는 데에도 도움이 되리라고 생각했기 때문이었을 것이다. 이승만의 편지에 대해 한규설은 다음과 같은 답장을 보냈다.

괴질이 유행해서 들리는 바가 날로 놀랍고 참담하오이다. 나는 형의 생각을 조금도 소홀히 하지 않고 있소이다. 방금 형의 편지를 받고

---

112) 『청년이승만자서전』, 이정식 지음, 권기붕 옮김, 앞의 책, p.265.
113) 「金亨燮大佐回顧錄」, 市川正明 編, 『日韓外交史料(10)』, 原書房, 1981, p.233.

기쁘기 짝이 없구료. 그리고 편지에 자세히 쓰신 교시(敎示)는 감회를 이길 수 없소이다. 지금 내가 분발하려 히오나 첫째는 힘이 미치지 못하고 둘째는 내 형편이 그렇게 하기 어려운 것이외다. 금년 여름 이후로 들어앉아 있으니, 내 형편을 이해해 주실 줄 믿소이다.····114)

이승만이 감옥에서 써 놓은 여러 가지 문서 가운데 영문으로 된 「감옥서 사망자 기록 1902(Obituary of Kam Ok Su, 1902)」이라는 것이 있다.115) 이 문서는 1902년1월부터 1903년1월까지 감옥서에서 죽은 사람들의 상황을 메모해 놓은 것인데, 콜레라가 기승을 부리던 1902년9월12일자에는 "여자 죄수 1명. 두살짜리 딸을 남기고 죽음", "하루아침에 모두 10명, 콜레라로 죽음" 등의 사항을 그때그때 적고 마지막에 "하루에 17명 죽음"이라고 적었다. 그리고 12월21일자에는 "모두 84명"이라고 적어 놓았다. 이승만의 집계로는 콜레라가 침입했던 1902년에 한성감옥서 안에서 콜레라로 죽은 죄수가 84명이었다는 말이다. 사망자를 이

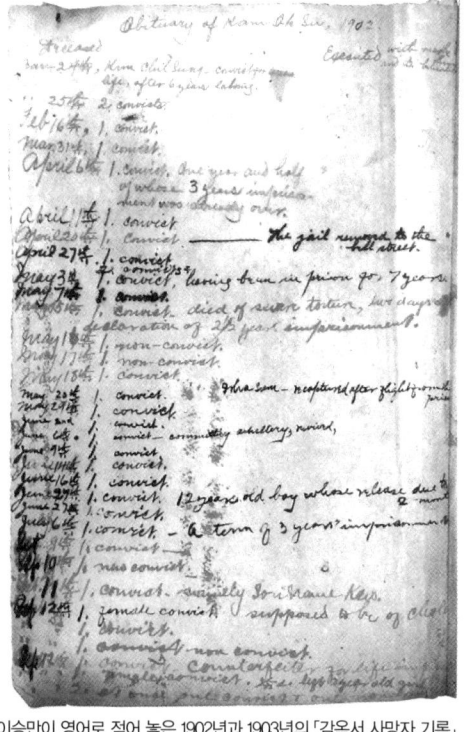

이승만이 영어로 적어 놓은 1902년과 1903년의 「감옥서 사망자 기록」.

---

114) 「韓圭卨이 李承晩에게 보낸 1904년8월 이전의 편지」, 『雩南李承晩文書 東文篇(十八) 簡札 3』, 1998, pp.292~293.
115) "Obituary of Kam Ok Su, 1902", 『雩南李承晩文書 東文篇(二) 李承晩著作 2』, pp.124~126.

렇게 꼼꼼히 적어 놓은 것은 죄수들의 죽음에 대한 이승만의 특별한 관심을 보여 주는 것이었다. 죽음은 종교적 사유(思惟)의 근본개념이다. 그러므로 이때의 이승만의 행동은 그가 인간의 삶과 죽음은 하나님의 섭리이며 영혼은 영생한다는 기독교의 원리를 체현하고 있었음을 보여 주는 것이다.

콜레라는 날씨가 추워지면서 수그러들었다. 그런데 이승만이 이때에 성심성의로 콜레라 환자들을 돌본 것은 그 자신의 신앙에도 새로운 경험이 되었다. 이승만은 선교사들이 차입해 주는 영문잡지《아웃룩(The Outlook)》과《인디펜던트(The Independent)》를 애독하고 있었고, 특히《아웃룩》의 어떤 기사는 저녁에 눈을 감고 암송할 정도로 정독했다.

《아웃룩》은 뉴욕에서 발행되던 비종파적 종교 주간지로서, 한창 때에는 12만5,000부가 나갈 만큼 미국의 지식인 사회에서 큰 인기가 있었다. 그것은 그 잡지의 편집인인 뉴욕시 브루클린(Brookln)구의 플리머스(Plymouth) 조합주의 교회의 목사 애벗(Lyman Abbott)의 영향 때문이었다. 노예해방운동의 선두에 서기도 했던 애벗은 미국의 지식인 독자를 상대로 사회구원의 신학사상을 역설하고 있었다. 그리고 그의 메시지는 유교적 세계에서 자라난 동양 선비들의 구미에도 꼭 맞았다.[116]

이승만은「옥중전도」에 이어 출옥할 때까지 다섯편의 논설을《신학월보》에 기고했는데,[117] 이 논설들을 통하여 그가 강조한 것은 기독교의 사회구원이었다. 그는 개인구원의 주장에 대해서는 "충군애국이 무엇인지, 세상을 건지는 것이 무엇인지도 모르고 다만 제 몸 하나와 제 영혼 하나의 구원 얻는 것만 제일이라 할진대 이는 결단코 하나님의 참 이치와 예수의 근본 뜻을 알지 못한다 이를지라"라고 단호하게 반대했다.[118]

---

116) 이정식 지음, 권기붕 옮김, 앞의 책, p.113. 애벗이 李承晚의 종교사상에 끼친 영향에 대해서는 pp.109~124 참조.
117)「옥중전도」1903년5월호,「예수교가 대한 장래의 기초」1903년8월호,「두가지 편벽됨」1903년9월호,「교회경략」1903년11월호,「대한교우들의 힘쓸 일」1904년8월호.
118) 리승만,「대한교우들의 힘쓸 일」,《신학월보》1904년8월호, p.226.

이러한 주장은 이승만이 애벗의 종교사상에서 큰 영향을 받았음을 말해 준다.

「예수교가 대한 장래의 기초」라는 글에서 이승만은 다음과 같은 두 가지 점에서 예수교가 우리나라를 부국강병케 할 기초라고 강조했다.

"첫째는 이 세대에 처하야 풍속과 인정이 일제히 변하야 새것을 숭상하여야 할 터인데, 새것을 행하는 법은 교화(敎化)로써 근본을 아니 삼고는 그 실상 대익을 얻기 어려운데, 예수교는 본래 교화 속에 경장(更張)하는 주의를 포함한 고로 예수교 가는 곳마다 변혁하는 힘이 생기지 않는 데 없고, 예수교로 변혁하는 힘인즉 피를 많이 흘리지 아니하고 순평히 되며, 한번 된 후에는 장진이 무궁하야 상등문명에 나아가나니, 이는 사람마다 마음으로 화하야 실상에서 나오는 연고이라…"는 것이었다.

"둘째는 사람마다 내 몸 하나만 있는 줄로 생각지 말고 남도 또한 나와 같은 몸이 있어 기쁘고 슬프며 가렵고 아픈 줄을 모르지 아니하매" 서로 돕고 사랑해야 한다고 다음과 같이 강조했다.

세상사를 다 우리가 잘못하여 우리는 오늘날 이 화근을 당하는 것이 불쌍할 것도 없고 또한 의례히 당할 일이라 하려니와, 일후 남에게 무궁한 원망을 어찌 생각지 않으리오. 마땅히 후생의 움 돋아날 씨는 뿌려 주어야 할지라. 예수교 외에는 더 좋은 씨도 없고 더 좋은 밭도 없으니, 남을 내 몸같이 사랑하는 교회에 남의 죄를 대신하야 목숨을 버리는 은혜로써 씨를 뿌려, 먼저 내 마음에 뿌리를 박고 연하야 남에게 뻗어 미치게 할진대, 남의 살을 베어다가 내 살에 붙이며 남의 목숨을 끊어다가 내 목숨을 이으려 하던 자가 한둘씩 회개하야 남을 대신하여 고난을 받으려 하는 자가 될지니, 사탄을 치는 강한 군사가 점점 많아지고, 어린 양의 무리를 인도하는 목자가 차차 많이 생겨서로 사랑으로 보호하는 중에서, 세상에 낙도 있으려니와 합하는 힘이 부지중 자라리니, 그런 후에야 능히 몸을 구원하며 집안을 보전하며 나라를 회복하야 오늘날 이 살 수 없는 인간이 차차 천국같이 되어 가지고 영원한 영혼의 구원을 함께 얻을지라.…119)

흥미로운 것은 이승만이 성서의 모든 내용 가운데 가장 감동되는 것이 "병인이 있어야 의원이 쓸 데 있느니라"라는 구절이라고 한 점이다. 이 말은 세리(稅吏)와 죄인들과 어울려서 음식을 먹고 있는 예수를 보고 비난하는 바리새파 사람들을 비유적으로 나무란 예수의 말로서, 정확하게는 "건강한 사람들에게는 의원이 쓸 데 없으나 병든 사람에게는 쓸 데 있느니라"120)라는 복음서의 구절이다.

이승만은 성서의 어떤 구절을 직접 인용하는 경우가 매우 드물었다. 그런데 위의 구절은《신학월보》에 기고한 다섯편의「논설」에서 두번이나 인용했다. 그것은 이승만이 콜레라 환자들의 간병을 통하여 자기의 소명이 병자들과 같은 한국 민중을 구원하는 의원의 역할임을 더욱 절실히 의식하게 되었음을 말해 주는 것이다.

이승만으로 하여금 죽음의 문제를 심각하게 생각하게 한 것은 콜레라 환자들의 죽음만이 아니었다. 자기의 유서를 지닌 채 처형된 중죄수나 "당신은 살아서 우리가 같이 시작한 일을 끝맺으시오"라고 말하면서 교수대로 끌려가던 최정식의 모습을 그는 잊을 수 없었을 것이다. 그 뒤에도 그는 여러 정치범들이 처형되는 것을 보았다. 황제양위음모사건으로 일본에 망명했다가 1900년2월에 귀국하여 자수한 뒤 석달가량 복역하다가 처형당한 독립협회 초대회장 안경수(安駉壽)의 죽음도 보았고, 그와 함께 활동했다가 같이 처형당한 갑오경장 때의 경무사 권형진(權瀅鎭)의 죽음도 보았다. 두 사람은 정식 재판도 없이 처형되었는데, 이때에 감옥서 안에 게시되었던 방문을 이승만은 그대로 베껴서 보관했다.121) 박영

119) 리승만, 「예수교가 대한장래의 기초」,《신학월보》 1903년8월호, pp.333~335.
120) 「마태복음」 9:12, 「마가복음」 2:17, 「누가복음」 5:31.
121) 『雩南李承晚文書 東文篇(二) 李承晚著作 2』, p.11.

효를 귀국시키기 위한 거사자금 마련을 위해 활동하다가 1901년8월에 체포되어 처형당한 하원홍(河元泓) 등 아홉명의 죽음도 보았다. 혁명일심회(革命一心會)를 조직하여 의친왕 옹립을 모의하다가 1902년5월에 체포되어 2년가량 복역한 뒤에 처형되거나 옥사한 장호익(張浩翼), 조택현(趙宅顯), 김홍진(金鴻鎭), 권호선(權浩善) 등 무관들의 죽음도 보았다. 김형섭도 이때에 이들과 같이 투옥된 무관이었다. 장호익은 세번째 내리치는 칼소리가 날 때까지 계속해서 만세를 불렀다고 한다.

사형장은 감옥서 안에 있었다. 이승만의 이름을 크게 부르며 사형장으로 끌려가는 죄수들도 있었다. 이승만은 그들에 대해 "(그러나) 내가 할 수 있는 일이라고는 고작 '가서 편안히 돌아가시오'라는 말해 주는 것뿐이었다"라고 자서전 초록에 적어 놓았다.[122] 사형수들이 형장으로 끌려가면서 이승만의 이름을 불렀다는 말은 과장이 아닐 것이다. 그는 그만큼 열심히 죄수들을 돌보고 전도했던 것이다.

3

이승만은 감옥서의 관원들을 포함하여 40여명을 기독교에 입교시켰다.[123] 그가 입교시킨 사람들 가운데는 간수장 이중진도 있었다. 이승만이 감옥생활을 하는 동안 이런저런 죄목으로 한성감옥서에 투옥되었다가 기독교인이 되어 나간 정치범도 많았다. 의정부 총무국장과 참찬을 지낸 독립협회 부회장 이상재(李商在), 승지와 법부협판을 지낸 이원긍(李源兢), 경무관을 지낸 김정식(金貞植), 개성군수를 지낸 홍재기(洪在箕), 강화 진위대 장교였던 유동근(柳東根)과 홍정섭(洪正燮) 등은 그 대표적인 인물들이었다. 이들은 모두 쿠데타 음모에 관련된 혐의로 1902년6월에 투옥

---

122) 「청년이승만자서전」, 이정식 지음, 권기붕 옮김, 앞의 책, p.268.
123) "Autobiography of Dr. Syngman Rhee", p.13; 「청년이승만자서전」, 이정식 지음, 권기붕 옮김, 앞의 책, p.265; 이광린, 『올리버 알 에비슨의 생애』, p.131.

되었다가 1904년3월과 8월에 석방되었는데, 석방된 뒤에는 게일 선교사가 사역하는 연동교회(連洞敎會)에 나가기 시작하여 뒷날 한국 기독교운동의 핵심인물들이 되었다. 이 밖에 뒤에 부여군수가 되는 이상재의 아들 이승인(李承仁)과 유길준의 동생 유성준도 이상재 등과 같은 혐의로 투옥되었다가, 1904년3월에 이승인은 석방되고 유성준은 유배되었다.

경기도 양주군 장흥면 삼하리 노적봉 아래 있는 이상재의 묘비. 이승만은 대통령 재임 때에 이 묘비명을 썼다.

1904년에는 《제국신문》 사장 이종일(李鍾一), 상동 청년회의 주요 멤버였고 뒷날 상해임시정부를 이끄는 이동녕(李東寧), 한성재판소 검사였고 헤이그 만국평화회의에 밀사로 파견되는 이준(李儁), 회령군수를 지낸 안경수의 양자 안명선[安明善: 安國善][124] 등이 투옥되어 이승만과 동지적 유대를 맺었다. 이 밖에도 이승만의『청일전기』번역 작업을 도운 정순만(鄭淳萬), 뒷날 이승만의『독립정신』원고와 함께 그의 아들 태산(泰山)을 미국에까지 데려다 준 절친한 동지였다가 가장 격렬한 정적이 되는 박용만[125] 등도 이때에 이승만과 감옥생활을 같이 했다. 안명선은 1902년5월에 평양형무소로 이감되었다.

이들은 함께『신약성서』를 연구하고 서적실에 있는 기독교 서적을 열

---

124) 최기영, 「안국선의 생애와 계몽사상」, 『한국근대계몽운동연구』, 일조각, 2003, pp.145~146 참조.
125) 方善柱, 「朴容萬評傳」, 『在美韓人의 獨立運動』, pp.11~187, 안형주, 『박용만과 한인소년병학교』, 지식산업사, 2007 참조.

1903년에 찍은 이승만의 옥중동지들. 앞줄 왼쪽부터 강원달, 홍재기, 유성준, 이상재, 김정식. 뒷줄 왼쪽부터 안명선, 김
린, 유동근, 이승인, 아버지 대신 복역했던 어느 소년수. 이승만은 왼쪽에 떨어져서 중죄수 복장을 하고 있다.

심히 빌려 읽었다. 그것은 이 나라에서 관리와 양반사회에서 기독교 신앙
을 갖게 되는 최초의 일이었다.[126] 천주교와는 달리 주로 서민과 하층계
급의 민중들 사이에 전파되던 개신교를 이승만과 외국 선교사들의 열성
적인 전도의 결과로 마침내 관리와 개화파 지식인 등 양반계층에서 받아
들이게 된 것은 교회사적으로도 특기할 만한 가치가 있다.[127] '옥중개화
당'이라고 불리게 되는 이들은 뒷날 독립운동 과정에서 이승만의 중요한
인맥이 되었다.

　　이승만은 옥중에서 얻은 신앙과 열성적인 전도활동을 통하여 사회와
민중의 구원을 위한 소명의식을 한층 더 강하게 느끼게 되었다. 그는 성
서 속의 예수의 형상에서 자신의 사고와 행동의 준거를 찾았다. 그리하여

---

126) 李能和, 『朝鮮基督敎及外交史』, 1928, 新韓書林 影印版, 1968, pp.203~204.
127) 서정민, 『교회와 민족을 사랑한 사람들』, 기독교문사, 1990, p.112.

Prison group, 1904.

1904년에 찍은 성경공부를 같이 하던 옥중동지들. 이승만 앞의 소년은 아들 태산.

그는 자기 자신의 삶도 인류를 위해 하나님의 예비하신 것이라는 확신을 갖게 되었다.[128] 그러한 의식은 「옥중전도」의 첫부분을 다음과 같은 말로 시작하고 있는 데서도 극명하게 드러난다.

> 그중에 내가 홀로 특별한 인기를 얻어 내외 국문의 여러 가지 서책을 얻어 주야 잠심[潛心: 마음을 가라앉혀서 깊이 생각함]하며, 같이 있는 친구들을 간절히 권면하야 가르치매, 몸 이르는 곳에 스스로 문풍이 생기더라.[129]

이러한 문장은 감옥생활에서 체득한 기독교적 소명의식과 유년기 이

---

128) Robert T. Oliver, *op. cit.*, p.62.
129) 리승만, 「옥중전도」, 《신학월보》 1903년5월호, p.184.

래의 특별한 우월감이 절묘하게 융합되어 그가 더욱 자존심과 아집이 강한 인간형으로 싱장하고 있었음을 보여 주는 것이기도 하다. 수감생활을 같이 하면서 함께 죄수들을 가르쳤던 신흥우는 이승만이 '포용성'이 부족한 것이 결점이라고 지적했다. 옥중에서 두 사람은 자주 말다툼을 했는데, 이승만은 자기의 주장에 반대하는 것을 조금도 용서하지 않았다고 한다. 그 때문에 같은 방에 있다가 자기가 방을 옮겨야 할 때도 있었다고 신흥우는 진술했다.[130]

감옥생활을 하는 동안에 이승만이 다른 죄수들과 같이 찍은 사진 두 장이 보존되어 있다. 선교사들이 찍었을 것으로 짐작되는 이 사진들은 기독교인이 된 이승만이 감옥을 변화시키면서 그의 마음이 얼마나 평온했는지를 보여 준다.

한장은 1903년에 강원달, 홍재기, 유성준, 이상재, 김정식, 안명선, 김린(金麟), 유동근, 이승인, 그리고 아버지 대신 복역하는 한 소년수와 함께 벽돌 옥사를 배경으로 하여 찍은 것이다. 김린과 유동근이 죄수복을 입지 않고 의관을 정제한 모습이 눈에 띄는데, 이는 당시로서는 귀했을 사진을 찍기 위해 옷을 갈아입었던 것으로 짐작된다. 이승만은 다른 죄수들과 달리 쇠사슬을 두 어깨와 가슴에 묶고 한손에 삿갓을 벗어 든 중죄수 복장을 하고 다른 죄수들과 조금 떨어져서 서 있다. 어떻게 이승만 혼자 이런 모습으로 사진을 찍었는지 알 수 없다. 뒷날 이승만은 미국에서 『독립정신』을 출판하면서 이 사진에서 자신의 모습만을 잘라내어 "본 책 저술할 때에 본 저술가 리승만 본 형태"라는 설명을 붙여 수록했다.[131] 그뿐만 아니라 이 사진은 3·1운동이 나고 그가 한성정부(漢城政府)의 집정관총재(執政官總裁)로 발표된 뒤에 시카고의 한 한인교포가 만들어 유포시킨 우편엽서에도 사각모를 쓰고 가운을 입고 찍은 프린스턴대학

---

130) 申興雨, 앞의 글, p.265.
131) 『독립정신』, 『雩南李承晩文書 東文篇(一) 李承晩著作 1』, p.461.

졸업식 때의 사진과 함께 실려 있다.

출옥하던 해에 같이 성경공부를 하던 옥중동지들과 아들 태산과 함께 옥사 입구에서 찍은 또 한장의 사진에 보이는 이승만의 모습은 비록 몸은 수척해 있으나 마치 시골 개척교회 전도사와 같은 순수하고 온유한 표정이다. 이승만의 머리는 약간 왼쪽으로, 아들 태산의 머리는 약간 오른쪽으로 기울어져 있고, 다른 사람들과 달리 기이하게도 부자가 다 나막신을 신었다.

13장

독서와 시작과 저술
— 이승만의 감옥생활(2)

1. 영문잡지 암기로 영어 숙달

1

스물다섯살에서 서른살에 이르기까지의 5년7개월 동안의 감옥생활은 젊은 급진과격파 이승만에게 새로운 인생수업, 특히 효율적인 학문습득의 기간이었다. 우선 이승만은 감옥에서 엄청난 양의 독서를 했다. 그것은 밖에서 여러 가지 활동을 계속했더라면 도저히 할 수 없는 일이었다. 그는 에비슨(Oliver R. Avison, 魚丕信)이 넣어 준 영문『신약성서』를 목에 칼을 찬 채 다른 죄수들의 도움을 받아서 읽은 것을 시작으로, 확정판결이 난 1899년7월부터는 본격적으로 책을 읽었다. 이승만은 뒷날 "옥중의 지루한 세월이 거연히 7년이 된지라. 천금 광음을 허송하기 애석하야 내외국 친구들의 때로 빌려 주는 각색 서책을 잠심(潛心)하야 고초와 근심을 적이 잊고자"했다고 술회했다.[1] 감옥서에서는 죄수들, 특히 이승만이 읽는 책의 내용이나 시간 등에 대해 특별한 규제는 하지 않았다. 이때부터 이듬해 2월까지, 곧 김영선(金英善)이 감옥서장에 임명될 때까지 읽은 책과 간행물들의 목록을 이승만은 「소람서록(所覽書錄)」이라는 글에 꼼꼼히 적어 놓았다.[2] 「소람서록」에 따르면 이승만은 이 기간 동안에 한문『신약』,『태서신사람요(泰西新史攬要)』,『중동전기(中東戰紀)』,『공법회통(公法會通)』 등 한문, 국한문, 국문 등 동양어로 된 책 19권과『신약성서(New Testament)』를 비롯한 영문서적 19권,《만국공보(萬國公報)》,《신학월보》 등의 중국 및 한국 잡지와《런던타임스(The Times)》,《저팬 트리뷴(The Japan Tribune)》,《크리스천 애드버케이트(The Christian Advocate)》 등 수십 종의 영문 신문 및 잡지를 읽었다.

---

1) 『독립정신』, 「서문」,『梨花莊所藏 雩南李承晚文書 東文篇(一) 李承晚著作 1』, p.7.
2) 「所覽書錄」,『雩南李承晚文書 東文篇(二) 李承晚著作 2』, pp.3~9.

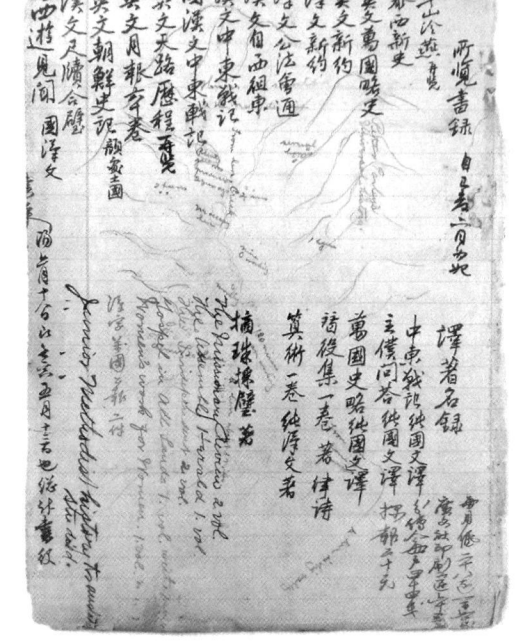

이승만이 감옥에서 읽은 책의 목록을 적어 놓은 「소람서록」의 첫장.

또한 앞에서 본『옥중도서대출명부』에 따르면, 이승만은 1903년1월부터 이듬해 8월에 출옥할 때까지 감옥서학교를 운영하는 바쁜 일과 속에서도 「소람서록」에 적힌 책들 말고도 서적실에 있는 많은 책을 읽었다. 이 무렵에 같이 감옥생활을 했던 김형섭(金亨燮)이 "이승만씨는 유명한 독학가(篤學家)로서 감옥에 있으면서도 순시도 손에서 책을 놓는 일이 없었다"[3] 라고 기술한 것은 이승만이 얼마나 독서에 열심이었는가를 짐작하게 한다.

「소람서록」이나『옥중도서대출명부』를 통하여 알 수 있는 또 하나의 중요한 사실은 이승만이 국문과 한문 등의 동양서적이나 정기간행물보다도 영국, 중국, 일본 등지에서 발행되는 주요 신문이나 미국에서 발행되는 잡지 등 영문 정기간행물들을 애독한 점이다. 그리하여 그는 옥중은 말할 것도 없고 옥 밖에 있는 일반 지식인들보다도 훨씬 더 많은 지식을 습득하고 국내외 정세에 정통했다.[4]

기독교에 입교하여 전도에 열성을 쏟고 있던 이승만이 성서를 비롯한 기독교 관계 서적을 탐독한 것은 당연한 일이었다. 그는『신약』을 가

3) 「金亨燮大佐回顧錄」, 市川正明 編, 『日韓外交史料(10)』, p.231.
4) 유영익, 『젊은 날의 이승만: 한성감옥생활(1899~1904)과 옥중잡기 연구』, p.69.

장 열심히 읽었고, 그다음으로 자주 읽은 기독교 서적은 버니언(John Bunyan)의 유명한 소설 『천로역정(天路歷程: *The Pilgrim's Progress*)』이었다. 그는 또 외국 선교사들이 넣어 주는 중국 광학회본(廣學會本) 기독교 교리서들도 많이 읽었다.

특히 눈여겨볼 것은 이승만이 여러 가지의 역사 관계 서적을 탐독했다는 사실이다. 그는 『태서신사람요』(1897)와 『중동전기본말(中東戰紀本末)』(1897)의 두 한역본과 스윈턴(William Swinton)의 『만국사략(萬國史略: *Outline of World's History*)』(1874)과 그리피스(William E. Griffis)의 『조선사기 안처사국(朝鮮史記 顔處士國: *Corea: The Hermit Nation*)』(1882)을 애독했던 것 같다.[5] 『태서신사』가 어떤 책이었는지는 김구가 옥중에서 그 책을 읽고 사상적 전환을 하는 것과 관련하여 앞에서 자세히 살펴보았다.

『중동전기본말』은 상해(上海)에서 활동하던 미국인 선교사 알렌(Young J. Allen, 林樂知)이 중국인 낙방거사 채이강(蔡爾康)과 함께 편술한 청일전쟁사론으로서 청말(淸末)의 개혁운동, 특히 1899년의 무술정변(戊戌政變)을 주도한 강유위(康有爲)와 양계초(梁啓超) 등에게 큰 영향을 끼친 책이다. 이승만은, 뒤에서 보듯이, 이 책을 『청일전기』라는 제목으로 국문으로 번역했다.

이승만이 읽은 책 가운데는 이 무렵 지식인 사회에서 널리 읽히던 블룬칠리(Johannes K. Bluntschli, 步倫)의 『공법회통(公法會通)』(1880)을 비롯하여 『약장합편(約章合編)』 등 국제법 관련 책들도 포함되어 있었다. 만국공법에 대한 관심은 다른 개화파 지식인들과 마찬가지로 이승만도 매우 컸음을 알 수 있다. 실제로 그는 옥중에서 집필한 많은 논설에서 만국공법의 중요성을 강조했다.

이승만은 유길준(俞吉濬)의 『서유견문(西遊見聞)』(1895)도 읽었다.

---

5) 위의 책, p.71.

이승만이 이 책을 읽었다는 것은 유길준의 개혁사상과 함께 그가 일본에 머물면서 추진하던 변혁운동에도 관심을 가지고 있었음을 뜻한다.[6] 이승만은 1902년에 투옥된 유길준의 동생 유성준(兪星濬)과 친교를 맺으면서 그의 권유에 따라『독립정신』을 집필하는 것은 뒤에서 보는 바와 같다.

이승만의 「소람서록」에는 청나라 초기의 유명한 장편소설『평산냉연(平山冷燕)』이 첫번째로 적혀 있고, 김만중(金萬重)의『구운몽(九雲夢)』도 적혀 있다.『평산냉연』밑에 "재람(再覽)"이라고 써 놓은 것으로 보아 이승만은 이 책을 어릴 때에 서당 청지기방에서『서상기(西廂記)』를 읽던 때만큼 열독했던 모양이다.『평산냉연』은 '적안산인(荻岸山人)'의 작품으로 되어 있으나, 작자 미상의 재자가인[才子佳人: 재주 있는 젊은 남자와 아름다운 여자]을 다룬 소설로서 제명은 주인공 네 사람의 성을 합친 것이다. 1826년에 프랑스어로 번역된 이래 서양에도 소개되었다. 그런데 이 소설들은『옥중도서대출명부』에는 보이지 않는다.

「소람서록」은 이승만의 옥중잡기의 하나이다. 이승만은 감옥서 안에 있는 동안 미제 노트와 그 밖의 다른 종이에 한문, 국한문, 영문으로 적은 온갖 종류의 길고 짧은 기록들을 남겼다. 이 문서들은 새로 제정된 대한제국의 관제, 주요 국제조약문, 세계 각국의 인구와 세입세출 통계 및 주요 지도자들의 이름, 한청정계비(韓淸定界碑)의 내력 등의 역사 자료, 옥중에 콜레라가 침입했을 때에 환자들을 보살피면서 적은 사망자 명부, 외국 선교사들이 자신의 석방을 건의한 편지 사본, 자신이 한문으로 집필한 각종 건의서와 논설 등 40가지에 이른다.[7]

이승만이 감옥생활의 감상을 적은 「추야불매(秋夜不寐)」라는 한문 수필 한편을 보자.

---

6) 같은 책, p.72.
7) 『雩南李承晚文書 東文篇(二) 李承晚著作 2』, pp.2~156.

하루 종일 문을 닫고 앉았다 누웠다 하며 책을 본다. 저녁 종소리가 막 그치자 작은 창살에 어둠이 깃든다. 심부름하는 아이가 등에 불을 켜자 새어나오는 불빛이 희미하게 비친다. 모두가 잠자리에 들어 고요하기가 참선에 든 승려의 승방 같다.

창살에 기대어 밖을 내다보니 뜰에 있는 나무가 어슴푸레하게 보인다. 산들바람이 천천히 불어와 볼을 스쳐가니 울어 대는 귀뚜라미 소리가 호소나 하듯이 귓전에 요란하다. 뉘집에서인가 시름에 잠긴 아낙네의 다듬이 소리가 끊어졌다 이어졌다 하고, 담장 너머로 야경꾼의 징소리가 멀어졌다 가까워졌다 한다. 성긴 버들가지가 서늘한 바람을 보내오고 그윽한 난초가 향기를 풍긴다. 밤은 어찌하여 이리도 깊어만 가는가. 종소리 북소리 멀리서 들리는데 누구의 시름인가.

하루 종일 기다려도 편지가 오지 않으니 임금님의 교서도 다소 늦어지나 보다. 작년이고 금년이고 백발은 늙어감을 재촉하니 남은 날이 며칠이런가. 황가(皇家)에 일은 많은데 이 한몸 왕옥(王獄)에 갇혔구나. 그만두어라. 말해도 미치지 못하리로다. 아! 명(命)이로다. 운수에 달렸구나.

무릇 선비로서 혼란한 나라에 처한 자가 참으로 능통한 임기응변책으로 헤쳐나가지 못할 바에는 다만 자기 한몸이라도 잘 가누어 기미를 살피고 변화에 대처해야 한다. 걱정해서 무엇하랴. 나도 이제부터 쉬리로다.[8]

빼어난 한문 문장의 이 글은 이승만의 감옥생활의 심경을 여실히 드러낸 가작이다. 그리고 이 글은 이승만의 유일한 한문수필이기도 하다.

한성감옥서는 또한 이승만에게 중단했던 붓글씨를 다시 쓸 수 있는 기

---

8) 『雩南李承晚文書 東文篇(二) 李承晚著作 2』, pp.49~50, 번역문은 유영익, 앞의 책, p.265.

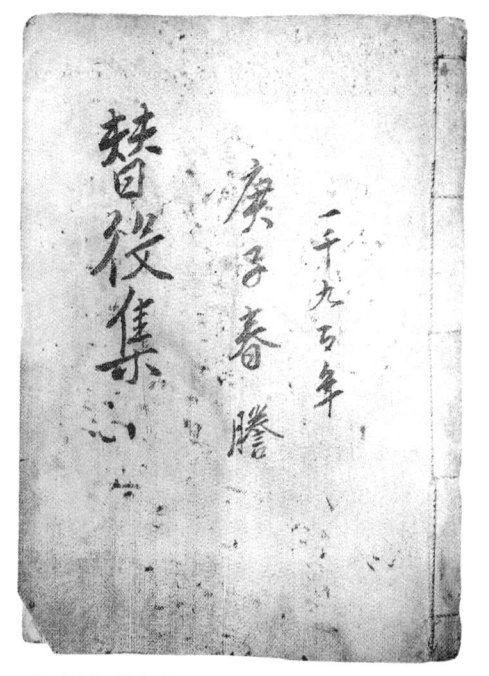

이승만이 옥중에서 지은 한시집 『체역집(替役集)』.

회를 제공했다. 어릴 때에 동네사람들이 둘러서서 지켜보는 가운데 붓글씨를 쓸라치면 사람들은 "야, 그 도령 잘 쓴다" 하고 감탄했었는데, 배재학당에 들어가고부터는 붓글씨를 쓸 기회가 없었다. 그랬던 것이 감옥서에 들어와서 김영선 서장의 허락을 받아 붓글씨를 다시 쓸 수 있게 된 것이었다. 그러나 심한 고문의 후유증으로 손가락이 굳어져 있어서 이전의 붓글씨 솜씨는 좀처럼 회복되지 않았다.

2

붓글씨 쓰기는 아주 자연스럽게 시작(詩作)으로 이어지게 마련이었다. 이승만은 옥중에서 지은 자작 한시(漢詩) 142수를 『체역집(替役集)』이라는 제목으로 엮어 놓았다. 체역이란 "징역살이를 대신한다"는 뜻이다. 그만큼 시작활동은 감옥생활의 고통과 비애를 달래는 작업이 될 수 있었다. 시의 소재는 다양했다. 나라의 장래를 걱정하는 우국충정, 가족을 그리는 심정, 감옥 안에서 일어나는 일, 자연환경의 변화에 대한 감상, 여러 부류의 사람들과 여러 가지의 동식물 등 온갖 소재를 세심하게 묘사했다.

그는 감옥생활을 하는 자신의 처지를 새장에 갇힌 학에 비유했다.

牢中述懷   옥중회포를 읊다

一生胸海不平鳴　　덧없이 가슴속에 피가 끓는데
雨打風飜浪易驚.　　더구나 비 뿌리고 바람 치다니.
籠鶴遙懷雲萬里　　새장 안의 두루미 품은 뜻은 만리
林禽孤夢月三更.　　숲 속 새 외로운 꿈에 달이 기울어.
策書爲伴行裝重　　조촐한 보따리라 책밖에 없고
匣劍知心性命輕.　　목숨을 아끼지 않음은 칼이 아누나.
世事黃金隨處有　　여보소 돈 없다 한탄을 마소
貧寒那得誤經營.　　가난에 얽매여 일 그르치랴.[9]

감옥의 급식은 어느 시대에나 흡족할 수 없다. 이 무렵 한성감옥서는 하루에 밥을 두끼밖에 주지 않았다. 이승만은 한성감옥서의 급식상태를 다음과 같은 시로 풍자했다.

　　　　官食　　　　　　　관식

蔬羹淸如霽雨潭　　물같이 헤멀건 우거지국을
齊分雙迭各西南.　　이방 저방 골고루 나누어 준다.
菲盤猶飽茵常濕　　소반 없이 먹자니 방석이 젖고
半椀當飢茶尙甘.　　반 사발 밥이라 숭늉도 달군.
啖粗無塩思煮海　　나물은 싱거워 소금 아쉽고
採沙如玉憶耕藍.　　깨물리는 모래알 옥같이 희네.
滿顏菜色頭頭語　　부황 띤 얼굴에 오가는 말이
不計醜荒願日三.　　이거나마 하루 세때 먹어 봤으면.[10]

9) 李承晩 著, 辛鎬烈 譯, 『替役集(乾)』, 東西出版社, 1961, pp.2~3.
10) 『替役集』, 『雩南李承晩文書 東文篇(二) 李承晩著作 2』, pp.220~221; 辛鎬烈 譯, 『替役集(坤)』, pp.64~65.

궁핍한 집안살림을 혼자서 꾸려 나가면서 성심성의로 옥바라지하는 아내에 대한 애틋한 정을 이승만은 이렇게 읊었다.

懷人 　　　　　　　　　임 생각

莫敎閨裏歲華流 　　　세월아 아낙 위해 머물러다오
其奈鏡鸞孤影遊. 　　짝 잃은 원앙을 어찌하자고.
獨鳥頻驚羈枕月 　　　외로운 새 달밤에 자주 놀라고
歸鴻遙帶故園秋. 　　고향 가을 가득 실은 먼 기러기.
每因思苦歌蓮曲 　　　그리울 젠 연꽃 따는 노래 부르고
幾度愁添上柳樓. 　　버들 보고 시름한 적 몇번이던고.
欲問他鄕憔悴意 　　　타향살이 이다지도 초라할손가
人間離別恨難收. 　　이별이란 인간으로 못할 일일세.[11]

이러한 조강지처였음에도 불구하고 해로하지 못했을 뿐만 아니라, 그의 대통령 재임 때에는 박씨 부인이 있었다는 사실조차 세상에 알려지지 못하게 했던 것은 이승만의 인간적 불행이었다.

이승만은 아버지에 대해 송구스러운 심경을 다음과 같이 읊었다.

慰親 　　　　　　　　아버님을 위로하다

數幅箋中筆二枝 　　　몇장 편지 속에 붓이 두자루
感恩有淚奉書時. 　　읽기도 전에 눈물이 앞을 가린다.
養情深恨供無酒 　　술이바지는 길이 없어 뜻을 어겼으나
獻壽空將頌以詩. 　　헌수하는 정성으로 시를 올립니다.

---

11) 『替役集』, 『雩南李承晩文書 東文篇(二) 李承晩著作 2』, p.171; 辛鎬烈 譯, 『替役集(乾)』, pp.6~7.

繫獄罪輕應有鑑	제 마음 아신다오 밝으신 하늘
報君義重更何思.	임금을 섬기자니 어이하리까.
今年縱未斑衣侍	이해에야 모시지 못할지라도
惟幸陽春來不遲.	봄소식 머지않아 다행입니다.[12]

　감옥에 갇힌 사람들에게 세밑을 맞는 것만큼 애연한 일은 없다. 특히 아버지에 대하여 남다른 자괴심을 느끼고 있는 이승만으로서는 쓸쓸히 세밑을 보낼 이경선(李敬善)을 생각하면 감회가 여간 착잡하지 않았을 것이다. 이승만이 아펜젤러(Henry G. Appenzeller, 亞扁薛羅)에게 보낸 1900년2월6일자 편지에서 "저는 책을 읽고 약간의 시를 지으면서 시간을 보내고 있습니다. 그러나 제가 잊을 수 없는 오직 한가지 사실은 저의 연로하신 아버지와 가족들이 겪는 말할 수 없는 고통입니다"[13] 라고 쓴 것은 가족들에 대한 이승만의 심정이 어떠했는가를 말해 준다.

獄中歲暮	옥중 세밑
談懷夜夜抵晨鷄	밤마다 긴긴 사연 닭이 울도록
却感流光憶舊棲.	이해도 거의로다 집이 그리워.
人與蟄蟲深處穴	사람은 벌레처럼 구멍에 살고
歲從逝水急過溪.	세월은 계곡 급류 따라가누나.
臘梅酒熟思供老	어버이께 설술을 올려 보고파
新絮衣來戀見妻.	솜옷을 보내준 아내 보고파.
屈指今多餘十日	손꼽으니 올겨울도 여남은 날 뿐

---

12) 辛鎬烈 譯, 『替役集(坤)』, pp.60~61.
13) 이만열 편, 『아펜젤러: 한국에 온 첫 선교사』, p.417.

三年櫪驥繫閑蹄.　　　삼년을 매어 있는 천리마라오.[14]

　여러 종류의 인간을 묘사한 시도 지었는데, 개중에는 춤추는 기생을 묘사한 것도 있다. 이승만이 언제 춤추는 기생을 실제로 본 적이 있었는지 알 수 없다.

　　　　舞妓　　　　　　춤추는 기생

佳姬名舞擁笙歌　　　풍악에 어우러진 미인의 춤
輕薄桃花逐亂波.　　　복사꽃 나풀나풀 물결을 쫓네.
翻愛蝶翅風外倒　　　바람에 나부끼는 나비 날개인가
閃疑鶴影月中過.　　　달 아래 어른대는 학 그림자인가.
送眸嬌態頻窺扇　　　아양 많아 부채 너머로 교태 보내고
滿臉羞痕故掩羅.　　　수줍은 듯 수건 들어 얼굴 가리네.
雙袖翩翩如羽化　　　펄렁이는 소맷자락 깃이 돋친 듯
分明仙子弄人多.　　　사람을 하 놀리는 신선이 분명하다.[15]

　죄수들을 괴롭히는 빈대의 생태를 흥미로운 비유로 묘사한 시는 이승만의 시작의 재능을 남김 없이 보여 준다.

　　　　蝎　　　　　　　빈대

暖如醉客冷飢僧　　　따뜻하면 기운 펴고 차면 오물고

14) 『替役集』, 『雩南李承晩文書 東文篇(二) 李承晩著作 2』, p.205; 辛鎬烈 譯, 『替役集(坤)』, pp.52~53.
15) 『替役集』, 『雩南李承晩文書 東文篇(二) 李承晩著作 2』, pp.167~168; 辛鎬烈 譯, 『替役集(乾)』, pp.116~117.

下地上天便入升.	천장으로 바닥으로 오르내린다.
走遍粉壁光金散	하얀 벽을 돌고돌아 아롱을 찍고
獵到松床勢土崩.	마루 틈을 헐어보면 몰키어 있다.
蚊親遠不通秦晋	모기와는 연이 멀어 혼인 안되고
虱族殘如附楚滕.	벼룩이나 이쯤은 곁방살일세.
君家苗裔多陰福	네 집은 어찌하여 복 많이 받아
子百孫千共繼繩.	백 아들 천 손자 대를 잇느냐.[16]

빈대가 오글거리는 것을 백 아들 천 손자로 대를 잇는 복받은 현상으로 비유한 것은 평소에 이승만이 독자로 이어지는 자기네의 고독한 가계를 의식하고 있는 데서 나온 착상이었는지 모른다. 뒷날 이승만은 대통령 재임 때에 경무대 안방을 청소하던 우(禹) 부인이 "개굴개굴 개구리 노래 부른다. 아들 손자 며느리 다 모여서"라는 동요를 무심코 흥얼거리자, "그 복 많은 개구리는 팔자가 좋구먼" 했다고 한다.[17]

이승만은 또 자신의 헌신적인 간병에도 불구하고 무더기로 죽어 나간 콜레라 환자 죄수들을 생각하면서 다음과 같이 읊었다.

憐靑衣病斃	병들어 죽은 죄수를 슬퍼하며
恩波獨不及枯漁	은혜가 못 미친 고어[枯魚: 말린 물고기] 신세
歸臥也安勝獄居.	감옥보다 땅속이 나을까보다.
死必泉臺逢友易	거기 가면 친구도 많이 만나리
生猶冥府見親疎.	살았댔자 친척도 볼 수 없거든.
身後舊名留法案	이름은 법안에 머물러 있고

---

16) 『替役集』, 『雩南李承晩文書 東文篇(二) 李承晩著作 2』, pp.191~192; 辛鎬烈 譯, 『替役集(坤)』, pp.16~17.
17) 曹惠子, 「人間李承晩 새 傳記⑤」, 《女性中央》 1985년 5월호.

手中遺物有家書.   유물은 집에서 부쳐 온 편지.

邦慶今年多赦典   올해에는 특사도 많았건만

嗟君終錮罪還餘.   그대는 죄 남긴 채 그대로 갔다.[18]

이승만은 이미 독실한 크리스천이 되어 있었으나 마음 한구석에는 불
교에 대한 아련한 그리움이 남아 있었던 것 같다. 다음과 같은 시가 그것
을 말해 준다.

石佛   돌부처

西域何年渡海東   서역에서 언제 바다 건너 동으로 왔나

他山舊貌至今同.   타산의 옛 모습 변함이 없다.

僧來松月依依白   소나무에 걸린 달은 중을 맞아 의연히 희고

客去巖花寂寂紅.   객 떠난 산골짝에 꽃만 붉었다.

俗幻塵埃堆法殿   법당은 묵은 먼지 켜켜이 쌓였고

時移風雨打禪宮.   승방은 비바람에 넘어졌도다.

香殘燈滅疎鐘落   향불은 꺼지고 중은 고요해

萬劫千緣一夜通.   번뇌를 잊어버린 이 한밤이여.[19]

이승만은 처음에는 혼자서 시를 지었으나 뒤에 수감되는 죄수들 가
운데 유성준과 전 시종 이유형(李裕馨), 정위 임병길(林炳吉), 법부협찬
이기동(李基東), 윤춘경(尹春景), 경무관보 김세진(金世鎭), 유진구(兪
鎭九), 정백남(鄭白南) 같은 시 동호인들을 만나서 시작을 즐겼다.[20] 유성
준은 이승만이 교교한 달빛이 철창으로 들이비치는 밤이면 등불을 치우

18) 『替役集』, 『雩南李承晩文書 東文篇(二) 李承晩著作 2』, p.214; 辛鎬烈 譯, 『替役集(乾)』, pp.62~63.
19) 『替役集』, 『雩南李承晩文書 東文篇(二) 李承晩著作 2』, p.219; 辛鎬烈 譯, 『替役集(坤)』, pp.44~45.
20) 유영익, 앞의 책, p.96.

고 입으로 시를 지어 자기에게 들려주었다고 적어 놓았다.[21]

이승만이 옥중에서 지은 시 가운데 죄수들 사이에서 가장 인기가 있었던 작품은 「청의부역(靑衣赴役: 푸른 수의를 입고 옥살이하다)」이라는 제목의 율시였다.

士入窮途悔讀書	선비가 궁한 길에 드니 배운 것이 한스러워
三年縲絏做官餘.	벼슬이 빚어낸 삼년 옥살이.
鐵絲結伴新交密	쇠줄에 함께 묶여 새롭게 정들지만
簑笠逢人舊面疎.	용수를 쓰고 보니 옛 친구도 낯설구료.
從古英雄衣有虱	예부터 영웅 옷에는 이가 있었고
而今客子食無魚.	지금의 인물은 고기 없이 밥 먹는 신세.
時來神物終當合	때가 오면 모두가 뜻대로 되리
寧死壯心不負初.	죽을망정 처음 생각 변할 리 있으랴.[22]

이승만은 자서전 초록에서 이 시의 제목을 「사립봉인구면소(簑笠逢人舊面疎)」라고 적었다.[23] 아마 그는 그 구절이 썩 잘된 것이라고 스스로 만족해하고 있었기 때문이었을 것이다.

3

이승만의 옥중학습 가운데 가장 주목되는 것은 영어에 숙달하게 되었다는 사실이다. 수감생활을 같이했던 신흥우(申興雨)는 이승만이 옥

---

21) 「兪星濬이 李承晩에게 보낸 1903년5월16일자 편지」, 『雩南李承晩文書 東文篇(十七) 簡札 2』, pp.371~373.
22) 『替役集』, 『雩南李承晩文書 東文篇(二) 李承晩著作 2』, p.223; 辛鎬烈 譯, 『替役集(乾)』, pp.88~89; 유영익, 앞의 책, p.96.
23) "Autobiography of Dr. Syngman Rhee", p.12; 「청년이승만자서전」, 이정식 지음, 권기붕 옮김, 『초대대통령 이승만의 청년시절』, p.266.

중에서 영어를 더욱 열심히 공부하여 서양인들과의 교섭에 조금도 손색이 없을 정도였다고 말했다.[24] 신흥우의 밀에 따르면 외국 선교사들이 넣어 준《아웃룩(The Outlook)》등 영문잡지들이 이승만의 영어 교과서였다. 이승만은 또 붉은 물감을 몰래 들여와서 잉크를 만들어 낡은 잡지에 영어 쓰기를 연습했고, 잡지에서 읽은 문장을 눈을 감고 외우기도 했다. 그는 여러 해가 지난 뒤에도 이때에 영문잡지에서 외운 어떤 문장을 단어 하나 틀리지 않고 암기하여 주위 사람들을 놀라게 했다고 한다. 그는 사전에 있는 영어단어들을 모두 외우려고도 했다.[25] 이처럼 이승만은 서당에서 한문 문장을 외우던 방식으로 영어 문장을 외웠는데, 그것은 이승만뿐만 아니라 개화기 지식인들의 일반적인 영어 학습 방법이었다. 영어는 말할 나위도 없고 영어로 배우는 다른 과목의 경우에도 문장을 통째 암기하기가 예사였다.[26] 옥중학습을 통하여 이승만의 영어실력이 얼마나 향상되었는가에 대해서는 이승만이 출옥한 다음 날 그를 방문했던 윤치호(尹致昊)가 무엇보다도 이승만의 영어실력이 향상된 것에 대해 놀라움을 표시한 것으로도 짐작할 수 있다.

오후 4시에 6년 가까이 투옥되었다가 어제 석방된 이승만을 방문했다. 그는 훌륭한 청년이다. 그는 감옥에 있는 동안에 영어가 크게 향상되어 영어로 말할 수 있고 좋은 글을 쓸 수 있게 되었다.[27]

윤치호는 일찍이 미국 에모리대학교(Emory University)에 유학했고, 중국에서 영어교사로 일한 적도 있었다.

이승만은 이처럼 외국의 신문과 잡지를 정독함으로써 영어뿐만 아니

---

24) 申興雨, 「李承晚を語る」,《思想彙報》제16호, p.284.
25) Robert T. Oliver, Syngman Rhee: The Man Behind the Myth, pp.53~54. 올리버는 이 책을 쓰기 위해 1949년에 申興雨와 면담했다.
26) 文龍, 「韓國英語敎育史(1883~1945)」,《省谷論叢》제7집, 省谷學術文化財團, 1976, p.636.
27) 『尹致昊日記(六)』1904년8월9일조, 1971, p.51.

라 국제정세에 대하여 해박한 지식을 갖게 되었다. 그런데 이승만이 정독했다는 영문잡지《아웃룩》은 그의 「소람서록」에는 적혀 있지 않다.

이승만이 얼마나 열심히 영어공부를 했고, 또 영어실력이 어느 정도였는가를 보여 주는 자료 하나가 보존되어 있다. 1902년1월30일에 영일동맹협약(英日同盟協約)이 체결되었을 때에 그 내용을 보도한 일본인 신문《한성신보(漢城新報)》의 호외에 실린 국한문의 협약문 번역문을 보고 이승만이 영어로 옮겨 놓은 것이 그것이다. 이 영어번역문은 이승만의 국제정세에 대한 관심과 아울러 그의 영어실력을 보여주는 것이어서 눈여겨 볼 만하다.

공식 협약문의 전문(前文)과 이승만의 번역문을 대비해 보자.《한성신보》에 보도된 조약문 전문의 번역문은 다음과 같았다.

일본국 정부 및 대불열전국(大不列顚國) 정부는 극동에서 현상과 및 전국(全局)의 평화유지를 희망하며 차(且) 청(淸)제국 및 한(韓)제국의 독립과 영토보존을 유지함과 및 해(該) 이국(二國)에서 각국 상공업(各國商工業)으로 하여금 균등한 기회를 득(得)하는 데 관하야 이익관계를 특유(特有)한 고로 자에 좌와 여하게 약정함이라.

이 문장을 이승만은 다음과 같이 번역했다.

The Governments of Great Britain and Japan hereby agree to enter into a treaty in regard to the fact that these both Powers mutually desire to maintain the present state of peace in the far east and to retain the independence and territorial integrity of Korea and China. And in the meantime, among the treaty Powers that hold reciprocal right of industrious and commercial advantage in the two said nations, especially the common interest of Britain and Japan is the most greater. On account of the above mentioned state of affairs the treaty is agreed as follow: —— 28)

공식협약문은 다음과 같은 문장으로 되어 있다.

The Governments of Great Britain and Japan, actuated solely by a desire to maintain the "status quo" and general peace in the Extreme East, being, moreover, specially interested in maintaining the independence and territorial integrity of the Empire of China and the Empire of Corea, and in securing equal opportunities in those countries for the commerce and industry of all nations, hereby agree as follows: —— 29)

공식협약문이 압축된 문장으로 되어 있는 데 비해 이승만의 번역문은 알기 쉽게 긴 문장으로 되어 있다. 그러나 내용은 정확하다.

이승만이 옥중에서 영어를 열심히 공부한 것은 출옥한 뒤의 자신의 장래에 대한 강한 의욕 때문이었음은 말할 나위도 없다. 이승만이 한국 기독교를 이끄는 지도자가 되기를 바랐던 외국 선교사들도 그에게 미국 유학을 위한 준비로 영어에 숙달하도록 권유했을 것이다. 그러나 이승만 의 야심은 기독교의 지도자가 되는 것에 만족하지 않았다. 그는 나라를 변혁시키는 데 자신을 바치겠다고 생각하고 있었다. 그러한 목적을 달성 하는 데 영어는 필수불가결한 수단이라고 생각했던 것이다.

열성적인 노력을 통하여 숙달된 영어실력은 이승만이 뒷날 미국의 유 수한 대학의 정규 과정을 짧은 기간 안에 마치는 데 결정적인 힘이 되었을

---

28) 『雩南李承晩文書 東文篇(二) 李承晩著作 2』, p.82.
28) 『雩南李承晩文書 東文篇(二) 李承晩著作 2』, p.82.

뿐 아니라, 그의 일생을 통한 외교활동의 가장 효율적인 수단이 되었다.

4

이승만의 옥중생활에서 가장 뛰어난 작업은 역시 집필활동이었다. 그가 맨 먼저 착수한 것은 번역작업이었다. 이승만은 번역작업이 "평생에 원했던" 일이었는데, 김영선이 감옥서장에 임명되면서 그것이 가능해졌다고 적었다.[30]

이승만은 처음 『만국사기(萬國史記)』[31]를 한문으로 번역하기 시작했다가 알렌의 『중동전기본말』을 번역하는 것이 더욱 긴급하다고 판단하여 도중에 바꾸었다고 한다. 그리고 『중동전기본말』도 내용이 너무 번거롭고 분량이 많아서 "긴요한 것을 뽑아" 번역했다는 것이다. 이 책은 이미 유근(柳槿)과 현채(玄采)가 역시 중요한 부분을 발췌해서 국한문으로 번역하여 『중동전기』라는 제목으로 두권으로 출판한 것이 있었는데, 이승만은 그 책도 참고하면서 순국문으로 새로 번역했다.

한문 원본도 보급되어 있고 국한문 번역본도 나와 있는데도 『중동전기본말』을 번역하는 일이 긴급한 일이라고 생각한 것은 이승만이 청일전쟁의 결과를 그만큼 중요하게 생각했기 때문이다. 그는 자서전 초록에서 "청일전쟁은 우리나라로 하여금 동양의 구세계는 현대문명의 광범한 영향을 무시할 수 없다는 것을 일깨워 주었다"[32] 라고 썼다. 그러므로 청일전쟁과 관련된 포고, 조약문, 전쟁상황과 외교교섭의 경위, 전보문, 신문기사 등 각종 자료와 편자들의 논평 등으로 구성된 이 책을 될 수 있는대로 많은 한국인들이 읽고 깨우쳐야 한다고 생각했다.

---

30) 『청일전기』, 「서문」 『雩南李承晩文書 東文篇(二) 李承晩著作 2』, p.236.
31) 「소람서록」에는 피터 펄리(Peter Parley)의 *Universal History*(1874)를 『萬國略史』로, 윌리엄 스윈턴(William Swinton)의 *Outlines of the World's History*(1874)를 『萬國史略』으로 적어 놓았는데, 『萬國史記』가 어느 책을 지칭한 것이었는지는 알 수 없다.
32) 「청년이승만자서전」, 이정식 지음, 권기붕 옮김, 앞의 책, p.270.

이승만이 저술작업으로 맨 먼저『중동전기본말』을 번역한 것은 개화파 지식인들의 청일전쟁 이후의 동아시아 국제정치에 대한 관심을 보여주는 것이었다. 개화파 지식인들은 이제 몇세기에 걸친 한국과 중국의 문화적 상호작용에 대한 재평가를 통하여 민족적 정체성을 찾고자 했다. 그것은 한국이 자본주의적 세계체제의 근대적 이데올로기에 점차 관여하고 있음을 반영하는 것이었다고 할 수 있다.[33]

이승만은 이 책을 번역하면서 원본에 없는 여러 가지 내용을 함께 적어 넣었는데, 그것은 주로 한국 지배층의 부패와 무능과 아울러 민중의 몽매를 신랄하게 비판하면서 각성을 촉구하는 내용이었다. "전쟁의 원인"이라는 항목에서 이승만은 자기의 주장을 다음과 같이 피력했다.

대개 이 싸움으로 인연하야 대한독립이 세계에 드러났은즉 이 싸움이 아니된 것보다 낫다고 할 듯하나, 실상을 생각하면 독립을 이렇게 광포(廣布)한 것이 진실로 일본의 영광이요 대한의 수치라.… 대한 신민들이 이것을 분히 여겨 내 나라 독립을 우리 손으로 빛내어 보기를 일심할진대 이 수치를 한번 씻어볼 날이 있을 터인데, 이것을 분히 여길 줄 알자면 먼저 그 속을 알아야 될 터이니, 아무쪼록 이런 책을 많이 보아 외국 형편과 내 나라 사정을 자세히 공부하는 것이 급선무라.…[34]

그리하여 빨리 개혁해야 한국도 만국공법이 보장하는 국제사회의 일원으로 떳떳이 참여할 수 있고 그것만이 독립을 유지할 수 있는 길이라고 그는 역설했다.

이승만은 1900년4월4일(음력)에 번역작업에 착수하여 석달 만인 7월

33) Andre Schmid, *Korea Between Empires 1895~1919*, p.55.
34)『청일전기』,『雩南李承晚文書 東文篇(二) 李承晚著作 2』, pp.241~242.

6일에 끝냈다. 제목은 『청일전기』라고 붙였다. 감옥서장이 허락한 일이었고 또 나중에 그로부터 번역작업의 수고비를 받기까지 했으나, 번역하는 동안에는 여간 고생스럽지 않았다. 종이가 없어서 영어신문지에 글을 써야 했고, 밤이면 초를 구해다가 석유통에 넣어 옥관들이 보지 못하게 하고 베껴 적었다고 한다.[35] 밤늦게는 불을 켜지 못하게 했기 때문이었을 것이다. 같이 수감생활을 하던 정순만(鄭淳萬)이 베끼는 작업을 거들었다. 이렇게 작성된 원고를 현채가 가져다가 출판할 목적으로 다시 정서했다. 그러나 출판은 쉽사리 이루어지지 않았다. 이승만은 이 책의 출판을 위하여 애를 많이 태웠다. 한문에 익숙한 이른바 뜻있는 군자들을 상대로 쓴 「신역전기부록(新譯戰記附錄)」이라는 한문논설에서 이승만은 "부탁하는 말씀"이라면서 『청일전기』의 인쇄 및 출판에 필요한 자금지원을 요청했다.[36] 그리고 이 논설과는 별도로, 『청일전기』 500질을 두종류로 만들 경우의 인쇄비를 각각 계상한 견적서까지 작성했다.[37] 그러나 『청일전기』는 끝내 출판되지 못하고 말았다.

이 원고는 이승만이 출옥한 뒤에 현채에게서 찾아 보관하고 있다가 1917년에 하와이에서 자신이 주관하는 태평양잡지사에서 출판했다. 번역을 끝내고 17년이나 지나서였다. 이때에 쓴 「서문」에서 이승만은 한국역사에서 갖는 청일전쟁의 의미를 다음과 같이 강조했다.

조선 역사에 제일 큰 난리는 임진왜란이요 한인들이 제일 통분히 여기는 전쟁도 임진왜란이라. 일본이 수천년 동안을 조그마한 섬 속에 갇혀서 대륙에 발을 붙이고저 하는 욕심을 대대로 길러서 임진년에 한번 시험하다가 실패한 후 300년 동안을 다시 예비하야 갑오전쟁

---

35) 『청일전기』, 「서문」, 『雩南李承晩文書 東文篇(二) 李承晩著作 2』, p.236.
36) 「新譯戰記附錄」, 『雩南李承晩文書 東文篇(二) 李承晩著作 2』, pp.46~49; 번역문은 유영익, 앞의 책, pp.290~294.
37) 「諺譯中東戰記印刷費」, 『雩南李承晩文書 東文篇(二) 李承晩著作 2』, p.2.

[甲午戰爭: 청일전쟁]에 그 욕심을 이루었도다. 그런즉 임진란보다 더 큰 난리가 갑오전쟁이요 한인에게 더욱 통분히 여길 바가 갑오전쟁이라. 이 전쟁에 한국이 잔멸을 당하였고 이 전쟁에 한국이 독립을 잃었은즉, 오늘날 한국의 당하고 앉은 것이 곧 갑오전쟁에 된 것이라.[38]

이승만은 『청일전기』 말고도 여러 가지 책을 번역했다. 「소람서록」의 아래 부분에는 「역저명록[譯著名錄: 번역 또는 저술한 책 목록]」이 적혀 있는데, 그것은 투옥되고 나서 1902년6월18일까지 작업한 책들의 이름이다. 번역서로는 『중동전기』 말고도 『만국사략』, 『주복문답(主僕問答)』, 『감리교략사』, 『영문법』이 있고, 저서로는 『체역집』, 한문으로 쓴 『산술』, 『적주채벽(摘珠採璧)』이 있다. 그러나 이 책들 가운데 현재 보존되어 있는 것은 『청일전기』와 『체역집』뿐이다.

「역저명록」에는 들어 있지 않으나 뒷날 미국에서 『독립정신』이 출판되었을 때에 샌프란시스코의 대동보국회(大同報國會) 회장 문양목(文讓穆, Y. M. Moon)의 명의로 발표된 영문 서평에 따르면, 이승만은 옥중에서 『만국공법(International Law)』이라는 책도 번역했다.[39]

그가 번역한 『만국공법』이 어느 책이었는지는 밝혀져 있지 않으나 「소람서록」에 『공법회통』이 적혀 있는 것으로 보아 그가 번역한 『만국공법』이란 블룬칠리의 한문번역본 『공법회통』(1880)을 국문으로 옮긴 것이었을 것으로 짐작된다. 이승만은 개화파 지식인들 가운데서도 만국공법의 가치와 권위를 철저히 신봉하는 편이었다. 뒷날 미국에 유학하여 국제법과 관련된 문제를 박사학위 논문의 주제로 선택한 것도, 이처럼 청년기의 국제법에 대한 관심이 큰 영향을 끼쳤기 때문이었을 것이다.

---

38) 『청일전기』, 「서문」, 『雩南李承晚文書 東文篇 (二) 李承晚著作 2』, p.234.
39) 유영익, 앞의 책, p.74.

2. 2년 3개월 동안 《제국신문》 논설 집필

1

이승만은 자신이 번역작업을 한 동기에 대해 "이따금 세상 형편을 따라 어리석은 창자에 울분한 피가 북받침을 억제할 수 없어서"[40] 시작했다고 술회했다. 그리고 그러한 심경에서 번역해 놓은 원고가 출판되지 못하자 마음이 더욱 울적했다고 했다.

이승만이 옥중에서 쓴 것으로 보이는 「청설대보관(請設大報館: 큰 신문사를 세울 것을 청함)」[41]이라는 논설은 그가 "나라를 일으키는 방책"으로서 신문을 얼마나 중요시했고 또 신문제작과 관련된 식견을 얼마나 구체적으로 갖추고 있었는지를 보여 준다. 드물게 한문으로 작성된 이 논설은 "당시에 시행되고 있던 정령(政令)의 병폐에 관해 어떤 고명한 인사"의 물음에 응답하는 형식으로 되어 있다. 그는 지금 한국의 형편이 "사람들이 섶을 안고 불 속에 누운 것"보다 더 위험한 상태인데, 그 이유는 첫째로 외교를 닦지 않는 것이고 둘째로는 민심의 준동이라고 지적하고, 그러한 난국을 타개하는 계책은 서울에 큰 신문사를 설립하는 것이라고 주장했다.

서울에 큰 신문사를 속히 설립하여 런던, 워싱턴, 페테르부르크, 베를린, 파리, 상해, 도쿄의 여러 신문들의 요긴한 기사를 옮겨서 보도하고 그것을 매일 을람(乙覽: 초저녁 임금의 독서)에 올리며, 대소 관원들도 구독하게 하여 그들로 하여금 경향의 백성들에게 전파하게 함으로써 "정교(政敎) 중에 마땅히 변혁해야 할 것과 습속 중에 응당 고쳐야 할 것을 알게 해야" 관과 민이 힘을 합쳐 개명할 수 있다는 것이었다.

---

40) 『독립정신』, 「서」, 『雩南李承晚文書 東文篇(一) 李承晚著作 1』, p.1.
41) 「請設大報館」, 『雩南李承晚文書 東文篇(二) 李承晚著作 2』, pp.61~72; 번역문은 유영익, 앞의 책, pp.295~302.

이러한 원칙론뿐만 아니었다. 이승만은 신문을 발행하기 위하여 필요한 제작비의 명세까지 자세히 계상해 놓았다. 매월 주필과 찬성원 2명 300원(元), 한문 번역인 20원, 방사인[訪事人: 취재기자] 3명 45원, 인쇄인 20원, 채자인 2명 20원, 기관소전륜인(機管所轉輪人) 2명 20원, 전파인[傳播人: 배달원] 4명 24원, 재단인 1명 10원, 외보(外報)와 전보비 150원, 종이값 및 인쇄비 150원, 하인 2명 12원, 잡비 15원, 활판값 1,500원, 신문사 수리와 가구비 100원 등이었다. 그러면서 그는 월급항목의 합계는 786원이고 활판과 필요한 기구비가 1,600원이므로 반년치 예산은 많아야 6,000원 안팎에 지나지 않을 것이라고 적었다. 이 액수는 실제로 《독립신문》이 정부로부터 4,400원의 보조금을 받아서 창간된 것이나 《제국신문》이 4,000~5,000원 규모의 자본금으로 시작한 것과 크게 차이가 없다.

이 「논설」은 또한 보급문제와 관련해 다음과 같이 장밋빛 전망을 했다.

서울에서 360여군(郡)에 특별히 명하여 해당 각지의 지방관으로 하여금 도시와 농촌에 게시하여 구독을 권장하게 해야 합니다. 그리하여 민간에 널리 보급하여 혹 100소 혹 몇십소 이상을 달성한 사람이 있으면 장려비를 주거나 명호를 덧붙여 주는 것을 조례로 정해야 합니다. 민간에 장려하여 기어코 널리 보급하게 되면, 반년이 지나지 않아서 크고 작은 고을을 평균 잡아 매 고을에서 신문을 구독하는 사람이 무려 100명에 이를 것입니다. 그러면 당해연도 내의 수입으로 넉넉히 지출하고 다소 여유가 있을 것이며, 이듬해부터는 매월 수입이 9,360원을 내려가지 않을 것입니다. 이 돈으로 학교와 도서관을 세우고 태서[泰西: 서양]의 서적을 번역하여 권고하고 가르치면 3년을 넘지 않아서 큰 성과가 있을 것입니다. 나라를 일으키는 방책으로는 이

보다 나은 것이 없습니다.[42]

이러한 이승만에게 뜻밖에도《제국신문》의 「논설」을 집필할 기회가
주어진 것은 여간 다행스러운 일이 아니었다. 1898년8월에《제국신문》
이 창간될 때에 그 「논설」을 주재했던 이승만으로서는 감옥서에 갇힌 몸
으로 그야말로 "창자에 북받치는 울분한 피"를 분출시킬 수 있는 절호의
기회를 얻은 것이었다. 이승만이《제국신문》의 「논설」을 집필하게 된 것
은 제국신문사 사장 이종일(李鍾一)의 요청에 따른 것이었다. 이종일은
이때의 일을 뒷날 다음과 같이 회상했다.

> 본 기자 일인이 적수단신으로 탐보(探報) 겸 사장 겸 기자로 지내
> 다가… 무한한 곤란을 받은 것은 이루 다 말할 수 없거니와, 더구나
> 편집의 곤란을 견디지 못하야 감금 중에 있는 리승만씨에게 비밀히
> 논설을 부탁하야 27개월 동안 괴로움을 끼치는데…[43]

이승만은 1901년2월경부터 1903년4월17일까지 27개월 동안《제국신
문》의 「논설」을 집필했다. 그 가운데 17개월치가 낙질되어 있어서[44] 이승
만이 집필한 「논설」의 전모를 파악하기는 어렵다. 그러나 남아 있는 신문
만으로도 20대 후반의 이승만의 폭넓은 관심과 그와 관련된 지식과 사
상의 정도, 그리고 그의 빼어난 문장력을 살펴볼 수 있다.

필요한 자료나 참고문헌도 갖추어져 있지 않은 감옥 안에서 200자
원고지로 열두서너장 분량의 논설을 매일 써 내보내는 것은 여간 힘드는
작업이 아니었을 것이다. 그러나 이승만은 이 「논설」 집필에 무엇보다도

---

42) 유영익, 앞의 책, pp.301~302.
43) 《제국신문》 1907년6월7일자, 「사설: 본사의 행복과 본 기자의 해임」.
44) 현재 《제국신문》은 국립중앙도서관, 한국연구원, 서울대학교도서관, 연세대학교도서관에 부분적
   으로 보존되어 있는데, 1901년7월부터 1902년7월까지의 13개월치와 1902년9월부터 12월까지의
   4개월치가 빠져 있다. 『韓末新聞所藏目錄(1883~1910)』, 韓國研究院, 1972, pp.4~6.

보람을 느꼈던 것 같다. 「논설」은 당연히 무기명이었으나 감옥 밖에 있는 친구들과 외국인 선교사들, 그리고 옥중동지들을 통해 이승만이 《제국신문》의 「논설」을 쓴다는 사실은 당시의 지식인 사회에서는 거의 알려져 있었을 것이다.

그의 「논설」은 기본적으로 몽매한 민중을 계몽하고 부패하고 무능한 대소 관리들을 질책하는 훈계조의 메시지였다. 이승만은 먼저 민중이 구습에서 벗어나야 한다고 역설했다. 구습 가운데 가장 시급히 고칠 일의 하나가 혼인풍습이었다. 그러나 그는 당장 자유결혼을 해야 한다고 주장하지는 않았다. "대한 동포들도 별안간 서양사람과 같이 남녀가 오래 상종하야 학문과 지식을 피차에 자세히 안 연후에 저희 임의대로 부부의 약조를 정하라는 것은 아니로되"라고 전제한 다음, 그러나 설혹 부모가 주장하더라도 첫째 일찍 혼인하지 말 것, 둘째 문벌의 고하와 가세의 빈부를 보지 않을 것, 셋째 신랑과 신부의 재덕을 자세히 알아보고 작정하라고 권고했다. 그리고 서북도에서는 어린 여자아이를 파는 습속이 있다면서 신랄하게 비판했다.[45]

다음으로 중요한 것은 미신풍습의 타파문제였다. 봄이 되어 남산에 올라갔다가 "괴상한 일" 두가지, 곧 방울을 흔들며 굿하는 무당패와 경쇠를 흔드는 판수패 앞에 사람들이 몰려 있는 것을 보았다면서 "소경 따라 못 보지 말고 광인 따라 미치지 말라"고 경고했다.[46]

미신풍습이 한국의 사회발전을 저해하는 큰 병폐였던 것은 흔히 지적되는 대로이다. 그것은 외국인의 눈에도 기이하게 비쳤다. 이 무렵에 한국을 여행했던 비숍(Isabella L. Bird Bishop)은 한국의 샤머니즘을 자세히 소개하면서, 서울 당국에 따르면 1897년1월 현재 서울에 매월 평균 15달러를 버는 무당이 1,000명이 있다고 한다고 적었다. 그러면서 그는 그

45) 《제국신문》 1901년3월25일자, 「논설」.
46) 《제국신문》 1901년4월22일자, 「논설」.

것은 판수나 풍수쟁이들에게 지불한 돈은 제외한 것이라고 덧붙였다. 비숍은 또 한국이 귀신숭배를 위하여 해마다 250만달러의 경비를 들이고 있는 것으로 알려져 있다고도 했다. 참고로 1896년 한국의 수출총액은 473만달러, 수입총액은 654만달러였다.[47]

나라가 진보하기 위해 시급히 고쳐야 할 또 하나의 악습은 공중위생이었다. 이승만은 서울 장안에 사는 사람들이 어른 아이 없이 대로변에서 얼굴을 들고 오가는 사람들을 쳐다보면서 대소변을 본다고 개탄하면서, 청결은 자기나 자기 가족뿐 아니라 나라를 이롭게 하는 일이라고 강조했다.[48]

이승만은 옥중에 콜레라가 발생했을 때에 환자들을 돌보고 시신을 치우기에 여념이 없으면서도 콜레라에 대한 논설을 썼다. 그는 사람들이 콜레라의 유행을 두고 천재(天災)니 귀신의 소이라느니 하면서 부적을 붙이고 예방축사(豫防逐邪)하는 것 말고는 피하는 도리가 없다면서 도리어 심상히 여긴다고 개탄하고, 콜레라가 얼마나 무서운 전염병인가를 감옥서 안의 실정을 들어 설명했다. 그러므로 동리와 도로와 거처, 의복, 음식을 정결하게 하고 서양 약을 구하여 예비해야 한다고 설명했다. 그러면서 "부디 요사한 말 믿어 하늘 재앙이나 귀신의 벌로 알지 말지라"라고 역설했다. 이승만의 이러한 말은 당시 사람들의 콜레라에 대한 인식이 얼마나 운명론적인 것이었는가를 짐작하게 한다.[49]

이승만은 문명개화를 위해서는 한국인의 사고방식의 가치관을 개혁해야 한다고 되풀이하여 주장했다.

> 우리나라 사람들의 어쩔 수 없는 폐단을 말하자면 어둡고 완고하다, 원기가 없고 나약하다, 용맹스러이 하고자 하는 일이 없다 하는

---

47) Isabella L. Bird Bishop, *Korea and Her Neighbours*, vol. Ⅱ., p.276.
48) 《제국신문》 1901년4월20일자, 「논설」.
49) 《제국신문》 1902년9월26일자, 「논설: 괴질의 유행이라」.

것이라 할 터이나, 그중에 가장 어려운 것은 운수라 하는 것을 믿음이라. 이것을 믿는 마음 때문에 백가지 중 하나도 될 수 없으니 실로 깊이 걱정하는 바로라.[50]

그러므로 이러한 사고방식을 개혁하지 않고는 문명개화와 부강을 누릴 수 없다고 역설했다.

민중의 의식개혁은 교육을 통해서만 이루어질 수 있었다. 이승만이 《제국신문》의 「논설」에서 가장 자주 다룬 주제는 '교육'문제였다. 다른 주제를 다루는 「논설」에서도 기회 있을 때마다 그는 교육의 중요성을 강조했다. 가령 이승만의 『옥중잡기』에 있는 「미국흥학신법(美國興學新法: 미국의 교육을 일으킨 신법)」이라는 장문의 한문 문서는 미국 교육제도의 연혁과 현황에 대해 자세히 설명한 미국정부의 정책문서인데, 그것은 이승만의 서양 근대 교육에 대한 관심과 지식을 짐작하게 하는 한 보기이다.[51] 그는 젊은이들을 많이 외국에 유학 보내야 한다고 주장했다.

교육문제와 관련하여 주목되는 것은 이승만이 국문(한글)학교를 개설하는 것이 급하다고 주장한 점이다. 그는 언론활동을 할 때에도 국문전용을 실천했고, 『청일전기』 번역 등 옥중의 집필활동도 국문으로 했다. 《제국신문》도 국문전용 신문이었다. 그는 국문학교에서 가르칠 만한 책으로 『초학언문』, 『국문독본』, 『국문사민필지』, 『심신초학』, 『국문산술』의 다섯가지 책을 들고, 무엇보다 중요한 것이 국어문법인데, 근일에 주상호(周相鎬: 周時經)가 국문문법책을 한권 써 놓았으나 아직 발간하지 못하고 있다면서 "누구든지 이 책을 발간하여 놓으면 큰 사업이 될지라. 유지하신 이 중 의논하고자 한다면 정동 배재학당으로 가면 만나오리"

---

50) 《제국신문》 1903년 2월 5일자, 「논설: 국가흥망의 근인」.
51) 「美國興學新法」, 『雩南李承晚文書 東文篇(二) 李承晚著作 2』, pp.20~41; 번역문은 유영익, 앞의 책, pp.337~359.

라고 감옥 안에서 감옥 밖의 일을 소개하기까지 했다.[52]

또한 그는 국민의식의 개혁은 언론창달에 달린 것이라고 되풀이하여 강조했다. 이승만은 "백성의 개명되고 못 된 것은 그 나라에서 서책이 많고 적은 것과 신문의 잘 되고 못 되는 것을 보아야 가히 알지라"라면서 신문을 많이 보아서 견문을 넓힐 것을 강조했다.[53]

2

이승만은 한국인의 의식개혁은 기독교를 통하여 이루어져야 한다고 믿었다. 그는 문명부강의 근원은 교화도덕(敎化道德)에 있는데, 도덕은 첫째로 개인차원의 도덕, 둘째로 국가차원의 도덕, 셋째로 "온 세상이 다 화하야 일체로 착한 사람과 즐거운 처지가 되기를 주장하는" 도덕, 곧 인류의 보편적 도덕이 있다고 주장했다. 이 셋째번의 "세계를 포함한" 도덕이 크고 훌륭한 교화인데, "서양 부강한 나라들의 인민이 교회를 설립하고 세상에 전도하는 본의"가 그 때문이라고 그는 설명했다. 그러므로 퇴락한 한국의 정치풍토를 고치기 위해서는 기독교로 교화하는 것이 시급하다는 것이었다.[54] 이러한 관점에서 그는 미국을 이상국가로 생각했다. 이러한 사상은 그가 같은 시기에 《신학월보》에 기고한 논설들에 더욱 자세히 표명되어 있다.[55] 이승만은 한국 언론사상 처음으로 크리스마스를 축하하는 논설을 쓰기도 했다.[56] 그것은 감옥서 안에서 처음으로 크리스마스 경축예배를 올리기 전날의 일이었다.

이러한 개혁과 교화를 통해서만이 근대 자본주의 사회에 걸맞은 인간형이 탄생될 수 있다고 그는 확신했다. 이승만이 일[노동]의 중요성을 강

52) 《제국신문》 1903년2월3일자, 「논설: 국문교육」.
53) 《제국신문》 1901년6월1일자, 「논설」.
54) 《제국신문》 1902년12월6일자 「논설: 교회관계」, 12월8일자 「논설: 교회흥왕」.
55) 리승만, 「예수교가 대한 장래의 기초」, 《신학월보》 1903년8월호 참조.
56) 《제국신문》 1902년12월24일자, 「논설: 세계에 큰 명일」.

조한 것도 그런 맥락에서였다. 그는 "시간이 곧 돈"이라는 서양 격언과 일하는 것을 부끄럽게 생각하여 중요한 일을 하면서도 친구가 물으면 으레 "하는 일 없이 논다"라고 대답하는 것이 점잖은 행세본으로 생각하는 한국선비들의 고루한 풍습을 대비하면서, 부지런히 일을 해서 돈을 벌어야 한다고 강조했다.

나아가 그는 "저마다 먹고 입고 쓰는 것 외에 날마다 몇푼씩 만들어 놓을 것 같으면" 몇십년이 안 가서 자기 집뿐만 아니라 국가가 부요해질 것이라고 저축의 중요성을 일깨우기도 했다.[57)

그리고 옛날에는 농업이 천하의 큰 근본이라고 했으나 지금은 상업이 천하의 근본이라면서 다음과 같이 강조했다.

대저 오늘날 세계 큰 싸움과 다툼이 이익과 권세 까닭인데, 이익과 권세는 장사에서 더 큰 것이 없은즉, 우리나라에서도 문명개화한다는 것은 나중 일이어니와 당장의 급선무로 나라가 정부를 안돈하고 백성들이 집안을 보존할 양이면 아무쪼록 장삿길을 널리 열어서 해마다 항구에 들어오는 돈이 나가는 것보다 몇천배나 되게 하기를 바라노라.[58)

국부(國富)의 관건은 곧 통상에 달렸다는 것이었다. 이승만은 통상이 가져다 주는 이익으로 네가지를 들었다. 첫째로 각국이 그 나라 상업과 관계 있는 곳에는 전쟁을 없게 할 것이므로 평화를 누리는 이익이 있고, 둘째로 나에게 있는 것과 남에게 없는 것을 서로 바꾸어 각국이 다 귀천을 평균하므로 다같이 이익을 보게 되며, 셋째로 내 나라의 좋은 땅과 인재를 배양하여 이익을 일으키면 그것으로 남의 재물을 들여와 빈한한 나라가 재물을 얻어 내 나라 문명을 찬조하며, 넷째로 출입하는 물화가 늘

---

57) 《제국신문》 1901년 4월 18일자, 「논설」.
58) 《제국신문》 1901년 4월 19일자, 「논설」.

어 상업이 발달되면 각 항구의 세납(稅納)이 늘 것이고 그에 따라 철로, 기선 등 모든 사업이 흥성할 것이므로 지게꾼, 모군꾼 등의 새 일자리가 생긴다는 것이었다.[59] 이처럼 이승만은 근대 국제사회의 통상의 본질과 가치를 정확하게 인식하고 있었다.

이승만은 미국 시카고에 있는 우편 판매 회사인 몽고메리 워드 (Montgomery Ward & Co.)의 보기를 들어 회사 설립과 운영의 요령을 구체적으로 설명하기도 했다.[60]

물론 농업을 완전히 배제하자는 것은 아니었다. 이승만은 오히려 제조업보다 농업에 주력하는 것이 유리하다고 주장했다. 그는 전 국토의 72%가 "쓸 줄을 몰라서 버려 두는 땅"이라면서 그러한 땅을 개발하여 곡식보다는 "큰돈이 생기는" 축산, 임업, 면화, 담배, 과실 등의 생산에 주력해야 한다고 강조했다. 상업적 영농을 권장한 것이다. 그렇게 하면 5년 뒤부터 큰 이익이 생길 것이라고 전망했다. 이승만은 조림(造林)에 대해서도 상당한 식견을 피력했다. 나무를 심는 데는 소나무보다 잡목을 심어야 하고, 잡목 가운데서도 세계적으로 많이 사용되고 값이 비싼 참나무, 호두나무, 밤나무, 단풍나무, 피나무를 많이 심어야 한다고 주장했다.[61]

그렇게 하여 실현될 문명 부강한 근대국가의 모습을 이승만은 다음과 같이 실감나게 그려 보였다.

지금 세계상에 개명하야 부강한 나라들은 밤낮으로 재정의 근원을 확장하야, 금이 나는 땅이면 금광을 열어 금을 얻어내며, 쇠가 나는 땅에는 철광을 열어 쇠를 캐내고, 석탄이 나는 땅에는 석탄광을 열어 석탄을 파내며, 바다에는 어선을 많이 제조하야 고기를 힘써 잡으

---

59) 《제국신문》 1903년 3월 13일자, 「논설: 외국통상비교(2)」.
60) 《제국신문》 1902년 9월 20일자, 「논설: 회사기초자의 모본할 일」.
61) 《제국신문》 1901년 6월 7일자, 「논설」.

며, 산에는 찻감을 많이 심어 차농사를 확장하며, 강물이 맑은 데는 겨울에 얼음을 많이 떠서 빙고에 수입하며, 담배를 힘써 심어 궐련을 제조하며, 들에는 뽕나무를 많이 심어 누에를 번성하게 기르며, 물이 많고 풀이 무성한 땅에는 양과 닭을 많이 기르며, 물맛이 청렬[淸洌: 시원하고 산뜻함]한 곳에는 술을 잘 만들며, 토색이 아름다운 데는 사기를 정교하게 제조하야 노는 시간이 별로 없이 부지런히 돈벌 생애를 힘써, 날마다 물건을 항구에 내어다가 장사를 흥왕하게 하야, 사람마다 재물이 풍족하며 나라가 부강하야 처처에 삼사층 벽돌집을 높이 짓고 유리창과 구슬발을 찬란하게 사면으로 달아서,… 도회처마다 공원지를 열어 화목(花木)을 울밀하게 심으며,… 동물원을 배설하야 기이한 짐승과 희귀한 새를 여러 가지로 모아 두고 구경하야 안목을 넓히며, 수족원을 배설하야 각종 물고기를 구하야 유리병 속에 길러 두고 구경하야 지식을 늘리며, 관립학교와 사립학교를 곳곳마다 설립하야 인재를 배양하며, 전선을 총총하게 연락하야 인민의 통신을 편리하게 하며, 철갑군함과 수뢰포를 많이 만들어 바다에 떠다니며 어모[禦侮: 모욕을 막아냄]할 방책을 하니….[62]

이승만은 이러한 "굉장한 일들"은 오직 재물의 힘으로 성취할 수 있으므로 모든 국민이 재정의 확장에 힘써야 한다고 강조했다. 그럼에도 불구하고 사람들이 "오활[汙闊: 실제와 관련이 없음]한 풍속에 젖어" 총명 있고 학식 있는 사람들이 "점잖은 사람이 어찌 재물을 알리오" 하고 자질(子姪)이나 친구 가운데 재정에 관심 있는 사람이 있으면 오히려 꾸짖어 재물을 모르게 한다고 개탄하고, "엽전 한냥 수효를 헤아리지 못해야 참 점잖은 재상이다"라는 "풍습에 이르는 말"을 들어 재정을 소홀히 여기는 정부관원들을 힐책하면서, 모두가 꿈에서 깨어 정신을 차리고 돈을 벌어

---

62)《제국신문》1901년5월19일자, 「논설」.

야 한다고 역설했다.[63] 이승만이 강조한 문명부강한 나라란 이처럼 자본주의 정신이 투철한 나라였다.

문명부강한 나라는 결국 정치의 개혁에 의해서만 달성할 수 있을 것이었다. 이승만은 세계 각국이 시행하는 정치제도는 전제정치(專制政治), 헌법정치(憲法政治), 민주정치(民主政治)의 세가지라고 설명했다.[64] 전제정치는 "일국의 흥망과 만민의 화복이 다 한 사람에게 달린" 제도로서, "이 부귀를 다투는 세계에서 독립을 유지하기에 크게 위험한" 제도라고 말했다. 그리고 민주정치는 백성이 주장하는 정치로서, "전국이 일제히 의논하야 다 가라대 가하다 한 후에야 미루어 임금[대통령]을 세우고 오히려 또 폐가 생길까 염려하여 혹 8~9년, 혹 4~5년을 한하고 한될 때마다 추천하야 임금을 세우고 나라를 다스리므로" 전혀 백성에게 달린 정부라는 것이었다. 이러한 민주국가는 날마다 문명부강으로 나아가 "세상이 점점 그 정치 밑으로 들어가는 고로" 미국의 형세가 영국을 점점 능가하고 있다고 그는 설명했다. 그렇기는 하지만 민주정치는 백성이 개명한 뒤에야 가능한 것으로서, "백성이 어두운 나라에서 혹 망령되이 행하려 하다가는 일국이 크게 어지러운 법"이므로, 한국과 같은 나라에서는 당장 실시하기는 어렵다고 했다. 그러한 보기로 그는 남아메리카 여러 나라의 경우를 들었다. 따라서 한국의 처지로서는 헌법정치, 곧 입헌군주제(立憲君主制)를 실시하는 것이 바람직하다는 것이었다. 이승만은 헌법정치를 이렇게 설명했다.

헌법정치를 세계 각국이 가장 좋다 하나니, 이는 상하에 공평도 하거니와 백성이 여간 어두워도 과히 낭패가 없고, 임금이 설령 성현이 아니라도 일정한 법률만 준행하면 나라가 위태할 염려도 없으며, 겸

---

63) 위와 같음.
64) 《제국신문》 1902년12월22일자, 「논설: 정치약론」. 李承晩은 1901년3월4일자, 「논설」에서는 이 세가지 정치제도를 전제정치, 입헌정치, 공화정치라고 설명했다.

하야 이전 완고한 법에 젖은 백성과 지금 새 법률에 화하는 인민을 일체로 다스리기에 심히 합당한지라. 지금 세계에 가장 많이 행하며….[65)]

이승만의 이러한 설명은 만민공동회 때의 그의 행동에서 느낄 수 있었던 급진적 자유주의 사상이 많이 달라졌음을 보여 주는 것이다. 그러나 그것은 이승만이 미국식 민주주의에 대한 신념을 포기한 것을 뜻하는 것은 물론 아니었다. 그는 "미국 인민의 권리"라는 「논설」을 무려 다섯회에 걸쳐 연속으로 내보내면서 미국의 삼권분립제도와 국민의 기본권에 대하여 헌법 조문을 하나하나 들어 가면서 자세히 설명했다.

흥미로운 것은 링컨(Abraham Lincoln) 대통령이 게티스버그 연설에서 말한 유명한 민주주의의 정의, 곧 흔히 "인민을 위한, 인민에 의한, 인민의" 정치라고 번역되는 "of the people, by the people, for the people"을 다음과 같이 번역한 점이다.

그 정부의 세가지 본의가 있나니, 일은 백성이 세운 정부요, 이는 백성을 위하야 세운 정부요, 삼은 백성이 행하는 정부라.[66)]

이 문장은 뒤이어 집필한 『독립정신』에서는 "일은 백성이 하는 것이요, 이는 백성으로 된 것이요, 삼은 백성을 위하야 세운 것이라"라는 문장으로 다듬어진다.[67)]

이처럼 이승만은 백성이 권리가 있는 나라는 흥하고 권리가 없는 나라는 망한다는 이치를 미국의 정치제도를 들어 역설했다.

이승만의 민중계몽 캠페인에는 가지가지의 새로운 지식을 소개하는 작업도 포함되었다. 그러기 위해서 이승만은 중요하다고 생각되는 내용

---

65) 《제국신문》 1902년12월22일자, 「논설: 정치약론」.
66) 《제국신문》 1902년10월31일자, 「논설: 미국인민의 권리론(二)」.
67) 『독립정신』, p.63, 『雩南李承晚文書 東文篇(一) 李承晚著作 1』, p.123.

을 번역하여 「논설」란에 게재하기도 했다. 번역문은 「지구론」, 「달의론」 등 천문에 관한 이야기에서부터 서양의 유명 인사가 청국이나 한국을 여행하고 쓴 기행문, 『중동전기본말』의 저자 알렌 선교사가 천진(天津)의 YMCA 결성식에서 한 연설문과 아시아 정세를 논평한 글, 일본신문에 실린 일본인들의 한국 진출을 권장한 내용 등에 이르기까지 다양했다. 그리고 이러한 번역문은 그 글의 앞이나 뒤에 번역하는 취지를 간략하게 써 붙였다.

3

이승만이 심혈을 기울여 집필하는 「논설」의 주장에도 불구하고 나라의 형편은 그의 주장과는 반대방향으로 흘러가고 있었다. 콜레라 환자들을 치다꺼리하느라고 심신이 지치기도 한 이승만은 1902년 가을에 접어들면서는 더욱 비분강개해졌다. 그는 「충심이 변하면 역심이 나다」라는 자극적인 제목의 「논설」에서 울분에 찬 자신의 심경을 직설적으로 토로했다.

슬프다. 사람되고 제 집안 잘되기 원치 않는 자가 어디 있으며 신민되어 나라 잘되기 원치 않는 자가 어디 있으리오. 본 기자도 불행히 이 나라의 한낱 신민이 되어 목숨을 버리고라도 이 나라 일이 조금 되어 가는 구석을 볼까 하야 이 되지 못한 신문장을 가지고도 날마다 말한 바가 혹 간절히 감동할 만하게도 하여 보았고, 혹 흥과 비방같이도 하여 듣고 부끄러운 생각이 날 만하게도 하여 보았고, 통분격발(痛忿激發)하야 사람의 피가 끓고 두발이 일어나게도 하여 보아 백가지로 시험치 않은 일이 없으매, 그중에 과격한 말도 있고 혹 남이 못할 위험한 말도 없지 않았으나, 듣는 당자도 코웃음하며 옆의 구경꾼도 귀 밖으로 돌리니, 통히 이 천지에는 이 나라를 위하야 애쓸 사람도 없고 일할 사람도 없은즉, 다른 천지에서 이 나라 일할 사람과 걱정할 사람이 생긴 후에야 되어도 되고 말아도 말지라. 홀로 쓸데없는 빈 말로라도 주야 애쓰는 놈이 도리어 어리석고 미련한 물건이로다.…[68]

그러나 이승만은 《제국신문》 「논설」 집필을 포기하지 않았다. 포기하지 않았을 뿐 아니라 그의 필봉은 더욱 신랄해졌다. 그는 대한제국이 이대로 가다가는 망할 수밖에 없다고 경고했다. 이승만은 외국 공사들에게 휘둘리고 있는 정부의 무능과 몇몇 관리들의 전횡을 질타하면서 다음과 같이 썼다.

아직까지도 우리가 대한 백성이니 조선사람이니 하나, 실상 속으로는 어디 속하여 가게 될지 모르고 있는 중이라. 어찌 통곡할 일이 아니며 기막힐 일이 아니리오. 통히 말할진대 지금은 다시 돌이킬 수 없게 되었으니, 영원히 이대로 말아버리는 것이 옳은가, 한번 악이나 써보다가 마는 것이 나을까, 이는 시각을 더 대지 말고 급히 생각하야 한번 시험할 일이로다.[69]

이승만은 영일동맹협약이나 러일비밀협약 등으로 대표되는 급박한 국제환경을 심한 풍파에 비유하면서 다음과 같이 국민의 각성을 촉구했다.

우리가 감히 두려움을 무릅쓰고 소리를 높이 질러 전국의 꿈꾸는 이들을 깨우고자 하노니, 우리가 이 심한 풍파를 당하여 이 위태한 배를 다 같이 타고 있어 목숨과 재산의 위태함이 시각에 있는지라. 저 어둡고 서투른 선인(船人)들이 어찌할 줄을 모르는 중이니, 우리들이 깨

---

68) 《제국신문》 1902년10월24일자, 「논설: 충심이 변하면 역심이 나다」.
69) 《제국신문》 1903년2월20일자, 「논설: 정부에 권고하는 말」.

닫고 힘을 들여 붙들다 할 수 없을 지경에 이른 후에는 거의 후한이나 없을지로다.[70]

이 글은 다시 손질하여 『독립정신』의 「총론」이 되었다. 그는 또 나라의 형편을 큰 집에 불이 난 것에 비유하면서, 사람들이 힘을 모아 함께 불 끌 생각은 않고 서로 다투기만 한다고 질책하기도 했다.[71]

이승만은 나아가 패망한 나라들의 비참한 실상을 설명하는 논설을 잇달아 썼다. 「패망한 나라들의 당하는 사정」이라는 「논설」에서는 영국의 식민지가 된 인도, 청국의 학정에서 벗어나기는 했으나 일본의 식민지가 되어 무고한 백성들이 원통하게 피를 흘리는 대만, 러시아에 나라를 빼앗긴 폴란드의 경우를 보기로 들어 설명했다. 이승만은 특히 폴란드의 비참한 상황을 자세히 썼는데, 이는 이 무렵의 이승만의 러시아에 대한 인식을 보여 주는 것이기도 하여 주목된다.[72] 패망한 나라의 국민들이 당하는 핍박을 설명하고 나서 그는 다음과 같은 말로 글을 맺었다.

우리가 감히 사실을 숨기지 않고 당돌히 이런 말을 하는 것은 심한 듯하나, 지금이 어떤 때이뇨. 형편이 이미 다 기울어진 지 오랜지라. 이때에 말 한마디 못하다가 이만한 말도 할 계제가 없게 된 후에는 이만 충분(忠憤)한 말이나마 어디서 들어보며 할 사람은 어디 있으리오. 창자에 가득한 피를 한 조각 종이에 토함이로다.[73]

그러나 이처럼 비분강개한 이승만의 질타는 경영난에 허덕이던《제국신문》이 1903년1월에 주식회사로 확장되고 경영진이 바뀌면서 중단되고

70)《제국신문》1903년2월21일자, 「논설: 국권이 날로 감삭함」.
71)《제국신문》1903년2월24일자, 「논설: 국민의 큰 관계」.
72) 이정식, 지음, 권기붕 옮김, 앞의 책, p.145.
73)《제국신문》1903년2월24일자, 「논설: 국민의 큰 관계」.

말았다. 군부(軍部)의 참서관으로서 대판포병국장(代辦砲兵局長)인 최강(崔岡)이 자본가를 모집하여 2만원을 모금해 가지고 《제국신문》을 인수했는데, 고종은 내탕금(內帑金) 2,000원과 함께 사용 중인 전 광문사(廣文社) 건물과 인쇄시설을 하사했다.[74]

이승만이 《제국신문》의 「논설」 집필을 중단하면서 마지막으로 쓴 「기자의 작별하는 글」이라는 문장은 심혈을 기울인 그동안의 작업에 대한 소회와 함께 집필을 중단하는 아쉬움을 토로한 글이었다. 「논설」의 다음과 같은 구절은 이승만이 새로 바뀐 경영진의 요구로 「논설」 집필을 중단했음을 짐작하게 한다.

본래 본 기자는 흉중에 불평한 마음을 품은 자라. 진실로 이 세상과 합할 수 없어 일신에 용납할 곳이 없는 자라. 입으로 나오는 말이 다 사람의 귀에 거슬리며 붓끝으로 쓰는 말이 다 남의 눈에 거리끼는 바니, 이는 불평한 심사에서 스스로 격발함이라. 어찌 억지로 화평히 할 수 있으며, 화평히 할 수 없은즉 어찌 세상과 합할 수 있으리오. 불평한 말이 세상에 합치지 못하고 다만 저 혼자 스스로 상하는 바나, 그러하나 지금 우리나라 민심을 볼진대 다 병의 근원이 죽을 지경에 이르러 혈맥까지 통할 수 없는 모양이니, 여간 순한 약으로는 기운을 통해 볼 수 없는즉, 불가불 심한 말로써 독약을 삼아 기운을 충발해 보는 약밖에 좋은 처방이 없는 줄로 여기는 바라. 이 뜻으로 간간 불평한 의논이 많음인즉, 이는 실로 면할 수 없는 바요, 겸해 본 기자는 항상 몸으로써 환란 위험함을 자처하는 터인 고로 위태하고 어려운 곳은 항상 사양하지 않고자 하나니, 어찌 일호라도 용납함을 구하리오.

---

74) 崔起榮, 「《帝國新聞》의 刊行과 下層民啓蒙」, 『大韓帝國期新聞研究』, 1996, 一潮閣, p.29.

그가 "죽을 지경"에 이른 우리나라 민심을 일깨워 보려는 애국심에서 쓴 "독약"은 그러나 고종이나 정부관리들에게는 여간 위험하게 느껴지지 않았던 것이다. 이승만 자신은 「논설」 집필을 중단하게 된 사실을 이렇게 적었다.

지금은 본 기자의 사정이 이 사무를 더 볼 수 없는 사단이 몇가지 있으니, 첫째는 본인의 불평함이 세상과 시세에 합할 수 없음이요, 둘째는 본사 사무가 확장되매 임원이 넉넉하야 본인이 아니더라도 군졸(窘拙)할 곳이 없은즉, 일후에 어려운 때가 다시 있으면 혹 다시 상관될지라도 지금은 긴치 아니하야 폐할 일이요, 그 외의 몇가지 사단은 다 말할 바 아니라. 내일부터 본 기자는 본사 논설에 상관이 없고….

그러면서도 그는 앞으로 "혹 긴절한 의견이 있으면 간간이 글자를 적어 보낼 기회가 있을지 혹은 어려울지…" 하고 《제국신문》의 「논설」 집필을 중단하는 것을 못내 아쉬워했다.[75]

이승만이 이처럼 2년3개월 동안이나 옥중에서 일간신문의 「논설」을 집필한 사실은 아마 세계의 언론사에서 전무후무한 일이었을 것이다.

---

75) 《제국신문》 1903년4월17일자, 「논설: 기자의 작별하는 글」.

3. 영한사전 편찬하다 『독립정신』집필

1

　사명감과 자부심을 가지고 정열적으로 《제국신문》의 「논설」을 집필하는 일에 열정을 쏟던 이승만은 본의 아니게 붓을 놓게 되자 여간 섭섭하지 않았다. 그러나 항상 적극적으로 일감을 찾는 그는 실의에 빠지지 않고 이내 새로운 작업을 시작했다. 그것은 영한사전(英韓辭典)을 편찬하는 일이었다.

　이승만이 영한사전 편찬작업을 시작한 것은 놀랍게도 《제국신문》에 마지막 「논설」이 나간 지 사흘 뒤의 일이다. 왜 하필 영한사전을 편찬해야 되겠다고 마음먹었는지, 준비는 언제부터 했는지는 그 자신의 자서전 초록에나 그 밖의 그의 전기들에도 설명이 없다. 그것은 아마도 외국 선교사들의 권유와 아울러 자기도 영어공부를 하면서 영어사전의 필요성을 절감했기 때문이었을 것이다.

　이 무렵에는 외국어학교 등을 통하여 영어교육이 상당히 보급되고 있었다. 그러나 이용할 만한 사전이 없었기 때문에 영어학교만 하더라도 제대로 영문학자 하나를 배출할 수 없는 형편이었다.[76] 따라서 영문서적을 제대로 번역해 낼 수도 없었다. 이러한 사실은 일본이나 중국에 비하여 크게 뒤떨어진 것이었다. 일본에서는 최초의 본격적인 영일사전(英日辭典)이라고 할 수 있는 호리 다쓰노스케(堀達之助) 외 편 『영화대역수진사서(英和對譯袖珍辭書)』가 1862년에, 최초의 일영사전(日英辭典)인 미국인 헵번(James C. Hepburn) 편 『화영어림집성(和英語林集成)』이 1867년에 출판되었다.[77]

---

76) 文龍, 앞의 글, p.638.
77) 小島義郎, 『英語辭書物語(下)』, ELEC, 1898, p.232, p.262.

이승만이 옥중에서 편찬하다가 중단한 『영한사전』 원고의 표지와 내용. 'F'항까지 편찬했다.

이승만은 감옥에서 아펜젤러와 에비슨이 넣어 준 『웹스터 영어사전 (*Webster's English Dictionary*)』과 『화영사전(和英辭典)』을 가지고 있었다고 하는데, 그가 가지고 있던 『화영사전』이란 아마 헵번의 『화영어림집성』이었을 것이다. 이 사전은 수록어휘 2만 단어에 부록으로 1만 단어의 영화사전(英和辭典)이 붙어 있는 꽤 본격적인 사전으로서 1900년대까지 널리 사용되었다.

한국에도 몇몇 선교사들이 주로 서양인들의 한국어 습득을 위해 만든 간단한 영어사전류가 있었다. 1897년에 요코하마에서 출판된 게일 선교사의『한영사전(*A Korea-English Dictionary*)』, 1890년에 출판된 언더우드의『영한-한영사전(*A Concise Dictionary of the Korean Language in Two Parts, Korean-English & English-Korean*)』, 1891년에 발행된 스콧(J. Scott)의『영한사전』등이 그것이었다.[78] 이승만과 영어사전과 관련하여 한가지 흥미로운 이야기가 있다. 그것은 1928년에 박문서관(博文書館)에서 발행된 김동성(金東成) 편『선영사전(鮮英辭典): *The New Korean-English Dictionary*)』에 "Dr. Syngman Rhee is a devout Christian.(이승만 박사는 독실한 기독교인이다.)"라는 예문이 있는 사실이다.[79] 김동성은 우리나라 최초의 신문특파원으로서 1921년에 하와이에서 열린 세계신문기자대회에 참석하고, 이어 워싱턴 군축회의를 취재하러 워싱턴으로 가서 이승만을 인터뷰한 기사를《동아일보(東亞日報)》에 보도했는데, 이러한 예문은 조선총독부의 검열 아래에서 보여준 식민지 지식인들의 재기에 찬 저항의 한 보기였다. 김동성은 뒷날 정부수립과 함께 초대 공보처장이 되었다.

이승만은 영한사전 원고의 표지에 "The Transcript of an English-Korean Dictionary", 곧 "영한사전 수필본"이라는 뜻의 영문제목을 쓰고, 본문의 'A'항이 시작되는 앞면 속표지에 다시 "A New English-Korean Dictionary by Amogai", 곧 "아무개 지음, 새 영한사전"이라는 제목을 붙여 놓았다.

그가 작업해 놓은 사전 원고는 미제 노트 세권에 이른다. 첫째 권은 510면으로서 각장의 양면에 검은색 연필로 내용을 빽빽이 적었는데, 'A'항부터 'Discourage'항까지의 단어 4,970개를 알파벳 순서대로 배열했다. 둘째 권은 모두 438면으로서 검은색 연필, 붉은색 잉크, 검은색 잉크

---

78) 文龍, 앞의 글, p.641.
79) 金明培, 「韓國の英語辭典」,《英語教育》1981년12월호, 大修館, p.89.

등으로 썼고, 'Discourager'부터 'Exuberant'까지의 단어 2,809개를 수록했다. 그리고 셋째 권은 모두 111면으로서 'Exuberantly'부터 'Fichu'까지의 단어 454개를 붉은색과 검은색 잉크로 적었다. 따라서 이 미완성의 영한사전에는 'A'부터 'Fichu'까지의 총 8,233개 단어가 수록되어 있다. 그리고 영어단어 하나하나에 한문과 국문으로 뜻을 풀이하고 있어서, 말하자면 이 사전은『영한한사전(英漢韓辭典)』인 셈이다.[80]

이 영한사전은 이승만이 옥중에서 벌인 작업 가운데 가장 야심적인 것의 하나였다. 만일에 이『새 영한사전』의 편찬작업이 완성되었더라면 이 사전은 우리나라의 영어교육과 학문의 발전에 크게 공헌했을 것이다. 그러나 그의 사전 편찬작업은 완성되지 못하고 말았다.

이승만이『영한사전』편찬작업을 중단한 것은 많은 사람들이 우려했던, 그러면서도 필연적인 것이라고 전망했던 러일전쟁이 발발했기 때문이었다. 이승만은 러일전쟁이 발발하는 것을 보고 "비록 세상에 나서서 한가지 유조한 일을 이룰 만한 경륜이 없으나", "감개 격분한 눈물을 금치 못하야" 사전 편찬하던 일을 중지하고 급히『독립정신』을 썼다고 기술했다.[81] 그러나 이 말의 뜻은 분명하지 않다.

이승만 자신의 말에 따르더라도『독립정신』의 집필 동기는 이러한 서술과는 다르다. 이승만은 자서전 초록에서 자기가『독립정신』을 쓰게 된 것은 같이 감옥생활을 하면서 의기투합했던 유성준의 권고가 있었기 때문이었다고 적었다. 유성준은 함께 한시도 짓고 신흥우가 출옥한 뒤에는 신흥우 대신에 이승만과 함께 감옥서학교를 맡아 죄수들을 가르치기도 했다. 유성준은 지금까지 우리나라의 모든 개혁운동이 실패한 원인은 운동의 지도자들이 민중을 교육하고 계몽하려는 생각을 하지 않았기 때문이라면서 민중을 계몽하는 책을 쓰라고 이승만에게 권했다고 한다. 그는

---

80) 유영익,「이승만著作解題」,『雩南李承晩文書 東文篇(一) 李承晩著作 1』, p.156.
81)『독립정신』,「서문」,『雩南李承晩文書 東文篇(一) 李承晩著作 1』, p.1.

일본에 망명한 자기 형 유길준이 돌아와서 정권을 잡게 되면, "독립운동에 관한 여론을 일으키기 위하여" 정부예산으로 책들을 빌간하여 보급시키도록 하겠다고 말했다. 그래서 비밀리에『독립정신』을 썼다고 했다.[82]

이 말이 사실이라면 이승만은 1903년 무렵부터 책 쓸 준비를 했던 셈이다. 그리고 특히 주목되는 것은 박영효와는 또 다른 쿠데타를 계획하던 유길준이 곧 귀국하여 정권을 잡을 것으로 생각했다는 점이다. 러일전쟁의 불가피성과 일본의 승리를 예견하던 개화파 지식인들이 유길준이 일본의 비호 아래 귀국하여 개혁정부를 구성할 것으로 전망한 것은 자연스러운 일이었을 것이다.

이승만은 러일전쟁이 발발한 직후인 1904년2월19일부터『독립정신』을 쓰기 시작하여 넉달 남짓 만인 6월29일에 탈고했다. 그런데『독립정신』은 완전히 새로 쓴 책은 아니었다. 그것은《제국신문》에 썼던「논설」들을 뼈대로 하고《신학월보》에 기고한 글들과『청일전기』를 번역하면서 써 넣은 자기의 글 등을 취합하여 가필한 논설집이었다. 새로 쓴 부분이 절반 가까이 되는 것으로 알려져 있으나,[83] 일실된《제국신문》이 현재 보존되어 있는 것보다 더 많은 것을 감안하면『독립정신』에 포함된《제국신문》의「논설」내용은 훨씬 더 많았을 것으로 짐작된다.

2

이승만은 처음에는『독립정신』의 주지를 선언문이나 성명서처럼 "한 장 종이에 장서를 기록하여" 몇만장을 발간하려 했다고 썼다.[84] 그만큼 그는 민중에게 자신의 주장을 주지시키고 싶었던 것이다. 그랬던 것이

---

82) "Autobiography of Dr. Syngman Rhee", p.13;「청년이승만자서전」, 이정식 지음, 권기붕 옮김, 앞의 책, p.267.
83) 高廷烋,「開化期 李承晩의 思想形成과 活動(1875~1904)」,《歷史學報》제109집, pp.53~55 의『독립정신』과《제국신문》의 논설내용 비교표 참조.
84)『독립정신』,「서문」, p.1.

"끊을 수 없는 말이 연속하는지라" 책으로 펴내야 할 분량이 되었다는 것이다. 이러한 그의 희망은『독립정신』의 여러 대목에 피력되어 있다. 그는「서문」에서 다음과 같이 적었다.

> 지명과 인명을 많이 쓰지 않고 항용 쓰는 쉬운 말로 길게 늘여 설명함은 고담소설(古談小說)같이 보기 좋게 만듦이요, 전혀 국문으로 기록함은 전국에 수효 많은 인민이 보기 쉽게 만듦이요, 특별히 백성 변을 향하야 많이 의논함은 대한의 장래가 전혀 아래 인민들에게 달림이라. 대저 우리나라의 소위 중등 이상 사람이나 여간한 문자나 안다는 사람은 거의 다 썩고 물이 들어 다시 바랄 것이 없으며, 또한 이 사람들이 자기 몸만 그럴 뿐 아니라 이 사람들 사는 근처도 다 그 기운을 받아 어찌할 수 없이 되었나니, 이 말이 듣기에 너무 심한 듯하나 역력히 증험(證驗)하야 보면 허언이 아닌 줄을 가히 믿을지라.…[85]

이러한 언설은 독립협회운동 이래의 급진과격파 이승만의 평민주의 신념이 오랜 감옥생활의 경험과 기독교 신앙을 통하여 더욱 투철해졌음을 보여 준다. 그는 먼저「마음속에 독립을 굳게 함」이라는 논설에서는 "이 책을 기록하는 뜻은 천언만설(千言萬說)로 소리를 높이 질러 전국 동포들에게 일심으로 합력하야 대한제국의 독립권리를 보전하야 거의 다 끊어진 생맥을 이어 영원무궁케 만들기를 원함이라"[86]라고 말하고, 인민들의 '독립마음'의 중요성을 다음과 같이 강조했다.

> 지금 우리나라에 독립이 있다 없다 함은 외국이 침범함을 두려워함도 아니요 정부에서 보호하지 못함을 염려함도 아니요, 다만 인민

---

85) 『독립정신』, 「서문」, pp.1~2.
86) 『독립정신』, p.21.

의 마음속에 독립 두 글자가 있지 아니함이니 참 걱정이라. 만일 어리
석은 지어미와 어린아이들이라도 그 마음속에 이 생각만 깊이 박혀 저
마다 헤아리되 2천만 인구가 다 죽어 없어지기 전에는… 대한독립을
지키리라 하는 마음이 굳을진대 오늘날 독립 이름이 없은들 무엇이
걱정이며 세계 만국이 능멸하기로 무엇이 두려우리오. 이러므로 인민
속에 독립마음을 넣어 주는 것이 지금 제일 일이라.… 나의 목숨을 버
려서라도 이 뜻을 이룰 수만 있으면 진실로 아끼지 않겠노니….[87]

이승만이 민중에게 고취시키고자 한 것은 한마디로 근대 국민국가
(nation states)의 이데올로기인 내셔널리즘이었다.[88] 내셔널리즘은 개인
의 자유와 인간의 평등을 전제로 하고 국가의 자립과 발전을 우선적으
로 추구하는 정치적 사상 내지 운동이다. 이승만이 이 책에서 되풀이하여
애국심을 강조한 것도 그 때문이었다. 그것이 곧 '독립정신'이었다.

이승만은 국가의 종류에는 만국공법상의 법적 자격에 따라 독립국,
연방, 속국, 속지의 네가지가 있다고 설명한 다음, "독립과 중립의 분간"
이라는 「논설」로 다시 영세중립국과 독립국의 차이를 자세히 설명했다.

영세중립국이라 하는 것은 각 대국의 인허를 얻어 중간에 서서 한
편으로 치우치지 아니한다 함이니, 여러 강국 틈에 있어 자주독립권
을 잃지 아니하되 다만 어느 나라와 연합하여 도와주거나 어느 나라
와 싸워서 실화하지 못하고 항상 제 토지와 국권만 지켜 남의 시비에
들지 아니하며, 항상 각국과 평균히 교제하여 남의 침노를 받지 않고
영구히 태평함을 보전하되, 만일 이웃나라들이 서로 싸워 군사가 내
지방에 침노하게 될 때에는 내가 능히 내 힘으로 막아 그 침범함을 받

---

87) 『독립정신』, pp.23~24.
88) Y. M. Moon, "The Spirit of Independence by Syngman Rhee, A. M.", 유영익, 앞의 책, pp.
211~212. 유영익은 이 글을 이승만이 쓴 것으로 추정했다.

지 아니하여서 중립국의 권리를 잃지 아니하나니, 이것이 영세중립국이라. 속국이나 보호국보다는 대단히 나아서 항상 태평히 부지함은 얻으나 자유 활동하는 힘은 없어서 남과 다투어 부강을 겨루어 보지는 못하나니, 이 어찌 당당한 내 나라를 가지고 남의 방한[防閑: 하지 못하게 막는 범위]을 받으리오.…[89]

이러한 주장은 러일전쟁이 발발하자 한국정부가 청국정부를 따라서 국외중립(國外中立)을 선언했다가 이내 일본의 요구로 군사동맹을 규정한 한일의정서(韓日議定書)에 조인하지 않을 수 없었던 상황을 반영한 것이었다. 이승만은 영세중립 주장은 정부의 책임 있는 사람들이 "백성을 붙들어 원기를 배양하야 확실한 기초를 세우기는 생각하지 못하고 도리어 독립권리를 없이하고 중립명목을 세워서 저희 손으로 상등대우를 얕게 만들고 자기들의 몸이나 하루라도 더 부지하고자" 하는 데서 나온 것이라고 비판했다. 이승만의 이러한 주장은 이 무렵의 개화파 지식인들의 영세중립국에 대한 일반적인 인식과 많은 차이가 있다.

이승만은 이어 크고 작은 독립국가들의 공존을 보장하는 국제정치의 기본 틀인 만국공법의 기능과 가치를 강조했다. 그는 만국공법이 "천리와 인정을 따라 세계 만국과 만국 만민이 일체로 평균한 이익과 권리를 보전케" 하는 것이라고 설명했다.[90]

이승만은 근대 국민국가의 본을 미국에서 찾았다. 그는 미국을 가리켜 "이런 나라는 참 즐겁고 편안하야 곧 인간의 극락국이라 할지라"[91] 하고 선망해 마지 않았다. 이승만은 미국이 독립전쟁을 어떻게 용감하게 치렀고, 그 결과 미국인들이 어떤 권리를 누리게 되었는지를 자세히 설명했다. 그는 미국독립선언서 전문을 소개하고, 선언서에서 "가장 주장되는

---

89) 『독립정신』, p.30.
90) 『독립정신』, p.34.
91) 『독립정신』, p.71.

이승만이 옥중에서 저술한 『독립정신』의 표지. 1910년에 로스앤젤레스에서 처음 출판되었다.

뜻인즉 모든 사람이 다 동등으로 났다 함이리"[92] 하고 인간의 평등권을 강조했다. 그는 또 남북전쟁을 소개하면서 "사람 같지 않게 생긴 야만 흑인들의 권리를 위하야 저희 나라의 같은 동포끼리 전쟁을 일으켜서… 자유권리가 무엇인지 모르는 나라에서들은 곧 이런 사적을 보면 도리어 미친 사람들이라 이를지라. 어찌 인애와 의리가 지극하야 사람의 생각밖에 뛰어나는 일이 아니라오."[93] 하고 노예해방의 의의를 찬양했다. 그러면서 미국의

노예해방 이후로 지구상의 모든 나라가 노예제도를 폐지했는데, 오직 청국과 한국만이 노예[종] 부리는 풍속을 폐지하지 않고 있다고 비판했다. 그런데 이승만이 미국 흑인들을 가리켜 "사람 같지 않게 생긴 야만"이라고 한 것은, 세계의 인종을 문명개화인, 반개화인, 야만인의 세종류로 구분하는 데서 보듯이,[94] 평민주의자인 그도 인종적 편견을 불식하지 못하고 있었음을 드러내 보이는 것이었다.

청국과 한국이 세계에 뒤떨어져 있는 것은 종 부리는 풍속을 폐지하지 않고 있는 것만이 아니었다. 이승만은 한국이 근대적 국민국가로 발전하는 데 가장 저해되는 나라가 청국이라고 주장했다. 청국과의 오욕의 역사는 병자호란(丙子胡亂) 때부터 시작되었다고 그는 설명했다. 병

---

92) 『독립정신』, p.82.
93) 『독립정신』, p.86.
94) 『독립정신』, pp.54~59.

자호란 때에 끌려가서 모진 악형 끝에 "오랑캐를 꾸짖기를 그치지 아니하다가" 죽은 삼학사(三學士)의 절개를 높이 평가하는 한편, 300년 동안이른바 조공을 하는 "더러운 욕"이 여기에서 비롯되었다고 주장했다. 그의 이러한 역사인식은 조선조 유생들의 숭명배청(崇明排淸) 사상을 그대로 계승한 것이라고 할 수 있을 것이다. 그리하여 김구가 위정척사파(衛正斥邪派)의 입장에서 삼학사를 높이 평가한 것과 같은 맥락에서 개화파 지식인 이승만도 삼학사의 행적을 높이 평가한 것이었다. 그러나 이승만은 갑오경장 뒤에도 오욕의 역사를 충실히 계승하고 있는 수구파들의 행태를 맹렬히 비판했다.

> 갑오 이후까지도 청국을 배반하고 독립국이 되는 것이 의 없는 일이라 하야 대청(大淸) 연호를 없이하고 건양(建陽)이나 광무(光武) 연호를 대신하는 책력은 보지 않는다는 무리까지 있었으니, 도학을 숭상한다는 무리들의 독한 해가 이렇듯 심한지라. 진실로 통분함을 이기지 못하리로다.[95]

이승만은 중국인은 중화사상(中華思想)이라는 "교만방자한 생각"에 젖어 외국인에 대해 잔혹하고, 그러면서도 부정직하고 충성심이 없다고 혹평했다. 그리고 대외적으로 한국에 대하여 "어려울 때에는 독립국이라 하다가 편할 때에는 속국이라 하여" 열강들을 우롱하기 때문에 한국이 안전할 수 없었다고 주장했다. 그는 "청국의 완만 무리함과 조선의 잔약 혼몽함이 더욱이 동양 형편을 위태케 할 뿐이라"고도 썼다.[96]

반면에 일본에 대한 이승만의 인식은 매우 호의적이었다. 그는 특히 일본이 서유럽 열강의 선진문명을 받아들인 사실을 높이 평가했다. 일본

---

95) 『독립정신』, p.128.
96) 『독립정신』, p.157.

도 처음에는 서양의 통상요구를 거절했으나 1853년에 미국에 의하여 개국한 뒤에 서양의 제도를 모방하여 배움에 힘쓴 결과로 동양에서는 유일하게 근대 국민국가를 이룩하는 데 성공했다는 것이었다.[97]

이승만은 1875년에 일본이 조선의 개항을 강요하기 위해 운양호(雲揚號)사건을 도발한 일에 대해서도 "어두운 이웃나라를 극력하야 깨우쳐서" 협력하여 서양열강의 침략으로부터 나라를 보전하자는 것이었으므로, "일본에 대하야 깊이 감사히 여길 바이로다"[98]라고까지 말했다. 그리하여 1876년에 맺은 강화도조약[江華島條約: 조일수호조규(朝日修好條規)]에 대해서도 "이 약조의 대지가 일본이 조선을 자주독립국으로 대접하야 본래 자주하던 일본국과 평등으로 안다 하며… 이때가 곧 조선의 독립권리를 실상으로 회복하던 처음 일"이라면서 이날을 경축일로 삼아야 했다고 주장했다. 만일에 이 조약이 아니었다면 서양 각국이 결코 그냥 있지 않았을 것이라는 것이었다.[99] 또한 일본은 동아시아로 마력을 뻗치는 러시아의 의도를 간파하고 주야로 백성을 교육하고 군사력을 기르는 한편, "한·청 양국을 깨워 같이 방어하기로 힘쓰고자 했다"고 설명하기도 했다.

이승만의 이러한 일본 인식은 이 시기의 개화파 지식인들의 일반적인 그것보다 더 호의적인 것이었는데, 그것은 그가 옥중에서 읽은 서양의 신문 잡지의 논지에 영향을 받았기 때문이었을 것이다. 이 무렵 미국과 영국은 러시아의 동아시아 진출을 견제하기 위하여 일본을 적극적으로 지지하고 있었다. 그가 탐독했다는 《아웃룩》지의 발행인 애벗(Lyman Abbott) 목사도 일본은 삶의 터전을 한국으로 팽창해야 한다고 말하고 있었다.[100]

---

97) 『독립정신』, p.133.
98) 『독립정신』, pp.147~148.
99) 『독립정신』, p.150.
100) Lyman Abbott, "Japan and Korea", *The Outlook*, May 19, 1900, pp.156~158; 이정식 지음, 권기붕 옮김, 앞의 책, p.139.

이승만의 이러한 일본 인식은 러시아의 팽창정책에 대한 비판과 궤를 같이하는 것이었다. 투옥되기 전에 러시아의 이권요구에 대한 반대운동에 앞장섰던 그는 옥중에서 《제국신문》의 「논설」을 쓰면서도 동아시아로 세력을 뻗쳐 오는 러시아에 대한 경계와 비판을 계속했다. 이승만은 러시아를 가리켜 "자초로 풍기가 열리지 못하야 지금껏 야만스러운 풍속이 많이 남아 있고" 과거에는 "더욱 괴악한 사건이 많은" 나라였다고 전제하고, 근대국가를 만들려고 노력한 표트르 대제(Pyotr Alekseyevich: Peter the Great)의 치적을 소개한 다음, 그의 비밀유언에 따라 러시아의 기본정책이 영토확장이라고 설명했다.[101] 그리하여 "러시아 사람의 정치주의가 전혀 남의 토지를 빼앗기를 위주"하는 것이라고 단언했다.[102] 이러한 이승만의 러시아 인식은 영국을 비롯한 서양 여러 나라들의 러시아에 대한 정책의 영향에 따른 것이었음은 말할 나위도 없다. 그는 서양에서 공개되어 물의를 빚은 표트르 대제의 유언으로 알려진 문서를 입수하여 옥중잡기에 남기기도 했는데,[103] 『독립정신』의 러시아에 대한 서술은 이 문서를 기초로 하여 설명한 것이었다. 따라서 러시아가 시베리아 철도를 건설하는 것도 "그 서울에서 군사를 파송하야 아시아주 동방 끝에 나오기를 지척같이" 해서 "동양천지를 임의로 호령하고자 함이라"라고 설명했다.[104] 이승만은 청국이 러시아에 대해 얼마쯤 협조적 태도를 보이자 러시아가 "해마다 청국지방을 누에가 뽕잎 먹듯 하야 들어오되 청인은 그 지경을 분간하지 못하고" 그대로 있다고 개탄했다.[105]

러일전쟁은 양국이 국가의 명운을 건 총력전이었으며, 그 결과는 국제정치의 판도를 완전히 바꾸어 놓았다. 그리고 한국은 일본의 이른바

---

101) 『독립정신』, pp.135~136.
102) 『독립정신』, p.192.
103) 「俄彼得大帝顧命」, 「雩南李承晚文書 東文篇(二) 李承晚著作 2」, p.100. 번역문은 유영익, 앞의 책, pp.333~336.
104) 『독립정신』, p.137.
105) 『독립정신』, p.131.

'보호국'이 되어 버렸다. 이승만은 러일전쟁이 발발하기까지의 두 나라에 대한 열강의 정책과 선쟁의 추이, 그리고 일본의 승리를 정확하게 파악하고 있었으며, 그 결과 "우리 대한은 장차 일본의 권면하는 찬조를 얼마쯤 받을지라"[106] 라고 한국이 일본의 영향 아래 놓일 것까지 내다보면서도, 이를 비판하거나 경계하는 말을 하지 않았다. 그는 러일전쟁이 오히려 한국이 자립할 수 있는 좋은 기회라면서 "이번에 당한 기회를 또 좋은 줄로 알지 못하다가는" 돌이킬 수 없는 사태가 벌어질 것이라고 경고 아닌 경고까지 했다.[107]

러일전쟁이 발발했을 때의 상황을 이승만은 다음과 같이 썼다.

급기 전쟁이 벌어지는 날에는 러시아병이 미처 상륙하지 못하고 인천항구에 군함 두척이 정박했다가 금년 이월 초구일에 일본병선이 팔미도 밖에서 격서[檄書: 통고문]를 전하여 왈 "금일 정오 안에 물러가지 아니하면 곧 공격을 당하리라" 한데, 러시아함이 나서며 마주 싸워 대포를 서로 쏘아 포성이 거의 두시간 동안을 연속하여 천지를 진동하매 80리 상거에 앉은 서울 장안에 완연한 포성이 콩 튀듯 들리니, 청천백일에 뇌정(雷霆)이 우는지라. 한양성 중에 귀먹은 자와 숨막힌 자 외에는 듣지 못할 리 없는지라. 충분강개(忠憤慷慨)한 선비들은 땅을 치고 통곡하며, 옥중에 갇힌 자들도 붙들고 우는 자가 여럿이니, 그 우는 뜻을 물을진대 "대장부가 국가에 다사한 때를 타고나서 마땅히 전장에 나아가 적국을 물리치고 국권을 굳게 하야 승전고를 울리며 개가를 높이 불러 영광을 드러낼 것이요, 그렇지 못하면 탄알을 맞으며 칼날을 받아 나라를 위하야 더운 피를 뿌리고 간담을 쏘아서 영화로이 죽어 충의를 표할 것이어늘, 우리는 남과 같이 신체가 건

---

106) 『독립정신』, p.224.
107) 『독립정신』, p.232.

강하며 품질이 총명하며 충애가 간절하며 형편과 기회가 실로 천재에 일시라 하겠거늘, 다만 머리를 남의 손에 잡히고 따로 들지 못하므로 허다한 세월을 공연히 잃어버려 아무것도 아니하다가 남이 대신 와서 내 나라 해변에서 천지를 진동하니, 이 어찌 혈기남아의 차마 듣고 볼 바이리요. 하물며 국권과 강토를 보전하고 못하기가 전혀 이 전쟁결과에 달린지라. 만일 우리가 진작 정신차려 관민이 일심하야 일을 좀 하였더면 이 전쟁을 우리가 할 것이어늘 우리가 못하고 도리어 남에게 맡겨 구경을 하는 것이 어찌 더욱 통분치 않으리오" 하더라.[108]

러시아의 한국 침략을 저지하기 위하여 일본이 와서 대신 싸워 주고 있는 것처럼 말한 이러한 서술은 러일전쟁 개전 당시의 개화파 지식인들의 제국주의 일본에 대한 인식의 한계를 드러내 보이는 것이었다.

그러나 『독립정신』은 뒷부분에 가면서 일본에 대한 인식이 많이 달라지고 있다. 마지막 장인 「일본 백성이 주의」라는 「논설」에서 이승만은 다음과 같이 적었다.

일본 백성의 주의하는 바는 관계가 우리에게 더욱 핍근하니, 이는 일본 백성이 각국의 경위와 학문이 매우 진보되었으며, 외교상의 지정을 잘 닦아 세상 공론을 돌리기 쉬우며, 모든 이익상의 세력을 늘리기로 말하여도 우리가 여간한 기초를 세워 가지고는 비교하여 볼 수 없으며, 더욱이 그 수단이 간교하야 여간한 지혜로는 그 농락에 빠지지 않기 어렵고 한번 빠진 후에는 벗어나기 어려운지라. 저러한 인민들이 장차 우리 어두운 인민과 친근히 간섭이 되면 능히 그 범위에 벗어날 자가 몇이나 되겠느뇨.[109]

---

108) 『독립정신』, pp.216~217.
109) 『독립정신』, pp.239~240.

『독립정신』에 기술된 이승만의 일본 인식의 이러한 변화는 글을 쓴 시점의 차이에 따른 것이었을 것이다. 이때의 상황을 이승만은 자서전 초록에서 "전에는 한국정부가 나의 적이었으나, 이제 한국독립을 위한 투사임을 자처하는 일본이 나의 적이 되고 있었다"라고 적었다.[110] 올리버는 『독립정신』의 본문 47개장과 「후록」 가운데 옥중에서 쓴 것은 34개장이고 나머지 13개장은 출옥한 뒤에 쓴 것이라고 했다. 새로 쓴 부분은 뒤쪽의 러일전쟁의 배경과 전쟁의 전개과정 및 그 결과를 논한 부분이라는 것이다.[111]

3

이승만은 「후록」이라는 긴 결론 부분에서 다음의 여섯가지 '강령'이 "독립주의의 긴요한 조목"이라고 요약했다.

첫째는 "세계와 마땅히 통하여야 할 줄로 알 것"이었다. 구체적으로 그것은 외국과의 통상을 의미했다. 이승만은 통상의 중요성을 다시 다음과 같이 설명했다.

통상하는 것이 지금 세상에 나라를 부유하게 하는 근본이니, 세상의 모든 부강하다는 나라들이 다 그 본국지방 안에서 생기는 곡식이나 혹 다른 재물만 가지고 능히 풍족하게 된 것이 아니라, 다 그 백성으로 하여금 상업을 확장시켜 각국의 재물을 벌어들인 고로 그 나라 안에 통하는 재물이 한없이 많은지라, 날마다 부강에 나아감이라.… 옛적에는 각국이 항상 땅을 빼앗으려고 전쟁을 일으키더니 근대에는 상업의 권리를 위하야 싸우나니, 상업의 관계가 이러한지라. 우리나라

---

110) "Autobiography of Dr. Syngman Rhee", p.15.
111) Robert T. Oliver, *op. cit.*, p.56. 『독립정신』은 본문이 47장이 아니라 51장으로 되어 있다.

에도 이전에는 농사를 주장으로 알고 장사는 극히 천하게 여겼으나, 지금은 결단코 그렇지 아니하야 상업을 발달치 못하고는 다만 농업만 인연하야 치부할 도리가 없는지라.…[112]

이승만이 감옥서 안에서 읽은 유길준의 『서유견문』도 상매(商賣)가 "국가의 대본"이라고 강조했듯이,[113] 상업과 무역의 중요성에 대한 인식은 개화파 지식인들의 보편적인 경향이기는 했으나, 이승만이 이처럼 무역 입국을 "독립주의의 긴요한 요건"의 첫째로 꼽은 것은 특기할 만한 일이다.

둘째로는 "새 법으로써 각각 몸과 집안과 나라를 보전하는 근본을 삼을 것"이었다. 이승만이 말하는 '새 법'이란 곧 근대국가의 기본원리인 경쟁의 원리였다. 경쟁의 원리는 이 무렵 개화파 지식인 사회를 휩쓸던 사회진화론(社會進化論)의 핵심 개념이었다.[114]

경쟁이라 하는 것은 다투는 뜻이니, 남과 비교하야 한 걸음이라도 앞서가려 하며 먼저 얻으려 함이라. 공부를 하여도 이 마음이 없으면 잘되지 못하고 장사를 하여도 이 마음이 없으면 될 수 없으며, 세상 천만가지를 이 마음이 아니면 지금 세상에 설 수 없는지라. 그러나 지금 우리가 저 문명한 외국인들과 무엇으로 경쟁하겠느뇨. 저 사람들은 각각 그 정부의 힘을 얻어 공법의 보호를 받으며 통상조약의 보호를 받는 바이어늘, 우리는 정부를 의뢰할 힘이 없으매 공법도 소용없고 약장(約章)도 효력이 없는지라, 어떻게 저 외국인들과 경쟁할 힘이 있으리요. 이로써 볼진대 우리는 아주 어찌할 수 없는 처지를 당한 듯

---

112) 『독립정신』, pp.239~240.

113) 俞吉濬, 『西遊見聞』「제14편, 商賣의 大道」, 交詢社, 1895, pp.359~384 참조.

114) 俞吉濬, 「競爭論」 『俞吉濬全集(IV) 政治·經濟篇』, 一潮閣, 1971, pp.47~60, 李光麟, 「舊韓末進化論의 受容과 그 影響」 『韓國開化思想研究』, 一潮閣, 1979, pp.255~287, 李松姬, 「韓末愛國啓蒙思想과 社會進化論」 《釜山女大史學》 제1집, 1984, pp.1~38, 愼鏞廈, 「舊韓末韓國民族主義와 社會進化論」 《人文科學研究》 제1집, 同德女子大學校人文科學研究院, 1995, pp.5~35 참조.

하나, 다만 우리 백성이 마음만 강할진대 우리 중에서 서로 보호할 힘이 넉넉하며 정부에서 우리를 (보호)하여 줄 만치 만들기도 또한 우리 중에서 자연히 될지라.…115)

그러한 경쟁력을 갖추기 위해서는 보편적 가치인 신학문을 깨우치고 신문과 잡지 등을 열심히 읽어서 "일심으로 새것을 배우며 다만 배우기만 할 뿐 아니라 그 배우는 것을 곧 행하"여야 한다고 이승만은 강조했다. 그는 급진과격파답게 동도서기론(東道西器論)과 같은 절충주의는 "서편 층계에 오르려 하면서 동편 줄을 당기고 놓지 못함"과 같은 것이므로 단호히 배격해야 된다고 주장했다.

먼저 깨달은 것은 지금 세상에 옛것을 숭상하여 가지고는 부지할 수 없을 것이요, 겸하여 지금 세상에 새것이라 하는 것은 각국의 여러 가지를 비교하여 제일 좋은 것으로 택하고 더 정긴[精緊: 정밀하고 긴요함]히 만들어 통용하는 것인즉, 내 나라에서 혼자 쓰며 좋다 하던 것을 가지고 비교할 수 없을지니, 비록 나의 좋은 것이라도 다 버리고 새것을 준행하여야 능히 부지할 줄로 깨달을지라. 이 생각을 속에 먼저 두고 새것을 보아야 효험이 속할지니, 만일 그렇지 못하야 새것도 좀 보고 옛것도 좀 섞어 차차 형편을 따라 변하리라 할진대 서편 층계에 오르려 하면서 동편 줄을 당기고 놓지 못함과 같은지라, 어찌 속히 올라 높은 데 이르기를 바라리요. 그런 즉 우리 옛법에 제일 긴하게 여기던 것도 다 버리고 변하야 새것으로 대신하기를 작정할지니, 이렇듯 작정하고 밤낮으로 변하야 사람과 집안과 나라가 낱낱이 새것이 되어 장차 10~20년 안에는 전국이 다 영, 미국 같이 되게 우리 손으로

---

115) 『독립정신』, pp.260~261.

만들기를 일심으로 힘쓸진대 어찌 일본만 못할 것을 염려하리요.…116)

셋째로는 "외교를 잘할 줄 알아야 할지라"라고 주장했다. 이승만은 외교를 친밀히 하는 것이 "나라를 부지하는 방법"이라고 역설하고, 외교를 잘하려면 "마땅히 공평함으로 주장을 삼아야" 하고, "유(類)가 같아서 무리에 섞여야 친구가 되는 법"이며, "진실함으로써 교제하는 근본을 삼아야" 한다고 강조했다.

넷째로는 "국권을 중히 여길 것이라"라는 것이었다. 이승만은 이 항목에서 다음과 같은 논리로 외국 국적을 취득하지 말 것을 강조하고 있어서 흥미롭다.

맹세코 외국에 입적하지 말 것이라. 지금 세상은 문호를 서로 열고 내왕과 거류를 피차 섞여 하나니, 각각 제 마음대로 호적을 타국에 걸고 타국의 백성이 되기를 자유로 하는 고로 정사(政事)가 포학하며 자유를 얻지 못한 나라는 백성이 차차 줄어지고 어진 정사로 백성의 권리를 온전히 하는 나라에는 각국 인민이 사방에서 모여들어 점점 많아지는 법이니, 진실로 한없는 좋은 천지라. 어진 자는 흥하고 포학한 자는 망하게 됨이니 공법의 본의가 실로 공평타 하려니와, 그 백성된 자로 말하면 옳다고도 못하겠고 이롭다고도 못할지라.… (그러나) 괴로움을 피하야 타국지경으로 넘어가거나 외국에 입적하고 몇만리를 건너가서 타국 백성이 되어 편안한 세월이나 보내다가 죽으리라할진대 어찌 인류로 태어난 본의라 하며, 남의 좋은 나라에 가서 잘사는 것이 참 편하고 낙이 있겠는가.…117)

---

116) 『독립정신』, p.263.
117) 『독립정신』, pp.277~279.

러일전쟁의 발발을 계기로 연해주의 한인 이민들의 국적변경문제는 러시아와 일본 정부의 관심사가 되고 있었다. 이러한 사정은 러일전쟁이 치열하게 전개되던 1904년6월13일에 일본 임시대리공사 하기와라 슈이치(萩原守一)가 외부대신 이하영(李夏榮)에게 한국인 가운데 러시아나 미국으로 귀화하는 사람이 더러 있는데 한국정부는 이들의 귀화를 허가 또는 금지하거나 또는 묵허(黙許)하고 있는지, 이들이 외국에 귀화하는 경우 한국의 국적은 상실되는 것인지, 한국의 법규 내지 종래의 관계가 어떠했는지를 묻는 공문을 보낸 것으로도 짐작할 수 있다.[118] 한국정부의 회신은 보이지 않는다. 하기와라의 공문은 1903년부터 시작된 하와이 노동이민들의 국적문제도 염두에 두고 보낸 것 같으나, 미국정부는 제1차 세계대전 때에 미국군인으로 참전한 사람들과 같은 특별한 경우를 제외하고는 1952년까지 동양인에게는 미국 국적 취득을 허가하지 않았다.[119] 1902년 현재 연해주에는 러시아 국적의 한국인 1만6,140명, 비귀화 한국인 1만6,270명이 살고 있었다.[120]

다섯째로는 "의리를 중히 여김"을 강조했다. 이승만이 근대국가의 보편적 가치관을 하루빨리 체득하기 위해서는 비록 나의 좋은 것이라도 다 버리고 새것을 준행해야 한다고 강조하면서도 유교적 가치관의 핵심개념인 '의리(義理)'를 여섯가지 강령의 하나로 강조한 것은 눈여겨볼 만하다. 김구가 유학자 고능선의 구전심수(口傳心授)를 통하여 깨우친 것 가운데 그의 평생의 행동철학의 기본이 된 것도 다름 아닌 의리사상이었다. 이승만은 "목적이 같은 자는 자연 뜻이 쏠리며 의리가 같은 자는 스스로 함께 나가나니, 이것이 다 억지로 행함이 아니고 천성으로 감발[感發: 감동하여 분발함]하는 것이니, 우리가 이것을 주장치 않으면 세상에 의가 설

118) 「日本臨時代理公使 萩原守一가 外部大臣 李夏榮에게 보낸 1904년6월14일자 편지」, 『舊韓國外交文書(七) 日案(7)』, pp.137~138.

119) 이덕희, 『하와이 이민 100년: 그들은 어떻게 살았나?』, 중앙M&A, 2003, p.145.

120) 露國外務省 著, 南滿州鐵道株式會社 庶務部調査課 譯, 『極東露領に於ける黃色人種問題』, 大阪每日新聞社, 1912, p.104.

수 없을지라…"라는 말로 의리의 중요성을 설명했다. 그런데 이승만에 따르면, 의리의 가장 중요한 점은 '공변됨'이었다. 곧 사사롭거나 편벽되지 않고 공평해야 참 의리라는 것이었다.

> 본래 의리의 주의가 대소(大小)와 공사(公私)의 구별이 없나니, 도적끼리도 서로 돌아보는 정의는 있어서 의리라 일컬으며 기타 모든 인류들이 저의 사사관계상에 돌아보는 의리가 또한 무수하나, 실상 그 공변된 뜻과 대체를 어기고는 의리라 이를 수 없나니, 만일 이런 것을 의리로 알아 고집할진대 도리어 참 의리를 방해할 때가 많을지라. 마땅히 나라로서 의리의 줏대를 삼아 나라를 받드는 뜻을 어기고는 아무 의도 설 수 없는 줄로 알아야 할지라.…[121]

이처럼 이승만에게 의리의 '줏대'는 곧 국가였다. 그러면서 이승만은 어떤 러시아 남성과 결혼해서 사는 한 일본 여성의 에피소드를 보기로 들었다. 러일전쟁이 발발하여 그 남편이 비밀정보를 탐지하여 러시아로 보내면서 아내를 얼마쯤 믿고 그 사실을 말해 주었는데, 그 일본 여성은 자기 남편을 고발하여 잡혀가서 죽게 하고 자기는 즉시 자결했다는 것이었다. 이승만은 이러한 일본 여성의 행동에 대해 "나라를 위하는 큰 의를 더 중히 여겨 남편에게 죄를 지어 대의를 세우고 그 뒤를 따라 남편에 대한 의를 또한 완전케"한 것이라고 설명했다. 그것이 진정한 의리라는 것이었다.

여섯째로는 "자유권리를 중히 여길지라"라는 것이었다. 이 항목에서 이승만은 두가지를 설명했다. 하나는 먼저 억압받고 있는 피지배계층의 사람들을 향하여 "사람마다 자유권리를 생명같이 중히 여겨 남에게 힘 입기를 싫어할지니, 남의 힘을 의뢰하고는 지금 세상에 설 수 없는 연고

---

121) 『독립정신』, p.284.

이라"면서 권리의식을 가질 것을 강조했다. 한편 지배계층의 사람들에게는 "남의 권리를 또한 중히 여길지니, 기왕에 제 권리를 얻고자 할진대 남의 권리를 또한 그만치 주어야 할지라…"라고 말하고, 다음과 같이 주장했다.

이전에 압제하던 모든 습견을 다 깨치고 나의 아래된 사람을 차차 놓아 주어 따로 자유하게 하며 높이 대접하야 나의 동등을 허락하여 줄지라. 이런 말을 처음 듣는 자는 큰 변괴의 말로 알 터이나 공변된 천리를 가지고 보면 그 공평됨을 스스로 깨달을 것이요, 혹 여러 번 들어 공평한 줄을 아는 자라도 구습을 용맹 있게 깨치지 못하거나 혹 자기의 사소한 손익을 비교하야 짐짓 붙들고 놓지 아니함이라. 마땅히 즉각에 파혹[破惑: 의심적은 일을 풀어 버림]하고 돌아서서 행할지니, 나의 종된 자들이나 남의 하인들이나 혹 하천히 여기는 부인 여자들과 내 자식이나 남의 자식이나 어린아이들을 다 한층 올려 생각하야, 전일에는 다 사람 수효에 차지 않고 다만 사람에게 속한 물건으로 알던 모든 악습을 버려 국법과 경위 중에는 다 동등인으로 대접하야 따로 서서 직업을 일삼는 국민이 되게 할지라.…[122]

이승만은 "미개한" 사람에게 자유권을 부여하는 폐단이 있을 수 있다는 것을 인정하면서도, 그러나 그것이 곧 "나라를 세우는 근본"이라고 다음과 같이 간곡하게 설득한 것은 그의 평민주의의 진면목을 실감하게 한다.

"미개한" 사람에게 자유권 주는 것이 그 폐단은 항상 없을 수 없는지라. 이것을 과연 모름은 아니나 자고로 행하여 내려온 것을 생각하면 윗사람된 이들이 도리어 해를 좀 받아야 옳기도 하고 지금 시대가

---

122) 『독립정신』, pp.288~289.

또한 이것을 받는 세상이 되었으니 억지로 면할 수 없으며, 설령 이것으로 해를 많이 받는다 할지라도 내 나라 어리석은 백성을 얽어 놓아 외국인에게 수모를 당하는 것보다 몇배 나을지니, 부디 깊이 생각하고 고집하지 말아서, 모든 백성으로 하여금 제 힘껏 벌어서 제 재주껏 공부하야 입신양명하기를 방한을 말진대, 인민이 스스로 활발한 기운이 생겨 풍속이 날마다 변하며 원기가 날로 자랄지니, 부강발달에 이르기가 불과 몇십년 안에 될 일이라. 자유를 중히 여김이 어찌 나라를 세우는 근본이 아니리오.···123)

이승만은 "위의 여섯가지 강령은 다 우리나라 사람들이 가장 먼저 힘써서 각각 일개인이 자기의 몸부터 변화하기에 요긴한 말이라" 하고 거듭 강조하면서, 자신이 주장한 것을 모든 국민들이 실천할 것을 촉구했다.

그러나 이승만은 위에서 언급한 내용은 "가지와 잎새만 들어" 말한 것뿐이고, 더욱 근본적으로는 "교화(敎化)로써 만사의 근원을 삼아야" 한다고 잘라 말했다. 그가 말하는 교화란 기독교 신앙에 의한 변화를 뜻하는 말이었다. 그는 교화에도 구별이 있다면서 유교와 기독교를 비교해서 설명했다. 그는 유교의 인도주의를 높이 평가하면서도 유교에는 내세관(來世觀)이 없기 때문에 왕도주의(王道主義)의 이상이 패권주의(覇權主義)로 전락하고 말았다고 말하고, 기독교가 나라를 구하는 유일한 길이라고 주장했다. 그는 기독교 정신의 핵심은 "감사한 마음"이라고 설명했다. 그러고는 다음과 같은 말로 『독립정신』을 마무리했다.

　　우리가 이 이치를 믿지 않으면 웃고 흉보려니와 급기 믿는 마음이 있을진대 어찌 감사한 마음이 없으며, 기왕 감사한 줄 알진대 어찌 갚고자 하는 생각이 없으리오. 그러나 이 은혜는 다른 것으로 갚을 수 없고 다만 예수의 뒤를 따라 세상 사람을 위하야 나의 목숨을 버리기

---

123) 『독립정신』, pp.289~290.

까지 일할 뿐이라. 천하에 의롭고 사랑하고 어진 것이 이에 더 지나는 것이 어디 있으리오. 이는 하나님의 감사한 은혜를 깨달아 착한 일을 스스로 아니하지 못함이라. 사람마다 두려운 뜻으로 악을 짓지 못하며 감사한 뜻으로 착한 일을 아니하지 못할진대, 서로 사랑하고 도와주는 중에서 어찌 평강 안락한 복을 얻지 못하며 이 잔인 포학한 인간이 곧 천국이 되지 않으리오. 이것이 곧 지금 세계상 상등문명국의 우등 문명한 사람들이 인류사회의 근본을 삼아 나라와 백성이 일체로 높은 도덕지위에 이름이라. 지금 우리나라가 쓰러진 데서 일어나려 하며 썩은 데서 싹이 나고자 할진대, 이 교로써 근본을 삼지 않고는 세계와 상통하여도 참 이익을 얻지 못할 것이요, 신학문을 힘써도 그 효력을 얻지 못할 것이요, 외교를 힘써도 깊은 정의를 맺지 못할것이요, 국권을 중히 여겨도 참 동등지위에 이르지 못할 것이요, 의리를 숭상하여도 한결같을 수 없을 것이요, 자유권리를 중히 하려도 평균한 방한을 알지 못할지라. 우리는 마땅히 이 교로써 만사의 근원을 삼아 각각 나의 몸을 잊어버리고 남을 위하여 일하는 자가 돼야 나라를 일심으로 받들어 영, 미 각국과 동등이 되게 하며, 이후 천국에 가서 다같이 만납세다.[124)

사도 바울의 편지 문투를 연상시키는 이러한 문장은 그가 옥중에서 얼마나 독실한 기독교인이 되어 있었는지를 말해 주는 보기이기도 하다.

일단 완성된 원고는 옥중에 있는 정순만, 이동녕(李東寧) 등에게 읽혀 의견을 들은 다음 먼저 출옥한 박용만(朴容萬)에게 내보내어 검토하게 했고, 박용만은 다시 같은 시기에 출옥한 이상재(李商在)에게 가져가서 검토를 부탁했다. 이승만은 이 옥중동지들의 의견을 참작하여 다시 내용을 손질했다.

---

124) 『독립정신』, pp.293~294.

이승만은 1904년8월에 출옥하여 11월에 미국으로 갔는데, 그는 미국에서 『독립정신』을 출판하기에 앞서 주로 뒷부분의 원고를 고쳐 쓰기도 하고 새로 써 보태기도 했다.

이승만은 『독립정신』이 빨리 출판되어 그가 기대한 독자들, 곧 '아래 인민'들에게 널리 읽히기를 바랐다. 그러나 그의 희망과는 달리 이 책은 국내에서 출판되지 못했고, 그가 도미하여 프린스턴대학교를 졸업하던 해인 1910년2월에야 로스앤젤레스에서 출판되었다.[125] 원고를 미국으로 가지고 간 사람은 박용만이었는데, 그는 그것을 큰 트렁크 밑바닥에 숨겨 가지고 갔다.

이승만은 미국에서 『독립정신』을 출판하기 위해 온갖 노력을 다 기울였던 것 같다. 그것은 이 책에 수록된 많은 사진과 지도 등의 도판을 보더라도 짐작할 수 있다. 『독립정신』에는 맨 앞장에 실려 있는 가운을 입은 이승만 자신의 사진을 비롯한 82장의 사진과 6대주의 지도를 포함한 31장의 그림이 수록되어 있다. 자신의 모교인 하버드대학교와 프린스턴대학교의 건물 사진도 있으나 역사적인 사건과 관련된 희귀한 사진들도 많다. 이 사진들은 모두 이승만이 대학에 다니면서 수집했을 것이다. 또한 책 뒷부분에는 이 책의 출판을 위해 대동신서관(大東新書館)을 설립한 27명[사진 없이 명단만 5명]의 유지들의 사진이 중죄수 복장을 하고 찍은 이승만의 옥중사진과 함께 실려 있다.

올리버는 『독립정신』이 한국인들에게 기여한 것이 미국의 '건국의 아버지'들인 토머스 페인(Thomas Paine)과 토머스 제퍼슨(Thomas Jefferson)의 저술들이 미국의 독립에 기여한 것과 같았다고 썼는데,[126] 이러한 평가는 『독립정신』을 출판할 때의 이승만의 의욕이 그와 같았음

---

125) 이승만은 자서전 초록에서 『독립정신』이 1906년에 샌프란시스코에서 처음 출판되었다고 했고 ("Autobiography of Dr. Syngman Rhee", p.14), 또 1917년에 호놀룰루에서 출판된 제2판에 붙인 "제2차 서문"에서는 1909년1월에 미주에서 처음 출판되었다고 했으나 모두 착오이다.
126) Robert T. Oliver, *op. cit.*, p.56.

을 말해 주는 것이다. 이 책의 독자들은 하와이 농장에서 일하는 농업노동자들이 대부분인 재미교포들이었고, 국내에는 거의 유입되지 못했음은 말할 나위도 없다. 그러나 『독립정신』에 대한 소문은 국내와 다른 지역의 동포들에게도 알려져서 이승만의 명성을 더욱 높이는 데 크게 기여했다.

4. 실력자 이지용의 주선으로 석방

1

　이승만은 열성으로 죄수들을 가르치고 전도하는 한편으로 독서와 집
필활동에 몰두하면서도 자신의 사면과 석방문제에 여간 집착하지 않았
다. 앞에서 본 「추야불매」라는 한문수필의 "임금님의 교서도 다소 늦어
지나 보다"라는 구절은 그가 고종의 사면 조칙을 초조하게 기다리고 있
었음을 말해 준다.

　이승만보다 더 초조하고 불안해한 사람은 이경선(李敬善)이었다.
1901년9월에 고종 탄신 50주년 경축 특사로 육범 이외의 죄수들이 모두
사면될 때에 고종이 언더우드에게 약속한 대로 아들도 출옥할 수 있을
것으로 기대했던 그는 이승만이 특사에서 빠졌을 뿐만 아니라 그해 11월
에 영향력 있는 선교사 다섯 사람이 연명으로 내부협판 이봉래(李鳳來)
에게 항의편지를 보낸 것에 대해서도 별다른 반응이 없자 여간 낙담하지
않았을 것이다. 더욱이 물심양면으로 지원해 주던 아펜젤러가 1902년6
월에 뜻밖의 사고로 사망하고 나서는 이승만 가족의 불안과 고초는 더
욱 심각해졌을 것이다.

　이경선은 1903년5월11일에 법부에 탄원서를 올렸다. 그는 탄원서에서
"본인은 자식이 있으면서 자식 없는 홀아비가 되었고, 그의 처는 남편이
있으면서 청상(靑孀)이 되었으며, 천자문을 읽으면서도 아비를 부르지 못
하는 손자는 아비가 있으면서도 고아가 되었다"라고 한탄하고, 자식의 죄
는 육범 밖인데 그보다 더 중한 사형, 종신형 죄인들은 사면의 혜택을 입
었는데도 아들은 그렇지 못했다면서 석방해 줄 것을 탄원했다.[127]

　이승만의 죄목이 오직 판결문대로 '탈옥 종범'이었다면 이경선의 말대

---

127) 《皇城新聞》 1903년5월11일자, 「雜報: 老父呼冤」.

로 그것은 분명히 육범 밖이었으므로 당연히 사면의 대상이었다. 그러나 이승만은 좀처럼 사면의 대상에 포함되지 않았다.

이승만도 여러 경로를 통하여 사면운동을 벌였다. 앞에서 본 대로, 한규설(韓圭卨)이 옥중의 이승만에게 보낸 여러 통의 편지는 이승만이 그에게 집요하게 구원을 요청하고 있었음을 말해 준다. 그러나 이승만의 사면문제는 정부로서도 그다지 간단한 문제가 아니었던 것 같다. 선교사들의 전폭적인 지원을 받는 선동가 이승만이 출옥한다면 또 어떤 일을 벌일지 알 수 없기 때문이었을 것이다. 한규설은 이승만이 부탁할 때마다 상황을 알아보고 그때그때 옥중의 이승만에게 알려 주었다. 다음과 같은 한규설의 편지는 이승만에 대한 그의 각별한 애정을 짐작하게 한다.

여러 차례의 풍상을 어떻게 감내하고 계시오이까. 나도 염려하는 마음이 풀리지 않소이다. 그러던 차에 편지를 받으니 위안이 되고 기쁘오이다. 부탁하신 일은 자세히 보았소이다. 마음에 새겨 두고 기회가 있는 대로 주선해 보겠소이다. 그러나 이런 주선을 할 힘이 내게 있는 것 같지 않소이다. 오직 나라를 위하는 일념으로 이렇게 내게 애정 어린 설명을 해주어 나의 꽉 막힌 소견을 열어 주시니 오직 감축할 따름이오이다. 이 글을 보시는 즉시 불에 던져 버리시오.[128]

그러나 이 무렵 한규설은 자신의 말대로 이승만의 사면을 주선할 만한 영향력 있는 위치에 있지 못했다. 이승만은 일찍이 독립협회에 관여했던 육군부장 민영환(閔泳煥)에게도 자신의 구명을 부탁했다. 민영환도 이경선을 통하여 답장을 보낼 만큼 이승만의 일에 관심을 가지고 있었

---

128) 「韓圭卨이 이승만에게 보낸 1904년8월 이전의 편지」, 『雩南李承晚文書 東文篇(十八) 簡札 3』, p.295.

다.[129]

　이경선은 조정의 실력자인 이지용(李址鎔)에게 아들의 사면문제를 간곡히 부탁했다. 이지용은 완영군(完永君) 이재긍(李載兢)의 아들로서 고종의 종질이었다. 따라서 이승만의 집안과는 먼 족친뻘이 되는 셈이었다. 황해도 관찰사와 경상도 관찰사를 역임한 이지용은 1900년9월에 궁내부 특진관에 임명된 이래로 러일전쟁이 발발할 때까지 궁내무 협판, 궁외부대신 서리, 의정부 찬정(贊政), 군부대신 서리, 법부대신 서리, 외부대신 서리 등의 요직을 두루 역임했고, 러일전쟁이 발발하자 법부대신과 의정부 찬정, 평리원 재판장, 육군 참장, 헌병사령관 등을 겸임했다. 그리하여 1904년2월23일에 한일의정서를 체결할 때에는 외부대신 임시서리로서 한국을 대표하여 일본공사 하야시 곤스케(林權助)와 함께 협정문에 서명했다.[130]

　이지용이 이경선의 부탁을 받고 나서 그에게 회답한 날짜미상의 편지가 일곱통이나 보존되어 있는데, 그 가운데는 이경선이 보낸 선물을 돌려보낸다는 내용의 것도 있다.[131] 빈한한 이경선이 아들을 위해 온갖 노력을 다했음을 알 수 있다. 이지용이 법부에 이승만의 사면문제를 적극적으로 종용했던 것을 이경선에게 보낸 다음과 같은 편지로 짐작할 수 있다.

　일간에 어디 출입하셨다는 말씀을 듣고도 바빠서 회답이 늦었습니다. 귀체가 만강하십니까. 저는 그대로 늘 분주하게 다니고 있습니다. 말씀하신 뜻은 일간에 여러 차례 법부대신에게 이야기했고 또 사리국장(司理局長)에게도 부탁했으며, 다시 미력을 다하여 주선했습니다. 그러나 그 죄상이 과연 신중히 다루어야 할 일에 속한다고 합니

129) 「閔泳煥이 李敬善에게 보낸 1904년8월 이전의 편지」, 『雩南李承晚文書 東文篇(十八) 簡札3』, pp.428~429.
130) 安龍植 編, 『大韓帝國官僚史研究(Ⅱ) 1901.8.~1904.2.』, p.274; 『大韓帝國官僚史研究(Ⅲ) 1904.3. ~1907.7.』, pp.576~577.
131) 「李址鎔이 李敬善에게 보낸 1904년8월 이전의 편지」, 『雩南李承晚文書 東文篇(十八) 簡札3』, p.569.

다. 그래서 부득이 여의치 못하니 심히 송구하고 한탄스럽습니다.[132]

이지용은 이경선에게 법부대신이 "이 죄인은 다른 사람과 비교할 수 없으므로" 방면자 명단에 포함시킬 수 없다고 말하더라는 말을 전해 주기도 했고,[133] 법부가 아닌 '모처'에 누차 부탁했으니 너무 염려하지 말고 기다리라는 말도 전했다.[134]

이경선은 평소에 이승만을 지원하고 있는 외국 선교사들도 찾아다녔다. 감리교 선교사 존스(George H. Jones, 趙元時) 목사가 이승만에게 보낸 다음과 같은 편지는 외국 선교사들이 이승만의 사면문제에 대해 얼마나 관심을 기울이고 있었는가를 보여 준다.

> 지난 일요일에 부친을 만나 황제께서 얼마 전에 발표하신 사면령에 당신을 포함시키시지 않았다는 이야기를 들었습니다. 나는 말로 다 할 수 없을 만큼 슬픈 심정입니다.… 그러나 부디 낙담하지 마시오. 하나님을 믿으시오. 그러면 그분께서 당신을 도우실 것입니다. 나는 황제께서 당신을 완전히 사면하실 것과 당신이 출옥하여 한국을 기독교국가로 만들기 위한 우리의 노력을 돕기를 바라고 기도합니다.[135]

이러한 편지에서도 외국 선교사들의 이승만에 대한 기대가 한국을 기독교국가로 만드는 사업의 지도자가 되게 하는 것이었음을 확인할 수 있다.

한규설이나 민영환이 이승만에게 보낸 편지나 이지용이 이경선에게

---

132) 「李址鎔이 李敬善에게 보낸 1904년8월 이전의 편지」, 위의 책, p.569.
133) 「李址鎔이 李敬善에게 보낸 1904년8월 이전의 편지」, 같은 책, p.568.
134) 「李址鎔이 李敬善에게 보낸 1904년8월 이전의 편지」, 같은 책, p.570.
135) Robert T. Oliver, *op. cit.*, pp.66~67.

보낸 편지는 그대로 이승만에게 전달되었다. 심부름은 그의 어린 아들 태산(泰山)이 했다. 태산은 편지를 가지고 오다가 감옥서 문을 지키는 순검에게 들켜 순검이 편지내용을 읽어 본 일도 있었다.[136] 그러나 그것이 특별히 문제가 되지는 않았다. 이러한 사실은 이 무렵의 감옥서의 기율이 얼마나 허술했는가를 말해 준다. 아니면 감옥서 문을 지키는 순검까지도 이승만에 대해 특별한 배려를 하고 있었기 때문이었는지 모른다. 이 무렵 태산은 감옥서에 와서 자고 가기도 했는데, 그럴 때면 소년수들과 곧잘 싸우곤 했다. 이승만은 부친에게 산(山)이 녀석이 아이들하고 싸워서 자기가 매우 두들겨 패주었으나 그래도 말을 잘 안 듣는다고 걱정하는 편지를 쓰기도 했다.[137] 그것은 이승만이 옥중에 있는 동안 7대 독자 태산을 이경선이 응석받이로 키우고 있었음을 말해 준다.

2

한일의정서가 체결된 직후인 1904년3월에 고종은 하야시 공사의 요구도 참작해서 개혁성향이 있는 관료들로 정부를 새로 구성했다.[138] 한규설과 윤용구(尹用求)가 의정부 찬정, 육군부장 민영환이 내부대신 등에 새로 임명되었다. 민영환은 일주일 뒤에 학부대신으로 전임되었다. 외직으로 나가 있던 윤치호도 다시 외부협판에 기용되었고, 박정양(朴定陽)은 이미 1월에 탁지부대신에, 이지용은 2월에 법부대신에 임명되어 있었다. 이는 이승만의 사면 전망을 밝게 하는 것이었다. 뒷날 이승만은 이때의 일과 관련하여 "1904년에 러일전쟁이 발발했을 때에 한국민족당(the Korean Nationalist Party)은 잠깐 정권을 잡게 되었다. 그들이 맨 먼저

---

136) 「李承晩이 李敬善에게 보낸 1904년8월 이전의 편지」, 『雩南李承晩文書 東文篇(十八) 簡札 3』, p.150.
137) 위와 같음.
138) 서영희, 『대한제국정치사연구』, 서울대학교출판부, 2005, pp.266~269.

한 일 가운데 하나는 나를 석방한 것이었다"라고 적었다.[139]

3월12일에 평리원[平理院: 대한제국 때에 재판을 맡았던 관청. 1899년에 '고등재판소'로 이름이 바뀌었다]은 이원긍(李源兢), 이상재(李商在), 홍재기(洪在箕), 유성준, 김정식(金貞植), 이승인(李承仁), 안명선(安明善) 등 이른바 개혁당사건과 관련된 정치범들에 대해 무죄를 선고했고, 이들은 4월27일에 모두 석방되었다.[140] 그러나 이때에도 이승만은 제외되었다. 오랫동안 옥고를 같이 치르고 같이 성경공부를 하며 국가의 장래를 같이 걱정하던 이 옥중동지들이 출옥한 뒤에 혼자 남은 이승만이 느꼈을 고독감은 상상하기에 어렵지 않다.

7월 들어 감옥 안팎에는 주한 미국공사 알렌(Horace N. Allen, 安連)이 주한 일본공사관과 대한제국 외부에 교섭하여 이승만을 보호해 줄 것과 되도록이면 그를 석방해 줄 것을 요구했다는 소문이 나돌았다. 이 소식을 들은 이승만은 곧 알렌 공사에게 공개편지를 썼다.

　　각하께서 생을 위해 일본공사에게 보호를 요청하기도 하고 또 외부에 석방도 요청했다는 소식이 누차 신문지상에 게재되었습니다. 생의 사사로운 분수에 비추어 감사함을 이기지 못하겠나이다. 그러나 세상사람들은 생이 직접 혹은 간접으로 청탁한 바가 있어서 그런가 하는 의혹이 없지 않을 것입니다. 이는 생의 염원을 저버린 것이요 또한 각하의 공인으로서의 체통을 훼손하는 일이 됩니다. 하물며 한국 죄수의 보호를 이웃나라 공사에게 넌지시 부탁하는 것은 우리 한국의 독립을 존중히 여기시는 본의에 위배되며, 귀국과 우리나라의 우의를 손상시키는 것입니다. 생은 차라리 억울함을 품고 달갑게 죽을지언정 이 일만은 참으로 원하지 않는 바이요 또한 차마 할 수도 없습

139) 『청년이승만자서전』, 이정식 지음, 권기붕 옮김, 앞의 책, p.269.
140) 《皇城新聞》 1904년3월14일자, 「雜報: 無罪蒙放」; 鄭喬, 『大韓季年史(下)』, pp.128~129.

니다.[141]

이 시기의 신문들이 남아 있지 않아서, 누차 신문에 보도되었다는 이승만의 주장은 확인할 수 없다.[142]

한편 신흥우는 이승만의 석방과 관련하여 "일본공사 하야시 곤스케씨는 한국정부 관계자와 이승만의 석방문제로 교섭한 결과 무기징역이 7년으로 (감형)되어 석방된 것이다"라고 말했다.[143] 신흥우는 1903년 봄에 출옥해 있었다.

하야시 공사가 한국의 내정에 깊이 관여하고 있었으므로 이승만의 사면문제에도 어느 정도 관여했을 개연성은 있다. 앞서 본 이경선에게 보낸 편지에서 이지용이 누차 부탁했다는 '모처'도 하야시 공사를 지칭하는 것인지 모른다.

물론 알렌 공사도 이지용이나 하야시에게 이승만의 일을 부탁했을 수 있다. 그러나 이 무렵 알렌은 전년에 워싱턴에 가서 루스벨트(Theodore Roosevelt) 대통령과 극동문제에 대해 격렬한 논쟁을 벌이고 온 뒤로 의욕을 잃고 있는 때였으므로, 다른 모든 문제와 마찬가지로, 이승만의 사면문제를 두고 종전처럼 적극적으로 행동하지는 않았을 것이다.

이승만의 석방이 하야시 공사의 종용에 따라 이루어졌다는 또 하나의 이야기가 있다. 이승만이 출옥한 뒤에 한 친구가 이승만에게 왜 하야시를 찾아보고 사의를 표하지 않느냐고 나무라자 이승만은 "나 역시 목석이 아닌데 어찌 이를 모르겠는가. 그러나 나 개인으로 말하자면 임 공사에게 재생지은(再生之恩)을 입었지만 공적으로 보아서는 그렇지 못하리니, 어찌 사사로운 은혜로 공적인 것을 잊으리오"라고 말했다는 것이다.[144]

---

141) 「致美公使書」, 『雩南李承晚文書 東文篇(二) 李承晚著作 2』, pp.120~121.
142) 《제국신문》, 《漢城新聞》, 《대한매일신보》는 이때의 것이 결락되어 있고, 유일하게 보존되어 있는 《皇城新聞》에는 그러한 기사가 보이지 않는다.
143) 申興雨, 앞의 글, p.284.
144) 尹孝定, 『韓末秘史: 近代六十年의 秘錄』, 鷲山書林, 1946, pp.191~192.

결국 이승만이 석방되는 데에는 이지용의 힘이 가장 크게 작용했던 것이 틀림없다. 마침내 1904년7월8일에 고종은 이승만 등 정치범을 포함한 죄수들에 대해 특사조칙을 내리고 8월 초에 이들의 석방을 재가했다.[145]

이승만은 8월7일에 사형수 10명, 징역수 140명, 미결수 78명과 함께 출감했다.[146] 수감된 지 5년7개월 만이었다. 그는 이제 서른살이 되어 있었다.

이승만의 오랜 옥중생활은 참기 어려운 고초를 동반하는 것이었으나, 그것은 그로 하여금 가장 중요한 인격형성기에 집중적인 학문습득과 전도활동과 계몽적인 「논설」 집필을 통하여 감옥 밖의 환경에서는 도저히 할 수 없었을 지도자의 수업을 할 수 있게 해주었다. 이승만은 이러한 감옥생활의 경험에서 얻은 것이 "깨달음"과 "감사함"이었다고 간증했다.[147]

---

145) 都冕會, 「1894~1905年間 刑事裁判制度硏究」, 서울大學校 박사학위논문, p.287.
146) 《皇城新聞》 1904년8월6일자, 「雜報: 兩氏蒙赦」; 「청년이승만자서전」, 이정식 지음, 권기붕 옮김, 앞의 책, p.267.
147) 리승만, 「옥중전도」, 《신학월보》 1903년5월호, p.138.

14장

아버지와 약혼녀의 죽음

1. 삼남 유생들과의 교우

1

3년 반 만에 고향에 돌아온 김창수는 감개가 그지없었다. 그러나 그를 반기는 사람은 아무도 없었다. 인근의 양반들과 친척들은 김창수가 돌아왔으니 또 무슨 일을 저지르지나 않을까 하고 불안해했다. 작은아버지 김준영(金俊永)은 지난날의 잘못을 뉘우치고 마음을 잡아 둘째 형 김순영(金淳永)에게 공손히 대하고 있었다. 그러나 그러한 김준영도 김창수에게는 털끝만큼의 동정심도 없었다. 김준영은 김창수가 식자우환으로 농사일에 무성의하다고 미워했다. 그는 김창수가 난봉끼가 있는 줄로 생각했다. 그는 김순영 내외에게 김창수가 농사를 짓게 하면 자기가 장가도 들여 주고 살림도 차려 주겠다고 말했다.

그러나 김순영의 생각은 달랐다. 그는 아들이 비록 지금은 잠시 방황하고 있지만 가슴속에 원대한 뜻을 품고 있다고 믿었다. 아들에 대한 김순영의 이러한 신뢰와 기대가 유년기 이래로 김구의 강한 신분상승 의욕과 양반들의 괄시에 대한 저항정신을 북돋우었던 것이다.

김순영은 말했다.

"창수도 이제는 장성했으니 스스로 알아서 할 수밖에 없다."

김준영은 둘째 형의 이러한 태도가 몹시 못마땅했다.

"형님 내외분은 창수놈을 글공부시킨 죄로 온갖 고생을 하셔 놓고도 아직도 깨닫지 못하시오?"

김구는 이때의 일을 술회하면서 다음과 같이 덧붙였다.

작은아버지의 관찰이 사실은 바로 본 것이었다. 만일에 글을 몰랐다면 동학 두령이 되지도 않았을 것이고, 인천(仁川)사건도 없었을 것이다. 텃골의 순전한 한 농군으로 땅 갈아먹고 우물 파 마시며 살았을

안중근의 아버지 안태훈의 주동으로 세운 청계동 성당.

것이다. 세상을 요란하게 할 일은 없었을 것이 명백하다.[1]

이처럼 김창수는 그때까지의 자신의 행적을 "세상을 요란하게 한 일"로 자부했다. 그러나 김창수는 어쩔 수 없이 숙부의 뜻대로 평범한 농군 생활을 하게 되었다. 겨울을 하릴없이 보내고 봄이 되자 농사일이 시작되었다. 김준영은 새벽마다 김순영의 집으로 와서 김창수의 단잠을 깨워 밥을 먹이고 들로 데리고 나가서 가래질을 시켰다. 김창수는 얼마 동안 순순히 작은아버지의 말에 따랐으나 도무지 마음을 붙이지 못했다.

어느 날 그는 문득 강화도로 가야겠다는 생각이 들었다. 인천감옥에 투옥되었을 때에 자기의 구명운동을 하다가 전 재산을 탕진한 김주경(金周卿)의 소식이 궁금했기 때문이다. 김창수는 몰래 집을 나섰다. 경자년(庚子年, 1900년) 2월의 일이었다. 김창수는 떠나는 길에 스승 고능선(高能善)과 청계동의 안태훈(安泰勳) 진사를 찾아보는 것이 도리라고

---

1) 『백범일지』, p.165.

느꼈으나, 아직도 떳떳이 나서서 방
문하기에는 이르다는 생각이 들었
다. 그리하여 두 사람을 만나는 것을
단념하고 길을 떠났다. 신분을 감추
기 위해 이름은 김두래(金斗來)라고
고쳤다.

이 무렵 안태훈과 그의 일가는 지
방관아와의 충돌로 수난을 겪고 있
었다. 안태훈은 1897년에 신천군수
에게 체포되기도 했고, 이듬해 2월에
는 빌려 준 돈을 받으려다가 해주감
영에 투옥된 동생 안태건(安泰建)을
구하러 갔다가 자신마저 투옥되었

조제프 빌헬름 신부. 그는 1889년에 한국에 와서 1914년
에 귀국할 때까지 주로 황해도에서 활동했다.

다. 안태건은 이듬해 3월에 다시 도적으로 몰려서 구금되었다. 그럴 때마
다 안태훈은 황해도지역의 선교책임자인 빌헬름(Joseph Wilhelm, 洪錫
九) 신부의 도움을 받았다.[2] 그러는 과정에서 안태훈은 해서교안(海西敎
案)의 주모자로 지목되었다.

해서교안이란 1900년부터 1903년 사이에 황해도에서 천주교도와 지
방관아의 충돌에서 시작되어 신구교 사이의 분쟁으로까지 확대된 일련
의 소송사건을 말한다. 해서교안은 부패한 관리들의 착취와 천주교인
들에 대한 박해, 선교사들의 무리한 선교활동과 치외법권적 행동, 신구
교 사이의 지나친 선교경쟁 등 여러 가지 요인 때문에 발생했다. 사태가
심각해지자 정부는 이응익(李應翼)을 사핵사(査覈使)로 파견하여 진상
을 조사하게 했다. 그러나 이응익이 조사한다면서 천주교 신자들을 마
구잡이로 체포하고 보부상패를 동원하여 행패를 부려서 사태는 오히려

2) 韓國敎會史硏究所 編, 『黃海道天主敎會史』, 黃海道天主敎會史刊行事業會, 1984, pp.81~83.

더 심각해졌다. 그리하여 여러 차례의 소송을 거친 뒤에 1904년에 프랑스 공사와 외부대신 사이에 선교조약이 체결됨으로써 사태는 마무리되었다.[3]

안태훈은 이러한 해서교안의 주모자로 지목되어 체포될 위기에 몰렸다가 빌헬름 신부의 도움으로 위기를 모면할 수 있었다. 관리들의 횡포에 분격한 안태훈은 밤낮으로 술을 통음했다. 울화병으로 중병을 앓게된 그는 병 치료를 받으러 청국의원을 찾아갔다가 길에서 봉변을 당하기도 했다. 그러던 끝에 1905년12월에 청계동 집에서 사망했다.[4] 김창수는 안태훈이 사망할 때까지 그를 만날 기회가 없었다.

강화도에 도착한 김창수는 남문 안으로 들어가서 김주경의 집을 찾았다. 김주경은 없고 셋째 동생 김진경(金鎭卿)이 혼자서 김창수를 맞이했다.

"어디 사시는데 우리 형을 그렇게 친숙히 아십니까?"

김창수는 김주경을 찾아온 이유를 꾸며서 둘러댔다.

"나는 연안(延安)에서 살았고 당신 형님과는 막역한 동지인데, 수년간 소식을 몰라 궁금하여 찾아왔소."

김진경은 김창수의 말을 믿고 김주경의 행방에 대해 자신이 아는 대로 말해 주었다.

"형님이 집을 나간 지 벌써 3~4년이 지났는데도 소식 한장 없고, 집안은 망할 대로 망해서 남은 것이 하나도 없습니다. 그래서 형님이 계시던 집에 들어와서 합쳐 살면서 형수를 모시고 조카아이들을 키우고 있습니다."

김주경의 집은 초가이기는 했으나 처음에는 매우 크고 화려하게 잘 지은 집이었는데, 여러 해가 지나도록 수리를 하지 않아서 황폐하고 퇴락해 있었다. 그러나 김주경이 앉았던 자리에는 그가 쓰던 둥근 방석이 그대로

---

3) 위의 책, pp.81~113, 윤경로, 『한국근대사의 기독교사적 이해』, 역민사, 1992, pp.70~104 참조.
4) 「안응칠역사」, 신용하 엮음, 『안중근 유고집』, pp.51~55, p.60.

있었고, 벽 위에 몽둥이가 하나 걸려 있었다. 그 몽둥이는 김주경이 신의를 어기는 동지를 벌할 때에 쓰던 것이라고 했다. 김진경은 몽둥이를 가리키면서 김창수에게 여러 가지 지난날의 일을 이야기해 주었다. 사랑에 나와서 노는 일곱살배기 사내아이 윤태(潤泰)가 김주경의 아들이었다.

어렵사리 김주경을 찾아간 김창수는 크게 낙담했다. 김진경에게 모든 일을 사실대로 이야기할 수도 없고, 그렇다고 그 집을 그냥 떠나오려니까 차마 발길이 떨어지지 않았다. 김창수는 김진경에게 말했다.

"내가 형님의 소식을 모르고 가기가 매우 섭섭하니 사랑에서 윤태에게 글이나 가르치고 지내면서 형님 소식을 같이 기다리고 있으면 어떻겠나?"

김진경은 매우 감격하여 말했다.

"형장(兄丈)이 그같이 보살펴 주시면 오죽 감사하겠습니까? 윤태뿐만 아니라 둘째 형 무경(武卿)도 두 아이가 있는데, 다 글 배울 나이가 되었지만 촌에서 그대로 놀린답니다. 그러시면 둘째 형께 알려서 조카아이들도 데려다가 같이 공부를 시키겠습니다."

김진경이 근처 마을에 사는 김무경에게 가서 전후사정을 설명하자 김무경도 그날로 두 아들을 데리고 진경을 따라와서 아이들을 부탁했다.

그날부터 김창수는 김주경 형제의 아이들을 가르치기 시작했다. 윤태에게는『동몽선습(童蒙先習)』을, 김무경의 한 아이에게는『사략(史略)』초권을, 또 한 아이에게는『천자문(千字文)』을 정성껏 가르쳤다. 김창수의 열성을 보고서 김주경의 사랑에 드나들던 김주경의 친구들과 김진경의 친구들도 김진경에게 부탁하여 저마다 아이들을 데리고 왔다. 그리하여 한달도 되기 전에 큰사랑방 세칸에 30여명의 아이들이 모여 들었다. 이렇게 학동들이 늘어나자 "나도 무한한 흥미를 가지고서 아이들을 가르쳤다"[5]고 김구는 적어 놓았다.

김창수의 이러한 성품과 이때의 경험은, 인천감옥서에서 죄수들을 가

---

5) 『백범일지』, pp.166~167.

르친 일과 평양 영천암에서 전효순(全孝舜)의 자손들을 가르친 일들과 함께, 뒷날 그가 교육사업에 열성을 쏟는 데 중요한 밑거름이 되었다.

2

김주경의 집에서 아이들을 가르친 지 석달이 지난 어느 날이었다. 하루는 김진경이 서울서 온 편지 한장을 보면서 혼잣말로 투덜거렸다.

"이 양반은 알지도 못하는 내게 자꾸 편지만 하니 어찌하란 말인가. 그런 사실이 없다고 답장했는데도 불구하고 또 사람을 보내다니."

김창수가 물었다.

"거 무엇을 보고 그러는가?"

김진경은 서슴없이 대답했다.

"부평 유씨 유인무(柳仁茂) 혹은 완무(完茂)라고 하는 양반이 몇년 전에 여기서 30리쯤 되는 촌에서 상을 당한 몸으로 한 3년 동안 살다 갔습니다. 그 사람이 여기 살 때에 자기는 양반이면서도 형님을 문수산성(文殊山城)으로 초청해 가지고 며칠을 함께 지내면서 술을 마신 적이 있었지요. 그 뒤로 형님이 유씨 댁을 방문한 일도 있었습니다. 그런데 재작년에 해주사람 김창수란 청년이 왜놈을 죽이고 인천감리서에 수감되었는데, 간수 가운데 전에 우리 집 여종 서방이던 최덕만(崔德萬)이란 놈이 형님께 찾아와서는 김창수가 인천항을 들었다 놓았다 했고, 감리나 경무관이 꼼짝 못하게 호령했고, 그러다가 교수형을 받게 된 것을 상감이 살려 주어서 죽지는 않고 있다는 이야기를 했습니다. 이 말을 듣고서 형님이 우리 집 재산을 있는 대로 톡톡 털어 가지고 근 1년 동안이나 서울로 가서 김창수를 살리려고 애를 썼지만 될 수 있는가요. 돈만 다 써 버렸지요. 형님은 돌아오신 뒤에 무슨 다른 사건으로 피신하셨는데, 그 뒤에 들으니 김창수는 탈옥해서 도주했다고 합니다. 유완무 그 양반이 벌써 여러번 얼굴도 모르는 나에게 해주에서 김창수가 오거든 자기에게 급히 알려 달라고 편지를 하기에 그런 사람이 온 일이 없다고 회답했습니다. 그런데 형님과 평소에 친하던 통진(通津) 사는 이춘백(李春伯)이란 양반이 유씨와도 친한 모양이야요. 유씨 편지에 이춘백을 보내니 의심 말고 자세히 알려 달라는 부탁입니다."

그 말을 듣자 김창수는 섬뜩해지면서 여러 가지 의심이 들었다. 김진경에게 말을 더 시켜 보았다.

"김창수란 사람이 와서 다녀는 갔는가?"

"생각해 보세요. 여기서 인천이 지척인걸요. 그것도 형님이 집에 계시다면 혹 비밀히 올지도 모르지요. 형님도 안 계신데 그런 사람이 왔다손 치더라도 형님이 계신지 안 계신지 비밀히 조사해 보고 안 계신 줄 알면 내 집에 들어올 리가 있는가요. 그 양반이 아무 맥도 모르고 그러는 것이지요."

"그것은 동생 말이 옳은데, 그러면 어떤 왜놈의 부탁이나 관리의 촉탁을 받고 정탐하려는 것이겠지?"

"그것은 결코 아닐 줄 믿습니다. 내가 유완무 그 양반과 만난 적은 없으나 지금 보통 벼슬하는 양반과는 판이하답니다. 유씨에게는 학자의 기풍이 있는데다 우리 형님을 의기남아라면서 조금도 반상의 구별을 하지 않고 지극히 대하더라던데요."

김창수는 곰곰이 생각해 보았다. 위험이 박두한 것 같기도 했고, 유완무라는 사람의 본뜻을 알고 싶기도 했다. 그러나 김진경에게 수상하게 보일까 해서 더 물을 수도 없었다. 겉으로는 아무렇지도 않은 체했으나 속마음은 몹시 싱숭생숭했다.

그날 밤을 지내고 다음날 아침을 먹고 났을 때였다. 기골이 장대하고 얼굴에 마마자국이 있는 서른 남짓 되어 보이는 사람이 서슴없이 사랑으로 들어섰다. 그는 김창수 앞에서 공부하는 윤태를 보고 말했다.

"이놈 윤태야, 그 새 퍽 컸구나. 안에 들어가서 작은아버지 좀 나오시라고 해라. 내가 왔다고."

윤태는 곧 안방으로 들어가서 김진경을 앞세우고 나왔다. 그 사람은 김진경과 간단히 수인사를 마치고는 바로 김주경의 소식을 물었다.

"아직 형님 소식을 못 들었지?"

"예, 아직 소식이 없습니다."

"허, 걱정이로군. 유완무의 편지 보았겠지?"

"예, 어제 받아 보았습니다."

그 말을 하고 김진경은 김창수가 앉아 있는 앞방 미닫이를 닫고는 둘이서만 이야기를 시작했다. 김창수는 학동들을 가르칠 생각은 하지 않고 두 사람의 대화에만 귀를 기울였다. 그는 학동들이 "하늘천 따지"를 "하늘소 따갑"이라고 잘못 읽을 때에도 바로 고쳐 줄 생각조차 들지 않았다. 오로지 윗방에서 나누는 두 사람의 이야기에만 관심을 집중했다.

김진경이 물었다.

"유완무 그 양반 참으로 지각이 없는 사람 아닙니까? 김창수가 형님도 안 계신데 왜 내 집에 오리라 생각하고 그렇게 여러번 편지를 하십니까?"

"자네 말이 옳지만 우리가 1년 넘게 김창수 때문에 별별 애를 다 썼다네. 유완무가 남도로 이사한 뒤에 서울에 다니러 왔다가 자네 형님이 김창수를 감옥에서 구출하려고 가산을 탕진하고 끝내 피신까지 한 것을 알고 우리 몇 사람을 모아서 기어이 김창수를 구출해 내려고 했다네. 법률적인 사면을 구하는 것이나 뇌물을 쓰는 일 등은 자네 형이 다 해보았으니까 이제는 강제로 빼낼 방법밖에 없다고 생각하고 용감한 청년 열세명을 뽑았지. 그 가운데 나도 들었었네. 열세명 모험대를 조직해 가지고 인천항 주요 지점마다 밤중에 석유를 한통씩 지고 들어가서 일여덟곳에 불을 지르고 감옥을 깨고 김창수를 구출하자는 계획을 세웠네. 유씨가 나더러 먼저 두 사람을 데리고 인천항에 들어가서 공격할 주요지점과 감옥의 형편과 김창수의 동정을 조사하라고 해서 가지 않았겠나. 인천항에 가서 감옥 형편을 알아보았더니 사흘 전에 김창수가 다른 죄수들과 같이 파옥 도주를 했더군. 나는 돌아가서 유씨와 함께 김창수의 종적을 탐지할 길을 연구했네. 먼저 생각난 길은 해주 본향쪽이었네. 그러나 아무리 생각해도 김창수가 기필코 고향으로 갈 거라는 확신이 서지 않더군. 설혹 그 부모에게 통기했다손 치더라도 결코 발설하지 않을 것이 아닌가. 게다가 잘못 탐지하다가는 도리어 그 부모만 놀라게 할 것이 아닌가. 해주 고향을 제외하고는 자네 집이었네. 김창수가 몸소 이리 오기는 몹시 어려웠을 터이니, 어느 곳에서든 편지 왔던 일도 없었는가?"

말을 다 듣고 나서 김진경이 말했다.

"편지도 없었습니다. 편지하고 회답을 기다릴 것 같으면 차라리 자기가 직접 와서 알아보았을 터이지요."

두 사람의 이야기는 거기서 끊어졌다. 하던 이야기를 마무리하며 김진경이 물었다.

"언제 서울로 가시려오?"

"오늘 친구나 좀 찾아보고, 내일은 바로 상경할 참이네."

이춘백은 다음날 아침에 와서 작별할 것을 기약하고 돌아갔다.

두 사람이 주고받는 말을 듣자 김창수는 유완무란 사람이 참으로 자기를 위해서 그토록 정성을 쏟았다면 찾아보아야 할 것 같았다. 그러나 만약 그것이 자기를 찾기 위해 정탐하는 것이라면 그 또한 묘한 계책이 아닐 수 없었다. 그러나 김창수는 그들의 말을 믿을 수 있을 것 같았다. 이춘백이 김진경을 보고 하는 말은 서로를 진정한 동지로 믿고 숨김없이 하는 말이 분명했다. 또한 유완무가 김주경의 실패를 알고도 계속해서 자기를 살리기 위한 모험을 계획하고 추진했다는 사실도 믿을 만하다고 느껴졌다. 김창수는 이만큼 알고도 자신이 끝까지 피하거나 종적을 감춘다면 의롭지 못하다는 생각이 들었다.[6]

유완무가 어떤 사람인가에 대해서는 거의 알려진 것이 없다. 독립운

6) 『백범일지』, pp.167~171.

동가 이회영(李會榮)의 아내 이은숙(李恩淑)의 수기에 따르면, 을사조약이 강제된 이듬해인 1906년에 이회영이 이상설(李相卨), 이동녕(李東寧), 여준(呂準) 등과 독립운동의 방략을 논의하는 모임을 가졌을 때에 유완무도 그 모임에 참석했다.[7] 그만큼 그는 서울의 명사들과 같이 어울릴 정도의 인물이었던 것 같다. 이때의 모임에서 이들은 당시의 정세로는 국내에서 대대적인 운동을 전개하기는 불가능하므로 만주로 건너가서 근거지를 건설하여 장기 항전을 할 것을 논의했다고 한다. 뒷날 김구가 장련에서 신교육운동에 열중하고 있을 때에 그를 찾아온 유완무가 자신의 북간도(北間島) 이주계획을 알려주는 것으로 보아서, 그는 그 뒤에 만주로 건너가서 활동한 것으로 짐작된다.

김창수는 그날 밤은 그대로 자고 다음날 아침에 김진경과 겸상으로 밥을 먹으면서 물었다.

"어제 왔던 사람이 이춘백인가?"

"예, 그렇습니다."

"언제 또 오는가?"

"아침 먹고 나서 작별하고 서울로 간다니까 조금 있다 오겠지요."

"이춘백이 오거든 내게 인사소개나 하여 주게. 자네 형님과 평소에 친한 동지라니까 나도 반가운 마음이 드네."

"그러시지요."

김창수는 이어 정색을 하고 말했다.

"진경, 자네와 오늘 작별해야겠네. 윤태와 조카아이들과도 아울러 작별일세. 섭섭한 것은 말로 다 할 수 없네."

이 말을 듣자 김진경은 깜짝 놀랐다.

"형님, 이게 무슨 말씀입니까? 제가 무슨 잘못한 일이 있습니까? 갑자기 작별 말씀이 웬 말씀입니까? 저야 미거한 것이지만 형님을 생각하시고

7) 李恩淑, 『民族運動家 아내의 手記: 西間島始終記』, 正音社, 1975, p.150.

저를 용서도 하시고 책망도 하여 주십시오.”

그제야 김창수는 비장한 어조로 말했다.

“내가 곧 김창수일세. 유완무란 이의 추측이 바로 맞았네. 어제 자네가 이춘백과 이야기하는 것을 다 들었네. 자네 생각에 나를 정탐하기 위한 유인책만 아닌 줄 믿거든 나를 놓아 주어 유완무란 이를 가서 만나도록 해 주게.”

김진경은 이 말을 듣고 또 한번 소스라치게 놀랐다.

“형님이 과연 그러시다면 제가 어찌 만류합니까. 최덕만은 작년에 죽었다고 하지만 이곳에는 감리서에 주사(主事) 다니는 자도 있고 순검 다니는 자도 있어서 종종 내왕이 있습니다.”

위험할 수도 있다는 뜻이었다. 김진경은 학동들에게 말했다.

“선생님이 오늘 본댁에 다녀오실 터이니 너희들은 집으로 돌아가거라.”

얼마 뒤에 이춘백이 김진경에게 작별인사를 하러 왔다. 김진경은 이춘백을 김창수에게 인사시켰다. 김창수는 이춘백을 보고 자신도 서울 갈 일이 있으니까 같이 가자고 말했다. 이춘백은 그저 보통으로 생각하고

“심심한데 이야기나 하면서 같이 가면 매우 좋겠습니다”

하고 말했다.

김진경이 이춘백의 소매를 끌고 뒷방으로 들어가서 무언가 두어마디 수군거리다가 나왔다. 두 사람은 곧 출발했다. 김창수가 떠난다는 소식에 학동 30여명과 학부형들이 남문 앞길이 메어지도록 몰려 나와서 배웅했다. 그동안 김창수는 정성을 다하여 아이들을 가르쳤을 뿐 아니라 수업료를 한푼도 받지 않았다. 그러한 김창수를 떠나보내는 그들의 심정이 못내 아쉬웠을 것은 말할 나위도 없다.

3

강화를 출발한 두 사람은 그날로 서울 공덕리(孔德里)에 있는 박태병

(朴台秉) 진사 집에 도착했다. 이춘백이 먼저 안사랑으로 들어가서 무슨 말인가를 했다. 그러자 중키보다 조금 작은 키에 햇빛에 그을은 가무잡잡한 얼굴을 하고 망건에 갓을 쓰고 의복을 검소하게 차려 입은 선비 한 사람이 김창수를 맞이했다.

"나는 유완무요. 오시느라 고생하셨소. 남아하처불상봉[男兒何處不相逢: 남아가 어디에 있은들 만날 수 없으랴]이라는 말이 오늘 창수형에게 비유한 말인가 보오."

그러고는 또 이춘백을 보고 말했다.

"무슨 일이고 한두번 실패하더라도 낙심할 것이 아니니 구하면 얻게 될 날이 있다고 내 전에 말하지 않던가."

이 말은 이제야 김창수를 만나게 되었다는 뜻이기도 했으나, 또한 김창수를 만나기 위해서 자신들이 그동안 애를 얼마나 썼는가를 암시하는 말이기도 했다.

김창수는 유완무를 보고 말했다.

"강화 김씨댁에 있으면서 선생이 이만 사람을 위하여 허다한 노고를 하신 것을 알았습니다. 오늘 비로소 존안을 뵈옵게 되었으나, 세상에는 침소봉대의 헛소문이 많은 탓으로 들으시던 말과 달리 실물은 용두사미이오니 놀라시고 매우 낙심하실 것을 예상하여 두십시오."

그러자 유완무는 빙그레 웃으면서 말했다.

"뱀의 꼬리를 붙잡고 올라가면 용의 머리를 볼 터이지요."

모두들 함께 웃었다. 주인 박태병은 유완무의 동서였다. 저녁을 먹은 뒤에 성 안의 유완무 처소로 가서 잤다. 며칠 동안 쉬면서 요릿집에 가기도 하고 구경도 다녔다. 그러나『백범일지』에는 이때에 유완무와 어떤 대화를 나누었는지에 대해서는 아무런 언급이 없다.

유완무는 김창수에게 편지 한통과 노자를 주면서 충청도 연산(連山) 광이다리 앞의 도림리(桃林里)에 사는 이천경(李天敬)을 찾아가라고 말했다. 이렇게 하여 김구의 두번째 삼남여행이 시작되는데, 첫번째 삼남여행 때보다 훨씬 중요한 의미를 지닌 이때의 일에 대해『백범일지』는 첫번째 여행 때보다 오히려 더 소홀히 기술하고 있어서 여러 가지 추측만 할 수 있을 뿐이다.

유완무의 편지를 받아 든 이천경은 김창수를 반갑게 맞이했다. 매일 같이 정성스럽게 음식을 장만하여 극진히 대접했다. 한가로이 담소를 주고받으며 이천경의 집에서 달포를 지냈다.

하루는 이천경이 편지를 써서 김창수에게 주면서 무주(茂朱)읍내에서 인삼을 재배하는 이시발(李時發)을 찾아가라고 했다. 김창수는 이유를 알지 못한 채 이시발을 찾아가서 이천경의 편지를 전하고 하룻밤을 묵었다. 김창수는 2년 전에 감옥동료 공종열(孔鍾烈)의 매부인 진선전(陳宣傳)을 찾아 무주에 온 적이 있었는데, 그를 다시 찾아볼 생각은 전혀 하지 않은 것 같다. 이튿날 이시발은 김창수에게 또 편지를 써 주면서 지례군[知禮郡: 지금의 경북 금릉군 지례면] 천곡(川谷)에 사는 성태영(成泰英)을 찾아가라고 했다.

성태영은 자가 능하(能何)이고 호는 일주(一舟)인데 조부가 원주 목사를 지냈다고 하여 택호가 성원주(成原州)였다. 벽서(碧棲)라는 호를 사용하기도 한 성태영은 한말의 양심적 대지주로서 젊은 인재를 보살피며 애국적 사업에 참여했다. 그는 독립운동가 김창숙(金昌淑)의 동지로서 3·1운동 직후에 전국 유림이 파리강화회의에 한국의 독립을 청원하는「파리장서(巴里長書)」를 제출할 때에 재경유림단으로서 중추적 역할을 했다.[8]

성태영의 사랑에 들어가자 수청방과 상노방에 하인이 수십명이고, 사랑에 앉은 사람들도 거의가 귀족의 풍채와 태도를 지니고 있었다. 성태영은 편지를 보고 김창수를 환영하여 상객으로 대우했다. 그러자 상노 등도 김창수를 더욱 존경하는 태도로 대했다. 김창수는 성태영과 함께 산

---

8) 金昌淑,「自敍傳(上)」, 心山思想硏究會 編,『金昌淑』, 한길사, 1981, pp.191~198; 許善道,「三·一運動과 儒敎界」,『三·一運動50周年紀念論集』, 東亞日報社, 1969, pp.281~300 참조.

에 올라가서 나물을 캐고 물가에 나가서 고기를 구경하는 등으로 한가로이 지내면서 고금(古今)의 어렵고 의심나는 일을 서로 묻고 대답했다. 그렇게 또 달포를 보냈다.

그런데 김구는 성태영과 서로 묻고 대답한 "어렵고 의심나는 고금의 일"의 내용이 어떤 것이었는지는 『백범일지』에 전혀 언급하지 않았다. 이러한 문답은 사실은 유완무가 그의 동지들이 김창수의 인품과 학식을 시험하는 것이었는데, 그는 그것을 눈치 채지 못했던 것이다.

유완무가 성태영의 집으로 찾아왔다. 유완무와 성태영은 김창수라는 이름이 사용하기 불편하다면서 이름을 구(龜)로 고쳐 지어 주었다. 그리고 호는 연하(蓮下), 자는 연상(蓮上)으로 행세하기로 했다.

유완무는 다음날 아침에 김구를 무주읍내에 있는 자기 집으로 데리고 갔다. 유완무는 딸을 이충구(李忠求)의 조카며느리로 시집보냈고, 아들은 한경(漢卿) 등 둘을 두었으며, 당시의 무주군수 이탁(李倬)과도 인척인 것 같았다. 이충구는, 앞에서 보았듯이, 이승만의 배재학당 학우로서 춘생문사건(春生門事件)으로 유배되었다가 아관파천(俄館播遷) 뒤에 경무사가 된 친러파의 핵심 인물이었다.

유완무는 지금까지의 일을 김구에게 설명해 주었다.

"경성으로부터 이곳에 도착하기까지 매우 의아하셨지요? 내 실정을 말해드리리다. 연산 이천경이나 여기 성태영은 다 나의 동지인데, 우리는 새로 동지가 생겼을 적에는 반드시 몇곳으로 돌려 달포씩 함께 지내면서 각자 관찰한 것과 시험한 것을 종합해서 어떤 사업에 적당한 자질이 있는지를 판정한 뒤에, 벼슬살이에 적당한 사람은 벼슬자리를 주선하고 상업이나 농사에 적당한 인재는 상업이나 농업으로 인도하여 종사케 하는 것이 우리 동지들의 규정이오. 연하는 동지들이 시험한 결과 아직 학식이 부족하니 공부를 더 하도록 하되 서울 방면의 동지들이 맡아 웬만큼 성취하도록 할 것이오. 우선 시급한 것은 연하가 출신이 상민계급이니까 불가불 신분부터 양반에게 눌리지 않도록 만드는 것이오. 그래서 지금 연산 이천경이 소유한 가택과 논밭과 가구 전부를 그대로 연하의 부모가 생활하는 데 사용할 수 있도록 제공하겠고, 또 그 고을의 큰 성씨 몇몇만 잘 단속하면 족히 양반생활을 할 수 있을 것이오. 연하는 서울에 유학하면서 간간이 부모님을 뵙도록 할 것이니, 지금 곧 고향으로 가서 2월 안으로 부모님 몸만 모시고 서울까지만 오시오. 서울서 연산까지 가는 길은 내가 알아서 하겠소이다."

김구는 속으로 여간 놀라지 않았다. 그리고 감격했다. 자신이 상놈이라는 데 심한 콤플렉스를 느끼고 있는 김구로서는 무엇보다도 부모를 모셔다가 양반 행세를 하도록 해주겠다는 유완무의 배려가 눈물겹도록 고마웠다. 그날로 김구는 유완무와 동행하여 서울로 출발했다.

유완무와 그의 동지인 지방유생들이 김구의 학식이 부족하다고 판단한 것이 그의 한문고전에 대한 소양의 부족을 뜻하는 것인지 아니면 신학문에 대한 이해나 지식 같은 것의 부족을 뜻하는 것인지는 잘 알 수 없다. 다만 유완무의 그 뒤의 행적으로 보아서 이들은 위정척사파와 다른 개신유생들이었을 것으로 짐작되므로, 그들이 김구로 하여금 서울에서 더 습득하도록 하겠다고 한 학문이란 신학문을 뜻하는 것이었을 것이다.

서울에 당도하자 유완무는 다시 김구를 강화 장곶(長串)에 사는 주윤호(朱潤鎬) 진사에게 보냈다. 주윤호는 유완무의 제자였다. 강화로 간 김구는 김주경의 집에 들러보고 싶었으나 여러가지를 고려해서 조용히 주윤호 집에만 다녀왔다. 주윤호의 집은 바닷가에 있어서 11월인데도 아직 감나무에 감이 달려 있었다. 또한 장곶은 해산물이 풍부한 곳이어서 며칠 동안 잘 지냈다. 주윤호는 김구에게 백동전 4,000냥을 주면서 유완무에게 전하라고 말했다. 김구는 백동전을 온몸에 돌려 감고 서울로 왔다. 『백범일지』에는 그 돈을 노자로 하여 고향으로 향했다고 적어 놓았다.[9]

---

9) 『백범일지』, p.175.

유완무와 그의 동지들의 조직이 어떤 성격의 조직이었는지는 전혀 알려진 것이 없다. 유완무, 성태영, 박태병, 이천경, 주윤호 등이 서울뿐만 아니라 삼남지방에 흩어져 있는 유생들인 것으로 보아서 이들의 조직은 서울과 삼남지방에 걸친 양반 유생들의 비밀계(契) 조직이었던 것 같다. 김구를 동지로 받아들이기 위해서 각 지역의 동지들에게 돌리면서 그의 인품과 학식과 경륜을 시험하는 데서 보듯이 이들은 일정한 조직원칙을 가지고 있었고, 또한 김구의 장래와 부모의 생활대책까지 마련해 주는 것으로 보아서 경제적 기반도 웬만큼 튼튼한 조직이었던 것 같다.

2. 평생의 스승 고능선과의 논쟁

1

　고향으로 떠나기 전날 밤에 김구는 아버지의 꿈을 꾸었다. 김순영은 연초에 병이 들었다가 김구가 집을 떠나올 무렵에는 좀 나아 있었다. 그러나 김구는 아버지의 병환이 늘 걱정이 되어 서울에 와서는 우편으로 탕약보제를 지어 보내기도 했다. 꿈에 나타난 김순영은 아들을 보고 '황천(黃泉)'이라는 두 글자를 쓰라고 말했다. 흉몽이었다.

　김구는 유완무와 꿈 이야기를 나눈 다음 서둘러 길을 떠났다. 그는 걸음을 재촉하여 나흘 만에 해주 비동(飛洞)에 도착했다. 비동을 지나치려니까 문득 고능선이 보고 싶었다. 산중턱에 있는 작은 집으로 옛 스승을 찾아갔다. 거의 6년 만의 만남이었다. 고능선은 기력은 그다지 쇠약해져 있지 않았으나 돋보기를 쓰지 않고는 글을 못 볼 만큼 시력이 떨어져 있었다.

　김구가 고능선에게 절을 하고 앉아 두어 마디 대화를 시작할 때에 사랑 안쪽 문이 방긋이 열리더니 열살 남짓 된 소녀가 "아이구, 아저씨 왔구나!" 하고 뛰어 들어왔다. 청계동에 살 적에 사랑에 가면 늘 나와서 김구에게 매달리며 업어 달라고 하다가 고능선에게 꾸지람을 듣던 원명의 둘째 딸이었다. 김구가 원명의 맏딸과 혼약한 뒤로는 고능선이 전과 같이 책망하지 않았을 뿐만 아니라 오히려 김구를 아저씨라고 부르라고 명령했기 때문에 더욱 허물없이 매달리고 온갖 응석을 부렸다. 김구는 마음속으로 무척이나 반가웠고, 또 부모 없이 숙모의 손에 자라는 사정을 잘 알고 있었으므로 퍽 안쓰럽기도 했다. 그러나 아저씨라는 칭호를 듣고 태연히 알은 체하기는 민망스러운 일이었다. 그러한 광경을 보고 고능선도 어떤 감회를 느끼는지 말없이 담벽만 건너다 보고 앉아 있었다. 김구는 아무 말대답을 못하고 눈으로만 그 소녀를 보고 반가운 표정을 지었다.

두 사람은 한참 동안이나 서로 아무 말 없이 지난날의 혼사문제를 추억하고 있었다. 고능선이 김구와의 혼약을 파하고 돌아가자 과부인 둘째 며느리는 아무 댁과 혼인하자느니, 아무 댁 자제가 학문도 상당하고 문벌도 비슷하고 재산도 유족하니 거기다 통혼을 하자느니, 김창수는 상놈이고 게다가 집안이 가난할 뿐 아니라 옛날 혼처에서 그같이 괴악을 부리니 그에게 딸을 주었다가는 집안이 망할 것이라느니 하고 떠들어 댔다. 이에 화병이 났던지 고능선은 당장 청계동의 미미한 농부인 김사집(金士集)이라는 사람의 아들로서 역시 농군인 떠꺼머리 총각에게 자청하여 그날로 혼약을 결정해 버렸다.

이윽고 고능선이 천천히 입을 열었다.

"나는 그 사이에 자네가 왜놈을 죽여 의거했다는 소식을 듣고 자네를 평소에 기대하던 나머지 매우 놀라고 탄복하였네. 내가 유의암[柳毅菴: 柳麟錫] 선생에게 자네 이야기를 했네. 선생이 쓰신 『소의속편(昭義續編)』에 김창수는 의기남아라고 찬(讚)하신 것도 보았네. 자네가 인천으로 간 뒤에 의암이 의병에 실패하고 평산(平山)으로 와서 서로 만나 장래 계획을 의논했는데, 그때에 연전에 자네가 서간도(西間島)를 보고 관찰한 내용을 선생께 보여드렸네."[10]

『소의신편(昭義新編)』(8권 4책)은 유인석 의병부대가 서간도로 망명한 뒤에 그의 문하생들이 의병운동 및 위정척사와 관련된 자료를 모아서 1899년에 편찬한 책인데, 1902년에 이를 간행할 때에 『소의신편』을 편찬한 뒤에 나타난 자료를 모아서 『소의속편』(2권)으로 편찬하여 같이 간행했다. 고능선이 본 구절이란 『소의속편』의 「백원구병림록선생어(白元龜炳琳錄先生語)」편에 실려 있는 다음과 같은 내용을 말하는 것이었다.

해서인(海西人) 김창수에 대한 이야기를 듣건대, 김창수는 왜인과 같

---

10) 『백범일지』, p.177.

이 주막에서 자다가 왜인이 유길준(兪吉濬)의 책을 가지고 있고 국어 [우리나라 말]를 욕하는 것을 보고는 몇 사람을 죽이고, 이름을 벽 위에 붙여놓고 갔다. 뒤에 왜인이 수색하여 인천항 감리사(監理司)에 가두고 장차 그를 죽이려 했다. 감리관은 그를 죽음에서 벗어나게 하려고 은밀히 전갈하기를 공초할 때에 살인사건과 관련이 없다고 말하라고 했다. 다음날 일본공사가 감리(서)에서 공초할 때에 감리관이 "너는 일본인을 죽였는가?"라고 묻자 "죽였다"고 대답했다. 감리관은 몰래 전갈한 말을 따르지 않은 것에 노하여 크게 꾸짖으며 말하기를 "너는 어떤 이유로 일본인을 죽였는가?"라고 하자, "감리관, 살인죄를 묻는 것은 옳으나 어떤 연고로 죽였느냐고 묻는 것은 옳지 못합니다. 살인한 까닭을 어찌 모른단 말입니까? 일본은 본래 우리나라의 원수입니다. 오늘날 일본이 우리나라에 화를 미치니 복수해야 하지 않겠습니까? 내 마음은 모두 죽이고자 했으나 힘이 없어서 단지 몇명을 죽였을 뿐입니다"라고 말했다. 그러고는 노하여 일본공사를 가리키며 "내 힘이 미친다면 당장 너를 죽이겠다"라고 말했다. 일본공사가 감리관에게 명하여 감옥에 다시 가두게 했다. 며칠 뒤에 일본공사가 "나는 그가 도둑이 아님을 안다. 그는 의인이다. 의인을 어찌 죽일 수 있겠는가"라고 말하고는 그를 즉시 석방할 것을 명령했다. 이 일을 들음에 다른 사람의 기상을 북돋우어 주니 진정 의기남자이다. 일본공사가 능히 의에 감복할 줄 아니 또한 쉽지 않은 일이다.…[11]

위의 기록은 김구의 치하포사건과 심문과정을 부정확하게 적은 것이다. 김구가 일본인을 여러 명 죽였다거나, 공초의 주체가 일본공사라거나, 감리사가 김구를 살리기 위하여 몰래 사람을 보냈다는 등의 기술은 모두 사실과 다르다. 그러나 위의 기술은 『소의신편』이 서울에서 1,000질

---

11) 柳麟錫, 『昭義新編』, 國史編纂委員會, 1975, p.297.

이나 간행되어 국내뿐만 아니라 중국에까지 널리 배포되었던 사실을 감안할 때에, 김구의 무용담이 당시 지식인들 사이에 어떻게 전해졌는지를 짐작하게 해준다는 점에서 의미가 있다. 또한 위의 기록은 항일의병운동에 참여했던 위정척사파 인사들조차 일본공사를 가리켜 "의에 감복할 줄 아는" 인물이라고 칭찬하고 있어서 매우 주목된다. 뒷날 일본인들은 『소의신편』을 철저히 압수하여 모두 불태워 버렸다.

고능선은 유인석 부대의 활동계획을 들려주면서 김구더러 유인석 부대를 찾아가라고 권했다.

"나는 의암에게 당분간의 형세로는 평안 황해지방에 발붙일 곳이 없으니, 압록강을 건너서 적당한 지대를 택하여 장래를 꾀함이 상책이라 했다네. 의암도 심히 좋게 여겨 나와 동행하여 전에 자네가 말했던 것을 면밀히 조사하였네. 그리고 그곳에 의암이 몸소 들어가서, 한편으로는 공자의 성상(聖像)을 봉안하여 여러 사람들의 숭모심을 증진케 하고, 한편으로는 내지에서 종군하던 무사들을 소집하여 훈련하는 중이라네. 자네도 속히 선생께 가서 장래의 큰 계획을 함께 꾀함이 어떻겠나?"[12]

제천전투 패배 뒤의 유인석의 행적에 대한 고능선의 말이라고 『백범일지』에 적힌 이러한 서술은 사실과 다른 점이 있다. 고능선은 유인석이 서간도에 머물고 있다고 말했다고 하나, 이 무렵에 유인석은 이미 국내에 돌아와 있었다.

원세개(袁世凱)의 군사지원을 기대하고 1896년8월에 압록강을 건너간 유인석 부대는 9월에 회인현재(懷仁縣宰) 서본우(徐本愚)에 의해 파저강(波猪江: 渾江) 근방에서 무장해제를 당하고 해산했다. 청국과 일본은 화약을 맺었으므로 청국에서 반일의병활동을 하는 것은 인정할 수 없다는 이유에서였다. 유인석은 원세개에게 직접 지원을 요청하기 위하여 심양(瀋陽)으로 향했다. 그는 이필희(李弼熙), 송상규(宋尙奎), 유치경

---

12) 『백범일지』, p.177.

(俞致慶) 등을 원세개에게 보내놓고 있었다. 그러나 원세개는 심양현재(瀋陽縣宰) 가원계(賈元桂)를 통하여 군사지원을 거절하고 은화 30량을 지원하는 데 그쳤다. 청국의 군사지원을 기대할 수 없다는 사실을 깨달은 유인석은 통화현(通化縣) 오도구(五道溝)에 들어가서 이곳을 "복고제 척왜독립(復古制 斥倭獨立)"의 근거지로 정하고 망국단(望國壇)을 만들어 정기적으로 참배하면서 장기전에 대비했다.

1897년10월에 고종(高宗)의 명을 받고 귀국했던 유인석은 이듬해 3월에 다시 오도구로 망명했는데, 이때에 고능선도 유인석과 그의 문하인 등 동지 71명과 동행했다.[13] 유인석은 그해 10월에 근거지를 부근의 통화현 팔왕동(八王洞)으로 옮겼다. 그는 그곳에서 향약(鄕約)을 실시하여 이주 한인들의 교화에 힘쓰면서 공자, 주자, 송시열(宋時烈), 이항로(李恒老), 김평묵(金平默), 유중교(柳重教) 등의 영정을 모시는 성묘(聖廟)를 세워 의병들의 정신적 귀의처로 삼고자 했다. 그러다가 1900년7월에 중국에서 의화단(義和團)의 난이 일어나서 중국의 정세가 불안하자 망명생활을 마감하고 귀국했다.[14] 김창수가 고능선을 방문한 것은 1900년12월 무렵이었는데, 이 무렵에 유인석은 황해도와 평안도 일대를 순회하면서 강회(講會)를 열고 제자들을 양성하고 있었다.

유인석이 제1차 망명 때에 오도구를 활동 근거지로 삼게 된 것은 김구가 청국행에서 돌아와서 고능선에게 서간도 일대의 사정에 관해서 보고한 데에 근거한 것이었다고 한 고능선의 말도 사실과 다르다. 유인석은 서북지방을 거쳐서 서간도로 이동할 때에 황해도에는 들르지 않았다. 따라서 평산에 들른 유인석과 장래계획을 의논했다는 고능선의 말은 착오이다. 고능선이 압록강을 향해 이동하는 유인석을 특별히 찾아가서 만나지 않은 이상 김구가 살펴보고 온 서간도 지방의 사정을 유인석이 알고

---

13) 『毅菴集』 下卷, 「年譜」, 景仁文化社, 1973, p.677; 『後凋先生文集』, 「年譜」, p.157.
14) 朴敏泳, 『大韓帝國期義兵研究』, 한울, 1998, pp.59~66.

갔을 개연성은 없다. 유인석이 평산을 방문한 것은 두번째 망명에서 돌아온 뒤인 1900년11월의 일이다.[15)

원세개의 군사지원을 단념한 유인석은 "선왕(先王)의 전형(典型)을 지키기 위하여" 성현의 유향(遺鄉)인 중국 산동성(山東省)의 옛 제노[齊魯: 齊나라는 孟子가 생장한 곳이며, 魯나라는 孔子가 생장한 곳]지방으로 가려고 했다. 그러자 먼저 심양에 와 있던 유치경이 제노지방이 비록 성현의 유향이기는 하나 장애를 면하기 어려울 것이라면서 그곳보다는 오도구 지역이 한인 이주민이 많고 토지가 비옥하여 재기의 근거지로 삼기에 적합한 곳이라고 건의했다.[16)

유치경은 황해도 평산(平山)사람이었다. 단발령이 공포되자 그는 동문들과 대처방안을 논의하다가 유인석이 의병을 일으켰다는 소식을 듣고 제천(堤川)으로 가서 합류하여 활동했고, 유인석이 만주로 이동할 때에 동행했다. 유인석은 만주로 갈 때에 오도구의 상황을 몰랐으나, 고능선과 문통이 있던 유치경은 어쩌면 고능선을 통하여 오도구의 상황을 사전에 알고 있었는지 모른다. 유치경이 죽은 뒤에 고능선은 그의 생애를 기리는 글을 썼다.[17)

유치경의 건의에 따라 유인석은 1896년9월에 오도구로 이동했고, 오도구에 머물면서 그곳이 장기항전의 근거지로서 적합한 지역임을 확인했다. 그리하여 그는 그해 12월에 국내에 있는 동문과 문하생들에게 다음과 같은 편지를 보내어 서간도로 모일 것을 호소했다.

이 땅을 보건대 오랫동안 양국의 경계로서 최근 수십년 이래로 청나라 사람들이 거주하기 시작했습니다. 우리나라 사람들은 국금(國

---

15) 『毅菴集』 下卷, 「年譜」, p.685.
16) 元容正, 「卜隱」, 『昭義新編』, p.244; 유인석 부대의 만주 이동 전말에 대해서는 柳漢喆, 「1896~1900년간 柳麟錫의 西行, 渡滿과 그 性格」, 『許善道先生停年紀念韓國史學論叢』, 一潮閣, 1992, pp.737~738 참조.
17) 『後凋先生文集』, 卷之七, 「祭俞桃津致慶文」, p.16.

禁)이 있어서 들어오지 못하다가 근래에 큰 가뭄으로 말미암아 금지가 불가능하게 되어 이주해 오는 자가 1만여명이 넘고 그 밖의 땅에도 수만호를 받아들일 만합니다. 토지가 심히 비옥하여 한 사람이 경작하면 열 사람이 먹을 수 있고, 1년을 경작하면 3~4년을 먹을 수 있습니다. 콩과 조가 풍성하게 자라고 사람들의 인심이 후합니다. 그들 가운데는 더러 의기 있는 자들이 있어서 가히 더불어 일을 도모할 만합니다.… 그러므로 인석(麟錫)은 여러분이 속히 이곳에 오기 바랍니다.[18]

유인석의 편지 가운데 이 지방 토지의 비옥함을 설명한 대목은 "본래 땅이 비옥하여 잡곡은 무엇이나 비료를 주지 않아도 잘 되었다. 한 사람이 농사를 지으면 열 사람이 먹어도 족할 정도였다"[19]라고 한『백범일지』의 서술과 일치한다.

유인석은 1907년에 시베리아의 연해주지방으로 세번째 망명을 했다. 문하인 이정규(李正奎)가 만주지역에는 이미 일본의 세력이 미치고 있기 때문에 일본의 세력이 미치지 못하는 시베리아지역이 의병활동에 더 적합한 곳이라고 한 권유를 받아들인 것이었다.[20]

그런데 김구가『백범일지』를 쓸 무렵까지도, 비록 고능선의 말에 근거한 것이기는 했으나, 여러 갈래의 무장 독립운동의 근거지가 된 서간도지방을 처음 발견한 사람이 자신이었다는 의식을 가지고 있었다는 사실은 깊이 천착해 볼 가치가 있다. 왜냐하면 그러한 의식은 독립운동의 정통성과 관련된 김구의 자긍심의 중요한 근거가 되었을 것이기 때문이다.

그러나 고능선의 사상은 이제 김구를 움직일 힘이 없었다. 김구는 그

---

18) 柳麟錫,「與同文士友書」,『昭義新編』, p.26.
19) 『백범일지』, p.74.
20) 柳漢喆,「柳麟錫의 義兵根據地論」,《한국독립운동사연구》제8집, 독립기념관 한국독립운동사연구소, 1994, pp.103~106.

동안 신서적을 읽고 깨우친 세계사정을 고능선에게 설명했다. 또한 스승이 평소에 강조하던 존중화양이적주의[尊中華攘夷狄主義: 중국을 높이 받들고 서양세력을 배척하는 사상]가 정당한 것이 아니며 눈이 들어가고 코가 높은 사람이면 덮어놓고 오랑캐라고 배척하는 것이 옳지 않음을 설명했다.

"어느 나라를 막론하고 그 나라 사람들의 경국대강(經國大綱)을 보아서 오랑캐의 행실이 있으면 오랑캐로, 사람의 행실이 있으면 사람으로 대우함이 옳을 줄 압니다. 우리나라의 탐관오리들은 비록 사람의 얼굴을 가졌으나 금수의 행실이 많으니 그들이 참으로 오랑캐입니다. 지금은 임금이 스스로 벼슬값을 매겨 매관(賣官)을 하니, 그것이 곧 오랑캐 임금이 아니겠습니까. 저 대양 건너에 사는 각 나라에는 제법 국가제도가 잘 갖추어져 있고 문명도 발달되어 있습니다. 그들은 공맹(孔孟)의 그림자도 보지 못했지만 공맹의 법도 이상으로 발달된 법도를 가지고 있습니다. 그럼에도 불구하고 계속 오랑캐, 오랑캐 하고 배척만 한다면 무슨 소용이 있겠습니까. 제 소견에는 오랑캐에게서 배울 것이 많고 공맹에게서는 버릴 것이 많다고 생각합니다."

김구는 이제 대한제국의 황제를 가리켜 "오랑캐 임금"이라고 서슴없이 말할 수 있을 만큼 강경한 개화파가 되어 있었다. 김구의 이야기를 듣고 난 고능선은 말했다.

"자네 개화꾼과 많이 상종하였지. 나도 몇몇 개화꾼을 만나 보았는데, 자네 말과 같더군."

"그러시면 선생님이 보시는 장래 국가대계는 어떠한지 하교하여 주십시오."

"선왕(先王)의 법(法)이 아니고 선왕의 도(道)가 아닌 것은 거론할 필요가 없네. 잘못하면 피발좌임[被髮左衽: 머리를 풀고 옷깃을 왼쪽으로 여민다는 뜻으로서 오랑캐의 복식을 가리키는 말]의 오랑캐가 될 뿐이니…."

"선생님이 피발좌임을 말씀하시니 드리는 말씀입니다. 머리털은 곧

혈여[血餘: 한의에서 사람의 머리털과 수염을 약재로 일컫는 말]이고 피는 곧 음식이 소화된 정액(精液)이니, 음식을 먹지 않으면 머리털도 자라날 수 없습니다. 설사 장발이 천자가 되게 길러 위대한 상투를 머리 위에 얹었 기로서니 왜놈이나 양놈이 그 상투를 무서워하지 않는데 어찌하겠으며, 녹의복건(綠衣幅巾)을 아무리 훌륭하게 입었다 하여도 그것으로는 왜인 과 양인이 숭배하고 무릎을 꿇지 않을 것입니다.

이 나라에서는 학문과 도덕을 공부한 상류층 사람들이 백성을 잔인 하게 학대하는 최상의 도부수[刀斧手: 큰 칼과 도끼를 쓰는 군사]들입니 다. 진실로 안타까운 것은 온 나라 백성들이 거의 다 일자무식이라 물이 아래로 흐르듯이 이익을 좇고 있습니다. 이 때문에 자기의 권리와 의무는 모르고 탐관오리와 토호들의 능멸과 학대를 받으면서도 의당 받을 것으 로 압니다. 탐관오리와 토호들이 자기 백성에게 그러듯이 왜와 서양을 능 멸하고 학대한다면 왜와 서양은 멸종되고 그네들이 천하를 다 호령하게 될 것입니다. 그러나 그들은 자기 백성의 고혈을 빨아다가 왜놈과 양놈에 게 바치고 아첨하면서 자기가 누구보다 출중한 도부수임을 자랑하고 있 으니, 필경 이 나라는 망하고야 말 것입니다. 그러므로 세계 문명 각국의 교육제도를 본받아서 학교를 세우고 전국 인민의 자녀들을 교육하여 건 전한 2세 국민들을 양성해야 합니다. 또한 애국지사들을 규합하여 국민 에게 망국의 고통이 어떤 것인지와 흥국의 복락이 어떤 것인지를 알도록 해야 합니다. 그것이 구국의 도라고 제자는 생각합니다.”

이처럼 김구는 스승의 구국방도에 맞서 당당하게 자신의 생각을 역설 했다. 김구의 이러한 주장은 그가 고향에 돌아와서 신교육운동에 헌신할 것을 마음먹고 있었음을 짐작하게 한다.

그러나 고능선은 김구의 주장에 동의하지 않았다. 그는 나라의 운명 을 인간의 수명에 비유하면서 나라가 망하는 것보다도 절의(節義)를 지 키는 것이 더 중요하다고 강조했다.

“박영효(朴泳孝)와 서광범(徐光範)과 같은 역적들이 주장하던 것을 자네가 말하네그려. 만고천하에 끝없이 존속하는 나라가 없고 만고천하에 장생하는 사람이 없으니, 우리나라도 망할 운명에 당한 바에야 어찌하겠나. 그러나 나라를 구한다면서 왜놈도 배우고 양인도 배우다가 나라도 구하지 못하고 절의까지 배반하고 죽어 지하에 가면 선왕과 선현들을 무슨 면목으로 대하겠나."[21]

서로의 주장은 평행선을 달릴 뿐이었다. 청계동 시절에 고능선이 죽으라면 죽는 시늉까지 할 정도로 그를 하늘처럼 떠받들던 위정척사파 김구의 모습은 이제 찾아볼 수 없었다. 그러나 김구는 고능선의 집에서는 외국문물이라고는 당성냥 한가치도 쓰지 않는 것을 보고는 무척 고상한 일로 여겨졌다.

김구는 하룻밤을 고능선과 같이 자고, 다음날 하직인사를 하고 물러나왔다. 이때의 만남이 고능선과의 마지막 만남이 되고 말았다.『백범일지』는 고능선이 제천 동문집에서 객사했다고 기술했으나,[22]『후조선생문집(後凋先生文集)』에는 1922년 음력 5월1일에 해주 고향에서 여든한살로 사망한 것으로 되어 있다.[23]『후조선생문집』은 고능선이 사망한 뒤에 그의 제자들이 고능선의 행적과 남긴 글들을 모아서 편찬한 책이다. 이 책은 무슨 연유에서인지는 알 수 없으나 국내가 아닌 중국에서 간행되었다.[24]

2

김구가 텃골 집으로 돌아온 것은 음력으로 1900년12월의 어느 날 황혼 무렵이었다. 김구가 안마당에 들어서자 곽씨 부인이 부엌에서 나오면서 말했다.

---

21)『백범일지』, p.180.
22) 위와 같음.
23)『後凋先生文集』,「年譜」.
24)『黃海道誌』, p.146.

"네 아버지 병세가 위중하여 아까 이 애는 왔으면 들어오지 않고 왜 뜰에 서 있느냐 하시기에 헛소리로 알았더니 네가 정말 오는구나."

김구는 급히 방으로 들어갔다. 아들을 본 김순영은 무척 반가워했으나 병세는 정말로 위중한 상태였다. 그러나 가난한 살림으로는 고명한 의원을 불러볼 수도 없었다. 웬만한 시탕[侍湯: 어버이의 병환에 약시중하는 일]으로는 약효도 없었다. 마침내 김구는 할머니가 임종할 때에 아버지가 단지(斷指)한 일을 떠올리고 자신도 단지를 하려고 했다. 그러나 어머니가 마음 아파할 것이 걱정되어 그는 단지 대신에 할고(割股)를 하기로 결심하고, 어머니가 없는 틈을 타서 왼쪽 허벅지에서 살 한점을 베어 내었다. 허벅지살은 불에 구워서 약이라면서 먹게 하고 흐르는 피는 마시게 했다. 그러나 살점이 너무 작은 듯하여 김구는 다시 칼을 들어 그보다 크게 베어 내려고 했다. 처음보다 천백배의 용기를 내어 살을 베었으나 살점은 떨어지지 않고 고통만 심했다. 결국 허벅지살에 깊은 상처만 내고 말았다. 이 일을 두고 김구는 "손가락이나 허벅지를 베어내는 것은 진정한 효자나 하는 것이지 나 같은 불효자가 어찌 효자가 될 수 있으랴"[25] 하고 탄식했다고 적어 놓았다. 그의 우악스러운 기품과 지극한 효성을 함께 느낄 수 있는 술회이다. 김순영은 열나흘 동안 아들의 무릎을 베고 누워 있다가 마침내 아들의 손을 잡고 있던 손에 힘이 풀리면서 숨을 거두었다.

앞에서 본 대로, 김구는 아버지로부터 깊은 영향을 받고 성장했다. "수호지의 영웅"과 같았던 김순영은 김구의 가장 큰 존경의 대상이었다. 김구에 대한 김순영의 사랑도 특이한 점이 있었다. 그는 상민인데다가 가난하기 이를 데 없는 형편임에도 불구하고 외아들을 농사꾼을 만들지 않고 어떻게든지 공부를 시키려고 갖은 정성을 쏟았다. 과거에 낙방하여 절망하는 아들에게 풍수공부나 관상공부를 하라고 권했고, 아들은 또 그말에 따랐다. 아들이 동학에 입도할 때는 아들을 따라 같이 입도했고, 동

___
25) 『백범일지』, p.181.

학운동에 실패하고 좌절한 아들이 스스로 새로운 진로를 모색할 때에도 아들을 믿고 아무런 반대나 간섭 없이 정신적인 힘이 되어 주었다. 아들이 국모보수(國母報讐)의 동기에서 일본상인을 살해하고 옥살이를 할 때에는 내외가 인천에까지 따라가서 아들의 옥바라지를 했다.

이러한 아버지의 시신을 안고 앉은 김구는 복받치는 설움을 가눌 수 없었다. 김순영이 살아생전에 양반들에게서 받던 온갖 괄시와 핍박을 면하게 해주고자 했던 김구의 노력은 이제 허사가 되고 말았다. 이때의 심경을 김구는 다음과 같이 감동적으로 썼다.

> 아버님께서 운명하시기 전날까지도 나는 "평생 친구인 유완무나 성태영 등을 만나 그들의 주선으로 연산으로 이사하였다면, 백발이 성성한 아버님이 이웃마을 강씨나 이씨에게 늘 상놈 대우를 받아 뼈에 사무치는 아픔을 겪는 일만은 면하게 되셨을 텐데" 하고 아쉬워했다. 이제 아주 먼 길을 떠나시고 말았으니 천고에 남을 한이 되고 말았다.[26]

이러한 고백에서 느낄 수 있는 김구의 양반 콤플렉스는 거의 일생 동안 불식되지 않았다.

원근에서 조객들이 찾아왔다. 눈바람이 뼈에 사무치는 추위였다. 김구는 뜰에 빈소를 차리고 조문을 받았다. 독신상주라서 잠시라도 자리를 비울 수 없었다. 무엇보다도 살을 베어만 놓고 떼어내지 못한 허벅지의 고통이 심했으나, 김구는 어머니가 걱정할 것을 염려하여 아무 말도 하지 못했다. 어찌나 아프던지 그는 조객 맞는 것이 괴로웠고 허벅지살을 벤 것도 후회스러웠다.

김구는 유완무와 성태영에게 부고를 하고 이사는 하지 않겠다고 말

---

26) 위와 같음.

했다. 서울에 와 있던 성태영이 500여리 길을 말을 타고 와서 조문해 주었다. 그는 마부와 말은 먼저 돌려보내고 김구의 집에서 며칠 묵었다. 김구는 성태영에게 구월산을 구경시켜 주기 위해서 그를 나귀에 태우고 동학농민군 시절에 스승으로 삼았던 월정동의 송종호(宋鍾鎬)[27]의 집을 찾아갔다. 패엽사(貝葉寺)에서 동학군을 훈련할 때에 모주(謀主)였던 부산동의 정덕현(鄭德鉉)도 불렀다. 송종호의 집에서 닭을 잡고 기장밥을 먹으면서 쌓인 회포를 풀었다. 성태영은 구월산을 구경하고 돌아갔다. 김구는 아버지의 묏자리를 직접 골라서 텃골 오른쪽 산기슭에 안장했다.

아버지 초상을 치르고 난 김구는 칩거하여 아무 데도 가지 않고 작은아버지 김준영의 농사일을 도왔다. 이런 조카의 모습을 본 김준영은 매우 기특하고 다행스럽게 여겨 김구에게 돈 200냥을 주면서 인근에 사는 어떤 상민의 딸과 혼인하라고 했다. 김준영은 아버지가 없는 조카의 혼사를 책임지는 것은 자신의 당연한 의무요 영광이라고 생각한 것이었다. 그러나 김구는 상민의 딸은 고사하고 정승의 딸이라도 재물을 따지는 혼인은 죽어도 하지 않겠다면서 거절했다. 화가 난 김준영은 낫을 들고 김구에게 달려들었고, 김구는 놀란 곽씨 부인이 가로막는 틈을 타서 도망쳤다.

1902년 새해가 되어 김구는 여기저기 친척들 집에 세배를 다녔다. 장연(長淵) 무산(茂山)의 먼 친척집에 들렀을 때였다. 친척 할머니는 김구가 나이 스물일곱이 되도록 아직 장가를 들지 못한 것을 보고 매우 걱정스러워했다. 그러는 친척 할머니를 보고 김구는 말했다.

"제 중매는 할 사람도 쉽지 못하고 제게 딸을 주고 싶은 사람이 있을지도 의문입니다. 설혹 있다 해도 제가 장가를 들 마음이 생길 만한 처녀가 있을지도 의문이구요."

친척 할머니는 웃으면서 물었다.

---

27) 『백범일지』에는 송종서(宋鍾瑞)라고 했으나(p.182), 앞에서 송종호(宋鍾鎬)의 출신지가 월정동(月精洞)이라고 한 것(p.51)으로 보아서 송종호의 착오일 것이다.

"자네 뜻에 맞는 처녀란 어떤 처녀인가?"

김구는 대답했다.

"첫째 재산을 따지지 않아야 하고, 둘째 학식이 있어야 하고, 셋째 상면하여 대화해 보고 서로 마음이 맞으면 결혼하는 것입니다."

김순영의 경망스러운 취중청혼 때문에 스승 고능선의 손녀딸과의 약혼이 깨어진 아픈 상처를 가슴속에 간직한 김구가 세상없어도 맞선을 보고 자신의 의지로 배우자를 선택하겠다고 마음먹게 된 것은 당연한 일이었다. 그러나 맞선을 보자는 김구의 주장은 그 시대의 혼인풍습으로는 받아들여질 수 없는 조건이었다. 친척 할머니는 첫째와 둘째 조건에는 이의가 없었으나 맞선을 보자는 조건에는 여간 난처해하지 않았다. 김구가 물었다.

"할머님 어디 좋은 혼처가 있습니까?"

"내 친정 당질녀가 올해 열일곱살인데 홀어미를 모시고 지낸다네. 약간 학식은 있고, 아무리 가난해도 재산을 따지는 것은 옳지 않게 안다네. 마땅한 남자가 있으면 허혼하겠다는 형님의 말은 들었으나, 어떤 기분으로 사윗감을 고르는지는 알 수 없으니 내가 먼저 알아보겠네. 하지만 자네 말처럼 대면하여 속내를 이야기하기는 어려운 일일 것 같구먼."

"그렇게 어렵게 생각한다면 저와 혼인할 자격이 없겠지요."

"내가 일찍이 형님한테 자네의 인격을 이야기한 적이 있는데, 형님이 한번 자네를 데리고 자기 집에 와 달라고 부탁했네. 같이 가보겠나?"

"오늘 가면 처녀를 만나게 해주신다면 가겠습니다."

『백범일지』는 이때에 김구의 약혼을 주선한 사람에 대해 무산의 먼 친척 할머니라고만 했으나, 그 친척 할머니는 뒷날 은율(殷栗)지방의 3·1운동을 주도한 박경준(朴景俊)의 어머니 황씨였다고 전해진다.[28]

김구는 친척 할머니를 따라서 목감면 텃골[基洞]의 조그마한 오막살

---

28) 殷栗郡中央郡民會 編, 『殷栗郡誌』, 殷栗郡民會, 1975, p.100.

이집에 도착했다. 그 집 늙은 과부댁은 아들 없이 딸만 넷을 두었는데, 위의 세 자매는 모두 시집보내고 막내 딸 여옥(如玉)만을 데리고 살고 있었다. 여옥에게는 글은 근근이 국문을 가르쳤을 뿐이고 바느질과 길쌈을 주로 가르쳤다고 했다.

김구는 안방에서 저녁을 먹고 나서 친척 할머니의 소개로 과부댁에게 절을 했다. 인사를 시키기에 앞서 친척 할머니는 김구의 결혼조건을 말해 준 모양이었다. 세 사람은 부엌에서 한참 동안 상의를 하는 눈치였다.

친척 할머니는 단도직입적으로 말했다.

"거의 자네 말대로 되었으나 규중처녀가 어찌 모르는 남자와 대면하겠나. 처녀가 병신이 아닌 것은 내가 담보할 터이니 대면은 좀 면해 주게."

"꼭 대면을 해야겠습니다. 그리고 만나서 얘기하는 것뿐만 아니라 혼인할 생각이 있으면 조건 한가지가 또 있습니다."

친척 할머니가 웃으면서 물었다.

"조건이 또 있어? 어디 들어 보세."

"다른 것이 아니구요. 지금 약혼한다 해도 제가 탈상한 뒤에야 혼인할 터이니, 그동안에는 낭자가 나를 선생님이라고 하고 한문공부를 정성껏 하다가 탈상한 뒤에 혼례를 올린다는 조건을 이행해야 합니다."

"여보게, 혼인하여 데려다가 공부를 시키든지 무엇을 하든지 자네 마음대로 하면 될 것 아닌가?"

"거의 일년 동안의 세월을 허송할 필요가 있습니까?"

늙은 과부댁과 친척 할머니는 빙긋 웃고 무슨 말을 주고받더니 이윽고 친척 할머니가 처녀를 불렀다. 한두번 불러도 아무 기척이 없자 과부댁이 직접 불렀다. 처녀는 가만가만 걸어 들어와서 자기 어머니 뒤에 앉았다. 김구가 처녀에게 먼저 인사를 했으나 처녀는 아무 대답을 못했다. 김구가 물었다.

"나와 혼인할 마음이 있소? 그리고 혼례를 올리기 전에 내게 학문을 배울 생각이 있소? 할머님 말씀은 혼례를 치른 뒤에 공부를 시키든지 말

든지 마음대로 하라고 하시지마는 지금 세상에는 여자라도 무식하고서
는 사회에서 용납할 수 없고, 또 여자의 공부는 스무살 이전이 적당한데
일년 동안이라도 그저 허송하는 것은 옳지 않소."

처녀의 말소리가 김구의 귀에는 들리지 않았으나 친척 할머니와 처녀
의 어머니는 처녀가 그렇게 하겠다고 대답한다고 했다. 맞선보는 총각으
로서는 여간 당돌하지 않은 이러한 태도는 이 무렵의 김구의 여성관과 결
혼관을 말해 준다. 인천감옥에서 신서적을 읽고 개화파가 된 뒤로는 여
성과 결혼에 관한 가치관도 크게 바뀐 것이었다. 자신의 배우자는 신여
성(新女性)의 소양을 갖추어야 했다. 이렇게 하여 여옥과의 약혼이 성립
되었다.

친척 할머니 집에서 자고 다음날 아침에 집으로 돌아온 김구는 어머니
와 작은아버지에게 약혼한 사실을 보고했다. 김준영은 선뜻 믿으려 하지
않고 곽씨 부인더러 직접 그 집에 가서 처녀도 만나 보고 약혼 여부도 알
아보고 오라고 했다. 곽씨 부인이 처녀 집을 다녀온 후에야 비로소 김준영
은 "세상에 참 어수룩한 사람도 다 있다"면서 김구의 약혼을 인정했다.

김구는 곧 『여자독본(女子讀本)』과 같은 책자를 대충 만들고 지필묵
까지 준비해서 여옥을 가르쳤다. 이때에 김구가 약혼녀를 가르치기 위해
만든 책자의 내용이 어떤 것이었는지 궁금하다. 친척 할머니와 여옥의 어
머니에게 자기가 탈상하고 혼인할 때까지 여옥이 한문을 열심히 공부해
야 한다고 말한 것으로 미루어 보면 그 책자에는 『동몽선습』과 같은 초
보적 한문교본의 내용과 아울러 신학문의 지식도 포함되어 있었을 것으
로 짐작된다. 그러한 책자를 자기 손으로 만들어 가지고 가서 약혼녀를
가르치는 노총각 김구는 새로운 행복감에 차 있었을 것이다.

이 무렵 김구는 집안일을 돌보는 한편 아버지의 탈상을 하고 나면 신
교육운동에 헌신하기로 결심하고 장련(長連), 은율, 문화(文化) 등지로
다니면서 우종서(禹鍾瑞), 송종호, 허곤(許坤), '김선생', 김태성(金泰星),
장의택(張義澤), 오인형(吳麟炯), 정창극(鄭昌極) 등 신교육운동에 관심

있는 인물들을 만났다.[29] 우종서와 송종호와 허곤은 김구와 함께 동학농민봉기에 참여했던 구월산의 옛 동지들이었다.

오인형은 농민봉기 때에 농민군을 토벌하는 데 앞장섰던 장련의 부호였다. 동학농민봉기 때에 적으로 대립했던 사람들이 이처럼 신교육운동을 위해서 손잡고 있는 것이 흥미롭다.

'김선생'은 본명이 손경하(孫景夏)로서 원산사람이었다. 개화파에 가담했던 그는 박영효의 동지들과 여러 해 동안 일본에 머물다가 귀국했는데, 정부에서 체포령이 내리자 구월산으로 피신하여 우종서, 송종호 등의 보호로 숨어 살면서 손영곤(孫泳坤)이라는 가명으로 행세하고 있었다. 그는 뒷날 장련 광진(光進)소학교가 설립될 때에 김구와 함께 교사로 활동했다. 같이 광진소학교 교사로 활동한 백남훈(白南薰)은 손영곤의 본명이 김낙현(金洛現)이라고 기억했다. 뒷날 장련 교육운동의 핵심적 인물이 되는 그는 아이들에게 남의 글인 한문을 그만두고 국문을 가르칠 것을 역설했는데, 장련 청년들은 이러한 그를 열렬하게 지지했다.[30]

김구보다 열네살 위인 장의택은 장련의 선비집안 사람으로서 구학문에 조예가 있고 신학문에 대한 포부도 해서지방에서 으뜸이었다. 그는 황해도지방에서는 최초로 큰아들 응진(膺震)을 서울과 일본과 미국으로 유학시켰는데, 일본에 직접 학비송금이 되지 않던 때였으므로 배를 타고 인천까지 가서 일본영사관을 통해서 아들의 학비를 송금하여 화제가 되기도 했다.[31] 그리하여 그는 구식 양반들로부터 큰 비난을 받기도 했으나 국민에게 신학문 지식을 보급하는 것이 자기의 의무라고 각오하고 열성적으로 활동했다.[32]

정창극은 장련군의 수리[首吏: 서리의 우두머리]였는데, 김구 등과 의

---

29) 『백범일지』, p.185.
30) 白南薰, 『나의 一生』, 解慍白南薰先生紀念事業會, 1968, p.51.
31) 『殷栗郡誌』, pp.91~92.
32) 『백범일지』, p.185.

기투합해서 자주 만났던 것 같다.

김구가 탈상한 뒤에도 서울에 가서 유완무 등과 어울리면서 공부를 하지 않고 고향에서 신교육운동에 헌신할 결심을 하게 된 데에는 이들의 설득이 영향을 끼쳤을 것이다. 그리고 홀로된 어머니의 봉양과 가사문제 도 현실적으로 고려하지 않을 수 없었을 것이다.

김구가 고향을 떠나지 않기로 결심한 이유로 또 한가지 생각할 수 있 는 것은 신변에 대한 걱정이 없어졌을 수 있다는 점이다. 삼남지방을 방 랑한 것이나 승려생활을 한 것 등은 말하자면 탈옥수의 피신행각이었는 데, 급변하는 정국의 추이에 따라서 김구에 대한 한국정부와 일본쪽의 추 적이나 관심이 이때쯤은 없어졌던 것 같다.

김구는 바쁘게 돌아다니고 있었으므로 약혼녀의 집에 오랫동안 머물 면서 가르칠 형편은 되지 못했다. 그러나 틈만 있으면 여옥을 찾아가서 가르쳤다. 탈상을 하자 곽씨 부인은 아들의 혼례준비를 서둘렀다. 김구 는 정초에 무산의 먼 일가 할아버지 집에 세배를 갔다. 세배를 하고 나서 이야기를 나누고 있을 때에 여옥이 위중하다는 급한 기별이 왔다. 김구 는 깜짝 놀라서 약혼녀의 집으로 달려갔다. 김구가 방문을 열고 들어서 자 여옥은 병세가 위중한 가운데서도 매우 반가워했다. 병은 장감[長感: 만성감기]이었는데, 약을 쉽게 구하기 힘든 산골이어서 어찌할 도리가 없 었다. 그리하여 여옥은 약도 제대로 써보지 못하고 사나흘 만에 죽고 말 았다. 너무나 어처구니없는 죽음이었다. 여옥의 죽음은 새로운 삶을 준비 하던 김구로 하여금 또다시 크나큰 좌절감에 빠지게 했다. 그는 여옥을 가리켜 "미혼처"라고 표현했는데, 그만큼 여옥은 그가 구상하는 새로운 삶의 반려자가 되어 있었던 것이다.

김구는 여옥의 시신을 손수 염습하여 남산에 묻었다. 그리고 여옥의 어머니는 금동(金洞)의 김윤오(金允五) 집으로 안내하여 기독교를 믿게 했다. 김구는 돌아오는 길에 갑작스러운 소식을 듣고 오던 어머니를 만

나서 모시고 집으로 돌아왔다.[33]

금동의 김윤오는 장연(長淵)지방의 기독교계에서 지도적 위치에 있는 인물이었다. 그는 1897년6월에 소래[松川]에서 청년들 25명이 모여 장연협성회(長淵協成會)를 결성할 때에 회장으로 선출되기도 했었다.[34] 그리고 소래는 우리나라에서 개신교 교회가 맨 먼저 설립된 곳이기도 하다. 김구가 의탁할 데 없게 된 약혼녀의 어머니를 맡길 만큼 김윤오와 친분이 있었다는 것은 이 무렵에 이미 그가 기독교계 인사들과 가까이 사귀고 있었음을 말해 준다.

---

33) 『백범일지』, p.186.
34) 『협성회회보』 1898년1월8일자, 「회중잡보」.

3. 최초의 관직인 '권상위원(勸桑委員)'

1

 탈옥 뒤의 오랜 방황과 뒤이어 닥친 아버지와 약혼녀의 죽음 등 짧은 기간에 거듭된 시련을 겪고 앞으로의 인생진로를 모색하던 김구는 1903년 봄 어느 날 장련군수 윤구영(尹龜榮)으로부터 만나자는 연락을 받았다. 윤구영은 정부에서 양잠업을 장려할 목적으로 해주에 뽕나무 묘목을 내려 보내고 이를 각군에 분배하여 심게 권장하라는 공문이 왔다고 말하고, 장련군에서는 김구가 이 일을 책임지고 맡아 주면 성적이 좋을 것이라면서 해주에 가서 뽕나무 묘목을 받아 오라고 했다.[35]

 이 무렵 정부는 양잠을 적극적으로 장려하고 있었다. 한국의 자연조건은 양잠에 적합한 지역으로 일찍부터 알려져 왔다. 그러나 조선 초에는 양잠업이 주로 지배층을 위한 관영수공업의 원료수급용으로만 이루어져서 농민의 가내수공업으로까지 발전하지는 못했다. 그러다가 비단의 수요가 증가하여 외국으로부터 수입이 급증하면서 조정에서 양잠업을 장려하게 되었다. 그러나 양잠의 생산량이 지방관리들의 인사고과 기준에 반영되면서 관리들이 농민들에게 뽕나무 재배를 강제하여 폐단이 늘어났다. 또한 청국산 비단을 선호하는 사회풍조 때문에 국산 비단의 소비가 촉진되지 않자 양잠업은 부진을 면치 못했고, 민간의 뽕나무 재배도 감소했다. 그러다가 개항을 전후하여 조정에서 조선의 풍토에 적당한 산업으로 양잠업을 중시하고, 국민들에게 뽕나무 재배와 명주길쌈을 적극적으로 권장했다. 양잠기술을 지도하는 전문서적들을 편찬하고, 『양상규칙(養桑規則)』, 『농상신법(農桑新法)』 등의 책자를 만들어 각도에 배포

---

35) 『백범일지』, p.189.

하고, 양잠업을 전담하는 잠상공사(蠶桑公司)도 설치했다.[36] 잠상공사는 독일인 메르텐스(A. Maertens)를 고빙하여 경영 및 기술지도를 받았고, 고종도 경복궁의 영추문 근처를 뽕밭으로 할애하기도 했다. 그러나 이때의 잠업장려정책도 재정 궁핍으로 메르텐스를 비롯한 고용인들의 봉급조차 제대로 지급하지 못하고 전문 기술자들의 부족으로 성과를 보지 못하고 실패했다.

1890년대에 접어들어 청국 비단이 대거 수입되자 정부는 직조기계를 발명하고 비단 생산공장을 세우는 등 양잠에 대한 관심이 더욱 고조되었다. 그리하여 1900년3월에는 농상공부에 잠업과를 새로 설치하고 기술개발을 추진했다. 새로운 품종의 뽕나무와 뽕나무 종자를 준비하여 1년에 일여덟차례 누에를 칠 수 있는 양잠법의 보급을 추진했다.

잠업시험장과 인공양잠전습소도 설립되었다. 잠업시험장은 1901년1월부터 양잠의 전습을 개시하여 학도모집광고를 시작했고, 1904년에 관제개정이 있기 전까지 많은 졸업생을 배출했다. 이곳에서 교육받은 사람들은 새로운 기술요원으로 전문관직에 임명되거나 지방으로 파견되어 잠업진흥에 중요한 역할을 담당했다. 이를 계기로 각 지방에도 잠업시험장과 잠업회사를 중심으로 양잠을 하는 새로운 지역이 생겨났다. 지방의 잠업시험장은 각 부(府), 군(郡)의 관찰사가 중심이 되어 관할했으며, 정부는 각 도, 군, 면에 권상위원(勸桑委員)을 한 사람씩 파견하여 책임지고 관리와 운영을 하게 했다. 그러나 이 역시 재정 궁핍으로 제대로 성과를 거두지 못했다.

농상공부 잠업과의 운영이 어려워지자 그 업무가 궁내부(宮內府)로 넘어가게 되었고, 궁내부는 1902년에 공상과(公桑課)를 신설했다. 공상과는 잠업의 진흥을 위해 13도 관찰사에게 훈령하여 각군의 노는 땅 가운데 뽕나무 재배에 적당한 지역을 조사하게 했다. 이때의 뽕나무 재배는

---

36) 須川英德, 「朝鮮開港後1880年代における生絲輸出の試みについて: 內衙門布示と蠶桑公司」, 《朝鮮史研究會論文集》第26集, 1989.3., 綠蔭書房, pp.185~211 참조.

지역에 따라서 큰 차이가 있었다. 황해도는 양잠이 잘 되는 지역이 아니었다. 그 대신에 목화가 잘 되어서 다른 지방으로 팔려 나갔다. 1908년의 통계에 따르면, 황해도의 양잠호수는 1,879호뿐이고, 뽕밭도 9.98정보밖에 되지 않았다. 이는 함경북도 다음으로 가장 적은 것이었다.[37]

2

김구가 장련군수로부터 해주에 가서 뽕나무 묘목을 받아 오라는 부탁을 받은 것은 이러한 상황에서 있었던 일이다. 해주에 가서 뽕나무 묘목을 받아다가 심게 하는 일은 군내의 토착 양반들이 명예직이라고 하여 다투어 맡고 싶어 했다. 그럼에도 불구하고 군수가 김구에게 이 일을 맡긴 것은 수리 정창극이 김구를 적극 추천했기 때문이었다. 정창극은 비록 수리였으나 이 무렵의 다른 서리배들과는 달리 지극히 검박하여 옷도 노닥노닥 기운 것을 입고, 관에서 정한 요금 이외에는 한푼이라도 공금을 허투루 사용하는 일이 없었다. 그렇기 때문에 군수도 백성들을 상대로 함부로 탐학을 하지 못했다.

김구는 이러한 정창극의 인품을 높이 사서 일찍부터 그와 교분을 친밀히 하고 있었다. 김구는 정창극을 말하면서 "전국 제일이라는 전주(全州) 이속(吏屬)은 천역의 이름으로 재상의 권한을 가졌고, 각도의 이속이 모두 호가호위[狐假虎威: 여우가 호랑이의 위세를 빌려 호기를 부린다는 뜻으로, 남의 권세를 빌려 위세를 부림]로 양반에 의뢰하여 양민을 도적같이 약탈하는 시대에 정창극은 구우일모[九牛一毛: 아홉마리 소 가운데 한가닥 털이라는 뜻으로, 드물게 희귀한 것]처럼 귀한 존재라 하겠다"라고 격찬했다.[38]

---

37) 金英姬, 「大韓帝國期의 蠶業振興政策과 民營蠶業」, 『大韓帝國硏究(V)』, 梨花女子大學校韓國文化硏究院, 1986, pp.7~34 참조.
38) 『백범일지』, p.190.

김구는 장련군수의 요청이 "민생산업에 관계되는 지극히 중요한 일"이라고 생각하고 그의 요청을 받아들였다.

정창극은 김구에게 200냥을 여비로 주면서 말했다.

"해주에 가면 관찰부에 농상공부 주사들이 뽕나무 묘목을 가지고 와 있을 터이니 한번 청해서 연회나 열고, 부족액은 돌아온 뒤에 다시 청구하시지요."

김구는 그렇게 하겠다고 말하고 길을 떠났다. 교통수단은 말을 타든지 가마를 타든지 마음대로 하라고 했으나 김구는 걸어서 해주까지 갔다.

해주에 도착한 김구는 관찰부에 공문을 전달했다. 다음날 아침에 관찰부의 연락을 받고 들어가자 농상공부에서 파견된 주사가 장련으로 할당된 뽕나무 묘목 수천그루를 가져가라고 주었다. 그런데 김구가 뽕나무 묘목을 살펴보니까 묘목이 다 말라 있었다. 담당관리의 이러한 처사로 미루어 보아 이 무렵 정부의 적극적 양잠장려정책에도 불구하고 일선 실무자들이 얼마나 무성의하게 업무를 처리하고 있었는지 짐작할 수 있다. 김구는 크게 분노했다. 그는 주사에게 묘목을 가져가지 않겠다고 말했다. 그러자 그 주사는 버럭 화를 내면서 "상부명령 불복종"이니 어쩌니하고 협박했다. 김구는 성난 목소리로 호령하듯 말했다.

"주사는 경성에 살아서 장련이 산골 군임을 알지 못하시나 봅니다. 장련군에도 땔나무는 충분하여 다른 군에 의뢰할 필요가 없거늘, 먼 경성까지 땔감을 구하러 왔겠소이까. 당신이 본부에서 뽕나무 묘목을 가지고 온 사명이 묘목의 생명을 보호하여 나누어 주어서 심게 하는 것이거늘, 이같이 묘목을 말라죽게 해 가지고 위협으로 분배하니 그 책임 소재를 알고자 합니다. 나는 관찰사에게 이 사유를 보고하고 그냥 돌아가겠소이다."

이 말에 겁이 난 농상공부 주사는 김구를 달래려고 애를 썼다.

"장련으로 갈 뽕나무 묘목은 귀하가 산 묘목으로만 직접 골라서 가져가시오."

이렇게 하여 김구는 모두 산 묘목으로만 골라 가지고 숙소로 돌아왔다. 묘목에 물을 뿌리고 보호했다가 말 한필에 신고 장련으로 돌아왔다.

김구는 정창극에게 여비를 계산하고 남은 130여냥을 돌려주었다. 정창극은 여비 사용 대장에 적힌 짚신 한켤레에 얼마, 냉면 한그릇에 얼마, 떡과 마대(馬貸)와 밥값을 합해 총 70냥이라는 내용을 보고 경탄했다.

"우리나라 관리가 다 김 선생 같으면 백성의 고통이 없겠습니다. 박가나 신가가 갔다 왔으면 적어도 몇백냥은 더 청구했을 것입니다."

김구의 이러한 정직성과 공금사용의 절제는 그가 지도자로 성장할 수 있는 성품을 젊어서부터 지니고 있었음을 말해 주는 것이다.

며칠 뒤에 김구는 농상공부로부터 뽕나무 묘목을 관리하는 '종상위원(種桑委員)'에 임명되었다고 적어 놓았다. 김구가 종상위원이라고 기억한 이때의 직명은 아마 앞에서 본 '권상위원'이었을 것이다. 그것은 김구가 생전 처음 얻은 관직이었다. 이 소문이 퍼지자 군내 하인들과 노동자들 가운데는 김구가 지나는 곳마다 담뱃대를 감추어 경의를 표하는 사람이 있었다.[39] 이러한 모습은 이 무렵까지도 벼슬아치에 대한 백성들의 경외심이 어떠했는가를 말해 준다.

김구는 이때가 자신이 오인형 진사의 사랑에 교회와 학교를 개설한 뒤인 1904년 봄이었다고 기억했으나,[40] 이는 1903년의 착오이다. 왜냐하면 김구에게 뽕나무 묘목을 가지러 보낸 장련군수 윤구영은 1903년7월에 인제군수로 전임되었기 때문이다.[41]

---

39) 『백범일지』, pp.189~190.
40) 『백범일지』, p.189.
41) 安龍植 編, 『大韓帝國官僚史硏究(II) 1901.8.~1904.2.』, p.536.

참고문헌

1. 연대기, 정부기록, 지방지, 신문, 잡지 등

國史編纂委員會, 『承政院日記』, 國史編纂委員會, 1961.

──────, 『高宗時代史(三)』, 國史編纂委員會, 1967.

──────, 『高宗時代史(四)』, 1970.

──────, 『高宗純宗實錄(下)』, 1970.

──────, 『韓國獨立運動史 資料(25) 臨政篇Ⅹ』, 國史編纂委員會, 1994.

──────, 『大韓帝國官員履歷書』, 國史編纂委員會, 1972.

──────, 『駐韓日本公使館記錄(3)』, 國史編纂委員會, 1988.

──────, 『駐韓日本公使館記錄(7)』, 1992.

──────, 『駐韓日本公使館記錄(8)』, 1993.

──────, 『駐韓日本公使館記錄(9)』, 1993.

──────, 『駐韓日本公使館記錄(10)』, 1994.

──────, 『駐韓日本公使館記錄(12)』, 1995.

──────, 『統監府文書(8)』, 國史編纂委員會, 1999.

──────, 『東學亂記錄(下)』, 國史編纂委員會, 1959.

국사편찬위원회, 『대한민국임시정부자료집(42) 서한집Ⅰ』, 국사편찬위원회, 2011.

高麗大學校亞細亞問題研究所, 『舊韓國外交文書(二) 日案(2)』, 高麗大學校出版部, 1965.

──────, 『舊韓國外交文書(三) 日案(3)』, 1965.

──────────, 『舊韓國外交文書(四) 日案(4)』, 1965.

──────────, 『舊韓國外交文書(七) 日案(7)』, 1965.

──────────, 『舊韓國外交文書(十) 美案(1)』, 1967.

──────────, 『舊韓國外交文書(十一) 美案(2)』, 1967.

──────────, 『舊韓國外交文書(十四) 英案(2)』, 1968.

──────────, 『舊韓國外交文書(十七) 俄案(1)』, 1969.

서울大學校奎章閣, 『日省錄(75)』, 서울大學校奎章閣, 1995.

宋炳基 外 編著, 『韓末近代法令資料集(Ⅱ)』, 國會圖書館, 1971.

金允植, 『續陰晴史(上)』, 國史編纂委員會, 1960.

柳麟錫, 『昭義新編』, 國史編纂委員會, 1975.

尹致昊, 『尹致昊日記(四)』, 國史編纂委員會, 1975.

──────, 『尹致昊日記(五)』, 國史編纂委員會, 1975.

鄭喬, 『大韓季年史(上)』, 國史編纂委員會, 1957.

──────, 『大韓季年史(下)』, 國史編纂委員會, 1957.

鄭顯奭, 「甲午海營匪擾顚末」, 『東學亂記錄(下)』, 國史編纂委員會, 1959.

黃玹, 『梅泉野錄』, 1955.

황현 지음, 김종익 옮김, 『오하기문』, 역사비평사, 1994.

김승태·박해진 엮음, 『내한 선교사 총람 1884~1984』, 한국기독교역사연구소, 1994.

민족문화추진회 역, 『국역 신증동국여지승람(Ⅴ)』, 민족문화추진회, 1970.

사찰문화연구원, 『전통사찰총서(12) 대전·충남의 전통사찰(Ⅰ)』, 사찰문화연구원, 1999.

愛國同志援護會 編, 『韓國獨立運動史』, 愛國同志援護會, 1956.

電氣通信史編纂委員會, 『韓國電氣通信100年史(上)』, 遞信部, 1985.

韓國學文獻研究所 編, 『東學思想資料集(1)』, 亞細亞文化社, 1979.

──────────, 『東學思想資料集(3)』, 1979.

韓國敎會史研究所 編, 『黃海道天主敎會史』, 黃海道天主敎會史刊行事業會, 1984.

러시아財務省 編, 崔璇·金炳璘 譯, 『國譯 韓國誌』, 韓國精神文化研究院, 1984.

ベ・ア・ロマーノフ著, 山下義雄 譯, 『滿洲に於ける露國の利權外交史』, 原書房影印版, 1973.

韓國內部警務局,『顧問警察小誌』, 1910.

韓國研究院,『韓末新聞所藏目錄(1883~1910): 七個圖書館』, 韓國研究院, 1972.

韓國學文獻研究所,『司法稟報(乙)』제14책, 亞細亞文化社, 1988.

─────────,『司法稟報』제23책, 亞細亞文化社, 1988.

漢城監獄署,『獄中圖書貸出名簿』.

安岳郡民會 編,『安岳郡誌』, 安岳郡民會, 1976.

殷栗郡中央郡民會,『殷栗郡誌』, 殷栗郡民會, 1975.

仁川市史編纂委員會 編,『仁川市史(上)』, 仁川直轄市, 1993.

咸鏡南道誌編纂委員會 編,『咸鏡南道誌』, 咸鏡南道誌編纂委員會, 1968.

洪原郡誌編纂委員會,『洪原郡誌』, 洪原郡民會, 1973.

黃海道誌編纂委員會 編,『黃海道誌』, 黃海道誌編纂委員會, 1970.

姜德相 編,『現代史資料(25) 朝鮮(一) 三‧一運動(一)』, みすず書房, 1965.

日本外務省,『日本外交文書 29』, 國際聯合協會, 1954.

──────,『日本外交文書 31-2』, 1954.

──────,『日本外交文書 35』, 1957.

──────,『日本外交年表竝主要文書 1840~1945(上)』, 原書房, 1965.

外務省外交史料館,『外務省記錄』, 原書房, 1992.

市川正明 編,『日韓外交史料(10)』, 原書房, 1981.

露國外務省 著, 南滿州鐵道株式會社庶務部調查課 譯,『極東露領に於ける黃色人種問題』,
　　　　　　大阪每日新聞社, 1912.

朝鮮公論社 編,『紳士名鑑』, 朝鮮公論社, 1917.

朝鮮中央經濟會 編,『京城市民名鑑』, 朝鮮中央經濟會, 1921.

中國歷史大辭典編纂委員會 編,『中國歷史大辭典 淸史(下)』, 上海辭書出版社, 1992.

郁賢皓 主編,『李白大辭典』, 廣書教育出版社, 1995.

周勛初 主編,『唐詩大辭典』, 南京鳳凰出版社, 2003.

《漢城旬報》,《독립신문》,《협성회회보》,《매일신문》,《漢城日報》,《皇城新聞》,《帝國新聞》,《신

학월보》, 《대한크리스도인회보》, 《조선크리스도인회보》, 《共立新報》, 《新韓民報》, 《大道》, 《태평양잡지》, 《每申新報》, 《自由新聞》, 《朝鮮人民報》, 《朝鮮日報》

The Independent, The Korea Review, The Korean Repository

2. 개인자료, 문집, 회고록, 전기 등

宗正院 編, 『璿源續譜(太宗子孫錄 讓寧大君派)』.

雩南李承晩文書編纂委員會 編, 『梨花莊所藏 雩南李承晩文書 東文篇(一) 李承晩著作1』, 中央日報社·延世大學校現代韓國學硏究所, 1998.

──────────, 『雩南李承晩文書 東文篇(二) 李承晩著作2』, 1998.

──────────, 『雩南李承晩文書 東文篇(十七) 簡札2』, 1998.

──────────, 『雩南李承晩文書 東文篇(十八) 簡札3』, 1998.

李承晩, 경기도 안성군 삼죽면 진촌리 산109번지에 있는 이근수 묘소의 묘비문.

리승만, 「옥중전도」, 《신학월보》 1903년5월호.

───, 「예수교가 대한 장래의 기초」, 《신학월보》 1903년8월호.

───, 「두가지 편벽됨」, 《신학월보》 1903년9월호.

───, 「교회경략」, 《신학월보》 1903년11월호.

───, 「대한교우들의 힘쓸 일」, 《신학월보》 1904년8월호.

雩南實錄編纂委員會 編, 『雩南實錄(1945~1948)』, 悅話堂, 1976.

公報處 編, 『大統領李承晩博士談話集(第一輯)』, 公報處, 1953.

公報室 編, 『大統領李承晩博士談話集(第2輯)』, 公報室, 1956.

리승만, 『한국교회의 핍박』, 新韓國報社, 1913.

"Autobiography of Dr. Syngman Rhee", George A. Fitch Papers, Yenching Institute, Harvard University (unpublished).

"Autobiographical Notes of Syngman Rhee", Chong Sik Lee, *Syngman Rhee: The Prison Year of a Young Radical*, Yonsei University Press, 2001.

「청년이승만자서전」, 이정식 지음, 권기붕 옮김, 『초대대통령 이승만의 청년시절』, 동아일보사, 2002.

李承晩 著, 辛鎬烈 譯, 『替役集(乾)(坤)』, 東西出版社, 1961.

Syngman Rhee, "Child Life in Korea", *The Korea Mission Field*, vol.8, no.3, March 1912.

───────, "Notes on Calligraphy"(unpublished).

───────, *Log Book of S. R.*(unpublished).

───────, *Japan Inside Out: The Challenge of Today*, Freming H. Revell Company, 1941.

徐廷柱, 『李承晩博士傳』, 三八社, 1949.

리 푸란세스카 지음, 조혜자 옮김, 『대통령의 건강』, 촛불, 1988.

李仁秀, 「雩南 李承晩」, 韓國史學會 編, 『韓國現代人物論(Ⅰ)』, 乙酉文化社, 1987.

Robert T. Oliver, *Syngman Rhee: The Man Behind the Myth*, Dodd Mead and Company, 1960.

───────, *Syngman Rhee and American Involvement in Korea, 1942-1960*, Panmun Book Company LTD, 1978.

───────, *The Way It Was—All The Way: A Documentary Accounting* (unpublished).

올리버, 「내가 아는 李承晩博士」, 《新東亞》 1979년9월호.

金一善, 「李承晩博士는 運身都是熱」, 《開闢》 1925년8월호.

申興雨, 「李承晩を語る」, 《思想彙報》 제16호, 高等法院檢事局思想部, 1938.

「人間李承晩百年」(1)~(36), 《한국일보》 1975년3월11일~5월3일.

曺惠子, 「人間李承晩의 새 傳記①~⑤」, 《女性中央》 1983년1월~5월호, 中央日報社.

───, 「촘촘한 사랑으로 머리를 빗긴다」, 《女苑》 1984년12월호, 女苑社.

『安東金氏翼元公派譜』.

白凡金九先生全集編纂委員會 編, 『白凡金九全集(1)』, 대한매일신보사, 1999.

───────, 『白凡金九全集(2)』, 1999.

───────, 『白凡金九全集(3)』, 1999.

金九, 『金九自敍傳 白凡逸志』(親筆影印本), 集文堂, 1994.

——, 『金九自敍傳 白凡逸志』, 國土院, 1947.

윤병석 직해, 『직해 김구자서전 백범일지』, 집문당, 1995.

도진순 주해, 『김구자서전 백범일지』, 돌베개, 1997.

이병갑·김학민 주해, 『정본 백범일지』, 학민사, 1997.

白凡金九先生紀念事業協會傳記編纂委員會, 『白凡金九 ─ 생애와 사상』, 敎文社, 1982.

선우진 지음, 최기영 엮음, 『백범선생과 함께한 나날들』, 푸른역사, 2009.

박지정, 「白凡 金九가 은거했던 마을」, 《月刊 藝鄕》 1986년 3월호.

安在鴻, 「白凡金九先生略史」, 《新天地》 1949년 8월호, 서울신문사.

權寧漢 譯, 『김삿갓 시모음집』, 전원문화사, 2001.

權五琦, 「李靑潭 인터뷰」, 《新東亞》 1967년 2월호.

金道泰, 『徐載弼博士自敍傳』, 首善社, 1948.

金永義 編, 『佐翁尹致昊先生略傳』, 基督敎朝鮮監理會總理院, 1934.

金溶植, 『새벽의 약속』, 김영사, 1993.

金胄熙 譯, 『華西集』, 大洋書籍, 1975.

金綴洙, 『遲耘 金綴洙』, 정신문화연구원, 1999.

김학준 편집해설, 이정식 면담, 『혁명가들의 항일 회상』, 민음사, 2005.

金亨鎭, 「路程略記」, 『白凡金九全集(3)』, 대한매일신보사, 1999.

萬壽祠保存會, 『義士安重根傳記』, 三信文化社, 1964.

培材學堂, 『培材八十年史』, 學校法人培材學堂, 1965.

培材百年史編纂委員會, 『培材百年史(1885~1985)』, 學校法人培材學堂, 1989.

白南薰, 『나의 一生』, 解愠白南薰先生紀念事業會, 1968.

孫世一, 「10만원권에 李承晚과 金九 초상화를 함께 넣자」, 《憲政》 2009년 8월호.

신용하 엮음, 『안중근 유고집』, 역민사, 1995.

心山思想硏究會 編, 『金昌淑』, 한길사, 1981.

안중근, 『안응칠역사』, 尹炳奭 譯編, 『安重根傳記全集』, 國家報勳處, 1999.

吳在景, 『隨想二十二年』, 汎曙出版社, 1973.

沃坡文化財團, 『沃坡李鍾一先生論說集(三) 沃坡備忘錄』, 敎學社, 1984.

올리버 R. 에비슨 지음, 황용수 옮김, 『구한말 40여년의 풍경』, 대구대학교출판부, 2006.

우강양기탁선생전집편찬위원회 편, 『雩崗梁起鐸全集(3) 공판기록 I』, 동방미디어, 2002.

俞吉濬, 『西遊見聞』, 交詢社, 1895.

―――, 『俞吉濬全集(IV) 政治·經濟篇』, 一潮閣, 1971.

柳麟錫, 『毅菴集』下卷, 景仁文化社, 1973.

尹炳奭 編, 『誠齋李東輝全書(上)』, 독립기념관 한국독립운동사연구소, 1989.

尹致昊, 「獨立協會의 活動」, 《東光》1931년10월호, 東光社.

―――, 「獨立協會의 始終」, 《新民》1926년 6월호, 新民社.

尹孝定, 『韓末秘史: 最近六十年의 秘錄』, 鷲山書林, 1946.

이만열 편, 『아펜젤러: 한국에 온 첫 선교사』, 연세대학교출판부, 1985.

이명박, 『신화는 없다』, 김영사, 1995.

李恩淑, 『民族運動家 아내의 手記: 西間島始終記』, 正音社, 1975.

李仁, 『半世紀의 證言』, 明知大學校出版部, 1974.

李全, 『安重根血鬪記』, 延泉中學校期成會, 1949.

李重煥 著, 李翼成 譯, 『擇里志』, 乙酉文化社, 1971.

李恒老 著, 金冑熙 譯, 『華西集』, 大洋書籍, 1975.

전택부, 『人間 申興雨』, 基督敎書會, 1971.

정정화, 『녹두꽃』, 未完, 1987.

曺誠佑 譯, 『麻衣相法』, 明文堂, 1996.

趙洙翼 譯解, 『新譯 通鑑』, 弘新文化社, 1989.

崔琉鉉 編著, 『侍天敎歷史(下)』, 侍天敎總部, 1920.

崔昌圭 編, 『韓末憂國名上疏文集』, 瑞文堂, 1977.

韓國文集編纂委員會 編, 『後凋先生文集』, 景仁文化社 1993.

許政, 『내일을 위한 證言』, 샘터, 1979.

菊池謙讓, 『近代朝鮮史(下)』, 鷄鳴社, 1939.

東亞同文會 編, 『對支回顧錄(下卷)』, 原書房, 1968.

鈴木彰, 「黃海道東學黨征討略記」, 『白凡金九全集(3)』, 대한매일신보사, 1999.

三浦梧樓, 『明治反骨中將一代記(觀樹將軍回顧錄)』, 芙蓉書房, 1981.

任文桓, 『日本帝國と大韓民國に仕えた官僚の回想』, 草思社, 2011.

F. A. McKenzie, *Korea's Fight for Freedom*, 1920, AMS Press, Inc, rep. 1970.

Isabella L. Bird Bishop, *Korea and Her Neighbours*, vol. Ⅱ., John Murray, 1898.

Mrs. Annie E. Bunker, "Seven Months Among the Tong Haks", *The Korean Repository*, June 1895.

3. 연구논저 – 단행본

권태환·전광희·은기수, 『서울의 전통 이해: 인구와 도시화』, 서울시립대학교서울학연구소, 1997.

金斗鍾, 『韓國醫學史』, 探求堂, 1966.

———, 『韓國醫學文化大年表』, 探求堂, 1966.

金秉喆, 『韓國近代飜譯文學史研究』, 乙酉文化社, 1975.

金炳華, 『近代韓國裁判史』, 韓國司法行政學會, 1974.

———, 『續近代韓國裁判史』, 韓國司法行政學會, 1976.

金庠基, 『東學과 東學亂』, 大成出版社, 1947.

金祥起, 『韓末義兵研究』, 一潮閣, 1997.

金英姬, 『大韓帝國硏究(Ⅴ)』, 梨花女子大學校韓國文化硏究院, 1986.

김영작, 『한말내셔널리즘 연구: 사상과 현실』, 청계연구소, 1989.

김용구, 『세계관 충돌의 국제정치학』, 나남출판, 1997.

———, 『임오군란과 갑신정변: 사대질서의 변형과 한국외교사』, 도서출판 원, 2004.

김희곤, 『대한민국임시정부 연구』, 지식산업사, 2004.

동학농민혁명기념사업회 편, 『동학농민혁명의 지역적 전개와 사회변동』, 새길, 1995.

朴敏泳, 『大韓帝國期義兵研究』, 한울, 1998.

朴成壽, 『獨立運動史研究』, 創作과批評社, 1980.

方善柱, 『在美韓人의 獨立運動』, 翰林大學校아시아文化研究所, 1989.

白樂濬, 『韓國改新教史』, 延世大學校出版部, 1991.

서영희, 『대한제국정치사 연구』, 서울대학교출판부, 2005.

서정민, 『교회와 민족을 사랑한 사람들』, 기독교문사, 1990.

孫世一, 『李承晚과 金九』, 一潮閣, 1970.

愼鏞廈, 『獨立協會研究』, 一潮閣, 1976.

─────, 『東學과 甲午農民戰爭研究』, 一潮閣, 1996.

─────, 『初期開化思想과 甲申政變研究』, 지식산업사, 2000.

安龍植 編, 『大韓帝國官僚史研究(Ⅰ) 1896.8.~1901.7.』, 延世大學校社會科學研究所, 1994.

─────, 『大韓帝國官僚史研究(Ⅱ) 1901.8.~1904.2.』, 1995.

─────, 『大韓帝國官僚史研究(Ⅲ) 1904.3.~1907.7.』, 1995.

─────, 『大韓帝國官僚史研究(Ⅳ) 1907.8.~1910.8.』, 1996.

안형주, 『박용만과 한인소년병학교』, 지식산업사, 2007.

歷史學會 編, 『科擧: 歷史學大會主題討論』, 一潮閣, 1981.

吳瑛燮, 『華西學派의 思想과 民族運動』, 國學資料院, 1999.

왕현종, 『한국근대국가의 형성과 갑오개혁』, 역사비평사, 2003.

禹仁秀, 『朝鮮後期山林勢力研究』, 一潮閣, 2002.

柳永益, 『甲午更張研究』, 一潮閣, 1990.

유영익, 『이승만의 삶과 꿈』, 중앙일보사, 1996.

─────, 『젊은 날의 이승만: 한성감옥생활(1899~1904)과 옥중잡기 연구』, 연세대학교출판
　　　부, 2002.

俞鎭午, 『新稿 憲法解義』, 一潮閣, 1952.

윤경로, 『한국근대사의 기독교사적 이해』, 역민사, 1992.

윤대원, 『상해시기 대한민국임시정부 연구』, 지식산업사, 2004.

李光麟, 『韓國開化思想研究』, 一潮閣, 1979.

─────, 『韓國開化史의 諸問題』, 一潮閣, 1986.

─────, 『開化派와 開化思想研究』, 一潮閣, 1989.

이광린, 『올리버 알 에비슨의 생애』, 연세대학교출판부, 1992.

李能和,『朝鮮基督教及外交史』, 1928, 新韓書林 影印版, 1968.

이덕희,『하와이이민 100년: 그들은 어떻게 살았나?』, 중앙M&A, 2003.

李敦化,『天道教創建史』, 大東印刷所, 1933.

이민원,『명성황후 시해와 아관파천』, 국학자료원, 2002.

李成茂,『改正增補 韓國의 科擧制度』, 集文堂, 1994.

李佑成,『韓國의 歷史象』, 創作과批評社, 1982.

李鉉宗,『韓國開港場研究』, 一潮閣, 1975.

장규식,『일제하 기독교민족주의 연구』, 혜안, 2001.

정병준,『우남 이승만 연구: 한국 근대국가의 형성과 우파의 길』, 역사비평사, 2005.

鄭晉錫,『한국언론사』, 나남출판, 1990.

─────,『韓國言論史研究』, 一潮閣, 1995.

정진석,『歷史와 言論人』, 커뮤니케이션북스, 2001.

趙東杰,『韓國民族主義의 成立과 獨立運動史研究』, 지식산업사, 1989.

조재곤,『한국 근대사회와 보부상』, 혜안, 2001.

千寬宇,『韓國史의 再發見』, 一潮閣, 1974.

崔起榮,『大韓帝國期新聞研究』, 一潮閣, 1996.

─────,『韓國近代啓蒙運動研究』, 一潮閣, 1997.

─────,『한국근대계몽사상연구』, 일조각, 2003.

崔文衡,『列强의 東아시아政策』, 一潮閣, 1979.

崔文衡 外,『明成皇后弑害事件』, 民音社, 1992.

崔埈,『韓國新聞史』, 一潮閣, 1960.

秋憲樹 編,『資料 韓國獨立運動(2)』, 延世大學校出版部, 1972.

韓國政治外交史學會,『甲申政變研究』, 平民社, 1985.

한국정치외교사학회 편,『한국근대정치사의 쟁점』, 집문당, 1995.

───────────,『명성황후 시해사건과 아관파천기의 국제관계』, 東林, 1998.

韓相一,『日本帝國主義의 한 研究: 大陸浪人과 大陸膨脹』, 까치, 1980.

韓㳓劤,『全訂版 東學과 農民蜂起』, 一潮閣, 1983.

韓哲昊, 『親美開化派研究』, 國學資料院, 1998.

洪淳權, 『韓末湖南地域義兵運動史研究』, 서울대학교출판부, 1994.

Benedict Anderson, *Imagined Communities: Reflections on the Origin and Spread of Nationalism*, Verso, 1991.

Gabriel A. Almond‒G. Bingham Powell Jr. ed., *Comparative Politics Today*, Scott, Foresman and Company, 1988.

Jacob Burckhardt, *Weltgeshichtliche Betrachtungen*, Alfred Kröner Verlag, 1978.

E. H. Carr, *What is History? Second Edition*, Palgrave, 1986.

David Cannadine ed., *What is History Now?*, Palgrave Macmillan Ltd, 2002.

Martin Conway, *The Crowd in Peace and War*, Longmans, Green and Co., 1915.

Robert Mackenzie, *The 19th Century: A History*, Nelson and Sons, Paternoster Row., 1880.

Harold D. Lasswell, *Power and Personality*, The Viking Press, 1962.

Spencer J. Palmer ed., *Korean-American Relations: Document Pertaining to the Far Eastern Diplomacy of the United States*, vol. Ⅱ., University of California Press, 1963.

Andre Schmid, *Korea Between Empires 1895-1919*, Columbia University Press, 2002.

馬懇西 著, 李提摩太 譯, 蔡爾康 述稿, 『泰西新史 諺譯(元)(亨)(利)(貞)』, 學部編輯局, 1897.

細川嘉六, 『植民史』(細川嘉六著作集, 第二卷), 理論社, 1972.

中橋政吉, 『朝鮮舊時の刑政』, 治刑協會, 1936.

蕭公權 著, 崔明·孫文鎬 譯, 『中國政治思想史』, 서울대학교출판부, 1998.

4. 연구논저 - 논문

高珽烋, 「開化期 李承晩의 思想形成과 活動(1875~1904)」, 《歷史學報》 제109집, 歷史學會, 1986.

─────, 「상해임시정부의 초기 재정운용과 차관교섭: 임시대통령 이승만의 역할을 중심으로」,《韓國史學報》제29호, 高麗史學會, 2007.

권오영, 「高錫魯의 위정척사사상과 '口傳心授'의 교육」,《백범과 민족운동연구》제3집, 백범학술원, 2005.

金甲周, 「朝鮮後期 僧侶의 私有田畓」,《東國史學》15·16합집, 東國大學校史學會, 1981.

金祥起, 「甲午更張과 甲午乙未義兵」,《國史館論叢》제36집, 國史編纂委員會, 1992.

金淑子, 「獨立協會의 斥俄思想: 民族自主意識의 視覺」,《人文科學硏究》제1집, 誠信女子大學校人文科學硏究所, 1981.

金榮熙, 「李鍾一의 言論觀과 데국신문의 性格에 관한 一考察」,『仁石朴有鳳博士華甲記念論叢』, 傳藝苑, 1981.

金春善, 「北間島'지역 韓人社會의 形成硏究」, 國民大學校 박사학위논문, 1998.

金翰奎, 「賈誼의 政治思想: 大韓帝國秩序確立의 思想史的一過程」,《歷史學報》제63집, 歷史學會, 1974.

金賢淑, 「近代西洋人顧問官硏究 1882~1904」, 梨花女子大學校 박사학위논문, 1998.

─────, 「韓末顧問官 J. McLeavy Brown에 대한 硏究」,《韓國史硏究》66호, 韓國史硏究會, 1989.

김인선, 「개화기 이승만의 한글운동 연구」, 延世大學校 박사학위논문, 1999.

김흥수, 「기독교인 정치가로서의 이승만」, 유영익 편,『이승만 대통령 재평가』 연세대학교출판부, 2006.

盧秀子, 「白堂 玄采硏究」,《梨大史苑》제8집, 梨花女子大史學會, 1969.

都冕會, 「1894~1905年間刑事裁判制度硏究」, 서울大學校 박사학위논문, 1998.

도진순, 「1895~96년 金九의 聯中義兵活動과 치하포사건」,《韓國史論》38, 서울大學校國史學科, 1997.

文龍, 「韓國英語敎育史(1883~1945)」,《省谷論叢》제7집, 省谷學術文化財團, 1976.

朴孟洙, 「崔時亨硏究」, 韓國精神文化硏究院 박사학위논문, 1995.

─────, 「1893年 東學敎團의 報恩聚會와 崔時亨의 役割」,《淸溪史學》13, 精神文化硏究院, 1997.

──────, 「동학농민전쟁기 일본군의 무기: 스나이더 소총과 무라타 소총을 중심으로」, 《한국
　　　근현대사연구》 제17집, 한울, 2001.

朴敏泳, 「毅菴 柳麟錫의 衛正斥邪運動」, 한국민족운동사연구회 편, 『義兵戰爭研究(上)』, 지
　　　식산업사, 1990.

──────, 「華西學派의 形成과 衛正斥邪運動」, 《한국근현대사연구》 10집, 한울, 1999.

朴正信, 「尹致昊研究」, 《白山學報》 제23호, 白山學會, 1977.

裵亢燮, 「東學農民戰爭研究」, 高麗大學校 박사학위논문, 1996.

白承鍾, 「18~19세기 『정감록』을 비롯한 각종 예언서의 내용과 그에 대한 당시대인들의 해석」,
　　　《震檀學報》 제88호, 震檀學會, 1999.

백승철, 「개항 이후(1876~1893) 농민항쟁의 전개와 지향」, 한국역사연구회, 『1894년 농민전쟁
　　　연구: 18·19세기의 농민전쟁(2)』, 역사비평사, 1992.

서정민, 「구한말 이승만의 활동과 기독교(1875~1904)」, 延世大學校 석사학위논문, 1987.

慎鏞廈, 「舊韓末 韓國民族主義와 社會進化論」, 《人文科學研究》 제1집, 同德女子大學校 人文
　　　科學研究院, 1995.

染潤模, 「김구의 『백범일지』와 민족주의사상 연구」, 仁荷大學校 박사학위논문, 2001.

嚴燦鎬, 「高宗의 對外政策研究」, 江原大學校 박사학위논문, 2000.

延甲洙, 「大院君執權期(1863~1873) 西洋勢力에 대한 대응과 軍備增强」, 서울大學校 박사학
　　　위논문, 1998.

吳錫源, 「19세기 韓國道學派의 義理思想에 관한 연구: 華西 李恒老 및 華西學派를 중심으
　　　로」, 成均館大學校 박사학위논문, 1992.

吳瑛燮, 「고종과 춘생문사건」, 《鄕土서울》 제68호, 서울市史編纂委員會, 2006.

──────, 「개화기 안태훈(1862~1905)의 생애와 활동」, 《한국근현대사연구》 제40집, 한울,
　　　2007.

柳永益, 「甲午乙未年間(1894~1895) 朴泳孝의 改革活動」, 《國史館論叢》 제36집, 國史編纂
　　　委員會, 1992.

柳漢喆, 「1896~1900년간 柳麟錫의 西行, 渡滿과 그 性格」, 『許善道先生停年紀念韓國史學
　　　論叢』, 一潮閣, 1992.

───, 「柳麟錫의 義兵根據地論」, 《한국독립운동사연구》 제8집, 독립기념관 한국독립운동사연구소, 1994.

尹炳喜, 「第二次日本亡命時節 朴泳孝의 쿠데타陰謀事件」, 『李基白先生古稀紀念韓國史學論叢(下)』, 一潮閣, 1994.

李玟源, 「大韓帝國의 改革과 그 實態: 政府와 獨立協會의 皇權認識과 관련하여」, 《한국민족운동사연구》 9, 한국민족운동사연구회, 1994.

───, 「상투와 단발령」, 《史學志》 제31집, 檀國史學會, 1998.

───, 「稱帝論議의 展開와 大韓帝國의 成立」, 《淸溪史學》 제5집, 韓國精神文化硏究院, 1998.

李松姬, 「韓末愛國啓蒙思想과 社會進化論」, 《釜山女大史學》 제1집, 釜山女子大學史學會, 1984.

李相燦, 「1896年 義兵運動의 政治的性格」, 서울大學校 박사학위논문, 1996.

李熙根, 「1894년 농민전쟁기 농민의 東學에 대한 인식」, 《한국근현대사연구》 제5집, 한울, 1996.

任善和, 「선교사의 독립협회와 대한제국 인식: 언더우드와 아펜젤러를 중심으로」, 《歷史學硏究》 제14집, 全南史學會, 2001.

張錫興, 「19세기말 安泰勳書翰의 자료적 성격」, 《韓國學論叢》 26호, 國民大學校韓國學硏究所, 2003.

田鳳德, 「大韓國國制의 制定과 基本思想」, 《法史學硏究》 제1호, 韓國法史學會, 1974.

鄭求福, 「東國史略에 대한 史學史的 考察」, 《歷史學報》 제68집, 歷史學會, 1975.

鄭求先, 「甲午改革期 官吏任用制度改革에 관한 一考察: 科擧制廢止 및 薦擧制受容을 중심으로」, 《慶州史學》 제12집, 慶州史學會, 1993.

정은경, 「황해도·강원도지역의 농민전쟁」, 한국역사연구회, 『1894년 농민전쟁연구: 농민전쟁의 전개과정(4)』, 역사비평사, 1995.

정진석, 「언론인 이승만의 말과 글」, 『뭉치면 살고…』, 朝鮮日報社, 1995.

鄭晉錫, 「대한제국 최초의 「신문지조례」 제정과 그 내용」, 『제7회 韋庵張志淵 기념 학술세미나』, 2001.

주진오, 「1898년 독립협회운동의 주도세력과 지지기반」, 《역사와 현실》 제15호, 역사비평사, 1995.

─────, 「19세기 후반 開化改革論의 構造의 展開: 獨立協會를 중심으로」, 延世大學校 박사학위논문, 1995.

─────, 「청년기 李承晩의 언론·정치활동 해외활동」, 《역사비평》 33호, 역사문제연구소, 1996.

河智研, 「타운센드상회(Townsend & Co.) 연구」, 《한국근현대사연구》 제4집, 한울, 1996.

韓圭茂, 「尙洞靑年會에 대한 硏究 1897~1914」, 《歷史學報》 제126집, 歷史學會, 1990.

韓沽劤, 「동학농민군의 봉기와 전투: 강원·황해도의 경우」, 《韓國史論》 4, 서울大學校國史學科, 1978.

韓哲昊, 「鷄林獎業團(1896~1898)의 조직과 활동」, 《史學硏究》 第55·56合集, 韓國史學會, 1998.

許善道, 「三·一運動과 儒敎界」, 『三·一運動50周年紀念論集』, 東亞日報社, 1969.

洪景萬, 「春生門事件」, 『李載龒博士還曆紀念韓國史學論叢』, 한울, 1990.

洪性俊, 「開化期 協成會運動에 관한 연구」, 《崇實史學》 제14집, 崇實大學校史學科, 2001.

金明培, 「韓國の英語辭典」, 《英語敎育》 1981年 12月号, 大修館, 1981.

小島義郎, 「英語辭書物語(下)」, ELEC, 1898.

須川英德, 「朝鮮開港後1880年代における生絲輸出の試みについて: 內衙門布示と蠶桑公司」, 《朝鮮史硏究會論文集》 第26集, 綠蔭書房, 1989.

Edward W. Wagner, "The Three Hundred Year History of the Haeju Kim(海州金) Chapkwa chungin(雜科中人) Lineage", 『宋俊浩敎授停年記念論叢』 별쇄, 1987.

謝俊美, 「淸日戰爭時 조선투입 淸軍의 동원과 朝鮮내에서의 전투상황」, 翰林大學校 아시아文化研究所 編, 『淸日戰爭의 再照明』, 翰林大學校出版部, 1996.

찾아보기